中原区年鉴

2012

郑州市中原区人民政府 主办
郑州市中原区地方史志办公室 编

中州古籍出版社

图书在版编目(CIP)数据

中原区年鉴.2012/郑州市中原区人民政府主办;郑州市中原区地方史志办公室编.—郑州:中州古籍出版社,2012.10

ISBN 978-7-5348-3980-1

Ⅰ.①中… Ⅱ.①郑… ②郑… Ⅲ.①区(城市)—郑州市—2012—年鉴 Ⅳ.①Z526.11

中国版本图书馆 CIP 数据核字(2012)第 235316 号

责任编辑: 王小方

责任校对: 王冬梅

出 版 社: 中州古籍出版社

(地址:郑州市经五路66号 邮政编码:450002)

发行单位: 新华书店

承印单位: 郑州方志印务有限公司 0371-67811485

开 本: 889mm×1194mm 1/16 **印 张:** 32.75

字 数: 970千字 **印 数:** 1—1500册

版 次: 2012年12月第1版 **印 次:** 2012年12月第1次印刷

定 价:228.00元

《中原区年鉴》编纂委员会

本卷编纂人员

编　　审　杨　洋
副 编 审　赵启恒
主　　编　王冬梅
副 主 编　赵志平
编　　辑　尹园园　赵文煜
摄　　影　周　斌　张亚芳
校　　审　王冬梅
特邀校对　孙　波
校　　对　尹园园　赵文煜　刘玉苗

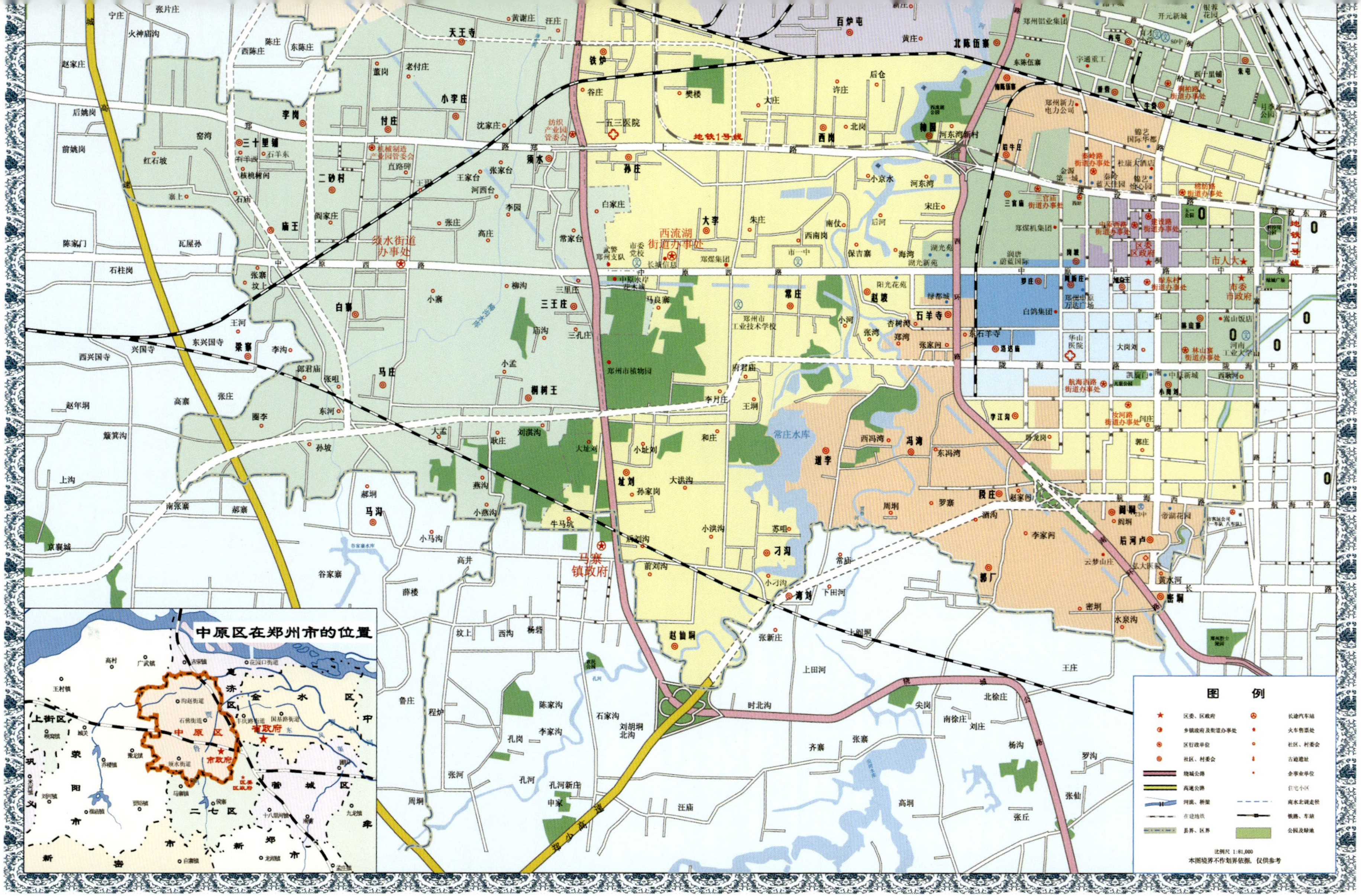

中原区在郑州市的位置
图 例
西流湖街道办事处
须水街道办事处
马寨镇政府
市人大
市委市政府
地铁1号线
常庄水库

郑州市中原区政区图

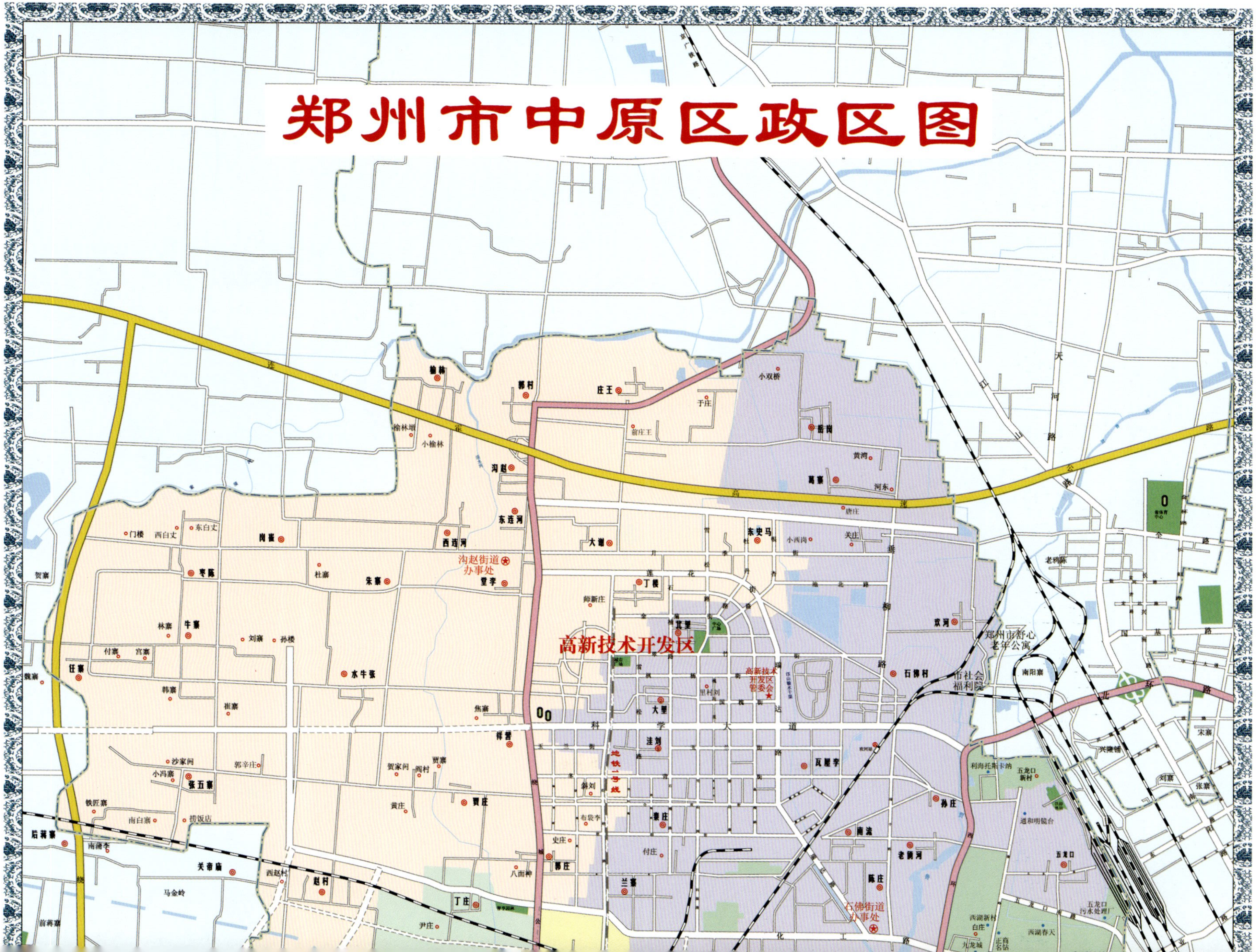

郑州市中原区政区图
高新技术开发区
沟赵街道办事处
石佛街道办事处
高新技术开发区管委会
郑州市舒心老年公寓
市社会福利院
榆林
郭村
庄王
于庄
小双桥
岳岗
黄湾
葛寨
河东
唐庄
沟赵
东连河
西连河
大谢
东史马
小西岗
关庄
枣陈
朱寨
杜寨
堂李
丁楼
师新庄
牛寨
林寨
刘寨
孙楼
付寨
宫寨
任寨
水牛张
韩寨
崔寨
焦寨
祥营
洼刘
大里
瓦屋李
欢河
石佛村
南阳寨
沙家河
小冯寨
张五寨
郭辛庄
贺家河
阎村
贾寨
贾庄
黄庄
铁匠寨
南白寨
捞饭店
后蒋寨
南蒋冬
关帝庙
西赵村
赵村
马金岭
丁庄
尹庄
八面神
史庄
郭庄
付庄
兰寨
秦庄
南流
老鸦河
陈庄
孙庄
五龙口
五龙口新村
兴隆铺
刘寨
张寨
宋寨
贺寨
魏寨
前蒋寨
门楼
西白丈
东白丈
肖嵌
榆林塘
小榆林
翟庄王
斜刘
布袋李
老鸦陈
通和明镜台
五龙口污水处理厂
西湖新村
西湖春天
白庄
九龙城

XIAQUJINGSE 辖区景色 >>

郑州科技馆

1、2、中原区风光
3、中原万达广场夜景
4、优美的小区环境
5、郑州植物园西门

1

2

5

中原万达广场

帝湖社区

视察与调研 >>

SHICHAYUDIAOYAN

2011年4月15日，国务院南水北调办主任鄂竟平调研中线工程中原区段建设情况

2011年8月1日，卫生部副部长刘谦督导检查中原区流动儿童工作

2011年3月30日，人力资源和社会保障部党组成员、纪检组长袁彦鹏到中原区协作路社区调研就业再就业工作

2011年12月13日，时任省委常委、市委书记连维良到中原区调研

省委常委、市委书记吴天君到中原区调研城建工作

市长马懿在中原区调研市政重点工程建设工作

市人大常委会主任白红战到中原区视察项目建设工作

市政协主席李秀奇视察中原区两环十五放射建设工作

区领导在迎新春团拜会上

区委书记赵书贤、区长王东亮调研新型城镇化建设工作

区委书记赵书贤到须水街道办事处调研

区长王东亮查看“全民安全教育日”活动

区委书记赵书贤在西流湖街道调研

区长王东亮在河南省承接产业和技术转移合作交流会签约仪式现场

区委书记赵书贤调研中原宜居商贸城建设工作

区长王东亮检查违法建设整治情况

区委书记赵书贤慰问困难群众

区长王东亮在桐树王村与党员、群众代表座谈

区人大常委会主任贾成义视察区学前教育工作

区政协主席姚朝社视察纺专社区网格化管理情况

发展经济 >> FAZHANJINGJI

中原万达广场盛大开业

须水街道办事处揭牌

西流湖街道办事处揭牌

锦艺国际轻纺城开工典礼

恒天重工新纺机项目施工现场

南水北调工程施工现场

郑州金马凯旋家居CBD项目品牌旗舰店街效果图

城乡建设 >>

CHENGXIANGJIANSHE

罗庄城中村改造安置区项目开工

赵仙垌“合村并城”项目启动

建设中的敞福尚都

中原新城

杭州路

整洁的村容村貌

荣达路

整治违法建设

关注民生

GUANZHUMINSHENG

救助困难职工

须水中心幼儿园开工建设

帮扶困难职工

慰问残疾人贫困户

郑州一中教育集团36中校区揭牌

蔬菜直销进社区

和谐中原 >>

HEXIEZHONGYUAN

中原区矛盾纠纷排查调解处理中心揭牌

开展打击“两抢一盗”宣传

"千人献爱心"无偿献血

公益宣传

慈善日捐款

安全生产知识培训

创建文明城市

CHUANGJIANWENMINGCHENGSHI

召开创建文明城市工作推进会

区政协委员视察创文工作

创文志愿者上街劝阻不文明行为

创文志愿者在行动

举办“群众广场文化活动周”

窗口行业志愿者在誓师大会上宣誓

文明创建 志愿服务行动启动仪式

辖区文明单位与社区结对帮扶

向市民发放创文宣传单

庆祝建党90周年文艺会演

QINGZHUJIANDANG90ZHOUNIANWENYIHUIYAN

编辑说明

一、《中原区年鉴》是在中共中原区委领导下，由中原区人民政府主办、中原区地方史志办公室编的地方综合年刊。2007年创刊，每年出版一卷，逐年排列卷次，2012年刊是第六卷。

二、《中原区年鉴》以邓小平理论、“三个代表”重要思想和科学发展观为指导，全面系统记述上年度中原区建设小康社会和构建和谐社会进程中取得的新成就、新举措、新经验。本年鉴旨在为机关、企事业单位等组织及社会各界人士了解中原区、建设中原区提供丰富翔实的地情资料。

三、本卷年鉴采用分类编辑法，以篇目为单元，由类目和条目组成。条目是反映情况和动态的主要形式，条目开头用黑体字加【】排版显示。

四、为方便读者检索，本卷年鉴除在正文前设置目录外，还在附录后设置了主题词索引，索引标目按汉语拼音声母音序分类排列。

五、本卷共设30个篇目，依次是特载、亮丽中原、发展论坛、大事记、组织机构、区情概况、中共中原区委、纪检监察、人民代表大会、人民政府、人民政协、群众团体、地方军事、法制建设、园区建设、工业、农业、商务贸易、交通邮电、城乡建设与管理、经济管理与监督、财税金融、科学技术、教育体育、文化旅游、医疗卫生、社会生活、街道、荣誉、附录。

六、本卷年鉴组织机构中人员为2011年1月1日至2011年12月31日科级以上领导干部。

七、本卷年鉴所收录的内容由区直各部、委、局、办，各街道以及驻辖区单位提供，经各单位领导审阅签字后编辑入鉴，资料翔实可靠。书中有关数据以“统计资料”为准。

八、本卷年鉴编辑在组稿、编纂、印刷、发行过程中得到了有关部门和领导的大力支持，参与编写人员付出了辛勤劳动，在此一并感谢。本卷年鉴中的疏漏与错误之处，敬请大家批评指正。

目　录

特　载

亮丽中原

发展论坛

大事记

组织机构

区情概况

中共中原区委

纪检监察

人民代表大会

人民政府

人民政协

群众团体

地方军事

法制建设

园区建设

工　业

农　业

商务贸易

交通　邮电

城乡建设与管理

经济管理与监督

财税　金融

科学技术

教育　体育

文化　旅游

医疗　卫生

社会生活

街　道

荣　誉

附　录

特 载

勇担新重任　建设新中原
努力打造郑州都市区建设的首善区示范区先行区

——在中原区委十届二次全体(扩大)会议上的讲话

中原区委书记　赵书贤

(2012 年 1 月 5 日)

同志们:

今天,我们在这里召开会议,一方面是传达贯彻省委、市委经济工作会议精神,回顾总结 2011 年各项工作,安排部署 2012 年的工作;另一方面是中原区已经到了加快发展的关键期,形势十分严峻,机遇非常难得,需要我们尽快统一思想、提振精神、明确目标、落实责任,以非常之举应非常之务。刚才,东亮区长代表区委、区政府,对 2011 年的工作进行了全面总结,对 2012 年的工作进行了具体安排,总结得非常到位,工作部署科学可行,我完全同意,希望同志们认真学习、深入领会、抓好落实。

去年 12 月 3 日,我正式到中原区工作。今天这次会议,是我来中原区后参加的第一次全区性会议,参会的都是全区各单位的班子成员,是中原区发展的领导核心和中坚力量。当前,中原区最大的问题就是发展问题。首先,就发展的问题及中原区如何加快发展的问题,与同志们作一交流和沟通。

第一,我们应秉承什么样的发展理念。哲学上讲,发展是指事物的运动、变化及其过程,但它不是一般的运动变化,而是指具有前进与上升性质的运动和变化,是事物的新陈代谢。我认为,在发展过程中,人类社会所做的一切归根到底就是"怎么认识这个世界,怎么改造这个世界"。那么,要认识世界、改造世界,就必须遵循"一条公理、三条定律":一条公理,即人是要生存发展的,不管是什么社会,只要人存在就需要发展。三条定律,即效率定律,人天生有趋利避害的本能,思考问题必须从人的这个本性出发,来制定一些方式方法,让其按照这个方式方法来实现要达到的目标;需求定律,人对物质生活的追求,量是有限的,质是无限的;合作定律,任何人都必须懂得合作,才能达到目标,实现个人价值。"一条公理、三条定律"是我考虑、处理问题的一个基本思路。

第二,发展应具备什么样的前提条件。美国经济学家伯恩斯坦提出,一个国家和地区要想实现经济和社会的发展,必须具备四大前提条件,一是可靠的产权制度;二是科学的思维、理性的决策;三是完善的金融服务;四是便捷的交通和通信条件。我们有可靠的产权制度吗?没有。尤其是农民连宅基地都没有产权,所以要通过改革使农民实现向市民的转变,使集体土地实现向国有土地的转变,使村委会实现向社区居委会的转变,从而实现农民生产方式的革命,并真正增加农民的财产收入。我们有科学的思维、理性的决策吗?没有。这方面我们差距更大。在举国上下以 GDP 论英雄、以经济增长幅度为考核指标的大背景下,我们忘记了发展的目的,以至于不计成本的过度开发,不顾环境恶化的过度生产,不思群众感受的暴力拆迁,所有这些都遵循一个原则,就是"先排污后治污、先发展后稳定"的思维定式。这些在改革开放初期尚可,而现在,我们治污的成本远远高过排污的收入,维稳的成本也远远高过发展的收入,我们还能抱残守缺、继续走这种简单而又熟悉的道路吗?在《论语》里,有一段"子张问政",就是讲怎么治理国家。子曰:"尊五美、避四恶。"五美就是"惠而不费,劳而不怨,欲而不贪,泰而不骄,威而不猛"。什么意思呢?惠而不费,就是你当了一个地方的官员,为了调动老百姓的积极性,要适当地进行奖励,但不能一味的拿公共财产去满足老百姓需要,不能媚下,这是不允许的;劳而不怨,就是动员大家去做一个公共事情,大家没有怨言;欲而不贪,就是既要让老百姓有欲望,又不能贪婪;泰而不骄,就是有地位、有权势而不骄傲;威而不猛,就是虽然政府很有权威,但是不能让老百姓承受不了。四恶就是"不教而杀谓之虐;不戒视成谓之暴;慢令致期谓之贼;犹之与人也,出纳之吝谓之有司”。没有对老百姓教育便开杀戒就叫“虐”;明明看到事情做得不对而不警告,然后采取强暴的措施就叫“暴”;不加监督而突然限期就叫“贼”;给人奖励,却没有兑现,叫做“有司”。古代圣贤早就有这种科学思维、理性决策的精辟论断,两千年过去,我们跟圣贤比起来,有很多地方应该感到汗颜。我们有完善的金融服务吗?没有。别说深层次的,恐怕什么是金融的概念,很多人都不清楚,更不用说金融的功能和作用。金融是经济的血液,金融市场是配置资源最有效、最便捷的手段。在中原区,太缺金融人才、金融企业、金融市场,更缺金融思维,那种能够引起时空转换、点石成金、化腐朽为神奇的能力。我们有便捷的交通和通信吗?没有。郑州东西走一趟要一个多小时,每天有多少人穿梭于东西之间,按照小时工资制,我们每天浪费了多少成本在路上?我们的通信费用是美国的10倍,每天在通信上要比美国人付出高多少倍的代价?这些问题我们一定要好好反思。

第三,全区上下在发展上应认真思考哪些问题。2011年12月13日,省委常委、市委书记连维良同志实地调研了我区组团建设、产业集聚区建设等情况,并作了重要讲话。连书记强调指出,中原区潜力巨大、责任重大,要打造郑州市的首善区,郑州都市区建设的示范区、先行区,加快建设郑州市西部的中心城区。建设“三区一中心”,是市委、市政府的期望和要求,为此全区上下要认真思考以下五个问题:一是我们肩负的使命是什么,这是考虑任何事情最基本的出发点;二是定位是什么,明白我们现在是什么状况、要从事什么样的工作;三是愿景是什么,明确我们发展的目标是什么,要达到什么样的效果;四是战略是什么,围绕目标我们有什么样的战略;五是战术是什么,就是在既定的战略框架下,我们怎么做才能实现目标,完成使命。

下面,围绕以上几个方面,我谈几点意见:

一、分析发展态势,我们要务必增强紧迫感和责任感

一个月来,全区各单位我基本走了一遍,对中原区及全区各项工作也有了一个初步了解,对中原区的发展也有了一些思考:

(一)优势明显还需发挥好运用好。第一,中原区是市委、市政府所在地,是郑州市的中心城区,是市直机关主要集中地,行政资源丰富、行政成本较低。第二,中原区是郑州市的老工业区,工业门类齐全,纺织印染、磨料磨具、机械制造等产业集中。第三,投资增长趋势明显,引进了投资268亿元的中国家居CBD郑州产业园、投资70亿元的中原万达广场、投资50亿元的锦艺·国际轻纺城等大项目,发展前景广阔。第四,生态基础良好,绿地、公园众多,规划建设的常西湖新区,南水北调运河将使中原区具有无可比拟的生态环境。第五,可开发的土地资源较多,通过老厂区、棚户区改造及城郊村合村并城等将置换出大量建设用地。第六,人心思变的氛围浓厚,广大干部群众对中原区的发展有着强烈的责任感,加快发展的意愿十分迫切。

(二)劣势突出必须千方百计予以破解。第一,由于体制机制原因,辖区诸多大型国企普遍不景气,造成倒闭企业多、下岗工人多、困难群体多、基础设施欠账多。第二,产业特色不突出,对外辐射能力、带动能力不够,竞争力强的大企、名企较少。第三,干部的市场经济意识不强,不能用市场眼光看待问题,更不善于用资本运作的杠杆来破解资金难题。第四,居民消费倾向较低,消费品市场乏力,进而造成三产提升的内生动力不足。

(三)机遇难得必须牢牢抓住。一是发展的基调没变。中央提出了“稳中求进”的总基调,省委提出了“持续求进”的总基调,市委提出了“抢抓机遇、持续求进、突出提升、务实发展、创新惠民、积极作为”的要求。中央和省市牢牢把握经济工作的主动权,制定了一系列应对政策措施,提供了良好的政策机遇。二是从省市发展大局看。中原经济区、郑州都市区建设的深入推进,必将加快产城融合发展,必将加快城市化进程。尤其是陇海路、航海路西延等重大基础设施建设,将使我区交通条件更加便捷高效,发展的承载力进一步增强。同时,郑州市在发展重心上,由东部的一个重心,变化为东西部两个重心。这些是我们难得的发展机遇。三是从我区自身发展看。正处于实现全域城市化的重要阶段,现代服务业即将蓬勃发展的重要节点,发展的基础坚实、潜力很大,上升的空间很足,只要我们能够抓住机遇,科学谋划,注重运作,潜力一定能够转化为实力,一定能够在郑州都市区建设中“挑大梁、走前头”。

（四）压力很大必须增强发展意识。第一，经济形势总体复杂。2012 年，世界经济复苏的不稳定性不确定性上升，国内经济发展中不平衡、不协调、不可持续的矛盾和问题仍很突出。尤其是国家继续加大对房地产业的调控力度，房地产业将持续低迷，对我区的发展造成较大影响。第二，区域竞争更加激烈。随着“六城十组团”建设的全面推进，各县（市）区争资金、争项目、争市场、争政策的力度空前加大。同时，从 2011 年指标完成情况上看，有些指标在总量和增速上在全市排名都不尽如人意；GDP、财政收入、固定资产投资等指标，虽然增速较快，但在总量上与先进区的差距却在拉大，排名靠后的区更是步步紧逼。第三，与首善区要求还有很大差距。跳出中原看中原，与其他县（市）区相比，我区很多工作都需要加倍努力、迎头赶上。比如，基础设施建设严重滞后，公共设施历史欠账较多，城区品位不高，现代化气息不浓，三环外的开发投入严重欠缺，城市化进程相当滞后，中原西路与管城区的东西大街改造同时启动，可繁华程度却不能同日而语；城中村改造在全市启动最早，但是整体进展较慢，出现了一系列问题；大多数单位办公条件仍停留在上世纪 80、90 年代水平，个别办事处、委局办公面积不足 1000 平方米，相比而言，管城区一个社区建筑面积就达 3000 平方米；在机关公务人员待遇方面，工资处于全市中游水平，干部提拔交流不多，优秀年轻干部进步较慢，等等。扪心自问，我们的各项工作是否符合首善区的要求？可以说，今后发展的道路必是艰难的。

在中原区发展的历史上，有过辉煌与荣耀，也有过沉寂与低谷。在座的各位，无论是土生土长的中原人，还是从外地调到中原工作的干部，都已经深深地扎根于这片沃土，为中原的发展付出了青春、付出了人生的美好年华、付出了心血和汗水，中原区的发展已经与我们大家休戚与共、息息相关。落后不可怕，可怕的是我们只看到取得的成绩，而沾沾自喜、盲目乐观；可怕的是我们仍然四平八稳，按部就班，松垮疲沓，习惯性地推动工作，没有那种“坐不住、等不起”的紧迫感；可怕的是我们缺乏全局意识、战略眼光、开放的视野、开阔的心胸，不能站在全市乃至全省、全国的发展大局来审视自我；可怕的是我们缺乏进取心、上进心，不能咬牙苦干、负重前行；尤为可怕的是，面对落后的局面，怨天尤人、自暴自弃，不能从主观上分析查找原因，过于强调客观困难。可以说，中原区已经到了“不进则退、慢进亦退”的关键时期，跨越发展时不我待，转型发展迫在眉睫，振兴中原刻不容缓，我们必须强化危机意识、责任意识，把中原区的荣辱当作自己的荣辱，把中原区的发展作为自己的事业，以“破釜沉舟、背水一战”的决心，以“逢奖必夺、逢先必争”的态度，勇担重任、奋力拼搏，让劣势不再成为发展的制约，让压力激发干事创业的热情，让机遇成为发展的倍增器，把优势转化为发展的成效，重树形象、重振雄风、重塑辉煌。

二、明确发展思路，我们要进一步坚定加快发展的信心

一个地区发展的标准是什么，美国经济学家弗里德曼提出了六条标准，首先应很富裕，即人均 GDP 较高；其次要很安全，包括人的生命安全、财产安全、投资安全等；三是要适宜人居住，生态良好、生活便捷；四是要充满关爱，不管有什么缺陷都能得到社会的关爱；五是能够主动包容差别；六是生态可持续发展。我认为这六条标准也适合我们中原区，也可以成为我们今后一个时期发展的目标。

根据省市工作要求，围绕上述六个目标，2012 年我区工作的总体思路是：以科学发展观为统领，以建设首善之区为目标，以实现全域城市化为主线，以老城区改造、常西湖新区开发和宜居商贸城建设为三大战场，以制度创新为动力，积极实施城市化带动、大项目带动、改革开放带动三大战略，大力发展楼宇经济、商圈经济、特色街区经济，改造提升房地产业，培育金融服务业，壮大商贸物流业，着力破瓶颈，着力促就业、着力惠民生，着力创优势，着力保稳定，努力把中原区打造成郑州西部富裕、文明、和谐、创新的中心城区。

要实现上述宏伟目标，就必须全区上下万众一心、众志成城，奋力实现中原区的跨越式发展。所谓跨越式发展，是指在一定历史条件下，一个国家或地区突破一般的发展轨迹，用新思路、新方法、新机制，对某个发展阶段的超常规的跨越行为。翻译成经济学的语言，就是要在一个较短的时期内扩大一个地区的总供给能力。经济学上讲，一个国家和地区要长期发展有三条路径：一是制度创新，通过创新促使社会资源更加合理地配置、社会财富源源不断地涌现，最终推动社会的进步；二是增加投入，包括增加人力资本投入和物质资本投入；三是技术进步，主要是知识量的增加和新技术的出现与运用。所以，我们要不断解放思想、开拓创新，锐意进取、加压奋进，以超常规的举措、超常规的作风，主动积极、科学高效地推进各项工作。

三、创新工作理念，我们要全力以赴推进各项工作

2012 年，是全区经济社会发展十分关键的一年，要抓好以下几个方面的工作，具体讲，就是“四抓四促”：

（一）抓紧重点促跨越。重点突破了才能带动全局。一要加快推进中原宜居商贸城和常西湖新区建设。这是我区今后发展的重中之重。新区建设，关键是做好规划，要加强土地利用规划和产业发展规划，确保总体规划、部分区域的修建性详规、部分节点的城市设计并联同步实施；重点是加快基础设施建设，要优先启动两个区域道路、医院、公园、学校等公共服务设施建设，以完善的基础设施汇集人气、集中业态。要配齐配强两个管委会力量，为全区优秀干部搭建好施展才华、干事创业的平台和舞台。今年，中原宜居商贸城要尽早启动区新行政服务中心建设，常西湖新区要尽早启动区公务员小区建设，两个管委会要把这两项工作作为头等大事来抓紧落实，争取早日建成。要加强区域内重大项目建设，重点是加快推进中国家居 CBD 郑州产业园、锦艺国际轻纺城等重大项目，以大项目带动产业集聚，以大项目带动周边土地升值，以大项目带动城市化进程。要加快合村并城步伐，在维护好农民、社会法人利益基础上，加大工作力度，实现经济效益和社会效益的最大化，形成城市开发和建设的良性运行机制。这里，我强调的是，要多渠道吸收建设资金，改变过去只有政府提供公共服务、只有国有企业提供公共产品的模式，放宽投资领域，拓宽民间投资渠道，激活民间投资的积极性，使中原区成为投资的洼地、创业的热土。二要加快老城区改造开发。城中村和旧城改造是破解土地瓶颈、拓展发展空间、改善城区环境的重要抓手。要健全完善工作机制，加快审批手续办理，依法有序推进房屋征收和安置房建设，确保所有纳入改造计划的村都有实质性突破。要注重平稳推进，充分做好群众工作，最大限度地减少因改造引发的不稳定。三是强化项目引资工作。项目是一切工作的总抓手，运作好了项目，就会带动区域的跨越式发展。要继续加大招商引资力度，大招商、招大商，积极策划和引进一批知名企业来我区投资兴业，以重大项目建设争取省市政策支持，有效解决用地指标问题。要加大协调服务力度，调整充实项目指挥部力量，继续坚持那些行之有效的工作机制，责任明确、力量集中地推进项目建设，加快形成重大项目建设的热潮。尤其是对已签约项目，要明确投资额度和推进措施，促其尽快开工形成实物工作量，尽快见到实实在在的效益。四要加快推进产业结构调整。要大力发展楼宇经济，充分利用现有楼宇资源，出台优惠政策，吸引企业来我区设立综合性总部、区域性总部、职能型总部；大力发展商圈经济，抓好碧沙、卧龙、帝湖等商圈升级改造，加快培育中原万达广场、西元国际广场、中原文化广场、中原新城等四大新兴商圈，提升商业档次，打造新的经济增长点；大力发展特色街区经济，在秦岭路、前进路、图书城等特色街区的基础上，结合城区改造开发，高标准规划建设一批特色街区，提升我区的影响力和吸引力。要规范提升房地产业，注重规模、注重品牌、注重质量、注重服务，推动我区房地产行业健康快速发展；要加快培育电子信息、金融证券、文化创意、服务外包等高端服务业，不断完善现代服务业业态，促进我区产业结构转型升级。同时，要积极壮大商贸物流业，依托三环四环交通便利的优势、重大项目集聚的优势，着力打造新兴物流贸易区。

（二）抓好创新促提升。创新是推动发展的永恒动力。我们必须将改革创新贯穿于经济社会发展全过程，坚持以市场经济的意识破除不适合发展需要的条条框框。一要推进农村集体土地资本化改革。土地资本化是城市化的重要依托，主要有两种模式，一种是政府主导型，它依托于土地的国有化和政府攫取土地的级差收益。这种模式容易造成资源配置的浪费，损害农民利益，激化干群矛盾。另一种是农民自主型，即在不改变土地集体所有制性质的前提下，在规划前提下，农民集体通过宅基地的商品化和资本化，发展房地产，将土地级差收益留在村庄，用于企业发展、村庄改造。实行集体土地资本化改革，一方面能够缓解土地供需矛盾，加快农村城市化步伐；另一方面，能够明晰产权，减少农村社会矛盾，切实提高农民的生活和收入水平。我们要敢于打破常规、先行先试，努力走出一条在集体土地上发展新型工业，发展现代服务业，在集体土地上建设城市的新路。二要推进城市管理制度改革。城市管理水平是一个城市开放理念、文明程度、文化品位和社会公德意识的综合体现，同时也是一个城市吸引人流、物流和资金流的重要资源。目前，我们的城市管理仍属于计划经济体制下的产物，采取"政府养人干活"的模式，完全靠行政机构、行政计划和行政手段来实现，结果是投入了大量的人力、物力和财力，但效果不够理想，必须将制度创新放在城市管理的首位，大力推行城市管理市场化运作模式，将包含在传统体制下城市管理职能中的道路保洁、市政设施养护、绿化等养护作业的经营权通过竞争性的招标拍卖，授予自主经营、自负盈亏的企业，从而将以往的"政府养人干活"调整为"政府掏钱买服务"，探索建立政府主导，社会、企业、公众等多元主体参与的现代城市管理模式。三要推进投融资制度改革。长期以来，公共基础设施主要靠政府投资建设，这些都是政府的固定资产，但建成后基本上都沉淀下来，资产利用率低下。推行投融资体制改革，目的是将政府的资产资本化，使之成为对外融资的载体，最大限度地发挥政府资金对社会投资的引导作用。相关部门要对所有政府投资建设的道路、学校、医院、游园、公共服务机构等资产进行清查核资，根据其存量规模、市场属性、经济潜力和可操作程度等分期分批进行整合，搭建若干个有一定经济实力和核心竞争力、具有不同融资功能的投融资平台，满足重大项目建设的资金需求。今后全区基础建设资金主要靠融资解决，财政收入主要用于保民生、保工资、保运转。

（三）抓实民生促和谐。中央经济工作会议再次把"改善民生"放在突出位置，提出要"积极而为、量力而行"。我区改善民生的任务重、责任大，一定要高度重视。一要切实做好各项社会保障工作。大力实施优质教育资源倍增工程，妥善解决群众关心的入学难、大班额等问题，着力打造更多人民满意的优质教育资源。大力实施优质医疗资源倍增工程，深入推进医疗卫生体制改革，完善基层医疗卫生服务体系，鼓励有资质人员开办民营机构，让辖区居民群众享受到更加便捷高效的医疗服务。积极拓宽就业渠道，加强劳动力就业培训，全方位开发就业岗位，确保动态下消除零就业家庭。完善保障性住房供应体系，稳步改善住房困难家庭居住条件。二要切实做好安全生产工作。全面落实安全生产责任制和责任追究制，以校车安全、校园安全、人员密集场所安全、消防安全等为重点，进一步加强和改进监管制度，做到真监实管，确保不出现重特大安全事故。要进一步加大问责力度，对监管不力、措施不强的单位和责任人坚决按规定予以处理。三要切实加强和创新社会管理。当前，群众工作面临着新的形势和挑战：一方面，群众的民主、平等、权利意识不断增强，相关诉求增多，群众工作的内容越来越丰富；另一方面，群众维权意识增强，诉求表达渠道多元，矛盾激化风险增大。要在坚持领导包案和接访、下访等制度的基础上，着力完善群众权益维护机制和矛盾化解机制，畅通群众诉求表达渠道，经常性地走访联系群众，察民情、听民忧、解民困，切实解决好群众的合理诉求；信访部门要积极运用现代科技手段，通过建立政务微博等方式，不断拓宽民情民意表达的平台。要加快推进社区建设，按照"千平米、全覆盖"的要求，建设好社区服务中心，改善基层服务环境和办公条件；积极开展社区"十星级"创建和评优评差活动，统筹推进社区综合创建活动，夯实社会稳定基础。

（四）抓优环境促发展。环境是形象、是资源，更是生产力、竞争力。要实现科学发展、跨越发展，必须营造良好的发展环境。一要大力优化政务环境。积极推行"两转两提"，深化行政审批制度改革，完善行政服务大厅建设，切实提升办事效率和服务水平；严厉处理"吃拿卡要""权力寻租"等违法行为，着力打造高效、低廉、透明的政务环境。二要大力优化项目建设环境。完善联审联批、首席服务官等制度，实行一站式办公、一条龙服务，同时，各项目指挥部要积极做好协调工作，特别是要做好土地指标争取工作，为重点项目建设提供便利条件。要进一步加大查案和问责力度，重点查处损害企业周边环境和项目建设环境等案件，切实为企业生产经营、重大项目推进提供优质的服务、宽松的环境。三要大力优化城区环境。深入推进城市管理整治提升活动，大力开展市政基础设施、市容市貌、城市环境质量、交通秩序、违法建设等专项整治，全面提升城市管理水平。积极开展"物业管理提升”专项活动,确保物业管理全覆盖,更好的方便居民生产生活。四要大力优化社会环境。要深入推进社会诚信体系建设,营造开放包容的诚信环境,以社会环境的持续优化,提升群众的参与度、认可度以及幸福感,从而激发全区广大干群干事创业的热情和积极性。

四、全面加强党的建设,为加快发展提供强有力的保障

做好今年的各项工作,核心在党,关键在各级党员干部。要坚持立党为公、执政为民,全面加强和改进党的建设,充分发挥各级党组织的核心作用,不断提升党建科学化水平。

(一)要切实加强组织建设。一要加强各级班子建设。各级各部门,无论是各街道和区直单位,还是村和社区,都要加强教育,加强培训,严格规范,努力在实践中,通过解决实际问题,不断把各级班子打造成政治坚定、作风过硬、纪律严谨、解决问题能力强、胸怀开阔的“钢班子”,增强班子的战斗力、凝聚力、创造力。二要加强干部队伍建设。要继续深化干部人事制度改革,完善科学的干部选拔任用和监督管理机制,真正建设一支懂经济、会发展、作风硬、素质高的干部队伍。要切实加强干部培训工作,着力提升广大干部克难攻坚的能力、处理复杂问题的能力、驾驭复杂局面的能力。要坚持党管人才的原则,加强新兴产业紧缺人才的引进力度,为全区经济社会发展提供优质的人才保障和智力支持。三要加强基层组织建设。充分发挥街道党工委的领导作用,加强和改进街道、农村、社区党的建设,以服务群众为重点,构建党建工作新格局。要不断完善党领导农村工作的体制机制,加强农村基层组织建设,把党组织建设成为推动科学发展、带领农民致富、密切联系群众、维护农村稳定的坚强领导核心;创新农村党的基层组织设置形式,推广在农村社区、农民专业合作社、专业协会和产业链上建立党组织的做法,不断提高党领导农村工作水平。认真做好社区党建工作,广泛开展“一承诺两评议”活动,建立以社区党组织为核心、驻区单位党组织和党员积极参与,结构紧密、职责清晰、任务明确、约束有力的联建共建协调机制。积极推进非公有制企业党的建设,引导和监督企业遵守国家的法律法规,团结凝聚职工群众,维护各方的合法权益,促进企业健康发展。加大在社会团体和社会中介组织中建立党组织的工作力度,全面做好机关党建工作和学校等事业单位的党建工作,壮大党的力量,不断扩大党建工作覆盖面。

(二)要加强干部作风建设。一个地方要发展要跨越,希望是谁、靠谁去落实?靠在座的各位,靠在座各位敢拼敢打、求实求效的作风。一要形成浓厚学风。何谓“领导干部”?就是率领并引导人们朝一个方向前进的领路人。领导干部凭什么率领群众,凭什么引导群众,只有一个途径,那就是不断学习、增强能力。毛泽东主席在 1939 年就讲过:“我们队伍里边有一种恐慌,不是经济恐慌,也不是政治恐慌,而是本领恐慌。”当前,我区干部队伍中存在学风不浓、玩风太盛的现象,个别领导干部沉湎在迎来送往中,不愿学、不勤学、不真学、不深学、不善学,造成“能力不足”,导致“本领恐慌”,不会站在单位和全区的角度思考问题,不知道全区的工作重点在哪里,不知道本单位的发展潜力在哪里、增长点在哪里。作为一个单位、一个区域负责同志,有一项很重要的职责就是要做好各种问题的拍板决策工作,如果不注意学习,势必掌握不了经济发展的有关规律,势必掌握不了工作的有关技巧和艺术,必然导致决策的错位,贻误一个单位和区域的发展。希望这一点能引起大家的高度重视,真正在全区干部当中形成勤于学习、善于学习的良好风气。二要提高执行力。执行没有借口。对区委、区政府决定了的事,各级各部门不是研究做不做的问题,而是研究怎么做好的问题。接受任务,严禁讲条件、打折扣,决不允许搞阳奉阴违、敷衍塞责;开展工作,决不允许有“好处”的事争着做,而急事、难事、得罪人的事就找借口上交,或推着不办、拖着缓办,要发扬务实重做的精神,提高执行力,真正做到上面有部署、下面有行动、落实有结果。三要树立正确导向。荀子把人分为四类,在《荀子·大略篇》中曰:“口能言之,身能行之,国宝也。口不能言,身能行之,国器也。口能言之,身不能行,国用也。口言善,身行恶,国妖也。治国者要敬其宝,爱其器,任其用,除其妖。”“国妖”我就不提了,这种人是要坚决打击、坚决清理的。我强调一下“国用”问题,客观地讲,我们的干部队伍中有这样一种人,平时吹得天花乱坠,真干起来什么都不会;争名夺利在前面,遇到困难往后缩。很多时候,都是国器干活,国用领功,这样的干部对发展的伤害是很大的。所以,在这里我代表区委、区政府郑重给大家表个态,我们的干部导向是以实绩论英雄、以实绩选干部、以实绩用干部,真正把“想干事、会干事、能干事、干成事、不出事”的干部提拔到领导岗位上来。对那种“慵懒散软”的干部,那种“只会说不会做”的干部,区委将坚决采取组织措施,进行治理整顿。

(三)要加强党风廉政建设。“勤以促发展,廉以聚人心。”作为领导干部不仅要能勤政、能发展,更要干净干事、廉洁干事。各级领导干部要认真遵守《廉政准则》的有关规定,严于律己,洁身端行,守得住清贫、耐得住寂寞、管得住自己、挡得住诱惑,淡泊名利、乐于奉献,做勤政廉政的表率。同时,加强党风廉政建设关键在于过硬的防范和监管,区纪委、监察局等部门要进一步强化反腐倡廉体系建设,坚持好“四会一课”教育制度,切实规范完善领导干部从政行为;要加大案件查办力度,硬起手腕治理权钱交易、行政监管、司法公正等领域的腐败行为,营造风清气正的干事创业氛围。

(四)要加强各项机制建设。一要加强工作运行机制建设。也就是要解决好工作方法问题。有些领导干部不善于合理安排工作,统筹兼顾能力不强,造成工作漏洞百出。关于工作摆布问题,我建议大家采取三个“三分之一”的工作方法。一是三分之一的力量来保证正常运转,二是三分之一的力量来攻克重点工作,三是三分之一的力量来全力搞好各种协调工作,尤其是要搞好对上协调,从安全生产和信访稳定工作看,为什么别的地方出事,就能够迅速解决,并把影响降到最低;而我们总是小事酿成大事,久拖不决?这充分暴露出我们有些单位对上的协调力度不足。今天我在这里也强调一下,在以后的工作中,全区各个单位都要把对上协调作为一项重要任务来抓,确保上下沟通联系顺畅,决不允许因为协调工作不到位,出现严重影响全区荣誉的事件。二要加强奖惩机制建设。今后我们要在工作推进上,逐步建立起操作性强、实用管用能用的奖惩机制,使各项工作都做到奖有原因、罚有依据。要狠抓制度的落实,对出现的问题,依据相关条款,该通报的通报、该处罚的处罚,不留讨价还价的余地,杜绝“干与不干一个样、干好干坏一个样”。三要加强督查考核机制建设。凡年初确定的目标任务,既要进行量化分解,明确具体责任人、工作标准、完成时限,同时要切实加大督查考核力度,盯住不落实的事,倒查不落实的人,追究不落实的责任,使其不懈怠、不敢懈怠,在全区形成真抓实干的工作作风。

最后,我就当前需要抓好的几项工作作一强调:一是要做好节前扶贫帮困工作。各级领导干部要带头深入到困难群众家中,帮助他们解决实际困难,把党和政府的温暖送到群众身边,让辖区群众过一个欢乐祥和的节日。二是要做好迎接郑州市绩效考核工作。绩效考核是上级对我区全年工作的一个总体评判,各级各部门要高度重视,对于工作不到位的要提前协调,做好解释沟通。三是要切实做好安全生产和信访稳定工作。节前,要对重点领域和重点部位进行一次集中排查,消除各类事故隐患,严防各类事故发生。要加强不稳定问题的排查和处置力度,重点是农民工工资发放、信访积案的化解。四是要严格各项工作纪律。岁末年初,各方面工作比较多,各单位要统筹安排,减少不必要的会议、活动和检查评比,腾出更多的时间和精力抓好各项工作。五是要加大公车管理力度,避免因公车违章给我区造成负面影响。

同志们,新的一年既面临着新的机遇和挑战,也承载着新的希望。让我们紧紧抓住中原经济区、郑州都市区建设的重大历史机遇,自觉形成团结奋进、勇争一流的中原精神,创造出无愧于时代的骄人业绩,努力把中原区打造成郑州都市区建设的首善区、示范区、先行区,为建设郑州市西部发展的中心城区而不懈奋斗。

最后,提前祝大家新春愉快,工作顺利,阖家欢乐!谢谢大家!

抢抓机遇 务实提升
努力实现郑州都市区先行区建设良好开局

——在全区2011年度总结表彰暨2012年工作动员大会上的讲话

区委副书记、区长 王东亮

(2012年2月17日)

同志们：

今天，我们在这里隆重召开全区2011年度总结表彰暨2012年工作动员大会，主要任务是，回顾总结我区2011年工作，表彰奖励工作中涌现出来的先进单位和个人，进一步动员全区广大干部群众，抢抓机遇，务实进取，持续提升，努力实现郑州都市区先行区建设的良好开局，以优异成绩迎接党的十八大胜利召开。

一、客观回顾、充分肯定2011年工作

2011年，是“十二五”规划的起步之年。在过去的一年里，面对复杂多变的经济形势，全区各级各部门按照区委、区政府的统一安排部署，深入贯彻落实科学发展观，开拓创新，奋勇争先，较好地完成了各项目标任务，全区经济社会持续保持了平稳较快的发展态势，实现了“十二五”良好开局。

(一)主要经济指标较快增长。2011年，全区生产总值完成250亿元，占年度目标任务的96%，同比增长10%；财政一般预算收入完成18.6亿元，占年度任务的110.7%，增长22.7%，增速位居市内5区第二，收入总量是2008年的2.02倍，实现了财政收入三年翻番；全社会固定资产投资完成127.7亿元，占年度任务的99%，增长28.3%；规模以上工业增加值完成68.7亿元，增长17%，完成了市定增速；社会消费品零售总额完成134.3亿元，占年度任务的101%，增长17.2%。城市居民人均可支配收入达到20168元，农村居民人均现金收入达到12598元，分别占年度任务的106.1%和112.3%，分别增长15.6%和22.3%。除极个别指标受宏观形势不确定性影响略有差距外，绝大部分指标都超额完成年度目标任务。

(二)中原宜居商贸城建设全面启动。坚持“产城融合，组团发展”，高度重视、加快推进组团建设，中原宜居商贸城“一心四区”(行政科研商务中心，纺织服装产业区、汽贸机械产业区、家居物流商贸区、生态宜居区)的产业布局基本确定，总体规划已完成，近70%的区域已完成或正在编制控制性详细规划。中国家居CBD郑州产业园、锦艺国际轻纺城、中机六院、水业总部、国资工业园等项目的控制性详细规划已获得市政府批准，桐树王、三王庄合村并城项目控制性详细规划正在编制。

(三)园区建设扎实推进。郑州纺织产业园，新入驻企业9家，新开工企业4家，累计入驻企业达41家、投产运营项目27个、完成投入60多亿元、开发面积近5平方公里。梧桐街建成通车，紫竹变电站土建工程完工，累计建成道路11条，一期路网基本形成。国家棉花质检中心综合楼投入使用；恒天重工新纺机土地已挂牌，联合厂房正在加紧建设；锦艺国际轻纺城拆迁基本完成并开工建设。园区完成销售收入及交易额71.5亿元、固定资产投资10.2亿元、规模以上工业增加值2.5亿元。郑州机械制造(加工)产业园，调整后的总规得到市政府批准，罗蒙服装生产基地、大中原国际汽贸城、中晟智慧城等项目签约，争取上级扶持资金1291万元。园区完成企业营业收入57.8亿元，规模以上工业销售收入33.7亿元。

(四)招商引资及项目建设成效显著。深入开展“大招商”，积极组织参加中博会、央企项目合作、豫港澳经贸交流及小分队赴粤招商等系列活动，全区新签约超亿元项目47个，其中超10亿元项目25个，计划总投资980多亿元。全区实际利用外资1.4亿美元，同比增长35.9%；外贸出口额3.07亿美元，增长31.8%；国外经济合作合同额1.58亿美元，增长339.4%。荣获“2011年度全省对外开放工作先进单位”。强力推进项目建设，深入开展项目建设"四比两看一落实"活动,及时协调解决项目建设中遇到的各种问题,一批项目进展顺利。中原万达广场盛大开业,销售形势火爆,单日最高客流量近40万人次,成为我区第三产业发展的一座里程碑,显著提升了郑州西部商业档次;啟福尚都项目正在加紧建设;西元国际广场将于近期开业。

(五)城乡建设管理水平不断提升。城中村、旧城改造和合村并城工作稳步推进。有17个村纳入市改造计划,已拆迁并开工建设13个,开工总面积400多万平方米,李江沟、孙庄、闫垌北卧龙岗3个村被确定为政府主导拆迁安置模式的城中村改造试点。中原文化广场旧城改造项目,正在完善手续,拆迁即将启动。全区合村并城空间布局规划正在加紧编制,试点项目赵仙垌、桐树王控制性详细规划编制完成,修建性详细规划正在编制。注册资金1亿元的区城市开发建设投资有限公司成立,主导城中村、旧城改造、合村并城和商业地块开发运作。深入开展城市创建。进一步巩固创卫成果,创造性地开展了"三创一做""四个一百"等特色创建活动,提高市民文明素质,为郑州成功创建全国文明城市作出了积极贡献。区委被市政府记集体二等功,区文明办、建设路街道被市政府记集体三等功。城市管理整治提升全面铺开。"两环十五放射"快速路网及市域快速通道整治百日会战启动,神驰路、建安路建成通车,嵩岳路正在施工,修复病害道路25条1.2万平方米,郑上路天桥主体完工,投入1700万元集中改造了50个三类居民楼院,对门户小道、垃圾中转站等进行了全面梳理维护,受到辖区居民的广泛赞扬和省、市领导的高度评价;加强街景市容综合整治,建设文化墙、文明墙1.5万平方米,粉刷清洗沿街建筑外立面3万平方米、铁艺栅栏1.3万平方米,整治门头牌匾和霓虹灯700多处。着力整治交通秩序,挖掘社会单位停车位7121个,新建停车位2153个,停车场建设走在了全市前列。常西湖区域有效治理。集中优势力量克难攻坚,用100天时间搬迁各类企业193家,拆除建筑28万平方米,清理垃圾约50万立方米,为常西湖城市生态公园建设创造了条件。同时投入资金5000万元,建设排污管网10.3公里、污水提升泵站2座,生态水系截污治理初见成效。全力保障重点工程建设。南水北调工程征迁及居民安置进展顺利、桥梁及绕行路征迁加紧实施,航海路西三环立交桥拆迁基本完成,西四环绿化带建设一期完工、二期正在招标。加大违法建设宣传力度,全面实行网格化管理,有效遏制了违法建设势头。

(六)民生质量持续改善。以"十件实事"为重点,集中解决了一批事关群众切身利益的实际问题。全区新增城镇居民就业再就业21366人,农村劳动力转移就业1029人,均超额完成年度任务,"零就业"家庭始终保持动态为零。全年共为1865户3805名城乡低保对象发放保障金973.2万元,农村五保对象集中供养率100%;为符合条件的5274户住房困难家庭发放廉租住房补贴1054万元,开工建设保障性住房2100多套。积极实施优质教育资源促进计划,完成了郑州一中托管郑州三十六中、互助路小学托管西岗小学、郑上路小学托管须水六小,锦艺小学主体完工,工人路小学正在基础施工,新增优质学位585个;区实验幼儿园、须水中心幼儿园开工建设。新型农村合作医疗参合率达99.5%,基本实现全覆盖。新打配安全饮水井7眼,解决了6000人的饮水安全问题。建成社区"两店"115家,农贸市场5个,蔬菜早市5家,在全市率先启动了周末蔬菜直销进社区工作,方便了群众生活。

(七)社会大局和谐稳定。严格落实领导接访、下访和包案制度,深入开展"大排查、大梳理、大化解",对重点案件实行专项综合治理,在特殊敏感时期坚持召开信访稳定党政联席会议,筛网式、逐一集中研究解决信访突出问题,一批久拖不决的不稳定因素得到了彻底化解。高度重视安全生产和消防工作,定期开展隐患排查治理,重点加强对建筑工地、高层建筑、危险化学品等行业、领域的安全监管,确保了群众生命财产安全。

(八)目标管理运行良好。进一步完善目标考核机制,财政税收、招商引资、创建文明城市等工作擂台赛及信访稳定、安全生产红黑旗制度发挥了积极的导向作用,全区上下务实重干的工作氛围日益浓厚。从考核结果看,全区绝大部分单位都完成或超额完成了年初下达的各项目标任务,其中三官庙街道、建设路街道、区财政局、区教体局、区科技局、区城市管理行政执法局等6家单位,工作措施得力,目标任务完成优异,夺得全区综合工作金杯奖;林山寨街道、须水街道、秦岭路街道、区人口计生委、区发改统计局、区人资社保局、团区委、区工信局、区商务局等9家单位,夺得全区综合工作银杯奖。单项工作方面:各街道均圆满完成了财政收入目标任务,其中三官庙街道获得财政税收擂台赛一等奖,须水街道、汝河路街道获得二等奖;秦岭路街道、林山寨街道、三官庙街道位列发展开放型经济工作前三名;中原万达广场项目建设指挥部因成绩突出,被评为“四比两看一落实”活动一等奖。同时,城乡建设与管理、平安中原建设、人口计划生育等工作中也都涌现出了一大批先进单位和个人。

同志们,这些成绩的取得,是市委、市政府正确领导的结果,更是全区各级各部门和广大干部群众扎实工作、奋力拼搏的结果。在此,我代表区委、区人大、区政府、区政协,向受到表彰的单位和个人表示热烈祝贺!向一年来奋战在工作一线的广大干部群众,向关心支持中原区发展的辖区单位和社会各界,表示衷心的感谢和亲切的问候!

在肯定成绩的同时,我们也清醒地看到工作中存在的问题和不足:一是各办事处、区直部门之间工作开展不平衡,有的单位各项工作均名列前茅,有的单位满足于一般化、过得去,平平淡淡、毫无起色;二是发展环境还需进一步优化,阻工现象时有发生,影响了项目开工和施工进度;三是由城市拆迁、城中村改造、重大项目推进等引发的不稳定因素相互交织,维护稳定压力较大;四是个别干部职工思想麻木、不思进取,存在着缺乏事业心、责任感、疲于应付等现象,工作效率不高,作风不扎实。对这些问题,我们必须在今后工作中采取针对性措施,认真加以解决。

二、明确目标,突出重点,努力实现郑州都市区先行区建设良好开局

今年,是“十二五”承上启下的重要一年,也是全面推进郑州都市区建设、加快我区都市区先行区建设的起步之年。做好今年各项工作,意义十分重大。为此,我们必须保持清醒的头脑,客观、全面认识当前形势。一方面,世界经济与贸易增长放缓,欧债危机导致国际金融剧烈动荡,世界经济复苏的不稳定性和不确定性上升,宏观环境不容乐观。另一方面,后危机时代资本加速流动,产业持续转移;中原经济区上升为国家战略,郑州都市区建设全面启动;我区都市区先行区的发展定位和三大战场的空间布局初步确定,为抢抓机遇、加快发展奠定了坚实基础、创造了良好条件。我相信,在市委、市政府的正确领导下,只要我们认真贯彻区委十届二次全会精神,瞄准目标,同心同德,务实拼搏,中原区各项工作一定能迈上一个新的台阶。

今年重点做好八项工作:

(一)加快中原宜居商贸城建设,提升都市区先行区影响力

中原宜居商贸城是郑州都市区“六城十组团”的重要组成部分,也是我区今年确定的三大战场之一,具有良好的产业基础和广阔的拓展空间,要努力走在全市组团发展的前列,提高在全市组团中的辐射力和影响力。一是牵头领导要抓紧抽调人员,搭建机构,尽快运转。二是积极推进郑州纺织产业园、郑州机械制造(加工)产业园整合提升,组建中原产业集聚区,实现园区规划无缝衔接、基础设施有机对接和管理优质高效,推动园区发展壮大。三是加快规划编制。进一步明晰中原宜居商贸城的功能定位、产业导向,高标准完善总体规划、修建性详规和区域城市设计,体现组团发展的前瞻性,以规划引领发展。今年重点做好3~5平方公里起步区规划建设。四是加强基础设施建设。在规划指导下,依托重点项目,有计划地推进道路、管网、变电站、供热等基础设施,修建富春路,全力为陇海路西延工程开工创造条件。加强谋划运作,合理布局发展空间,积极吸引社会资金参与开发建设,实现滚动发展、可持续发展。五是抓好重点项目推进,突出抓好中国家居CBD郑州产业园、锦艺国际轻纺城、罗蒙服装生产基地、瑞驰皮草、大中原国际汽贸城等一批省重点项目,加快手续办理和拆迁进度,力争上半年形成开工建设高潮,确保中国家居CBD郑州产业园项目一期工程上半年在拆迁完成基础上开工建设、恒天重工新纺机项目年底前竣工。

(二)加快推进新型城镇化,提升都市区先行区带动力

新型城镇化,就是以中心城市为带动、以农村为切入点的城镇化。必须切实抓好以投资为重点的新型城镇化建设,加快老城区城中村、旧城(棚户区)改造开发,加快常西湖新区开发建设,加快推进合村并城和新型农村社区建设,逐步实现全域城市化,以大规模投资拉动经济持续较快增长。一是积极稳妥推进城中村、旧城(棚户区)改造。坚

持"稳中求快、快中求好",加强规划引导,严格规范程序,积极推进城中村改造工作。年内完成朱屯、南陈五寨二期、柿园白庄、岗坡、三官庙、北陈伍寨的拆迁并实现土地招拍挂;加强对小岗刘、冉屯、周新庄、罗庄等村安置房建设的督导,保障群众如期回迁;充分发挥区城市开发建设投资有限公司作用,做好李江沟、孙庄、闫垌北卧龙岗3个政府主导拆迁安置模式的城中村改造试点工作,上半年启动拆迁。同时加大城中村改制推进力度,明晰集体经济产权,激发发展活力。积极吸引有实力的企业参与旧城(棚户区)改造,改善城区环境,提升城市品位。二是加快常西湖新区开发建设。组建常西湖新区管委会,编制区域总体规划、土地利用规划和城乡一体化发展规划等。搞好西流湖区域截污治理工程,配套污水管网及处理设施,加快常西湖生态公园建设,为市民休闲提供一个好的去处。三是加快合村并城和新型农村社区建设。优先推进中原宜居商贸城和重大项目规划范围内的合村并城工作,充分尊重群众意愿,切实保障群众利益,科学规划建设安置区,努力走出一条不以牺牲农民利益为代价的新型城镇化道路。扎实推进赵仙洞、桐树王、三王庄等合村并城试点,建设新型农村社区,年内完成3个试点村的控制性详细规划和修建性详细规划编制工作,力争早日开工建设。四是积极推动做好市级行政文化中心建设,加快区委、区政府外迁步伐,以行政文化中心建设带动区域开发和投资增加。

(三)实施开放带动战略,提升都市区先行区发展潜力

一是持续开展"大招商"。进一步整合招商引资资源,完善招商引资项目库,提高招商引资的针对性。以中原宜居商贸城为主要招商引资平台,以城中村、旧城(棚户区)改造、合村并城和总部经济、楼宇经济、商圈经济为招商引资重点,突出"招大引强",严格实行项目准入审批机制,着力引进一批"在国际有影响力,在国内有辐射力,在省内有整合力"的项目,提升招商引资质量和水平。创新招商引资方式方法,广泛采取网上招商、以商招商、小分队招商等多种形式,加大意向项目跟踪和签约项目协调服务力度,提高招商引资的实效性。二是持续推进项目建设。深入开展项目建设"四比两看一落实"活动,严格实行"一个项目、一套班子、一个方案、一抓到底",坚持项目建设周例会制度,及时协调解决项目建设中遇到的问题,切实为项目建设提供优质、高效的服务。年内确保敔福尚都一期建成、中原文化广场开工建设。三是持续优化项目发展环境。进一步加强教育引导,使各方面充分认识项目建设的重大意义,努力营造人人关心、支持项目建设的浓厚氛围。提高政府服务效能,深化行政审批"一站式"服务,对重大项目实行手续代办制,为项目建设提供高效的政务服务。切实加大对干扰项目建设行为的打击力度。四是持续破解土地、资金等瓶颈问题。进一步发挥老工业区土地资源存量丰富的优势,加大土地盘活开发力度,拓展发展空间。积极搭建银企合作平台,拓宽融资渠道,逐步缓解融资难题。

(四)大力发展现代服务业,提升都市区先行区发展活力

一是进一步优化服务业布局。加强调查研究,进一步谋划制定服务业发展规划和商圈布局。贯彻省、市关于促进特色商业区发展的指导意见,以中原万达广场为中心,依托周边锦艺城商业购物广场、西元国际广场、中原文化广场、中原新城等商业综合体和秦岭路、前进路两条特色餐饮街区,加快周边区域改造开发,大力发展商务办公、休闲娱乐、时尚购物、高档酒店、新型社区等配套服务,在2平方公里左右范围内,高标准打造全市有影响力、对周边有较强辐射力的中原综合商业聚集区,培育新的城区经济增长中心、区域发展服务中心和城区形象展示窗口。二是积极发展总部、楼宇经济。抢抓城中村、旧城(棚户区)改造机遇,及早谋划建设一批综合性商务楼宇和商业中心,加大二次招商力度,吸引企业总部、研发中心、营销中心等入驻,努力打造一批纳税百万、千万楼宇,提高城区经济承载力。三是着力发展生产性和生活性服务业。积极发展现代物流、金融保险、电子信息等生产性服务业,加快发展家政服务、养老服务和病患陪护等生活性服务,全方位提升服务业发展水平。四是大力发展非公有制经济。不断加大对非公有制经济发展的鼓励、支持和引导力度,放宽市场准入,允许非公有资本进入公用事业、基础设施等一切法律没有明确禁止的领域,平等参与市场竞争。

(五)加强城市建设与管理,提升都市区先行区综合承载力

以开展城市管理整治提升活动为载体，全面加强城市管理工作，不断提高城市管理的科学化、规范化、精细化水平，打造畅通、整洁、有序的现代化城区。一是完善城市基础设施。新建、升级改造公厕3座、垃圾中转站3座；积极做好郑州森林城市创建工作，新建5万平方米以上公园1个、4000平方米以上游园1个，确保完成市定新增绿地任务。今年要再集中整治50个三类居民楼院，改善居民的出行和生活环境。二是深入开展城市管理整治提升。加大主干道、集贸市场、出入市口等重点区域的管理力度，集中开展窨井盖、道路绿化、黄土裸露、楼体广告等专项整治，坚决治理占道经营、突出门店经营，维护城市秩序。加强市容环境卫生管理，全区机械化清扫保洁面积达到40%以上，建立动态化清扫保洁长效机制，确保城乡环境干净整洁。加强区级示范街建设，集中整修道路破损等突出问题，高标准美化墙体，把秦岭路示范街建设成为传播艺术、弘扬道德、彰显特色的文化长廊。加大对生态水系区域内企业的环境监管，扎实开展村庄生活污水治理，完成贾鲁河周边村庄的污水管网改造，实现生活污水集中收治，纳入市政污水处理系统。发挥区信息数字化综合指挥中心作用，全力构建数字化城市管理长效机制。三是继续做好“畅通郑州”工程。加快停车场建设，加大辖区机关、企事业单位和社区内部停车场错时对外开放力度，提倡开辟未建工地为临时停车场，同时创新思路，积极释放和新建停车场。年内新建停车位8700个。四是全力服务和保障重点工程建设。坚持高起点设计、高标准建设，积极做好南水北调带状公园示范段建设，为南水北调城市景观带建设积累经验。高度重视“两环十五放射”快速路网及市域快速通道整治提升工程，该工程涉及我区7条道路，拆迁任务重，资金需求量大，而且是必须完成的政治任务，各相关单位要迅速行动，强化措施，全力做好拆迁建设工作，当前要重点做好陇海路、西四环、西三环、化工路4条道路整治的拆迁工作，确保整治工作走在全市前列。此外，我特别强调一下违法用地违法建设整治工作。近几天工作调研中，我发现违法建设现象又有所抬头，不仅原有违法建设没有拆除到位，而且逆势疯涨，在个别区域尤为突出。各单位要充分认识违法建设的危害，始终绷紧违法建设整治这根弦，进一步明确区直各分包单位、各街道和执法部门的责任，加强工作巡查、督查，对工作不到位的，将严格落实各项责任追究办法，坚决遏制违法建设反弹势头。

（六）切实抓好财税工作，提升都市区先行区支撑力

从元月份财政收入完成情况看，我区财税形势依然严峻。元月份，财政一般预算收入完成1.54亿元，同比下降43.7%，短进度1.2个百分点。这其中有去年元月份高速增长的原因，但也清晰的告诉我们，财税形势不容乐观，值得我们深入分析：一方面，宏观经济政策收紧导致我区依存度较高的房地产业不景气，个人所得税起征点提高导致税收减少，同时一些纳税大户流失或有流失危险，而新的支撑税源尚未形成；另一方面，今年“两环十五放射”、陇海路西延等重点工程以及区级行政文化中心规划建设等，都需要大量财政支出，财政收支压力巨大。下一步，一是加强税源培植。巩固重点税源，加大对纳税大户、规模企业、优势企业的扶持力度，确保重点税源企业平稳较快发展。继续抓好招商引资和项目建设不放松，努力引进一批市场前景好、利税高的优质企业，增添税收增长的不竭动力。二是加强税收征管。坚持依法治税，健全完善税收征管体系，加强对房地产开发、商贸中心、餐饮业等重点投资领域和重点行业的税收监管。继续开展“四个集中”专项整治，整顿规范税收秩序，加大税收稽查和协护税力度，提高税收征管水平。加强对小税种和非税收入管理，确保应收尽收。坚持财税工作擂台赛和财税形势月分析制度，完善财税体制，调动各方面抓好财税工作的积极性。三是加强资金管理。深化国库集中支付制度改革，扩大直接支付范围，加强预算外资金管理，提升财政国库管理水平。坚持厉行节约，大力压缩一般性开支，全面推行公务卡结算制度，提高公务消费透明度，坚决杜绝铺张浪费。完善政府采购制度，加大政府采购监管力度，推动政府采购规范化、制度化。

（七）着力保障和改善民生，提升都市区先行区公共服务能力

继续实施积极的就业政策，多渠道开发就业岗位，确保全年实现新增城镇居民就业再就业20500人、农村劳动力转移就业1000人，登记失业率低于市定目标。积极开展社会救助和慈善救济，加强残疾人社会保障体系和服务体系建设，确保城乡低保

对象始终保持动态下的应保尽保，更加关心困难群众、“空巢老人”、残疾人等弱势群体。进一步加大保障性住房建设力度，加快已开工保障性住房建设进度，想方设法多渠道增加资金投入，开工建设保障性住房1600套。

优先发展教育事业，新建2所幼儿园，改扩建3所小学，迁建郑州六十九中，确保区实验幼儿园和须水中心幼儿园建成投入使用；为广大教师配备教学电脑，基本实现教学电脑人手一台，改善教育教学条件。实施优质教育资源促进计划，新增优质学位1260个。完善城乡医疗卫生服务体系，深化“片医负责制”服务模式，方便群众就医。开工建设区公共卫生服务中心。深化人口和计划生育综合改革，加强流动人口计划生育服务工作，继续稳定低生育水平。

加快文化发展繁荣，以郑州创建国家公共文化服务体系示范区为契机，加强文化基础建设，新建标准化社区文化活动中心10个；积极组织开展各类群众性文化活动，进一步巩固创建全国文明城市成果，提升城区文化软实力。深入开展“社区建设年”活动，建设区级社区服务中心，逐步解决社区综合服务用房不足问题。

（八）努力维护社会大局稳定，提升郑州都市区先行区保障力

和谐稳定的社会环境是发展的基础和保障。要高度重视加强和创新社会管理工作，以转变社会管理理念为先导，以改善民生为基础，以解决群众反映强烈的问题为突破口，逐步健全党委领导、政府负责、社会协同、共同参与的社会管理格局，全面提高社会管理的科学化水平。进一步加强信访稳定工作，切实把信访稳定工作的着力点放在解决问题上，着重点放在矛盾排查、重点人员稳控和现场处置上，着眼点放在接访、下访和矛盾调处上，着手点放在严厉打击和责任追究上，确保信访形势平稳。健全突发事件应急体制，提高应急管理和反应能力。严格落实企业的安全生产主体责任和政府的监管责任，定期开展安全生产和消防隐患大排查、大整改，努力防止重特大事故发生。

三、强化措施，狠抓落实，确保全年目标任务圆满完成

（一）进一步振奋精神。良好的精神状态是推动工作的前提和保障。俗话讲，“一年之计在于春”。目前已进入2月中旬，全区各级各部门都要切实增强“等不起”的紧迫感、“慢不得”的危机感、“坐不住”的责任感，彻底把精力从节日的欢乐中转移到工作上来，尽快把各项工作安排下去，趁着大好春光想事、谋事、干事；要始终保持昂扬向上、奋发有为的精神状态，满怀负重奋进、克难攻坚的斗志和毅力，迎难而上、主动作为，努力干成事、干大事、干实事。

（二）完善考核机制。实践证明，目标考核是区委、区政府推动工作的重要抓手。近年来，我们结合中心工作，不断完善目标考核体系，科学设置项目权重，目标考核工作发挥了良好的导向作用。下一步，区“两办”、区目标办等相关部门要注意总结目标考核工作中存在的问题和不足，积极学习外地经验做法，紧紧围绕区委、区政府中心工作，科学合理制定考核办法，通过考核，凝聚人心，调动各方面工作积极性。要进一步加强考核结果运用，树立考核权威，引导干部群众真正把心思和精力凝聚到抓工作、促发展上来。

（三）狠抓工作落实。今年的各项任务已经明确，下一步关键在于抓好落实。一要抓快、抓牢、抓细。抓快，就是工作安排之后，要雷厉风行，高效率、快节奏；抓牢，就是要对确定下来的重点工程和重大项目，要死死扭住，一件件地抓，有部署、有调度、有检查；抓细，就是要抓具体，具体工作具体抓，越具体就越深入，就越能推动工作。二要敢于负责、勇于担当。广大党员干部要切实增进对人民群众的感情，进一步增强事业心、责任感，对问题不推诿、不回避，能解决的尽快解决，一时难以解决的主动想办法创造条件解决，决不能把困难作为不作为的借口、把怕担责任作为不负责任的托辞，敢于负责、主动负责，创造性地把各项工作落到实处。

（四）强化督促检查。要发挥好督查在促进工作落实中的推动作用。要抓紧把全年的经济指标和各项任务分解下去，进一步明确责任单位、责任人，确保工作有人抓。要紧紧围绕三大战场、项目建设等重点工作，采取明察、暗访等多种形式，广泛开展督促检查，提高督查的效果，为区委、区政府决策提供参考。宣传、信息部门要积极配合督查工作，在《每周中原》、区政府网站开展宣传评比栏，表扬先进，督促后进，促进落实。

同志们，新年要有新气象，新年要有新作为。

让我们在区委、区政府的正确领导下,以更加昂扬的斗志和时不我待的精神,奋力拼搏,务实提升,为夺取首季"开门红"、为全面完成2012年各项目标任务而努力工作!

政府工作报告

——2012年4月17日在中原区第十五届人民代表大会第一次会议上

区 长 王东亮

各位代表:

现在,我代表区人民政府,向大会作工作报告,请予审议,并请各位政协委员和列席人员提出意见。

一、本届政府工作回顾

区十四届人大一次会议以来的五年,是中原区发展历程中极不平凡的五年,也是全区人民凝心聚力、砥砺奋进、取得新的重大成就的五年。五年来,区政府在市委、市政府和区委的正确领导下,在区人大、区政协的监督支持下,面对突如其来国际金融危机的严重冲击和异常复杂的经济形势,团结带领全区广大人民群众,深入贯彻落实科学发展观,主动融入郑州都市区建设,克难攻坚,主动作为,经济社会始终保持良好发展态势,圆满完成了区十四届人大一次会议确定的各项任务。2010年,我区跻身省辖50个建制城市区综合排名十强。

(一)经济保持平稳较快发展,综合实力迈上新台阶

——综合经济实力进一步增强。2011年,全区生产总值完成249.9亿元,与2006年(下同)相比增长57.8%,五年来(下同)年均增长12.3%;财政一般预算收入完成18.6亿元,是2006年的3.2倍,净增12.8亿元,年均增长26.4%;规模以上工业增加值完成68.7亿元,增长77.4%,年均增长16.5%;社会消费品零售总额完成134.3亿元,增长127.1%,年均增长19.4%。全社会固定资产投资五年累计完成399.5亿元,年均增长37.1%。三次产业结构进一步优化,由2006年的0.5:51.9:47.6调整为0.5:42.3:57.2。特别是2009年以来,面对金融危机冲击,我们审时度势,冷静应对,加强税源建设,坚持每月召开财税形势分析会,开展"四个集中"税收专项治理,走访重点企业,确保了财政收入稳步增长,推动财税工作步入健康轨道。

——招商引资及项目建设成效显著。深入开展"大招商",针对重点区域、重点行业,有选择地组织参加经贸交流活动。五年来,新引进超亿元项目120个,其中超10亿元项目50个,计划总投资3000亿元。项目建设形势喜人,大力开展项目建设"四比两看一落实"活动,严格落实"5+4"项目推进机制,郑煤集团总部搬迁、华北石油局科研基地、中原万达广场等一批项目建成开业(启用),中原新城、锦艺国际华都、西元国际广场、中原文化广场等一批项目稳步推进,项目建设迎来了历史上最好的一个时期。对外开放蓬勃发展,五年来累计引进内资276亿元、实际利用外资4.4亿美元、完成外贸出口额11.1亿美元、外经合同额2.3亿美元、引进外资企业28家。荣获"2011年度全省对外开放工作先进单位"。

——现代服务业长足发展。包含大型商圈、商业街等在内的商业网点布局规划初步完成,为今后发展指明了方向。特别是投资70亿元、集"购物、餐饮、休闲、娱乐、住宅"等为一体的大型商业综合体——中原万达广场盛大开业,成为我区第三产业发展的一座里程碑,显著提升了郑州西部商业档次。秦岭路餐饮一条街等特色街区的集聚效应进一步凸显,大商、沃尔玛等大型连锁超市相继开业。非公经济对经济增长的贡献率达到40%,继续保持迅猛发展势头。

(二)园区建设渐成规模,产业集聚效应凸显

五年来,郑州纺织产业园、郑州机械制造(加工)产业园坚持规划先行、项目带动,从小到大、从点到面,稳步发展,正日益成为产业集聚的重要载体、招商引资的主要平台和经济增长的新动力。郑州纺织产业园累计完成投入60多亿元,入驻项目41个,投产(运营)项目27个;建成道路11条,一

期路网基本形成,污水处理、供热供电等配套完善,开发面积达5平方公里。先后荣获"中国新兴纺织产业基地""全国纺织服装产业十大转移热地""河南省重点产业集群"等殊荣,成为全省首个国家级纺织产业基地。郑州机械制造(加工)产业园完成道路等基础设施投入2亿多元,路网格局基本形成,培育超亿元企业10家,开发面积达3.1平方公里;中国家居CBD郑州产业园、郑州水业科技、国资工业园、机械工业第六设计研究院等一批项目扎实推进。2011年园区完成营业收入57.6亿元、规模以上工业企业主营业务收入30.8亿元、固定资产投资2.4亿元。被评为"郑州市特色品牌工业园区"。

(三)城乡建设管理持续加强,城市品位稳步提升

——城乡建设力度加大。五年来,新建、打通、拓宽、改造道路30多条,整治病害道路46条;新建公园、游园6个,新增绿地139.6万平方米,新建、升级改造垃圾中转站14座,新建公厕12座。新农村建设扎实推进,五年来硬化农村道路20万平方米,建成农村垃圾中转站6座、林业生态村13个。切实保障重点工程建设,国家重点项目——南水北调中线工程进展顺利,完成土地移交6500亩,拆迁建筑物45万平方米,安置居民1700人;完成了西四环生态绿化带、建设路精品街整治、轨道交通1号线、铁魏路打通、嵩山路下穿隧道、金水河上游综合整治、航海路西三环立交等工程的征地拆迁工作,为工程建设创造了良好环境。

——城乡管理持续加强。深入开展城市创建活动,大力开展市容环境卫生、出入市口及城乡结合部等集中专项整治,投资1700万元改造三类居民楼院50个,建立完善城市管理长效机制,国家卫生城市创建成果不断巩固。积极创建全国文明城市,创造性地开展了"三创一做""四个一百"等特色活动,不断提高市民文明素质,为郑州成功创建全国文明城市作出了积极贡献。我区被市政府记集体二等功。城市管理整治提升全面启动。充分发挥区数字化管理中心指挥平台作用,建立起了市、区、街道、社区四级管理网络,全面推行网格化管理,城市管理初步实现精细化、信息化、科学化。加强村容村貌路容路貌和农村环境连片整治,农村生活环境不断改善。加大违法建设整治力度,城乡建设秩序进一步规范。

——新型城镇化步伐加快。城中村、旧城(棚户区)改造稳步推进,有17个村纳入市城中村改造计划,13个村完成规划编制,9个村办理了国有土地证,5个村完成土地"招拍挂";有8个项目列入市旧城(棚户区)改造计划,4个开工建设。注册资金1亿元的区城市开发建设投资有限公司成立,主导城市改造和商业地块开发运作。加大常西湖区域综合整治力度,搬迁各类企业193家,拆除建筑30万平方米,清理垃圾约50万立方米,为常西湖城市生态公园建设创造了条件;同时投入资金约5000万元,建设排污管网10.4公里、污水提升泵站2座,解决常西湖沿线污水排放问题,整治工作取得阶段性成效。

(四)社会事业全面发展,民生质量明显改善

——就业和社会保障体系不断完善。五年来,新增城镇居民就业再就业103804人,其中"4050"人员20506人,农村劳动力转移就业7121人。建设路街道协作路社区被评为"全国充分就业社区"、"全国和谐社区示范单位"。最低生活保障标准不断提高,并实现城乡低保一体化,累计发放最低生活保障金4148.7万元,城乡低保对象始终保持了动态下的应保尽保。五保对象全部实现集中供养,集中供养率100%。启动了服务"空巢"老人试点工作;推行政府购买服务,在自愿基础上为全区60岁以上孤寡老人提供社会化居家养老服务。全面开展城镇居民基本医疗保险和城乡居民养老保险,参保人数分别达到198247人、21850人,参保率分别达80%和70%。认真做好保障性住房建设,廉租住房补贴发放率100%。为100户困难残疾人家庭进行无障碍设施改造,为2986例白内障患者免费实施复明手术,我区荣获"全国白内障无障碍区""河南省残疾人社区康复示范区"等荣誉称号。

——科技教育事业蓬勃发展。逐年加大科技创新投入,2011年全区科技研发经费较2006年增长159%,3次蝉联"全国科技进步先进区"。教育基础设施进一步完善,新建1所中学、4所小学、2所幼儿园,改造教学楼14栋,新增教学班139个、学位6255个。大力实施优质教育资源促进计划,郑州73中和郑州师范学院联合建设郑州师范学院第二附属中学,郑州一中托管郑州三十六中。面向社会公开招聘教师528名,并加大城乡教师交流力度,促进了教育优质均衡发展。为区属56所中小学(幼儿园)全部配备了校医和保安,校园安全得到保障。

——医疗卫生和人口计生服务水平稳步提升。新增医疗机构46家、床位330张、医护人员260名，建成社区卫生服务中心12个、社区卫生服务站33个，全面推行“片医负责制”，15分钟社区卫生服务圈初步建成，实现了中心城区社区卫生服务网络全覆盖。须水卫生院门诊楼建成投入使用，高标准完成了环道外26个村卫生所建设，新农合参保率保持99%以上，卫生监督、妇幼保健工作全面加强。食品药品安全监管取得积极成效，没有发生食品药品安全事故。大力推进“提高出生人口素质、提高家庭发展能力”工程，实施免费出生缺陷干预，人口出生率控制在7.75‰以内，荣获“省级计划生育优质服务先进区”“国家人口早教示范区”称号。

——文化事业日益繁荣。区图书馆、文化馆、档案馆建成投入使用，建成社区文化活动中心55个、农村文化大院46个、农家书屋42个。组织开展了庆祝建党90华诞等节日文化活动，为村民组每月放映一场数字电影，群众文化生活进一步丰富。

同时，撤销须水镇，设立须水、西流湖2个街道办事处，适度调整了各街道辖区范围，提高了行政效率。第六次全国人口普查工作顺利完成。组织开展了“5·12”汶川大地震等重大自然灾害救灾捐助活动。认真做好拥军优属、拥政爱民和军民共建工作，军政、军民团结进一步加强，我区蝉联“双拥”模范城区。

统计、粮食、物价、史志、档案、民族宗教、外事侨务、人民防空、机关事务等工作也都取得了新的成绩。

（五）平安创建深入开展，社会大局和谐稳定

加强社会治安综合治理，12个街道综治工作中心、151个村（社区）综治工作站全部建成；妥善处置群体性事件，应急处置能力进一步提高。深入开展“四严一创”活动，严厉打击“两抢一盗”等违法犯罪行为，始终保持了对犯罪分子的高压态势，群众安全感进一步增强。加强社会管理创新，依托完善的监控网络，建立健全了社会治安防控网格化体系。重视信访工作，成立了区矛盾纠纷排查调解处理中心。严格实行领导干部接访、下访制度，认真落实“五位一体”工作法，充分发挥信访党政联席会作用，一批久拖不决的信访积案得到了有效化解，信访渠道进一步畅通。不断加大教育宣传和隐患排查治理力度，突出高层建筑、人员密集场所、危险化学品等重点领域的安全消防监管，安全生产工作持续加强。

（六）服务型政府建设不断加快，政府执行力大幅跃升

坚持依法治区，广泛开展“五五普法”，公民法律意识和各级干部法治观念明显增强，依法行政工作始终走在全市前列。深入开展学习实践科学发展观、“一竞双争”等学习教育活动，党员干部党性观念和推动科学发展能力进一步增强。自觉接受区人大及其常委会的法律监督、工作监督和区政协的民主监督，认真办理人大代表议案、建议和政协委员提案，五年来共办理人大代表议案、建议366件，政协委员提案801件，代表、委员的满意和基本满意率100%。积极支持各民主党派、工商联、无党派人士参政议政，工会、共青团、妇联等群团组织的桥梁纽带作用有效发挥。继续深化行政审批制度改革，规范审批流程，所有审批项目均实现了“一门受理，集中办理，一站式服务”。区网上行政审批和行政效能电子监察系统建成投入运行。加强基层自治组织建设，完善基层民主管理制度，家庭联户代表制度和“4+2”工作法在全区推广，政务公开、村务公开逐步走向制度化、规范化。加强应急管理，成立了区应急救援大队，应急管理能力不断增强。严格落实党风廉政建设责任制，加强审计监督，严肃查处违法违纪案件，反腐倡廉工作取得新成效。

各位代表，本届政府的五年，实现了“十一五”的圆满收官和“十二五”的良好开局，推动中原区经济社会发展站在了一个新的历史起点上。道路艰辛，成绩来之不易。成绩的取得，是市委、市政府和区委正确领导的结果，是辖区人大代表、政协委员、离退休老同志及社会各界人士关心、支持和帮助的结果，更是全区人民团结一心、奋力拼搏的结果。在此，我代表区人民政府，向奋战在全区各条战线上的广大干部群众，向关心和支持区政府工作的人大代表、政协委员和离退休老同志，向参与我区建设发展的辖区单位及各民主党派、人民团体和社会各界人士，表示崇高的敬意和衷心的感谢！

回顾五年来的政府工作，我们深切地体会到：一是必须始终坚持加快发展不动摇。发展是硬道理。科学发展观的第一要义是发展。要坚持用发展的办法来解决发展中遇到的一切困难和问题，解放思想，主动作为，千方百计推进经济社会科学发展、创新发展、跨越式发展。二是必须始终坚持项

目带动不动摇。把项目作为保增长、调结构、促统筹的重要载体，坚持大招商、招大商，完善和落实项目推进长效机制，确保在建项目、签约项目和谋划项目的合理梯次，提供经济发展的持续动力。三是必须始终坚持加强和创新社会管理不动摇。加强和创新社会管理是新形势、新任务的必然要求。要高度重视、认真研究加强和创新社会管理工作，不断创新工作的理念、方式和手段，着力推进以保障和改善民生为重点的社会建设，妥善化解群众反映强烈的突出问题，最大限度地增加和谐因素、减少不和谐因素。四是必须始终坚持执政为民不动摇。“只有我们把群众放在心上，群众才会把我们放在心上。”要始终坚持以人为本、执政为民，真诚倾听群众呼声，真实反映群众愿望，真情关心群众疾苦，切实把最广大人民的根本利益实现好、维护好、发展好。五是必须始终坚持开拓创新不动摇。开拓创新是推动工作的不竭动力。要始终保持昂扬向上的精神状态，勇于打破不合时宜的观念、体制和墨守成规的行为方式，充满激情，敢于担当，永争一流，奋发有为。

在肯定成绩、总结经验的同时，我们也要清醒地看到存在的问题和不足：一是产业集聚效应不突出，现代服务业发展相对滞后，经济结构有待进一步优化；二是推进新型城镇化任重道远，城市管理水平有待进一步提升；三是由城市拆迁、城中村改造、项目推进等引发的不稳定因素相互交织，维护稳定压力较大；四是少数干部职工责任意识不强，服务效率不高，与人民群众的要求还有一定差距。对这些问题，我们将在今后工作中，采取针对性措施，认真加以解决。

二、今后五年的指导思想、奋斗目标和主要任务

今后五年，是中原区主动融入郑州都市区、加快建设全面小康社会的重要时期，也是我们必须紧紧抓住且大有可为的战略机遇期。经济全球化深入发展，后危机时代资本加速流动，产业持续快速转移；中原经济区上升为国家战略，郑州都市区建设大幕全面拉开；中原区区位重要、交通畅达，且南水北调运河穿区而过、常西湖生态公园建设全面启动，生态资源优势明显，更重要的是市委、市政府东、西两个重心的战略布局和我区都市区先行区的发展定位已经确定，中原区正迎来发展的崭新春天。

今后五年政府工作的指导思想是：以邓小平理论和“三个代表”重要思想为指导，深入贯彻落实科学发展观，抢抓中原经济区、郑州都市区建设的历史机遇，以科学发展为主题，以加快转变经济发展方式为主线，以新型城镇化为引领，大力实施城市化带动、大项目带动、改革开放带动三大战略，加快推进老城区城中村、旧城（棚户区）改造，加快推进常西湖新区改造开发，加快推进中原宜居商贸城建设，逐步实现全域城市化，努力在现代服务业发展、生态环境建设、中原宜居商贸城建设上取得新突破，打造郑州西部富裕、文明、和谐、创新的现代化城市中心区。

主要奋斗目标是：到2016年底，全区生产总值年均增长11%；第三产业增加值年均增长10%；公共财政预算收入年均增长15%；全社会固定资产投资年均增长20%；城镇居民人均可支配收入和农民人均纯收入分别增长10%。同时产业结构进一步优化，自主创新能力明显增强，教育、文化、卫生等社会事业全面发展，养老、医疗、失业保险等社会保障制度更加完善，城乡区域协调互动，人与人诚信友爱，人与自然和谐相处。

围绕上述目标，重点抓好以下五个方面工作：

（一）全面推进中原宜居商贸城建设，打造郑州都市区组团发展示范区。坚持规划先行，高标准编制总体规划和控制性详细规划。坚持项目带动，提前谋划道路交通、生态廊道、市政管网、污水处理等重大基础设施项目，抓好中国家居CBD郑州产业园、锦艺国际轻纺城等一批重大项目，以项目建设带动全局。坚持产城融合，搞好郑州纺织产业园、郑州机械制造（加工）产业园整合提升，夯实产业基础。加强项目谋划运作，着力破解土地、资金瓶颈。

（二）全面加快城市化进程，打造新型城镇化先行区。加快老城区城中村、旧城（棚户区）改造步伐，拓展城市功能区发展空间，完善配套设施，提高城市综合承载力。到2016年三环内城中村和具备条件的老厂区（棚户区）全部改造完成，靓丽的城市形象初步显现。加快合村并城步伐，按照城市建成区标准提前规划配套基础设施，稳步推进股份制改造，推动农村土地集约利用、生活环境改善和公共服务健全，提高农村居民生活质量。

（三）全面改善生态环境，打造市区西部宜居宜业城市拓展区。发挥中原区绿地资源丰富和西流湖、常庄水库等水体优势，积极创建国家森林城市，倾力做好“水文章”“绿文章”。加强环境保护，全力做好金水河、贾鲁河、须河生态水系建设和提升工程,逐步实现“水通、水清、水美”。提前规划设计,高起点做好南水北调运河带状公园建设,高标准建设交通主干道生态廊道,大力推进常西湖新区建设,形成郑州西部大面积连片绿化景观带,提升城市品位,改善城市生态。

(四)全面开展城市管理提升工程,打造省会城市环境首善区。完善城市综合交通体系,做好重点工程建设,实施三环快速化工程,加大停车场(库)建设、挖潜力度,提高城市交通保障能力。加强城市环境综合治理,发挥城市管理智能化平台作用,健全完善城市管理长效机制,提高应急反应能力,实现城市环境畅通、整洁、有序。持续开展城市创建活动,完善社区基础设施,增强社区文化、健身等服务功能,提高城市综合服务能力。

(五)全面保障和改善民生,打造幸福和谐新中原。大力实施优质教育、医疗资源促进计划,全面发展社会各项事业,形成覆盖城乡、布局合理、功能完善、满足人民群众基本公共需求的社会事业服务体系。加快社会保障体系建设,实现城乡居民养老保险全覆盖,逐步提高基本医疗保险和新型农村合作医疗保障水平,健全失业、工伤、生育保险,大力发展福利、慈善和残疾人事业。加强和创新社会管理,妥善处理人民内部矛盾,提高安全监管和应急处置能力,保障群众生命财产安全。

各位代表,站在新的历史起点展望未来,中原区正面临着大开发、大建设的黄金机遇期。加快中原区发展,机不可失;推动中原区发展,责无旁贷。让我们携起手来,勇敢地担负起加快中原区发展的历史使命,以“敢教日月换新天”的胆识和气魄,同心同德、埋头苦干,乘势而上、积极作为,为建设郑州都市区先行区、改善人民福祉而不懈努力!

三、2012 年主要工作

2012 年,是“十二五”承上启下的重要一年,也是全面推进郑州都市区建设、加快我区都市区先行区建设的起步之年。今年政府工作的基本思路是:以建设郑州都市区先行区为目标,以“务实、提升”为基调,以新型城镇化为引领,以老城区改造、常西湖新区开发、宜居商贸城建设为三大战场,以制度创新为动力,积极实施城市化带动、大项目带动、改革开放带动三大战略,大力发展楼宇经济、商圈经济、特色街区经济,改造提升房地产业,培育金融服务业,壮大商贸物流业,着力破瓶颈,着力促就业、惠民生,着力创优势,着力保稳定,推动中原区经济大发展、环境大提升、民生大改善。

主要预期目标是:生产总值增长 9%;公共财政预算收入增长 12%;全社会固定资产投资增长 25%;社会消费品零售总额增长 15%;城镇居民人均可支配收入增长 10%;农民人均纯收入增长 10%。人口出生率、万元生产总值能耗控制在市定目标以内。

重点做好以下八项工作:

(一)加快中原宜居商贸城建设,提升都市区先行区影响力

中原宜居商贸城是郑州都市区“六城十组团”的重要组成部分,且具有良好的产业基础和广阔的发展空间,要努力走在全市组团发展的前列,提高在全市组团中的辐射力和影响力。一是组建中原宜居商贸城管委会,成立机构,充实人员,尽快运转。二是积极推进郑州纺织产业园、郑州机械制造(加工)产业园整合提升,组建中原产业集聚区,实现园区规划无缝衔接、基础设施有机对接和管理优质高效,推动园区发展壮大。三是加快规划编制。进一步明晰中原宜居商贸城的功能定位、产业导向,高标准完善总体规划、控制性详细规划、修建性规划和区域城市设计,体现组团发展的前瞻性,以规划引领发展。今年重点做好 3 ~ 5 平方公里起步区规划建设。四是加强基础设施建设。在规划指导下,依托重点项目,有计划地推进道路、管网、变电站、供热等基础设施,全力做好陇海路西延工程拆迁和生态廊道建设工作。加强谋划运作,合理布局发展空间,积极吸引社会资金参与开发建设,实现滚动发展、可持续发展。五是抓好重点项目推进,突出抓好中国家居 CBD 郑州产业园、锦艺国际轻纺城等一批省重点项目,加快手续办理和拆迁进度,力争上半年形成开工建设高潮。

(二)加快推进城市化,提升都市区先行区带动力

加快老城区城中村、旧城(棚户区)改造开发,加快常西湖新区开发建设,加快推进合村并城,逐步实现全域城市化,以大规模投资拉动经济持续较快增长。一是积极稳妥推进城中村、旧城(棚户区)改造。坚持“稳中求快、快中求好”,加强规划引导,严格规范程序,积极推进城中村改造工作。年内完成朱屯、南陈五寨二期、柿园白庄、岗坡、三官庙、北陈伍寨的拆迁并实现土地“招拍挂”;加强对小岗刘、冉屯、周新庄、罗庄等村安置房建设的督导,保障群众如期回迁;充分发挥区城市开发建设

投资有限公司作用，做好李江沟、孙庄、闫垌北卧龙岗3个政府主导拆迁安置模式的城中村改造试点工作，上半年启动拆迁。同时加大城中村改制推进力度，明晰集体经济产权，激发发展活力。积极吸引有实力的企业参与旧城（棚户区）改造，改善城区环境，提升城市品位。二是加快常西湖新区开发建设。组建常西湖新区管委会，编制区域发展规划，加快开发建设。搞好西流湖区域截污治理工程，配套污水管网及处理设施，加快常西湖生态公园建设，为市民休闲提供一个好的去处。三是加快合村并城。优先推进中原宜居商贸城和重大项目规划范围内的合村并城工作，充分尊重群众意愿，切实保障群众利益，科学规划建设安置区，努力走出一条不以牺牲农民利益为代价的城市化道路。四是积极推动市级行政文化中心建设，加快区委、区政府外迁步伐，以行政文化中心建设带动区域开发和投资增加。

（三）实施开放带动战略，提升都市区先行区发展潜力

一是持续开展“大招商”。进一步整合招商引资资源，完善招商引资项目库，提高招商引资的针对性。以中原宜居商贸城、常西湖新区为主要招商引资平台，以城中村、旧城（棚户区）改造、合村并城和总部经济、楼宇经济、商圈经济为招商引资重点，突出“招大引强”，严格实行项目准入审批机制，着力引进一批具有国际影响力、国内辐射力、国内外资源整合力的重大项目，提升招商引资质量和水平。创新招商引资方式方法，广泛采取网上招商、以商招商、小分队招商等多种形式，加大意向项目跟踪和签约项目协调服务力度，提高招商引资的实效性。二是持续推进项目建设。深入开展项目建设“四比两看一落实”活动，严格实行“一个项目、一套班子、一个方案、一抓到底”项目推进机制，坚持项目建设周例会制度，及时协调解决项目建设中遇到的问题。三是持续优化项目发展环境。进一步加强教育引导，使各方面充分认识项目建设的重大意义，努力营造人人关心、支持项目建设的浓厚氛围。提高政府服务效能，深化行政审批“一站式”服务，对重大项目实行手续代办制，为项目建设提供高效的政务服务。切实加大对干扰项目建设行为的打击力度，做到发现一起、查处一起，决不姑息。四是持续破解土地、资金等瓶颈问题。进一步发挥老工业区土地资源存量丰富的优势，加大土地盘活开发力度，拓展发展空间。积极搭建银企合作平台，拓宽融资渠道，逐步缓解融资难题。

（四）大力发展现代服务业，提升都市区先行区发展活力

一是优化服务业布局。加强调查研究，进一步谋划制定服务业发展规划和商圈布局。贯彻省、市关于促进特色商业区发展的指导意见，依托中原万达广场、锦艺城商业广场、西元国际广场、中原文化广场、中原新城等商业综合体和秦岭路、前进路两条特色餐饮街区，加快周边区域改造开发，大力发展商务办公、休闲娱乐、时尚购物、高档酒店、新型社区等配套服务，在2平方公里左右范围内，高标准打造在全市有影响力、对周边有较强辐射力的中原特色商业区，培育新的城区经济增长中心、区域发展服务中心和城区形象展示窗口。二是积极发展总部、楼宇经济。抢抓城中村、旧城（棚户区）改造机遇，及早谋划建设一批综合性商务楼宇和商业中心，加大二次招商力度，吸引企业总部、研发中心、营销中心等入驻，努力打造一批纳税超百万楼宇，提高城区经济承载力。三是着力发展生产性和生活性服务业。积极发展现代物流、金融保险、电子信息等生产性服务业，加快发展家政服务、养老服务和病患陪护等生活性服务，全方位提升服务业发展水平。四是大力发展非公有制经济。不断加大对非公有制经济发展的鼓励、支持和引导力度，放宽市场准入，允许非公有资本进入公用事业、基础设施等一切法律没有明确禁止的领域，平等参与市场竞争。

（五）加强城市建设与管理，提升都市区先行区综合承载力

以开展城市管理整治提升活动为载体，全面加强城市管理工作，不断提高城市管理的科学化、规范化、精细化水平，打造畅通、整洁、有序的现代化城区。一是完善城市基础设施。新建公厕3座、垃圾中转站3座，修建富春路；积极做好郑州森林城市创建工作，新建5万平方米以上公园1个、4000平方米以上游园1个，确保完成市定新增绿地任务。二是深入开展城市管理整治提升。加大主干道、集贸市场、出入市口等重点区域的管理力度，集中开展窨井盖、道路绿化、黄土裸露、楼体广告等专项整治，坚决治理占道经营、突出门店经营，维护城市秩序。加强市容环境卫生管理，建立清扫保洁长效机制，确保城乡环境干净整洁。加强重点区域及道路治理，集中整治道路破损、建筑物立面不规范等突出问题。加大对生态水系区域内企业的环境

监管，扎实开展村庄生活污水治理，完成贾鲁河周边村庄的污水管网改造，实现生活污水集中收治。持续开展违法用地违法建设整治，进一步巩固治理成果，规范城乡建设秩序。发挥区信息数字化综合指挥中心作用，全力构建数字化城市管理长效机制。三是继续做好“畅通郑州”工程。加快停车场建设，加大辖区机关、企事业单位和社区内部停车场错时对外开放力度，同时创新思路，积极释放和新建停车场。四是全力服务和保障重点工程建设。坚持高起点设计、高标准建设，认真做好南水北调带状公园示范段建设，为南水北调城市景观带建设积累经验。加大资金投入，加强工作协调，全力推进“两环十五放射”道路及市域快速通道拆迁、绿化和培土工作，为工程开工和生态廊道建设创造良好条件。扎实做好市政道路跨南水北调桥梁等工程涉及我区的各项工作任务。

（六）切实抓好财税工作，提升都市区先行区发展支撑力

坚持开源与节流并举，加大税源建设力度，依法加强税收征管，完善财政管理体制，为各项工作开展夯实财力基础。一是加强税源培植。巩固重点税源，加大对纳税大户、规模企业、优势企业的扶持力度，确保重点税源企业平稳较快发展。抓好招商引资和项目建设不放松，努力引进一批市场前景好、利税高的优质企业，增添税收增长的不竭动力。二是加强税收征管。坚持依法治税，健全完善税收征管体系，加强对房地产开发、餐饮等重点投资领域和行业的税收监管。继续开展“四个集中”专项整治，整顿规范税收秩序，加大税收稽查和协护税力度，提高税收征管水平。加强小税种和非税收入管理，确保应收尽收。坚持财税工作擂台赛和财税形势月分析制度，完善财税体制，调动各方面抓好财税工作的积极性。三是加强资金管理。深化国库集中支付制度改革，扩大直接支付范围，加强预算外资金管理，提升国库管理水平。加强财政监督，坚持厉行节约，大力压缩一般性开支，全面推行公务卡结算制度，提高公务消费透明度，坚决杜绝铺张浪费。完善政府采购制度，加大政府采购监管力度，推动政府采购规范化、制度化。

（七）着力保障和改善民生，提升都市区先行区公共服务能力

继续实施积极的就业政策，充分发挥产业集聚园区的创业就业带动作用，多渠道开发就业岗位。推动建立企业工资集体协商机制，保障职工合法权益，建立良好的劳资关系。扩大社会保险覆盖面，逐步完善被征地农民基本生活保障制度，建立覆盖城乡的社会保障体系。

加快建立健全老年人社会服务体系，加强公益性养老服务设施建设，逐步形成政府购买服务和社会资源广泛参与的养老工作格局。积极开展社会救助和慈善救济，加强残疾人社会保障体系和服务体系建设，更加关心“空巢老人”、残疾人等弱势群体。进一步加大保障性住房建设力度，加快已开工保障性住房建设进度。

优先发展教育事业，加大教育投入，加强师资队伍培训，提高教育教学水平。实施优质教育资源促进计划，改善教育教学条件，新增优质学位1260个。加快发展学前教育，区实验幼儿园和须水中心幼儿园建成投入使用，帮扶一批幼儿园达标升级，提高办园质量，缓解辖区适龄儿童“入园难”问题。

深化医疗卫生体制改革，完善“片医负责制”服务模式，方便群众就医。扎实做好重大疾病和公共卫生突发事件防控工作，健全公共卫生突发事件监测预警系统，推行基本药物制度，提升全民医疗卫生保障水平。建设区公共卫生服务中心。加强食品药品监管，保障群众饮食用药安全。深化人口和计划生育综合改革，继续稳定低生育水平；完善利益导向机制，强化流动人口计划生育服务工作，新建区计划生育技术服务指导站，争创全国计划生育优质服务先进区。

加快文化发展繁荣，以郑州创建国家公共文化服务体系示范区为契机，加强文化基础设施建设；发挥区图书馆、文化馆作用，积极组织开展各类群众性文化活动，进一步巩固创建全国文明城市成果，丰富城市内涵，提升城区文化软实力。深入开展“社区建设年”活动，逐步解决社区综合服务用房不足问题，努力创建一批“十星”社区。

高度重视加强和创新社会管理工作，以转变社会管理理念为先导，以改善民生为基础，以解决群众反映强烈的问题为突破口，逐步健全党委领导、政府负责、社会协同、公众参与的社会管理格局。完善社会治安防控网格化体系，健全突发事件应急体制，增强基层快速处置能力，全面提高社会管理科学化水平。进一步加强信访稳定工作，切实把信访稳定工作的着力点放在解决问题上，着重点放在矛盾排查、重点稳控和现场处置上，着眼点放在接访、下访和矛盾调处上，着手点放在严厉打击和责任追究上，全力维护社会和谐稳定。建立完善安全

生产工作激励机制，严格落实企业安全生产主体责任和政府的监管责任，定期开展安全生产和消防隐患大排查、大整治，努力遏制重特大事故发生。

继续做好国防动员、人民防空工作，加强民兵预备役建设，深入开展双拥共建活动。扎实做好统计、粮食、物价、审计、史志、档案、民族宗教、外事侨务、机关事务等工作。

（八）加强政府自身建设，提升都市区先行区保障力

持续加强和改进政府工作，努力在学习调研、依法行政、开拓创新、从严治政上下工夫，不断提高领导和推动科学发展的能力。一是加强学习调研。把学习作为一种习惯、一个追求，向书本学习、向基层学习、向实践学习，深入学习中国特色社会主义理论体系和前沿科学知识，不断提高政府系统工作人员的理论素质和业务能力。注重调查研究，多深入实际、深入基层、深入群众，及时掌握第一手资料，为科学决策奠定基础。二是严格依法行政。自觉接受区人大及其常委会的法律监督、工作监督和区政协的民主监督，认真听取各民主党派和无党派人士的意见建议，积极支持工会、共青团、妇联等人民团体开展工作。抓好"六五"普法，加强法制宣传教育，完善执法监督约束机制，确保公正执法、严格执法、文明执法。大力推进政务公开，充分尊重人民群众的知情权、参与权和监督权，增强政府工作的透明度。三是注重开拓创新。准确把握后危机时代的发展趋势，加强对全局性、战略性、前瞻性问题的研究，始终保持勇于进取的朝气、自加压力的勇气、负重奋进的志气，知难而进，迎难而上，敢于负责，勇于担当。大力倡导和鼓励工作创新，坚决革除不符合科学发展的思想观念、体制机制和政策措施，营造有利于创新务实的工作环境、政策环境和人文环境。四是坚持从严治政。建立健全教育、制度、监督并重的惩治和预防腐败体系，全面落实党风廉政建设责任制，强化权力制约，加强监督检查，从源头上预防和治理腐败。严肃查处违法违纪案件，依法惩处各类违法违纪行为，营造风清气正、廉洁高效的政务环境。

在做好以上八项工作的同时，区政府郑重承诺，今年继续办好十件实事：

1. 进一步做好就业再就业工作，新增城镇就业再就业 22000 人，新增农村劳动力转移就业 1000 人，城镇"零就业家庭"动态为零。

2. 完善教育基础设施，新建 2 所幼儿园，迁建郑州六十九中；改善教育教学条件，为一线教师每人配备一台教学电脑。

3. 加大困难群体救助力度，城乡低保对象实现动态下的应保尽保，五保对象集中供养率保持 100%；为贫困的智力、精神和重度残疾人发放居家托养补助，为全区年满 60 周岁的持证残疾人免费体检、建立健康档案。

4. 完善社区服务体系建设，整治改造 150 个老旧小区物业及基础设施，新建改建 50 个社区文化活动中心。

5. 全面开展城市管理整治提升，整修协作路等 10 条病害道路，购置机械化清扫车 18 台、高压冲洗车 22 台，全区机械化清扫保洁面积达到 40% 以上；新增停车位 8700 个；完成常西湖区域截污工程建设。

6. 加强农村医疗卫生服务，为农村 60 周岁以上老人免费体检、建立健康档案，启动须水卫生院冬季取暖设施和房屋保暖改造工程。

7. 加强食品药品安全监管，设立食品药品快检室，建立餐饮有偿协管机制；新建或改造标准化菜市场 4 家，新建早餐示范店 5 家。

8. 加强保障性住房建设管理，确保低收入住房困难家庭应保尽保。

9. 加快推进陇海路西延工程（西四环—西五环），改善城区西南部交通条件。

10. 加强公共安全和社会管理，建立巡防无线对讲系统，建成 20 个视频监控示范村。

各位代表，回顾过去，我们豪情满怀；展望未来，我们信心百倍。让我们在市委、市政府和区委的正确领导下，深入贯彻落实科学发展观，以昂扬的精神状态、澎湃的奋斗激情和务实的工作作风，解放思想、开拓创新，抢抓机遇、务实拼搏，加快建设郑州都市区先行区，以优异成绩迎接党的十八大胜利召开！

2012 中原区年鉴

ZHONG YUAN QU NIAN JIAN

亮丽中原

数点中原

生产总值 2011年全区完成249.9亿元，与2010年相比增长10%；与2006年相比增长57.8%，五年来年均增长12.3%。

规模以上工业增加值 2011年全区完成68.65亿元，与2010年相比增长17%；与2006年相比增长77.4%，五年来年均增长16.5%。

全社会固定资产投资 2011年全区完成127.7亿元，与2010年相比增长28.3%；五年来年均增长37.1%。

社会消费品零售总额 2011年全区完成134.3亿元，与2010年相比增长17.2%；与2006年相比增长127.1%，五年来年均增长19.4%。

2010年、2011年GDP、规模工业增加值、全社会固定资产投资、社会消费品零售总额对比图

单位：亿元

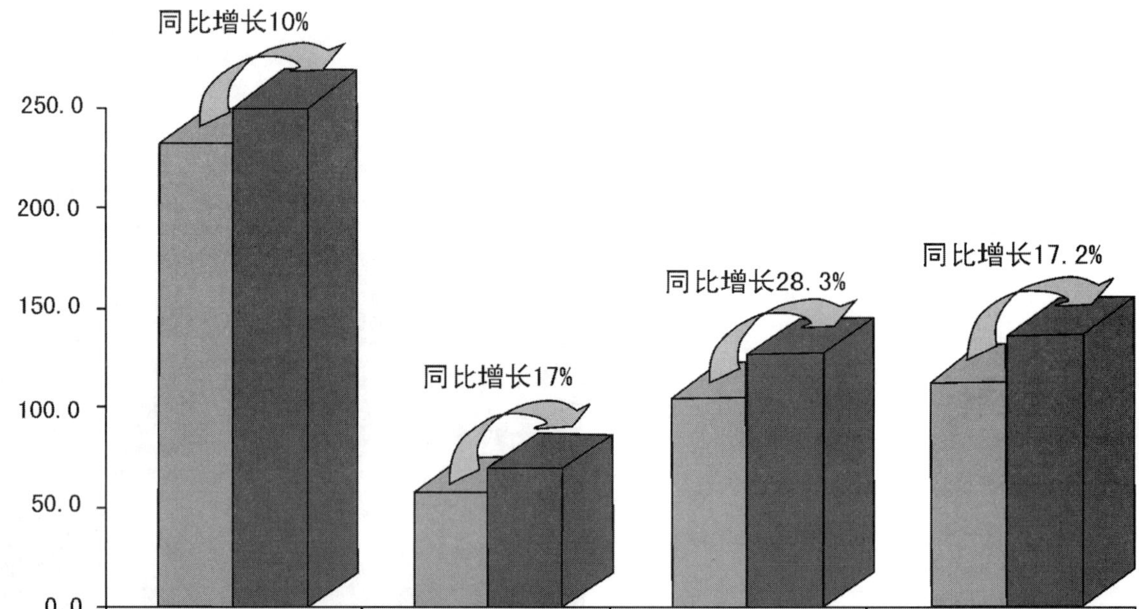

	GDP	规模工业增加值	全社会固定资产投资	社会消费品零售总额
2010年	231.6	57.80	104.2	114.8
2011年	249.9	68.65	127.7	134.3

生产总值构成 第一产业增加值1.2亿元，与2010年相比增长1.6%；第二产业增加值105.8亿元，与2010年相比增长11.6%；第三产业增加值142.9亿元，与2010年相比增长8.8%。

GDP构成图（2011年）

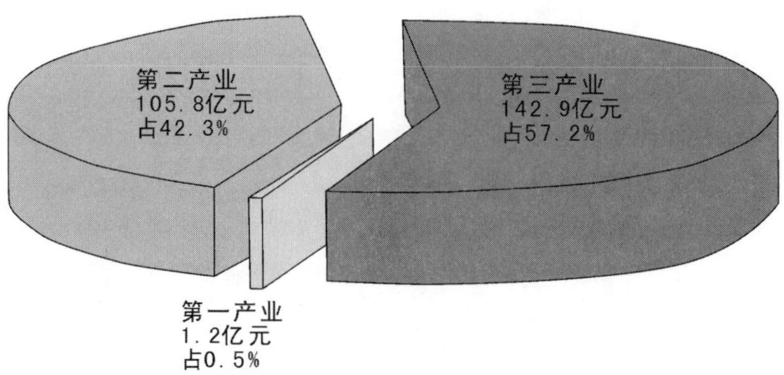

财政一般预算收入　2011 年全区完成 186002 万元,与 2010 年 151571 万元相比,增长 22.72%;是 2006 年 57866 万元的 3.2 倍,五年来年均增长 26.4%。

财政一般预算收入

单位:亿元

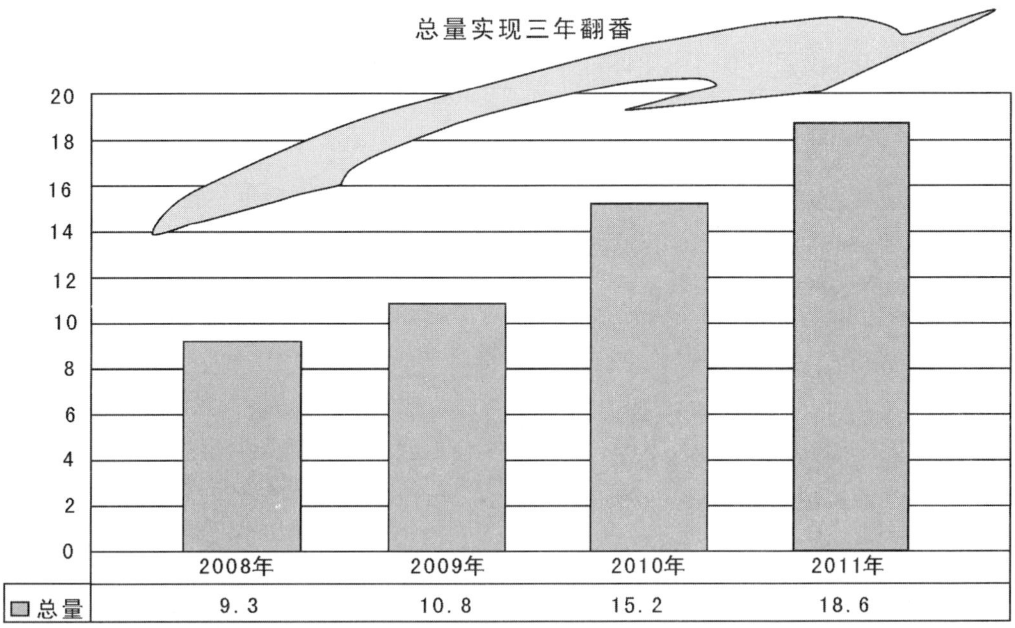

城镇居民人均可支配收入　2011 年 20168 元,与 2010 年 17446 元相比,增长 15.6%;与 2006 年 11039 元相比增长 82.7%。

农村居民人均纯收入　2011 年 12598 元,与 2010 年 10297 元相比,增长 22.3%;是 2006 年 6002 元的 2.1 倍。

城镇居民人均可支配收入和农村居民人均纯收入

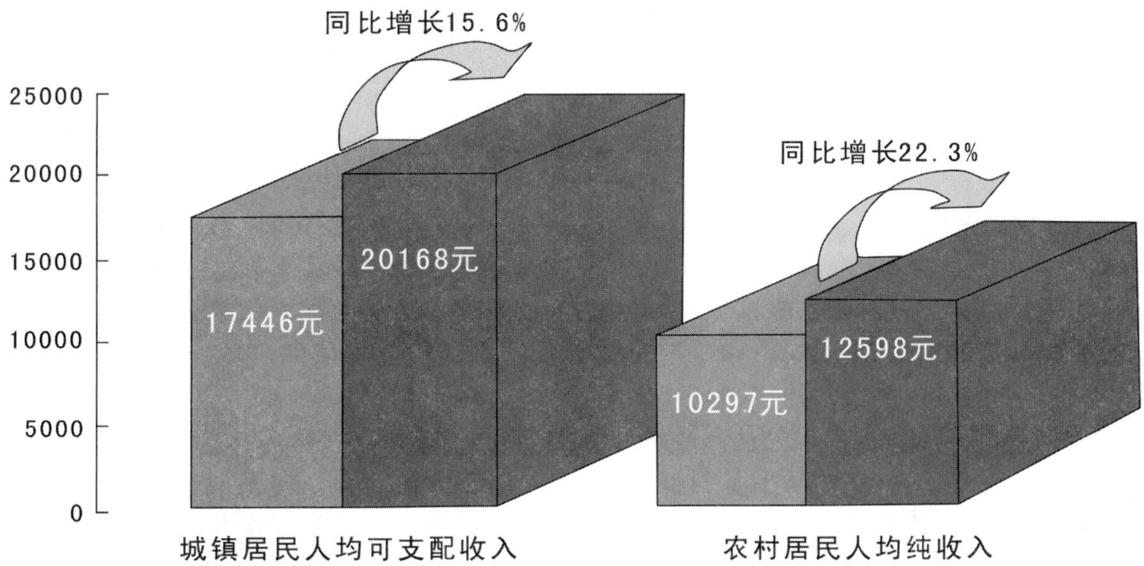

装点中原

罗蒙服装生产基地项目 选址常州路与中原西路西北角，计划投资10亿元，建成后生产西服、男裤、衬衣。

大商新玛特（升龙店）项目 位于桐柏路与陇海路交叉口东南角，占地30亩，建筑总面积约11万平方米，总投资6.3亿元，项目建成后将成为郑州单体规模最大、功能最全、档次最高、品牌最全的集购物、餐饮、娱乐、休闲一体化大型一站式购物休闲广场。

华润万家生活超市中原店项目 入驻建设路与秦岭路交叉口西北角西元国际广场，总投资1.5亿元，总营业面积1.5万平方米，主要经营生活日用品零售及配套餐饮、休闲娱乐、服装、服饰、化妆品、杂货和服务类业务。

保利百合花园项目 总投资15亿元，占地面积约160亩，项目建成后将成为集大型商场、办公、休闲于一体的商业综合体。

欢乐颂项目 总投资25亿元，占地面积约70亩，项目建成后将成为集餐饮、娱乐、休闲、购物于一体的大型购物中心。

方圆经纬花园项目 投资40亿元，位于棉纺北路以南、锦嵩路以东，将建成集住宅、商业、公寓、办公于一体的综合性项目。

盛豪帝湖国际广场项目 投资30亿元，位于桐柏路与航海路交叉口东南角，将建设成为郑州西部最大的商业综合体和购物中心。

大中原国际汽贸城项目 选址中原西路以北、阳春路以南、中州路以西、凌霄路以东，位于规划中的中原宜居商贸城范围之内，总占地面积约1600亩，建成后将形成中国中西部地区规模最大、功能最多、品牌最全、服务最优、环境最美的汽车销售、会展、服务及汽车文化城市综合体。

上海月星家居项目 入驻棉纺路与桐柏路交会处的"锦艺城"内，营业面积8万平方米，总投资1.2亿元。

上海世纪联华生活超市项目 入驻"锦艺城"商业广场，营业面积1.7万平方米，总投资1亿元。

万嘉泉生活广场项目 位于中原西路以南、西三环以西、须水街道赵坡村以东、冯湾村以北，总投资25亿元，项目建成后将打造出集大型购物中心、五星级酒店等多业态组合的高档城市综合体。

郑州中原万达广场 2011年10月28日盛大开业，总投资70亿元，总建筑面积约53万平方米，包括大型商业中心、商业步行街、精装SOHO、高尚住宅等内容，引入了众多国内外一线品牌，业态涵盖吃、喝、玩、乐、购。

魅力中原

全国县（市）科技进步考核先进区
中国新兴纺织产业基地
全国纺织服装产业十大转移热地
全国妇女健身示范点
全国两基工作先进县（区）
全国社会治安综合治理先进县（区）
全国民政工作先进区
全国人口早期教育暨独生子女培养示范区
全国白内障无障碍区
省会改善人居环境工作先进集体
河南省重点产业集群
河南省首个国家级纺织产业基地
河南省残疾人社区康复示范区
河南省南水北调中线工程征迁工作先进区
全省对外开放工作先进单位
全省计划生育优质服务先进区
全省养老服务社会化示范区
全省未成年人思想道德建设工作先进区
全省"双拥"模范城区
河南省独生子女培养示范区
郑州市平安建设先进区
郑州市产业集聚区建设工作先进产业集聚区
郑州市基层组织建设城市社区区域化党建先进区
郑州市安全生产工作先进区
郑州市重点项目建设先进集体
郑州市招商引资工作先进单位
郑州市出口工作先进单位
郑州市对外经济技术合作工作先进单位

发展论坛

提高站位　拼搏进取
争做新型城镇化建设的排头兵

赵书贤

近年来，省委、市委结合省情、市情，作出了加快新型城镇化建设的重大部署，特别是市委确立了“两环十五放射”、快速通道建设等六个切入点，努力在全省新型城镇化进程中“挑大梁、走前头”。中原区作为郑州市西部中心城区，按照市委、市政府的工作部署，结合区情及发展的阶段性特征，科学谋划了工作思路，注重思路促动、宣传发动、重点推动、全域城市化拉动以及大项目带动，努力以大刀阔斧、势如破竹之势，加快推进新型城镇化，完善提升城市功能，扮靓郑州市西部，努力再造一个新中原，实现新发展、新辉煌。

一、注重思路促动。围绕新型城镇化，迅速开展了一系列的动员会、工作部署会和宣传报道，层层动员、深入讨论，统一思想、凝聚共识，并在此基础上明晰了推进新型城镇化建设的工作思路：即以全域城市化为主线，决战宜居商贸城建设、常西湖新区开发和老城区改造提升“三大战场”，实施城市化带动、大项目带动、改革开放带动“三大带动战略”，发展楼宇经济、商圈经济、特色街区经济“三种主导经济”，创新提升房地产业、金融服务业、商贸物流业“三大支撑产业”，努力把中原区打造成郑州西部富裕、文明、和谐、创新的中心城区。

二、注重宣传发动。新型城镇化推进步伐的快慢取决于群众的支持度和参与度。区委、区政府反复强调做任何工作都要依靠群众、为了群众、让利于民，具体工作中，充分发挥群众工作队的作用，从区直各单位抽调了403名党性强、素质高、作风硬的机关干部组成42个群众工作队，有选择性、有针对性地派驻到全区重点工程较多、基层组织建设薄弱、信访问题突出的村(社区)进行帮扶，明确要求各工作队重点配合做好“两环十五放射”拆迁、快速通道建设等工作，全面搜集群众的意见和建议，积极做好宣传解释，进一步夯实群众基础。同时，认真做好扶贫济困、走访帮扶工作，认真细致梳理群众生产生活中存在的困难，竭尽所能帮助解决问题，进一步密切了党群干群关系，充分调动了广大群众关心、支持、参与发展的积极性。

三、注重重点推动。“两环十五放射”道路及市域快速通道建设，是郑州市推进新型城镇化的主要载体和抓手，涉及中原区7条道路，拆迁任务相对繁重，资金筹措压力巨大。中原区不等不靠、克难攻坚，明确了区委常委分包重点路段，督促协调工作，全力以赴加快推进；区主要领导坚持每天召开工作碰头会，及时协调处理问题，实行“一日一例会、一日一督查、一周一评比、一周一奖罚”制度，每周对排名第一的街道办事处立即兑现奖金20万元。创新思路筹措资金，加强政银合作争取信贷支持，探索道路拆迁与经济项目建设相结合，积极撬动社会资金。同时，为避免重复建设，高起点、高标准谋划工作，除完成中原西路南侧50米绿化带拆迁外，一次性把南水北调运河北侧剩余部分全部拆除，整体实施绿化建设。同时，中原区统筹考虑，在“两环十五放射”拆迁中积极积极做到“四个结合”，即和常西湖新区、宜居商贸城建设有机结合，和土地整理、争取建设用地指标有机结合，和打击违法建设有机结合，和城中村改造、合村并城有机结合，有效降低了成本，提高了效率，节约了资源。

四、注重全域城市化拉动。确立了中原宜居商贸城建设、常西湖新区开发和老城区改造提升“三大战场”，并将此作为今年乃至今后一个时期的总抓手，积极谋划、加快运作，努力打造郑州市西部宜居宜商宜业的现代化新城区。其中，中原宜居商贸城注重基础设施完善，加快水电气以及道路、学校等公共基础服务设施建设，以完善的基础设施带动土地升值；坚持“先抓试点、典型引路、逐步推开”的原则，加快合村并城步伐，抓住中国家居CBD郑州产业园入驻机遇，启动实施了赵仙垌合村并城试点；抓住南水北调运河建设机遇，启动实施了三王庄村合村并城，努力实现各项重点工作的同步、联动推进。常西湖新区是中原区加快全域城市化的重要区域，将利用生态资源优势，努力建设全市生态环境最优、人居环境最佳的区域；同时，积极推进撤村并城、城中村改造工作，努力在"村改居""农民变市民"道路上先行先试；提前谋划土地储备，充分挖掘土地蕴藏的资金潜力，实现土地资产的增值保值，为将来大规模城市建设提供资金。老城区改造提升体现了中心城区带动，中原区的中心城区有大量的老城、旧城亟待改造开发，我们将坚持"政府主导、市场运作、群众自愿、规划引领、交通先导、双改同步"的原则，高效稳妥实施，不断完善提升城市功能，拓展发展空间，调整产业结构、转变发展方式，促进全区经济的腾飞。

五、注重大项目带动。项目建设是推动发展的"牛鼻子"，是推进新型城镇化的关键所在。中原区牢牢树立"项目带动发展"的理念，立足于"大招商、招大商"，积极谋划实施具有国际影响力、国内辐射力、国内外资源整合力的"三力项目"，调整产业结构，转变发展方式，提振全区经济发展的活力。围绕楼宇经济、商圈经济运作项目，吸引企业设立综合性总部、区域性总部、职能型总部；抓好碧沙、卧龙、帝湖等商圈升级改造，加快培育中原万达广场、西元国际广场、中原文化广场、中原新城等四大新兴商圈，提升商业档次，打造新的经济增长点。同时，强化对项目建设的领导，专门明确了今年要实施的58个重点项目，明确了分包领导、推进时限，科学调度、紧盯目标、倒排工期，力争项目早启动、早投产、早见效；建立项目推进"绿色通道、快速通道"，坚持特事特办、急事急办、难事巧办，积极主动高效地做好协调服务，努力建设郑州市"创业环境最宽松、发展成本最低廉、办事效率最快捷"的新中原。

转变领导方式加快经济发展
全力建设综合型宜居商贸城区

王东亮

近一个时期以来，特别是接到市委、市政府关于举办"以领导方式转变加快发展方式转变暨都市区建设"研讨班的通知以来，我认真、系统地学习了卢展工书记在《人民日报》上的署名文章及何平九论等系列政论文章，认真翻阅了连书记几次重要讲话，对以领导方式转变加快发展方式转变、中原经济区建设、郑州都市区建设有了新的认识和理解。

以领导方式转变加快发展方式转变，是省委卢展工书记面对时代命题，立足河南实际，提出的转变发展方式的重要切入点。领导方式转变是一个永恒的课题，适应了形势发展的需要，就能推动经济社会发展，反之，则阻碍发展。当前，科学发展已成为时代的主题，领导方式也存在一个能否适应当前科学发展需要、推动科学发展的问题。个人认为，我们的领导方式还存在着一些不适应发展形势的方面和问题，有待于尽快采取有力、有效措施，加快转变。结合近期理论学习和工作实践，当前在转变领导方式上，必须在以下几个方面下工夫：

一是必须持续转变观念。有什么样的发展观念，就有什么样的发展方式。当前加快转变发展方式，已经成为全民的共识，但在实际工作中，仍有一些领导干部对转变发展方式的重要性、紧迫性认识不足，在行动上缺乏自觉性、积极性和主动性。转变发展方式，首要的是引导各级领导干部转变发展观念，尽快摆脱传统发展方式的束缚，牢固树立符合科学发展的新理念，增强转变发展方式的紧迫感、责任感和使命感。

二是必须持续创新创造。当前国际、国内形势继续发生深刻变化，新情况、新问题层出不穷，诸多可以预见和难以预见的风险、挑战并存，同时我们正在推进的科学发展事业，是一项史无前例的开创性事业，没有现成的经验可以借鉴。我们必须以一种"敢教日月换新天"的胆识和气魄，以百折不回的坚强意志和韧劲，直面矛盾，大胆探索，勇于创新，善于创造，创造性推进发展方式转变。

三是必须持续改进作风。作风是领导方式的重要方面，直接影响领导威信和领导工作的成效。

要有精、气、神,有一股闯劲、冲劲、韧劲、干劲,视事业如生命,把事业当追求,勤政敬业,无私奉献。要勇于担责、积极作为,不做老好人,不怕得罪人,只要是于事业有利、于大局有利的,都要不推不拖,知难而进,迎难而上,求实求效。要大兴调查研究之风,深入基层、深入一线,体民情、察民忧,掌握第一手资料,理清工作思路,明晰发展方向。

四是必须持续提升素质。经济社会飞速发展,常使各级领导干部有本领“恐慌”。转变发展方式这一新课题,对各级领导干部能力、素质提出了新的更高要求。要进一步深入学习中国特色社会主义理论体系,坚持不懈用科学理论武装头脑、规范言行,内化为素质,推动工作。要着眼于新的实践和发展,本着“缺什么学什么、干什么学什么”的原则,加强学习,善于学习,不断增强研究解决重大理论和现实问题的能力,力争站在高处、学在新处、用在实处,努力以知识转型升级来促进发展方式转变。

五是必须持续着力民心。民心是基础,民心是根本。改革开放30多年,我国经济社会发生了翻天覆地的巨大变化,综合国力显著增强,同时必须正视发展带来的贫富差距、矛盾多发等突出问题。要强化广大党员干部的宗旨意识和群众观点,把实现好、维护好、发展好最广大人民的根本利益作为一切工作的出发点和落脚点,想群众之所想,急群众之所急,办群众之所需,最大限度地维护群众利益,做到权为民所用、情为民所系、利为民所谋。要加快保障和改善民生,把新增财力更多地用在民生事业上,使广大人民群众共享改革发展成果。要积极稳妥处理人民群众内部矛盾,不断密切党群干群关系。

中原经济区是实现中原崛起、河南振兴的重大战略部署;郑州都市区定位为中原经济区的核心增长极。这是河南省、郑州市顺应和把握经济社会发展规律,深入贯彻落实科学发展观的积极探索。作为郑州市中心城区、老工业区和市委、市政府所在地,中原区理应在中原经济区、郑州都市区建设中发挥应有的积极作用。按照中原经济区、郑州都市区建设的总体战略布局,近来,我们结合中原区区位优势等多方面因素,对我区的发展定位、空间布局、发展思路等进行了深入的研究和思考。

发展定位为:现代产业聚集、生态宜居宜商、社会和谐幸福的现代化城市中心区,为郑州都市区建设发挥积极的先导、示范和带动作用。

空间布局是:“一带两园三区”,“一带”即常西湖沿水岸生态休闲产业经济带。“两园”即郑州纺织服装产业园和郑州机械制造(加工)产业园。“三区”即高端生活服务区,主要指西三环以东的中心城区;宜居生态区,主要指西三环以西、西四环以东区域;宜居商贸区,主要是指西四环以西区域。

发展思路是:坚持准确定位、主动融入的原则,继续大力推进“工业立区、三产兴区、教育强区”战略,全面实施项目带动,以中心城区城中村、旧城改造为契机,积极发展现代服务业,大力发展商圈经济、总部楼宇经济、特色街区经济;以郑州市规划新的行政中心为契机,依托南水北调工程和常西湖生态水系建设,打造生态宜居的行政文化商业区;以宜居商贸城规划建设为契机,发挥优势,整合资源,大视野、大手笔、大力度推进宜居商贸城组团建设,全力建设综合性宜居商贸示范城区。

按照这一发展定位、空间布局和发展思路,下一步,我们将重点做好以下三个方面的工作:

(一)加快构建现代产业体系,调整优化产业结构,增强区域综合经济实力。以项目建设为抓手,以增量调结构,加快产业集聚区建设,大力发展现代服务业,促进产业结构优化升级。一是加快项目建设。项目是经济发展的有效抓手和不竭动力。继续开展项目建设“四比两看一落实”(比投资、比进度、比干劲、比服务,看作风、看实效,抓落实)活动,突出抓好中原万达广场、中国家居CBD郑州产业园、锦艺国际轻纺城、恒天重工新纺机、罗蒙服装生产基地、隆威皮草等一批重大项目建设,同时深入开展“大招商”活动,努力再引进一批重大项目,以项目建设促进产业结构调整、优化。二是加快产业集聚区建设。坚持“工业立区”战略,按照产业发展园区化、园区发展集聚化的要求,认真抓好郑州纺织产业园、郑州机械制造(加工)产业园两个园区建设,努力打造全国一流的纺织产业高地和“精品纺织产业园”。三是大力发展第三产业。第三产业,是我区发展的薄弱环节,也是发展的潜力和努力方向。以道路打通拓宽及城中村、旧城改造为契机,加快综合性商务楼宇建设,大力发展总部经济、楼宇经济,加快发展现代物流业,扶持发展餐饮、娱乐等传统服务业和特色街区,提升服务业发展的整体水平。

(二)统筹城乡发展一体化,加强城乡建设管理,打造生态宜居宜商新城区。以完善城乡规划为先导,以南水北调工程和常西湖生态水系建设为契机,加大合村并城和新农村建设工作力度,全面提升城乡建设管理水平。一是加快宜居商贸城规划建设。宜居商贸城建设,是郑州都市区建设的重要着力点。进一步深化对郑州都市区和宜居商贸城建设的认识,大视野、大手笔、高起点编制宜居商贸城建设规划,明晰努力方向和推进路径,当前要全力推进中国家居 CBD 郑州产业园、锦艺国际轻纺城、明宇汽贸城等物流项目建设,实现宜居商贸城建设的良好起步,为郑州都市区建设和组团发展创造鲜活的经验。二是加快城中村旧城改造。抢抓历史机遇,按照“坚持政府主导、市场运作、群众自愿、因地制宜、一村一案,成熟一个、改造一个”的原则,积极稳妥推进城中村改造,早日把城中村变为社区,把村民变市民,实现经济发展和城市品位的双跃升。加快老厂区、老社区改造开发,推动老厂区、老社区与现代都市的有机融合。三是加强城市管理。把精品意识贯穿于城市管理的全过程,以综合整治为基础,以完善体制、机制为重点,以城市管理数字化综合指挥中心为平台,全面推行网格化管理,建立完善长效机制,进一步提高城市管理的信息化、精细化水平。当前主要任务是,抓好常西湖区域综合整治、西四环绿化带建设、违法用地违法建设整治等重点、难点工作,早日实现区域品位显著提升和建设秩序进一步规范。四是认真做好合村并城和新农村建设工作。把合村并城作为今后一个时期农村工作的中心任务来抓,积极学习借鉴外地合村并城的成功经验,按照工作方案,大胆推进工作试点,逐步实现农民向中心村集中、向城区集中。我区第一个合村并城试点赵仙垌村,力争月底开工建设,争做全市合村并城的先行者、排头兵。继续开展村容村貌路容路貌整治,完善农村道路、环卫等基础设施,建立健全长效管理机制,提高农民群众的生活质量。五是抢抓南水北调运河穿区而过和常西湖生态公园建设的机遇,认真做好区域发展规划,大力发展休闲观光和生态旅游业,高标准打造郑州西部生态宜居新城区。

(三)着力改善民生,切实维护稳定,积极构建和谐幸福新中原。进一步加大财政对民生领域的投入,以每年公开承诺为民办理的实事为抓手,大力实施优质教育和医疗资源倍增工程,加快完善公共文化、就业再就业、社会保障、保障性住房等服务体系,逐步解决群众上学难、看病难、住房难、行路难等热点、难点问题。耐心细致做好信访工作,始终带着对人民群众的深厚感情,畅通信访渠道,理顺群众情绪,妥善解决群众实际困难。加强社会治安综合治理,完善群防群治网络和治安防控体系,提高基层治安防范能力,严厉打击各类违法犯罪行为,增强群众安全感,打造平安中原。高度重视安全消防工作,健全隐患排查长效机制,及时消除安全隐患,保障群众生命财产安全。

积极参与　主动融入　依法履职
全力助推郑州都市区建设

贾成义

2011 年是中原经济区建设上升为国家战略的开局之年,也是郑州都市区建设的起步之年。根据《中原经济区郑州都市区建设纲要(2011—2020)》,中原区在郑州都市区建设中承担着中心城区改造提升和建设中原宜居商贸城的重任。中原区人大常委会按照“突出主题、准确站位、有机结合、求真求实”的要求,围绕郑州都市区建设战略部署,主动融入,积极参与,依法履职,充分发挥人大职能作用,全力助推郑州都市区建设。

一、主动融入促发展

建设郑州都市区,必须坚持和推进科学发展。常委会按照“围绕中心、服务大局、突出重点、务求实效”的原则,紧紧围绕区委“城市化带动、大项目带动、改革开放带动三大带动战略”,立足本职,积极作为,有力促进了全区跨越式发展。

(一)服从大局,积极参与重点工作。人大工作服务和服从地方发展大局，就必须认真完成党委分配的工作任务。常委会坚持服从和服务于区委中心工作，积极参与全区重点工作。根据区委的统一安排，常委会领导分别担任了郑煤集团总部、中原万达广场、中原文化广场、纺织产业园、机械制造（加工）产业园等重点建设项目指挥部的指挥长或副指挥长。常委会领导坚持亲临一线，靠前指挥，深入调研，加强指导，积极协调解决具体问题，保证了这些重点项目的顺利推进。在全市违法用地、违法建设集中整治活动中，常委会领导多次深入所分包的街道、社区（城中村）进行检查督导，要求准确把握政策，掌握真实情况，杜绝“人情工程”，确保专项整治工作不折不扣落到实处。常西湖城市生态公园作为今年我市重大项目，拆迁任务重、难度大。常委会领导密切关注，多次深入实地察看，督促相关部门尽快清除垃圾堆放点，坚决关停污水排放企业，及时制止临时突击栽植或违法建设等行为，有效化解不稳定因素，努力营造项目建设和谐环境。

（二）围绕中心，全力推进科学发展。常委会坚持围绕关系科学发展的关键问题，依法行使职权，推进经济社会又好又发展。一是加强调研提升发展的科学性。近年来，常委会紧扣区委中心工作，充分发挥人大优势，围绕发展重点和民生热点问题，坚持专题调研和常委会领导领题调研相结合，先后对社区建设、三产发展、廉租房管理等30余项课题进行了深入调研，形成有分量、有力度的调研报告30余篇，提出针对性意见建议110余条，为区委决策提供了依据，支持和促进了政府工作。二是抓住关键夯实科学发展的基础。常委会注重提升发展水平和质量，加强对科学发展基础性、全局性工作的监督。为实现经济社会全面协调发展，常委会听取和审议了区政府2011年政府投资项目情况的报告，针对政府投资项目管理协调不到位、民政和社会福利设施建设滞后等问题，要求政府提高项目管理协调水平，提高项目建设质量和效率，加大对民政和社会福利等民生项目的投入，切实保障和改善民生。为提高经济可持续发展能力，常委会听取和审议了区政府关于科技创新专项工作报告，要求区政府加强对高新技术产业的招商引资，加大人才引进力度，强化产学研平台建设，规范科技创新财政资金管理，全面提升科技创新能力。三是关注热点难点问题提升城市文明程度。增强城市软实力，提高城市文明程度是基础。常委会通过加强对创建工作的监督、开展道路交通安全法律法规的执法检查、组织人大代表开展“劝阻不文明交通行为活动”等，全面推进创建全国文明城市活动，提升城区品质内涵，努力建设宜居郑州、畅通郑州。

（三）突出重点，保障科学民主决策。地方人大常委会依法行使重大事项决定权，是保障和促进事关本行政区经济社会发展重大事项科学民主决策的重要机制。常委会坚持长远性、全局性、根本性原则，依法作出决议、决定，为全区经济和民生事业发展提供强有力的决策保障。常西湖城市生态公园建设是改善郑州西部市区人居生态环境，提升市民生活环境质量的重点工程，为集全区之力如期完成这一工程，常委会作出了关于批准区政府还旧借新加快常西湖城市生态公园建设项目的报告的决定。为加快中心城区改造，改善市民居住和生活条件，提升城市形象，常委会作出了关于批准区政府旧城区棚户区改造征收计划的报告的决定，要求区政府提前规划，科学安排，统筹考虑，实现旧城区和棚户区居民住房改造、基础设施建设和社会事业发展同步推进，解决好被征迁居民的实际困难，确保社会和谐稳定。

二、依法监督重民生

建设郑州都市区，保障和改善民生是根本目的。常委会坚持发展的全面性和协调性，在全力推进经济发展的同时，把民生放在了更高位置，做到权为民所用，利为民所谋，发展为了人民，发展成果由人民共享。

（一）关注民生，着力解决民生热点难点问题。关注和改善民生，必须切实解决好关系人民群众切身利益的“衣食住行医保教”问题。南水北调工程是我国实现南北经济、社会、人口、资源协调发展的重大战略性工程，是发展工程、生态工程和民生工程。为优化工程建设环境，确保造福沿线群众，常委会对本辖区南水北调工程移民安置工作进行了视察，听取和审议了区政府专项工作报告，针对部分失地农民生活得不到保障、部分居民安置点安置方案出台迟缓、部分群众强装、强卸、强揽工程造成干扰施工等问题，要求区政府落实政策，采取措施，认真做好失地农民生活保障工作；尽快出台安置方案，确保居民安置有序推进；加大执法力度，优化工程建设环境。

学前教育关系千家万户，为解决学前教育资源不足问题，常委会对我区学前教育工作进行专题视察，针对公办幼儿园比例偏低、师资力量严重不足、民办及农村学前教育管理相对滞后等问题，要求区政府加大幼儿园建设力度，加强政策扶持引导，吸引社会资金投资学前教育机构建设，提升安全和管理水平，促进学前教育均衡发展。

农村医疗卫生基础设施建设，是解决农村群众看病难看病贵问题，提升农村居民健康水平的基础工程。常委会对全区农村基层医疗卫生工作开展情况进行了专题调研，针对存在的村卫生所医务人员年龄老化，业务水平不高；镇卫生院病房陈旧，设备老化，专业技术人员缺乏，不能满足群众就医需求等问题，向区政府提出了针对性的意见和建议，区政府积极采取措施，完善医务人员培训和引进机制，加大对对农村诊所和卫生院的扶持和资金投入力度，改善医疗条件，提高服务水平，不断缓解农村居民看病难、看病贵问题。

（二）强化监督，维护公平正义。司法审判和法律监督工作，是建设法治郑州、构建和谐社会的重要保障。为充分发挥司法权对行政权的监督作用，进一步规范行政审判工作，促进依法行政，防范和救济行政权对公民合法权利、合法利益的侵害，常委会听取和审议了区法院行政审判专项工作报告，针对行政审判工作中存在的突出问题，常委会在审议意见中要求区法院进一步加强行政审判职能，加强对行政机关的司法监督，促进行政机关不断提高依法行政水平；切实加强行政审判队伍建设，提高审判质量和效率，保护公民的合法权益，维公平正义。为充分发挥检察机关的法律监督职能，常委会听取和审议了区检察院法律监督情况专项工作报告，要求区检察院进一步增强监督意识和工作主动性，切实履行法律监督职能；突出法律监督重点，着力加强对审判机关、公安部门执法情况的监督，保障人权，维护正义；不断探索完善法律监督机制，着力提高法律监督水平。

（三）丰富方式，开展工作评议。2007 年开始实施监督法后，针对人大任命干部的管理和“一府两院”作风建设的监督，常委会在充分调研论证的基础上，制定出台了《工作评议暂行办法》，决定每年有重点地选择“一府两院”的领导干部和组成部门的领导（含垂直部门）实施全面评议，即首先组成评议组，把被评议对象向社会公布，先召开由人大代表和社会各界人士参加的不同类型的座谈会，对被评议对象及所在部门的工作成效、工作作风、为民服务及办事效率等方面，广泛征求意见，组织测评，尔后再到所在单位进行考查和测评，最后评议组形成专题材料向常委会会议报告，被评议对象同时向常委会报告工作，由常委会进行审议并表决，评议结果向区委及上级主管部门报告并向社会公布，形成了立体工作评议格局。此做法得到了省、市人大领导的充分肯定并推广，不少外省市、县到我区考察学习。几年来，共对区市政局、区教体局、区工商分局等 31 个政府部门及法院、检察院 11 名领导干部的履职情况进行了评议，去年又开始对政府副区长进行评议，收到了良好的社会效果。

三、创新机制求实效

创新，是做好人大工作的活力之源。常委会在依法履职的同时，注重探索新形势下加强和改进地方人大工作的新思路、新举措，通过完善工作制度、健全工作机制、创新工作方式，不断增强人大工作实效，推动人大工作创新发展。

（一）制度创新，监督工作更规范。制度是基础，是根本，推进工作的不断规范化，必须注重制度创新。常委会立足不断规范监督工作，提高监督工作实效，在制度建设上迈出了新步伐。为强化财政监督，常委会制定了《中原区预算审查监督办法》，使区人大及其常委会的预算监督，实现了由程序性监督向实质性监督的迈进，规范了监督程序，强化了监督力度，提高人大预算监督的硬约束。为保障监督法的有效实施，增强人大监督实效，常委会制定了《关于加强跟踪监督提高监督实效办法》，把初次监督和后续监督结合起来，对监督对象实施连续监督、跟踪监督。根据这一办法，常委会今年 9 月听取和审议了区政府关于 2010 年区人大常委会作出决议、决定及审议意见整改落实情况的专项工作报告，区政府详细报告了区人大常委会 2010 年所作出的 21 件决议、决定和审议意见的办理落实情况，使人大决议、决定和审议意见办理有回声，落实有问责。

（二）程序创新，提升审议质量。科学规范的程序是提高效率的重要保障。为进一步规范区人大常委会会议的运作程序，提高会议运行效率和审议质量，常委会出台了《关于对中原区人大常委会会议有关事项进行规范的意见》，对常委会会议的议题准备、材料报送、参会人员着装、有关人员列席会议和会议纪律，进行了全面具体的规范。常委会组成人员、人大代表和参会人员普遍认为，意见的实施，有效提升了会议的严肃性，会议各环节的运作更加高效，会议审议质量得到提高，将有力促进常委会职能作用的发挥。

（三）工作创新，作风更加扎实。调查研究是做好人大工作的基本功，人大工作务求实效，必须在改进工作方式，加强调查研究上下工夫。为深入了解辖区公安系统体制改革变化情况和全区控制性详细规划开展情况，为适时作出决议决定提供科学依据，常委会创新工作方式，将视察和调研有机结合，将事前调研和事后监督有机结合，今年以来先后对中原公安分局公安体制改革工作情况和中原区控制性详细规划工作情况进行了调研，形成了高质量的调研报告，向区委和区政府提出了继续加大控规编制力度、严把城市公共设施和市政基础设施配套关、严格控制容积率、加强执法监督力度、严肃查处违法建设等针对性意见建议，既保证了这些工作的高质量推进，也为常委会下一步作出决议决定或开展监督提供了充分准备。

奋发有为　以改革创新精神推进政协工作

姚朝社

全国政协主席贾庆林指出：“必须把改革创新作为推进工作的动力，不断推进人民政协理论创新、制度创新、工作创新，永葆人民政协事业的生机与活力。”这为我们推进新时期政协工作提出了明确要求。面对新形势新任务，我们要不断拓展工作思路，在履行职能的过程中大力推进理论创新、制度创新、工作创新，使政协工作在新的起点上实现新的发展。

一、以政协工作实践为基础，大力推进政协理论创新

理论是工作的先导，实践是理论的源泉。政协工作理论只有与新形势和新任务的要求相结合，与党委、政府的中心工作相结合，与政协工作实际相结合，才能具有强大的生命力和指导性，才能推动政协工作常抓常新、推陈出新、良性发展。

围绕中心、服务大局是政协工作必须遵循的基本原则。今年换届以来，中原区政协新一届领导班子紧紧围绕区委、区政府确定的总体思路和工作部署，坚持思想上同心同德、目标上同心同向、行动上同心同行，把政协工作与全区中心工作更加自觉、更加主动、更加紧密的结合起来，始终把服务大局作为履职尽责的中心，深刻认识紧扣大局才能找准位置、体现价值，坚持党委、政府工作推进到哪里，人民政协工作就跟进到哪里，努力为中原区建设郑州都市区先行区贡献力量。

针对换届后的新形势新任务，我们坚持工作的高标准、严要求，突出继承、借鉴、创新的工作方法，坚持在继承中发展、在借鉴中提高、在探索中创新，用改革创新的精神创造性地开展工作，认真履行政协三大职能，充分发挥人民政协协调关系、汇聚力量、建言献策、服务大局的重要作用，力争工作出特色、出亮点、见成效。

二、以规范履职程序为抓手，大力推进政协制度创新

政协履行职能、发挥作用需要良好的制度保障。换届以来，中原区政协立足实际，大力推进各种履职方式的制度化建设，以制度的规范、深化、创新来推动工作的开展。

深化基础性工作制度。制度化规范化程序化是发挥政协作用的关键。换届后，区政协修订和完善了《政治协商、民主监督、参政议政的实施办法》《常务委员会议事规则》《区政协网站管理制度》等工作制度，进一步健全和完善各项基础性工作制度，使各种履职制度更加完备、规范更加明确、程序更加严密，切实保证政协工作顺利开展。

深化参会和活动制度。规范了全体会议、常委会议、主席会议、专题协商会议等各项会议制度，修订了《区政协常委、委员参加政协活动的若干规定》，对政协常委、委员参加会议、活动进行量化，并建立了政协常委参会情况通报制度，进一步调动了政协常委、委员参加会议和参与活动的积极性。

深化学习培训制度。加强学习培训是推动政协工作的有效手段。区政协有针对性地加强委员的学习培训，对新委员采取专题讲座、举办学习报告会、订阅《协商论坛》《郑州政协》等形式，重点组织委员学习有关政协、统战方面的知识，使之尽快进入工作角色；发挥老委员对新委员的表率带动作用，通过召开交流会、联谊会、座谈会等，推动委员共同提高履职能力。政协常委是学习培训的重中之重，区政协重点加强了对政协常委的培训，6 月份组织赴上海复旦大学举办专题培训班，对政协常委进行专题培训，更加调动和激发了政协常委带头履职。

深化测评政协工委制度。针对城区政协按界别划分人数不均衡的实际情况，我们在组织委员进行界别活动的同时，按辖区行政区域建立了 12 个正科级政协工委，并建立了对各政协工委进行量化测评的机制。结合实际情况，今年区政协进一步修订了量化测评机制，要求各政协工委达到“五有”的工作标准：有工作阵地、有工作人员、有专项经费、有工作制度、有活动内容，同时实施年初定目标、年中查进度、年底抓调研、全年重联谊的测评体系，从而有效调动了工委开展工作的积极性和主动性，使政协工委的作用得到最大限度发挥。

深化政协委员管理制度。委员作用发挥的程度决定着政协工作的深度和广度。要真正发挥委员的主体作用，必须强化管理约束机制。我们建立和完善了委员述职制度，每位委员年底都要向所在政协工委进行述职，并撰写书面述职报告。实施委员严进能出制度，对委员实行动态管理，建立委员履职档案，对委员履职情况及时登记，作为评选优秀和调整委员的主要依据，使委员时刻牢记责任，推动了工作深入开展。

三、以提升履职水平为契机，大力推进政协工作创新

政协工作方方面面，要把政协工作抓出特色、抓出成效、抓出亮点，必须立足政协自身特点，牢牢把握时代脉搏，始终保持蓬勃朝气，总结新鲜经验，探索发展规律，大力创新工作思路和方法，切实提升政协工作的科学化水平。

突出政协界别特色。由界别组成是人民政协的显著特色。政协委员由界别推选产生，涵盖了社会的各个层面，其参政议政的目的不仅仅是个人思想的表达，更多的是代表一个群体的意愿。同一界别委员智慧的整合，更加能够发挥委员的作用。新一届政协从这一实际出发，根据领导工作分工和政协的界别组成，建立了主席联系常委、常委联系委员、委员联系界别群众制度，由上而下形成一个界别体系，并且开展了走访委员活动，推动委员积极主动地保持与本界别群众的密切联系，积极了解和反映本界别群众的意愿和要求，使广大委员的聪明才智和专业特长更加集中到各自所熟悉的领域和最具有话语权的问题上，切实发挥委员在界别群众中的代表作用。

突出抓好视察活动。视察是委员了解情况、建言献策、推进工作的重要途径，是民主监督的有效形式。在视察的选题上，区政协紧扣党委、政府的总体思路和工作部署，选择事关全局的重大问题、事关民生的热点问题、事关发展的难点问题开展视察。在视察人员上，区政协根据不同的视察内容，邀请不同界别委员中的专家、学者和相关部门负责人参加，着力提高视察的针对性和科学性。在视察方式上，把视察进行整合分类，有围绕推进区委、区政府的阶段性中心工作开展的视察，有创新视察方式、探索实行的无陪同视察，有把视察与开好政协会议、推进提案办理工作结合起来开展的视察，力促每次视察都收到良好效果。结合郑州市全力推进的“两环十五放射”道路生态廊道建设工作，区政协组织政协常委、委员 40 余人进行视察，有力助推了该项工作开展。

突出提案办理实效。提案是政协的一项基础性工作，区政协重点抓住撰写、办理这两个关键环节：一是撰写，通过视察知情明政、下发撰写参考题目、严把立案关等措施，对委员提提案加以引导，确保提出高质量的提案；二是办理，重点加强对提案的督办力度，形成办理单位主要领导统筹安排、分管领导亲自抓、办案人员具体负责的三级办理责任制，以及办前、办中、办后同委员的三见面制度，确保提案办理工作取得实效。今年区政协共收到提案 188 件，立案 139 件，筛选确定了 10 件重点提案,目前已经通过区委办公室、区政府办公室向各承办单位进行了交办,各承办单位正在紧张的办理落实之中。

突出委员之家建设。2008 年 12 月,区政协在林山寨街道政协工委成功试点建设委员之家,随后高标准建设了 15 个政协委员之家。各委员之家选择不同的侧重点,组织开展了调研、视察、反映社情民意、交流联谊等活动,把工作开展得富有成效。今年,区政协着重围绕"建好委员之家、形成工作网络、广泛联系群众、发挥委员作用"这一主题,以发挥界别作用为依托,在加强联系、创新工作实效上下工夫,深化推进委员之家工作,特别是 5 月 16 日,区政协委员、省残疾人企业家协会秘书长王伟立,组织辖区 50 多名残疾人游览古都开封,让平时很少出门的残疾人很受感动,树立和展示了政协委员的良好形象。

突出强化自身建设。自身建设具有固本强基的作用,是不断提高履职能力和水平的关键。区政协把自身建设摆在突出位置,切实抓好主席班子、常委会班子、委员队伍、政协工委、政协机关这一"五位一体"建设,以夯实政协工作的基础。重点加强政协机关建设,弘扬团结向上的政协机关文化,着力提高政协机关综合性服务能力,增强政务性服务能力和统筹协调能力,积极探索和完善专委会工作机制,加强专委会合作联动,更加有效地发挥专委会作用,确保政协工作高效有序运转。

积极推进县区纪检机关派出机构统一管理增强监督实效 铸就反腐利剑

高天翼

纪检机关派出机构是县区纪委监察局的重要组成部门,其工作成效如何,既直接影响所驻部门党风廉政建设和反腐败工作,又对县区反腐倡廉建设总体格局产生重要影响。对纪检监察派出机构实行统一管理,是改革和完善党的纪律检查体制、加强党内监督的一项重大举措,也是新形势下反腐倡廉工作向纵深推进的必然要求。从我区近年来实际情况来看,探索实施纪检机关派出机构的统一管理,切实发挥好其职能作用,仍是摆在我们面前的一道重要课题。

目前,中原区纪委监察局领导班子有纪委常委 7 名,平均年龄 41 岁,本科以上学历达 71%,其中研究生学历占 29%,女干部比例为 43%。现有部门 11 个:纪委监察局办公室、信访室(政府举报中心)、案件检查室、案件审理室、执法监察室、廉洁自律工作室、区政府纠风办,行政效能监察室、案件管理室、农村党风室、优化经济发展环境局。其中优化经济发展环境局是区委、区政府为进一步优化经济发展环境于 2003 年设立,现有部门 4 个:优化办公室、为大中型企业服务办公室、为非公有制企业服务办公室、区外商投诉中心。共有行政编制 19 名,事业编制 41 名,实际在职人员 55 名。

现有派驻机构 31 个纪委(纪检组),不含中原公安分局纪委、中原国税局纪委、中原地税局纪委、中原质量技术监督局纪委。编制人数 73 名,实有人数 49 名。人员学历结构情况为中专学历的占 4%,大专以上学历占 96%。人员年龄结构情况:30 岁以下的占 10%,30~45 岁的占 71%,45 岁以上的占 18%,其中女干部占总数的 35%。

一、当前基层派出纪检机构管理中存在问题和不足

长期以来,由于管理机制不顺、管理措施不配套、上下衔接不平滑等问题导致基层派出机构在工作中普遍存在"七难"现象,即"关系难协调、工作难开展、作用难发挥、能力难提高、经费难落实、待遇难兑现、成效难体现",以下四个问题尤为突出,严重影响基层纪检派出机构作用发挥。

*(一)双重管理导致监督疲软。*派驻机构作为纪检监察机关的重要组成部分,长期以来实行的是纪委、监察部门与所驻部门双重领导、双重管理体制,县区派驻纪(工)委书记、纪检组长在组织和行政管理服从于所驻部门党组(党委)的领导,在业务上接受上级纪检监察机关的指导,这就不可避免地出现了监督主体隶属于监督客体、监督者受被监

督者领导的局面。在实际运作过程中，同级党委政府对纪检监察机关享有绝对支配权，纪检监察机关在组织人事、工作经费等方面对同级党委政府的依附性很强，而上级纪检监察机关对下级纪检监察机关的领导则仅局限于业务上指导，不利于对所驻部门党委（党组）和行政班子主要领导“三重一大”事项开展监督，弱化了监督实效，易产生同级监督流于形式等问题。

（二）职责权限不明晰导致业务疲沓。当前，暂无对纪检监察派出机构工作原则、职责、权限、内容等进行明确要求的统一、规范的工作细则，且镇（办）纪委书记多为班子骨干力量，不但分管常规性工作，还要承担很多阶段性、临时性工作，常出现“种了别人的田，荒了自己的地”的现象。“四个不够”的问题在基层纪检组织中也很突出：一是思想不够稳定，纪检监察干部“栽刺不栽花”易因工作得罪人，工作辛苦且社会要求标准较高，导致部分纪检干部存在心理落差。二是业务素质不够高，基层纪检干部调整频繁，缺乏稳定性，致使查案基本功、业务知识、办案经验欠缺，主观造成案件查处低效率。三是知识不够全面，部分纪检干部长期在同一岗位工作，知识结构单一，对财会、法律、电脑知识等不了解，办案手段传统，执纪能力相对落后。四是作风不够过硬，“人情网”“说情风”“硬对手”的存在客观阻挠基层办案工作开展。

（三）力量分散导致难以发挥整体合力。当前基层派出机构分布分散、点多面广，无论派驻机构大小、行政职能集中或单一，均采用同样的设置模式，致使纪检监察力量在总体分布上呈现“平均分配”、众寡不一、强弱不均的状态。各纪检监察派驻机构之间缺乏必要的横向联系和沟通，工作中往往各自为战，互不通气，难以形成纪检监察派驻机构的整体合力，难免有些案件重复办理，造成不必要的人力、财力浪费，甚至在党纪、政纪和法纪交叉案件的处理上，有时出现移交不及时、不移交等情况，影响了案件查处工作，同时也影响了反腐败斗争的深入开展。

（四）干部交流、物资保障不到位掣肘工作开展。中纪发〔2009〕9 号文件要求：“纪检监察机关领导班子在同一班子任期满 10 年的，应当交流”，从实际来看，干部交流力度应进一步增强。另外由于种种原因，当前基层纪检机关派出机构仍存在编制不健全、办公场地不充裕、物资保障不到位、办案补贴落实不到位、办公设备严重缺乏等问题，长期下去，不但会挫伤基层纪检干部办案积极性，也将严重影响派出纪检机关工作有效开展。

二、我区强化派驻纪检监察机构管理工作的探索

近年来，我区围绕突出基层纪检机关监督实效这一目标，着力通过建立健全监督机制、激励保障机制、沟通协调机制等措施理顺上级纪检监察机关与基层纪检派出机构关系，增强工作整体合力。

一是不断充实纪检监察机关干部队伍力量。2007 年，我们以干部调整为契机，在全市范围内率先为镇办配齐了专职纪委副书记；2009 年我区以落实中纪发〔2009〕9 号文件精神为抓手，通过报名、资格审查、笔试、面试、考察等环节，面向区直机关、镇、街道在编正式干部公开选拔了 5 名副科级干部和 5 名一般，实现了年龄结构和学历层次的大幅优化；2010 年，区委、区政府制定下发了《关于进一步加强基层纪检监察工作的意见》，依据文件要求，为镇、办配备 5 名纪（工）委副书记，使全区镇、街道纪（工）委副书记全部配备到位。

二是不断加强基层纪检监察组织建设。按照省、市纪委关于“各级政府应当将纪检监察机关办案经费列入统计财政年度预算，应当为纪检监察机关查办案件提供必要的办公场所和办案装备”的要求，我区不断加强纪检监察组织硬件建设保障力度。经区长办公会研究将办公经费预算标准参照公检法经费标准，调整为每人每年 1.6 万元执行。2009 年为区纪委监察局新调剂办公用房 3 间，购买办公桌椅 13 套，汽车 3 辆，台式电脑 3 台，笔记本电脑 2 台，打印机 4 部，复印机、传真机、摄像机、照相机、录音笔各 1 部；协调镇（街道）党委为基层纪委调剂办公用房 11 间，调剂办公用车 13 辆，督促执行纪检监察干部公用经费政策。

三是加强基层纪检机关“上下、左右”经常性联系。坚持派出机构监督和查办案件工作直接受区纪委监察局领导，通过建立重要情况、问题直接请示、报告制度，区纪委常委联系派出机构制度，派出机构定期列席委局机关办公会议制度等加强与基层派出机构的日常沟通和协调；充分发挥区纪委监察局的协调作用，通过建立派出机构联席会议制度，每两个月召开各部门负责人、派驻机构负责人

联席会议，听取驻在部门的意见建议，解决派驻工作中的问题；注重加强派驻机构间的互助性交流，定期召开派出机构工作例会，邀请相关专家进行辅导，组织派驻干部学习纪检监察业务知识，交流工作进展情况，讨论解决具有共性的问题，如加强岗位廉政风险防控、创新反腐倡廉宣传教育等，在交流中促共同提高。

三、推进县区纪检机关派出机构统一管理的对策建议

（一）规范职责权限，明晰职能定位。推进县区纪检机关派出机构统一管理，要着力理清派出机构与驻在部门、区纪委监察局之间的关系，建议在实行统一管理后，派驻机构负责人不再参与驻在部门的行政业务工作，参加党组会议但不参与业务分工、有建议权但不参与决策。建议对纪检监察机关向部门派驻的机构干部队伍实行组织人事、工作经费垂直管理制度，并建立与上级纪检监察机关紧密联系、与派驻部门人、才、物完全分离的专门机构，加大监督机构的独立性和威慑力，切实增强监督实效。

（二）统筹调配资源，组团发展促优势互补。从实际来看，派出机构所驻部门有大小之分、工作职能各不相同、所辖范围多少不均，僵化的机构设置模式难以满足实际工作需求。建议可将派驻纪检组与派驻纪工委相结合，对一些下属单位、人员编制较多的部门派驻纪检组、监察室，对其余部门按照工作职能的特点进行整合，设立派驻纪工委，统一管理各部门的纪检监察工作，通过实行组团派驻，提高人力、财力资源的利用效率，建议在区级纪检监察机关增设派驻纪检干部管理机构，进一步加强对派驻机构和派驻纪检干部的管理和使用。

（三）建立健全相关制度，完善派出机构管理。统一管理是整合纪检监察基层工作力量、扎实推进基层反腐倡廉建设的有效途径，在健全工作运作机制中要把握两个原则：一是统一管理；二是放手放权。要以健全派出机构参与驻在部门重要决策、领导干部奖惩任免审查、开展日常监督、受理信访举报、查办违纪违法案件等制度确保工作有序运行；以建立对基层纪检派出机构工作定期督查、考核奖励等制度加强县区纪委监察局对基层纪检机构领导。建议上级纪检监察机关制定出台全面完整的对县、乡派出纪检监察机构进行考核管理的制度规定，尤其需要突出日常监督制约和可量化的工作目标管理，只有硬性的监督管理才能产生良好的激励效果。

（四）加强派驻机构队伍建设，提高履职能力。建设一支高素质的派驻机构队伍是提高履职能力的基础。一是加强派驻干部队伍建设，采用公开选拔、面向基层选调等多种方式把政治强、素质好、潜力大的优秀年轻干部充实到派驻纪检监察机构，并加大交流轮岗力度，积极向外推荐在派驻机构工作时间长、政治素质好、工作能力强的同志。二是加强派驻干部能力建设，以考核评价为导向，突出对派驻纪检监察机构履行监督职责情况的考核，通过培训、以案代训、上挂下派等多种形式，加大对派驻机构干部的业务培训，使其既熟悉纪检监察工作，又掌握驻在部门工作特点和流程，不断提高履职能力。三是加强派驻干部作风建设，完善诫勉谈话制度、重大事项报告制度，严格执行办案回避、公务回避等制度，规范纪检监察干部的行为，对不适合在纪检监察机关工作的干部，坚决予以调离；对严重违纪违法的，依纪依法严肃处理，保证纪检监察干部队伍的纯洁。四是加大财政支持力度，要严格按照中纪发〔2009〕9号、10号文件要求和郑办〔2005〕16号、郑发〔2009〕21号文件要求夯实基层纪检监察机关干部队伍建设，切实解决编制、待遇、办公经费、办公场所、办案装备等问题。

学习李林森先进事迹做"六心"组织部长

李长义

李林森同志是新时期组织部长的优秀代表，近期，中央号召全国组织系统的干部职工积极学习他的先进事迹，大力弘扬组织部门的优良传统和作风，扎扎实实推进组织部门自身建设。作为一名组织部长，就要学习李林森同志的政治品格，做忠心于党的组织部长；学习李林森同志的公仆情怀，做贴心为民的组织部长；学习李林森同志的职业操守，做公心办事的组织部长；要学习李林森同志的理论修养，做潜心求知的组织部长；学习李林森同志的进取精神，做精心创业的组织部长；学习李林森同志的精神追求，做淡心名利的组织部长。

一、要学习李林森同志的政治品格，做忠心于党的组织部长

习近平副主席在号召各级党员干部向李林森同志学习中，指出"要学习李林森同志为党的事业鞠躬尽瘁、对党忠诚的政治品格，像他那样坚定理想信念，矢志拼搏奋斗"。组织部门是党委的重要组成部门，肩负着党的建设重要任务，党的好多工作都是通过组织部门落实和贯彻的，组织部长是组织工作的"领头雁"，组织部长是否对党忠心、忠诚，影响着组织工作是否与党委工作合拍、一致。作为组织部长要严格执行党的路线方针政策，认真落实上级的各项决策部署和要求，在政治上、思想上、行动上与党中央保持高度一致，严格按照党的原则和政策办事，坚决不能出现有令不行、有令假行，有禁难止、有禁不止。

二、要学习李林森同志的公仆情怀，做贴心为民的组织部长

李源潮部长在李林森同志先进事迹报告会上，提出：李林森同志对基层百姓怀有深厚真挚的感情，时时处处都把群众放在心里最重要的位置，全国的组工干部都要像他那样一心为民、无私奉献。密切联系群众是党的优良作风和政治优势，一切为了群众，一切依靠群众，从群众中来，到群众中去，集中起来，坚持下去，是党的根本工作路线。作为组织部长就要时刻牢记党的宗旨，走出机关，深入群众、深入实际，拜群众为师，发现问题，解决问题，热情真诚地为党员、干部和基层群众服务，真心实意地为人民群众办实事、做好事、解难事，与人民群众心贴心、心连心、心通心，做群众的知心人、暖心人、贴心人。

三、要学习李林森同志的职业操守，做公心办事的组织部长

李林森同志在工作中，经常对身边的工作人员说："组织部是一个渡人的梯子，选人用人是党委的最大形象，关乎事业成败和群众是否真正满意。我们一定要鲜明市委用人导向，乐为'基石'，善当'伯乐'，做好参谋，把好选人用人关。"组织部门是管干部的部门，被大家看高、看重，同时也被大家多议、多论，看高看重的是我们手中的权力，多议多论的是我们用人导向。我们在工作中，要讲政治、顾大局、守纪律，特别是干部工作中，要坚决抵制用人上的不正之风，不管这种干扰来自哪里，是什么背景，都要敢于抵制，而且要旗帜鲜明地加以反对，做到坚持原则不动摇、执行标准不走样、履行程序不变通、遵守纪律不放松，真正做到公道正派，为党的事业把好选人用人关。

四、要学习李林森同志的理论修养，做潜心求知的组织部长

时间在2011年7月31日定格，李林森同志在听他爱人读《达州日报》的"两会"报道中永远地闭上了双眼，在他生命的最后时刻，他没有忘记学习。李林森同志从一名教师到检察官、村支部书记、乡长、党委书记、副县长、副市长、组织部长，经历了多个岗位，在每个岗位上，他都能适应胜任，出色地完成每项任务，这得益于他孜孜不倦的勤奋学习和求知。组织工作随着经济社会的发展不断赋予了新的内容和要求，作为组织工作的第一责任人，就应该加强学习，学政治理论、学业务知识、学新兴技术、学先进经验，不断提高自身的思想政治素质和业务能力水平，进而不断适应新形势、解决新问题、创造新业绩。

五、要学习李林森同志的进取精神，做精心创业的组织部长

四川省达州万源市委组织部远程教育中心副主任陈升涛，回忆在李林森部长身边工作过的岁月时说：李林森部长把工作当命、把事业当命，他任部长伊始就提出“小县要有大作为，穷县更需争一流”，他要求组织部各个方面的工作都必须出新、出彩、出色，对工作精益求精、追究完美。组织工作是项政策性和业务性很强的工作，作为组织部长就必须了解上情，清楚下情，才能做到娴熟应手。组织工作是事关党的事业大局的工作，作为组织部长就要始终绷紧“责任”这根弦，始终保持强烈的事业心和责任感，勇于担当、勇于创新，用心工作、精益求精，高标准要求、高质量落实，努力创造一流的工作业绩。

六、要学习李林森同志的优秀品德，做淡心名利的组织部长

李林森的追思会上，有一位姑娘举着“李叔叔，您一路走好”的条幅，这位姑娘与他无亲无故，他却从不高的收入中挤出足额的学费资助她上完高中、读完大学。他曾对朋友说：“看到那些有困难的干部群众，我就想起自己老家的父母，这些乡亲也是我的亲爹娘啊！”我们要学习他这种从严律己、清正廉洁、淡泊名利的精神境界，带头遵守党的纪律，模范地为党和人民尽责分忧，严格执行领导干部廉洁从政各项纪律规定，切实增强遵纪守法、廉洁自律的自觉性，自觉使“十严禁”成为铁的纪律和行为规范。“吏不畏吾严而畏吾廉，民不畏吾能而畏吾公，公则民不敢慢，廉则吏不敢欺，公生明，廉生威”，虽是古训，但从中我们应读出真谛，读出境界。

李林森同志虽然仅仅担任了四年半的组织部长，可他的先进事迹永远感召着我们每位组织部长；虽然他仅仅度过了42岁的短暂生命，但他的高尚品德永远影响着我们每位组工干部；虽然他仅仅是一位县级组织部长，但他的卓越追求永远激励着我们勇往直前。以李林森同志为榜样，做一个政治上靠得住、工作上有本事、作风上过得硬、干部群众信得过的新时期的组工干部、组织部长。

大事记

1月

1日，市区城乡居民基本殡葬服务费用免除。

5日下午，市人大常委会主任白红战在区委书记王贵欣、区人大常委会主任贾成义、副区长成小波的陪同下，到棉纺路街道五棉南社区，实地查看社区“两店”建设试点工作。白红战对棉纺路街道社区“两店”建设试点工作给予了充分肯定，并指出：中原区要总结棉纺路街道在该项工作中好的做法和经验，将其作为社区“两店”建设工作中的试点、亮点推行；要加大对商户的扶持力度，积极协助解决商户在生产、供应和销售方面存在的问题；要创新机制，加强管理，切实为社区居民带来方便实惠。

6日上午，市委书记连维良带领市直相关部门负责人到中原区湖光新苑小区，对保障住房建设情况进行调研。

6日上午，市中院党组成员、院长助理刘祖一，市中院司法技术处处长李庆伟一行到区法院与辖区的12位市人大代表、政协委员座谈并征求意见，与会代表、委员从加强法律宣传普及、健全绩效考核制度、妥善处理涉诉信访问题、改善区法院办公条件等方面对法院工作提出了中肯的意见和建议。

10日，副市长刘东与市工商、卫生、质监等委局领导一起，到郑州普瑞生物工程有限公司查看“双节”期间食品安全工作。

10日下午，区委书记王贵欣带领须水镇、林山寨街道、秦岭路街道等10个镇（街道）的行政正职和两办督查室、区民政局的主要负责人到林山寨街道和秦岭路街道调研社区建设和管理工作。区委常委、副区长袁聚平，区委常委、区委组织部长赵红军陪同调研。

12日下午，中原区召开安全生产工作会议，安排部署贯彻落实全国安全生产会议精神和春节期间安全生产工作。

13日上午，省工业和信息化厅与省服装协会在郑东新区国际会展中心举办了“河南省承接产业转移示范集聚区授牌签约仪式”。会上，郑州纺织产业园荣获“河南省承接产业转移示范区试点”单位，河南省原副省长贾琏朝、省工业和信息化厅副厅长刘昱旻为纺织产业园授牌，并对纺织产业园在承接纺织服装产业转移方面取得的成绩给予了充分肯定。

17日，中原新城大岗刘一号地块主体施工负责人阮某带领约200人到中原新城讨要工资，并与中原新城的保安发生了打架斗殴事件，致使3名农民工受伤。公安部门出动警力16人，及时制止了斗殴事件的再次发生。

18日上午，中原区召开中国家居CBD郑州产业园项目进展专题汇报会。区领导王东亮、袁聚平、王建业、成小波、苏振文及区直相关部门主要负责人参加汇报会。会议由区委常委、常务副区长陈宏伟主持。

19日上午，省发展和改革委员会副主任、党组成员王红到中原区岗坡路农贸市场、中原西路农贸市场和世纪联华超市（汝河路店）查看春节前市场供应情况。

19日下午，市人力资源和社会保障局局长周春晖、常务副局长王清芬，在区长王东亮的陪同下，走访慰问了林山寨街道办事处3名企业退休人员。

19日下午，区四大班子主要领导、主管领导和区财政局、区国税局、区地税局全体中层以上干部及11个镇（街道）书记、主任欢聚一堂，隆重举行中原区财税系统2011年春节联谊会。

20日下午3时左右，中原区须水镇西岗村大庄村民组一民宅自建房屋发生突发性倒塌事故，造成3死3伤。事故发生后，区委、区政府高度重视，区主要领导第一时间赶赴现场，积极做好事故处理和善后工作。

21日下午，中原区在区机关北5楼会议室召开深入开展违法用地违法建设集中整治工作动员会，对违法用地违法建设集中整治工作进行再动员、再部署。区违法用地违法建设集中整治工作副县级以上督导领导、区直分包部门主要负责人、须水镇和街道办事处党政正职、主管副职及涉及的行政村书记、主任和相关人员参加了会议。

24日下午，区四大班子领导王贵欣、王东亮、贾成义、乔秀花等带领区相关部门负责人到郑州市警备区进行节前慰问，送去慰问金2万元。

24日，区总工会举行“双节”送温暖、帮扶困难职工活动启动仪式，下发价值30余万元的米、面、油至各镇（街道）和委（局）。区委书记王贵欣、区长王东亮等区四大班子领导参加了活动。

25日上午，区委书记王贵欣、区长王东亮、区人大常委会主任贾成义、区政协主席乔秀花等四大班子领导到中原西路垃圾中转站、锦艺·国际华都广场等环卫一线看望慰问环卫工人，向他们致以节日的祝福，并送去米、面、油等慰问品。

25日上午，区长王东亮在区民政、残联及街道办事处等单位主要负责人的陪同下，先后到残疾人周淑莲、低保户张秀花和帮扶对象牛林生家中，走访慰问。每到一户，王东亮都仔细询问他们的吃饭、取暖情况，为他们送去了棉被和米、面、油等生活必需品，向他们转达区委、区政府的亲切关怀，嘱托他们保重身体、温暖过冬，同时，叮嘱民政部门领导、街道及社区干部，对困难群众要格外关心，平时多到困难群众家中走一走、看一看，及时解决他们的实际困难，切实让困难群众感受到党和政府的温暖。

25日下午，由区委、区政府主办，区委宣传部、区文化旅游局承办的中原区2011年迎新春文艺演出在郑煤集团礼堂隆重举行，并取得圆满成功。演出结束后，区领导走上舞台，与演职人员亲切握手，合影留念，并祝贺演出圆满成功。

27日上午，市长赵建才在市长助理、市政府秘书长张学军，区委书记王贵欣、区长王东亮及市直有关部门领导的陪同下，到棉纺路丹尼斯百货商场超市、百花社区便利店、中原中路农贸市场和长途汽车客运西站等地，检查节日市场供应以及公共场所安全。

28日上午，区委书记王贵欣、区长王东亮、区委副书记陈纪忠、区人大常委会主任贾成义、区政协主席乔秀花、区政法委书记王正轩等一行10人，到建设路派出所看望慰问民警，并送慰问金20万元。

28日下午，区长王东亮带领区政府办、区政府督查室、区爱卫办、区城市管理执法局等单位主要领导，对中原区市容环境卫生进行检查，重点检查了城乡接合部、出入市口环境卫生和市容评差最差单位以及违法用地违法建设集中整治情况。

29日下午，市委书记连维良在区委书记王贵欣、区长王东亮等领导的陪同下，先后走访慰问白鸽集团、郑州市儿童福利院、中原区敬老院及城乡低保家庭、计划生育贫困户、困难党员家庭，代表市委、市政府向大家致以节日的问候和祝福，并送去了慰问品和慰问金。

31日下午，副市长王跃华带领市直有关部门人员在区长王东亮、副区长王宏军的陪同下，对中原区春节期间安全生产工作进行了检查，重点查看了碧沙岗公园大型游乐设施安全运行情况、游乐设备安全证照及安全管理到位情况，查看了大商超市的消防安全运行及安全监控，参观了熊猫烟花公司凯旋门大型无药烟花展厅，抽查了工人路一家烟花爆竹零售点。

2月

2月始，结合全党正在开展的创先争优活动，中原区在纪检监察系统开展以“爱岗位、强素质、正作风、作表率”为主题的“队伍建设年”活动。

9日，省人民检察院副检察长李晋华到中原区人民检察院看望困难干警。

10日下午，区委书记王贵欣主持召开紧急会议，安排部署全市“两会”期间重点工作。区安监局、区国土局、区城建局、区城管执法局、规划分局、须水镇、航海西路街道、中原西路街道等单位主要负责同志和两办督查室工作人员参加会议；区长王东亮，区委常委、副区长袁聚平，副区长王宏军，区长助理秦俊福出席会议。参会单位分别汇报了“两会”期间各自承担的主要任务和采取的工作措施；王东亮明确了“两会”期间的三项重点工作，即安全生产和信访稳定工作，违法用地违法建设集中整治工作和市容环境卫生工作，并要求相关单位和相关责任人切实增强责任意识，深入一线进行排查摸底，做到心中有数，对重点问题、重点人员进行有效稳控。最后，王贵欣做出进一步强调，“两会”期间，三项工作要做到“日巡查、日报告，全覆盖、零报告，有措施、有效果”，保障区主要领导随时掌握有关情况。

17日上午，中国人民解放军总后勤部政委刘源上将一行莅临郑煤机集团视察工作。省委常委、市委书记连维良，区委书记王贵欣、区长王东亮等领导陪同视察。

22 日上午，区长王东亮在区委常委、副区长袁聚平，区长助理秦俊福的陪同下，带领区政府办公室、区城管执法局、区城乡建设局、区国土局、须水镇、航海西路街道等单位主要负责人，实地查看了西流湖周边区域和须水镇铁炉村、庙王村，航海西路街道段庄村违法用地违法建设集中整治工作。在查看西流湖周边环境整治时，王东亮要求，须水镇和环保部门要加大对西流湖周边环境整治力度，妥善排放生活污水，合理处置工业污水，保障群众生活质量。在几处违法用地违法建设整治现场，王东亮指出，区委、区政府对违法用地违法建设整治工作一直非常重视，多次进行了安排部署，特别是"1·20"西岗民宅自建房倒塌事故更给我们敲响了警钟，我们一定要按要求及时做好违建拆除工作，绝不能新增一起违法建设。

23 日上午，中原区组织召开区信访突出问题和群体性事件联席会议，研究解决信访疑难问题，安排部署全国"两会"期间信访稳定工作。区联席会议成员、相关案件包案领导和须水镇、航海西路街道、三官庙街道、区法院、区拆迁办等单位主要负责人参加了会议。

23 日上午，区政协主席乔秀花带领区政协委员，调研区文化馆、图书馆建设工作。乔秀花一行首先听取了相关工作汇报，随后对文化馆的装裱室、舞蹈室、展览室，图书馆的书库、阅览室、信息资源共享中心等文化活动场地进行了实地查看，详细了解辖区特色文化活动开展情况、群众文化阵地建设情况等，对区文化馆、图书馆的建设工作提出了具体的意见和建议。最后，乔秀花强调，要进一步加大宣传力度，完善群众文化活动设施，整合全社会文化设施资源，努力满足群众多层次、多方面的精神文化需求。

23 日下午，中原区在区机关北 5 楼会议室召开违法用地违法建设集中整治工作会议，对违法用地违法建设整治工作进行再安排、再部署。

24 日上午，区长王东亮在副区长成小波及部分区直部门负责人的陪同下，到中原万达广场、恒天重工新纺机工程、锦艺国际轻纺城、朱屯城中村改造等项目现场，实地调研项目建设，协调解决相关问题，要求全区上下继续坚定不移地加快推进项目建设，确保重点项目早日开工、早日建成、早日投产、早日见效。

24 日，中原区进行了区划调整，将中原西路街道管辖的 14 个行政村进行了划分。其中，朱屯村划归棉纺路街道管辖；冉屯村、董砦村、牛砦村划归桐柏路街道管辖；南陈五寨村、后牛庄村划归秦岭路街道管辖；旭岔王村划归绿东村街道管辖；岗坡村划归建设路街道管辖；三官庙村划归三官庙街道管辖；林山寨村划归林山寨街道管辖；北陈五寨村暂时由中原西路街道代管。中原西路街道有罗庄、周新庄、洛达庙 3 个村和 1 个新接管的绿都社区。

25 日上午，由香港锦艺集团投资 50 亿元打造的锦艺国际轻纺城项目正式开工建设，市长赵建才，市人大常委会副主任刘全心，副市长王跃华，市政协副主席牛西岭，市长助理、市政府秘书长张学军，市政府副秘书长张吉出席了开工仪式。区长王东亮致辞；副市长王跃华讲话。最后，各位领导共同为项目开工剪彩。该项目成为区 2011 年的首个开工建设项目。

28 日下午，区委书记王贵欣在区委 4 楼会议室主持召开部分重点项目汇报会，区委常委、区委办公室主任李玉卿，区委常委、常务副区长陈宏伟，区委常委、副区长袁聚平，区人大常委会副主任王建业，副区长成小波及郑州纺织服装产业园、郑州机械制造（加工）产业园、区商务局等部门负责人参加了会议。

3 月

4 日上午，中原区在区机关北 5 楼会议室召开了 2010 年度妇女儿童工作总结暨表彰大会，热烈庆祝"三八"国际劳动妇女节 101 周年，全面总结中原区 2010 年度妇女儿童工作，表彰 2010 年度妇女儿童工作先进集体和优秀妇女典型，安排部署 2011 年度妇女儿童工作。

5 日上午，区委理论学习中心组会议暨信访稳定工作会议在区委 4 楼会议室召开。全区副县以上领导干部，各镇（街道）党工委书记，信访局、安监局、国土局等单位主要负责人参加会议。与会人员集中学习了《市委办公厅关于认真学习用领导方式转变加快发展方式转变系列政论文章的通知》《建设中原经济区的机遇在哪里——论用领导方式转变加快发展方式转变》(“何平九论”第一论)等文件、文章。随后,会议对全国“两会”期间中原区重要工作进行了安排部署。

8日下午,省委政法委检查组组长岳绍琪一行5人莅临中原区检查指导2010年法官绩效考评、干警执法档案建设以及涉法涉诉信访稳定工作。市委政法委副书记孙桂林,区委常委、政法委书记王正轩,区政府副区长王宏军等领导陪同检查,区法院、区检察院以及辖区各派出所负责人参加座谈。检查组对区法院的法官业绩档案、干警执法档案以及“纠正执法问题、促进公正执法”活动和“集中清积”活动等材料进行了认真检查,现场观摩了法官的电子档案。

8日至10日,中原区在区青少年活动中心举办了2011年行政执法人员行政执法资格认证培训班,全区行政执法部门和单位的160余名行政执法人员参加了培训。邀请到了省政府法制办经济法规处处长吴宝山、行政复议处副处长李大可、监督协调处处长陈庭祥为参训人员进行授课解惑。

10日上午,市委常委、组织部长、市社区帮扶工作领导小组组长姚待献,市民政局局长、市帮扶办主任李建民一行在区领导王东亮等的陪同下到桐柏路街道新世纪社区调研社区帮扶工作。

10日下午,以市绩效考核办公室副主任拓新强带队的郑州市政府2010年度政府责任目标检查考核工作组对中原区2010年各项责任目标进行了检查考核。

11日下午,中原区在区机关5楼会议室召开常西湖区域综合整治动员会,对综合整治工作进行了动员部署。区长王东亮要求,各相关单位要高度重视、立即行动,紧密配合、全力推进,按时保质保量完成整治任务,切实把好事办好、实事办实。

12日上午,中原区召开全区各单位主要领导干部会,认真传达11日晚上市委、市政府紧急工作会议精神,并就全区当前和今后一个时期的工作进行了再安排、再部署。会议由区委书记王贵欣主持。区长王东亮首先通报了全市紧急会议召开的情况,并对当前全区社会稳定、信访稳定、安全生产和消防工作进行了具体安排部署。王贵欣认真分析了当前的工作形势,并指出,全区各级领导干部班子成员要真正负起责任来,进一步树立起一心为民、克难攻坚的工作表率,坚持良好的工作作风,做到有组织、有纪律、有素养,关键时刻、关键事情、关键问题能冲得上、攻得下、守得住、解决得了,遵守组织纪律,服从组织安排,确保在各自的工作职责范围内做到履职尽责。

13日上午,区长王东亮在副区长王宏军的陪同下,带领区安全生产监管、城乡建设和消防等部门主要负责人,先后到三官庙村改造施工工地、中原万达广场施工工地、至尊王朝洗浴中心等重点部位,实地查看消防安全工作。

15日上午,市政协主席李秀奇带领部分政协委员,到郑州纺织产业园逸阳、梦舒雅、若宇、娅丽达等重点服装企业调研。区领导王东亮、乔秀花等陪同调研。

17日,最高人民检察院做出了《关于授予蒙凡同志全国“模范检察官”荣誉称号的决定》,要求全国各级检察机关广泛开展向蒙凡同志学习的活动。

17日上午,针对近期出现的食盐价格上涨和抢购现象,区物价局成立食盐价格专项检查领导小组,全面开展食盐价格大检查活动。

17日上午,由省信访局副局长谢海洋带队的省信访工作督查调研组在市信访局相关领导的陪同下对中原区贯彻落实省信访工作会议精神以及全国“两会”期间信访保障工作情况进行专项督查调研。

19日上午,在郑州纺织产业园管委会2楼会议室举行长远印塑、鸿达水洗、明阳塑业、泰隆经纬、信达新材、宏发印染、韩香家纺、三环机模等8家企业集体入驻签约仪式。

19日,全市对外经济暨重点项目和产业集聚区建设工作会议在市青少年宫召开,会上对在2010年重点项目建设中表现突出的先进集体和先进个人进行了表彰,其中中原区人民政府荣获郑州市2010年度重点项目建设先进集体。中原区全年列入考核的市级以上重点项目9项,实际完成投资11.53亿元,占年度建设目标261%,为中原区经济发展起到了重要的推动作用。

21日下午，中原区召开三类居民区集中整治工作动员会，对三类居民区集中整治工作进行全面安排部署。本次整治活动范围为三环以内50个三类居民区，分宣传发动、调查摸底、分布实施、整改提高四个阶段进行，9月底结束。此次集中整治活动将以解决困难群众实际问题、改善社会民生为目的，全区动员辖区群众积极参与整治工作，营造一个全民动员、共同参与的良好局面。

21日，根据《河南省民政厅郑州市中原区须水镇实行城市管理体制的批复》（豫民〔2009〕43号）和《郑州市人民政府办公厅关于中原区撤销须水镇设立须水西流湖街道办事处的通知》（郑政办文〔2010〕34号）文件精神，撤销须水镇设立须水街道办事处和西流湖街道办事处。

22日上午，区长王东亮在区委常委、副区长袁聚平，区长助理秦俊福的陪同下，带领区政府办、区城市管理局、区行政执法局、区环保局、区爱卫办、西流湖街道、航海西路街道、秦岭路街道等单位主要负责人，先后到小京水垃圾积存点、河道垃圾积存点、中原大桥下排污口等重点区域，实地查看污染治理情况，并对污染源治理提出要求。

22日，区委九届十五次全体（扩大）会议在区机关北5楼会议室召开。会上，区委书记王贵欣简要通报了省委第二巡视组对中原区工作的反馈意见，并动员全区各级各部门，进一步统一思想、提高认识，认真做好各项整改工作，不断开创全区跨越式发展新局面。

25日上午，副市长王跃华代表郑州市政府与罗蒙集团股份有限公司正式签订罗蒙服装生产基地项目合作协议，罗蒙服装生产基地项目正式入驻中原区。市工信委主任史占勇，区委常委、常务副区长陈宏伟，副区长成小波，以及罗蒙集团董事长盛静生等公司高层管理人员出席签约仪式。

25日下午，区长王东亮带领区政府办、区委组织部、区城市管理局、区行政执法局、区环保局、区爱卫办、西流湖街道、航海西路街道等单位主要负责人，再次到小京水村、宋庄村、道李村等重点污染区域，实地查看污染治理情况。区领导袁聚平、秦俊福、黑书亮参加了实地督导查看。

26日上午，区四大班子领导、各街道及部分局（委）负责同志，实地观摩了中原万达广场、啓福尚都、纽伦服饰、锦艺国际轻纺城等项目进展情况。随后，在区机关北5楼会议室召开了跨越式发展2010年度总结表彰暨2011年工作动员大会。

28日至31日，第十九届中国国际服装服饰博览会在北京中国国际展览中心（新馆）举行。郑州纺织产业园的梦舒雅、娅丽达、戈洛瑞丝、逸阳、纽伦5家女裤企业和渡森男装企业等组成“郑州展团”，代表郑州服装整体水平参加会展。29日上午，中共中央政治局委员、国务院副总理张德江在中国纺织工业协会会长杜钰洲陪同下，到梦舒雅展位视察指导，听取了领秀服饰总经理陈勇斌的介绍，询问企业生产经营情况，了解企业发展自主品牌的做法和体会。张德江鼓励梦舒雅等参展服装企业要坚持科学发展，加快转变发展方式，大力推动产业结构调整升级，加速推进自主品牌建设，努力提高服装行业的竞争实力和可持续发展能力，为实现纺织大国向纺织强国转变作出新的更大贡献。

29日下午，郑州纺织产业园品牌男装代表企业之一——渡森服饰在展览中心新闻发布厅举办“质感男人的选择”新闻发布会。国家服装协会副会长魏林、国家纺织工业协会秘书长王茁和郑州市副市长王跃华等出席新闻发布会；渡森男装形象代言人、著名国际影星甄子丹参加新闻发布会。王跃华在新闻发布会上表示，市政府已对郑州的服装产业发展出台了规划，郑州将以郑州纺织产业园等产业集聚区为平台，在未来5年，力争将服装产业打造成超千亿规模的产业。

30日上午，区长王东亮、区委副书记陈纪忠、副区长王泰峰一行到须水街道桐树王村调研“合村并城”工作。调研中，王东亮提出明确要求：一是尽快成立组织。二是制定切实可行的实施方案。三是善于学习。四是抓紧落实。

30日下午，人力资源和社会保障部党组成员、纪检组长袁彦鹏一行8人到建设路街道协作路社区调研劳动保障工作。省人力资源和社会保障厅厅长郭俊民、市常务副市长胡荃、市人力资源和社会保障局局长周春辉、区长王东亮等有关领导陪同调研。

3月，中原区制定了《中原区机关工作人员工作日午间禁止饮酒实施细则》,明确界定 8 种违反禁令的行为,详细规定具体处罚措施。

4 月

1 日上午,中原区纪检监察系统“儿童图书日”捐助活动在郑上路第二小学隆重举行。市纪委常委赵国锋、区纪委书记李幸福参加活动。

1 日上午,郑州市政府第三次全体会议召开,中原区荣获“郑州市人民政府 2010 年度完成责任目标优秀单位”称号,区长王东亮参加会议并上台领奖。

5 日下午,郑州都市区建设华人华商论坛暨项目签约仪式在郑州国际会展中心轩辕堂隆重举行,河南泰隆经纬包装科技有限公司签约在郑州纺织产业园内建设生产。

7 日是世界卫生日,中原区在五一公园门前开展第六十二个世界卫生日集中宣传活动,宣传主题是“控制抗菌素耐药性”。

8 日上午,市人大常委会副主任周长松带领市园林局、市环保局、市城管局等部门负责人,到中原区实地查看西流湖综合整治工作。

12 日上午,中原区人才暨教育工作会在区机关北 5 楼会议室召开。会议总结回顾了中原区近几年来人才暨教育工作开展情况,并对今后的人才和教育工作进行了安排部署。区委书记王贵欣作了重要讲话。

12 日上午,中原区 2011 年人口和计划生育工作会议在区机关北 5 楼会议室召开。会议回顾总结了中原区 2010 年人口和计划生育工作,表彰了 2010 年度人口和计划生育工作先进单位和先进个人,并对 2011 年人口和计划生育工作进行了安排部署。区委书记王贵欣对 2011 年的人口和计划生育工作提出了明确要求:一是强化宣传教育,发挥宣传先导作用。二是强化利益引导,转变群众婚育观念。三是强化部门联动,真正实现齐抓共管。四是强化优质服务,切实提升工作水平。

12 日上午,中原区在区机关北 5 楼会议室召开 2011 年农村工作会议。会议总结回顾了中原区 2010 年农业和农村工作,对 2011 年农业和农村工作进行安排部署,表彰了农村村容村貌路容路貌专项综合整治工作中的 9 个先进整治村和 9 个先进驻村工作队。区委书记王贵欣作了重要讲话。

14 日,内蒙古乌海市人口计生委一行 9 人,到中原区参观人口学校、家庭发展大学、益智园、早期教育基地和指导站。

14 日下午,副市长王跃华带领市政府四处、市发改委、市规划局、市工信委、市建委、市环保局、市房管局、市电业局、市大项目办、市国土局、市土地储备中心等市直有关部门负责人,到郑州纺织产业园实地调研,现场办公。

15 日下午,由国务院南水北调办公室主任鄂竟平带队的国务院南水北调工作调研组在省委常委、市委书记连维良,副省长刘满仓和副市长王哲的陪同下,实地察看南水北调中线工程中原区段的进展情况。区领导王贵欣、王东亮陪同视察。

15 日,市委常委、政法委书记高建慧及省消防总队政委李存安一行 20 余人到建设路街道视察巡消一体化工作。

15 日,市人大常委会主任白红战到汝河路街道电力社区检查“两店”建设情况。

19 日至 22 日,全国十四城区人大工作研讨会在中原区召开。19 日上午,举行了开幕式暨第一次全体会议,王东亮代表区委、区政府致欢迎词,并介绍了中原区区情及经济社会发展情况。

20 日下午,商务部服务司副司长王选庆、中国商业联合会行业部部长张丽君在省商务厅副厅长耿建国、市政府副秘书长宋柏松、市商务局副局长张延廷等领导陪同下,到帝湖花园社区和中原中路标准化菜市场调研。

21 日上午,三官庙街道辖区单位河南省体育彩票管理中心郑州西区分中心举行乔迁庆典。

21 日下午,广东省佛山市三水区副区长郝卫兵一行 12 人,在市人力资源和社会保障局总职业指导师张春生、仲裁院院长张纯旭、办公室主任樊昕、就业办副主任牛立勇的陪同下,对建设路街道协作路社区劳动保障工作站建设和工作开展情况进行观摩。

21 日，瑞驰有限公司经河南省商务厅批准在中原区成立。该项目注册资本 4 亿元，合同利用外资 6072 万美元。

27 日上午，郑州市中小学德育建设工作会在郑州市第七十三中学报告厅召开。市教育局领导翟幸福、王霄郦、田保华、张大龙、郭跃华、王克杰等出席会议。

27 日至 29 日，全国数学优质课评比在厦门隆重举行，中原区桐淮小区小学教师代旭锋代表河南省参加此次比赛，并以优异的成绩荣获全国优质课比赛一等奖。

27 日，中原区劳动模范协会和中原区工会主席协会成立。

28 日上午，中原区纪念五四运动 92 周年暨共青团工作总结表彰大会在区机关北 5 楼会议室隆重召开，各街道及相关单位分管共青团工作的领导、基层团干、辖区团员青年代表共 300 余人参加了会议。

5 月

1 日上午，区长王东亮在副区长王泰峰的陪同下，带领区政府办、区农委、区商务局、区工商局、区卫生局、区质监局、区市场发展中心及相关街道办事处主要负责人，到须水街道中茂养殖场、西流湖街道富民种猪场及马庄村段国强养猪场，调研了解生猪养殖及瘦肉精专项整治工作情况。

6 日，由河南省政府主办、省商务厅等单位承办的豫京津经济技术合作洽谈会在北京举行。区长王东亮等相关单位负责人参加了此次洽谈会暨项目签约仪式。会上，区长王东亮同大商集团副总李华伟签订了大商新玛特(升龙店)项目协议书。

7 日，中原区召开省会创建全国文明城市中原区工作部署会。会议传达了 4 月 29 日省会创建全国文明城市(简称创文)工作会议精神，对中原区创建工作进行了详细的安排部署。会议由区长王东亮主持。区副县级以上领导干部，区委各部委常务副职，区直机关各单位行政正职，各街道党政正职及宣传委员，各人民团体负责人，各社区主任，区创文办全体人员 300 余人参加了会议。区委书记王贵欣提出了明确要求：一要瞄准目标、背水一战。二要突出重点、全面深化。三要以人为本、科学创建。四要强化措施、务求实效。五要强化保障、推进落实。

9 日至 13 日，为响应市委、市政府“大招商，招大商”的号召，区委书记王贵欣亲自带队前往广东招商，为中原区的宜居商贸城建设起到了积极的推进作用。

12 日上午，区长王东亮带领区法院、区国土局等单位主要负责人到须水街道查看第十一次卫片违法建设整改拆除情况，先后查看三十里铺村、付庄、须水村。通过现场查看，王东亮对须水街道本次卫片违法建设整改拆除情况表示满意，认为须水街道在第十一次卫片违法建设整改拆除工作中，领导重视、措施得力、整改到位。

12 日上午，共青团河南省委副书记孙巍峰、团省委少年部部长李山英、团市委副书记李磊一行，到互助路小学实地调研中原区少先队工作，并与大队辅导员代表进行了座谈，团区委、区教育体育局有关负责人参加座谈会。

12 日，郑州市老干部大学中原区分校正式开课，课程安排有中医养生、声乐、舞蹈和书法。

13 日，中原区民政局婚姻登记中心新安装的视频音频网络远程监控系统投入使用。

16 日上午，由团区委联合区文明办共同举办的中原区“文明创建·志愿先行”志愿服务活动启动仪式在河南工程学院隆重举行。辖区各行各业共 1000 余名志愿者代表参加了启动仪式。

16 日下午，中央社会治安综合治理委员会督导组到中原区检查指导工作。督导组一行先后到区信息数字化中心、建设路街道协作路社区、百花路艺术小学进行实地检查指导。检查结束后，中央督导组和陪同的省、市领导对中原区在防控体系建设、基层综治工作站建设等方面的创新举措给予充分肯定，对中原区校园安全保卫工作给予高度评价，认为中原区校园安全保卫工作投入到位，防范到位。省委政法委副书记、省综治办主任王建西，市委政法委副书记牛扶牢，区委书记王贵欣等省、市、区领导陪同检查。

17 日上午，广西壮族自治区政协副主席李达球一行在市政协副主席党普选、市住房保障和房地产管理局副局长程广平的陪同下，到郑州热电厂电新街棚户区改造工地实地考察。

17 日上午，郑州市政协视察团一行 50 余人，到中原区视察委员之家建设和工作开展情况。视察团先后观摩了桐柏路街道政协工委城开社区委员之家、三官庙街道政协工委豫花园小区委员之家、咱家小院委员之家。观摩过程中，视察组详细了解了中原区委员之家的建设和工作开展情况，特别是对全区的委员之家资源共享、发动政协委员踊跃参与等特点给予了充分肯定。

17 日下午，省人力资源和社会保障厅副厅长李西斌一行 5 人到建设路街道协作路社区调研劳动保障工作。市人力资源和社会保障局局长周春辉、常务副局长王清芬等陪同调研。

17 日下午，区委常委、区委组织部长赵红军到汝河路街道调研高层建筑消防安全及“五小”门店集中整治工作。

17 日，中原区在区机关北 5 楼会议室召开文明执法严格执法专项活动动员大会。区长王东亮作了重要讲话。区领导李幸福、何进平、成小波、王宏军、黄乃林、黑书亮出席会议。区直行政执法部门领导班子成员及全体行政执法工作人员参加会议。

17 日，交警二大队经市总工会的积极推荐、省创争活动指导委员会的严格审定、评选和社会公示，荣获“河南省学习型组织先进单位”，这是 2010 年度河南省创争活动指导委员会开展此项活动中郑州市唯一获得该项荣誉的单位。

18 日上午，中原区隆重举行重大项目签约仪式，总投资 131.5 亿元的 5 个重大项目签约落户中原区。

19 日，中原区首个合村并城试点——赵仙垌村合村并城（盛世天地城）项目正式启动。

20 日上午，中央电视台安全生产万里行专访记者对中原区安全生产“三分六定”网格化管理和辖区的河南西工机电设备有限公司、郑州市娅丽达服饰有限公司进行了安全生产管理现场跟踪报道。

23 日至 24 日，郑州市 2011 年县级政府教育工作督导评估第一小组组长、市政府教育督导室副总督学、市教育局调研员崔秀兰一行 17 人，对中原区 2007 年以来教育工作进行了全面督导评估。

24 日，副市长张建慧带领市规划、园林、土地储备中心等部门负责人，实地察看中原区常西湖生态公园用地拆迁工作进展情况，并对下一步工作提出要求。他强调，常西湖生态公园拆迁工作要按照一气呵成，打歼灭战，不能遗留问题，确保绿化建设顺利推进这一总体要求，继续发扬连续奋战的工作作风，坚持好的工作机制，维护现有拆迁成果，加快拆除进度，确保按预定时间节点，完成整体用地拆迁任务。区领导王贵欣、王东亮等先后陪同查看。

25 日上午，河南省地税局副局长李建华一行到中原区地税局须水税务所，调研基层建设工作。

25 日上午，郑州一中教育集团三十六中校区揭牌仪式在郑州市第三十六中隆重举行。市教育局局长翟幸福、副局长田保华、副调研员卢欣华等领导参加揭牌仪式。

25 日，副市长刘东一行到桐柏路街道送变电社区调研社区体育工作。

26 日，由法制日报社主办、中原区人民检察院承办的“强化检察机关法律监督职能·实践与探索”座谈会在嵩山饭店召开，来自全国的专家、学者齐聚一堂，共同探讨当前检察机关如何提高法律监督能力和水平、实现检察机关科学发展这一课题。

27 日上午，区人大常委会主任贾成义，区政协主席乔秀花，区委常委、区委办主任李玉卿，区人大副主任何进平，区政协副主席苏振文等领导到汝河新区小学、航海西路小学看望少年儿童，给学生们送去了饮水机、书包、篮球、羽毛球等节日礼物，并向全区少年儿童致以节日的祝贺。

27 日下午，中原区在区机关北 5 楼会议室召开全区集中处理进京非访、重复访问题暨执法检查工作推进会。会上，区委常委、区委政法委书记王正轩提出了省执法检查组交办的案件 5 月底前息诉罢访 85% 以上，6 月底前息诉罢访 95%，“七一”期间保持全区社会大局稳定，不发生涉法涉诉、进京非正常上访等案件的要求，并对下一步工作进行了具体的安排部署。

27 日下午，在广州举行的郑州市情推介暨项目签约仪式上，中原区签得 209 亿元大单，取得了招商引资工作的新突破。

30 日下午，中原区在嵩阳饭店召开《郑州市中原区须水镇小城镇总体规划（2011—2020）》，中原区须水镇常州路以西中原西路以北地块控制性详细规划、须水镇西四环以西陇海西路以北片区控制性详细规划专家评审会。

31 日上午，在郑州国际会展中心举办的豫沪经济技术合作交流会暨签约仪式上，总投资 2.2 亿元的月星家居锦艺店、世纪联华锦艺店项目正式签约入驻中原区。

31 日，中原区在建设路（工人路至文化宫路）南侧开展第二十四个世界无烟日集中宣传活动。

31 日，须水街道办事处揭牌仪式在该街道办公新址隆重举行。区领导王贵欣、陈纪忠、贾成义、乔秀花、王正轩、李玉卿、袁聚平、杨洁等出席了揭牌仪式。办公新址位于中原西路。

6 月

1 日，郑州市儿童医院西区医院开诊仪式在棉纺西路 7 号院隆重举行，该院是由市卫生局批准的公立非营利性医院，建筑面积 6000 平方米，环境优美舒适，设有门诊、急诊、输液留观、住院部和功能科、检验科、放射科等临床和辅助科室，配备了 DR、全自动生化分析仪、四维彩超、丹麦丹迪肌电测听仪等多项大中型仪器设备，是集医疗、科研、教学、预防为一体的儿童专科医院。

1 日上午，中原区召开事业单位岗位设置管理工作动员暨培训会，全区事业单位人事管理将由身份管理逐步转换为岗位管理。

3 日下午，区长王东亮带队参加在北京举行的郑州市 2011 年与中央企业合作项目签约仪式，与河南华润万家生活超市有限公司签订了总投资约 1.5 亿元的华润万家生活超市（中原店）项目。

3 日，人力资源和社会保障部调解仲裁管理司副司长王振麟、省人力资源和社会保障厅副巡视员郑明一行，到建设路街道办事处劳动保障中心视察基层劳动争议调解工作。

7 日至 11 日，区长王东亮率队参加 2011 年河南—港澳经贸交流活动，回访了在中原区有投资项目的华润集团总部、澳门宝龙集团、香港金马凯旋集团，并拜访了香港华亚文化传播有限公司、名汉唐设计公司、万嘉泉投资有限公司等企业。8 日上午，在香港国际会展中心举办的中原经济区投资说明会暨合作项目签约仪式上，王东亮同万嘉泉投资有限公司总经理邹学文签订了万嘉泉生活广场项目。

9 日上午，区委书记王贵欣带领区农委、区环保局等单位负责人到须水街道、西流湖街道调研“三夏”生产工作。区政府副区长王泰峰、区政府党组成员樊立伟一同调研。

10 日上午，区政府安全生产委员会办公室联合区教育体育局，在伏牛路第二小学举行“2011 年中原区中小学应急疏散演练现场会”。

12 日上午，中原区在五一公园组织开展全民安全教育日活动。区长王东亮、副区长陈耀宗等领导出席活动，并对宣传活动进行现场指导。全区 12 个街道办事处，34 个安委会成员单位，供水公司、燃气公司、电力公司等单位参与此次活动。

13 日上午，最高法院信访接待登记室主任、检查组组长刘立新一行 4 人，在省高院立案一庭副庭长王春娥、市中院立案一庭庭长周建祥的陪同下，到区法院检查指导立案信访工作。

15 日上午，河南省人口早期教育发展工作会议在中原区隆重召开。区长王东亮出席会议并致辞。全省各辖市、直管县、人口早教示范县（区）和郑州市各县（区）51 个单位 100 余人参加了会议。

18 日上午，区委书记王贵欣带领区民政局、区卫生局、区城市管理行政执法局、区创建办等单位主要负责人到郑州市中心医院、桐柏路街道水晶社区检查“双拥模范城”创建工作。区委副书记李幸福，区委常委、区委办公室主任陈春梅，区人武部部长余泽军，副区长陈耀宗，区政府党组成员樊立伟陪同检查。

19 日，省双拥模范城创建工作检查组到中原区检查考评“全国双拥模范城”创建工作。检查组由省军区政治部副主任刘春辉带队，市委常委、市警备区政委刘贵新，市警备区副政委司马武当，区委书记王贵欣，区长王东亮，区委副书记李幸福，区委常委、区委办主任陈春梅，区人武部部长余泽军，副区长陈耀宗等陪同检查。检查组一行先后深入郑州市中心医院、桐柏路街道水晶社区、须水街道，通过现场查看、翻阅资料、参观“双拥”工作图展等方式，对中原区的“双拥”工作进行实地考核，详细了解中原区“双拥”工作开展、共建制度完善和安置、优抚政策资金的落实等情况，并召开创建双拥模范城座谈会，与辖区12名优抚对象代表进行交流。考核组对中原区双拥创建工作的做法和成果给予充分肯定，认为中原区双拥工作组织有力、政策落实到位、氛围浓厚、亮点突出、成绩显著。

21日上午，市创建全国文明城市“五小门店”综合整治指挥部指挥长、市委常委、市委组织部长姚待献带领市创建全国文明城市“五小门店”综合整治指挥部成员到中原区检查指导“五小门店”综合整治工作。姚待献一行先后到位于汝河路与工人路口的开封筒子鸡、东北食府等门店进行实地检查。区委书记王贵欣，区委常委、组织部长李长义，区委常委、区委办公室主任陈春梅陪同检查。

21日下午，市委副书记、代市长吴天君在副市长王哲、市长助理张学军等陪同下，带领市直相关部门负责人，实地查看常庄水库除险加固工程，指导中原区防汛工作。区长王东亮、副区长王泰峰陪同查看。

22日上午，中原区创建全国文明城市专项整治指挥部指挥长工作会议在区委4楼会议室召开。会议由区委书记王贵欣主持。区长王东亮就如何推进中原区创文工作提出了六项要求：一是思想认识再提升。二是宣传氛围再浓厚。三是工作力度再加大。四是问责措施再落实。五是工作态度再认真。六是沟通协调再及时。区委书记王贵欣对下一阶段创文工作进行了再强调：一是加强创文工作的紧迫意识。二是明确创文工作的职责任务。三是扎实做好各项基础工作。四是加大创文工作的各项投入。五是加强与上级部门的沟通协调。六是严格实行评优评差制度。

23日上午，中原区召开“千户万名”特色文明家庭暨文明市民表彰会议，会议对全区首批200户“书香文明家庭”和“平安文明家庭”及1000户文明市民进行了表彰。市妇联副主席于素云，区委常委、区委办主任陈春梅，区政协副主席黄乃林等领导参加了会议。

27日，省委书记卢展工到郑州纺织产业园调研，市长赵建才、区委书记王贵欣、区长王东亮等陪同调研。

28日上午，区政协主席乔秀花、副主席钟文明、苏振文带领区政协提案委委员一行20人，督查区商务局的政协提案办理情况。先后视察了豫园综合楼、郑州一建家具建材展示大楼、敢福尚都、盛润·锦绣城（四棉生产区）4个区重点招商引资项目和“两店”建设工作。

28日下午，市政府督查室、市综治办、市重大项目管理办公室、市优化局联合对中原区上半年省、市重点项目优化建设环境工作进行督查，并与辖区内11个重点建设项目负责人进行了座谈。

29日，在喜迎党的90周年华诞之际，区委书记王贵欣，区委常委、区委组织部长李长义，区委常委、区委办公室主任陈春梅等领导分别到汝河路街道、秦岭路街道走访慰问困难老党员，给他们送去鸡蛋、食用油等生活必需品和慰问金，并通过他们，向全区广大党员送去诚挚的问候和美好的祝福。

30日上午，中原区庆祝建党90华诞暨创建全国文明城市群众大型文艺会演《党的光辉照我心》，在省工人文化宫中心广场隆重举行。市委常委、宣传部部长丁世显，区领导王东亮、贾成义、乔秀花等出席活动。

7月

1日，城市低保标准由每人每月300元提高到340元。

1日上午，“郑州师范学院暑期社会实践基

地”挂牌仪式在中原区育红小学隆重举行。郑州师范学院院长赵健、区长王东亮等领导参加仪式。

1 日，《中华人民共和国社会保险法》正式实施。区社保中心集中开展了《社会保险法》宣传周活动，通过法律宣讲、知识竞赛、政策答疑、现场咨询等方式，确保这部保障和促进民生的重要法律得到切实贯彻和有效实施。

4 日上午，人力资源和社会保障部农民工工作司副司长沈水生一行 4 人，到林山寨街道林山寨新村调研农民工工作。省人力资源和社会保障厅副厅长王金法、副市长刘东、市人力资源和社会保障局局长周春辉、区长王东亮等陪同调研。

4 日、5 日，区委常委、组织部长李长义对全区 12 个街道进行逐一走访调研。每到一处，都与街道班子成员进行面对面座谈，详细询问街道的基本情况，认真听取街道工作汇报。

4 日下午，省综治办秘书处副处长王曙光，市委政法委副书记、综治办主任李华云带领部分市、县、区综治办领导到秦岭路街道金源社区督查指导综合治理工作。

6 日，市财政局局长王春山在区委常委、常务副区长袁聚平的陪同下，到须水街道调研郑上路西四环至西南绕城高速公路之间道路建设情况。王春山提出了要全面投资铺设高标准人行道板砖，安装沿线路灯，并协调规划等部门对区域内地下管网进行综合改造，彻底解决雨污水排放问题。

7 日，中原区三类居民区基础设施整治全面启动。

11 日，市公务员局检查组到中原区检查《公务员法》执行情况，详细听取并查看了中原区公务员综合信息管理台账建设情况、职位管理工作开展情况、公务员竞争上岗情况、考核及行政奖励政策落实情况和公务员培训与惩戒情况，对中原区公务员管理工作给予了充分肯定。

12 日，在国家工商总局商标局颁布的最新认证的“中国驰名商标”品牌中，中原区娅丽达荣耀上榜。这是河南省服装行业的第三个驰名商标。

13 日，区人大常委会主任贾成义到须水街道调研工作，实地察看了该街道的各个办事大厅，详细了解了工作办理流程，向前来办事的群众仔细询问了办理情况，并重点察看了街道人大活动室。

14 日，副市长王哲带领市安监局、市环保局、市公安局相关负责人，到郑州豫欣公司存储剧毒化学品氰化钾的废旧车间，实地察看，并现场办公，要求即日内将所存储氰化钾交有关部门处理，彻底消除该安全隐患。

19 日上午，市公安局副局长李奎业到帝湖派出所督导“3·4”命案。

20 日上午，省交通厅运管局执法处处长刘喜盈率领省督导检查组莅临中原区交通运输局，对中原区道路运输管理执法工作进行检查督导。

21 日上午，省妇儿工委督导组来郑督导妇女儿童两规划工作实施情况，中原区秦岭路小学代表郑州市接受省妇儿工委关于流动儿童的督导。通过实地查看、查阅相关资料和观看视频短片等方式，对中原区实施妇女儿童发展规划情况进行了认真、全面的检查和评估。

21 日，中原区在岗坡路 5 号院举办三类居民区病媒生物防治市场化运作启动仪式。自此，专业消杀公司按照有关作业标准，定期对三类居民区进行“四害”消杀，解决低收入群体被“四害”侵扰问题。

22 日上午，中原区庆“八一”党政军座谈会在杜康大酒店 1 楼锦绣多功能厅召开，区长王东亮介绍了中原区当前经济社会发展情况；郑州警备区、武警郑州市消防支队、武警郑州市支队、解放军 153 医院等 4 个单位领导作了发言。

22 日下午，由国家民政部优抚安置局副巡视员张俊华、中国人民解放军总后勤部政治部副秘书长戴新桥带队的“全国双拥模范城”创建工作检查组到中原区检查验收“双拥”工作。市委常委、警备区政委刘贵新，区委书记王贵欣等陪同检查。

26 日，省公安厅党委委员、巡视员孙永福，刑侦总队长李法正，在郑州市公安局党委副书记、常务副局长杨玉章，副局长李奎业的陪同下，到帝湖派出所研究指导“3·4”命案的侦破工作。

26 日上午，中原区 2011 年度独生子女父母奖励费发放仪式现场会在林山寨街道邮电院社区隆重举行，各街道办事处分管计划生育工作领导、计生办主任、负责利益导向工作人员及各村（社区）计生专干共计200余人参加。

27日下午，市委常委、宣传部长丁世显，市安委会副主任、市安监局局长李刚良带领市直有关部门领导，到郑州市2011年度第一批10大隐患之一的郑州三棉青工楼桐柏路2—6号实地调研。

29日上午，受中国科协委托，济南市科协杨志林一行5人，到中原区专题调研科普教育共建共享试点工作。

8月

1日下午，全国两纲终期评估检查组在卫生部副部长刘谦的带领下，到秦岭路小学检查流动儿童工作。代市长吴天君、副市长刘东，省直、市直相关部门领导，以及区领导王贵欣、王东亮等陪同检查。

2日，财政部综合司彩票管理处处长邹立文一行8人，在河南省财政厅综合处处长孙翠芬、副处长王霞及郑州市财政局、中原区财政局负责人的陪同下，到中原区青少年校外活动中心调研彩票公益金使用情况。

2日晚，市领导连维良、吴天君、丁世显、孙金献、张学军，带领市直相关部门负责同志，分别到互助路38号院、桐柏路国棉三厂青工楼等危房现场实地查看，叮嘱相关部门一方面要加快改造，另一方面对威胁群众生命安全的，抓紧强制搬迁。区领导王东亮、陈耀宗等陪同查看。

6日，市委书记连维良到中原区互助路38号院50～53号、56～59号两栋直管公房查看，当场做出了立即落实群众搬出危房的指示。这两栋公房是郑州市第二批挂牌督办的十大安全隐患之一，经相关部门鉴定为D级危房，不适合居住。截至15日，97户居民全部搬出危房。

9日上午，市人大常委会副主任周长松带领市人大代表一行20余人，在区人大常委会主任贾成义等领导陪同下，实地查看了南陈五寨村城中村改造工程。周长松对南陈五寨村改造项目工程建设速度快、手续办理快、村民回迁快及社区便民服务站等给予了高度赞扬。

10日上午，副市长扎吐·沙衣热木在区长王东亮等的陪同下调研中原区环境保护工作。扎吐市长一行先后到宇通重工有限公司、西流湖截污工程现场和郑州纺织产业园污水处理厂、光大纺织印染公司、娅丽达服饰有限公司进行实地考察，并在纺织产业园管委会会议室召开座谈会，听取中原区工作情况汇报。

10日，中原区2011年招教笔试在郑州市第七十三中学和伊河路小学两考点同时进行。此次共招聘教师100名，其中高校毕业生90名、在职优秀教师10名，共计2347人报考。

12日至15日，莫桑比克访华团一行88人来豫考察访问。13日下午，莫桑比克经贸团一行20余人，到郑州纺织产业园进行了参观访问。

15日，省食品药品监督管理局副局长王应峰到食品药品监督中原分局进行调研，市食品药品监督管理局副局长李竖亚、闻清涛陪同调研。

16日上午，中原区召开安委会联席会议，安排部署贯彻国务院常务会议决定精神，组织开展安全生产大检查活动。

16日上午，河南省纤维检验局局长陈长海、书记陈建民到郑州纺织服装产业园调研。

18日下午，中原区教育系统省市新闻单位座谈会在淮河路小学隆重举行。《河南日报》《大河报》《东方今报》《河南商报》《河南法制报》《河南工人日报》《青年导报》《教育时报》《郑州日报》《郑州晚报》、河南电视台民生大参考频道、郑州电视台、郑州人民广播电台、郑州教育电视台、郑州教育信息网等24家新闻媒体记者和区教育体育局部分机关科室、区属部分中小学负责人参加了座谈会。

19日，省人大常委会副主任、省总工会主席刘新民率领“金秋助学”慰问团一行，到辖区棉纺路街道的贫困学子家中，看望刚刚领到大学录取通知书的贫困家庭学生胡志贤、刘晨，为她们送上生活用品和6000元助学金。刘新民勉励她们要努力学习，早日成为社会有用之才，以优异的成绩回报社会的关爱。市委常委、组织部长姚待献,市总工会常务副主席陈观壤,市总工会副主席李建霞,区领导王贵欣、贾成义、李长义、陈春梅陪同慰问。

23 日上午,中原区伏牛路小学北校区举行揭牌仪式。市教育局副局长、市优质教育资源倍增工程指挥部指挥长卢欣华出席揭牌仪式。

25 日,市、区两级人大代表一行 20 余人在区人大常委会副主任李喜安及相关部门负责人的陪同下,对须水街道三十里铺村农贸市场进行了视察。

26 日上午,在郑州国际会展中心轩辕堂举行的 2011 年河南省承接产业和技术转移合作交流会上,区长王东亮、副区长蒋剑茹分别同保利房地产(集团)股份有限公司、华润集团签订了总投资 40 亿元的保利百合花园项目和欢乐颂项目。

26 日,省食品药品监督管理局副局长吴希悦、食品协调处处长马建军到郑州一中食堂、市疾病控制中心食堂和特味村调研餐饮服务食品安全工作,市食品药品监督管理局副局长贺一峰、食品化妆品处处长刘文琪等陪同调研。

28 日下午,公安部消防总局副局长陈飞在河南省消防总队总队长夏夕岚、政委李春安的陪同下,到建设路街道检查基层消防安全工作。

29 日,团中央城市部社区工作处副处长李亦阳到建设路街道和协作路社区调研城市街道团的组织格局创新工作,团省委城市青年工作部主任殷世洲、团市委副书记陈定、团市委城区部部长崔晓光、区相关领导陪同调研。

30 日下午,市公安局执法场所规范化建设会在建设路派出所召开,市公安局党委委员、副局长罗永生,市公安局相关部门领导及市区 29 个派出所主抓警务综合大队的副所长参会。

9 月

5 日上午,公安部消防局政委、少将谢模乾先后到中原消防大队、建设路街道综合指挥中心,实地考察指导消防工作。市委常委、市政法委书记黄保卫,以及区领导王贵欣、王东亮等陪同考察。

5 日下午,位于棉纺路街道四棉西社区向荣街 6 号楼与 5 号楼之间的路面突然出现一个深约 9 米、大小约 20 平方米的塌陷洞,洞西侧已接近居民楼根基,情况十分危险。副市长张学军、区长王东亮等市、区领导得知情况后,第一时间赶赴现场,连夜冒雨紧急指挥处置抢险事宜。6 日上午,中原区庆祝 2011 年教师节表彰大会在郑州市青少年宫隆重召开。区领导王贵欣、王东亮等参加表彰大会,与全体师生代表 1100 余人共庆第 27 个教师节。

7 日下午,市委副书记代市长吴天君,副市长张学军,在市政府副秘书长王霄鹂、市教育局局长翟幸福、区委书记王贵欣、区长王东亮等领导的陪同下,先后到中原区百花艺术小学、互助路小学看望慰问学校教职员工,并通过他们向辛勤耕耘在教育战线上的全区广大教师和教育工作者送去节日的问候。

7 日下午,区委书记王贵欣到郑州市第七十三中学,看望并慰问一线教职员工,代表区委、区政府和全区人民向辛勤耕耘在教育战线上的全区广大教师和教育工作者表示崇高的敬意和节日的祝贺。

12 日,区社保中心成功自主研发城镇企业职工养老保险关系跨省转移接续软件。即日起,在中原区参保的城镇企业职工基本养老保险关系可实现跨省转移。

14 日,省委常委、市委书记连维良在市卫生局局长顾建钦,区委书记王贵欣,区委常委、区委办公室主任陈春梅,副区长王宏军等领导陪同下,到中原区调研社区卫生服务中心工作。连维良一行查看了林山寨社区卫生服务中心,详细了解社区卫生服务中心的举办模式、服务区域、服务内容和从业人员队伍建设等情况,全面听取了中原区关于优质医疗卫生资源倍增工程组织实施、成立片医团队、中心与站一体化管理、老年人管理、低保及残疾人管理情况的汇报。

15 日上午,中原区"全国科普日"集中宣传活动仪式在五一公园北门两侧全面启动。区长王东亮,区委常委、组织部长李长义,区人大常委会副主任庄华,副区长成小波,区政协副主席钟文明出席活动。市科协副主席王世珍应邀出席。

15日是领导下访日。为实地查看各街道对14日晚市委、市政府和中原区召开的紧急会议精神的贯彻落实情况，15日上午，区委书记王贵欣在区委常委、区委办公室主任陈春梅的陪同下，深入到分包的汝河路街道电力社区及秦岭路街道办事处、秦岭路街道金源社区，现场查看社区便利店和社区办公条件，详细询问社区消防、治安、稳定、民生等情况，并重点实地检查了社区治安技防设施分布和运转情况。

16日上午，区长王东亮在副区长蒋剑茹的陪同下，深入锦艺国际轻纺城、恒天重工新纺机项目现场，了解项目建设情况，并协调解决相关问题。

16日上午，中原区西流湖街道办事处揭牌仪式隆重举行。区领导王东亮、贾成义、乔秀花等出席揭牌仪式，并为街道党工委、办事处、人大工委、政协工委、纪工委、武装部揭牌。

16日上午，市人大常委会副主任雷志一行6人，在区人大常委会主任贾成义的陪同下，对中原区基础教育的现状及发展情况进行调研。

16日，省高院党组成员、副院长田立文到中原区法院检查指导工作，对区法院各项工作给予了充分肯定。区委常委、政法委书记王正轩，区法院院长徐薇参加座谈会。

16日，郑州市妇幼保健院秦岭路院区正式落成开诊，这是继6月1日市儿童医院西区医院落成开诊后，又一家进驻中原区的市级医院。郑州市妇幼保健院秦岭路分院位于秦岭路与汝河路交叉口向南100米路东，设置有床位100张，现有医师50名，护士100名。市儿童医院西区医院和市妇幼保健院秦岭路分院的相继开诊，弥补了中原区在妇女儿童专科医院方面的不足，进一步满足了辖区群众的健康保健需求，并对提高中原区的医疗卫生水平具有重要的意义。

17日上午，中原区举行招商引资项目集中签约仪式，中晟智慧城等4个项目正式签订框架协议。

18日上午，省委常委、市委书记连维良在副市长张建慧的陪同下，带领市直相关部门负责人，实地调研西流湖区域综合整治，指导下一步工作。区领导王贵欣、王东亮等陪同调研。

21日下午，省环保厅副厅长宋丽英一行到郑州纺织产业园调研，重点调研已被列入“十一五淮河水专项”示范工程的纺织产业园污水深化处理新技术应用工作进展情况。

23日，全国中小学综合实践活动第九届优质课比赛在哈尔滨拉开帷幕。中原区互助路小学张辉老师、郑上路小学殷欣老师经过层层遴选，激烈角逐，最终代表河南省参加了此次大赛，并双双荣获了全国优质课一等奖。

26日至28日，第六届中国中部投资贸易博览会在太原隆重举行，区长王东亮带队参加，签约了方圆经纬花园项目、盛豪帝湖国际广场项目。

27日，在全市召开的事业单位网上登记管理工作总结表彰大会上，中原区荣获全市事业单位网上登记管理工作先进称号。

30日上午，市委副书记、代市长吴天君在区委书记王贵欣的陪同下，带着慰问金和米、面、油等生活用品到辖区的林山寨街道工业高专社区看望、慰问百岁老人王益民，给他送去了党的关怀和重阳节的祝福。

9月，中原区卫生队职工吕长凤当选为河南省第九次党代会代表。此外，在由中央文明办主办、中国文明网承办的“我推荐、我评议身边好人”活动中，吕长凤入围“中国好人榜”中“敬业奉献好人”候选人。

10月

9日上午，区长王东亮在区政府5楼会议室主持召开信访稳定党政联席日例会第一次会议，研究解决关于须水街道、三官庙街道辖区项目建设及个别村民非正常上访等4个信访突出问题，并对下步信访稳定工作作出安排部署。

10日上午，在中原区委机关大院举行了中原区2011年领导干部慈善捐款活动。区副县级以上领导、区副科级以上干部600余人参加了此次捐款活动。

12日，中原区新生代农民工“千里马”培训班开学典礼在河南省千里马工程机械培训学校举行。河南省委统战部党外知识分子处处长韩建国、副处长穆润生,郑州市委统战部副部长倪启明、市委统战部党外知识分子处处长赵鑫,区委常委、统战部长杨洁等省、市领导出席了开班典礼。

13 日下午,中原区在区机关北 5 楼会议室召开城市管理整治提升活动动员大会,会议对郑州市加强和提升城市管理座谈会精神进行传达贯彻,对中原区城市管理整治提升活动作了全面安排部署。

15 日上午,区委书记王贵欣在区委常委、区委办公室主任陈春梅,区政府党组成员张宏伟的陪同下,带领区直相关单位负责人到西流湖街道赵仙垌村下访调研。

16 日上午,省委常委、市委书记连维良带领市直有关部门负责人到中原区调研中原宜居商贸城组团建设。市领导孙金献、张建慧、张学军,区领导王贵欣、王东亮、袁聚平、陈春梅陪同调研。

18 日上午,区委书记王贵欣带领区直机关相关单位负责人到须水街道调研指导工作。区领导李长义、陈春梅、王泰峰、陈耀宗、李斌一同调研。

19 日上午,中原区召开第七届村级组织换届工作动员会。

19 日上午,总投资约 100 亿元的大中原国际汽贸城项目签约仪式隆重举行,项目正式落户中原宜居商贸城。区领导王东亮、袁聚平等出席签约仪式。

19 日下午,中原区在区青少年活动中心召开了第七届村级组织换届选举工作骨干培训会,全区各街道纪工委书记、分管组织的副书记、组织员、分管民政的副主任、纪工委副书记,街道民政所(科)负责人以及区村级组织换届选举工作督导组成员参加了培训。

20 日,中国服装工业协会在北京召开"中国服装大会",发布了 2011 年全国服装百强企业名单。纺织产业园郑州领秀服饰、云顶服饰、娅丽达服饰、郑州渡森服饰均入围全国服装百强企业。这也是郑州纺织产业园服装集群首次闯入全国百强,上榜企业数量占河南省上榜企业的 1/3。

21 日,中原区召开庆祝河南省第十四届环卫工人节暨表彰大会,总结 2011 年中原区环卫工作,表彰为中原区环卫事业作出突出贡献的单位和个人,并对下一步工作进行安排部署。区领导王贵欣、王东亮、贾成义、乔秀花、王建业、黄乃林、樊立伟出席会议,市城市管理局副局长司同义应邀出席会议。

24 日,郑州市中原区龙腾社会工作服务中心注册成立,这是中原区首家以民办非企业形式注册登记的专业社会工作服务机构。

24 日晚,区委书记王贵欣,市政法委政治部主任马晓霞,区委常委、政法委书记王正轩,区委常委、区委办公室主任陈春梅等领导深入到网格式清理清查工作一线,检查督导全区治安防控网格式清理清查行动。王贵欣一行先后到帝湖派出所设在桐柏路、淮河路上的卡点,汝河路街道辖区的小旅馆等"五小"场所,林山寨新村、林山寨新村警务室等地,并实地查看卡点设施配备、人员车辆盘查、"五小"场所的人员登记及上传情况。

26 日上午,市人大常委会主任白红战带领市直有关部门负责人到中原区视察指导蔬菜流通体系建设工作。市领导薛云伟、刘全心,区领导王东亮、贾成义等陪同视察。

27 日傍晚,中原万达广场开业前夕,省委常委、市委书记连维良,副省长赵建才莅临中原区,实地考察中原万达广场大型城市综合体。市委常委、副市长薛云伟,区领导王贵欣、王东亮陪同考察。

28 日上午,市政府副市长、秘书长张学军带领市直有关部门负责人,到辖区贾鲁河中原大桥截污点视察指导生态水系截污建设工作。区领导王东亮、王泰峰陪同视察。

28 日,中原万达广场盛大开业。全国政协常委、全国工商联副主席、大连万达集团董事长王健林,省委常委、市委书记连维良,市委副书记、代市长吴天君,市人大常委会主任白红战,市政协主席李秀奇,市委常委、副市长薛云伟,以及区领导王贵欣、王东亮等出席开业庆典仪式并剪彩。中原万达广场总投资 70 亿元,总建筑面积约53万平方米，包括大型商业中心、商业步行街、精装SOHO、高尚住宅等内容，致力打造大郑州地标性建筑，市直有关部门领导、中原区副县级以上领导以及区直各部门、街道办事处领导参加开业庆典仪式。

28日，省委政法委防范办副主任崔新芳、省委政法委平安办调研员翟中锋一行到秦岭路街道金源社区检查指导社会管理创新工作。

29日上午，中原区周末蔬菜直销进社区启动仪式在航海西路街道启福社区举行，标志着中原区周末蔬菜直销进社区活动的全面启动。市人大常委会主任白红战出席仪式并宣布中原区周末蔬菜直销进社区工作启动。

31日上午，省政协副主席、省计生委主任高体健到中原区调研人口早期教育工作。省计生委副主任丁福浩、谢李广、孙晓红，副市长刘东，及区领导王东亮、王宏军陪同调研。

11月

1日下午，郑州市市区小学素质教育现场观摩会在中原区华山路小学召开。市政府督查室主任马运生、副主任高宏伟，市人大教科文卫委副主任寇仲、市政协教科文卫委副主任刘艳秋及部分人大代表、政协委员，市内各区教育体育局局长、副局长和校长代表等150余人参加了观摩会。

1日，市文物局深入须水街道对列为市第二批文物保护单位的孙坡遗址、庙沟遗址、三十里铺遗址、柳沟碑林4处重要遗存进行实地考察，拟进行立碑保护。孙坡遗址位于孙坡村东部约50米处，是新石器时代龙山时期文化遗存；庙沟遗址位于庙沟村北，是商周时期文化遗存；三十里铺遗址位于三十里铺村南部，是商代时期文化遗存，3处均为聚落址，遗物以陶器为主，文化内涵丰富，保存较好。柳沟碑林位于柳沟村南，原柳沟水库泄洪渠渠口处，是1957年修建柳沟水库时从方圆数百个村庄收集而来，150余块，分布密集，种类各异，较为罕见，具有独特的保存价值。

4日至8日上午，中原区56所中小学、幼儿园开展了以“珍爱生命，共享平安”为主题的消防安全疏散演练活动。

4日上午，区委书记王贵欣到中原西路街道调研村级组织换届选举工作，区委常委、区委组织部长李长义，区委常委、区委办公室主任陈春梅陪同调研。

5日，区委书记王贵欣在区人大常委会副主任王建业、区政府党组成员樊立伟的陪同下，带领相关单位及各街道有关负责人，对中原区市容环境卫生进行检查。

8日上午，区委书记王贵欣到航海西路街道调研村级组织换届选举工作，区委常委、区委办公室主任陈春梅，副区长王泰峰、陈耀宗，区纪委副书记、区监察局局长黑书亮等陪同调研。

9日，市科技局局长苗晋琦一行到郑州市神阳科技有限公司、郑州三华科技实业有限公司、河南中茂养殖有限公司和郑州纺织产业园，实地调研中原区科技自主创新工作。

10日，全国总工会党组书记、副主席、书记处第一书记王玉普到桐柏路街道城开社区，调研了解工会组织参与基层社会管理情况。

10日上午，区长王东亮在副区长徐卫东、区政府党组成员樊立伟的陪同下，来到文化宫路、百花里、颍河路、前进路等城市管理整治提升的重点路段及航海路西三环立交桥重点工程拆迁现场，实地调研城市建设与管理工作。区政府办、区执法局、区城管局、区交通局、区城建指挥部及相关街道办事处负责人陪同调研。

10日下午，市政协副主席朱专兴带领30人的考察团，到区信息数字化服务中心视察“十大实事”落实情况。区委常委、政法委书记王正轩陪同视察。

11日，区民政局当天办理结婚登记309对，创今年日结婚登记量最高纪录。

11日，中原区矛盾纠纷排查调解处理中心揭牌仪式隆重举行。揭牌仪式由区长王东亮主持。仪式上，区委书记王贵欣、中原工学院院长黄乾先后致辞，省信访局副局长周永华、区委书记王贵欣为中原区矛盾纠纷排查调解处理中心揭牌。省信访局联络处处长赵克，市委群工部部长、市信访局长葛震远，市信访局副局长杨爱玲等出席了揭牌仪式。

12 日上午，区委书记王贵欣在区委常委、区委办公室主任陈春梅，区人大副主任王建业，区政协副主席黄乃林，区政府党组成员樊立伟的陪同下，对中原区建筑工地围挡整治、城中村和三类居民区环境卫生及整治提升活动区级示范路文化宫路整治工作开展情况进行了实地检查。

15 日上午，省委常委、市委书记连维良带领市直有关部门负责人来到中原区保利百合社区、郑州铝业股份有限公司实地调研。市领导孙金献、姚待献，区领导王贵欣、王东亮等陪同调研。

16 日下午，区人大常委会主任贾成义冒雨来到中原西路街道洛达庙村下访。

19 日上午，区长王东亮在区政府党组成员樊立伟的陪同下，带领各街道办事处和部分区直部门的主要负责人，实地检查、指导城市管理整治提升和交通秩序整治工作，并召开会议对相关工作作进一步安排部署。

20 日，市城市管理整治提升活动领导小组办公室负责人、市城市管理局副局长司同义带领督导组，徒步检查了中原区文化宫路整治情况，司同义对中原区将文化宫路沿街破损墙体整修成文化长廊的做法表示赞赏。

21 日，市人大代表、政协委员、群众代表、新闻媒体代表组成联合检查组，在市城市管理整治提升活动领导小组办公室负责人、市地震局副局长赵景尧的陪同下，对建设路街道辖区友爱路、文化宫路、协作路的整治提升工作采取现场实地查看的方式进行了检查。

21 日下午，市地震局书记高峰带领人员到郑上路小学验收郑州市防震减灾科技示范校。

22 日上午，省委常委、市委副书记、代市长吴天君带领市直相关部门负责人，到郑州纺织产业园调研指导工作。吴天君一行实地查看了郑州纺织产业园规划沙盘模型，并参观了娅丽达服饰有限公司。

22 日至 23 日，市数学教研员研习班暨评价观摩研讨会在互助路小学多媒体教室举行，来自各县区的教研员、业务领导和教师 300 多人参加了本次活动。

23 日上午，珠海市城市监督管理局副调研员李文玉带队，一行 10 人到区城市管理行政执法局考察学习。双方就城市监督管理机制、城市管理行政执法的方式方法、人事、财务装备等方面的管理经验进行了深入探讨。

23 日上午，省委常委、市委副书记、代市长吴天君带领市直相关部门负责人，来到辖区白鸽磨料磨具有限公司调研。

24 日上午，副市长刘东带领市直相关职能部门负责人到中原区小海军幼儿园检查校车安全工作。区委书记王贵欣，区委常委、区委办公室主任陈春梅陪同检查。

25 日上午，市体育局副局长赵俊峰、市武术协会秘书长李伟和副秘书长李菲等一行 7 人，对中原区申报的 6 所少林拳进课堂楷模学校进行抽检。

29 日，郑州机械制造(加工)产业园辖区企业郑州瑞普公司参加了在巴黎举办的欧洲 2011 食品配料展。展会由欧洲 UBM 集团公司主办，是业界关于食品及健康配料最高层次的行业国际盛会，此次展会汇集了来自 100 多个国家的世界食品行业研发、生产、采购分销的专业人士，参观总人数超过 2 万人。

30 日，市政府目标考核组对中原区全年政府环境保护目标完成情况进行了全面考核。检查完毕后，考核组对中原区的各项工作给予了肯定，同时对中原区水污染防治工作表示了赞赏。

11 月，“纳智捷”荣天汽车生活馆开业，此馆是郑州市内唯一设有店内驾车体验剧场的汽车销售 4S 店。

11 月，恒天重工股份有限公司的恒天重工技术中心通过国家发改委、科技部等五部委联合认定的国家级企业技术中心的评定，是全国纺织机械领域里首家。近几年来该中心先后研制出多项达到世界先进水平的新产品，同时，该技术中心也先后承担了财政部、国家发改委的创新能力建设和产业化项目，获得了国家项目政策及资金支持。

12 月

3 日，中原区 2011 年教师资格认定教育教学技能测试在郑州市第七十三中学举行，共有1406人参加，其中初中1083人、小学287人、幼儿园36人。

3日，郑州市金水区原区长赵书贤调任中共中原区委书记。

7日上午，中原区机关干部“千人献爱心”无偿献血活动在区机关大院内正式启动。区长王东亮率先垂范，积极带头献血。

7日上午，区长王东亮在区人大常委会副主任王建业、区政协副主席黄乃林、区政府党组成员樊立伟的陪同下，先后来到中原文化广场临时停车场和建西市场东侧临时停车场、锦艺·国际华都住宅小区地下停车场、中原商贸城立体停车场、协作路社区内部对外错时开放的停车场，实地调研交通秩序整治及停车场建设工作，并召开专题会议对交通秩序整治及停车场建设管理工作进行安排部署。

7日至9日，区委书记赵书贤在区委常委、区委办公室主任陈春梅陪同下，深入各街道进行调研指导工作。

8日上午，副市长扎吐·沙衣热木带领市直有关部门负责人到中原区视察须河截污治理工作。区领导王东亮、王泰峰陪同视察。

9日，市人大代表（登封市代表活动组）在登封市人大常委会主任董焕德的带领下，一行36人到中原区进行参观视察。区委书记赵书贤，区长王东亮，区人大常委会主任贾成义，区委常委、常务副区长袁聚平，区委常委、区委办主任陈春梅等陪同视察。

10日上午，中原区罗庄村城中村改造项目安置区开工仪式，在罗庄村城中村改造项目安置区现场隆重举行。副市长马健宣布项目建设开工。区长王东亮致辞。

10日上午，中原区实验幼儿园及须水中心幼儿园新建工程奠基仪式在建设路第六小学隆重举行。市教育局副局长张大龙、区长王东亮、区人大常委会副主任靳爱菊、副区长王宏军、区政协副主席黄乃林、市教育局法规处处长陈明哲等领导出席奠基仪式。

13日上午，省委常委、市委书记连维良带领市直有关部门负责人，到中原区调研中原宜居商贸城规划建设工作，连维良一行先后实地查看了中国家居CBD郑州产业园、罗蒙服饰生产基地、机械工业第六设计院研发中心、恒天重工新纺机、领秀服饰、国家棉花质检中心、锦艺国际轻纺城等重点项目。市委常委、市委秘书长孙金献，以及区领导赵书贤、王东亮、袁聚平、陈春梅陪同调研。区人大、区政协主要领导，区委各常委参加会议。

13日下午，区委书记赵书贤到区城市管理行政执法局调研，与局班子成员亲切座谈，并对下一步如何做好行政执法工作提出了明确要求。

14日下午，中原区领导干部廉洁自律工作暨反腐败协调工作会议在区委4楼会议室召开。区委书记赵书贤出席会议并作重要讲话，区领导高天翼、王正轩、李长义、袁聚平等出席会议，区委反腐败协调领导小组成员、区委领导干部廉洁自律工作领导小组成员参加会议。

15日上午，市人大常委会主任白红战，市委常委、副市长薛云伟，市人大常委会副主任刘全心及市直相关各部门领导，到陇海西路农贸市场、颍河西路农贸市场、三棉农贸市场进行实地察看，并详细询问了农贸市场建设工作进展情况。区委书记赵书贤、区长王东亮等陪同视察。

15日上午，区委书记赵书贤在区委常委、区委办主任陈春梅的陪同下，到区安监局、人口计生委、商务局调研，并提出了切实可行的指导意见。

16日，新疆哈密市参观团一行40余人先后到城开社区、风和日丽社区，就社区建设、劳动保障等工作进行参观学习。

17日，区科学技术局在杭州第五届中国技术市场协会金桥奖颁奖大会上荣获2009—2010年度先进集体奖。

18日，第二届中国汉口北商品交易会在武汉黄陂区金马凯旋家居CBD开幕。区长王东亮带领部分区直部门负责人应邀参加。其间，王东亮一行与金马凯旋集团代表肖凯旋就中国家居CBD郑州产业园项目的相关事宜进行了深入洽谈；代表团还对位于武汉的万达集团楚河汉街项目进行了实地考察。

21日，区委书记赵书贤到区人民检察院，针对检察工作开展和检察队伍建设情况进行调研，并对检察工作提出了新的要求和希望。

24日下午，在全省对外开放工作会议上，中原区荣获河南省人民政府“2011年度全省对外开放工作先进单位”，成为全省20个对外开放工作先进县(市、区)之一。

26日，郑州市棚户区改造第一个交房项目——中原区郑煤机集团家属院楼前，首批棚改住户迁住新居仪式在这里隆重举行，180户棚户区居民当天喜领新房钥匙，3天内352户居民全部领取钥匙。郑煤机集团家属院棚户区改造项目，位于岗坡路1号、2号院，占地23.77亩，拆迁面积5.3万平方米，拆迁1196户，分三期完成。一期棚户区改造项目已拆迁376户，拆迁面积为1.33万平方米，共新建成4栋508套住房。其中南院3栋住宅楼符合要求，达到交房标准。到2012年5月，郑煤机集团一期改造项目将全部完工，届时将再满足156户居民乔迁新居。

26日，中国纺织工业协会会刊《纺织服装周刊》强势推出“2011年度中国纺织服装行业精锐榜”，梦舒雅品牌入选其中“中国十大服装品牌”。

27日上午，公安部“两个专项治理”督导组和四川省公安厅纪委副书记、副督察长刘梦庚一行3人，在省公安厅纪委副书记、副督察长张在胜的陪同下，到建设路派出所检查督导“两个专项治理”工作。督导组对派出所“两个专项治理”台账、涉案财物卷宗、保障金管理情况进行检查，并分别到派出所治安管理服务大队二中队、执法办案中心、涉案物品管理中心实地检查。

27日，河南省工业和信息化厅装备处处长李凯钊到郑州机械制造(加工)产业园调研。

28日，互助路小学北校区的朱博达同学喜获“全国优秀少先队员”荣誉称号。这是区少工委10年来首位少先队员获此殊荣。

30日下午，团区委、区慈善协会在中原区青少年活动中心隆重举行“温暖冬天爱心助学”活动捐赠仪式，为辖区1000名农村贫困学生捐帽子、围巾、手套等保暖护具。辖区300余名贫困学生代表参加了活动。

12月，科技部表彰了获得2009～2010年度全国科技进步先进区和全国县市区科技进步工作先进个人，中原区以优异的考核成绩位列其中，至此，中原区已连续3次获此殊荣。原区委书记王贵欣、区长王东亮、副区长成小波被授予2009～2010年度全国县市科技进步工作先进个人称号。

12月，国家工商总局公布了新认定的一批中国驰名商标，其中须水街道辖区的太可思商标榜上有名。

12月，中原区首座在大型商场内利用商场地下一层空间建设的新型垃圾中转站建成并投入使用。该中转站位于中原路与秦岭路交叉口西北角，由万达集团投资300万元修建，引入国内最先进的垃圾压缩处理设备，建成后交由政府市政部门进行管理和垃圾清运。

组织机构

中共中原区委

书　记　王贵欣(12 月免)
　　　　赵书贤(12 月任)
副书记　王东亮
　　　　陈纪忠(5 月免)
　　　　李幸福(5 月任)
常　委　高天翼(5 月任)
　　　　王正轩
　　　　李玉卿(5 月免)
　　　　李长义(5 月任)
　　　　陈宏伟(5 月免)
　　　　袁聚平　吴铁路
　　　　赵红军(5 月免)
　　　　王有社(8 月免)　杨　洁(女)
　　　　陈春梅(女,5 月任)
　　　　苏进平(8 月任)

区委工作部门

办公室

主　任　李玉卿(5 月免)
　　　　陈春梅(女,6 月任)
副主任　张海林(4 月免)
　　　　宋盼峰(4 月免)
　　　　张　勇(2 月调离)
　　　　陈　烈(兼督查室主任)
　　　　陈　琳
　　　　吴孝刚(兼目标办主任)
　　　　李文立(4 月任)
　　　　李文平(4 月任)
机要局局长　张　勇(2 月调离)

组织部

部　长　赵红军(6 月免)
　　　　李长义(6 月任)
常务副部长　张冠军(5 月免)
副部长、机关工委书记　赵　青(女,5 月免)
副部长　宋文广(兼职)　崔　晓
　　　　谢　辉(5 月任,兼职)
　　　　高留念(5 月任)
区直机关工委书记　孙国伟(4 月任)

宣传部

部　长　吴铁路
常务副部长　王晓伍(4 月免)
副部长　刘俊峰(4 月免)
　　　　李默涵(4 月任)
　　　　谢　辉(1 月免)
　　　　雷海超(4 月任)
　　　　宋伟明(4 月任)

统战部

部　长　杨　洁(女)
常务副部长　司宇阳(女,4 月免)
常务副部长、工商联党组书记
　　　　　　魏保民(4 月任)
副部长、台办主任　闫利剑(4 月免)
副部长　景　明(4 月任)
　　　　王松伟(女,4 月任)

民族宗教局

局　长　景　明

政法委(综治委)

书　记　王正轩
常务副书记　孙青海
副书记、综治办主任　魏东一(4 月免)
副书记、防邪办主任　于东强(4 月免)
副书记　鲁玮玮(女)
副书记、巡防办主任　胡海绪

群众工作部

部　长　徐卫东(5 月免)
　　　　李卫林(5 月任)
副部长　冯铁生

信访局

局　长　冯铁生
常务副局长　李春节(4 月免)
副局长　张淑娜(女)

老干部局

局　长　王建明
副局长　张　玲(女)　俞十一(12月任)

党　校

常务副校长　杨文毅
副校长　李培霞(女)

档案局

局　长　曹永祥
副局长　刘子纲　王丽娜(女)

文明办

主　任　谢　辉(1月免)
　　　　雷海超(4月任)
副主任　周慧敏(女)

机构编制委员会办公室

主　任　宋文广(1月免)
　　　　谢　辉(1月任)

中共中原区纪委

书　记　李幸福(5月免)
　　　　高天翼(5月任)
副书记　黑书亮　许在州

中原区人大常务委员会

主　　任　贾成义
党组书记　陈纪忠(5月任)
党组副书记　李玉卿(5月任)
副主任　何进平　张永国　李喜安
　　　　庄　华(女)　郭明立
　　　　靳爱菊(女)　王建业
　　　　姚金玉
正县级领导　杨嵩岭(4月退休)
　　　　　　王成明　周海立
委　员　黄　涛　楚瑞超　王卫红(女)
　　　　任德福　张学勤　郑秀琴(女)
　　　　韩宝亮　余泽军　李艳玲(女)
　　　　王晓伍(5月免)
　　　　孙玉忠(5月免)
　　　　刘爱萍(女)　张新民　雒新代

区人大工作部门

办公室

主　任　黄　涛

财经工作委员会

主　任　楚瑞超

法制工作委员会

主　任　王卫红(女)

城乡建设工作委员会

主　任　任德福

代表联络工作委员会

主　任　张学勤

老干部工作科

科　长　郑秀琴(女)

教科文卫工作委员会

主　任　韩宝亮

中原区人民政府

区　长　王东亮
常务副区长　陈宏伟(5月免)
　　　　　　袁聚平(5月任)
副区长　成小波　王宏军
　　　　陈春梅(女,5月免)
　　　　王泰峰
　　　　徐卫东(6月任)
　　　　蒋剑茹(女,6月任)
　　　　陈耀宗(6月任)

党组成员　秦俊福　王晓伍(4月任)
　　　　　李　斌　樊立伟
　　　　　孙玉忠(4月任)
　　　　　张宏伟(4月任)
　　　　　李景川(4月任)

区政府工作部门

政府办公室

主　任　崔　浩(4月免)
　　　　赵启恒(4月任)
副主任、史志办主任　王冬梅(女)
副主任、法制办主任　樊文立
副主任、区行政审批服务中心主任　孙　涵
副主任　徐　斌　杜会强
　　　　李　胜(5月任)
　　　　王培红(女,5月任)
　　　　唐　炜(女)
　　　　周　岭(3月免)
副主任、区目标办副主任　张青礼
信息中心主任　魏红波
区行政审批中心副主任　宋　菲(女)
　　　　　　　　　　　许红灵(女)
区法制办副主任　葛玉琴(女)

发展改革和统计局

局　长　樊志锋
党组书记　曹　伟
副局长　张琇琳(女)
　　　　吴建国(4月免)
纪检组长　常　璐(女)

人民防空办公室

主　任　闫荣彦
副主任　张予民(女)　李建刚
　　　　韩伟凌(女,4月任)
　　　　郭晓华(女,4月免)

国土资源局

党组书记、局长　魏瑞民
副局长　蒋全奇　马文成　李宇静(女)
　　　　胡新保　胡立红(女)
纪检组长　韩卫强

城市房屋征收补偿办公室

主　任　苏海涛(1月任)
副主任　彭　林

民政局

局　长　康青山(3月免)
　　　　刘专民(4月任)
副局长　田　英(女)　武国营
　　　　韩　飞　胡尊献
纪检组长　李志刚(6月免)

区直机关事务管理局

局　长　罗云
副局长　陈学亮　贺东方　刘喜勇

爱国卫生运动委员会办公室

主　任　杜虎城(4月免)
　　　　毛国友(4月任)
副主任　王宏星　苏智慧(女)

交通运输局

党组副书记、局长　乔宏伟(3月免)
　　　　　　　　　杜虎城(4月任)
党组书记　张　超(4月免)
　　　　　丁建设(4月任)
副局长　曹大伟(4月免)
　　　　王　莉(女)　齐少纯
纪检组长　陈　霞(女,4月免)

物价局

局　长　高　琪(女,4月任)
　　　　吴建国(4月免)
副局长　邢　萌(女)　周申超(12月任)

优化经济发展环境局

局　长　秦文清(4月任)
副局长　朱云宏(女)　刘圣斌

房产管理局

局　长　朱永建
党委书记　张　丽(女)
党委副书记、纪委书记　闫增臣
常务副局长　郭　珊(女)
副局长　贺树建　闫丙杰(12月任)
工会主席　杨冬梅(女)

商务局

党委副书记、局长　郭宏力(4月免)
　　侯慧芳(女,4月任)
党委书记　牛淑君(女,4免)
　　闫利剑(4月任)
党委副书记、纪委书记　郑西芳(女)
副局长　杨　光(兼投资促进服务中心主任)
　　王建国　程　勇(5月任)

农业农村工作委员会

主　任　刘季科
党委书记　张长勇
副主任　宋鹏飞
　　孙喜玲(女,农开办主任4月免)
　　荆小四　连梅红(女)
工会主席　李进坡(4月免)

南水北调中线工程建设管理局

局　长　闫超群
书　记　吴晓昊(4月免)
　　冯金亮(4月任)

文化旅游局

局　长　徐君伟
副局长　白　静(女)　柴天生
　　张金区(4月免)

人口和计划生育委员会

主　任　邢　辉(女)
党组书记　刘　勇
副主任　何文祥
纪检组长　海新莉(女)

审计局

党组书记、局长　刘　岚(女)
党组成员、副局长　徐润青
党组成员、纪检组长　范　乐
副局长　金　红(女)

工业和信息化局

党委副书记、局长　王德隆
党委书记　王明党
副书记、纪委书记　曹风战
副局长　宋慧军　李　朴
工会主席　苗毅欣(女)

科学技术局

党组书记、局长　王国民(4月免)
　　梅　琳(4月任)
副局长　楚菊芬(女)　史爱梅(女)
　　王　银(女)　史金杰
　　王丽军(女)
纪检组长　白振平

财政局

局　长　孟金池
副局长　李　娟(女,财务开发公司经理)
　　刘　杰　高　琪(女,4月免)
　　马　睿(女,4月任)

卫生局

局　长　马德岭
党委书记　陈浩源(女)
副局长　王广智
　　王文华(女,兼区疾病预防控制中心主任)
工会主席　蔺春燕(女)

安全生产监督管理局

局　长　刘志伟
副局长　席建明　王治红
　　张一岷(4月免)

司法局

局　长　李文智

副局长　马淑娟(女)　王树德
　　　　翟延国　杨　东

人力资源和社会保障局

党组书记、局长　宋文广
副局长　葛雪峰(兼区社保中心主任)
　　　　杜书平(女)
纪检组长　张建军

目标考评委员会办公室

主　任　吴孝刚(兼区委办副主任)
副主任　李志宏
　　　　张青礼(兼区政府办副主任)

城市管理执法局

局　长　杨盘山
党委书记　苏海涛(1月免)
　　　　　司宇阳(女,4月任)
党委副书记、副局长　赵永强(3月免)
党委副书记、纪委书记　系组成
党委委员、副局长　赵新俊
　　　　　　　　　郭云明(兼垃圾清运公司经理)
　　　　　　　　　郎水泉(女)　王东林
　　　　　　　　　徐天成　王富元
　　　　　　　　　叶大欣(女,4月免)
副局长　宋雅玲(女,4月免)
工会主席　石遇良(女)

城市管理行政执法局

局　长　苏保富(3月任,7月免)
党委书记　赵永强(3月任,7月免)
副局长、副书记　苏保富(7月任)
　　　　　　　　赵永强(7月任,兼信息数字化服务中心主任)
党委副书记、纪委书记　吴国亮(4月任)
党委委员、副局长、执法大队大队长
　　　　　　　　　　　张金坤(4月任)
党委委员、副局长　叶大欣(女,4月任)
工会主席　李金燕(4月任)

粮食局

局　长　宋鹏飞(兼农委副主任)
副局长　张清臣
　　　　杨　健(4月免)
　　　　张兰芝(女)

监察局

局　长　黑书亮
副局长　秦文清(4月免)　李忠民
　　　　郭益民(女,5月免)

城乡建设局

局　长　卢建军(4月免)
　　　　张海林(4月任)
党组书记　孙国伟(4月免)
　　　　　海志刚(4月任)
常务副局长　马温力
副局长　苏保富(3月免)
　　　　雷　文(女,4月免)
　　　　黄焕喜
纪检组长　郝　娟(女)

环境保护局

局长、党组副书记　李海亮
党组书记　牛振军
副局长　冯全成

教育体育局

局长、党委副书记　张云峰
党委书记　梅　琳(4月免)
　　　　　吴晓昊(4月任)
党委委员、副局长　王俐娟(女,4月免)
　　　　　　　　　翟建军
　　　　　　　　　李中全(4月免)
　　　　　　　　　海志刚(4月免)
副局长　师艳军
工会主席　崔毅明

教育督导室

主　任　邢世国
副主任　王玉文

地方志编纂委员会办公室

主　任　王冬梅(女,政府办副主任)
副主任　赵志平(女)

城区交通管理办公室

主　任　魏东一(4月任)

合村并城新农村建设工作领导小组办公室

主　任　王金杰(4月任)

城中村改造工作领导小组办公室

主　任　雷　文(女,4月任)

旧城(棚户区)改造工作领导小组办公室

主　任　孙建民(4月任)

政协中原区委员会

主　席　乔秀花(女)
党组书记　姚朝社
副主席　韩根有　张遂亮　韩世昉(女)
　　　　苏振文　钟文明　黄乃林
　　　　王泰峰(1月免)　张冠军
正县级领导　武金明
秘书长　王采云(女)
常务委员(共34名,按姓氏笔画为序):
　　　　马英伟　王有德　王新莹　左　瑛
　　　　司宇阳(女)　冯新立　孙广林　师艳军
　　　　刘专民　刘俊锋　张小诺　张红军
　　　　张丽娜(女)　张新许　李广顺　李平涛
　　　　余国成　李海亮　李默涵　杨万里
　　　　周胜辉　郑方燕(女)　赵　青(女)
　　　　赵广全　姜克生　钟　波
　　　　姚朝社(1月任)　徐进兴　贾　莉(女)
　　　　郭益民(女)　曹　玲(女)　阎长安
　　　　黄国甫　程　浩

区政协工作机构

办公室

主　任　刘专民(4免)
副主任　胡　青

社会和法制委员会

主　任　徐进兴(4月免)

经济科技委员会

主　任　余国成(4月免)

宣教文卫体委员会

主　任　张红军

港澳台侨和民族宗教委员会

主　任　李默涵(4月免)
　　　　牛淑君(女,4月任)

提案委员会

主　任　张丽娜(女)

委员联络委员会

主　任　刘专民(4月免)
　　　　魏彦娣(女,4月任)

郑州纺织产业园

中共郑州纺织产业园管理委员会委员会

第一书记　陈纪忠(4月免)
　　　　　张智勇(4月任)
书　记　张智勇(4月免)
　　　　刘新生(4月任)
副书记　刘新生　李红超
　　　　徐宏伟(4月任)
　　　　崔　浩(5月任)

郑州纺织产业园管理委员会

主　任　刘新生(4月免)
　　　　李红超(4月任)
副主任　李红超
　　　　冯金亮(4月免)
　　　　徐宏伟(4月免)
　　　　谌文安(4月任)

何金松(4月任)
办公室主任　冯金亮(4月免)
办公室副主任　王　涛　麻瑞娜(女)
规划建设处副处长　蔡　勇
李文强(3月免)
国土资源处处长　马文成
国土资源处副处长　李纯厚　时定永(7月免)
后勤处处长　陈学亮
招商处副处长　朱玲兰(女)　齐　军
计财处处长　何金松(4月免)
项目服务处处长　王旭军
项目服务处副处长　宁虎程
安全生产办公室主任　李学忠
安全生产办公室副主任　彭　勇
监察审计处处长　谌文安(4月免)

郑州机械制造(加工)产业园

中共郑州机械制造(加工)产业园管理委员会委员会

第一书记　王建业(4月免)
书　记　李　斌
副书记　赵保兴

郑州机械制造(加工)产业园管理委员会

主　任　赵保兴
副主任　方　向　吴利军
办公室主任　尹建军
建设规划处处长　马向前
招商处处长　王　惠(女)
企业服务处处长　李国勇

中原区人民武装部

部　长　余泽军
政　委　王有社(6月免)
苏进平(6月任)
副部长　陈　皓(兼军事科长)
李　俊　邓江涛(3月任)

中原区人民法院

党组书记、院长　徐　薇(女)
党组副书记、副院长　陈宏图　贾曼一(女)
党组成员、副院长　薛　勇　景国永　宋长军
王政雨　王惠璞
副院长　刘　锋
党组成员、政治处主任　纪惠生
党组成员、纪检组长　张庆亚(4月免)
康　凯(4月任)
党组成员、立案庭庭长　崔　霞(女)
党组成员、行政庭庭长　冯新建
审判委员会专职委员　单玲玲(1月任)
曾媛媛(1月任)

中原区人民检察院

党组书记、检察长　李伟杰
党组成员、副检察长　司亚方　王洪涛(女)
蒙　凡(女)　吴建立
张成林
副检察长　刘　辉
党组成员、政治处主任　王齐畅
党组成员、反贪局局长　张春玉
党组成员、纪检组长　李淑霞(女)
党组成员、办公室主任　王　正
党组成员、反渎局局长　李革建
党组成员、工会主席　赵国洲

群众团体组织

区总工会

主　席　李艳玲(女)
副主席　丁春伟

共青团中原区委员会

书　记　李　嵘(女)

副书记　周　影(女)

妇女联合会

主　席　李建华(女)
副主席　刘桂芳(女)

残疾人联合会

理事长　任　莉(女)

科学技术协会

主　席　楚菊芬(女)
副主席　史爱梅(女)

街　道

须水街道

党工委书记　康青山(3月任)
党工委副书记、办事处主任　周　岭(3月任)
党工委副书记、人大政协工委主任
　　马卫华(3月任)
党工委副书记　陈　曦(3月任)
　　汪永峰(3月任)
组织员　王慧萍(3月任)
宣传员　宋　冰(3月任)
统战员　孔令岳(3月任)
武装部长　曹　洋(3月任)
副主任　李尚群(3月任)
　　李文强(3月任,7月免)
　　乔明峰(3月任)
　　郭　政(3月任)
纪工委副书记　来海华(3月任)
综治办副主任　李　炜(3月任)
工会主席　林新莲(3月任)

西流湖街道

党工委书记　乔宏伟(3月任)
党工委副书记、办事处主任　郭宏力(3月任)
副书记　王永杰(3月任,7月免)
　　丁永辉(3月任)
　　陈　峰(3月任)
组织员　徐永革(3月任)
宣传员　李豫昆(3月任)
统战员　李　星(女,3月任)
武装部长　张　强(3月任)
副主任　丁　胜(3月任)
　　尹继涛(3月任)
　　李　艳(女,3月任)
综治办副主任　孙光辉(3月任,7月免)
工会主席　张巧灵(女,3月任)
司法所长　李振庭(3月任)

航海西路街道

党工委书记　李卫林
党工委副书记、办事处主任　李红信
党工委副书记、政协工委主任
　　高丽君(女,4月免)
党工委副书记、纪工委书记　刘向峰
党工委副书记　胡志军
人大工委主任　周群英(女)
政协工委主任　刘向峰(4月任)
综治中心主任　胡志军(4月任)
组织员　曹真信
宣传员　宋桂花(女)
统战员　海　杰
武装部长　任正军
副主任　杨　洋(女)　王英杰　马艳红(女)
　　闫广杰　刘　超
纪工委副书记　任大鹏
综治办副主任　何志顺
工会主席　毛伟奇
司法所长　周晓辉

中原西路街道

党工委书记　王伟宏
党工委副书记、办事处主任　王新权
党工委副书记、人大政协工委主任　李　力
党工委副书记、纪工委书记　吴国亮(4月免)
副书记、综治中心主任　李进坡(4月任)
组织员　王新伟
宣传员　罗　惠
统战员　王新建
武装部长　何　兵
副主任　王保信　毛湘山

聂玉玲(女,4月免)
冉新彩(女)　赵英创　陈　霖
张　静(1月任,2月免)
纪工委副书记　张跃玺
综治办副主任　冯宇魁
工会主席　张晓梅(女)
司法所长　王国杰

林山寨街道

党工委书记　齐永先
党工委副书记、办事处主任　王东甫
党工委副书记、政协工委主任
刘增峰(4月任)
党工委副书记　祁西杰
人大工委主任、综治中心主任　祁西杰(4月任)
党工委副书记、纪工委书记
秦予昆(女,4月任)
组织员　杨录坡
宣传员　毛淑君(女)
统战员　李　凌(女)
武装部长　白寅生
副主任　白宏波　郭建平
尹继涛(3月免)
秦予昆(女,4月免)
陈玉强
陶　辉(1月任)
纪工委副书记　赵　鑫
综治办副主任　毛雅斌
工会主席　牛晓红(女)
司法所长　闫保东(女)

桐柏路街道

党工委书记　王海滨
党工委副书记、办事处主任　韩中亮
党工委副书记、人大政协工委主任　刘学桢
党工委副书记、纪工委书记
李　娜(女,4月任)
党工委副书记　乔富霖
综治中心主任　乔富霖(4月任)
组织员　董佳云(女,4月免)
宣传员　马岩岩(女)
统战员　朱广懿(女)
武装部长　杨新锋
副主任　董玉玲(女)　王　伟(女)
赵伟成　汪永峰(3月免)
苏进卫　王永涛(1月任)
纪工委副书记　闫伟杰
综治办副主任　王兆华
工会主席　牛水娈(女)
司法所长　李晓萌

绿东村街道

党工委书记　李景川(4月免)
李平涛(4月任)
党工委副书记、办事处主任
李平涛(4月免)
赵　青(女,4月任)
党工委副书记、人大政协工委主任
毛国友(4月免)
党工委副书记　张喜军
人大工委主任　张喜军(4月任)
党工委副书记、政协工委主任
白　辉(4月任)
党工委副书记　霍小庆(4月免)
组织员　郭永亮
宣传员　方亚瑞(女)
统战员　李　伟
武装部长　肖友志
副主任　韩慧娟(女,4月免)
陈　峰(3月免)
李　宁(女)
王　鹏　汪丽敏(女)　蔚光勋
纪工委副书记　李玉环(女)
综治办副主任　赵中秋
工会主席　朱东方(女)
司法所长　邢　飞

棉纺路街道

党工委书记　张宏伟(4月免)
崔　浩(4月任)
党工委副书记、办事处主任
赵启恒(4月免)
霍小庆(4月任)
党工委副书记、人大政协工委主任

王金杰(4 月免)

党工委副书记、纪工委书记、人大工委主任
李春节(4 月任)

党工委副书记、政协工委主任
聂玉玲(女,4 月任)

党工委副书记、综治中心主任　王建伟(4 月任)

组织员　刘艳萍(女)

宣传员　刘金利(女)

统战员　刘志新

武装部长　任胜昔

副主任　张万强　牧　伟　潘　萌(女)

纪工委副书记　许　波

综治办副主任　陈卫民

工会主席　田素华(女)

司法所长　李金燕(4 月免)

三官庙街道

党工委书记　常建明

党工委副书记、办事处主任　苏宝民

党工委副书记、人大政协工委主任
侯慧芳(女,4 月免)

党工委副书记、纪委书记　何太平

人大工委主任　何太平(4 月任)

党工委副书记、政协工委主任
韩慧娟(女,4 月任)

组织员　楚文全

宣传员　李志斌

统战员　吕　洁(女)

武装部长　张　忠

副主任　闫勤智(4 月免)
杨丽娜(女)　冯　阳(女)

纪工委副书记　乔　鹏

综治办副主任　张中先

工会主席　郭　政(3 月免)

司法所长　袁　悦(女)

建设路街道

党工委书记　焦　健

党工委副书记、办事处主任　程　浩

党工委副书记、人大政协工委主任
雷海超(4 月免)

党工委副书记、纪工委书记　张玉娟(女)

人大工委主任　张玉娟(女,4 月任)

党工委副书记、政协工委主任　赵　爽(4 月任)

党工委副书记、综治中心副主任　刘　彬(4 月任)

组织员　张赵虎(女)

宣传员　蔡剑锋

统战员　张　明

武装部长　徐明德

副主任　白　辉(4 月免)
乔山峰　樊虹杉(女)　贾春霞(女)
李振宁　刘　彬(4 月免)

纪工委副书记　张铁柱

综治办副主任　陈　欣(女)

工会主席　赵金惠(女)

司法所长　甘水玉(女)

秦岭路街道

党工委书记　秦云鹏

党工委副书记、办事处主任　王政英(女)

党工委副书记、纪工委书记　陈广治

人大工委主任　陈广治(4 月任)

党工委副书记、政协工委主任
李中全(4 月任)

党工委副书记、综治中心主任
侯一花(女,4 月任)

组织员　马　翔

宣传员　郭兰菊(女)

统战员　贾胜兵

武装部长　赵力智

副主任　苏银玲(女)　任俊峰　丁东红
张金坤(4 月免)　郝　旭
吕保军(1 月任)

纪工委副书记　闵　辉

综治办副主任　李　炜(3 月免)

工会主席　汪永辉

司法所长　王　桦(女)

汝河路街道

党工委书记　孙玉忠(4 月免)
刘淑霞(女,4 月任)

党工委副书记、办事处主任
刘淑霞(女,4 月免)
宋盼峰(4 月任)

党工委副书记、人大政协工委主任
孙建民(4月免)
党工委副书记、纪工委书记　靳红伟
人大工委主任　靳红伟(4月任)
党工委副书记、政协工委主任
董佳云(女,4月任)
党工委副书记、综治中心主任
闫勤智(4月任)
组织员　侯一花(女,4月免)
宣传员　苏伟东
统战员　孟晓华(女)
武装部长　张　强(3月免)
副主任　李志超　韩东娜(女)
宋金钟　赵慧玲(女)　朱树涛
纪工委副书记　赵喜增
综治办副主任　徐小军
工会主席　朱秀云(女)
司法所长　申秀琴(女)

垂直领导机构

国家税务局

党组书记、局长　赵宁宇
副局长　李　慧(女)　宋增彪
唐　军　杨纪红(女)
纪检组长　常学军
工会主席　许荣聚

地方税务局

党组书记、局长　杨武明
党组成员、副局长　张军荣(女)　银　锋
刘继红(女)
党组成员、纪检组长　李　鹏
党组成员　连　炜

市城乡规划局中原分局

局　长　申冰文

市质量技术监督局中原区分局

局长、书记　赵玉新
副局长　马力中　苏永庆　郑云葛
工会主席　吴大伟

市工商行政管理局中原分局

党组书记、局长　吴建伟
党组成员、副局长　张东华　刘　勇　刘文正
党组成员、纪检组长　马本川(5月任)

市食品药品监督管理局中原分局

党组书记、局长　程红梅(女)
党组成员、副局长　张松振
党组成员、纪检组长　辛　锋(11月任)

建设路派出所

所　长　何汝伟
政　委　王　浩
副所长　付顺利　付　谦　谷秋生
李永安　刘　恒(1月任)

桐柏路派出所

所　长　王明选
政　委　左　涛
副所长　姚新池　谢文举　王玉强
张伟峰(4月任)

须水派出所

所　长　张　涛
政　委　徐锡岭
副所长　张增峰　江　波　杨贵贤
李国柱

帝湖派出所

所　长　袁天增
政　委　马儒泉
副所长　郭东伟　张　峰　王　伟
赵纳新

市公安局交警二大队

大队长　王亚鹏
教导员　侯宏章
副大队长　刘爱民　李　震　郭荣显
张保健　陈双军(3月任)

中原区公安消防大队

教导员　刘立庭

大队长　贾小锋(10月免)

　　　　李小勇(11月任)

副大队长　申宇飞(10月免)

县级领导干部简介

赵书贤　男,1964年1月出生,汉族,河南新郑人,1984年7月参加工作,1984年6月加入中国共产党,大学学历。

1984年7月至1986年3月任郑州市管城回族区涂料厂副厂长;1986年3月至1987年4月任郑州市管城回族区工业局办公室主任;1987年4月至1988年5月任郑州市管城回族区委组织部干事;1988年5月至1991年3月任共青团郑州市管城回族区团委书记;1991年3月至1995年5月任郑州市管城回族区陇海马路街道办事处主任;1995年5月至1997年10月任郑州市经济适用房开发中心副主任、主任;1997年10月至2000年11月任郑州市巩义市政府副市长;2000年11月至2002年1月任郑州市上街区委常委、区政府副区长;2002年1月至2004年2月任郑州市上街区委副书记、纪委书记;2004年2月至2006年4月任郑州市上街区委副书记、区政府区长;2006年4月至2008年6月任郑州市城市管理行政执法局局长、党委书记;2008年6月至2009年1月任郑州市市政管理执法局党委书记、副局长;2009年1月至2011年12月任郑州市金水区委副书记、区政府区长;2011年12月任郑州市中原区委书记。

王东亮　男,1966年11月出生,河南郏县人,1989年7月参加工作,1989年4月加入中国共产党,在职研究生学历。

1985年9月至1989年7月在郑州大学中文系学习汉语言文学专业;1989年7月至1990年9月任郑州市生产资料公司党办宣传干事;1990年9月至1991年11月任郑州市尖岗水库管理处办公室副主任;1991年11月至1993年8月任郑州市尖岗水库管理处办公室主任;1993年8月至1995年2月任郑州市尖岗水库管理处副主任;1995年2月至1999年8月任郑州市尖岗水库管理处主任、党支部书记;1999年8月至2002年10月任中牟县人民政府副县长(其间:1998年9月至2001年7月在中央党校经济管理专业在职研究生班学习);2002年10月至2003年12月,任中共中牟县委常委、县委办公室主任;2003年12月至2005年9月,任中共新郑市委常委、组织部长;2005年9月至2006年4月任中共新郑市委副书记;2006年4月至2009年3月任郑州市委组织部正县级组织员、市人才办主任;2009年3月至2009年5月任中共中原区委副书记、代区长;2009年5月,任中共中原区委副书记、区长。

李幸福　男,1961年9月出生,回族,河南荥阳人,1980年12月参加工作,1984年9月加入中国共产党,大专学历。

1980年12月至1984年9月在荥阳县教育局、计生委工作;1984年9月至1986年9月在省电大脱产班学习;1986年9月至1996年12月分别在荥阳市峡窝乡、广武乡任职(其间:1989年10月至12月在郑州市委党校学习);1996年12月至1998年3月任荥阳市农办副主任、农业局局长、党委书记;1998年3月至2000年11月任荥阳市委组织部副部长(其间:1998年9月至12月在郑州市委党校学习);2000年11月至2003年12月任荥阳市人民政府副市长;2003年12月至2004年6月任中共中牟县委常委、办公室主任(其间:2003年3月至9月在河南省委党校县处级少数民族干部培训班学习);2004年6月至2009年4月任中共中原区委常委、区人民政府常务副区长;2009年4月至2011年5月任中共中原区委常委、纪委书记;2011年5月任中共中原区常委、副书记。

贾成义　男,1954年9月出生,汉族,河南新密人,1971年5月参加工作,1972年11月加入中国共产党,大学学历。

1971年5月至1972年12月任密县米村公社通信员;1972年12月至1980年5月任开封军分区

司令部战士、班长、教导队书记；1980年5月至1983年10月任中牟县人民武装部正连职干部；1983年10月至1984年5月在郑州军分区政治部干部科工作；1984年5月至1990年7月任郑州军分区司令部秘书、动员组长（正营），兼任郑州市征兵办常务副主任；1990年7月至1992年9月任郑州市委组织部干事；1992年9月至1993年6月任郑州市委组织部副科级组织员；1993年6月至1993年11月任郑州市委组织部政研室副主任；1993年11月至1997年11月任郑州市委组织部干部调配处副处长、处长；1997年11月至1999年7月任郑州市委知识分子工作办公室主任；1999年7月至2001年11月任中共二七区委常委、组织部长；2001年11月至2004年6月任中共金水区委常委、组织部长；2004年6月至2006年4月任中共中原区委副书记；2006年4月至2007年1月任中原区人大常委会党组书记（正县级）；2007年1月当选中原区人大常委会主任。

乔秀花 女，1953年1月出生，汉族，河南新密人，1971年1月参加工作，1982年2月加入中国共产党，大专学历。

1971年1月至1972年5月任密县学校民办教师；1972年5月至1984年3月任密县城关镇妇联干部、妇联副主任、团委副书记、团县委常委、镇管委副主任、副镇长（其间：1977年10月至1978年5月在开封地区妇联工作）；1984年3月至1997年2月任密县（新密市）人民政府副县（市）长（其间：1985年7月至1988年7月在省委党校行政管理专业大专班学习）；1997年2月至2001年11月任中共新密市委常委、纪委书记；2001年11月至2002年10月任中共中原区委副书记、纪委书记（其间：2001年9月至12月在郑州市委党校县处级培训班学习）；2002年10月至2003年1月任中共中原区委副书记；2003年1月至2006年4月任中共中原区委副书记，当选六届区政协主席，任党组书记；2006年4月当选政协六届中原区委员会主席，任党组书记；2007年1月至2011年1月任七届政协中原区委员会主席、党组书记；2011年1月任七届政协中原区委员会主席。

陈纪忠 男，1957年8月出生，汉族，河南荥阳人，1974年1月参加工作，1978年8月加入中国共产党，在职研究生学历。

1974年1月至1976年1月是中牟县白沙乡知青；1976年1月至1986年12月历任部队战士、干事、指导员、参谋；1986年12月至1992年6月任中共中牟县委组织部副部长、正科级组织员（其间：1988年5月至1991年5月在省委党校经济管理大专班学习）；1992年6月至1995年5月任中共中牟县委组织部副部长、正科级组织员、县直机关党委书记；1995年5月至1997年11月任中共邙山区委常委、组织部长；1997年11月至2001年11月任中共金水区委常委、政法委书记（其间：1998年5月至2000年5月在对外经贸大学企业管理专业研究生班学习）；2001年11月至2002年10月任中共新郑市委副书记、纪委书记；2002年10月至2006年4月任中共中原区委副书记、纪委书记；2006年4月至2007年1月任中共中原区委副书记、宣传部部长；2007年1月任中共中原区委副书记、郑州纺织产业园管委会书记；2009年9月任中共中原区委副书记、郑州纺织产业园管委会第一书记。

姚朝社 男，1956年12月出生，汉族，河南巩义人，1983年7月参加工作，1987年7月加入中国共产党，大学学历。

1978年12月至1983年7月在河南省中医学院学习中医专业；1983年7月至1991年6月任巩县鲁庄镇卫生院中医师、副院长、院长；1991年6月至1992年12月任巩义市卫生防疫站副站长；1992年12月至1994年5月任巩义市纪委常委、办公室主任；1994年5月至1995年3月任巩义市北山口乡党委副书记；1995年3月至1997年7月任巩义市计生委主任、党组书记；1997年7月至1999年8月任巩义市回郭镇党委书记、人大主席（其间：1998年9月至1998年12月在郑州市委党校第20期中青班学习）；1999年8月至2002年1月任巩义市人民政府副市长；2002年1月至2002年6月任巩义市委常委、统战部部长；2002年6月至2004年6月任巩义市委常委、市人民政府副市长;2004年6月至2006年4月任二七区委副书记;2006年4月至2007年1月任二七区委副书记、统战部部长;2007年1月至2008年4月任二七区委副书记;2008年5月至2008年6月任郑州市人民政府副秘书长、市委群众工作部副部长,市委、市政府信访局局长、党组书记;2008年6月至2011年1月任郑州市人民政府副秘书长、办公厅党组成员、市委群众工作部副部长,市委、市政府信访局局长、党组书记;2011年1月任中原区政协党组书记。

高天翼 男,1961年10月出生,汉族,河南平顶山人,1982年8月参加工作,1993年10月加入中国共产党,大学学历。

1980年9月至1982年7月在省财税专科学校学习,任专业团总支书记;1982年8月至1988年8月在河南省税务局工作(其间:1983年9月至1986年6月在郑州大学学习财政专业);1988年8月至1992年10月在郑州高新技术产业开发区管委会工作;1992年10月至1995年8月任郑州高新技术产业开发区管委会社会事业副局长;1995年9月至1997年6月任郑州高新技术产业开发区管委会社会事业局局长;1997年6月至2002年5月任郑州高新技术产业开发区金水科技园区办公室主任;2000年5月至2002年3月任郑州高新技术产业开发区金水科技园区办公室主任、河南省科学院创业中心主任;2002年3月至2002年10月任郑州高新技术产业开发区管委会助理调研员;2002年10月至2004至10月任郑州市中原区人民政府副区长;2004年10月至2011年5月任郑州管城回族区委常委、统战部部长(其间:2004年9月至2004年12月在华东师范大学第六期县处级干部经济管理培训班学习);2011年5月任中原区委常委、纪委书记。

王正轩 男,1960年12月出生,汉族,河南巩义人,1984年7月参加工作,1985年10月加入中国共产党,大学学历。

1980年9月至1984年7月在郑州大学中文系学习;1984年8月至1990年9月任武警郑州指挥学校教员;1985年7月至1990年9月任武警郑州指挥学校文职一级科员;1990年10月至1991年4月任郑州市政府办公厅干部;1991年5月至1994年10月任郑州市政府办公厅(室)科员、副科级协理员;1994年11月至1997年8月任郑州市政府办公厅综合处副处长(正科级);1997年9月至1999年7月任郑州市政府办公厅信息处处长;1999年8月至2002年1月任郑州市政府办公厅综合处处长;2002年2月至2004年5月任郑州市政府办公厅秘书一处处长;2004年6月至2006年4月任惠济区委常委、常务副区长;2006年4月至2009年7月任惠济区委常委、政法委书记(正县级);2009年8月任中原区委常委、政法委书记(正县级)。

李长义 男,1961年3月出生,汉族,河南睢县人,1978年2月参加工作,1983年3月加入中国共产党,大学学历。

1978年2月至1979年5月任解放军坦克第十一师卫生员;1979年5月至1981年1月从事解放军信阳陆军学院十六队机要专业;1981年1月至1986年5月任坦克第十一师司令部机要科正排职译电员、副连职译电员;1986年5月至1993年2月任解放军步兵第四八四团机要股副连职参谋、正连职参谋;1993年2月至1995年8月任解放军陆军第五十四集团军高炮旅政治部正连职干事、副营职干事(其间:1992年9月至1995年7月在郑州市委党校学习经济管理专业);1995年8月至1998年4月任郑州市纪律检查委员会干部管理室科员;1998年4月至2000年5月任郑州市纪律检查委员会办公厅副科级检查员、监察员;2000年5月至2003年5月任郑州市纪律检查委员会领导干部廉洁自律工作室副主任(其间:1998年8月至2000年12月在中央党校本科班学习法律专业);2003年5月至2004年6月任郑州市纪律检查委员会机关党委副书记;2004年6月至2009年7月任登封市委常委、政法委书记;2009年7月至2011年5月任登封市委常委、组织部长;2011年5月任中原区委常委、组织部长。

袁聚平 男,1968年4月出生,汉族,河南新密人,1986年7月参加工作,1990年4月加入中国

共产党，在职研究生学历。

1983年9月至1986年7月在开封地区第二师范学校上学；1986年7月至1990年7月在郑州市中原区建设路第二小学任教（其间：参加全国高等教育自学考试，获河南大学汉语言文学专业专科学历）；1990年7月至1994年7月在郑州市中原区文教局工作；1994年7月至2001年4月任中共中原区委办公室副科级秘书、副主任（其间：1998年7月至2001年7月，参加曲阜师范大学汉语言文学专业函授学习，获本科学历）；2001年4月至2004年6月，任须水镇镇长、党委书记（其间：2002年9月至12月在郑州市委党校27期中青班学习并结业；2002年7月至2004年7月，参加北京师范大学研究生院行政管理专业研究生课程班学习并完成全部学业）；2004年6月至2008年9月任中共中原区委常委，兼任须水镇党委书记；2008年9月至2009年4月任中共中原区委常委、中共郑州机械制造（加工）产业园管委会书记；2009年4月至2009年9月任中共中原区委常委、副区长、中共郑州机械制造（加工）产业园管委会书记；2009年9月任中共中原区委常委、副区长。

吴铁路 男，1960年4月出生，汉族，河南西华人，1977年9月参加工作，1983年11月加入中国共产党，研究生学历。

1977年9月至1978年12月在河南省郸城县石槽乡高庄村下乡；1978年12月至1979年10月在北京卫戍区团体操集训队学习；1979年11月至1981年3月任北京卫戍区警卫3师11团6连文书；1981年3月至1982年4月在天津警备区教导大队人民武装专业学习；1982年4月至1986年11月任北京市门头沟区人民武装部政工科副连职干事；1986年11月至1989年7月任郑州市直机关党委组织部干事（其间：1986年6月至1988年12月在郑州大学学习党政干部基础科专业）；1989年7月至1992年11月任郑州市直机关团委副书记；1992年11月至1997年2月任郑州市直机关团委书记（其间：1993年8月至1995年12月在中央党校学习经济管理专业）；1997年2月至1999年8月任郑州市直机关党工委宣传部长；1999年8月至2001年11月任郑州市轻工业局纪委书记、监察室主任、党委委员；2001年11月至2004年6月任郑州市上街区人民政府副区长（其间：2000年9月至2003年6月在河南省委党校在职研究生班学习经济管理专业）；2004年6月至2007年1月任郑州市中原区人民政府副区长；2007年1月任中共中原区委常委、宣传部长。

杨　洁 女，1973年6月出生，汉族，河南方城人，1995年7月参加工作，1994年6月加入中国共产党，博士研究生学历。

1991年9月至1995年7月在郑州大学哲学系学习；1995年7月至1997年9月任郑州市中州大学教师、社科系团总支书记；1997年9月至2000年9月在中国人民大学哲学系学习马克思主义与思想政治教育专业，获法学硕士学位；2000年9月至2003年9月在中国人民大学哲学系学习马克思主义哲学专业，获博士学位；2003年9月至2010年1月任中原区人民政府副区长；2010年1月任中原区常委、统战部部长。

陈春梅 女，1970年3月出生，汉族，河南荥阳人，1987年9月参加工作，1990年12月加入中国共产党，大学学历。

1987年9月至1988年10月在荥阳县刘河乡政府工作；1988年10月至1995年5月在共青团荥阳县委工作；1995年5月至2000年1月任共青团荥阳县委副书记（其间：1994年9月至1996年12月在河南省委党校函授本科班经济管理专业学习）；2000年1月至2002年10月任共青团荥阳市委书记；2002年10月至2004年4月任荥阳市高村乡党委副书记、乡长；2004年4月至2006年3月任荥阳市高村乡党委书记；2006年3月至2007年3月任荥阳市高村乡党委书记、人大主席；2007年3月至2008年11月任荥阳市高村乡党委书记；2008年11月至2010年1月任郑州市接待办公室副主任、党组成员；2010年1月至2011年5月任中原区人民政府党组成员、副区长；2011年5月任中原区委常委、区委办主任。

苏进平 男,1969 年 5 月出生,汉族,河南密县人,1987 年 10 月入伍,1992 年 4 月加入中国共产党,硕士学历。

1987 年 10 月至 1992 年 10 月任二十集团军高炮旅战士;1992 年 10 月至 1995 年 12 月任六十师通信团通信营排长;1995 年 12 月至 1997 年 4 月任六十师通信团政治处保卫股副连职干事;1997 年 4 月至 2000 年 6 月任六十师通信团一营接力连指导员;2000 年 6 月至 2002 年 6 月任二十集团军军事检察办公室副营职检察员;2002 年 6 月至 2003 年 1 月任二十集团军高炮旅汽车营教导员;2003 年 1 月至 2005 年 1 月任济南军区直属军事检察院正营职检察员;2005 年 1 月至 2008 年 6 月任济南军区直属军事检察院副检察长;2008 年 6 月至 2009 年 1 月任济南军区军事检察院法检处正团职检查员;2009 年 1 月至 2011 年 6 月任济南军区河南省军区军事检察院副检察长(正团职);2011 年 6 月任郑州市中原区人民武装部政治委员。

王成明 男,1954 年 5 月出生,汉族,河南长垣人,1970 年 12 月参加工作,本科学历。

1970 年 12 月至 1974 年 10 月是郑州郊区花园口"五七"农场知青,1974 年 10 月至 1977 年 9 月在开封师范学院艺术系美术专业上学,1977 年 9 月至 1996 年 1 月任中原区文化馆干部,1996 年 1 月至 1997 年 2 月任中原区文化馆馆长,1997 年 2 月至 2005 年 3 月任中原区人大常委会副主任、文化馆馆长,2005 年 3 月至 2007 年 1 月任中原区人大常委会副主任;2007 年 1 月任正县级领导干部。

周海立 男,1954 年 2 月出生,汉族,河南中牟人,1970 年 12 月参加工作,1973 年 10 月加入中国共产党,大专学历。

1970 年 12 月至 1976 年 6 月任河南省军区独立一师三团战士;1976 年 6 月至 1978 年 2 月任河南省军区独立一师三团排长;1978 年 2 月至 1981 年 11 月任河南省军区独立师三团特务连副连长;1981 年 11 月至 1982 年 11 月任河南省军区独立师三团特务连连长;1982 年 11 月至 1983 年 10 月任河南省中牟县人民武装部正连职参谋;1983 年 10 月至 1986 年 2 月任河南省中牟县人民武装部军事科副科长;1986 年 2 月至 1993 年 12 月任河南省中牟县人民武装部军事科科长(其间:1988 年 9 月至 1991 年 7 月在开封师范高等专科学校学习文秘专业);1993 年 12 月至 1996 年 4 月任河南省新密市人民武装部部长;1996 年 4 月至 1999 年 2 月任河南省新密市人民武装部部长、新密市市委常委;1999 年 2 月至 2000 年 10 月任郑州市中原区人民武装部部长;2000 年 11 月至 2002 年 1 月任中原区人民政府副区长;2002 年 1 月至 2010 年 1 月任中共中原区委常委、统战部部长;2010 年 1 月至 2011 年 1 月任中原区人大常委会副主任(党组副书记)。

武金明 男,1952 年 1 月出生,汉族,河南郑州人,1969 年 12 月参加工作,1973 年 5 月加入中国共产党,本科学历。

1969 年 12 月至 1981 年 12 月在国防科委 27 基地服役,历任战士、班长、排长、连长;1981 年 12 月至 1983 年 7 月任中原区沟赵乡武装部干事;1983 年 7 月至 1984 年 4 月任中原区石佛乡武装部副部长;1984 年 4 月至 1985 年 3 月任中原区石佛乡副乡长、武装部部长;1985 年 3 月至 1992 年 11 月任中原区石佛乡党委副书记、乡长(其间:1988 年 10 月至 1990 年 10 月在郑州大学半脱产学习行政管理专业);1992 年 11 月至 1995 年 2 月任中原区须水镇党委书记(其间:1993 年 9 月至 1995 年 7 月在河南大学成人高等教育新闻与编辑出版专业本科班学习);1995 年 2 月至 1998 年 2 月任中原区人民政府副区长、党组成员;1998 年 2 月至 2003 年 2 月当选五届政协中原区委员会副主席(党组成员);2003 年 1 月至 2007 年 1 月当选六届政协中原区委员会副主席、党组副书记;2007 年 1 月至 2009 年 8 月当选七届政协中原区委员会副主席、党组副书记;2009 年 8 月任正县级领导干部。

李玉卿 男,1957年11月出生,汉族,河南中牟人,1973年4月参加工作,1984年12月加入中国共产党,在职研究生学历。

1971年9月至1973年1月在河南省中牟县韩寺乡高中学习;1973年4月至1977年5月在河南省中牟县韩寺乡小学、中学任民办教师;1977年5月至1979年9月在开封地区师范学校学习;1979年9月至1985年9月在河南省中牟县仓砦乡高中、城关高中、城关教办工作;1985年9月至1987年7月在郑州市委党校大专班脱产学习;1987年7月至1989年12月任河南省中牟县仓砦乡乡长助理;1989年12月至1990年9月任河南省中牟县仓砦乡党委副书记(其间:1990年3月至5月在郑州市委党校学习);1990年9月至1994年3月任河南省中牟县张庄乡党委副书记、乡长(其间:1989年9月至1991年7月在河南省委党校学习政治管理专业);1994年3月至1996年1月任河南省中牟县张庄乡党委书记;1996年1月至2001年3月任河南省中牟县政府办公室主任(其间:1996年9月至1998年7月在河南大学学习中国现当代文学专业);2001年3月至2002年10月任河南省新郑市人民政府副市长;2002年10月至2006年4月任河南省新郑市委常委、政法委书记;2006年4月至2011年5月任中共中原区委常委、区委办公室主任;2011年6月任中原区人大常委会党组副书记、副主任(正县级)。

何进平 男,1958年2月出生,汉族,河南汝阳人,1974年9月参加工作,1978年9月加入中国共产党,本科学历。

1974年9月至1976年12月任汝阳县蔡店公社妙东村民兵营长;1976年12月至1983年7月在陆军五十四军一六〇师四八〇团历任班长、排长;1983年7月至1985年9月在信阳陆军学院学习;1985年9月至1987年12月任陆军五十四军一六〇师四八〇团政治教导员;1987年12月至1994年4月任中原区中原乡党办主任、组织员、副乡长;1994年4月至1996年1月任中原区大岗刘乡副乡长;1996年1月至1997年9月任中原区沟赵乡党委副书记、乡长(其间:1995年5月至1997年7月在郑州大学学习行政管理专业);1997年9月至1998年3月任中原区沟赵乡党委书记、乡长;1998年3月至1999年10月任中原区沟赵乡党委书记;1999年10月至2002年1月任中原区人劳局局长、党组书记(其间:2001年9月至2003年12月在河南省委党校学习法律专业);2002年1月至2007年1月当选中原区人大常委会副主任(党组成员);2007年1月任中原区人大常委会党组副书记、副主任。

张永国 男,1956年3月出生,汉族,河南博爱人,1974年3月参加工作,1978年11月加入中国共产党,本科学历。

1974年3月至1976年12月是河南省博爱县金城乡南邱村知青;1976年12月至1990年9月在西藏军区服役;1990年9月至1992年5月任郑州市监察局科员;1992年5月至1993年4月任郑州市监察局副科级监察员;1993年4月至1994年9月任郑州市纪律检查委员会副科级纪检员;1994年9月至1997年6月任郑州市纪律检查委员会干部管理室副主任(其间:1992年9月至1995年6月在郑州市委党校学习政治专业);1997年6月至1998年10月任郑州市纪律检查委员会干部管理室副主任、副县级纪检员;1998年10月至2003年12月任郑州市纪律检查委员会干部管理室主任(其间,1998年8月至2000年12月在中央党校学习政法专业);2003年12月至2006年4月任新密市委副书记、纪委书记;2006年4月至2009年3月任新密市委常委、纪委书记(正县级);2009年3月任中原区人大常委会副主任(正县级、党组成员)。

李喜安 男,1959年3月出生,汉族,河南郑州人,1980年7月参加工作,1992年2月加入中国共产党,大专学历。

1978年3月至1980年6月在郑州师范学校学习;1980年6月至1989年7月任中原区沟赵学区西连河中学教师、教导主任(其间:1985年9月至1988年7月在河南省广播电视大学在职学习);1989年7月至1990年8月任郑州第五十八中学教师;1990 年 8 月至 1990 年 10 月在中原区文教局工作;1990 年 10 月至 1995 年 2 月在中原区政府办公室工作;1995 年 2 月至 1997 年 2 月任中原区政府办公室副主任;1997 年 2 月至 1998 年 3 月任中原区政府办公室副主任(正科级);1998 年 3 月至 2001 年 4 月任中原区石佛镇党委副书记、镇长;2001 年 4 月至 2002 年 11 月任中原区石佛镇党委书记(其间:2002 年 3 月至 6 月在郑州市委党校学习);2002 年 11 月至 2003 年 1 月任中原区人大常委会党组成员、石佛镇党委书记;2003 年 1 月当选中原区人大常委会副主任(党组成员)。

庄 华 女,1955 年 10 月出生,汉族,黑龙江海伦人,1973 年 5 月参加工作,1986 年 5 月加入中国共产党,大专学历。

1973 年 5 月至 1976 年 11 月为下乡知青;1976 年 11 月至 1978 年 12 月为郑州市第二橡胶厂工人;1978 年 12 月至 1980 年 1 月任中原区委办公室科员;1980 年 1 月至 1990 年 9 月任中原区劳动服务公司干部(其间:1986 年 9 月至 1989 年 6 月在郑州大学学习党政专业);1990 年 9 月至 1995 年 2 月任中原区人事劳动局科员;1995 年 2 月至 1998 年 3 月任中原区人事劳动局副局长;1998 年 3 月至 2002 年 1 月任郑州市总工会中原区办事处主任;2002 年 1 月至 6 月任郑州市总工会中原区办事处主任(副县级);2002 年 6 月至 2006 年 1 月任中原区总工会主席、中原区人大常委会委员;2006 年 1 月当选中原区人大常委会副主任(党组成员)。

郭明立 男,1964 年 3 月出生,汉族,河南郑州人,1981 年 10 月参加工作,1988 年 5 月加入中国共产党,在职研究生学历。

1981 年 10 月至 1986 年 9 月任郑州市第五十八中学教师;1986 年 9 月至 1988 年 6 月在郑州教育学院学习历史专业;1988 年 6 月至 1993 年 12 月任郑州市第五十八中学教师、教导主任、副校长;1993 年 12 月至 1996 年 1 月任中原区政府办公室秘书;1996 年 1 月至 2001 年 4 月任中原区目标考评办副主任;2001 年 4 月至 2002 年 5 月任中原区大岗刘乡党委副书记、乡长;2002 年 5 月至 2005 年 3 月任中原区大岗刘乡党委书记(其间:2002 年 9 月至 2004 年 6 月在北京师范大学学习行政管理专业);2005 年 3 月至 2007 年 1 月任中原区委组织部常务副部长(正科级);2007 年 1 月当选中原区人大常委会副主任(党组成员)。

靳爱菊 女,1958 年 3 月出生,汉族,河南新郑人,1976 年 7 月参加工作,1985 年 6 月加入中国共产党,在职研究生学历。

1976 年 7 月至 1979 年 10 月为荥阳县城关乡知青;1979 年 10 月至 1985 年 7 月任荥阳县三十里铺乡干部;1985 年 7 月至 1986 年 3 月任中原区百花路小学教师;1986 年 3 月至 1995 年 2 月任中原区人事劳动局科员(其间:1989 年 10 月至 1991 年 10 月在郑州大学学习行政管理专业);1995 年 2 月至 1996 年 1 月任中原区编办副主任;1996 年 1 月至 2002 年 2 月任中原区人事劳动局党组成员、副局长、编办副主任(其间:1994 年 9 月至 1997 年 7 月在郑州市委党校学习经济管理专业);2002 年 2 月至 5 月任中原区人事劳动和社会保障局党组成员、副局长、编办主任;2002 年 5 月至 2007 年 1 月任中原区人事劳动和社会保障局党组书记、局长、编办主任(其间:2002 年 9 月至 2004 年 6 月在北京师范大学学习行政管理专业);2007 年 1 月当选中原区人大常委会副主任(党组成员)。

王建业 男,1956 年 8 月出生,汉族,河南荥阳人,1976 年 3 月参加工作,1977 年 6 月加入中国共产党,大专学历。

1976 年 3 月至 1984 年 3 月任新疆吐鲁番 89205 部队战士、班长、排长、副连长;1984 年 3 月至 1987 年 3 月任洛铁十五局生活供应处队长;1987 年 3 月至 1994 年 3 月任中原区市容办干部;1994 年 3 月至 1996 年 1 月任中原区城管办副主任;1996 年 1 月至 1997 年 2 月任中原区市政局副局长;1997 年 2 月至 2001 年 8 月任中原区爱卫办主任、创建办主任;2001 年 8 月至 2005 年 3 月任中原区城市管理行政执法局党委书记、局长;2005 年

3月至2007年1月任中原区城市管理行政执法局党委副书记、局长;2007年1月当选中原区人大常委会副主任(党组成员)。

姚金玉 男,1958年9月出生,汉族,河南南乐人,1976年2月参加工作,1977年8月加入中国共产党,本科学历。

1976年2月至1977年5月任河南独立师三团战士、通讯员、警卫员;1977年6月至1977年9月任河南独立师三团司令部文书;1977年10月至1978年10月任河南独立师三团司令部警卫班长、保密员;1978年11月至1979年2月任河南独立师三团司令部保密员;1979年3月至1982年10月任河南独立师三团政治处干部股干事;1982年10月至1984年11月任郑州市金水区人民武装部干事;1984年11月至1985年4月任郑州军分区政治部干部科干事;1985年5月至1988年4月任郑州军分区政治部干部科正连职干事;1988年5月至1990年11月任郑州军分区政治部干部科科长(副营职);1990年11月至1991年5月任郑州军分区教导大队政治教导员;1991年5月至1993年12月任河南省军区政治部干部处正营职干事;1993年12月至1997年4月任河南省军区政治部干部处副团职干事(其间:1993年8月至1995年12月在中央党校函授本科班学习经济管理专业);1997年4月至2003年3月任中共中原区委常委、中原区人民武装部政委,2003年3月至2010年1月任中原区人民政府副区长;2010年1月任中原区人大常委会副主任(党组成员)。

成小波 男,1963年12月出生,汉族,重庆江津人,1983年7月参加工作,1985年7月加入中国共产党,在职研究生学历。

1980年10月至1983年7月在河南百泉农专植保系学习;1983年7月至1987年8月在郑州林场工作;1987年8月至1991年7月在郑州市邙山区农经委工作;1991年7月至1993年6月任郑州市邙山区委组织部干事;1993年6月至1996年1月任郑州市邙山区委组织部副科级组织员;1996年1月至1997年7月任郑州市邙山区直属机关工委书记;1997年7月至2000年9月任郑州市邙山区花园口镇党委副书记、镇长(其间:1997年8月至1999年6月在河南大学经济管理专业研究生进修班学习);2000年9月至2002年2月任郑州市邙山区花园口镇党委书记;2002年2月至2004年4月任中共邙山区委组织部副部长(其间:2002年3月至6月在郑州市委党校青干班学习);2004年4月至6月任中共惠济区委组织部副部长;2004年6月任中原区人民政府副区长。

王宏军 男,1961年1月出生,汉族,河北保定人,1979年10月参加工作,1983年7月加入中国共产党,本科学历。

1979年10月至1980年8月任四十三军一二九师三八七团战士;1980年8月至1982年7月在石家庄军械技术学院学习;1982年7月至1985年8月任炮兵第二师三十八团技师;1985年8月至1987年7月在石家庄军械技术学院学习;1987年7月至1989年1月任二十军炮兵旅指导员;1989年1月至1994年1月任二十军炮兵旅助理员;1994年1月至1996年7月任二十军炮兵旅军械供应科科长;1996年7月至1999年1月任二十军炮兵旅装备部部长;1999年1月至2000年1月任二十军炮兵旅后勤部部长;2000年1月至2002年2月任二十军炮兵旅副旅长;2002年2月至2003年2月任许昌县人民武装部部长;2003年2月至2004年1月任长葛市人民武装部部长;2004年1月至2006年11月任中原区人民武装部部长;2006年11月至2010年1月任中原区人民政府区长助理;2010年1月任中原区人民政府副区长。

王泰峰 男,1963年9月出生,汉族,河南虞城人,1981年11月入伍,1985年3月加入中国共产党,本科学历,上校军衔。

1981年11月至1983年8月任十六集团军四十七师一四一团三炮连战士、文书;1983年9月至1985年6月在南京炮校地炮指挥专业二中队学习;1985年6月至10月任十六集团军炮兵团一二二加农炮营二连指挥排长;1985年10月至1989

年12月任十六集团军炮兵旅五营指挥排长、副连长、政治指导员；1989年12月至1992年4月任16集团军炮兵旅政治部正连职干事；1992年4月至1998年10月任河南省郑州军分区政治部副营职干事、正营职干事；1998年10月至2000年7月任河南省军区郑州市工作处正营职干事、副团职干事；2000年7月至2001年7月任河南省军区郑州市工作处副处长；2001年7月至2007年12月任中原区人民武装部政委；2002年8月至2008年7月任中共中原区委常委；2009年2月至2010年1月任中原区人民政府区长助理；2010年1月任七届政协中原区委员会副主席；2010年12月任中原区人民政府副区长。

徐卫东 男，1966年10月出生，汉族，河南荥阳人，1985年7月参加工作，1992年12月加入中国共产党，研究生学历。

1983年7月至1985年7月郑州警校学生；1985年7月至1989年12月，任郑州市中原公安分局刑侦科民警；1989年12月至1998年12月，任郑州市中原公安分局办公室秘书、副主任；1998年12月至2001年9月，任郑州市中原公安分局常庄水库派出所所长、分局党委秘书（副科级）、党办主任；2001年9月至2002年1月，任郑州市中原公安分局刑侦大队教导员（正科级）（其间：全国自考公安管理专业本科毕业；1999年9月至2001年11月，在北京师范大学教育经济专业研究生班学习）；2002年1月至2005年3月，任郑州市中原区委政法委副书记、稳定办主任（其间：2004年7月至9月，在市委组织部选派到广东汕头挂职锻炼）；2005年3月至2007年3月，任郑州市中原区棉纺路街道党工委书记（其间：2006年4月至6月，在市委党校第三十四期青干班学习；2006年9月至10月，参加市委组织部赴美国及清华大学培训班学习）；2007年3月至2008年11月，任郑州市中原区委组织部常务副部长；2008年11月任郑州市中原区委群众工作部部长、信访局局长；2009年9月任中原区委群众工作部部长；2011年6月任中原区人民政府副区长。

蒋剑茹 女，1968年11月出生，汉族，河南郾城人，1983年12月参加工作，2005年12月加入民主同盟，大学本科学历。

1983年12月至1987年4月在郑州市郊区农机局工作；1987年4月至1997年6月在郑州市金水区农业经济委员会工作；1997年6月至2004年9月任郑州市金水区庙李镇人民政府镇长助理、副镇长（副科级）；2004年9月至2006年3月任金水区建设环保局副局长；2006年3月至2007年11月任金水区人大常委会城建工委主任；2007年11月至2008年12月任金水区南阳新村街道办事处主任；2008年12月至2011年6月任郑州市农机局副局长；2011年6月任中原区人民政府副区长。

陈耀宗 男，1973年3月出生，汉族，河南荥阳人，1994年7月参加工作，1992年12月加入中国共产党，本科学历。

1990年6月至1994年6月在中央财政金融学院学习；1994年6月至1996年10月在荥阳市审计局工作；1996年10月至2004年6月任荥阳市政府办科长、副科级协理员，副主任（其间参加2002年郑州市公开选拔任政府办正科级副主任）；2004年6月至2004年12月任荥阳市汜水镇党委副书记、代镇长；2005年1月任汜水镇党委书记；2010年5月任荥阳市副县级干部；2011年6月任中原区人民政府副区长。

秦俊福 男，1966年8月出生，汉族，河南郑州人，1987年8月参加工作，1991年9月加入中国共产党，本科学历。

1987年8月至1988年11月任中原区沟赵乡农技站技术员；1988年11月至1989年10月任中原区农经委农技科科员；1989年10月至1997年1月任中原区人大办公室副主任；1997年1月至1998年3月任中原区沟赵乡党工委副书记、纪委书记；1998年3月至2001年12月任中原区信访办副主任（正科级）；2001年12月至2003年3月任中原区信访局副局长；2003年3月至2007年1月任中共中原区委办公室副主任、信访局局长；2007年1月至2008年12月任中原区群众工作部部长、区委办公室副主任、信访局局长；2008年12月至2011年4月任中原区人民政府区长助理；2011年4月任中原区城市管理助理。

王晓伍 男，1958年4月出生，汉族，河南郑州人，1977年7月参加工作，1979年7月加入中国共产党，在职研究生学历。

1986年12月至1990年9月任中原区建设路街道办事处党委委员、机关支部书记、党政办主任；1990年9月至1997年3月任中原区委组织部干事、干部科长；1997年3月至1997年9月任中原区须水镇党委副书记；1997年9月至2001年12月任中原区林山寨街道办事处主任、党工委副书记；2001年12月至2007年3月任中原区林山寨街道党工委书记（其间：2000年9月至2002年7月在首都经济贸易大学经济法学专业研究生班学习，2006年6月任中原区副县级干部）；2007年3月至2011年4月任中原区委宣传部常务副部长；2011年4月任中原区城区交通管理助理。

樊立伟 男，1974年5月出生，汉族，河南郑州人，1995年7月参加工作，1998年2月加入中国共产党，本科学历。

1995年7月至1998年2月在中原区卫生防疫站工作；1998年3月至2001年7月任中原区桐柏路街道办事处主任助理（副科级）；2001年8月至2003年2月任中原区城市管理行政执法局副局长；2003年3月至2005年2月任共青团中原区委书记；2005年3月至2007年2月任中原区中原乡乡长；2007年3月至2010年2月任中原区城市行政管理执法局局长（其间：2008年10月任中原区副县级干部）；2010年3月任中原区人民政府党组成员；2011年4月任中原区城市管理助理。

孙玉忠 男，1962年11月出生，汉族，河南新郑人，1984年6月参加工作，1989年9月加入中国共产党，大专学历。

1981年9月至1984年6月在河南省计划统计干部函授学院学习计划统计专业；1984年6月至

1987年5月任郑州郊区计统局办公室干部；1987年5月至1988年12月任中原区计统局干部（其间：1988年11月在中国统计干部函授学院学习计划统计专业）；1988年12月至1993年5月任中原区政府监察局干部；1993年5月至1999年10月任中原区纪委监察室主任、监察局副局长；1999年10月至2003年3月任中原区汝河路街道办事处副书记、主任；2003年3月至2011年4月任中原区汝河路街道党工委书记（其间：2009年5月任副县级干部）；2011年4月任中原区人民政府党组成员、旧城（棚户区）改造助理。

黑书亮 男，1963年4月出生，汉族，河南荥阳人，1980年12月参加工作，1985年1月加入中国共产党，大学学历。

1980年11月至1982年8月在部队服役负责文书工作；1982年9月至1984年7月在郑州炮院学习；1984年8月至1985年11月任高炮65师政治部组织科干事；1985年12至1994年4月任中原区人武部干事、秘书、参谋；1994年5月至1997年1月任区直机关党委副书记兼纪委书记（含两年下沟赵挂职锻炼）；1997年2月至2001年3月任中原区纪委常委、审理室主任；2001年4月至2002年1月任中原区纪委副书记；2002年2月任中原区纪委副书记、监察局局长；2009年8月任中原区副县级干部。

张宏伟 男，1968年11月出生，汉族，河南禹州人，1990年7月参加工作，1993年12月加入中国共产党，大学学历。

1985年9月至1990年7月在河南大学学习；1990年7月至1997年2月任中原区人大常委会办公室干部（其间：1995年6月在郑州大学学习汉语言文学专业）；1997年2月至2002年1月，任中原区人大常委会办公室副主任；2002年1月至2007年3月任中原区棉纺路街道党工委副书记、主任；2007年3月至2011年4月任中原区棉纺路街道党工委书记(其间:2010 年 4 月任中原区副县级干部);2011 年 4 月任中原区人民政府党组成员、合村并城新农村建设助理。

李景川 男,1961 年 3 月出生,汉族,河南郑州人,1982 年 9 月参加工作,1989 年 7 月加入中国共产党,在职研究生学历。

1979 年 9 月至 1982 年 8 月,在信阳地区卫校中医班学习;1982 年 10 月至 1984 年 4 月,在信阳地区外贸局畜产品进出口公司工作;1984 年 4 月至 1986 年 11 月,在信阳地区行政公署苏区办工作(其间:1984 年至 1987 年在郑州大学历史系学习);1986 年 11 月至 1989 年 10 月,任中原区卫生局科员;1989 年 10 月至 1990 年 10 月,任中原区须水卫生院院长;1990 年 10 月至 1994 年 8 月,任中原区卫生局医药公司副经理(其间:1993 年至 1995 年在郑州大学哲学系学习);1994 年 8 月至 1996 年 6 月,任中原区须水镇扯刘村党支部副书记;1996 年 6 月至 2002 年 3 月,任中原区卫生局副局长;2002 年 3 月至 2003 年 3 月,任中原区秦岭路街道党工委副书记;2003 年 3 月至 2005 年 3 月,任中原区绿东村街道办事处主任;2005 年 3 月至 2011 年 4 月任中原区绿东村街道党工委书记(其间:2010 年 11 月任中原区副县级干部);2011 年 4 月任中原区人民政府党组成员、城中村改造助理。

韩根有 男,1963 年 3 月出生,汉族,河南荥阳人,1982 年 8 月参加工作,1987 年 2 月加入中国共产党,本科学历。

1980 年 9 月至 1982 年 7 月在河南省人民警察学校学习;1982 年 8 月至 1990 年 6 月任中原区司法局干部;1990 年 6 月至 1997 年 5 月任中原区委组织部干事、科长、副科级组织员、副部长、正科级组织员(其间:1995 年 8 月至 1997 年 12 月在中央党校函授学院学习经济管理专业);1997 年 5 月至 1998 年 3 月任中原区秦岭路街道党工委副书记、办事处主任;1998 年 3 月至 2001 年 4 月任中原区须水镇党委副书记、镇长;2001 年 4 月至 2003 年 1 月任中原区须水镇党委书记;2003 年 1 月至 2007 年 1 月当选六届政协中原区委员会副主席(党组成员);2007 年 1 月当选七届政协中原区委员会副主席(党组成员)。

张遂亮 男,1958 年 3 月出生,汉族,河南郑州人,1976 年 8 月参加工作,无党派,本科学历。

1976 年 8 月至 1978 年 9 月任中原区沟赵乡大谢中学教师;1978 年 9 月至 1985 年 12 月在中原区沟赵乡政府工作;1985 年 12 月至 1995 年 1 月任中原区沟赵乡印染厂副厂长;1995 年 1 月至 1998 年 3 月任中原区沟赵乡副乡长(其间:1994 年 9 月至 1996 年 7 月在郑州大学学习);1998 年 3 月至 2002 年 1 月任中原区沟赵乡副乡长(正科级);2002 年 1 月至 2003 年 1 月任中原区国土资源局局长;2003 年 1 月至 2007 年 1 月当选六届政协中原区委员会副主席,任中原区国土资源局局长;2007 年 1 月当选七届政协中原区委员会副主席,任中原区国土资源局局长。

韩世昉 女,1961 年 4 月出生,汉族,河南武陟人,1981 年 9 月参加工作,1995 年 4 月加入民进,1999 年 6 月加入中国共产党,大专学历。

1979 年 9 月至 1981 年 7 月在郑州师范学校学习;1981 年 7 月至 1985 年 6 月任中原区须水乡孙庄小学教师;1985 年 7 月至 1993 年 8 月任中原区汝河新区小学教导处副主任(其间:1983 年 9 月至 1986 年 6 月在郑州大学学习汉语言文学专业);1993 年 8 月至 1999 年 8 月任中原区颍河路小学教导处副主任、主任;1999 年 8 月至 2003 年 1 月任中原区百花艺术小学副校长;2003 年 1 月至 2007 年 1 月当选六届政协中原区委员会副主席;2003 年 1 月至 6 月任中原区百花艺术小学副校长;2003 年 6 月至 2005 年 1 月任中原区百花艺术小学校长;2005 年 1 月任中原区百花艺术小学党支部书记、校长。2007 年 1 月当选七届政协中原区委员会副主席。

苏振文 男,1960 年 8 月出生,汉族,河南郑州人,1981 年 7 月参加工作,1985 年 3 月加入中国共产党,大专学历。

1979年9月至1981年7月在郑州师范学校学习；1981年7月至1988年4月任中原区须水学区团委书记、须水乡团委副书记、郊区团委委员（其间：1985年9月至1987年7月在郑州大学学习政史专业）；1988年4月至1989年1月任中原区文教局团委书记；1989年1月至1994年7月任中原区政府办公室干部；1994年7月至1995年6月任中原区棉纺路街道办事处副主任；1995年6月至1996年3月任中原区交通局副局长；1996年3月至1998年3月任中原区人民政府区长助理、目标办常务副主任；1998年3月至2000年12月任中原区大岗刘乡党委书记；2000年12月至2007年3月任中原区财政局党组书记、局长；2006年1月至2007年1月当选六届政协中原区委员会副主席（党组成员）；2007年1月当选七届政协中原区委员会副主席（党组成员）。

钟文明　男，1956年8月出生，汉族，湖北枣阳人，1973年12月参加工作，1975年8月加入中国共产党，本科学历。

1973年12月至1979年4月任炮兵六十三师六〇七团五连战士；1979年4月至1984年9月任炮兵六十三师六〇七团五连排长、副连长、连长、副营长；1984年9月至1988年4月任长沙干部文化学校学员、炮兵指挥学院学员；1988年4月至1990年2月任五十四军高炮旅三十七炮三营营长；1990年2月至1997年2月任五十四军高炮旅副参谋长（副团）（其间：1994年8月至1996年12月在中央党校经济管理专业函授本科班学习）；1997年2月至1999年1月任五十四军高炮旅副旅长（正团）；1999年1月至2002年1月任上街区人民武装部部长；2002年1月至2004年10月任中原区人民武装部部长；2004年10月至2007年1月任中原区人民政府副区长；2007年1月至2010年1月任中原区人民政府区长助理（正县级）；2010年1月当选七届政协中原区委员会副主席。

黄乃林　男，1961年10月出生，汉族，河南商城人，1979年11月参加工作，1983年7月加入中国共产党，本科学历。

1979年11月至1982年8月任武汉军区20军59师176团特务连战士、班长；1982年8月至1984年7月在湖南长沙工程兵学院学习；1984年7月至1985年12月任二十军六十师工兵营舟桥连排长；1985年12月至1990年9月任二十集团军工兵团舟桥营四连副连长、连长；1990年9月至1993年9月任二十集团军司令部作训股股长；1993年9月至1997年2月任二十集团军工兵团舟桥营营长（其间：1994年9月至1996年12月在中央党校学习经济管理专业）；1997年2月至2001年3月任二十集团军工兵团参谋长（副团）；2001年3月至2005年1月任二十集团军工兵团团长（正团）（其间：2000年2月至2002年12月在石家庄陆军指挥学院学习军事高技术应用与管理专业）；2005年1月至2006年1月任河南陆军预备役高射炮兵师副参谋长；2006年1月至2007年2月任中原区人民武装部部长；2007年12月至2010年1月任中原区人民政府区长助理；2010年1月任七届政协中原区委员会副主席（党组成员）。

张冠军　男，1966年12月出生，汉族，河南新密人，1987年6月参加工作，1996年11月加入中国共产党，在职研究生学历。

1985年9月至1987年6月在郑州师范高等教育专科学校学习；1987年6月至1995年6月任中原区颍河路小学教师；1995年6月至1997年8月任中原区交通局办公室内勤、主任；1997年8月至1998年3月任中原区棉纺路街道办事处干部（挂职）；1998年3月至2002年5月任中原区交通局党组成员、副局长（其间：1998年8月至2000年12月在中央党校函授学院学习经济管理专业）；2002年5月至2005年3月任中原区大岗刘乡党委副书记、乡长（其间：2002年9月至2004年7月在北京师范大学行政管理专业在职研究生班学习）；2005年3月至2005年11月任中原区大岗刘乡党委书记；2005年11月至2007年3月任中原区航海西路街道党工委书记；2007年3月至2009年6月任中原区人事劳动和社会保障局局长、编办主任、党组书记；2009年6月至2010年1月任中原区委组织部常务副部长；2010 年 1 月当选七届政协中原区委员会副主席（党组成员）。

余泽军 男，1966 年 5 月出生，汉族，河南郑州人，1983 年 10 月入伍，1985 年 2 月加入中国共产党，本科学历，上校军衔。

1983 年 10 月至 1984 年 2 月任陆军第五十四军步兵第一六〇师四八二团特务排战士；1984 年 2 月至 1984 年 7 月在原武汉军区侦察兵教导大队学习；1984 年 7 月至 1985 年 9 月任原昆明军区第三侦察大队副班长；1985 年 9 月至 1987 年 7 月在信阳陆军学院十三队学习；1987 年 7 月至 1989 年 3 月任步兵第一六〇师四八〇团警通连排长；1989 年 3 月至 12 月任步兵第一六〇师四八〇团警通连副连长；1989 年 12 月至 1990 年 8 月任步兵第一六〇师炮兵团司令部副连职参谋；1990 年 8 月至 1992 年 10 月任步兵第一六〇师炮兵团八连政治指导员；1992 年 10 月至 1993 年 10 月任解放军第 153 中心医院勤务连正连职代理副连长；1993 年 10 月至 1995 年 3 月任河南省军区机务站政治指导员；1995 年 3 月至 1998 年 1 月任河南省军区司令部管理处副营职参谋；1998 年 1 月至 6 月任河南省军区司令部直工处副营职参谋；1998 年 6 月至 2001 年 3 月任河南省军区司令部直工处正营职参谋；2001 年 3 月至 2006 年 1 月任河南省军区司令部直工处副处长；2006 年 1 月至 2007 年 2 月任河南省开封市顺河回族区人民武装部部长；2007 年 2 月任中原区人民武装部部长。

李艳玲 女，1966 年 5 月出生，汉族，河南开封人，中共党员，1985 年 7 月参加工作，本科学历。

1985 年 7 月至 1994 年 10 月任共青团中原区委干事、副书记；1994 年 10 月至 1996 年 1 月任共青团中原区委书记；1996 年 1 月至 1998 年 3 月任中原区大岗刘乡党工委副书记；1998 年 3 月至 2002 年 1 月任中原区三官庙街道党工委副书记、纪委书记；2002 年 1 月至 5 月任中原区建设路街道党工委副书记、办事处主任；2002 年 5 月至 2006 年 1 月任中原区建设路街道党工委书记；2006 年 1 月任中原区总工会主席。

徐　薇 女，1963 年 7 月出生，汉族，河南唐河人，1987 年 7 月参加工作，中共党员，硕士研究生学历，四级高级法官。

1983 年 9 月至 1987 年 7 月在郑州大学学习；1987 年 7 月至 1990 年 5 月任郑州市中级人民法院书记员；1990 年 5 月至 1994 年 6 月任郑州市中级人民法院助理审判员；1994 年 6 月至 1995 年 3 月任郑州市中级人民法院审判员；1995 年 3 月至 1997 年 3 月任郑州市中级人民法院审判员（副科级）；1997 年 3 月至 1999 年 6 月任郑州市中级人民法院副庭长（副科级）；1999 年 6 月至 2003 年 3 月任郑州市中级人民法院审委会委员、庭长（正科级）；2003 年 3 月至 2006 年 1 月任郑州市中级人民法院审委会委员、庭长（副县级）；2006 年 1 月任中原区人民法院党组书记、院长。

李伟杰 男，1956 年 10 月出生，汉族，山东东明人，1974 年 3 月参加工作，1978 年 7 月加入中国共产党，研究生学历。

1974 年 1 月至 1976 年 2 月河南省郏县贾坡乡插队知青；1976 年 2 月至 1980 年 1 月在陆军 161 师服役；1980 年 1 月至 1982 年 10 月在河南省人民政府办公厅工作；1982 年 10 月至 1992 年 5 月任郑州市金水区公安分局民警、派出所所长；1992 年 5 月至 2003 年 9 月任河南省人民检察院书记员、助检员、检察员、反贪污贿赂局侦查一处处长（其间：1996 年 12 月至 1998 年 11 月在中国社科院研究生院学习企业管理专业）；2003 年 9 月至 2004 年 4 月任中原区人民检察院党组书记、代检察长；2004 年 4 月任中原区人民检察院党组书记、检察长。

李　斌 男，1964 年 12 月出生，汉族，河南内乡人，1988 年 8 月参加工作，1991 年 12 月加入中国共产党，研究生学历。

1984 年 9 月至 1988 年 7 月在郑州大学哲学系学习；1988 年 8 月至 1990 年 3 月任中原区汝河路街道办事处科员、党政办主任；1990 年 3 月至 1994

年6月任中共中原区委宣传部干事;1994年6月至1996年1月任中共中原区委宣传部副部长;1996年1月至2002年1月任中共中原区委宣传部副部长、区委党校常务副校长;2002年1月至2003年4月任中原区林山寨街道党工委副书记、办事处主任;2003年4月至2009年9月任中原区三官庙街道党工委书记;2009年9月任郑州机械制造(加工)产业园管委会书记。

李卫林 男,1972年8月出生,汉族,河南郑州人,1996年7月参加工作,2000年2月加入中国共产党,大学学历。

1996年7月至1997年12月在中原区须水镇人民政府工作;1997年12至2002年6月任中原区政府办公室秘书;2002年6月至2005年3月任中原区政府办公室正科级副主任(2002年通过市组织的公开选拔由一般人员考任正科级);2005年3月至2005年10月任中原区大岗刘乡党委副书记、乡长;2005年11月至2007年3月任航海西路街道党工委副书记、办事处主任;2007年3月至2011年4月任航海西路街道党工委书记(其间:2008年3月至6月在郑州市委党校第38期中青班学习);2011年5月任中原区副县级干部;2011年5月任中原区群工部部长兼任航海西路街道党工委书记。

崔　浩 男,1974年4月出生,汉族,河南沁阳人,1994年5月加入中国共产党,1995年7月参加工作,本科学历。

1991年9月至1995年7月在郑州大学学习法律专业;1995年7月至1995年11月在中原区宏仁实业总公司工作;1995年12月至1996年3月在中原区法院任书记员;1996年4月至2001年9月任中原区政府办公室科员;2001年10月至2005年3月任中原区委办公室副主任;2005年4月至2006年7月任中原区委办公室副主任、督查室主任;2006年8月至2011年4月任中原区委办公室主任;2011年4月至2011年5月任中原区棉纺路街道党工委书记;2011年5月任中原区副县级干部;2011年5月任棉纺路街道党工委书记、纺织产业园副书记。

何汝伟 男,1966年3月出生,汉族,河南洛阳人,1986年7月参加工作,1986年4月加入中国共产党,研究生学历。

1986年7月至1992年10月任中原油田公安处刑警大队侦查员;1992年10月至1993年10月任中原油田公安处刑警大队副大队长;1993年10月至1997年12月任河南省濮阳市公安局市区分局副局长;1997年12月至1999年5月任河南省濮阳市公安局市区分局常务副局长;1999年5月至2000年3月任河南省濮阳市公安局开发区分局副局长;2000年3月至2004年12月任郑州市公安局金水分局副局长;2004年12月至2010年1月任郑州市公安局经济技术开发区分局党委书记、局长;2010年1月任郑州市公安局中原分局党委书记、局长;2010年11月任郑州市公安局建设路派出所党委书记、所长。

张　涛 男,1969年8月出生,汉族,河南襄城人,1986年11月参加工作,1989年7月加入中国共产党,研究生学历。

1986年11月至1990年3月在湖北省武昌县武警中队服役;1990年3月至1997年10月任中国银行漯河支行科员;1997年10月至2001年4月任郑州市公安局政治部副科级协理员;2001年4月至2006年5月任郑州市公安局经侦支队副支队长;2006年5月至2010年1月任郑州市公安局惠济分局党委副书记、政委;2010年1月至2010年11月任郑州市公安局中原分局党委副书记、政委;2010年11月任郑州市公安局须水派出所党委书记、所长。

王明选 男,1967年4月20日出生,汉族,河南新郑人,1985年12月参加工作,1989年12月加入中国共产党,研究生学历。

1987年11月至1991年12月在河南省军区教导大队服役;1991年12月至1998年2月任新郑市

公安局刑侦队民警、防暴队副队长、刑侦大队教导员；1998 年 2 月至 1999 年 9 月任新郑市市委信访办副主任；1999 年 9 月至 2006 年 5 月任新郑市公安局副局长；2006 年 5 月至 2010 年 1 月任郑州市公安局金水分局副局长；2010 年 1 月至 2010 年 11 月任郑州市公安局经济技术开发区分局政委；2010 年 11 月任郑州市公安局桐柏路派出所党委书记、所长（2011 年 11 月任副县级侦查员）。

袁天增 男，1963 年 12 月出生，汉族，河南荥阳人，1983 年 7 月参加工作，1988 年 8 月加入中国共产党，大专学历。

1981 年 9 月至 1983 年 7 月在河南省人民警察学校学习；1983 年 7 月至 1990 年 1 月任荥阳市公安局民警；1990 年 1 月至 1995 年 10 月任荥阳市公安局队长；1995 年 10 月至 1997 年 4 月任荥阳市公安局刑侦大队长；1997 年 4 月至 2006 年 4 月任荥阳市公安局副局长；2006 年 4 月至 2010 年 11 月任郑州市公安局刑侦支队副支队长；2010 年 11 月任郑州市公安局帝湖派出所所长。

杨嵩岭 男，1951 年 5 月出生，汉族，河南郑州人，1975 年 7 月参加工作，1985 年 2 月加入中国共产党，本科学历。

1972 年 4 月至 1975 年 7 月在郑州大学学习，1975 年 7 月至 1983 年 12 月任郑州磷肥厂副厂长，1983 年 12 月至 1984 年 5 月任郑州郊区经委副主任，1984 年 5 月至 1985 年 3 月任郑州郊区计经委副主任，1985 年 3 月至 1987 年 3 月任郑州郊区工交局党委书记、局长，1987 年 3 月至 1989 年 3 月任郑州邙山区经委主任、党委书记，1989 年 3 月至 1990 年 3 月任郑州邙山区政研室主任，1990 年 3 月至 1992 年 8 月任邙山区建委主任兼土地局长、总支书记，1992 年 8 月至 2002 年 10 月任中原区人民政府副区长、党组成员，2002 年 10 月至 2007 年 1 月任中原区人大常委会副主任、党组成员；2007 年 1 月任正县级领导干部。

王贵欣 男，1960 年 10 月出生，汉族，河南郾城人，1978 年 3 月参加工作，1986 年 10 月加入中国共产党，研究生学历，硕士学位。

1978 年 3 月至 1981 年 8 月任中国人民解放军 89201 部队科技处战士；1981 年 8 月至 1983 年 8 月任铁道兵工程学院材财系学员；1983 年 8 月至 1984 年 12 月任中国人民解放军 89323 部队后勤部助理员；1984 年 12 月至 1987 年 5 月任铁道部第 15 工程局干部；1987 年 5 月至 1988 年 10 月任河南省漯河市源汇区审计局干部；1988 年 10 月至 1991 年 1 月任河南省漯河市源汇区委组织部干事；1991 年 1 月至 1992 年 10 月任河南省漯河市源汇区农工委党组成员、纪检书记；1992 年 10 月至 1994 年 6 月任河南省漯河市委办公室秘书（副科级）；1994 年 6 月至 1996 年 1 月任河南省漯河市委办公室秘书（正科级）（其间：1993 年 9 月至 1995 年 7 月在郑州航院学习经济管理专业）；1996 年 1 月至 1997 年 6 月任河南省郑州市委办公厅秘书（正科级）；1997 年 6 月至 1999 年 7 月任河南省郑州市委办公厅秘书（副县级）（其间：1997 年 3 月至 1999 年 1 月在郑州大学学习现当代文学专业）；1999 年 7 月至 2003 年 1 月任中共新郑市委副书记；2003 年 1 月至 2003 年 9 月任中共新郑市委副书记、政协主席（其间：2001 年 9 月至 2003 年 7 月在首都师范大学在职研究生班学习马列教育）；2003 年 9 月至 2004 年 3 月任中共郑州市管城回族区委副书记、区人民政府代区长；2004 年 3 月至 2004 年 12 月任中共郑州市管城回族区委副书记、区人民政府区长；2004 年 12 月至 2007 年 12 月任中共中原区委副书记、区人民政府区长；2007 年 12 月至 2011 年 12 月任中共中原区委书记；2011 年 12 月调离。

陈宏伟 男，1967 年 8 月出生，汉族，河南荥阳人，1986 年 7 月参加工作，1989 年 5 月加入中国共产党，硕士研究生学历。

1982 年 9 月至 1986 年 7 月在荥阳师范学习；1986 年 7 月至 1987 年 8 月任荥阳王村乡党办干部；1987 年 8 月至 1990 年 10 月任荥阳县委宣传部通讯组干事；1990 年 10 月至 1992 年 10

月任荥阳县委宣传部通讯组组长;1992年10月至1995年1月任荥阳县团委书记(其间:1992年9月至1995年12月在河南省委党校本科班学习);1995年1月至1996年12月任荥阳市北邙乡党委副书记、乡长;1996年12月至2000年1月任荥阳市北邙乡党委书记;2000年1月至2002年3月任荥阳市峡窝镇党委书记(其间:2000年9月至2002年7月在河南农业大学研究生课程班学习);2002年3月至2002年10月任荥阳市财政局局长;2002年10月至2006年4月任中原区人民政府副区长(其间:2005年1月至2006年9月在亚洲澳门国际公开大学工商管理专业硕士班学习);2006年4月至7月任中共中原区委常委、副区长;2006年7月至2009年4月任中共中原区委常委、副区长、郑州纺织产业园管委会主任,2009年4月至2009年9月任中共中原区委常委、常务副区长、郑州纺织产业园管委会主任;2009年9月至2011年6月任中共中原区委常委、常务副区长;2011年6月调离。

赵红军 男,1964年7月出生,汉族,河南尉氏人,1984年7月参加工作,1989年12月加入中国共产党,本科学历。

1981年9月至1984年7月在开封师专学习;1984年7月至1987年9月任郑州市人才交流服务中心干部;1987年9月至1993年7月任郑州市人才交流服务中心科员;1993年7月至1996年12月任郑州市人才交流服务中心副主任科员;1996年12月至1997年5月任郑州市委组织部组织处干部;1997年5月至9月任郑州市委组织部组织处副科级组织员;1997年9月至1999年4月任郑州市委组织部组织处副处长;1999年4月至2004年9月任郑州市委组织部组织处处长;2004年9月至2007年12月任郑州市委组织部副县级组织员、组织处长;2007年12月至2011年6月任中共中央中原区委常委、组织部长;2011年6月调离。

王有社 男,1964年8月出生,汉族,安徽庐江人,1983年10月入伍,1984年8月加入中国共产党,研究生学历,上校军衔。

1983年10月至1985年7月任五十八师一七二团三营战士;1985年7月至1986年8月为武汉军区司务长培训大队学员;1986年8月至1989年9月任五十八师一七二团三营司务长;1989年9月至1990年10月任五十八师教导队区队长兼教员;1990年10月至1993年12月任五十八师司令部会计;1993年12月至1996年12月任五十八师侦察连指导员;1996年12月至1998年11月任五十八师坦克团财务股股长;1998年11月至2000年2月任五十八师管理科科长;2000年2月至2004年1月任二十军司令部管理处政治协理员;2004年1月至2006年1月任二十军司令部管理处处长;2006年1月至2008年1月任中牟县人民武装部政委;2008年1月至7月任中原区人民武装部政委;2008年7月任中共中原区委常委、人民武装部政委;2011年6月调离。

区情概况

建置区划

【位置面积】 中原区位于郑州市城区西部。辖区范围:东起嵩山路(含路东碧沙岗公园)与二七区为邻;西与荥阳市豫龙镇接壤;南和二七区马寨镇、嵩山路街道搭界;北与惠济区老鸦陈街道和古荥镇相连。面积193平方公里。郑州市高新技术产业开发区在辖区内,2003年,沟赵乡和石佛镇由开发区代管。面积97.1平方公里。 (史 方)

【建置沿革】 中原区是郑州市属6区之一,县级。1948年10月22日郑州解放后,中共郑州市委废除旧的保甲制度,成立了郑州市一、二、三区,三区即中原区前身。1955年10月,郑州市进行行政区划调整,将三区改为建设区。1960年5月建设区更名中原人民公社。1961年8月取消城市人民公社恢复区街建制时更名郑州市中原区至今。区委、区政府驻桐柏路200号。 (史 方)

【区划调整】 1948年10月,郑州市第三区初建时,辖区范围:东起南关,西至小赵寨,北起大同路,南至豫丰纱厂(郑棉二厂)。面积约87平方公里,9355户37289人。1949年12月,郑州市区划调整时,三区管辖范围由东向西推移到铁路两沿,铁路以东至福寿街、敦睦路、南北乔家门以及布厂街以西,铁路以西至京广路两侧、郑州铁路局、小赵寨一带。原辖大同路以南至南关一带划出。1952年组建了铭功路、蜜蜂张、乔家门、二马路、小赵寨5个街政府。居民有12480户45544人。1955年,郑州市在区划中将三区改称建设区,辖区再次西移,即铁路以西至三官庙,南起小赵寨,北至小孟寨、十二里屯。辖蜜蜂张、岗杜、小赵寨、建设路4个街道。居民12025户66497人。后经1956年、1958年、1959年和1960年区划调整后,辖区范围:东起嵩山路,西至西流湖,南起颍河路,北到火力发电厂,面积约26.4平方公里。1987年3月,郑州市在行政区划中,将原属郑州郊区的须水乡、沟赵乡、石佛乡和原属金海区的大岗刘乡划归中原区。时辖:建设路、三官庙、林山寨、棉纺路、桐柏路、绿东村、秦岭路、汝河路8个街道,中原、须水、沟赵、石佛、大岗刘5个乡。经省政府批准,1994年中原区须水乡撤乡建镇,1997年石佛乡撤乡建镇。1998年,沟赵乡沟赵行政村调整为沟赵、堂李、东连河3个行政村。2000年,大岗刘乡罗寨行政村撤销建立郭厂、段庄2个行政村。2000~2002年,在城区全面推进社区建设,将原有的居委会全部整合为69个社区。2002年,中原区辖区面积193平方公里,常住人口498394人,其中城区356077人。辖建设路、三官庙、林山寨、棉纺路、桐柏路、绿东村、秦岭路、汝河路8个街道69个社区,5个乡(镇)84个行政村223个自然村。2005年9月,河南省召开乡镇机构改革电视电话会议。中原区贯彻会议精神,对大岗刘乡、中原乡进行了撤乡建办工作,经市政府批准,大岗刘乡更名为航海西路街道,中原乡更名为中原西路街道。

中原区原有社区70个,为进一步优化公共资源配置,提升社区服务职能,经区政府研究同意,从2006年3月份开始征求各街道办事处意见,以方便居民群众、便于社区管理为原则,在70个社区基础上将大的划小,小的合并,并在航海西路街道和须水镇管辖范围新设3个社区,社区为99个。

2010年8月,成立城开社区,并对其他部分社区进行调整,有社区100个。

2011年2月,中原区进行了区划调整,将中原西路街道管辖的14个行政村进行了划分。其中,朱屯村划归棉纺路街道管辖;冉屯村、董砦村、牛砦村划归桐柏路街道管辖;南陈伍寨村、后牛庄村划归秦岭路街道管辖;旭奋王村划归绿东村街道管辖;岗坡村划归棉纺路街道管辖;三官庙村划归三官庙街道管辖;林山寨村划归林山寨街道管辖;北陈伍寨村仍暂时由中原西路街道代管。中原西路街道有罗庄、周新庄、洛达庙3个村和1个新接管的绿都社区。

2011年3月,撤销须水镇,成立须水街道、西流湖街道。中原区由原来的1个镇、10个街道调整为现在的12个街道,分别为须水街道、西流湖街道、航海西路街道、中原西路街道、桐柏路街道、三官庙街道、秦岭路街道、棉纺路街道、建设路街道、绿东村街道、林山寨街道、汝河路街道。新增阳光花苑、锦艺东、茜城花园、昆仑、伏牛西5个社区,社区增至105个。 (史 方)

行政村分布

街　　道	村委会个数	村委会名称
须水街道	12	须水、天王寺、三王庄、小李庄、付庄、二砂、马庄、桐树王、白砦、庙王、丁庄、三十里铺
西流湖街道	11	铁炉、孙庄、大李、西岗、柿园、常庄、赵坡、刁沟、赵仙垌、坻刘、北陈五寨
航海西路街道	9	小岗刘、闫垌、石羊寺、道李、冯湾、郭厂、段庄、密垌、后河芦
中原西路街道	3	罗庄、周新庄、洛达庙
桐柏路街道	3	冉屯、董砦、牛砦
三官庙街道	1	三官庙
秦岭路街道	2	后牛庄、南陈五寨
棉纺路街道	1	朱屯
建设路街道	1	岗坡
绿东村街道	1	旭奋王
林山寨街道	1	林山寨
汝河路街道	1	李江沟

社区分布

街　　道	社区个数	社区名称
须水街道	1	井下基地
西流湖街道	1	阳光花苑
航海西路街道	3	帝湖花园、启福、茜城花园
中原西路街道	1	绿都
桐柏路街道	20	西站东、西站西、河南送变电、机械化、化工厂、中原制药厂、嵩岳、煤仓街、开元、新世纪、风和日丽、郑工集团、清城美苑、水晶、电厂南路、铝业公司、火电二公司、西十里铺中、西十里铺北、城开
三官庙街道	13	伏牛北、三官庙、共和新街、郑上路、工农路、河南纺机、郑煤机、华山路、中原中路一、中原中路二、电业新村、西环路、湖光苑
秦岭路街道	9	六厂前街、棉西、电新街、建西、秦江、一棉、杜康、金源、锦艺东
棉纺路街道	6	三棉东、三棉西、四棉东、四棉西、五棉南、五棉北
建设路街道	8	省五建、前进路、计划路、协作路、学院、市场街、五一、中心医院
绿东村街道	12	绿原、二砂一、二砂二、桐柏、电缆一、电缆二、伏牛南、三磨、四季园、卧龙、陇西、昆仑
林山寨街道	14	工人路、技师学院、郑州日报、颍河路、邮电院、碧沙岗、互助路、伊河路、文化宫路、工业高专、一中、工程学院、百花、林山寨
汝河路街道	17	市委、金苑小区、淮西、金京花苑、嵩山南、淮河路电力、郑密路、沁河路、汝河小区一、汝河小区二、桐淮、淮河路、航海西路、永威、华淮、华山西、伏牛西

自然环境

【地形地貌】 中原区为荥阳山间平原向东延伸的一部分。由于长期地质变化,辖区西南部为侵蚀、削蚀浅山丘陵地区,其余部分为黄土状倾斜平原。按地貌分,全区总面积中平原占78%,丘陵占22%。整个地势是西部高、东部低、西南高、东北低,即西南向东北倾斜,或局部南北向倾斜。境内河流有贾鲁河、金水河、须水河。贾鲁河四季有较少基流,其余均为季节河,均属淮河水系。湖有西流湖,1974年郑州市为解决城市居民生活和工业生产用水,在贾鲁河河谷经人工改造而成,面积约125万平方米,容水量为100万立方米,为引黄入郑工程。黄河水经邙山三级提灌后,自西北向东南流入西流湖。水库有常庄水库,原设计以农业灌溉为主,后随着城市供水紧张,常庄水库以城市供水为主。（史　方）

【气候特征】 2011年辖区天气气候特点是:年平均气温正常或偏高,其中冬、夏季正常,春季偏高,秋季偏低。年降水量正常,但降水时空分布极为不均,冬季正常,春季显著偏少,夏季偏少,秋季显著偏多,其中9月降水量是常年均值的2倍以上,11月降水量是常年均值的3~4倍。全年日照时数偏少或异常偏少,其中主要是冬季正常或偏少,春季正常或偏多,夏季、秋季显著偏少。年内相继出现了暴雨、高温、干旱、大风、大雾、扬沙、冰雹等灾害性天气。

2011年,全区年平均气温14.4~15.5℃。冬季平均气温正常或略偏高。季平均气温在2.1~2.9℃之间,平均气温较常年同期偏高1.2~1.3℃。春季平均气温偏高,季平均气温15.1~16.5℃,偏高1.7℃。夏季平均气温25.6~27.5℃,与历年平均值相比偏高1.4℃。秋季平均气温正常,季平均气温14.1~15.1℃之间,较常年偏低。年内极端最高气温42.5℃,出现在6月8日。极端最低气温为-11.8℃。

2011年,全区年降水量较常年正常。年总降水量为594.3~764.2毫米。冬季降水量正常,降水时段分布极为不均,降水基本集中在2月下旬。春季降水量较常年同期显著偏少;降水时间分布不均,以3月、4月降水为显著偏少或异常偏少。季总降水量为37.5~69.8毫米,较常年同期偏少37.3~85.9毫米,偏少34.8%~69.6%。夏季降水时空分布不均,季总降水量159.5~258.4毫米,较常年偏少26%~50%,均属偏少或异常偏少。秋季降水量347.2~432.8毫米,较常年异常偏多,但降水时段分布极为不均,其中9月份和11月份异常偏多,10月份正常。11月降水量95.0~123.9毫米,较常年同期异常偏多。12月降水量2.7~9.2毫米,显著偏少。年内最长连续无降水日数为98天,日期出现在2010年11月3日至2011年2月8日。

2011年,全区年日照时数偏少或显著偏少。全年日照总时数为1633.8~2016.8小时,较常年同期偏少179.4~504.3小时。冬季日照时数正常或偏少。春季日照时数偏多。季日照时数641.2~712.9小时,较常年同期偏多65.5~133.9小时。夏季日照时数370.1~502.5小时,较常年同期偏少114.4~226.3小时。秋季日照时数以异常偏少为主。总日照时数为256.0~353.1小时,比常年同期偏少157.5~263.8小时。（史　方）

【主要灾害性天气】 暴雨:受西南暖湿气流和冷空气的共同影响,9月14日至15日辖区出现暴雨天气过程。

干旱:进入2010年9月下旬后,基本无有效降水,2010年11月3日至2011年2月8日连续无降水日数为98天,旱情较为明显。

大雾:3月2日,辖区雾天,最小能见度40米。9月9日,雾天,最小能见度100米。9月30日,雾天,最小能见度10米。5月11日,6月11日,9月10日、13日、16日,10月9日至12日,10月31日,雾天,最小能见度为200~800米。

扬沙:2010年12月15日、12月29日,2011年3月14日、3月18日、4月1日、4月2日、4月10日、4月26日、6月7日、6月24日,辖区出现扬沙天气。其中6月7日,NNE风11.4米/秒;6月24日,ENE风10.3米/秒。

大风:2010年12月30日,大风天气,风向北西北,最大风速17.0米/秒。7月26日,极大风速分别为W风21.0米/秒、NE风18.8米/秒、WSW风22.5米/秒。

高温:6月7日至8日,辖区出现了38℃以上的高温天气,其中8日最高温度42.5℃。6月30日,出现了38.2℃的高温天气。7月8日、25日、26日,出现了38℃以上的高温天气。

冰雹:7月26日辖区出现了冰雹天气。

(史 方)

【自然资源】 土壤:中原区土壤成分母质多为洪积冲积物,土壤种类以地带性褐土类中的立黄土、潮黄土、砂立土、褐土化砂土为主,适应农作物生长。立黄土是主要土壤之一,主要分布在须水街道、西流湖街道、航海西路街道的丘陵倾斜平原区的岗地,适于各种粮食作物,增产潜力较大。潮黄土、褐土化砂土也是主要土地之一,适种小麦、玉米、棉花等作物。

水资源:包括地表水、地下水两种。中原区地表水量十分缺乏,全区各河流除贾鲁河有较少基流外,其余各河均已干涸。多年来平均地表径流量141.3万立方米,扣除年平均过境水流量,可利用的仅有流量的15%。过境水资源,包括污水资源和过境水源,污水资源在20世纪80年代日排放量16.53万吨。过境水源有贾鲁河、金水河、须水河、索须河。过境面积109.34平方公里,径流量1202.7万立方米。水质属碳酸钙水型,符合饮用、工业和灌溉用水标准。由于须水河、索须河沿线乡村工业生产中未经过处理的废水排放,而带来不同程度污染。 (史 方)

【生物】 境内养殖动物主要有黄牛、水牛、奶牛、马、骡、驴、山羊、绵羊、猪、犬、鸡、鸭、鹅、鸽等,新增特种养殖动物有海狸鼠、珍珠鸡、鹌鹑、肉鸽、梅花鹿、小香猪、北京填鸭、小尾羊等。

由于靠近城市,境内缺少山、河、湖泊,野生动物资源相对稀少。随着城市的不断扩展和郊区乡村城镇化进程的加快,加之化学农药的普遍使用,使以鸟类为主的野生动物的品种和数量均有明显减少。现存野生动物主要有鸟类、鱼类、鼠类及刺猬、黄鼠狼(黄鼬)、野兔、野鸡等;鸟类主要有喜鹊、斑鸠、麻雀、布谷鸟、乌鸦、鹭鸟、大雁、猫头鹰、燕子、黄鹭、啄木鸟等。 (史 方)

【植物】 境内栽培植物主要有粮食、油料、蔬菜(含莲藕)、林木、果树、花卉、药材7大类。粮食作物有小麦、水稻、玉米、大豆、绿豆、红薯、高粱等。油料作物有花生、油菜子、芝麻3种。蔬菜有白菜、包菜、萝卜、胡萝卜、大葱、葱头、番茄、茄子、黄瓜、辣椒、西葫芦、笋瓜、苦瓜、冬瓜、南瓜、芹菜、菜花、菠菜、油菜、韭菜、芥菜、荆芥、小茴香、香菜、土豆、豆角、草莓、叶菜等。从国外引进的新品种有樱桃番茄、荷兰豆、西兰花、西芹、球茎茴香、迷你黄瓜、迷你番茄等。果树有苹果、梨、葡萄、桃、杏、石榴、柿子、枣、核桃、无花果等。林木有杨树、柳树、泡桐、梧桐、槐树、榆树、椿树、楝树、松树、柏树、银杏、合欢等,新引进的绿化树种有常青白蜡、美国红栌、荚迷、金叶黄杨、大叶丝棉木、美国海棠、紫叶合欢、红叶臭椿、枇杷叶荚莲、玫瑰红紫薇、金边扶芳藤、珊瑚朴、光皮树、茶条槭、红芙扬、湖北枫杨、大叶女贞、榉树、稠树、速生柏、栾树等。花卉有月季、牡丹、菊花、白玉兰、康乃馨、瓜叶菊、一品红、一串红、仙客来、美人蕉、虞美人、郁金香、蟹爪兰、仙人掌等,新引进的花卉品种有蝴蝶兰、大花惠兰、玫瑰系列、绣球、非洲菊、红掌、百合、彩叶草、鹤望兰等。

(史 方)

人口状况

【人口及人口变动】 1948年郑州市第三区(中原区前身)总人口37289人。随着郑州市行政区划,三区管辖区范围逐步由城区内向西部推移。1953年郑州西部开始大规模经济建设,祖国各地支援郑州,其中来自上海、江苏、浙江、山东青岛、东北三省的人员较多。同时,一些大专院校、科研单位、各类大中型企业陆续兴建和从外迁入,郑州西部人口骤增,1956年总人口达到130722人,其中男性75438人,女性55284人。1987年,郑州市行政区划实行区带乡体制,中原区总人口362660人,其中农业人口122472人。1990年全国第四次人口普查,中原区总人口为419538人。2000年全国第五次人口普查,中原区人口达到578400人。2011年,中原区总人口71.25万人。 (史 方)

【民族】 中原区是一个多民族区域,以汉族为主体,少数民族以回族居多。新中国成立后,党和国家推行民族平等政策，扶持少数民族发展经济和文化，少数民族人口也不断发展。辖区内的西十里铺、牛砦、刁沟、白寨、沙家、刘沟、址刘、赵仙垌、须水、石佛等自然村是回族群众集中居住点，其他少数民族均散居在各个居民区内。辖区内1964年少数民族有回、蒙古、满、侗、土家、土、朝鲜、彝、白、苗、布依等14个，人口5477人。1982年少数民族有回、满、蒙古、苗、朝鲜、维吾尔、土家、侗、白、锡伯、达斡尔、彝、哈萨克、水、东乡、土、布依等18个，人口10897人。1990年少数民族有回、满、蒙古、藏、维吾尔、苗、彝、壮、布依、朝鲜、侗、瑶、白、土家、哈尼、哈萨克、傣、黎、畲、水、东乡、纳西、土、达斡尔、仫佬、锡伯、俄罗斯、仡佬等28个，人口19305人。2000年全国第五次人口普查统计，中原区总人口578400人，汉族有554973人，有回、蒙古、满、藏、彝、维吾尔、哈萨克、达斡尔、仫佬、毛南、壮、布依、朝鲜、侗、瑶、白、土家、哈尼、傣、黎、傈僳、畲、水、东乡、纳西、柯尔、克孜、土、仡佬、锡伯、俄罗斯、鄂温克、京等34个少数民族，人口23427人，占总人口的4.05%。　（史　方）

2012 中原区年鉴

ZHONG YUAN QU NIAN JIAN

中共中原区委

区委全局工作

【概述】 2011年，中共中原区委认真贯彻落实党的十七大和十七届三中、四中、五中、六中全会精神，以科学发展为主题，以加快转变发展方式为主线，以"四个重在"为实践要领，按照市委、市政府"加快发展、维护稳定、为民谋利"的总体，抢抓中原经济区和郑州都市区建设的机遇，强力推进"工业立区、三产兴区、教育强区"战略，进一步解放思想、开拓创新、扎实工作，经济社会保持了好的趋势、好的态势、好的气势，2011年，全区生产总值完成249.9亿元，增长10%；第三产业完成增加值142.9亿元，增长8.8%；财政一般预算收入完成18.6亿元，增长22.72%；全社会固定资产投资完成127.7亿元，增长28.3%；规模工业增加值完成68.65亿元，增长17%；社会消费品零售总额完成134.3亿元，增长17.2%；城镇居民人均可支配收入达20168元，增长15.6%；农村居民人均纯收入达12598元，增长22.3%。同时，产业园区建设进度加快，集聚效应日益明显，各项事业全面进步，民生得到持续改善，政治社会和谐稳定，全区上下团结、向上、拼搏的氛围不断巩固提升，保持和发展了风正气顺、人和业兴的大好局面，实现了"十二五"的良好开局。（崔　宁）

【总体思路】 2011年6月15日，区十次党代会选举产生了新一届区委班子。根据区十次党代会确立的发展思路、发展战略和发展目标，进一步更新观念、完善措施，积极推进富裕、开放、宜居、和谐中原建设。在此基础上，以12月13日省委常委、市委书记连维良调研中原区时的重要讲话为契机，进一步找准了中原区在中原经济区和郑州都市区建设中肩负的使命、发展定位，明确了打造郑州首善之区，建设郑州都市区示范区、先行区和郑州西部中心城区的发展目标。（崔　宁）

【产业集聚区建设】 2011年，中共中原区委始终把产业园区建设作为转变经济发展方式、优化产业结构的重要抓手，按照"四集一转"的要求，加大工作力度，创新推进机制，积极打造品牌园区、特色园区，园区的品牌效应、集聚效应、规模效益日益明显。2011年，中原产业集聚区新入驻企业17家，累计入驻259家，安排就业近5万人；主营业收入预计(下同)完成68.7亿元，同比增长19.5%；税收完成1.52亿元，增长26.7%；固定资产投资完成12.2亿元；新建标准厂房7.2万平方米。园区项目进展顺利，国家棉花及纺织服装产品质监中心综合楼已经投入使用；中机六院和国资工业园项目被列入市重点项目，土地占补平衡指标已落实到位，等待配备项目用地计划指标；水业总部基地项目土地计划指标和占补平衡指标已落实，进入报批程序；瑞驰公司(隆丰皮草)项目被列入省重点项目，前期手续已办理完毕，土地手续已上报省国土厅，即将进行土地征收；恒天重工新纺机项目被列入省重点项目，规划手续已经完成，正在建设联合厂房。基础配套设施建设与入驻项目建设同步跟进，梧桐街建成通车，紫竹变电站土建工程已完工。领秀服饰公司、云顶服饰公司、娅丽达服饰公司挺进全国服装百强，娅丽达女裤、梦舒雅女裤和渡森男装被认定为中国驰名商标。（崔　宁）

【项目招商】 2011年，中共中原区委以招商引资和项目建设为重点，开展"四比两看一落实"活动，切实增强发展后劲。一是狠抓招商引资工作。积极承接沿海地区和发达地区产业转移，创新招商引资的方式和方法，突出园区招商、定点招商、以商招商、节会招商，保持了"一年一批大项目、一年一个新台阶"的良好势头。全区新签约超亿元项目47个，其中超10亿元项目25个，计划总投资980多亿元。新引进外资企业1家，出口超千万美元企业达到5家；全区实际利用外资1.2亿美元，同比增长18.4%；合同利用外资5936万美元，增长84.5%；外贸出口额2.8亿美元，增长38.4%；国外经济合作合同额1.56亿美元，增长334.6%。荣获"2011年度全省对外开放工作先进单位"。二是狠抓重大项目建设。坚持把项目建设作为推动经济社会发展的重要支撑，严格实行"一个项目、一个领导、一套班子、一个方案、一抓到底"和"半月一例会、一季一观摩、半年一总结、一年一考评"的"5+4"项目推进机制，广泛开展项目建设"比投资、比进度、比干劲、比服务，看作风、看实效，抓落实"的"四比两看一落实"活动，研究出台项目准入审批、项目推进、奖惩激励和督促检查等一系列机

制和措施，促进了重点项目建设全面提速。中原万达广场盛大开业，成为中原区第三产业发展的一座里程碑。（崔　宁）

【现代服务业】　一是积极培育新兴商圈和特色街区。按照“扩大规模、提升档次”的要求，不断壮大和繁荣传统商圈，碧沙、帝湖等商业区得到繁荣发展，中原万达广场、中原文化广场、锦艺商业广场、中原新城等新兴商圈格局初现。按照培育产业文化的标准，着力培育伏牛路图书城，淮河路、秦岭路、前进路餐饮一条街等特色街区，特色产业建设初显成效。二是全力发展现代服务业。依托便利的交通、优越的区位，大力引进大型物流企业集团，着力发展西三环、西四环物流带，推动辖区物流配送、仓储运输和公共物流信息三大平台的建设，打造现代物流业品牌，提升物流产业聚集度。抓住辖区老厂区、老社区、城中村大规模改造开发的机遇，积极引进文化创意、金融保险、软件开发、服务外包等新兴业态，努力提高现代服务业的档次和水平。三是大力发展总部经济、楼宇经济。整合辖区楼宇资源，依托凯旋门、博雅西城、裕达国贸、科技大厦等楼宇，积极引进有实力的企业总部和律师、会计、咨询中介、广告策划等企业入驻，打造一批高档特色楼宇和总部经济带，形成高利润、高税收的增长点。（崔　宁）

【城乡建管】　2011 年，中原区扎实推进城中村、老厂区、老社区改造。坚持“政府主导、市场运作、群众自愿、一村一策”的原则，稳妥推进城区改造开发。全区有 17 个村纳入市城中村改造计划，已拆迁并开工建设的村庄有 13 个，开工总面积 400 多万平方米。积极推进棉纺路沿线老厂区、老社区，省一纺器、国棉六厂等生产区的改造开发。万乘时代广场项目已经封顶，正进行内部装修；投资 40 亿元的方圆经纬花园项目和投资 58 亿元的盛润·锦绣城项目进展顺利，均已开工建设。锦艺·国际华都项目投资 70 亿元，一期交付，二期封顶，锦艺商业广场将于年后开业。

有序推进合村并城工作。强化政策引导、规划引导，探索运用集体土地建设、村改居转换等办法，积极打造现代化、生态型农村新型社区。2011 年，为最大限度提高土地效益，实现统筹规划、整体开发、连片推进，对涉及的 22 个行政村、85 个自然村，全部进行了摸底调查，共有 14339 户、5.8 万多人，878.9 万平方米。同时，以重点项目为依托做好赵仙垌、桐树王等试点村改造工作，积累经验，发挥示范带动效应。

切实加强城乡管理水平。坚持高标准、高品位、严要求，扩大区信息数字化服务中心的覆盖范围，提高精细化管理水平。加强城市基础设施建设，新增绿地 57.1 万平方米，打通断头路 3 条，建设人行过街天桥 1 座，新建公厕 20 座、大修 10 座，新建压缩式垃圾中转站 4 座。认真抓好创文工作，大力开展“三创一做”和“四个一百”等特色创建活动，特别是对城中村、城乡接合部、集贸市场进行了重点整治，保持了整洁干净的城区环境。抓好常西湖区域综合整治，搬迁各类企业 193 家，拆除建筑 28 万平方米，清理垃圾约 50 万立方米；同时，投入 5500 万元的西流湖截污工程进展顺利，建设排污管网 8 公里，完成了总工程量的 80%。坚持日巡查、日报告、零报告制度，继续抓好违法建设整治工作，依法拆除违法建筑 150 起，总计 16 万多平方米。（崔　宁）

【优化发展环境】　一是大力优化政务环境。积极推行“两转两提”，深化行政审批制度改革，完善行政服务大厅建设，切实提升办事效率和服务水平；对涉及企业的许可事项和资金拨付等工作，做到主动服务、加快办理，努力形成零障碍、低成本、高效率的政务环境。二是大力优化经济发展环境。加大查案和问责力度，开展“环境整治年”活动，严厉打击强买强卖、强装强卸等干扰项目建设的不法行为，切实为企业生产经营、重大项目推进提供优质的服务、便利的条件、宽松的环境。三是大力优化城区环境。深入推进城市管理整治提升活动，大力开展市政基础设施、市容市貌、城市环境质量、交通秩序、违法建设等专项整治，全面提升城市管理水平。积极开展“物业管理提升”专项活动，确保物业管理全覆盖，更好地方便居民生产生活。

（崔　宁）

【改善民生】　2011 年，中共中原区委始终把民生改善作为工作的出发点和落脚点，不断加大财政对民生的倾斜力度。大力实施优质教育资源、优质医疗资源倍增工程，工人路小学、锦艺小学加紧施工，2所幼儿园已开工建设，特殊教育学校改建、特色实验小学改造即将开工建设；互助路小学托管西岗小学、郑上路小学托管须水六小等名校带弱校项目成效明显，新增优质教育学位585个；创新片医服务管理模式，在全区12家社区卫生服务中心实施地图式定位责任服务管理，社区卫生服务网络实现全覆盖，中心城区15分钟社区卫生服务圈初步建成；郑州市疾病预防控制中心顺利迁建并投入使用，郑州儿童医院西区分院于6月1日开业运营，区农民健康服务管理中心已投入使用，区公共卫生服务中心选址工作已完成，正在办理前期手续。就业、住房等保障性工作持续走在全市前列，新增城镇就业21366人，占全年目标任务的100.8%；下岗失业人员再就业13245人，占全年目标任务的240.8%；农村劳动力转移1029人，占全年目标任务的102.9%；新审核通过廉租住房保障申请1680户，共发放廉租住房补贴1386.5万元，覆盖率持续保持100%；救助城乡低保对象1865户、3805人，累计发放保障资金973.2万元，农村五保对象集中供养率保持100%，城乡低保实现了动态管理下的应保尽保。认真抓好社区建设和管理，启动开展“社区建设年”活动，派驻301名干部深入社区搞好帮扶；不断完善社区服务功能，新建社区“两店”115家，标准化菜市场5家，蔬菜早市5家，早餐车128个；完成50个三类居民区整治，新建垃圾收集房400个；新建10个社区文化活动中心；率先启动周末蔬菜直销进社区工作，受到了辖区群众的高度评价。（崔 宁）

【加强和创新社会管理】 2011年，中共中原区委以平安中原建设为重点，全力维护社会大局稳定。树立“以稳定保发展、以发展促稳定”的工作理念，坚持“预防为先”和“谁主管、谁负责，谁的事、谁负责，谁惹事、谁负责”的原则，严格实行信访评估、领导包案和领导干部接访、下访制度等，按照“五位一体”（化解、代访、稳控、劝返、问责）的工作要求，建立信访案件工作台账，明确包案领导和责任人，限期办理和解决，实心实意解决群众的困难和反映的问题，进一步密切党群、干群关系。建立全方位的矛盾纠纷排查网络，加大对不稳定因素的排查力度，确保早发现、早控制、早化解，从源头上消除不稳定因素。突出抓好信访积案的梳理和化解，小岗刘村的重大不稳定问题取得阶段性成效，全区社会大局总体稳定。加强社会治安综合治理，完善技防、物防等设施建设，全力构建了覆盖全面、整体联动、防范严密、控制有效的“大防控”工作格局。高度重视安全生产工作，强化领导责任和主管部门、职能部门、监管部门的责任，强化企业的安全生产主体责任，建立经常性的隐患排查治理制度，定期开展各类安全隐患大排查、大整改活动，持续做好建筑工地、校园校舍、食品生产加工等重点区域的监管，最大限度地消除安全隐患。同时，严格监管，健全各项制度，落实各项措施，完善各种预案，抓好各项重点工作，坚决遏制了重特大事故的发生。2011年，相继开展“大检查、大整治、大督查”活动90余次，检查各类企业1090家次，发现各类安全隐患5258处，整改率达99%，确保了全区生产安全、食品安全、消防安全。（崔 宁）

【党的建设】 2011年，中共中原区委始终把加强党的建设作为推进发展的基础和保障。一是切实加强领导班子建设。圆满完成了区委换届工作，顺利选举产生了新一届区委、纪委领导班子，区委班子结构得到优化，整体功能得到增强，干事创业的本领得到新提升。二是切实加强干部队伍建设。坚持在园区建设、招商引资、项目建设、信访稳定等一线工作中历练干部、发现干部、使用干部，调整科级干部3批共148人，提升了全区干部克难攻坚、推动发展的能力，树立了正确的用人导向，干部队伍有了新气象、新形象，展现了新面貌，干事创业的氛围更加浓厚。三是切实加强基层党组织建设。圆满完成辖区46个行政村党组织换届工作，全面推行“4+2”工作法，扎实开展“三级联创”活动，夯实基层组织基础；深入开展社区党建“三级四方共建”“一承诺两评议”活动，做好“两新”组织党建工作，党组织的覆盖面不断扩大。四是着力提高机关效率效能。完善项目联审联批、基层现场办公、先路条后手续、领导分包等工作机制，简化审批程序，及时解决项目推进中遇到的问题。成立作风纪律检查督导组，加强机关作风督查，促进了干部作风持续转变。（崔 宁）

【党风廉政建设】 2011年，中共中原区委认真落实《建立健全教育、制度、监督并重的惩治和预防腐败体系实施纲要》，抓好以领导干部为重点的勤政廉政教育，进一步增强了党员干部特别是领导干部的拒腐防变能力和抵御风险能力；切实加强对党员领导干部的管理和监督，进一步规范了领导干部的廉洁从政行为；深入开展系列党风党纪集中教育活动，党员干部责任意识、纪律意识、组织意识进一步增强，干事创业的激情明显提升。建立健全党风廉政建设责任制。加强组织建设，成立由区委书记任组长的领导小组，区直部门、街道均按照要求成立了由党政“一把手”任组长的领导小组，为全区党风廉政建设和反腐败工作提供了强有力的组织保证。加强制度建设，全面实施新修订的《关于实行党风廉政建设责任的规定》，突出“一岗双责”，按照领导班子对职责范围内的党风廉政建设负全面领导责任，层层签订目标责任书，认真分解任务，落实责任，使每项工作都有部门承担，有专人负责。进一步加大案件查办工作力度。坚持有案必查、执纪必严的方针，把查办案件作为反腐败斗争的中心工作和重要手段。2011 年全区共受理信访举报 50 件次，初核转立案 23 件，处分 39 人。其中，涉及乡科级干部 8 件 20 人，贪污贿赂类 4 件 4 人。在查处的 23 起案件中，给予党内警告处分 6 人，党内严重警告 11 人，撤销党内职务 3 人，留党察看 3 人，开除党籍 2 人，行政记过 2 人，行政记大过 12 人，行政撤职 6 人，行政开除 1 人，其中双处分 7 人。通过查办案件，为国家和集体挽回经济损失 164 万余元。（崔　宁）

【中共中原区第十次党代会】 6 月 13 ~ 15 日，中国共产党郑州市中原区第十次代表大会在区机关北 5 楼会议室隆重开幕。这次会议是在中原区圆满完成“十一五”规划各项目标任务，“十二五”发展顺利起航之际召开的一次重要会议。

此次党代会共有正式代表 296 名，实际到会代表 289 名。会议由王东亮主持。王贵欣代表中国共产党郑州市中原区第九届委员会向大会作了《凝心聚力谋发展　振奋精神再跨越　为建设富裕开放宜居和谐中原而努力奋斗》的报告。报告对过去五年的工作做了总结，明确了今后五年的发展思路、奋斗目标和工作思路。

今后五年工作的指导思想和总体要求是：以邓小平理论和“三个代表”重要思想为指导，深入贯彻落实科学发展观，牢牢把握中原经济区、郑州都市区建设的大好机遇，以科学发展为主题，以富民强区为中心，坚持“四个重在”实践要领，强力实施“工业立区、三产兴区、教育强区”战略，着力结构调整、着力改革开放、着力改善民生、着力社会稳定，加快推进中原宜居商贸城建设，努力建设富裕、开放、宜居、和谐中原，为率先实现全面小康奠定坚实基础。

今后五年工作的总体目标是：到“十二五”末，基本实现地区生产总值、财政一般预算收入、第三产业增加值、规模以上工业增加值、全社会固定资产投资、社会消费品零售总额比 2010 年末分别翻一番，城镇居民可支配收入和农民人均纯收入年均分别增长 11%；城市化水平不断提升，社会事业全面进步，民生质量显著改善；各级党组织的创造力、凝聚力、战斗力进一步增强，干部队伍整体素质进一步提高。

今后五年工作的总体思路是：抓住一项建设，紧扣两项任务，实施三大战略，实现四个突破，强化五个保障。一项建设：即紧紧抓住党的先进性和执政能力建设。两项任务：即加快发展方式转变和产业结构的优化调整，确保社会大局和谐有序、平安稳定。三大战略：即“工业立区、三产兴区、教育强区”战略。四个突破：即实现产业集聚区建设的新突破、实现民生改善的新突破、实现招商引资和项目建设的新突破、实现城区改造开发和合村并城工作的新突破。五个保障：即切实抓好思想政治建设、领导班子建设、干部队伍建设、工作作风建设、廉政勤政建设，为经济社会跨越式发展提供强有力的组织保障和作风保障。

区纪律检查委员会向大会提交了题为《扎实推进党风廉政建设和反腐败斗争，为加快推进中原区跨越式发展提供坚强保障》的工作报告（书面）。报告对过去五年的反腐倡廉工作进行了回顾，明确了今后五年反腐倡廉的主要任务。

大会审议通过了区委书记王贵欣代表中共中原区第九届委员会作的《凝心聚力谋发展　振奋精神再跨越　为建设富裕开放宜居和谐中原而努力奋斗》的工作报告和区委常委、区纪委书记高天翼代表中共中原区纪律检查委员会向中国共产党中原区第十次代表大会作的《扎实推进党风廉政建设和反腐败斗争,为加快推进中原区跨越式发展提供坚强保障》的工作报告。与会代表投票选举出中共中原区第十届委员会委员 33 名和候补委员 6 名,中共中原区纪律检查委员会委员 19 名,出席郑州市第十次党代会中原区代表。

大会要求,新一届区委委员进一步坚定政治立场、把握政治方向,始终在政治上、思想上、组织上、行动上与中央、省市委保持高度一致,恪尽职守,奋发图强,努力把本届区委班子建设成为坚决执行党的路线方针政策,求真务实、开拓创新、勤政廉政、团结协调、奋发有为的坚强领导集体,团结带领全区广大党员、干部、群众,全面落实区十次党代会确定的目标任务,不断开创全区经济社会发展新局面。

大会号召,全区广大党员和干部群众进一步抢抓机遇,开拓创新,为建设富裕、开放、宜居、和谐中原而努力奋斗。 (崔　宁)

【区委十届一次全会】 6 月 15 日,中共中原区委十届一次全体会议召开。全会选举产生中共中原区第十届常务委员会委员、区委书记、副书记,表决通过了中共中原区纪律检查委员会第一次全体会议选举产生的区纪委常委、书记、副书记。大会指出,新一届区委任期贯穿于"十二五"发展的全过程,肩负着团结带领全区广大干部群众承前启后,继往开来,努力实现中原区经济社会跨越式发展、加速全面建设小康社会的历史使命。要加强学习,做开拓创新的表率;要团结协作,做维护团结的表率;要恪尽职守,做务实重干的表率;要牢记宗旨,做为民谋利的表率;要严于律己,做廉政勤政的表率。要根据全年的目标任务,继续在"增效提速"上下工夫,突出抓好财政税收、产业聚居区建设、招商引资和项目推进建设以及社会大局安全稳定等重点工作,明确时间节点,明确职责任务,高质高效推进,确保完成全年目标任务。 (崔　宁)

【学习贯彻省九次党代会精神】 11 月 1 日上午,中原区召开专题会议,深入学习贯彻省九次党代会精神,安排部署贯彻落实省九次党代会精神的具体措施。全区县处级以上领导干部出席会议,区委书记王贵欣主持会议并领学《省九次党代会精神传达提纲》全文。会议要求,全区上下要深刻学习领会省九次党代会精神,迅速把思想统一到省委、市委的决策部署上来,抢抓国家支持中原经济区建设的历史机遇,坚持务实重做,以重做铸重心,积极建设中原宜居商贸城,持续推进全区经济社会跨越式发展。

王贵欣强调,全区上下要着力抓好六个方面的工作,以实际行动深入学习、认真贯彻落实省九次党代会精神。一是切实做好信访稳定工作;二是狠抓安全生产工作;三是大力推进招商引资和项目进展;四是严格做好村级换届工作;五是扎实有效开展社区帮扶工作;六是进一步加强各级班子队伍建设规定。 (崔　宁)

【连维良到中原区调研指导工作】 12 月 13 日上午,省委常委、市委书记连维良带领市直有关部门负责人深入中原区调研宜居商贸城规划建设和产业集聚区建设情况。连维良一行现场查看了中国家居 CBD 郑州产业园项目、罗蒙项目选址、恒天重工项目施工现场以及郑州纺织服装产业园建设情况,听取了产业集聚区建设发展情况汇报,现场协调解决有关问题,并对中原宜居商贸城建设提出了具体要求。在随后召开的座谈会上,连维良听取了中原区主要负责人工作汇报,对中原区经济社会发展所取得的成绩给予了充分肯定。连维良要求,中原区要紧紧抓住中原经济区建设和郑州都市区建设的重要战略机遇期和发展黄金期,解放思想,开拓创新,团结务实,重干实干,着力在宜居商贸城、新型城镇化、产业集聚区建设等方面奋力开创新局面。调研途中,连维良还就市容市貌提出具体要求,要求相关部门要加快西四环综合整治步伐,把西四环打造成为郑州西部的形象廊道,成为中原宜居商贸城的标志性景观大道。 (崔　宁)

【白红战到中原区调研】 12 月 15 日上午,市人大常委会主任白红战带领市直相关部门负责人,在区领导赵书贤、王东亮等陪同下,先后来到中原区陇海西路农贸市场、颍河西路农贸市场、三棉农贸市场进行实地查看,详细询问农贸市场建设工作进展情况,对中原区农贸市场建设工作给予了肯定。白红战要求规划等相关部门在今后的城中村改造中要预留农贸市场专用地,对现有农贸市场进行"拆一补一"。白红战对农贸市场建设工作提出两点要求：一是承诺要兑现。做到“两个不能”，即建设数量不能少、建设标准不能降；“两个到位”，即补贴要到位、通报要到位。二是实事要办实。要加强领导，学习外地经验；加强配合，做到专人专办、特事特办。（崔 宁）

【吴天君到中原区调研】 11月22日上午，省委常委、市委副书记、代市长吴天君带领市直部门负责人到中原区郑州纺织产业园调研指导工作。区领导王贵欣、王东亮等陪同调研。吴天君一行实地查看了郑州纺织产业园规划沙盘模型，并参观了郑州娅丽达服饰有限公司。（崔 宁）

区委机关工作

【概述】 2011年是中原经济区建设和郑州都市区建设起步之年，也是“十二五”规划开局之年。面对新形势和新任务，区委办公室在区委的正确领导和各部门的大力支持下，紧贴区委工作中心，紧扣“工业立区、三产兴区、教育强区”发展战略，强化服务理念，突出工作重点，努力增强主动性和创造性，不断提升“三个服务”水平，确保了区委各项决策的顺利实施和区委机关的高效运转，为中原区跨越式发展作出了积极贡献。（崔 宁）

【信息调研】 2011年，中共中原区委办公室围绕区委中心工作，坚持深入一线进行调查研究，搜集第一手材料。为顺利召开区委十次党代会，结合中原区产业集聚区建设、项目建设、安全生产、民生改善、社会管理等经济社会发展情况，深入开展了基层调研活动，认真听取各方面的意见和建议，并召开座谈会。通过归纳整理，形成书面调研报告，掌握第一手材料，为区委十次党代会工作报告提供了工作思路，并为制定今后全区未来五年发展规划提供了重要参考依据。全年围绕区委中心工作，向上三级党委报送各类信息500余篇，被采用70余篇；向区委中心领导报送《信息参阅》240余期，被领导批示20余次；面向全区各部门各单位编发《中原信息》100余期，共51万余字。（崔 宁）

【督查督办】 2011年，区委办公室紧贴领导工作思路，充分发挥了督促检查的职能作用，采用专项督查、联合督查、暗访督查和督查调研的方式，狠抓区委决策落实，凡是区委全会、书记办公会、区委常委会研究决定的事项和领导批办、交付的工作，及时督查，及时反馈，总结经验，推动决策落实。及时对省委八届十五次、市委九届二十四次全会精神传达贯彻情况进行了认真督查，并将区委、区政府具体落实措施及时上报市委督查室。全年共印发工作部署4期，涉及重大事项66个；共办理省、市交办事项251项，办理各级领导批示547件，办理人大建议、政协提案12件，办结率100%；共向市上报《工作落实情况》163期，向区委领导呈报《查办落实情况》《督查专报》等内刊91篇；编发《督查情况》75期，下发《区委领导交办事项通知单》104份；共参与督查会议纪律20余次，跟踪督查会议精神落实情况7次；开展督查调研4次，形成理论文章2篇；办理人民网的网民留言91件，办结率100%。全年共组织专项督查活动140余次，安排督查500余人次，其中区委主要领导带队和区四大班子领导参加的高规格督查16次。有力地促进了区委各项决策的落实，推动了各项重点工作的开展。（崔 宁）

【机要保密】 2011年，区委办公室注重发挥密码通信主渠道作用，认真完成机要文件、传真电报和上三级文件的阅办管理工作，全年共接收明传电报734份，办理1024份；接收电报350份，办理421份，从未发生任何差错和失泄密事件，及时、准确、保密地为全区各级党政机关传输办理了大量秘密重要信息。认真做好区重要会议、重大活动的保密管理工作的同时，落实保密要害部门、部位的管理措施，确保了全区无重大失泄密事件的发生。进一步加大保密法宣传教育力度，加强保密基础管理，搞好保密监督检查，充分发挥了“保安全、保发展”的重要作用。（崔 宁）

【文件文稿办理】 2011年，区委办公室在着力提高公文质量的基础上，严格按照公文处理的各项制度规定把好“六关”，即把好发文关，力求有的放矢；把好政策法律关，力求准确无误；把好程序关，力求合理高效；把好文字关，力求简明精练；把好格式关，力求规范科学。坚持“五弄清、五突出”，即弄清讲话领导，突出个性特色；弄清听众，突出针对性；弄清讲话时间，突出时效性；弄清会议意图，突出会议主题；弄清会议程序，突出适应性。全年共印发公文286件；起草、撰写文稿及其他文字材料共150余篇，特别是起草了区十次党代会报告等一些重要材料，受到了区委领导的好评。（崔　宁）

【综合协调】 2011年，区委办公室立足于区委工作大局想问题，着眼于实际抓协调，做到到位不越位，较好地发挥了沟通上下、联系左右、协调各方的作用。一是加强联系和沟通，保障了各项工作的顺利开展。主动加强与上级的联系与沟通，准确理解和把握上级的精神和意图，更好地服务于区委决策；加强同区人大、区政府、区政协办公室的联络沟通，及时召开四个办公室主任碰头会，定期交流情况，互通信息，相互配合，共同推进工作；加强同各部委局和各镇、街道的联系，倾听他们的意见和建议，不断改进工作，提高服务质量。二是精心组织，周密安排，确保各类会议的质量和效果。对办公室主办和协办的各类会议做到会前充分准备，会中严密组织，会后狠抓落实，2011年，组织了区委九届十五次、十六次、区委经济会议30多个，得到了各级领导和与会人员的一致好评。三是强化服务功能，充分发挥"后勤部"作用。着力加强后勤保障功能，做好日常值班和群众来信来访接待工作，做好文件的归档、查阅和办公用品、设备的购买与使用管理。（崔　宁）

【创新工作方法】 2011年，区委办公室围绕区委工作中心，紧跟时代前进步伐，积极探索办公室工作的新途径和新方法。

实现了工作思路创新。区委办公室着力改变传统思维模式，从满足于办好日常事务向抓大事、谋全局、出思路转变，从只注意眼前工作向善于超前思考、超前工作、超前服务转变，从完成单项工作向加强综合协调转变，从部门独立作战向树立全局意识转变，着力增强工作的主动性和预见性，进一步提高了"三服务"水平。

实现了工作方式方法创新。在督查工作方面，紧贴区委领导思路开展工作，及时调整督查工作的方式和思路，进一步提高督查实效。积极开展专项督查、联合督查、暗访督查和督查调研，督查工作的力度进一步加大，领域进一步拓宽，效果进一步增强。在信息工作方面，把领导关注的重点、工作中的难点、群众反映的热点作为主攻方向，将信息报送纳入党委目标管理，完善信息定期讲评制度、信息例会制度、信息人员培训制度和紧急、重要信息报送制度等制度，狠抓信息网络建设，在全区逐步形成了涵盖方方面面的信息网络。在公文处理方面，进一步严肃、规范了公文的签发等程序。在文件收发传阅方面，实行专人专室管理；在文件体裁和格式上严格把关，按来文性质准确分类，并提出具体拟办意见，规范了文件收发和传阅的工作流程，使领导阅文更加方便快捷，文件传阅更加优质高效。在文件归档方面，改变了传统文件归档方式，变年底归档为随时归档，保证了归档文件的及时完整。在会务组织方面，积极探索了新的会议组织形式。

实现了管理方式和用人机制的创新。加大了科室之间的岗位交流，进一步增强了办公室活力，较好地调动了工作人员的积极性，使其受到了更多方面的工作锻炼，业务水平得到明显提高。

（崔　宁）

【强化队伍建设】 2011年，区委办公室按照"内强素质，外树形象"的要求，狠抓队伍建设，为各项工作的开展提供了坚实的基础。一是强化学习培训，努力创建学习型机关。建立健全了学习组织、学习考勤、学习经验交流和学习检查考核等项制度，年初拟定了办公室的学习计划，并狠抓督促落实。在学习中，办公室领导班子成员以身作则，率先垂范，积极参与，带动了机关干部自觉学习，形成了浓厚的学习氛围。对创先争优、党的十七届六中全会、省市重要会议及领导讲话、公务员外事接待注意事项等进行了系统学习。同时，鼓励支持机关干部在职学习，积极组织参加上级部门举办的公文处理、信息调研、督查工作、机要保密等培训班，进一步拓宽了机关干部的视野，优化了知识结构，提高了整体素质。二是加强教育管理，提高机关干部的战斗力。建立了主任谈话制度，针对机关干部在工作生活当中出现的问题，由主任或主管副主任出面进行谈话，帮助相关人员认识问题，端正态度，改进工作；进一步完善了岗位责任制，将任务量化到每一个工作岗位，使人人肩上有担子、人人身上有压力，并严格按照责任制规定进行奖惩,靠制度管理约束人、激励人、鼓舞人,办公室全体人员的政治素质和工作能力有了明显提高。三是加强队伍建设,进一步增强了办公室的凝聚力。通过这些行之有效的措施,提高了工作效率和服务质量,树立了办公室的良好形象。（崔　宁）

组　织

【概述】 2011 年,中原区委组织部在市委组织部的精心指导和区委的正确领导下,坚持以邓小平理论、“三个代表”重要思想为指导,以科学发展观为统领,紧紧围绕“工业立区、三产兴区、教育强区”战略,聚焦中心,靠前服务,突出重点,创新载体,统筹推进,为加快中原区跨越式发展提供有力保障。（冉安伟）

【创先争优活动】 2011 年,中原区在认真总结2010 年活动开展经验的基础上,继续在全区基层党组织和党员中开展创先争优活动,并从三个方面着手努力,做到三个“更”,确保创先争优活动取得扎实成效。一是安排更细。年初,经过充分调研讨论,科学制定《中原区 2011 年创先争优活动工作要点》和《中原区 2011 年创先争优活动实施方案》,每个月、每周都制定具体工作安排表,明确活动内容和标准要求,使活动安排更具体、更翔实。二是结合更牢。围绕建党 90 周年,在全区开展“学党史、报党恩、跟党走”活动;针对窗口和服务行业实际,开展“三强三促”活动;根据创先争优活动的阶段特点,先后举办《党的光辉照我心》大型文艺会演、“重温光辉历程,争做时代先锋”主题演讲比赛、“唱响红歌会、重走红色路、收看红色剧、捐献红色书”等一系列形式新颖的活动,极大地丰富了创先争优活动的内容。三是机制更活。根据创先争优活动的特点和全区实际,建立完善“三评一公开”等相关制度,即每个月开展一次自评,每季度组织一次测评,半年进行一次点评,确保活动取得扎实成效。创先争优活动中,全区各级党组织和广大党员成立志愿者服务队 307 支组(队),为群众办好事、实事 7900 余件,化解矛盾 600 余起,解决发展难题 1500 余个,选树先进基层党组织 85 个,先进典型和标兵 320 个(名)。（冉安伟）

【四议两公开】 2011 年,中原区“四议两公开”持续深化。区、街、村三级紧扣“四议两公开”工作法,以党员权利义务、基层民主法治为主要内容,广泛开展宣传培训,分级举办党员培训班共计 60 余次,发放学习读本 3000 余册。须水街道指导各村党支部编发《村情民意》小报,使村级事务在决策前、决策中以及决策后的整体情况全部公开,保障群众知情权、参与权和监督权。全区 46 个行政村运用“四议两公开工作法”决策村级事务 232 件。（冉安伟）

【干部队伍建设】 一是把好“选”关。在园区建设、招商引资、项目建设、信访稳定等一线工作中来发现干部、使用干部。2011 年,区委组织部运用“三三差额权重制”办法,分 3 批共选任 148 名科级干部和 160 名中层干部,调整交流后的干部队伍整体合力、协作能力和凝聚力、战斗力进一步增强,知识结构、年龄层次进一步优化。二是做好“育”关。按照年初干部培训工作计划,精心组织各类主体培训班,先后举办了 1 期村组干部培训班、3 期组工干部培训班、2 期妇女干部培训班,参训人员3200 余人次。在“一竞双争”读书竞赛活动中,通过开展“浓郁书香漫中原”读书节、“阅读思考分享”读书报告会、“墨香盈袖开卷有益”图书借阅、“最美总是读书人”主题摄影展等活动,营造全区干部读书学习的浓厚氛围。三是抓好“考”关。按照市委组织部的要求,认真做好市管干部和全区的绩效考核工作。同时,结合中原区实际,对全区科级干部开展绩效考核,考核中,做到明确条件、动态申报、严格登记管理,确保考得准、考得实,考出干劲、考出团结、考出风格。四是瞄好“监”关。为了全面强化干部监督工作,区委组织部把监督关口前移,对 55 名干部进行出境政审,对 24 名乡科级领导干部进行离任经济责任审计,干部选任中,积极开展“一评议两报告”活动,满意率达到 95% 以上。（冉安伟）

【基层党组织建设】 一是抓好基层、夯实基础。针对不同类型党组织在工作中存在的薄弱环节和突出问题,中原区在农村采取大力整治后进村的措施，在社区大力开展共驻共建，在非公经济大力开展指导员选派，在机关大力开展作风建设，先后集中整治后进村4个，选派非公党建指导员75名，选树10名机关服务之星，不断夯实了党建工作的基层基础。二是选好载体、强力创新。结合实际，在社区开展"一承诺两评议"活动，在农村开展"三联三创"活动，机关开展"五比五争做"活动，非公开展"四做三为"活动，全面提升基层党建工作水平。2011年，中原区走访慰问群众1237户，化解矛盾纠纷339起，协调引进资金270万元；驻区单位党组织为社区提供活动经费140余万元，举办各类培训42期，协调公益岗位近600个；为企业献出良策210余个，帮助企业解决实际困难320余个，带来直接经济利益3000余万元。三是树好典型、示范带动。大力开展党建示范点育推工程，定期调研观摩，及时总结推广经验，分类打造党建亮点，成功打造一类示范点12个、二类示范点46个，实现创建一个、影响一面、带动一片的效果，示范点育推工程取得扎实成效，并被《郑州日报》头版报道，引起了强烈反响。（冉安伟）

【党员队伍建设】 一是强化教育，党员队伍素质得到新提高。除了依托各级党校加强对党员的教育外，还充分利用远程教育平台，加强对全区党员的教育培训，开展红色影视剧播放月、"调研督查月""学党史、讲党课""百名专家联系千户农民""远程教育伴我行"征文等一系列活动，组织展播电教片140余场次，1.5万多名党员、干部、群众参与观看，还专门建立112名教学辅导专家队伍，开展现场辅导授课、新技术新品种示范、信息和技术服务等活动，有效提高了全区广大党员群众的素质。二是强化管理，党员队伍作用得到新发挥。充分发挥"红色家园"这一平台作用，实现社区党员活动有场所、教育有设施、管理有手段。此外，还着眼于应急救助，开展"访贫问苦""爱心捐助""社保代办"等一系列活动，建立长效机制，从根本上实施帮扶救助。三是强化措施，党员干部待遇得到新解决。针对聘期已满的大学生村（社区）干部出路，中原区以"扩宽出路，促进就业"为目标，在全区编制已十分紧张的情况下，专门拿出50个岗位面向全区大学生村（社区）干部进行招聘，通过招考，50名任职期满的大学生村（社区）干部充实到区拆迁办、区行政执法局、区须水街道办事处和西流湖街道办事处等单位，招录率达到95%。（冉安伟）

【人才队伍建设】 一是科学制订规划。制定《中原区"十二五"人才发展规划》，印发《中原区2011年人才工作成员单位目标任务分解方案》和《中原区四大班子领导联系专家制度》，对目标任务进行详细分解，明确各有关单位的职责任务和目标要求，确保人才工作全面落实。二是加强人才引进。2011年，分批分类通过公开选拔形式，引进教师109名，医疗疾病控制人员10名，城市管理执法人员35名，城市改造拆迁人员20名。三是强化教育培养。开展"金土地"实用人才和"绿色证书"培训活动，举办各级各类培训班26期，培训各类技术人才4600余人次，开展农民技能和技术培训132期，完成技能培训2650人，实用技术培训3.65万人。（冉安伟）

【自身建设】 一是贴近中心提升服务水平。立足实际，开展"双对接"行动，机关干部围绕宜居商贸城建设、文明城市创建、重大项目推进、创新社会管理、社区帮扶等工作，全面、全程、全员参与，学习经验、锻炼能力以促进工作的有效推进。二是加强学练提升工作能力。每周安排和组织业务轮讲，交流经验、传授技巧；坚持"一月一项目研讨"活动，熟悉业务、提升能力；组织开展"1+3"基层联系活动，服务基层、解决问题。三是岗位争创提升组工形象。为推动机关自身的创先争优，与"讲党性、重品行、作表率"、学习李林森等活动有机结合，大力开展"六比六争"活动，通过比学习、争做提升素质的表率，比信念、争做对党忠诚的表率，比服务、争做优质高效的表率，比作风、争做廉洁奉公的表率，比实干、争做创造业绩的表率，比创新、争做钻研业务的表率，在全区组工干部中营造比、学、赶、帮、超的干事创业氛围，着力打造一支"品质优秀、能力优化、作风优良、业绩优异"的组工干部队伍，为全区各项事业的跨越式发展提供坚强的组织保障。（冉安伟）

【区级班子换届】 2011年，中原区圆满完成区级班子换届工作。按照区委关于换届工作的统一部署,区委组织部研究制定了党代会工作方案、关于做好党代会代表选举工作的通知、党代会日程、党代会议程等各种文件30余份,起草各种名单名册、会议主持词、请示等材料100余份。组织召开了党代表选举工作部署会议,对全区代表名额进行了科学划分。对各选举单位上报的代表候选人预备人选认真进行审核批复,推选出区十次党代会代表296名,保证了代表质量。组织召开了党代表培训会,确保代表有效选举、高效提案。于换届前召开了换届工作动员会、党代表选举工作部署会、党代表培训会等准备会议5次,为党代会顺利召开奠定了基础。党代会期间,精心安排、周密部署,筹备召开召集人会议1次、党代表全体会议4次、主席团会议6次、主席团常委会3次、各代表团会议6次,顺利推选出新一届区委委员33名、纪委委员19名及出席市党代会区代表16名,优化了区委班子结构。 (冉安伟)

【村级党组织换届】 中原区按照"开展早的上质量、进展慢的赶进度、任务重的提效率、有难点的抓攻坚"的思路,落实"领导重视到位,宣传动员到位,落实程序到位,指导督查到位,统筹运作到位",扎实推进村级组织换届选举工作。常委会专题研究,成立领导小组,组建换届办和督导组,建立县级领导干部联系点;召开动员会,发放公开信,悬挂条幅,层层宣传动员;各街道党工委向区委递交承诺书,带头抵制贿选,带头严把程序;下发选举流程图,严把公示时间和人员比例;建立了日报告、周汇报制度,以及督导组例会、换届办碰头会制度;开通了飞信平台,政策咨询热线电话。对难点村、后进村,采取领导包村、干部包户、巡视督导和难题会诊等一系列措施,确保村级党组织换届选举在规定时间内顺利完成。截至年底,全区46个行政村党组织一次性换届成功率100%。 (冉安伟)

【大学生村干部】 2011年,中原区以"扩宽出路,促进就业"为目标,充分酝酿谋划、精心组织实施,解决全区2008年首批大学生村(社区)干部合同到期问题。区委多次召开常委会,专题研究到期大学生村(社区)干部出路问题,最终决定将54名即将任职期满的大学生村(社区)干部纳入本次区事业单位招聘范围,充实到区拆迁办、区行政执法局、区须水街道办事处和西流湖街道办事处的事业单位。区委组织部明确专人负责此次招考的协调服务工作。及时与区人社局联系协调,了解此次招聘的详细信息,及时发布给符合条件的大学生村(社区)干部。逐一与各街道负责人沟通,要求各单位尽全力为考生提供各方面便利。根据各用人单位招聘方案中的考题设置要求,为大学生村(社区)干部制定复习计划,帮助考生归纳整理时政要点,同时根据各报考单位的不同特点,进行有针对性的专题辅导,确保有的放矢。面试前,采取重点指导、情景模拟、集中讨论等方法,帮助他们了解面试流程和注意事项。在整个招聘中,全区54名大学生村(社区)干部报名,其中52人通过笔试,50人通过面试被最终录用。 (冉安伟)

【党政人才培训】 2011年,中原区以深化"一竞双争"活动为抓手,不断强化领导,推进党政人才培训。年内,区委组织部印发了《关于持续推进领导干部"一竞双争"活动的通知》《关于贯彻落实全市领导干部"五强化五评比"推动中原区"一竞双争"活动的通知》,建立完善了读书竞赛活动"倡导、引导、督导"长效机制,使领导干部养成了良好的自主学习习惯。在全区范围内开展了必读书目推荐、第二届"浓郁书香漫中原"领导干部读书节、"阅读思考分享"读书报告会以及"墨香盈袖开卷有益"图书借阅等一系列活动,举办"最美总是读书人"主题摄影展,征集到摄影作品144幅,评选出优秀作品26幅,激发全区党员干部的学习热情和积极性。同时,进一步完善了制度建设,印发并实施了《关于实施干部外出学习培训备案制度的通知》,拟定了《中原区乡(科)级领导干部教育培训学分制考核管理暂行办法》,促进了全年干部教育工作的有序开展。2011年,举办组工干部异地培训班3期,村组干部培训班1期。 (冉安伟)

【帮扶乡土人才】 2011年,中原区采取建立合作社帮扶的办法帮扶全区乡土人才。联系河南省农科院、河南省果树研究所、郑州市畜牧局等多家单位的专家教授对农民专业合作社进行技术指导,并在他们的帮助下制定了合作社生产技术操作规程,帮助农民走专业化生产道路。同时,利用农民专业合作社的组织和带动作用,为广大社员和群众搭建技术交流平台，使合作社成为广大群众获取农业生产技术的“聚集地”。截至年底，全区农民专业合作社共举办各类生产技术学习班12期，散发宣传手册3000余册，参加学习群众达1.3万余人次。各农民专业合作社根据自身生产需要，组织各类专业技术交流会10次，参与交流社员1045人次。由于生产技术和管理水平的提高，年内须水街道常庄村种植合作社实现产值200多万元，比建社前产值翻了一番。（冉安伟）

宣　传

【概述】 2011年，中原区宣传思想工作按照国家、省、市宣传思想工作整体要求，在市委宣传部的指导和区委的正确领导下，全面宣传贯彻党的十七大和十七届六中全会精神，深入学习实践科学发展观，按照“高举旗帜、围绕大局、服务人民、改革创新”的总要求，坚持贴近实际、贴近生活、贴近群众，紧紧围绕科学发展主题、加快转变经济发展方式主线和建设郑州都市区宜居商贸城的总体战略，开拓创新、务求实效，强力推进宣传思想文化工作，努力在加强社会主义核心价值体系建设、加快文化繁荣发展、服务全区发展大局等方面取得明显成效。（杨柳茵）

【党委(党组)中心组理论学习】 2011年，区委中心组53名成员全年集中学习9次，平均参学率100%。

区委宣传部高度重视理论学习制度建设，注重发挥理论学习制度对中心组学习质量的保障作用。

一是加强保障服务。及时准确把握上级路线、方针和政策动态，以学习贯彻党的十七届六中全会和省、市重要会议精神为契机，紧密联系全区实际，科学制订学习计划，出台中心组年度学习专题安排和检查考核评分标准。围绕全区中心工作，明确学习重点，确定中原经济区建设、学习型党组织建设、加强党风廉政建设、十七届六中全会精神及省九次党代会四个方面的内容。建立集中学习和个人自学制度，实行集中学习签到制度。为确保学习效果，拨出专项经费，购买辅导书籍、录像教材、学习光盘、聘请授课专家教授及组织各种参观培训等实践活动。

二是加强宣传普及。充分利用区机关内部刊物《每周中原》、区机关信息网、区党员远程教育网站等有效载体，开辟领导干部理论学习专题栏目，刊登区县处级领导干部和乡科级党政一把手带头撰写的理论学习体会文章100多篇，将理论学习与领导干部读书活动紧密结合，在全区范围内开展领导干部必读书目推荐、第二届“浓郁书香漫中原”领导干部读书节、“阅读、思考、分享”读书报告会以及“墨香盈袖、开卷有益”图书借阅等一系列活动，《每周中原》开辟“书香论坛”专栏刊发优秀书评60余篇。

三是加强实践应用。将理论学习与形势政策教育、领导干部讲党课等相结合，推动区委中心组成员和全区党员干部加强学习研讨，其中组织专家教授授课3场、基层宣讲7场；在全区机关和企事业单位开展“我的红色记忆——纪念建党90周年征文”等系列活动，收到理论文章和征文108篇。按照“下基层、转作风、改文风”的要求，组织中心组成员开展调研活动，促进学习成果的有效转化，实现招商引资、重点工程、园区建设等重点工作的强力推进。2011年年底省委常委、市委书记连维良到中原区调研后，在全区开展“大学习，大排查，大讨论”活动，共形成书面报告50余篇、思想认识40余篇。（杨柳茵）

【推进文明城市建设系列活动】 2011年，中原区委宣传部在全区开展“弘扬雷锋精神，推动文明城市建设”等系列活动，制定活动方案，建立志愿服务队伍，引导广大群众无私奉献、助人为乐，投身到创建文明城市中来，在全区迅速形成了学先进、赶先进、争先进的浓厚氛围。在此基础上，在全区先后开展“三创一做”等活动，评选出文明家庭、文明市民、文明单位，并确定职业道德建设“十佳单位”、公民道德建设优秀单位及遵守职业道德“十佳标兵”、公民道德建设优秀个人推荐名单。同时，积极参与诚信体系建设，推动“百城万店无假货”活动，引导市民树立以守信为荣、失信为耻的诚信观念，养成诚实守信的品质；开展“文明我先行”活动，倡导市民群众自觉践行社会公德规范，文明行路、文明用语、文明排队。（杨柳茵）

【“讲党课听党课”活动】 2011年，中原区在全区党员干部中组织开展“积极推进郑州都市区建设”主题党课活动;4月底各单位结合实际确定党课题目和内容,撰写党课教案;5月至6月份开展集中授课,进一步统一了全区广大党员干部的思想认识,其中5篇党课教案推荐到市委宣传部参加优秀教案评比。加强和改进新形势下基层党校工作,对全区18所基层党校进行检查验收,其中推荐4所社区基层党校和5名优秀教师参加市级先进基层党校和优秀教师的评选。加强形势政策教育阵地建设和管理,初步在区、街道、社区建立起三级教育网络体系,形势政策教育工作日趋制度化、规范化。

（杨柳茵）

【红色主题教育年活动】 2011年,中原区为纪念中国共产党成立90周年和辛亥革命100周年,在加强爱国主义教育基地建设工作的基础上组织开展红色主题教育年活动,广泛开展各具特色、丰富多彩的展示活动,先后开展讲红色故事、唱红色歌曲、读红色经典书籍等活动,吸引了5000多名基层党员、群众和中小学生亲近基地、了解基地、接受教育洗礼。6月份启动红色教育月活动,辖区儿童公园“庆‘七一’唱响中原”红歌赛系列文化活动持续近3个月,通过书画摄影展、知识竞赛、演讲比赛、红歌赛等活动形式,掀起了群众性宣传教育活动热潮,引导辖区群众进一步坚定理想信念。国庆期间组织开展集中升挂国旗活动,抓好责任落实和日常监督,在辖区道路、公共场所及其他场所共悬挂国旗4000多面,主要路段和单位还通过横幅标语或LED显示屏,营造出浓厚的节日欢庆氛围。

（杨柳茵）

【文化惠民工程】 2011年,中原区加强基层公共文化服务体系建设,加快街道综合文化站、社区文化活动中心、农村文化大院等基础设施建设,建成10个社区文化活动中心,实现农村文化大院全覆盖;实施文化信息资源共享工程,建立区级支中心和街道服务点12个、社区基层服务点13个,全面达到创建全国文明城市文化环境整治标准;开展“农家书屋”工程建设,覆盖全区46个行政村。不断强化区图书馆、区文化馆服务功能,积极发挥街道文化站、社区文化活动中心等功能,拓宽服务领域,满足群众精神文化需求。实施农村公益电影放映工程,实现一村一月放一场电影的目标,年内,全区共放映电影552场,观众达30余万人次;积极组织送文化下乡活动,先后组织7场戏曲、4场杂技进农村,圆满完成“舞台艺术进乡村、进社区”任务。

（杨柳茵）

【“欢乐中原·魅力郑州”广场文化活动】 利用各街道、社区文化活动中心、广场、农村文化大院等地点,以辖区群众喜闻乐见的艺术形式,开展各类群众文化活动300余场,参与群众数十万人次,丰富了辖区群众的精神文化生活。组织辖区群众参加2011年度“书画郑州”等活动,确定市级特色文化广场1个、优秀合唱队伍3个、优秀节目3个,推荐“欢乐中原·魅力郑州”广场文化活动省级先进单位1个、市级先进单位3个。6月9日至14日在儿童公园举办中原区第三届“群众广场文化活动周”暨“庆‘七一’唱响中原”红歌赛系列群众文化活动,演职人员及参与群众达1万余人,丰富了辖区群众的业余文化生活;双节期间,积极开展群众文化活动展演,举办多种形式的群众文化活动上百场次,展示了民间文艺风采,营造了和谐社会氛围。

（杨柳茵）

【文化产业发展调查和项目申报】 2011年,区委宣传部落实全市文化强市建设工作会议精神,对辖区文化产业发展及文化体制改革工作进行调查摸底,逐步理清工作思路。在基层推荐和严格审核的基础上,向上报送了郑州市小樱桃杂志社有限公司、河南映山红影视文化传媒有限公司、郑州金龙文化传媒有限公司、郑州咱家小院餐饮有限公司、河南轩瑞传媒文化有限公司郑州书画研究院等9家单位的项目申报材料,经过多方协调努力,郑州市小樱桃杂志社有限公司、河南映山红影视文化传媒有限公司等数家单位获得市财政专项补助资金近100万元。此外,及早展开文化产业项目规划和调查申报工作,做好郑州文化地图资料收集,为2012年文化产业发展及项目资金申请工作奠定了基础。

（杨柳茵）

【新闻报道】 2011年,区委宣传部以提升中原区的影响力和知名度为目标,加强对外宣传工作,完善新闻发布制度,及时处置突发新闻事件,有效应对新闻媒体,同时加强与新闻媒体联系,充分利用各级媒体资源,大力宣传中原区发展的新优势、新形象,在推动媒体助政方面取得新成效。

一是认真做好新闻报道和对外宣传工作。以“上大报、上头条、上要闻、上专题”为目标,以《河南日报》《郑州日报》和郑州电视台“两报一台”为重点,切实做好跨越式发展、创建全国文明城市、全区经济发展等重大活动的新闻宣传,展示中原区在经济发展、项目建设、扶贫助困、民生工程等活动中的做法和取得的经验,进一步提升对外宣传层次。全年在市级以上新闻媒体发表稿件2400余篇,其中《郑州日报》头版头条20篇。

二是及时做好新闻事件和群众意愿的处置工作。在区政府ZZIC(市媒体网络事项督办中心)处置机制的基础上,又在全区建立“心通桥”网络平台,为群众诉求得到及时反映和解决提供方便。完善机关新闻发言人制度,在辖区各级单位均设立新闻发言人,为新闻事件妥善处置夯实基础。建立舆情信息监控和通报制度,定期向区有关领导通报重要舆情信息,方便媒体应对和领导决策,2011年下半年编发《舆情信息》18期。党报党刊发行数量稳中有升,对几起有负面影响的新闻事件,第一时间指导有关单位沟通协调新闻媒体,及时发布后续新闻通稿,表明政府及职能部门处置态度和应对措施,最终使媒体进行客观报道,降低和减免这些报道的影响,把影响最小化。　　(杨柳茵)

【编发《每周中原》】 2011年,区委宣传部主办的区机关内刊《每周中原》全年共发刊50期、200个版面,总计120万字、图片300幅,较好地实现了上级精神与下情的对接和宣传。与此同时,强化舆情宣传信息工作,进一步理顺信息报送渠道和机制,全面实施动态管理,全年报送中宣部舆情信息213篇、综合采用2篇,报送宣传信息100余篇、《河南宣传信息》采用10篇;加强思想政治工作研究,确定《加强基层宣传思想文化工作研究》等重点调研课题12个,完成有价值的调研报告15篇,经筛选3篇报送市委宣传部。　　(杨柳茵)

【创建全国文明城市工作】 2011年,中原区按照《测评体系》(2011版)要求,全力开展各项文明创建和环境整治工作,圆满完成涉及中原区的创建全国文明城市各项指标任务,顺利通过中央文明办测评组检查验收。

一是多措并举形成工作合力。成立创文领导小组,下设10个创文工作指挥部、7个督导组,实行区四大班子领导、区直部门包街道、包社区、包路段“三包”工作负责制,开展周评流动红黑旗活动,形成工作合力,在全市两次月评比中取得了一次全市第一的好成绩。累计编发简报120期,26篇被省会创建全国文明城市工作简报采用刊发,2篇被中国文明网报道,连续两个月取得全市第一的优异成绩;在市级以上媒体刊发创文新闻300余篇。在迎接中央文明办测评期间,四大班子领导亲临街道、社区备战督战,部门通力协作、联合作战,社区群众积极参与,15个实地考察点和4个社区144户入户问卷调查,圆满顺利完成了各项测评工作。

二是加大投入确保创文实效。新建区级未成年人健康成长指导中心1个、乡村学校少年宫4个,并在各中小学校和社区建立心理咨询室。同时,投入200多万元,设置大型创文公益广告600个、社区精神文明建设工作宣传展板1500块、宣传长廊20个,发放创建文明城市调查问卷和宣传资料40万份,张贴创建文明城市宣传标语20万张,利用沿街单位200多块LED电子显示屏滚动播出创建文明城市有关内容。投资1700余万元对辖区50个三类居民区进行升级改造,共整修562个环卫设施(垃圾收集房),硬化路面5万平方米、修复主干道2.7万平方米,涉及1221栋楼、5.3万户居民。

三是突出特色打造活动亮点。开展“三创一做”等创建活动,评选出1000户特色文明家庭、1万名文明市民,有30家文明单位和30个社区开展结对帮扶活动。在全市率先开展“四项关爱”(关爱空巢老人、关爱农民工、关爱农村留守儿童和进城务工人员子女、关爱残疾人)志愿服务活动,率先举行“文明中原大讲堂”讲座,承办“唱响和谐之声”郑州市创建全国文明城市激情广场首场文艺演出活动,并成功举办中原区创建全国文明城市“百场广场文化活动”、庆祝建党90华诞暨创建全国文明城市群众大型文艺会演——《党的光辉照我心》。

四是夯实基础提升工作效果。以“做一个有道德的人”为主题,扎实做好未成年人“三理”教育工作。加强公民道德建设工作，广泛开展“月评文明市民(我推荐、我评议身边好人)”活动，1人获得中国好人榜提名，4人被评为郑州市文明市民，1人被评为郑州市文明市民标兵；区国税局等11家单位通过省级文明单位验收，中原区委宣传部、中原区委组织部被命名为市精神文明建设先进单位。组建首批12支“网络文明传播志愿者队伍”，并坚持开展“小红帽在行动”文明交通志愿服务活动，辖区36个省、市级文明单位在10个主要交通路口开展劝阻不文明交通行为活动，7个省、市级文明单位在辖区公交站点定期开展“台上候车、排队上车”活动，取得了良好的社会效果。（杨柳茵）

统　战

【概述】 2011年，中原区统战工作坚持以邓小平理论和“三个代表”重要思想为指导，全面贯彻落实科学发展观，紧紧围绕年初制定的各项目标，采取切实措施，积极推进统战工作的开展，为中原区跨越式发展搞好服务。（郝继红）

【组织开展学习活动】 2011年，区委统战部按照区委统一部署，认真开展学习实践科学发展观和创先争优、“同心同行建中原”、庆祝建党90周年等活动，全区统战干部积极参与，认真撰写读书笔记和心得体会，深入基层调查研究、座谈征求意见。同时利用每周五例会，组织全区统战干部职工认真学习新时期统一战线理论，提高统战人员的政治理论水平和工作业务能力。（郝继红）

【民主党派及党外人士工作】 一是加强与各民主党派支部的联系与联谊。区委统战部每月至少组织一次党外干部和党外人大代表、政协委员学习活动，每季度召开一次各民主党派成员、党外干部参加的区情通报座谈会，积极协调组织民主党派成员参与到学习科学发展观活动当中。5月18日，召开“同心同行谋发展”座谈会，各民主党派、无党派人士立足中原区实际，积极主动为中原区经济发展出主意、想对策。6月24日，组织民主党派、街道统战员观看红色电影《建党伟业》。

二是完善区党外后备干部人才库。区委统战部对各单位推荐的党外后备干部进行认真考察，挑选出政治素质高、业务精、作风强的优秀党外干部，充实到党外后备干部人才库，并组织培训，学习统一战线理论及有关方针、政策，对今后学习工作等方面提出具体要求。2011年，全区有8名统战干部得到提拔交流使用，1名党外后备干部得到提拔。

三是加强党外代表人士队伍建设。区委统战部结合全区统一战线工作实际，组织开展民主党派学习活动2次，共培训200人次；党外干部培训1次共50人；党外副科级后备干部培训1次共20人；无党派代表人士学习活动2次，共培训60人次。（郝继红）

【统战调研】 2011年，区委统战部按照市委统战部制定的统战调研课题，从经济、政治、文化等课题进行任务分解，责任到人。要求各街道统战员、非党领导干部和区委统战部每位同志带头写好一篇调研报告，推动全区统战调研工作的全面展开。各级统战干部深入基层，调查总结，共写出调研报告25篇。

区委统战部结合实际情况，多次利用统战工作会进行统战知识理论研讨，主要对基层统战工作中面临的新情况、新问题进行探讨，并交流工作经验和体会，对推动基层统战工作的开展起到良好的指导作用。（郝继红）

【统战宣传】 2011年，区委统战部成立了区委统战宣传工作领导组织，召开了全区统战宣传工作会议，传达贯彻中央、省、市统战宣传工作会议精神，安排部署全区统战宣传工作任务。进一步完善统战宣传工作制度，做到定期召开会议，研究统战宣传工作重点，下达统战宣传目标任务，年终进行考核的统战宣传工作制度和统战宣传稿件奖励办法。全年撰写统战宣传稿件336篇，其中，中央级采用4篇，省级采用9篇，市级采用65篇，区级采用156篇。制作统一战线宣传展板10余块，下发统一战线宣传册200册、宣传资料1000份。征订《台湾工作通讯》《两岸关系》在全市名列前茅，并作为河南省的全国先进单位代表参加座谈交流会。在“根在中原”网站郑州市网页发稿295条，在全市保持领先地位。（郝继红）

【工商联工作】 一是大力开展招商引资工作。积极协调引进盛世天地城、晶华城、陇海路商住楼二期等一批项目落户中原，推动了辖区经济和社会的发展。其中，盛世天地城项目位于中原区西四环的赵仙垌村，总投资15亿元，实际到位资金3.3亿元；陇海路商住楼项目位于陇海路与文化宫路交叉口，总投资4.8亿元，实际到位资金4.8亿元；晶华城项目位于秦岭路东、冉屯路北，总投资3亿元，实际到位资金2.6亿元。

二是积极参与公益事业。区工商联先后与区人力资源和社会保障局、民政局等有关局委和各街道办事处联合，组织城市低保人员、失业人员、失地农民工、“4050”人员进行招聘和岗前培训，培训400余人次，分发岗前培训手册600余份，接受咨询300余人次，达成就业协议100余人次。

三是积极开展“民企担重任，建功新农村”“百企帮百村”活动。制定下发《2011年全区非公经济开展“百企帮百村”活动实施方案的通知》，进一步明确工作原则、帮扶内容、组织领导和工作要求。全年以郑州予炉集团牵头成立的铁炉村慈善基金会，募集资金80万元，用于当地以扶危、济困、救孤、助残为主要内容的帮扶工作，截至2011年底，已投资30万元。以卢氏集团、予炉集团为主体的中原区民营企业在帮扶新农村建设中共投资100万元；郑州元龙房地产开发有限公司和郑州市翰园置业有限公司共投入资金6000万元，配套建设锦艺小学、工人路小学和工人路初中。

四是积极发展商会经济和民营企业总部经济。2011年，区工商联行业商会建设在积极筹备中。经过大量的考察与调研，针对中原西路汽车4S店集中及旧机动车私下交易量日趋增大的特点，成立中原区汽车销售、维修与配件商会及郑上路旧机动车交易市场商会。

五是认真做好工商联换届工作。中原区工商联换届工作在区委的统一领导下，坚持民主集中制的原则，精心筹备、周密组织，各项工作正在积极筹备，确保政治任务顺利交接。

六是开展新阶层人士普查工作。10月底完成中原区新阶层人士普查工作，共普查登记3008名有行业代表性的新社会阶层人士。同时把全区的新社会阶层人士进行梳理，为下一步成立中原区新阶层联谊会打下良好的基础。 （郝继红）

【对台工作】 积极做好宣传工作。组织各街道统战员、对台宣传干部参加台情报告3场，并对对台通讯员培训，要求通讯员在对待台胞、台属和宣传工作中做到“三不”，即不刻意，做到实事求是；不争论，做到设身处地，换位思考；不说教，做到平等待人。

加大对台招商引资力度。区台办联合区海外联谊会引进盛世天地城项目，由台湾鸿龙国际投资有限公司和河南温氏置业有限公司投资兴建，投资总额15亿元，占地180亩，总建筑面积36万平方米。

做好服务工作。全年接待台属28人次，为赴台探亲办理手续19件，为台湾岛内寻找在区亲属发函5件，为台属子女就业、上学等出具证明19件，协助解决房屋纠纷1起。 （郝继红）

【海外联谊会工作】 2011年，中原区海外联谊会按照章程共成功举办了2次理事会，并于11月25日在郑州西花园酒店举行“为建设中原、发展中原凝心聚力”联欢会。区海外联谊会成立以来，为中原区引入台资项目1个，联系台胞祭祖考察团2次，为凝聚广大海内外力量服务中原区经济社会发展，推动中原区的对外交流合作作出了积极贡献。

（郝继红）

【基层统战工作规范化建设】 2011年，区委统战部一是制定下发《关于规范街道统战基础性工作的通知》，要求各街道对照标准，在统战机构设置、办公设施标准、档案资料上查找不足，逐项达标。同时建立健全领导干部联系党外人士制度、党外人士季度学习座谈制度、信息宣传调研制度、统一战线代表人士数据库等。二是按照组织网络规范化、阵地建设规范化、运行机制规范化要求，半年督查一次，年终进行全面的检查验收，并将检查情况计入街道年终目标考核分值，作为年底评先选优的重要依据。对检查过程中发现的薄弱环节，进一步加大工作力度，进行整改完善。三是针对统一战线成员的不同特点和需求，组织开展丰富多彩的活动，通过座谈会、通报会等形式，实现基层统一战线成员、社区群众在公共事务和公益事业中的民主参与，加强对基层公共事务的民主监督，畅通基层利益表达渠道，促进社会公平，不断扩大统一战线的

社会影响。（郝继红）

信　访

【概述】 2011 年，中原区信访工作认真落实上级一系列决策部署和全国信访局长电视电话会议精神，以群众工作统揽信访工作为主线，以服务发展和服务民生为主题，以创先争优活动为动力，以新成立的矛盾排查调解处理中心为平台，创新开展区信访联合接待，形成“一站式办理、一条龙服务、一揽子解决”的信访工作运行机制，通过着力抓好源头预防、渠道畅通、积案化解、机制创新等重点工作，带动整体工作再上新台阶，为中原区跨越式发展和社会和谐稳定创造良好环境，确保中原区社会大局的稳定，确保各级“两会”、中国共产党成立 90 周年和各政治敏感时期没有发生来自中原区的干扰。（王俊峰）

【集体上访和个人上访】 2011 年，中原区发生群众集体上访 170 批 4072 人，与 2010 年相比批数上升 6%，人数上升 28%。其中京集访 1 批 645 人，省集访 37 批 791 人，市集访 23 批 705 人，区集访 109 批 1931 人。群众反映的拆迁安置类问题 45 批，占 26%；村组经济类问题 35 批，占 21%；群众生活类问题 30 批，占 18%。

受理个人上访 322 次 503 人，其中京个访 19 次 32 人，省个访 76 次 84 人，市个访 43 次 63 人，区个访 184 次 324 人。群众反映的土地类问题 70 次，占 22%；拆迁安置类问题 60 次，占 19%；群众生活类问题 55 次，占 17%。（王俊峰）

【群众来信和网上信访】 2011 年，中原区信访局接到各级信访转来的群众来信 203 件，经过认真甄别，退回信件 21 件，无效信件 64 件，重复信件 12 件，对 106 件有效初次信件按照“属地管理、分级负责”，“谁主管、谁负责”的原则，全部进行立案交办。按期结案率 100%，群众满意率达 80% 以上。

接网上群众信访案件 56 件，其中立案交办 23 件，退回 15 件，网上直接回复 18 件。所有的信访案件全部转至相关职能部门调查处理，并及时将处理结果在网上回复信访人。做到件件有着落、事事有回音，没有发生因工作滞后或其他原因而导致的重复上访和群体性上访事件。（王俊峰）

【联席会议和非正常上访】 2011 年，区信访局召开信访联席会议 19 次，安排部署重大信访活动事项 5 次，共研究解决疑难信访问题 44 起。实际发生赴京非正常上访 13 人 35 次，同比分别上升 30%、35%，其中涉法涉诉案件 7 人 26 次、劳动和社会保障类 3 人 3 次、其他类 3 人 6 次。经省、市甄别，初步认定不予考核。（王俊峰）

【领导接访和下访】 2011 年，区信访局严格落实党政领导干部接待群众和定期下访制度，确保每天有区领导信访接待、每月有区领导下访。全年区领导共接待处理群众信访问题 108 起 1281 人，其中集体上访 54 起 1109 人，个人上访 54 起 172 人。46 名区领导坚持每月 15 日带案到各分包联系点下访，现场接待群众、研究案件、指导工作，共解决信访问题 281 个。（王俊峰）

【矛盾排查】 2011 年，区信访局开展矛盾排查 30 次，排查出不稳定因素 110 起，经过筛选分析，对排查出的 73 起群众反映的热点问题、难点问题和 10 名重点人按照“五个一、四到位”的工作要求进行交办，对有越级上访苗头的 22 起不稳定因素及时上报上级信访部门，确保矛盾纠纷解决到位。（王俊峰）

【信访案件办理】 2011 年，区信访局发函立案交办信访案件 87 件，其中省信访局交办案件 17 件，市信访局交办案件 7 件，区自立案 63 件，所交办的 87 件信访案件除 17 件未到办结时限、2 件超期未办结外，其余 68 件已全部办结，其中按期办结 64 件、超期办结 4 件，上级交办信访案件按期结案率 91%。（王俊峰）

【信访事项复查和督办】 2011 年，区信访局接待群众信访复查事项 22 起 84 次 177 人，其中受理办结 4 起，改变信访人诉求放弃复查申请 3 起，对责任单位退办、纠错 15 起；办理 ZZIC 网络舆情交办复查案件 1 起，督办信访案件 8 起。（王俊峰）

【信访评估】 2011 年,根据中原区实际情况,针对存在的热点、难点问题,特别是对村两委换届和区重点工程建设认真开展信访评估工作,总结经验,积极探索,实现信访风险评估在区各项重点工作的全覆盖,提高了信访评估在预防、化解矛盾中的重要作用。截至年底,已对常西湖综合整治等 21 个项目进行了信访评估,其中西流湖街道 12 个、绿东村街道 3 个、林山寨街道 3 个、棉纺路街道 1 个、桐柏路街道 1 个、汝河路街道 1 个。（王俊峰）

【调研和信息】 2011 年,区信访局为充分发挥信访部门参谋和助手作用,妥善应对信访工作面临的新问题、新挑战,不断深入基层,及时掌握信访信息,广泛收集第一手材料,认真进行工作调研,在重大会议和政治敏感时期坚持信访动态日报制度,为各级领导提供及时、全面、真实、有效的各类信访工作信息。全年印发各类文件 59 件,收集、编发、上报各类信访工作信息 113 篇,其中,向省、市信访局投稿 11 篇,被采用 3 篇;向区《每周中原》及《中原信息》投稿 19 篇,被采用 9 篇;向《郑州日报》投稿 1 篇且被采用。（王俊峰）

【“岗位练兵、提升能力”活动】 2011 年,全国信访系统深入推进“创先争优、能力建设活动”,中原区信访局进一步加强干部职工能力建设,提高“三个效率”、建立“七个机制”、落实“十个不允许”,推动信访工作科学发展、重心下移、开拓创新,从 6 月起开展为期半年的“岗位练兵、提升能力”活动。成立了以局长为组长的领导小组,通过叫响岗位标准、践行公开承诺、选准练兵载体、开展评先树标等多项具体措施,努力建设一个“工作一流,群众满意”的信访部门,确保信访工作为党分忧、为民解难的根本宗旨;形成一套“一站式办理、一条龙服务、一揽子解决”的信访工作运行机制,确保信访问题得到便捷高效的调处;培养一批“站起来能讲、走出去能干、坐下来能写”的业务能手,确保信访工作有人干、干得好,推动全区信访工作不断上水平、上台阶。

信访部门作为直接接触群众、联系群众、服务群众的职能部门,作为创先争优的窗口单位,通过建立党员先锋岗和实行首办责任制、服务承诺制等,推动过程提速、服务提质、工作提效,为区信访联合接待机制的正常运行创造条件、积累经验。一是在处理初次信访上要有新的举措,一次办理到位、化解到位,防止形成重信重访,杜绝转化为疑难复杂问题,确保信访问题及时就地解决;二是在化解信访积案上要有新成效,要明确信访积案责任主体、化解措施、办结时限,确保最大限度地减少“存量”;三是在推动领导干部接访上要有新进展,要与重点约访、干部下访有机结合,有针对性地化解矛盾、破解难题,确保既有声势更有实效;四是在排查化解矛盾纠纷上要有新的深化,充分发挥基层排查化解大平台作用,促进排查内容由一般排查向重点排查转移、工作力量由分散开展向集中统一转移、排查机制由单事单议向综合施策转移,确保问题不积累、矛盾不上交。（王俊峰）

【推行“AB 角负责制”】 2011 年,为深入推进创先争优工作,区信访局在全局工作人员中开展为期半年的“岗位练兵、提升能力”活动。活动中推行“AB 角负责制”,确保工作提速、服务提质、办事提效。

“AB 角负责制”是指在合理设置工作岗位、完善工作职责的基础上,在相近岗位之间,实行顶岗或互为备岗的制度。根据信访工作 18 项主要职责,区信访局重新整合有限资源、细化优化人员分工,设立了保障、预防、接待、办理和联席五大工作岗位,每个岗位都设置 2 名工作人员负责多项业务工作,岗位中两人的工作各有侧重,但工作必须互相熟知,当 A 角出差或其他原因不能承担完成自己负责的工作时,由 B 角接替完成该项工作,并切实负起责任。

“AB 角负责制”的推行,能够保证在工作人员较少、任务繁重的情况下,各项工作做到不间断、无遗漏,确保工作效率和服务质量,同时有利于拓宽工作人员业务面和提升综合素质。“AB 角负责制”推行以来,区信访局工作面貌焕然一新,信访渠道更加畅通,接待受理更加热情,案件办理更加快捷,服务保障更加有力,受到了上级部门、基层单位和广大群众的好评。（王俊峰）

【“保稳定促和谐”百日竞赛活动】 2011 年 1 月 1 日起至 3 月 31 日,中原区集中开展“保稳定、促和谐”百日竞赛活动。活动的开展,使大多数信访突出问题和不稳定因素在基层得到化解，新排查出来的矛盾纠纷在基层得到妥善处理，重点不稳定人员在基层得到有效稳控，确保这一段时间内不发生非正常上访事件，不发生区以上集体上访、重复上访事件，不发生围堵党政机关、阻断公共交通设施的群体性事件。（王俊峰）

【区矛盾纠纷排查调解处理中心揭牌】 11月11日，中原区矛盾纠纷排查调解处理中心揭牌仪式隆重举行。揭牌仪式由区长王东亮主持。仪式上，区委书记王贵欣、中原工学院院长黄乾先后致辞，省信访局副局长周永华、区委书记王贵欣为中原区矛盾纠纷排查调解处理中心揭牌。省信访局联络处处长赵克，市委群工部部长、市信访局长葛震远，市信访局副局长杨爱玲等出席了揭牌仪式。

中原区矛盾纠纷排查调解处理中心是区委、区政府落实上级关于用群众工作统领信访工作总体要求的一项重大举措，也是全区群工信访工作者多年的理想和愿望，同时更是中原区人民群众热切关注、翘首以待的一项民心工程。中心建筑面积1000平方米，一层为联合接待大厅，二层为公共办公区。接待大厅共设立属地、政法、职能和三调联动4个接待窗口以及相应的接谈协调室，宽敞明亮的大厅配备电子显示屏和先进的监控、安保设备，并设有残疾人专用通道和卫生间。属地问题窗口和职能问题窗口分别由12个街道办事处和16个与群众生活关系紧密的职能委（局）进驻，采取单周轮流值班工作制度，负责登记、接待、协调、处理属地管理和职能范围内的信访事项；政法窗口和三调联动窗口由区政法委协调辖区4个公安派出所及检察院、法院、司法局和区法制办等部门，采取预约接待工作制度，受理涉法涉诉类案件，进行司法协调、人民协调、行政协调，每周三为集中受理日。联合接待节约了行政资源，减少了办事环节，维护了信访秩序，提高了服务水平，强化了群工信访部门参谋和助手作用，提高了工作绩效和服务质量，真正做到密切党群关系，促进社会和谐。

（王俊峰）

【信访基层基础建设】 2011年，中原区印发了《关于重申10项信访基本制度强化基层基础工作的通知》，对需要严格落实的信访受理、办理、复查、领导接访、领导下访、矛盾排查、非访处置、“一岗双责”领导责任制、网络建设、责任查究等10项信访工作相关制度、文件进行整理并进一步明确，并从8月1日起至10月31日，在全区集中开展为期3个月的“信访工作制度落实季”活动，要求全区各级各部门依据各项制度规定认真组织学习领会，抓好落实，要逐条逐项对照检查，及时查找不足和发现问题，全力整改和不断完善，夯实信访基层基础工作，建立健全制度化、规范化、程序化的信访工作体制、机制，严格依照程序规范处理、有效解决群众来信来访，确保各项信访工作制度得到贯彻、落到实处、见到成效。（王俊峰）

老干部工作

【概述】 2011年，中原区委老干部局始终坚持以邓小平理论、“三个代表”重要思想和党的十七大精神为指导，深入贯彻落实科学发展观，正确执行党的老干部政策，在确保老干部两项待遇落实、开展思想政治工作、为老干部亲情服务、组织老干部发挥作用、加强工作队伍建设等方面取得了新的发展，为中原区的改革发展稳定作出积极贡献。

（曹 蔚）

【全区老干部基本情况】 2011年年底，中原区有离休干部99人。其中享受地（厅）级待遇2人、县（处）级待遇43人、科级及以下待遇54人。归属中原区老干部局管理的易地安置离休干部4人。副县实职退休干部27人，正县待遇10人、副县待遇17人。（曹 蔚）

【老干部待遇落实】 区委老干部局始终把全面落实老干部的思想政治待遇作为重中之重，常抓不懈。一是以老干部党支部为阵地，加强老干部政治学习。坚持每季度组织一次全区离退休干部政治学习，认真征求老干部的意见和建议，有针对性地做好老干部的思想工作，使老干部能及时了解国际国内形势。二是全面落实老干部各项待遇。落实党中央、省、市关于做好老干部工作的指示精神，生活上照顾好老干部。“双节”前夕，区委老干部局走访慰问和看望生病离退休老干部30余人次；全区离休退休老干部办理2011年度老年乘车证121人;在广泛征求老干部意见的基础上,5月、10月,分别邀请了郑州市中医院专家,为全区老干部作了“老年养生保健知识讲座”,引导老干部科学保健,深受老同志欢迎;纪念建党90周年,按照中央、省、市要求,为全区99名离休干部办理增加一个月基本工资。 (曹 蔚)

【组织老干部活动】 2011年,区委老干部局组织全区离退休干部开展了文体、娱乐、参观活动4次。“七一”前夕,制定了建党月活动计划,为老同志安排了形式多样、内容丰富的活动,让老干部聚在一起进行沟通、交流、谈心,了解时事形势,愿为和谐社会作贡献。6月中旬为纪念中国共产党建党90周年,促进广大群众了解党史知识,进一步弘扬爱国主义精神,举办了纪念建党90周年的图片展活动。此次图片展共分3个篇章,以大量珍贵的历史图片、翔实的文字,生动展现了中国共产党发展壮大的光辉历程。图片展吸引了过往群众驻足观看,广大党员、干部、群众纷纷表示,要把党的光荣传统继续传承下去。 (曹 蔚)

【服务管理工作】 一是积极推进老干部服务的“四有两好”模式在社区的稳步发展。认真总结利用社区资源、做好离退休干部服务管理工作的新经验,积极推进社区“四就近”,使离退休干部就近学习、就近活动、就近得到关心照顾、就近发挥作用,并研究制定出适合辖区内各社区资源现状的制度和措施,推进“四有两好”模式。二是大力扶持试点单位,以点带面推动全区老干部工作的开展。通过摸底调研,在每个有条件的街道树立一个“四有两好”工作试点社区。调动社会各方力量,充分整合社区现有资源,因地制宜建设各种服务窗口,为社区居民尤其是为社区老年人和青少年做好服务。其中林山寨百花路社区、桐柏路街道风和日丽社区、建设路街道五一社区、三官庙街道中原一社区等12个社区,通过市局检查验收。 (曹 蔚)

【开展问需服务】 2011年,区委老干部局通过开展问需服务,了解老同志所盼、所需、所求,使老干部在就医用药、工资待遇、生活等方面遇到的问题得到进一步的理顺和解决。全年为多名老干部解答老干部政策、工资政策等相关问题40余件,为老干部办好事、实事50余件,看望生病住院或到家中慰问老干部68人次,使他们备感温暖。 (曹 蔚)

【离休干部“两费”落实】 区委老干部局根据市局的有关文件精神,排查区离休干部“两费”的落实情况,经过多方协调,全区改制破产企业离休干部的医疗统筹,已纳入区医保中心统一管理,保障了老干部看病就医无忧。 (曹 蔚)

【宣传调研】 2011年,区委老干部局撰写各类工作信息30余篇、调研文章2篇,分别被全国及省、市、区级新闻报刊采用信息8篇,得到区委、区政府和老干部的一致好评。 (曹 蔚)

【关工委工作】 一是围绕中心服务大局,扎实做好“创文”工作。严格按照《中原区未成年人思想道德建设工作测评项目责任分工》,认真做好2009~2011年各项工作的材料撰写、编辑和归档工作,及时足量完成上报任务,为创建文明城市贡献力量。

二是深入开展建党90周年教育实践活动。进一步加强对广大青少年的爱国主义教育,引导他们“学党史、颂党恩、跟党走”,“七一”前夕,分别在郑州市第六十九中、六十六中、八十中等多所学校举办“欢庆建党90周年系列图片展”,以图片的形式再现了中国共产党建设发展的光辉历程。

三是继续组织好报告团工作。区关工委专家报告团在配合市关工委报告团工作的基础上,着力提高报告质量和水平,针对青少年在学习、思想和生活上遇到的热点问题,存在的心理和生理问题,进行释疑解惑。同时,紧紧围绕建党90周年等内容,对青少年进行爱党、爱国、爱社会主义教育,增强民族自信心和自豪感。7月初,在建设路第三小学举行“小手拉大手、共创文明城”活动启动仪式,近500名学生及家长参加,并带头签名,收到了良好效果。报告团重点向农村学校倾斜,使农村的青少年也能享受到优质的教育资源。报告团先后到冯湾小学、罗砦小学、闫垌小学、石羊寺小学、郑州市第七十中和八十中等学校,作各类辅导报告14场,受到了学生、老师和家长的热烈欢迎。

(曹 蔚)

【帮扶社区】 全市第二批城区社区集中帮扶把二砂一社区列为市级重点帮扶社区，由市文物局和区委老干部局共同帮扶。帮扶工作队进驻社区后，通过深入社区调研、制定可行方案、扎实开展帮扶，得到群众的认可和好评。

一是及时开展“共树文明新风共建美好家园”系列活动。通过组织由社区居民、志愿者、爱心医护人员、帮扶组及社区工作人员参与的各项活动，大大丰富了社区群众生活，提高了居民素质。

二是筹措资金改善社区为民服务环境。两单位共投入资金2万余元，为社区配备了2台电脑、2台打印机、1台空调、1组办公桌椅和3组档案柜。

三是积极参与“创文”工作。印发“创文”宣传材料，号召社区居民以实际行动支持“创文”工作。组织志愿者集中对辖区内的小广告逐一清理。党建实践活动月，组织召开党员代表座谈会、重温入党誓词、同党员代表谈心等活动，不断推动社区党建工作再上新台阶。 （张 玲）

党 校

【概述】 2011年，中原区党校工作以邓小平理论和“三个代表”重要思想为指导，以科学发展观为统领，深入贯彻党的十七届六中全会和上级党校工作会议精神，紧紧围绕区委、区政府中心工作，立足实际，充分发挥职能作用，真抓实干，开拓进取，干部培训、函授教育等工作取得了显著成效。

（李 赛）

【干部培训】 2011年，区委党校举办全区入党积极分子培训班3期，培训学员307人。协助须水街道办事处、航海西路街道办事处、高新区教委和高新区石佛街道办事处等单位共举办入党积极分子培训班3期，培训学员350余人。协助中州大学举办入党积极分子上党课活动1期，培训学员200余人。协助郑州市财政局副科竞争上岗考试1次，协助区安全生产监督管理局培训6次，协助区妇幼保健所考试1次，协助区纪委、区人力资源和社会保障局、区信息数字化服务中心进行招聘考试和招录人员面试，协助区房屋征收与补偿办公室和部分单位招录人员考试、面试。 （李 赛）

【函授教育】 2011年，区委党校从四个方面严格管理，函授工作取得了新的进展。

一是狠抓函授招生工作。函授教育面临诸多压力，全体教职工克服了种种困难，2011年省委党校函授教育招生30人。二是提高教学管理。加大对教师备课讲课质量的监督力度，强调对学员的面授辅导针对性，让学员能有所收获。2009级中央党校函授法律本科班毕业工作已基本结束，共有80名学员顺利毕业。三是完善学员管理。首先对到课率严格要求，严格请销假制度，确保了学员到课率；其次狠抓了学员作业环节，要求学员必须认真做好每一科作业，并按规定及时上交作业。四是推进教学改革。按照全市党校系统改革会议的要求，探索性地对函授班次管理进行了改革，在成立班委会、临时学员党支部的基础上，有效利用QQ群、飞信群等建立学习平台，发挥网络在教育教学中的积极作用，起到了良好的效果。 （李 赛）

【教学科研】 一是申报省委党校课题5项，申报市社会科学调研课题1项。二是参加市委党校系统建党90周年理论研讨会，选送文章《中国共产党反腐败的历史经验及启示》获得三等奖，并获得单位优秀组织奖。三是在全市党校系统教学大赛中，区委党校教师的讲课深受好评。四是参加区委宣传部“我的红色记忆”建党90周年征文活动，报送征文9篇，论文2篇；学习“何平九论”系列政论文章，撰写心得体会9篇；学习杨善洲感人事迹，撰写心得体会9篇；学习李林森先进事迹，撰写心得体会9篇。五是《研讨与思考》已发行4期，共印发570份。 （李 赛）

【队伍建设】 一是思想政治建设进一步加强。区委党校坚持以邓小平理论和“三个代表”重要思想为指导，全面贯彻落实科学发展观，认真学习党的十七届六中全会精神，认真学习省第九次党代会文件和卢展工书记重要讲话，形成了团结向上、积极进取、团结和谐、奋发有为的氛围，全体教职工素质进一步提高，党支部的战斗堡垒作用和党员的先锋模范作用得到发挥。党校在长期工作实践中形成的坚持真理、淡泊名利、克己奉公、率先垂范、开拓创新、学而不厌、诲人不倦、精通业务等良好的职业道德和精神风貌，也得到进一步升华。

二是工作作风进一步转变。区委党校从五个方面提升素质和能力，即进一步巩固远大的共产主义理想和坚定的政治立场，进一步增强密切联系群众的优良作风，坚定辩证唯物主义的思想方法和工作方法，培养高尚的道德品质，增进胜任本职工作的专业知识和业务能力。通过开展创先争优活动、"党建活动月"活动、"创文"活动等一系列教育活动，建立了党员志愿者服务队，有效增强了教职工的凝聚力和战斗力，使党校的思想政治和组织优势得到进一步发挥。

三是反腐倡廉建设进一步深入。区委党校5人次参加了区纪委关于组织纪念建党90周年反腐倡廉知识竞赛，获得较好成绩，增进了对纪检监察工作历史、反腐倡廉理论政策和有关党纪条规的认识，进一步推进党风廉政建设和反腐败工作。同时，全体人员认真学习贯彻了区纪委九届六次全会精神，通过深入扎实的学习，促使党员领导干部进一步强化廉政意识，责任意识，严于律己，自觉抵制拜金主义、享乐主义和极端个人主义等腐朽落后思想的侵蚀，不断筑牢思想防线。区委党校将反腐倡廉建设内容纳入区党员干部教育培训规划，继续开展好法律法规宣传教育，丰富教学方式，增强教学效果。 （李　赛）

目标管理

【概述】 2011年，中原区目标考评工作依据市委、市政府绩效考核工作，完善目标考核办法，细化量化各单位目标任务，深入开展重点工作评优评差擂台赛，强化督查机制，严格奖惩，充分调动了全区上下的工作积极性。 （张　玮）

【目标考评全区各单位2010年度工作】 按照《中原区委、区政府关于印发2010年跨越式发展工作任务的通知》和《中原区2010年目标考核办法》内容，于2010年12月28日至2011年1月5日，由区目标办组织12个牵头部门、133名工作人员，组成7个考核组，分别由7名区委常委领导带队，对镇（街道）组和区直部门组的60个目标责任单位进行了"一站式"综合目标考核。及时准确地向区委、区政府报告了2010年目标考核情况，提出了考评结果及奖惩建议，顺利获得通过。 （张　玮）

【筹备跨越式发展表彰暨动员大会】 区目标办会同区委办、区政府办，认真组织筹备中原区跨越式发展2010年度总结表彰暨2011年工作动员大会。为大会起草印发了区委、区政府《关于表彰2010年度跨越式发展工作目标考核先进单位和先进个人的决定》《关于表彰2010年度为中原区经济发展作出突出贡献的企事业单位的决定》《关于为在2010年度跨越式发展工作中作出突出贡献的个人记功的决定》等一系列6个文件。同时制定详细的大会筹备方案，认真组织，明确分工，全力做好会务工作，保证了大会的圆满召开。

3月26日上午，中原区跨越式发展2010年度总结表彰暨2011年工作动员大会在区机关北5楼会议室召开，大会全面总结了2010年跨越式发展的成绩和经验，安排部署了2011年的跨越式发展工作，对2010年度跨越式发展工作目标考核先进单位和先进个人进行了表彰，同时对郑州煤矿机械集团有限公司等85家为中原区经济发展作出突出贡献的企事业单位进行了表彰奖励。会上，区目标办荣获中原区2010年度跨越式发展目标考核综合工作先进（金杯）单位、创先争优先进（二等奖）单位。 （张　玮）

【迎接市跨越办和市政府目标办考核】 区目标办根据《郑州市跨越式发展三年行动计划督查考核办法》及《督查考核细则》等有关要求，对中原区2010年跨越式发展工作目标任务完成情况进行了全面系统的总结盘点，逐项指标、逐个工程项目进行认真梳理自查，汇总迎检资料，准备迎检项目，为迎接市跨越式考核打下坚实基础。共整理出集汇报材料、工作台账、文字信息、宣传画册等内容全面、图文并茂的中原区2010年跨越式发展材料汇编一套5本，充分展示了中原区2010年跨越式发展工作取得的成绩，大大提高了迎检效果，得到市考核组和区领导的称赞。

在市政府2010年度政府责任目标完成情况考核工作中，区目标办积极组织协调，完成了《郑州市中原区人民政府2010年度责任目标完成情况汇报》，并协调各有关部门做好迎检工作，顺利通过市政府目标考核，荣获“郑州市人民政府2010年度完成责任目标优秀单位”称号。（张　玮）

【制定目标考核办法和跨越式发展任务】 区目标办在总结往年目标考核办法的基础上，结合当前实际，对中原区的跨越式发展工作目标、奖项设置、考核奖惩等深入调整完善，制定了《中原区2011年目标考核办法》《中原区2011年跨越式发展工作任务》。制定过程中，充分征求区领导、各街道、区直部门的意见和建议，对文件进行了进一步规范和完善，坚持重点环节突出，运行机制规范，做到目标责任明确具体，推进措施保障有力。（张　玮）

【制定中原区2011年度目标管理责任书】 区目标办根据《中原区2011年政府工作报告》要求，并结合市下达的跨越式发展相关目标任务和各单位主要职能工作，以经济社会发展目标为主，科学制定了《中原区2011年度目标管理责任书》。对每项工作任务，每一个重大工程（项目）进行细化、量化，并充分征求领导层及基层各方面的意见和建议，做到目标设置科学合理。最后由目标办认真审核，经区目标考评委审定，对全区64个目标管理责任单位签订了2011年度目标管理责任书，明确了各单位全年目标任务。（张　玮）

【强化督查机制】 区目标办建立健全督查制度，坚持明查与暗访相结合、专项督查与领导检查相结合、定期督查与随机督查相结合，促进工作开展。对重要指标、重点工作、重点项目，实行全面跟踪督查，及时掌握最新进展情况，编发督查专辑，并在区政府机关信息网、《每周中原》开设重点工作督查专辑和擂台赛专栏，在全区进行通报。全年编发督查专辑和擂台赛9期。坚持每月初组织人员对区招商引资重点项目进行实地督查，掌握第一手资料，把握进度，全年对招商引资重点项目进行了9次实地督查。（张　玮）

【开展重点工作评优评差擂台赛】 往年区目标办牵头对重点项目建设“四比两看一落实”活动、财政税收、发展开放型经济三项工作开展擂台赛活动，成效明显，促进了工作开展。2011年，区目标办继续扩大擂台赛活动范围，统一规范擂台赛活动程序和格式，对全区重点工作全部开展评优评差擂台赛，又先后将创建国家文明城市、市容环境卫生（城市管理整治提升活动）、社区“两店”建设、违法建设整治、安全生产、信访稳定等6项重点工作也纳入擂台赛活动，对“四比两看一落实”活动、财政税收、发展开放型经济、违法建设整治、安全生产等5项工作每月进行督查考评，对其他几项工作每周进行评比，并统一制成展板，在区机关办公大楼一楼大厅进行公布，充分调动了全区上下的工作积极性，营造了干事创业、竞争进取的浓厚工作氛围。（张　玮）

【报送跨越式发展信息】 2011年，区目标办对各街道、各局委进一步强调了《关于加强跨越式发展信息报送工作的通知》，再一次确定了各单位跨越式发展信息的收集范围与责任人，使跨越式发展信息工作进一步科学化、规范化，工作效率和质量得以保证。全年向市跨越式发展综合组和督查组上报信息480余篇。（张　玮）

【绩效考核】 绩效考核是市委、市政府2011年新建立的一套融目标、业绩、过错“三位一体”的政绩考核体系和奖惩机制。根据《郑州市县（市）区和市直单位绩效考核暂行办法》（2011年）精神和市绩效办工作安排，区目标办年初具体参与了《中原区2011年度工作目标草案》《中原区2011年度业绩目标草案》的制定和2011年绩效考核样本点上报工作，共制定经济社会各项工作目标6类51项，业绩目标3类12项，整理筛选绩效考核样本点12个，推荐上报5个。

参与市绩效办对中原区的考核迎检工作，12月组织区相关责任单位对市定55项目标任务进行了总结自查，并形成了《中原区2011年度责任目标完成情况自查报告》。（张　玮）

【召开前三季度目标运行情况分析会】 2011年9

月27日上午,中原区2011年前三季度目标运行情况分析会在建设路街道6楼会议室召开,各街道、郑州纺织产业园、郑州机械制造(加工)产业园和区财政局、区发展改革统计局等职能局委参加了会议。会议对前三季度目标运行情况进行了全面总结,对工作中的困难和相对滞后的目标进行了分析研究,并制定了相应措施。 (张 玮)

2012 中原区年鉴

ZHONG YUAN QU NIAN JIAN

纪检监察

廉政建设

【概述】 2011年,中原区纪检监察机关把服务保障中原经济区建设作为重大政治任务,摆上中心位置,持之以恒,着力推动科学发展,优化发展环境,保护改革创新,完善机制制度,转变干部作风,维护群众利益,为中原区经济社会发展提供坚强纪律保障。（李 颖）

【监督检查】 2011年,中原区纪检监察机关按照新修订的《关于实行党风廉政建设责任制的规定》要求,及时制定下发《2011年中原区党风廉政建设责任制工作意见》,强化各级各部门领导班子和领导干部的相关责任,结合领导人员变动情况,及时调整全区各级党风廉政建设责任制工作领导小组,确保每项任务和责任均能落到实处。各单位坚持以"三种机制"为抓手,进一步促使党风廉政建设责任制发挥龙头作用。一是建立健全民主测评机制,定期开展党风廉政建设情况、"一把手"履行责任制情况、牵头部门工作进展情况大督查,提高工作预见性;二是建立健全奖惩机制,把党风廉政建设责任制的执行情况作为领导班子和个人评先、奖惩、提拔、调整的重要依据,提高落实积极性;三是建立健全"一把手"责任机制,坚持对新任命和新提拔的领导干部进行廉政教育,对有不廉反映但核查不实的领导干部进行诫勉谈话,增强工作责任心。（李 颖）

【反腐倡廉宣传教育】 2011年,中原区纪检监察机关坚持教育在先、警示在先、预防在先,通过组织专题学习、开展警示教育、悬挂标语横幅、张贴通知公告等形式,引导广大党员、群众正确面对换届选举。广泛开展以"查风险、保廉洁、促发展、惠民生"为主题的岗位廉政教育,突出围绕领导岗位、中层岗位、其他岗位三个层面查找岗位职责潜在的廉政风险,共梳理出14个岗位17个廉政风险点,针对排查出的问题及时制定防控措施。切实做好反腐倡廉宣传报道各项工作,全年编发宣传稿件173篇,撰写高质量调研报告11篇,其中中纪委采用12篇,省纪委、省级媒体采用24篇,市纪委、市级媒体采用22篇。加大廉政文化"六进"示范点的培育力度,结合绘画、书法和墙体平台打造特色廉政文化长廊5个,廉政文化"六进"示范点4个,免费向基层发放廉政书籍2000余册,廉政电教片100余套。（李 颖）

【廉洁自律】 2011年,中原区纪检监察机关继续深入推进贯彻落实《廉政准则》工作。要求全区党员领导干部把贯彻执行《廉政准则》要求作为廉洁自律工作首要任务,定期对照"8项禁止52条不准"进行自查自纠,并撰写自查报告。加强公务用车监管。成立区公务用车专项治理工作领导小组,不仅对全区公务用车情况进行彻底的排查和统计,并将数据整理汇总后建立公车动态数据库,实现公务用车动态监管,还在重大节日期间及时对公车进行封存,2011年共封存公务用车434辆。充分发挥廉政风险防范和提醒作用。打造廉政"教育、监管"双平台(廉政教育网络短信平台、廉政电子档案监管平台),通过廉政电子档案监管平台实现领导干部廉政信息动态管理。此外,全年召开重大节日廉政谈话会2次,受教育干部700余人次;开展领导干部任前廉政谈话67人次,开展"一把手"讲廉政党课5次,受教育775人次。认真落实干部责任追究制度,2010年至2011年底,对20余名科级干部实施责任追究;坚持落实经济责任审计制度,离任干部经济责任审计24人(次);制定出台《中原区机关工作人员禁止工作日午餐饮酒实施细则》,并对贯彻落实情况进行定期督查;严格执行《中原区外出学习(考察)审批备案制度》,共审核备案省外学习、考察203批(次)2205人(次),核减31批(次),节约经费近45万元。（李 颖）

【农村基层党风廉政建设】 2011年,中原区纪检监察机关认真贯彻落实《农村基层党员干部廉洁履行职责若干规定(试行)》要求,继续深化"四议两公开两代理一监督”工作机制，杜绝贿选行为，从区纪委到参选人实行“四级”责任承诺制，层层签订承诺书。巩固和完善农村集体“三资”监管网络，实行一个中心运行（即街道“三资”委托代理服务中心有序运行）、两个平台监控（即区纪委农村党风室、街道“三资”管理软件网络监控系统实时监控）、三个关口监督（即联户代表、组监督员、村监委会成员多层次监督）、四项制度把关（即坚持预算制、重大事项申报制、招投标制、考核激励制）。利用“三资”监管平台纠正不符合规定事项84件、不规范票据1113张，不符合规定资金232万元，拒付不合理开支70万元，规范经济合同349份。按照“精选标杆设好‘点’”的原则，投资50多万元着力打造了航海西路街道“三资”代理服务中心和桐柏路街道便民服务中心两个基层示范点，通过建立廉政图书专柜、廉政电教室等形式积极整合基层党风廉政教育、廉政文化活动、村务公开等资源。全区已建立街道便民服务中心14个，行政村（社区）为民服务代理点132个，拥有工作人员244名。另外，多举措办好《村情民意》小报，不仅有利于架起干群“连心桥”，同时也对村务、党务、财务公开起到了“助推器”的作用。（李　颖）

监督监察

【纠风治乱】 2011年，中原区纪检监察机关深入开展专项治理和纠风治乱，不仅对教育乱收费、医药购销不正之风、食品安全监管、工程建设领域突出问题、土地违法、安全事故等群众关注的热点问题进行专项督查治理。还针对群众反映强烈的企业违法排污问题展开专项检查，排查企业290家，关停违法排污企业8家。扎实开展违法用地、违法建筑专项整治，成立卫片执法检查领导小组，对不符合土地利用总体规划、非法占用耕地的建设项目，一律拆除复耕到位。对全区政府投资500万元以上工程建设项目、非政府投资房地产开发项目及非政府投资工业基本建设项目进行全面自查，未发现违规问题。全年参与政府采购监督612次，资金节约率19.56%。对辖区186个基层站（所）和窗口单位进行民主评议，并通过评议促使各基层站（所）服务质量、服务水平、服务态度得到提高。

（李　颖）

【案件查办】 2011年，中原区纪检监察机关按照“二十四字”办案要求（事实清楚、证据确凿、定性准确、处理恰当、手续完备、程序合法），严把案件质量关，强化案件查办的政治、经济、社会和法纪效果。2011年，全区纪检监察机关受理信访举报38件，初核转立案3件，自查21件，联办10件，向下批转7件。立案23件，其中自办案件15件、基层办案8件，截至年底已全部结案。立案案件中涉及乡科级干部的有8件21人，贪污贿赂类4件4人。

（李　颖）

【优化经济发展环境】 2011年，中原区制定下发《中原区委、区政府年度优化经济发展环境工作意见》，成立区优化经济发展环境工作领导小组，以区、街道、村（社区）三级协调分包机制、“5+4”推进机制和“四比两看一落实”评比制度，对区内的重点项目进行跟踪问效。全面推行村（居）务公开、扎实推进行政效能电子监察系统建设，切实提高政务服务水平。全年走访企业619家次，走访辖区窗口单位192家次，召开重点项目专题座谈会6次，协调会3次，解决企业困难11件。（李　颖）

【政风行风建设】 2011年，中原区加大行政问责力度、治懒治庸力度，制定下发《加强中原区机关作风建设的通知》和《中原区进一步规范办公电脑管理暂行规定》，组织对全区64家区直单位、12个街道和11个办事大厅（中心）的机关工作人员在岗状况、工作状况进行明察暗访，对检查中发现的3名违反工作纪律的工作人员作出严肃处理。

【队伍建设】 2011年，中原区纪检监察机关深入开展“队伍建设年”活动，以及“岗位大练兵、业务大竞赛、争当权威人”“两深三同四个一”“做党的忠诚卫士，当群众的贴心人”主题活动和“儿童图书日”爱心捐赠、岗位廉政风险排查、业务知识竞赛等特色活动。全区12个街道和31个区直纪委、纪检组分成4个“学习共建协作区”，由纪委常委任组长，各单位轮流每周主持学习活动。全年组织参加省纪委培训2批次，市纪委培训3批次，区纪委自行培训5批次，重点组织一批街道纪工委书记参加中纪委培训。通过实行纪委常委分包联系点制度，加强学习培训、以岗代训，成立学习小组，完善纪检监察工作周例会制度，进一步强化对全区纪检监察干部执纪执法能力的培养。

（李　颖）

人民代表大会

人大全会

【区十四届人大第六次会议】 2011年1月13日至15日，郑州市中原区第十四届人民代表大会第六次会议召开。出席会议代表200人，其中女代表26人、少数民族代表7人，编入各代表团的列席人员56人。组成须水镇、石佛镇、沟赵乡、航海西路街道、中原西路街道、林山寨街道、桐柏路街道、绿东村街道、棉纺路街道、三官庙街道、建设路街道、秦岭路街道、汝河路街道13个代表团。

1月13日下午，郑州市中原区第十四届人民代表大会第六次会议预备会议在区机关北5楼会议室举行。会议表决通过了大会议程（草案）；选举产生了大会主席团成员和大会秘书长；表决通过了计划、财政预算审查委员会和议案审查委员会名单（草案）；宣布各代表团正副团长名单。在主席团第一次会议上，推选了大会主席团常务主席；决定了大会日程、主席团会议日程、主席团成员分工值日名单、大会副秘书长名单；通过了代表议案审议处理的规定。

1月14日上午，大会在区机关北5楼会议室隆重开幕。会议听取了区长王东亮作的《政府工作报告》《中原区国民经济和社会发展第十二个五年规划纲要（草案）》（书面）、区发展改革和统计局局长樊志锋作的《关于中原区2010年国民经济和社会发展计划执行情况与2011年计划（草案）的报告》（书面）、区财政局局长孟金池作的《关于中原区2010年财政预算执行情况和2011年财政预算（草案）的报告》（书面）。随后，各代表团分别审议了“十二五”规划（草案）以及区政府、计划和财政3个工作报告；代表们写议案、建议、批评和意见。

1月15日上午，大会举行第二次全体会议，听取区人大常委会主任贾成义作的《中原区人大常委会工作报告》、区人民法院院长徐薇作的《中原区人民法院工作报告》和区人民检察院检察长李伟杰作的《中原区人民检察院工作报告》。随后，各代表团分别审议了区人大常委会、区人民法院和区人民检察院3个工作报告。

1月15日下午，大会举行第三次全体会议，会议以举手表决的方式，通过了中原区人民政府工作报告的决议、区国民经济和社会发展第十二个五年规划纲要（草案）、区2010年国民经济和社会发展计划执行情况与2011年计划（草案）及其报告的决议、区2010年财政预算执行情况和2011年财政预算（草案）及其报告的决议、区人大常委会工作报告的决议、区人民法院工作报告的决议以及区人民检察院工作报告的决议。并举行大会闭幕式。

（李　敏）

人大常委会议

【区十四届人大常委会第三十二次会议】 2011年1月6日，会议在区人大3楼会议室召开，区人大常委会主任贾成义主持会议，副主任何进平、周海立、张永国、李喜安、庄华、郭明立、靳爱菊、王建业、姚金玉和委员共24人出席了会议。

会议经过审议，决定任命王泰峰为中原区人民政府副区长，作出了关于召开区十四届人大六次会议的决定，审议通过了区十四届人大六次会议议程（草案）、区人大常委会工作报告（草案）、区十四届人大六次会议的有关事项和区十四届人大常委会代表资格审查委员会关于补选代表的代表资格的审查报告等有关事项。（李　敏）

【区十四届人大常委会第三十三次会议】 2011年1月12日，会议在区人大3楼会议室召开，区人大常委会主任贾成义主持会议，副主任何进平、周海立、张永国、李喜安、庄华、郭明立、靳爱菊、王建业、姚金玉和委员共23人出席了会议。

会议经过审议，决定接受周海立辞去中原区第十四届人民代表大会常务委员会副主任职务的请求。（李　敏）

【区十四届人大常委会第三十四次会议】 2011年3月10日上午，会议在区人大3楼会议室召开，区人大常委会主任贾成义主持会议，副主任何进平、张永国、李喜安、庄华、郭明立、靳爱菊、王建业和委员共23人出席了会议。区政府副区长陈春梅，区政协副主席黄乃林，区法院院长徐薇、区检察院检察长李伟杰，以及须水镇人大主席团、各街道人大工委和区政府相关部门负责人列席了会议。

会议先后听取、审议并表决通过了《中原区人大常委会工作评议暂行办法(修改稿)》,以及区环境保护局、区房产管理局、区人口和计划生育委员会、区国税局、区地税局和区教育体育局的工作评议报告。 (李 敏)

【区十四届人大常委会第三十五次会议】 2011 年 4 月 27 日下午,会议在区人大 3 楼会议室召开,区人大常委会主任贾成义主持会议,副主任何进平、张永国、李喜安、庄华、王建业、姚金玉和委员共 18 人出席了会议。

会议听取并审议了代表资格审查委员会主任委员李喜安所作的关于暂时停止宋永生执行中原区第十四届人民代表大会代表职务的情况说明;作出关于暂时停止宋永生执行中原区第十四届人民代表大会代表职务的决定。 (李 敏)

【区十四届人大常委会第三十六次会议】 2011 年 5 月 25 日上午,会议在区人大 3 楼会议室召开,区人大常委会主任贾成义主持会议,副主任何进平、张永国、李喜安、庄华、郭明立、靳爱菊、王建业、姚金玉和委员共 19 人出席了会议。区委常委、区政府副区长袁聚平,区政协副主席钟文明,区法院院长徐薇,区检察院有关领导,各街道人大工委主任和区政府相关部门负责人列席了会议。

会议经过审议,通过了关于接受王晓伍、孙玉忠辞去中原区第十四届人民代表大会常务委员会委员职务的决议和关于补选代表的代表资格的审查报告;以无记名投票的方式表决通过了人大、政府和法院有关人员的任免事项,并向被任命人员颁发了任命书。

会议听取、审议并以电子表决的方式通过了区人大常委会《关于加强跟踪监督提高监督实效的暂行办法(草案)》《预算审查监督暂行办法(草案)》,区政府关于对中原区南水北调征迁和居民安置工作情况的汇报以及中原区 2011 年政府投资项目情况的报告,区财政局、区审计局和区文化旅游局的工作评议报告,关于对郑州市公安局交巡警支队二大队贯彻执行《河南省道路交通安全条例》情况的报告以及执法检查报告。 (李 敏)

【区十四届人大常委会第三十七次会议】 2011 年 6 月 20 日下午,会议在区人大 3 楼会议室召开,区人大常委会主任贾成义主持会议,副主任何进平、张永国、李喜安、庄华、郭明立、靳爱菊、王建业、姚金玉和委员共 19 人出席了会议。区人大常委会党组书记陈纪忠、副书记李玉卿列席会议。

会议经过审议,接受了陈宏伟辞去中原区人民政府副区长职务的请求;以无记名投票的方式,表决通过并任命徐卫东为中原区人民政府副区长。

(李 敏)

【区十四届人大常委会第三十八次会议】 2011 年 6 月 24 日上午,会议在区人大 3 楼会议室召开,区人大常委会主任贾成义主持会议,副主任张永国、李喜安、庄华、郭明立、靳爱菊、王建业、姚金玉和委员共 17 人出席了会议。区人大常委会党组书记陈纪忠列席会议。

会议以无记名投票的方式,表决通过并任命蒋剑茹、陈耀宗为中原区人民政府副区长。

贾成义代表区人大常委会对两位同志到中原区工作表示热烈欢迎,并殷切寄语,希望他们在今后的工作中,牢固树立大局意识,不负众托,认真行使好党和人民赋予的权力,在区委的领导下,团结区政府一班人,以求真务实、开拓创新的工作作风,以高度的政治责任感和使命感,切实担负起推动中原区经济社会发展和维护社会稳定的重任,为中原区经济社会发展新跨越作出更大的贡献。

(李 敏)

【区十四届人大常委会第三十九次会议】 2011 年 7 月 15 日上午,会议在区人大 3 楼会议室召开,区人大常委会主任贾成义主持会议,副主任何进平、张永国、李喜安、庄华、郭明立、靳爱菊和委员共 19 人出席了会议。区人大常委会党组书记陈纪忠,区委常委、区政府常务副区长袁聚平,区政协副主席张冠军,区法院院长徐薇,区检察院检察长李伟杰,各街道人大工委主任和区政府相关部门负责人列席了会议。

会议经过审议,接受了陈春梅辞去中原区人民政府副区长职务的请求;表决通过了关于中原区 2010 年区级预算执行情况和其他财政收支情况的审计工作报告、中原区 2010 年财政决算和 2011 年上半年财政预算执行情况的报告、中原区 2011 年上半年国民经济和社会发展计划执行情况的报告、中原区科技创新工作情况报告以及区检察院关于法律监督工作情况的报告。

会议要求区政府及有关部门要高度重视对审计查出问题的整改工作，尤其是对普遍存在并多次查出的问题和问题较多的部门要重点进行整改；并对区人大常委会财经工作委员会提出了限期向区人大常委会报告审计查出问题整改情况的说明，通过明确整改时限，进一步提高区政府及有关部门审计查出问题的整改工作，从而不断加强区人大常委会审计查出问题整改工作的跟踪监督力度。

为了进一步规范常委会的程序，维护会议的严肃性，提高常委会的会议质量，更好地行使人大的监督职责，会议印发了《关于对中原区人大常委会会议有关事项进行规范的意见》。 （李　敏）

【区十四届人大常委会第四十次会议】 2011年9月20日上午，会议在区人大3楼会议室召开，区人大常委会主任贾成义主持会议，副主任何进平、张永国、李喜安、庄华、郭明立、靳爱菊、王建业、姚金玉和委员共19人出席了会议。区人大常委会党组书记陈纪忠、党组副书记李玉卿，区委常委、区政府常务副区长袁聚平，区政府副区长王泰峰，区政协副主席苏振文，区法院院长徐薇，区政府党组成员樊立伟、李景川，以及各街道人大工委主任和区政府相关部门负责人列席了会议。

会议听取、审议并表决通过了区政府关于对区人大常委会作出决议决定及审议意见整改落实情况、提请批准常西湖城市生态公园建设项目资金贷款、还旧借新偿还2011年到期借款情况、代表建议办理情况、贯彻执行《中华人民共和国农业法》和《郑州市城市养犬管理条例》情况、提请批准旧城区棚户区改造征收计划以及区法院关于行政审判工作的报告。

会议以无记名投票的方式，表决通过了区检察院有关人员的任免事项。贾成义向被任命人员颁发了任命书，新任命人员进行了庄严的就职宣誓，并作了表态发言。贾成义希望被任命人员要倍加珍惜组织的信任，倍加珍惜人民的期盼，倍加珍惜肩负的责任，努力实践“三个代表”重要思想和科学发展观，牢记誓词、忠于职守，依法行政、扎实工作，以更加饱满的热情，更加高涨的干劲，更加扎实的作风，为建设法治中原、平安中原、和谐中原作出更大的贡献。 （李　敏）

【区十四届人大常委会第四十一次会议】 2011年10月18日上午，会议在区人大3楼会议室召开。区人大常委会主任贾成义主持会议，副主任何进平、张永国、李喜安、庄华、郭明立、靳爱菊、王建业、姚金玉和委员共20人出席了会议。

会议听取并审议了代表资格审查委员会主任委员李喜安所作的关于暂时停止陈贵林执行中原区第十四届人民代表大会代表职务的情况说明；作出了关于暂时停止陈贵林执行中原区第十四届人民代表大会代表职务的决定。 （李　敏）

【区十四届人大常委会第四十二次会议】 2011年11月22日上午，会议在区人大3楼会议室召开，区人大常委会主任贾成义主持会议，副主任何进平、张永国、李喜安、庄华、郭明立、靳爱菊、王建业、姚金玉和委员共21人出席了会议。区人大常委会党组书记陈纪忠、党组副书记李玉卿，区委常委、区政府常务副区长袁聚平，区政府副区长成小波，区政协副主席苏振文，区检察院检察长李伟杰，各街道人大工委主任和区政府相关部门负责人列席了会议。

会议经过审议，以无记名投票的方式表决通过了关于接受张智勇辞去中原区第十四届人民代表大会代表职务的报告。

会议听取、审议并以电子表决的方式通过了区政府关于2011年“十件实事”进展情况，调整中原区2011年财政支出预算，学前教育工作情况，区政府副区长成小波、区法院副院长陈宏图和薛勇以及区民政局局长刘专民工作情况的报告。（李　敏）

工作及活动

【人大代表视察】 2011年4月29日上午，区人大常委会副主任姚金玉带领由市、区两级人大代表组成的视察组，沿着中原区南水北调主干渠施工通道实地查看了征迁安置工作。

6月23日上午，区人大常委会党组副书记、副主任何进平带领部分常委会委员和市、区两级人大代表，对区检察院法律监督工作开展情况进行视察。

6月28日上午，区人大常委会主任党组副书记、副主任何进平带领部分市、区人大代表，到辖区内的社区、商场、市场，就创建全国文明城市工作进行视察。代表们实地查看了社区硬件设施配备、市场垃圾杂物清理、卫生死角消除、环境卫生整洁等情况。视察结束后，代表们就"创文"工作的进一步深入开展提出了实质性意见和建议。

6月30日上午，区人大常委会副主任庄华带领部分常委会委员和市、区两级人大代表，先后到河南惠众实业股份有限公司、郑州三华科技实业有限公司和河南长城信息技术有限公司，实地查看了中原区科技创新和科级成果转化情况，并听取了区科技局有关负责人关于中原区科技创新工作开展情况的汇报。

8月23日上午，区人大常委会党组副书记、副主任何进平带领部分常委会委员和市、区两级人大代表，对区法院行政审判工作开展情况进行视察。

8月25日，区人大常委会副主任李喜安带领部分市、区两级人大代表，对区政府就区十四届人大六次会议上代表所提建议的办理情况进行视察，区政府及各承办单位负责人陪同视察。

8月30日上午，区人大常委会副主任庄华带领部分区人大常委会委员和区人大代表，采取听取汇报、实地查看、座谈交流等形式，对区农村基层医疗卫生工作开展情况进行专题调研。调研组首先听取了区卫生局负责人有关农村基层医疗卫生工作情况的汇报，随后到桐树王村卫生所和须水卫生院等医疗卫生服务机构，详细了解农村基层医疗卫生设施运行情况，并与基层医疗卫生工作者和就诊患者热切交谈，仔细询问对新农合制度和国家基本药物制度的意见与建议，对医院的服务态度是否满意、医药费报销是否存在困难等。

10月19日上午，区人大常委会主任贾成义、副主任靳爱菊和市、区两级人大代表针对学前教育工作开展情况进行视察。

10月20日上午，区人大常委会组织省、市、区三级人大代表对区政府为民办的"十件实事"进展情况进行视察，视察组一行先后到万达广场、电缆一社区、华山路83号院、郑工社区、西流湖街道址刘村、郑州市第八十中学等地，查看压缩式垃圾中转站、社区便民店、居民楼改造、低保户生活保障和学校硬件设施配备情况。

11月10日，区人大常委会副主任李喜安带领部分常委会委员和市、区两级人大代表，对2011年区重点项目建设情况进行实地视察。（李　敏）

【领导调研与下访】 7月13日上午，区人大常委会主任贾成义到须水街道办事处调研，在听取办事处主要负责人的情况介绍后，贾成义查看了办事处的办事大厅、会议室及人大代表活动室的建设情况。

9月15日上午，区人大常委会主任贾成义到中原西路街道洛达庙村下访，听取了街道办事处主要负责人的情况介绍，实地查看了村容村貌，他对街道、村的工作给予了充分肯定。

11月16日下午，区人大常委会主任贾成义到中原西路街道洛达庙村下访，听取了街道办事处主要负责人对村级组织换届选举、安全生产和信访稳定工作的开展情况和下一步工作打算的汇报。

（李　敏）

【执法检查】 8月10日上午，区人大常委会副主任靳爱菊带领部分常委会委员和区人大代表，对中原区贯彻执行《农业法》情况进行执法检查。执法检查组首先听取了区农经委主要负责人对中原区贯彻执行《农业法》情况的汇报，重点了解当前工作中存在的困难和问题。随后，检查组一行深入田间地头，到铁炉村、马庄和桐树王村实地查看了富马种猪场、河南中贸养殖有限公司、马庄种子基地及农田水利管理灌溉工程。

8月29日，区人大常委会副主任王建业带领部分市、区人大代表，对区政府贯彻执行《郑州市城市养犬管理条例》情况进行执法检查。执法检查组首先听取了区政府有关部门负责人对中原区执行《郑州市城市养犬管理条例》情况的汇报，随后到煤仓北街（小俏皮宠物医院）办证点和月季公园进行了实地检查。（李　敏）

【承办十四城区人大工作研讨会】 全国十四城区人大工作研讨会第三十七次会议于2011年4月18日至22日在中原区召开。常委会本着"相互交流、共同提高、热情友好、节俭办会"的原则，热烈欢迎来自全国13个城区共76名人大常委会领导和相关人员。市人大常委会主任、党组书记白红战,区长王东亮应邀参加了会议并作重要讲话。与会各城区人大常委会紧紧围绕党委的中心工作和人大的根本任务,以党的十七大和十七届五中全会精神为指导,深入贯彻落实科学发展观,结合各自工作实际,认真总结交流各城区人大工作经验,探讨新形势下进一步发挥代表作用,加强监督工作,提高自身建设,推进中国特色社会主义民主法治建设进程的方法和途径。通过深入交流和热情接待,学习吸收各友好城区在开展人大工作方面好的经验和做法,达到了共同探讨、相互学习、共同交流、取长补短的目的。 (李 敏)

【听取审议专项工作报告】 2011年,中原区人大常委会召开11次会议,听取审议"一府两院"专项工作报告17项,提出审议意见17件;开展工作评议13项,提出评议意见13件;制定出台重大制度2项,作出重大决议、决定8项,组织视察14项(次)、调查研究4项(次),充分发挥了人大常委会的监督职能。

常委会听取和审议了区政府投资项目工作、南水北调征迁和居民安置工作、科技自主创新工作及区检察院法律监督工作4个专项工作报告,针对存在问题提出了切实可行的审议意见。针对中原区南水北调工作中存在被征地农民的生活保障需要予以解决,部分安置点安置方案还未出台以及部分群众在施工现场出现多起干扰施工现象等问题,建议区政府及有关部门要按照有关规定和政策,积极采取措施,认真做好失地农民生活保障工作;尽快出台切实可行的安置方案,确保大局稳定;加大执法力度,组织有关职能部门联合执法,对无理取闹、恶意阻挠施工的现象,从重从快处置,净化施工环境。在视察政府投资项目工作时,建议区政府及有关部门要继续强化措施,明确责任,加大力度,扎扎实实地推进重点项目建设,确保高质量、高水平地完成重点项目建设任务。

进一步推进监督工作的规范化和制度化建设,常委会在深入调研、广泛征求意见和充分论证的基础上,借鉴市人大常委会及各县(市)区经验做法,适时制定出台了《关于加强跟踪监督提高监督实效的暂行办法》和《中原区预算审查监督暂行办法》,这不仅是保证监督成果转化为工作实践的重要举措,还是新形势下监督工作方式和体系的积极创新和有效补充。 (李 敏)

【干部任免】 中原区人大常委会坚持党管干部原则和依法行使任免权的有机统一,进一步完善任免程序,做到既贯彻党委决策意图,又尊重和维护常委会依法任免干部的权威性。2011年,区人大常委会依法先后任免国家机关工作人员58人次,其中政府副区长4人,政府部门负责人12人,人大工委主任13人,法院工作人员18人,检察院工作人员11人,使"一府两院"工作人员得到及时有效配备,从组织上保证了地方国家机关的正常运转。同时,在召开不同类型座谈会、深入基层广泛征求意见的基础上,常委会组成评议组,分别对区房产管理局、环境保护局等10个政府部门及区政府1名副区长、区法院2名副院长的履职情况进行评议,促进了政府工作部门的作风转变,强化了对人大常委会任命干部的监督,收到了良好的社会效果。 (李 敏)

【督办代表议案和建议】 中原区人大常委会根据区十四届人大六次会议上代表提出的86件议案及建议,及时进行分类审理,召开交办、转办工作会议,提出明确要求,并通过开展专题调研、视察和向代表寄送征询意见表等形式,认真做好议案建议的督办工作。对反映比较突出的问题通过召开推动会集中督办,对代表高度关注的问题组织视察督办,对重点难点问题跟踪督办,对办理结果达不到代表要求的提出重新办理意见,进一步提高了办理效果。区政府对代表议案建议认真研究,积极采纳,努力将其转化为改进工作、促进发展的措施和成果。为确保办理质量,8月份,常委会组织议案建议领衔人和部分代表,对区政府办理工作进行视察,针对工作中的薄弱环节提出了整改建议;9月份又听取审议了区政府专项报告,提出了审议意见。通过扎实有效的工作,确保了代表议案建议在规定时限内全部办理完毕,并以书面形式答复代表,代表对办理结果的满意率和基本满意率达100%。 (李 敏)

【服务代表工作】 2011年,区人大常委会一是做好代表服务保障工作。坚持把提高代表履职能力作为发挥好代表作用的基础性工程，进一步拓展代表工作的内容和方式，改善代表履职条件。继续为代表订阅和寄送《中国人大》《人大建设》《人大代表信息专供》等刊物和学习资料，为代表依法履职提供保障。积极组织辖区人大代表参与市人大常委会纪念中国共产党建党90周年书画展活动。二是拓宽代表履职渠道。区人大常委会始终坚持运用与人民群众和人大代表联系密切的突出优势，充分发挥"一室一园一信箱"(街道人大代表活动室、社区人大工作园地、人大代表信箱)功能，开展经常性的检查与督促，促进代表活动的开展。坚持常委会年度工作计划征求代表意见制度，走群众路线，向全体代表征求意见和建议；广泛征集监督议题，自觉接受代表和群众的监督。坚持落实邀请代表列席常委会会议和组织代表开展专题调研、集中视察等工作制度，全区重点工作和常委会重要履职情况定期向代表通报，为代表更好地发挥管理国家和社会事务的作用，认真履行人民赋予的权力，提供了良好的平台，为代表知情知政、依法履职创造了条件。三是开展代表补选活动。为不断优化代表结构，保证人大代表工作的正常开展，在区人大常委会和街道党工委的指导下，从5月初开始在相关选区开始筹备代表补选工作，主管副主任及代表联络委主任亲自深入选区全程跟踪指导，要求各选区要严格执行法律程序，确保操作规范有序。5月中旬正式投票选举，补选区人大代表17名。

(李　敏)

【组织代表活动】　2011年，区人大常委会不断完善代表"塔式网络"，突出活动实效，围绕事关发展和民生热点问题，组织代表通过调研、视察、小组活动等形式，就城中村改造、轨道交通及重点工程建设等工作进行视察调研，形成调研报告，为区委、区政府决策提供参考。建立常委会组成人员联系代表、代表联系选民的"双联系"制度，坚持邀请代表列席常委会会议和轮流抽调基层代表参加常委会活动，增强了人大工作的透明度。5年接待区代表120余人次，组织开展代表活动60余项次，800余人次列席常委会会议或参加常委会组织的活动，促进了各级代表履职效果。(李　敏)

【参与区委中心工作】　2011年，区人大常委会坚持按照区委年度部署安排人大工作，围绕全区工作中心确定人大工作思路，切实做到工作部署上突出中心，工作方法上贴近中心，工作重点上紧扣中心，并根据区委的重点工作随时进行调整，围绕中心、围绕大局，主动配合和支持区委、区政府的中心工作。坚持每月向区委汇报一次工作，重大事项随时报告，听取区委意见，服从区委决定，维护区委的权威，确保在思想上、政治上、行动上与区委保持高度一致，形成步调一致、共谋发展的强大合力。同时，善于把区委的主张、意图通过法定程序变为全区人民的统一意志，并充分运用各种法定监督手段，保证得以贯彻落实。

自全市违法用地、违法建设集中整治活动开展以来，区委、区政府高度重视，区人大常委会领导按照区委统一部署，积极深入所分包的街道、社区(城中村)进行检查督导。3月30日，区人大常委会主任贾成义带领人大机关相关人员，实地视察分包的航海西路街道石羊寺村违法用地违法建设集中整治工作开展情况，要求包村领导要准确把握政策，掌握真实情况，执法人员要全力以赴、依法行政，村组干部要充分发挥作用，杜绝"人情工程"，确保专项整治工作不折不扣地落到实处。4月3日，区委书记王贵欣带领区四大班子主要领导及相关局(委、办)负责人，对常西湖区域的综合整治情况进行实地查看，区人大常委会建议区政府及有关部门继续加大对西流湖区域环境整治工作的重视和领导，充分发挥有关职能部门作用，同心协力做好综合整治工作。4月7日，区人大常委会主任贾成义到分包的航海西路街道石羊寺村，就常西湖污染源整治工作再次进行视察，督促相关部门要高度重视，实行日巡查、日上报制度，积极协调有关农户，以最快的速度清理完毕、停止排放，为做好郑州市创建全国文明城市工作贡献力量。6月28日，区人大常委会党组副书记、副主任何进平带领市、区两级人大代表先后到三官庙街道郑煤机社区、五一公园、中原商贸城、工人路农贸市场和绿东村街道桐柏社区，实地查看了社区硬件设施配备、市场垃圾杂物清理、卫生死角消除和环境卫生治理等情况，为"创文"工作的深入开展提出了实质性意见和建议，督促政府及相关部门要加大工作力度，强化工作措施，切实推动“创文”工作的深入开展。

（李　敏）

【信访工作】 2011年，区人大常委会根据分级负责、归口办理的原则，对受理的信访件进行登记、分类和转办、交办、督办，耐心细致地向上访群众宣传党的方针政策和国家法律法规。工作中，坚持热情接待每一位来访群众，认真办理每一封群众来信，做到件件有着落、事事有回音。加强与有关部门的协调沟通，保持信访渠道的畅通。

区人大常委会全年受理群众来信来访30件62人次，已全部办结，较好地维护了人民群众的合理诉求和切身利益。（李　敏）

【信息宣传】 2011年，区人大常委会紧扣人大工作重点，充分利用报纸、广播、电视、网络等新闻媒体，拓展宣传渠道，重点加强对区委的战略部署、“一府两院”依法行政、公正司法情况以及常委会履职活动的宣传，使人大监督与舆论监督紧密结合，全面展现了中原区人大工作的精神风貌。区人大常委会全年编发宣传刊物11期，向市级以上报纸、杂志、网络等新闻媒体发表稿件50余篇（条），被市以上新闻媒体采用近20篇（条）。区人大常委会连续5年被评为全省宣传人民代表大会制度先进单位。（李　敏）

【机关建设】 2011年，区人大常委会以机关作风与效能建设为抓手，努力打造决策科学、运转高效、作风优良、廉洁勤政、充满活力的地方国家权力机关。

一是切实加强思想政治建设。制定了《关于加强人大常委会建设的意见》，统一常委会组成人员的思想和行动。认真开展“创先争优”和解放思想大讨论活动，深入开展学习实践科学发展观和加快领导方式转变等实践活动，不断提高常委会组成人员和机关干部的政治意识、大局意识和责任意识。

二是切实加强业务能力建设。坚持走出去、请进来，多途径加大对人大系统干部的教育培训力度，积极参加全国、省、市的业务培训，邀请市人大领导和全国人大专家进行专题讲座，实行常委会领导轮流讲课制度，举办演讲会、讨论会，开展法律知识考试，调动机关干部学习的积极性，促进了学习型机关建设。

三是切实加强作风建设。坚持实事求是、讲求实效，把深入调研、掌握社情民意作为开展工作的前提，使依法履职的过程成为摸清民意、集中民智、解决民忧的过程。深入开展学习《廉政准则》活动，自觉接受监督，增强党员干部的学习意识、服务意识、大局意识和廉洁意识，树立了常委会清正廉洁的良好形象。（李　敏）

人民政府

区政府全局工作

【概述】 2011年是"十二五"规划的起步之年。面对复杂多变的经济形势,全区上下深入贯彻落实科学发展观,抢抓中原经济区、郑州都市区建设重大机遇,锐意进取、开拓创新,经济社会持续保持了平稳较快的发展态势。全区生产总值完成249.85亿元,同比增长10%,其中第三产业增加值完成142.84亿元,增长8.8%;财政一般预算收入完成18.6亿元,增长22.72%,增速位居市内5区第二;固定资产投资完成127.69亿元,增长28.3%,增速位居市内5区第一;工业增加值完成73.45亿元,增长16%;社会消费品零售总额完成134.28亿元,增长17.2%。城镇居民人均可支配收入达20168元,增长15.6%;农村居民人均纯收入达12598元,增长22.3%。招商引资及项目建设成效显著,荣获"2011年度全省对外开放工作先进单位"。 (黄治中)

【中原宜居商贸城建设】 2011年,区委、区政府按照"区委总揽、政府负责、园区为主、街道协作"的四位一体运作模式,成立了由区主要领导牵头的建设领导小组和指挥部,9名区领导具体负责,18个职能部门合力推进。立足"产城融合、以产兴城",确定了"四区一中心"("四区"即郑上路以北,依托郑州纺织服装产业园、锦艺·国际轻纺城,建设服装产业聚集区;规划中的陇海西路以北,依托中国家居CBD郑州产业园,建设家居物流商贸区;依托大中原国际汽贸城,建设汽贸服务区;沿南水北调运河和须水河,建设生态宜居区。"一中心"即沿中原西路,建设行政商务中心)功能布局,"五大板块"特色鲜明,优势明显。依托须水镇小城镇总体规划(2010—2020)的修编调整,编制完成了中原宜居商贸城总体规划;区域内已落实项目100多个,中国家居CBD郑州产业园、锦艺国际轻纺城、罗蒙服装生产基地、水业总部、国资工业园等一批支撑性项目有序推进,项目的控制性详细规划已获得市政府批准。其中,投资268亿元的中国家居CBD郑州产业园项目,一期用地问题已通过占补平衡得到解决,即将启动拆迁工作;投资50亿元的锦艺国际轻纺城已拆迁完毕,正在抓紧施工;投资100亿元的大中原国际汽贸城正在办理前期手续;投资10亿元的罗蒙服装生产基地项目,控制性详细规划编制已完成。桐树王、三王庄合村并城项目的控制性详细规划正在编制。 (黄治中)

【园区建设】 2011年,郑州纺织产业园,新入驻企业9家,新开工企业4家,累计入驻企业达41家、投产运营项目27个、完成投入60多亿元、开发面积近5平方公里。梧桐街建成通车,紫竹变电站土建工程完工,累计建成道路11条,一期路网基本形成。国家棉花质检中心综合楼投入使用;恒天重工新纺机土地已挂牌,联合厂房正在加紧建设;锦艺国际轻纺城拆迁基本完成,并开工建设。园区预计(下同)完成销售收入及交易额71.5亿元、固定资产投资10.2亿元、规模以上工业增加值2.5亿元。郑州机械制造(加工)产业园,调整后的总规得到市政府批准,罗蒙服装生产基地、大中原国际汽贸城、中晟智慧城等项目签约,争取上级扶持资金1291万元。园区完成企业营业收入57.8亿元,规模以上工业销售收入33.7亿元。 (黄治中)

【招商引资与项目建设】 深入开展"大招商",积极组织参加中博会、央企项目合作、豫港澳经贸交流及小分队赴粤招商等系列活动,全区新签约超亿元项目47个,其中超10亿元项目25个,计划总投资980多亿元。新引进外资企业1家,出口超千万美元企业达到5家;全区实际利用外资1.2亿美元,同比增长18.4%;合同利用外资5936万美元,增长84.5%;外贸出口额2.8亿美元,增长38.4%;国外经济合作合同额1.56亿美元,增长334.6%。强力推进项目建设,深入开展项目建设"四比两看一落实"活动,认真落实"5+4"项目推进机制,及时协调解决项目建设中遇到的各种问题,一批项目进展顺利。现代服务业长足发展,包含大型商圈、商业街等在内的商业网点布局规划初步完成,为今后发展指明了方向。特别是投资70亿元、集购物、餐饮、休闲、娱乐、住宅等为一体的大型商业综合体——中原万达广场盛大开业,单日客流量近40万人次,单日最高销售额达3000万元,成为中原区第三产业发展的一座里程碑,显著提升了郑州西部商业档次。秦岭路餐饮一条街等特色街区的集聚效应进一步凸显,大商、沃尔玛等大型连锁超市相继开业。非公经济对经济增长的贡献率达到40%，继续保持迅猛发展势头。

（黄治中）

中原区2011年省、市重点建设项目

重点项目(18个) 单位:万元

项目名称	建设规模及内容	总投资	2011年投资	2011年底形象进度
110千伏紫竹输变电工程(竣工)	变电容量12.6万千伏安,线路长度6.6公里	5425	1862	土建交付安装。
中国家居CBD郑州产业园(前期)	总占地2700亩,总建筑面积380万平方米。一期占地1000亩,建筑面积150万平方米,建设营销、商贸、物流中心	2680000	2300	控规已通过联审联批,已完成土地定界,土地组卷上报工作基本完成,待上报省国土资源厅批复。
郑州中原万达广场项目(续建)	总建筑面积53万平方米	270000	191900	1号、2号、3号、4号楼内粉全部完成;5号、6号楼内粉完成80%;地坪完成30%;涂料完成60%;外保温全部完成,铝合金门窗全部完成。7~10号楼竣工备案完成。SOHO东西塔楼工程已完工,即将进行消防验收,下一步进行竣工备案验收。
郑州市委党校新校区二期工程(开工)	总建筑面积2万平方米	7658	471	施工监理招标完成,正在办理开工手续。
郑州财经技师学院校建安项目(开工)	总建筑面积1.2万平方米	1738	1356.67	地上七层结顶,主体三四层砌体施工。
郑州市档案馆新馆(竣工)	总建筑面积2.4万平方米	12918	4190	楼外正在进行道路园林绿化,室外正在贴广场砖。
郑州市儿童福利院二期工程项目(开工)	总建筑面积1.97万平方米	5622	2639.47	1. 康复综合楼(1)已超额完成计划;因天冷粉刷暂不能施工。2. 康复综合楼(2)完成三层、四层、五层、六层砌墙。3. 家庭寄养楼完成六层、复式层主体施工,计划12月28日结顶。4. 康复综合楼(3)基础验收、基础柱及梁施工,现正在一层施工;12月底二层(共二层)结构封顶。
郑州市社会福利院改扩建项目(开工)	总建筑面积5万平方米	12000	55	初步设计已重新上报市发改委,待批复。
郑州市监狱警示教育及管教业务楼项目(开工)	总建筑面积0.9万平方米	2100	40	初步设计已完成,准备进行招标。
郑纺机新纺机项目(续建)	年产1.8万台套纺织机械设备	92000	24032	一联厂房钢结构完成80%,二联安装柱子完成80%,研发楼已经开工。
220千伏郑州桐柏输变电(前期)	变电容量48万千伏安,线路长度11.5公里	31660	0	站址待重新选定。

续表

项目名称	建设规模及内容	总投资	2011年投资	2011年底形象进度
郑州市老干部活动中心综合活动楼建设项目(开工)	总建筑面积3.9万平方米	12898	280	工程桩施工完成,施工总包招标12月28日开标。
郑州市第五十一中学教学综合楼(开工)	总建筑面积0.6万平方米	1088	30.96	建设工程规划许可证已拿到,政策性审图已结束。
罗蒙服装生产基地项目	年产西服100万套、男裤300万条、衬衣200万件	50000	0	市国土局已组卷,已上报省国土资源厅,待批复。
郑州金阳电气有限公司整体搬迁改造项目	年产变压器300万千伏安、发电机组7万兆瓦	54000	134	项目立项备案、环境评审、控制性详细规划、规划设计条件、占地补偿已完成,土地征收征用的各项材料准备已完成,耕地占补平衡指标已落实,已列入2011年度第四批次,正在等郑州市国土资源局配备土地计划指标。
机械工业第六设计研究院高科技信息园	主要建设智能化、热能空调节能技术、楼宇智能化及多媒体软件、环境工程控制、数控高新技术和重大装备等研发中心及国际学术信息交流中心,建筑面积15.8万平方米	100000	0	土地占补平衡指标已落实,市国土局已组卷,已列入2011年度第十八批次报省国土资源厅,待批复。
焦作隆丰皮草企业有限公司瑞驰有限公司毛皮深加工项目	年产1500万双高档毛皮休闲鞋、100万只高档女士手袋挎包、20万套高档毛皮和皮革服装	136000	0	已完成了项目的环评审批、控制性详细规划的批复、工商注册及国地税税务登记等手续,正在协调市、省土地局进行土地手续的办理事宜,11月底已将批次报卷报至省厅。
锦艺国际轻纺城	主要建设专业纺织品批发市场、综合商业、配套用房、现代仓储物流中心,建筑面积90万平方米(不含房地产开发)	500000	0	控规已批复,设计条件已完成,正在做土地征收工作,占补平衡指标已落实。
小计		3975107	229291.1	

【人居环境建设】 2011年,中原区城中村、旧城改造和合村并城工作稳步推进。成立了区村改办、旧城改办、合村办。有17个村纳入市改造计划,已拆迁并开工建设13个,开工总面积400多万平方米,李江沟、孙庄、闫垌北卧龙岗3个村被确定为政府主导拆迁安置模式的城中村改造试点。中原文化广场旧城改造项目,正在完善手续,拆迁即将启动。全区合村并城空间布局规划正在加紧编制,试点项目赵仙垌、桐树王控制性详细规划编制完成,修建性详细规划正在编制。注册资金1亿元的区城市开发建设投资有限公司成立,主导城中村、旧城改造、合村并城和商业地块开发运作。成立了区城乡改造办公室,整合资源,加快相关手续办理进度。

深入开展城乡创建。进一步巩固创卫成果,创造性地开展了"三创一做""四个一百"等特色创建活动,提高居民文明素质,为郑州成功创建全国文明城市作出了积极贡献。城市管理整治提升全面铺开。加快完善基础设施,"两环十五放射"快速路网及市域快速通道整治百日会战启动,神驰路、建安路建成通车,嵩岳路正在施工,修复病害道路25条1.2万平方米,郑上路天桥主体完工,投入1700万元集中改造了50个三类居民楼院,对门户小道、垃圾中转站等进行了全面梳理维护；加强街景市容综合整治，建设文化墙、文明墙1.5万平方米，粉刷清洗沿街建筑外立面3万平方米，铁艺栅栏1.3万平方米，整治门头牌匾和霓虹灯700多处；着力整治交通秩序，加大对各类占道经营的引导、规范和清理力度，同时采取开辟临时停车场、单位内部停车场错时对外开放、新建停车场等措施，努力缓解"停车难"问题，开辟4个临时停车场、提供停车泊位340个，挖掘社会单位停车位7121个，新建停车位2153个，有9个停车场在建；加大村容村貌整治力度，首批11个行政村已通过市里验收。

常西湖区域有效治理。坚持垃圾清理、排污治理、用地拆迁齐头并进，集中优势力量克难攻坚，用100天时间搬迁各类企业193家，拆除建筑28万平方米，清理垃圾约50万立方米，且没有引发一起不稳定事件，为常西湖城市生态公园建设创造了条件。同时投入资金5000万元，建设排污管网10.3公里、污水提升泵站2座，生态水系截污治理初见成效。

全力保障重点工程建设。南水北调工程征迁及居民安置进展顺利、桥梁及绕行路征迁加紧实施，航海路西三环立交桥拆迁基本完成，西四环绿化带建设一期完工、二期正在招标。加大违法建设宣传力度，建立有奖举报机制，全面实行网格化管理，有效遏制了违法建设势头。（黄治中）

【社会事业建设】 2011年，中原区以"十件实事"为重点，集中解决了一批事关群众切身利益的实际问题。全区新增城镇居民就业再就业21597人，下岗失业人员再就业13462人，农村劳动力转移就业1029人，均超额完成年度目标任务，"零就业"家庭始终保持动态为零。全年为1865户3805名城乡低保对象发放保障金973.2万元，农村五保对象集中供养率100%；为符合条件的5274户住房困难家庭发放廉租住房补贴1054万元，开工建设保障性住房2100多套。积极实施优质教育资源倍增工程，完成了郑州一中托管郑州三十六中、互助路小学托管西岗小学、郑上路小学托管须水六小，实现了伏牛路小学、伏牛路五小联合办学，锦艺小学主体完工，工人路小学正在基础施工，新增优质学位585个；中原区实验幼儿园、须水中心幼儿园开工建设。新型农村合作医疗参合率达99.5%，基本实现全覆盖；区公共卫生服务中心选址确定。打配安全饮水井7眼，解决了6000人的饮水安全问题。建成社区"两店"115家，农贸市场5个，蔬菜早市5家，方便了群众生活。大力推进"提高人口素质、提高家庭发展能力"工程，实施免费出生缺陷干预，人口出生率控制在7.75‰以内。群众文化生活进一步丰富，截至年底，全区共有社区文化活动中心55个、农村文化大院46个、农家书屋42个。

（黄治中）

【和谐社会建设】 2011年，中原区深入开展"四严一创"活动，严厉打击"两抢一盗"等违法犯罪行为，始终保持了对犯罪分子的高压态势，群众安全感进一步增强。加强社会管理创新，依托完善的监控网络，建立健全了社会治安防控网格化体系。重视信访工作，成立了区矛盾纠纷排查调解处理中心。严格实行领导干部接访、下访制度，认真落实"五位一体"工作法，深入开展"大排查、大梳理、大化解"，对重点案件实行专项综合治理，在特殊敏感时期坚持召开信访稳定党政联席例会，筛网式、逐一集中研究解决信访突出问题，一批久拖不决的不稳定因素得到了彻底化解，信访渠道进一步畅通。不断加大教育宣传和隐患排查治理力度，突出高层建筑、人员密集场所、危险化学品等重点领域的安全消防监管，安全生产工作持续加强。

（黄治中）

【服务型政府建设】 2011年，中原区坚持依法治区，广泛开展"五五"普法，公民法律意识和各级干部法治观念明显增强。深入开展学习实践科学发展观、"一竞双争"等学习教育活动，党员干部党性观念和推动科学发展能力进一步增强。自觉接受区人大及其常委会的法律监督、工作监督和区政协的民主监督，认真办理人大代表议案、建议和政协委员提案，代表、委员的满意和基本满意率100%。积极支持各民主党派、工商联、无党派人士参政议政，党委、群团组织的桥梁纽带作用有效发挥。继续深化行政审批制度改革，规范审批流程，所有审批项目均实现了"一门受理，集中办理，一站式服务"。区网上行政审批和行政效能电子监察系统建成投入运行。加强基层自治组织建设，完善基层民主管理制度，家庭联户代表制度和"4+2"工作法在全区推广,政务公开、村务公开逐步走向制度化、规范化。严格落实党风廉政建设责任制,加强审计监督,严肃查处违法违纪案件,反腐倡廉工作取得新成效。（黄治中）

【跨越式发展年度表彰大会】 2011年3月26日上午,中原区跨越式发展2010年度总结表彰暨2011年动员大会隆重召开。会议分两个阶段,第一阶段,组织相关部门、各街道党政主要负责人和区四大班子主要领导对中原万达广场、啟福尚都、领袖服饰、锦艺国际轻纺城等重点项目进行参观、考察、观摩;第二阶段,在区机关北5楼会议室召开大会。区副县级以上领导干部、各镇(街道)及区直部门负责人、部分企事业单位以及受表彰的先进个人等参加了会议。

区长王东亮讲话时对2010年中原区跨越式发展工作进行了总结,对2011年的跨越式发展工作进行安排部署。大会对2010年度跨越式发展工作目标考核先进单位和先进个人进行了表彰,同时对郑州煤矿机械集团有限公司等85家为中原区经济发展作出突出贡献的企事业单位给予了表彰奖励。部分街道、局(委)向区委、区政府递交目标责任书。

王东亮强调,2011年是实施"十二五"规划的开局之年,是中原经济区和郑州都市区建设的起步之年,也是郑州市新一轮跨越式发展的决胜之年。全区上下要抢抓中原经济区和郑州都市区建设的重大机遇,进一步增强发展的使命感和责任感,统一思想、明晰定位,埋头苦干、奋发有为,努力在跨越式发展上比高低、论英雄,真正把市委、市政府的决策部署落到实处,全面实现新一轮跨越式发展的决战决胜。经区委、区政府研究,2011年,中原区跨越式发展主要目标确定为:生产总值增长13%,达到268亿元;财政一般预算收入增长15%,达到17.43亿元;全社会固定资产投资增长30%,达到135亿元;规模以上工业增加值增长18%,达到82亿元;社会消费品零售总额增长18%,达到135.5亿元;城镇居民人均可支配收入增长11%,达到19365元;农民人均纯收入增长11%,达到11430元。2011年的重点工作:一要加快推进宜居商贸城建设。二要坚定不移抓好财税工作。三要推动园区建设提质增效。四要全力以赴抓好项目建设。五要加快发展繁荣第三产业。六要加大城乡建设管理力度。七要着力保障和改善民生。

区委书记王贵欣主持会议时作总结讲话,对2010年跨越式发展工作所取得的成绩给予了充分肯定,对2011年工作提出了七点希望:一是希望全区各级各部门、各级干部要进一步增强发展的紧迫感;二是希望全区各级各部门、各级干部要进一步明确工作的责任感,时刻牢记上级党委、政府和人民群众的期望、期盼;三是希望全区各级各部门、各级干部要进一步牢记"项目发展、项目建设是发展的核心、后劲和支柱",加快项目建设;四是希望全区各级各部门、各级干部要进一步加大宣传力度;五是希望全区各级各部门、各级干部要进一步强化安全生产、信访稳定的责任意识;六是希望全区各级各部门、各级干部要进一步转变工作作风;七是希望全区各级各部门、各级干部要牢记廉政建设。（黄治中）

【区政府常务会议】 2011年7月26日下午,区长王东亮在区政府5楼会议室主持召开区政府常务会议,专题研究安排绩效考核工作。

会上,区政府各位副区长、区政府党组成员分别介绍了分管工作上半年绩效考核情况,分析了存在的问题和不足,提出了下一步工作整改的措施和方案。

在听取发言后,王东亮指出,绩效考核是市委、市政府对各县(市)区经济社会发展水平的一项综合考核,各级各部门必须高度重视,针对薄弱环节,抓紧制定整改和提高措施,力争在全市取得好的成绩。一是区政府各位领导要进一步做好分管工作考核指标的监测和调控,紧紧围绕重点工作、重点任务,把握进度、明确对策,始终做到心中有数。二是区政府各位领导要坚持每月召开分管工作绩效考核评价会议,对当月工作进行总结、研究和分析,进一步明确工作中的差距和不足,明确在全市的定位,及时制定针对性的推进措施。三是加强沟通协调,通过经常的沟通协调,充分展示工作成绩,对工作中遇到的困难和问题求得各方面的理解和支持。四是办公室要做好信息的收集、汇总和上报工作,对推进难度较大的工作,要加大督导、指导的力度,确保工作顺利推进。五是进一步健全完善区绩效考核机构,充实工作力量,尽快研究出台区绩效考核办法，推动绩效考核工作有效开展。

针对信访稳定工作中存在的问题，王东亮强调，一是要把信访稳定工作的着力点放在解决问题上。二是要把信访稳定工作的着重点放在矛盾排查、重点人员稳控和问题现场处置上。三是要把信访稳定工作的着眼点放在接访、下访和矛盾调处上。四是要把信访稳定工作的着手点放在严厉打击和责任追究上。

王东亮特别强调，各级领导干部要切实注意工作的方式方法，善于抓重点，敢于攻难点，勇于创亮点，始终紧紧围绕区委、区政府中心工作和阶段性工作重点，加大攻坚克难的力度，加大沟通协调力度，加快建立完善各项工作长效机制，确保各项工作落实，确保整体工作走在全市的前列。

2011 年 4 月 2 日下午，在区政府 5 楼会议室，区政府常务(扩大)会议听取了关于须水镇总体规划(草案)的汇报。区政府党组各位成员、区直相关部门和相关街道负责人参加会议，并对规划(草案)提出了具体意见。 (黄治中)

【荣获全省对外开放先进单位】 在 2011 年 12 月 24 日下午召开的全省对外开放工作会议上，中原区荣获河南省人民政府“2011 年度全省对外开放工作先进单位”并受到表彰，成为全省 20 个对外开放工作先进县(市、区)之一。

2011 年，中原区认真贯彻落实省、市对外开放实现跨越式发展精神，全面实施开放带动战略，大力优化投资环境，完善落实对外开放招商引资政策，克难攻坚，全力推进。先后出台了《关于进一步加强招商引资工作的意见》《中原区 2011 年发展开放型经济工作考核办法》等政策措施，通过不断充实并更新招商引资项目库，建立专业化的招商引资信息平台，完善招商引资有关优惠政策和奖励办法；广泛开展专项招商、以商招商等多种形式的招商引资活动，积极参加省、市组织的外出招商活动，如中博会、厦洽会、东盟合作交流会等，充分采用“会前走出去，会中展形象，会后请进来”的方式以会招商；联系及邀请有意向的企业、客商来中原区考察，谋求合作，通过一系列有针对性招商，提前超额完成了对外开放工作各项主要经济指标。1 月至 11 月，全区实际利用外资 11290 万美元，占市定目标 11260 万美元的 100.3%，同比增长 10.6%，完成进度排名市内 6 区第三名；合同利用外资 5936 万美元，占市定目标 11050 万美元的 53.7%，同比增长 84.5%，完成进度排名市内 6 区第一名；全年新引进外资企业 1 家。外贸出口额完成 25957 万美元，占市定目标 27000 万美元的 96.1%，同比增长 32.1%，完成进度排名市内 6 区第二名，出口超百万美元的企业已增长到 23 家，出口超千万美元的企业已增长到 5 家，全区外向型企业队伍发展壮大至 200 多家，为今后外贸任务的完成奠定了良好的基础。国外经济合作完成合同额 15556 万美元，占市定目标 7500 万美元的 207.4%，同比增长 334.6%，完成进度排名市内 6 区第一名；完成营业额 11027 万美元，占市定目标 11000 万美元的 100.2%，同比增长 106.1%，同比增长排名市内 6 区第二名；境外投资额完成 3570 万美元，占市定目标 2800 万美元的 127.5%，完成进度排名市内 6 区第三名；外派人数 953 人次，占市定目标 900 人次的 105.9%，完成进度排名市内 6 区第二名。 (黄治中)

政府机关工作

【概述】 2011 年，区政府办公室在区委、区政府的正确领导下，坚持围绕中心、服务大局，认真履行综合协调、参谋助手、督促检查职能，大力开展“服务质量提升年”活动，全力推进整体工作上水平、创一流，较好地完成了各项工作任务。先后被市政府评为十件实事办理工作先进单位，督查工作先进单位，依法行政工作先进单位；被市人大办公厅、市政府办公厅、市政协办公厅评为人大代表建议、政协委员提案办理工作先进单位；被市政府办公厅评为政府文电工作先进单位，决策研究工作先进单位；信息工作名列全市前茅，进入全省先进行列；政府法制、电子政务、政府信息公开工作处于全市领先水平。 (黄治中)

【办文辅政】 一是紧扣区委、区政府发展思路和中心工作，高质量完成了区委区政府工作会、区人代会、区跨越式发展动员大会、区委全会等一系列大型会议，以及各分口会议领导讲话文稿和有关会议材料的起草工作，全年起草讲话 200 余篇、80 多万字。二是结合全区发展过程中的热点、难点和区领导指示，整理形成了《创新实施“六个一”，推动工作开好局》《信访稳定工作经验材料》等调研报告及经验材料，上报市委、市政府，及时反映全区工作动态，其中《着力保障和改善民生，持续提升民生质量》被市政府评为政府决策研究优秀成果。三是围绕一些突发、信访事件，在第一时间起草了“1·20”“3·15”事件，小岗刘群众上访、中原新城业主堵路等情况报告，及时向上级说明情况，求得理解和支持。四是针对全区工作中出现的新情况、新问题，及时制发文件进行规范管理。先后牵头起草了《进一步规范办公电脑管理暂行规定》《关于严格规范公务车辆交通行为的通知》和《关于进一步规范宣传制品的通知》等文件，有效地维护了机关形象。五是加强公文办理，努力提高公文处理工作的质量和效率。认真落实上级精简文件的要求，严格办文程序，做到能以明电形式下发的不以正式文件下发，能以电话、内网通知的不下发纸质文件，进一步压缩公文数量。认真执行新的公文处理标准，切实把好政策关、法律关、格式关，确保公文制发质量。同时，领导批示随到随转，定期梳理，提高收文流转速度。全年收各类公文2800余件，其中市政府各类文件911件，各类会议文件315件；发文552件，其中向市政府上报请示、报告62件；处理领导批示3600件，其中市领导批示件380余件，文电处理严谨高效，办理水平进一步提高。《关于将中原区孙庄村按照城中村改造项目编制控规的请示》一文被评为全市政府系统优秀公文。

（黄治中）

【信息调研】 2011年，区政府办公室根据领导的决策需求和各个阶段的工作重心及领导关注的热点、难点、疑点问题，坚持全员参与，全员抓信息，拓宽信息渠道，加强信息网络建设，在保证数量的基础上，提高信息服务质量和水平。全年编发《政府工作快报》93期，向省、市办公厅上报信息1160条，被省、市信息刊物采用139条，其中被省、市信息刊物专期刊发17期；上报《市长专报》信息42篇，被采用31篇。《中原区强力推进西流湖生态公园附属物拆迁工作取得阶段性成果》《郑州中原万达广场建设彰显郑州速度》《中原区以改善人居环境为抓手，着力推进三类居民区集中整治》《多措并举，强力推进，郑州中原万达广场将如期开业》等信息先后得到吴天君、赵建才、薛云伟、张建慧等省、市领导批示。

（黄治中）

【政务督查】 2011年，区政府办公室认真督促完成全局性工作。以省十项民生工程、市区十大实事、领导批示件、全年中心工作为督查重点，充实督查人员，强化督查措施，转变督查方式，认真办理领导批示及交办事项，全年共办理市领导批示件138件、区领导批示件148件，印发《中原政务督查》98期，下发督查通知单115份，有力地促进了违法建设整治、城市管理提升、生态水系截污等工作，使区委、区政府各项决策部署落到实处，确保政令畅通。督促解决群众反映的热点、难点问题。强化为民服务职能，努力协调解决群众反映的热点、难点问题，力求尽快把群众反映的实际问题解决到位。全年受理群众反映各类事项3894件次，其中，市长电话转办件336件次，网民通过市长信箱反映问题458件次，群众通过电话直接反映问题2304件次，通过区政府网站、区长信箱、部门信箱反映问题796件次，均按要求全部办理完毕，办结率100%，群众满意率100%。在郑州市市长电话室月度评比中，区长电话室多次荣获“十佳单位”称号。督促做好建议提案办理工作。坚持从规范办理程序入手，进一步强化办理责任，完善办理制度，人大建议、政协提案办理工作效率进一步提高。区政府收到各类建议、提案209件，其中市政协委员提案1件、区人大代表建议86件、区政协委员提案122件。截至2011年7月底，所有建议、提案全部办理完毕，办结率100%，代表、委员的满意和基本满意率达100%。

（黄治中）

【综合协调】 2011年，区政府办公室积极做好各种会议的安排、组织和服务工作。精简、合并、压缩不必要的会议，同时加强会议议题的协调把关，强化会议组织各个环节的服务，扎实做好区跨越式发展动员大会、区委区政府工作会议、城市管理整治提升动员大会等数十个全区性会议和各分口专业性会议的筹备和会务工作，使会议质量有了较大提高。进一步规范区政府常务会议流程，认真做好有关服务工作，全年召开常务会议18次。积极参与大型活动的筹备协调工作。先后参与中原万达广场开业、区十次党代会、中国共产党建党 90 华诞、迎新春文艺演出等大型活动的筹备工作，协调各方、承上启下，为活动的成功举办作出了重要贡献。积极参与一系列突发事件的处置工作。建立健全应急机制，强化保障措施，应急管理工作有序开展。全年协助处置“1·20”民房倒塌、“3·15”厂房倒塌等突发事件 5 起，做到了尽力减少损失，尽快挽回负面影响。（黄治中）

【队伍建设】 一是注重团结，班子建设不断加强。坚持民主集中制，实行重要事项集体讨论决定。加强班子团结，班子成员相互尊重、相互信任、相互支持，班子内部既有分工又有协作，营造了干事创业的良好氛围。二是强化服务理念，提升服务质量。坚持服务领导、服务基层、服务群众，大力开展“服务质量提升年”活动，引导全体同志强化服务意识、质量意识，使各项工作在原有基础上再进一步、再上一层，创一流、出精品，以实实在在的工作成效赢得领导、基层和群众的认可。三是规范机关管理，促进工作高效有序运转。坚持以制度管人，靠机制办事，规范机关内部管理，梳理完善了《中原区政府办公室工作规章制度汇编》，实现了办公室工作规范、有序。进一步调整科室设置和人员配备，明确工作职责，做到了责任到人、任务到人。强化激励机制，推行目标管理责任制，主任与副主任、副主任与科室负责人层层签订目标责任书，并将考核结果与评先创优挂钩，充分激发每位工作人员的工作热情。（黄治中）

人事管理

【概述】 2011 年，中原区人事管理工作深化事业单位人事制度改革，完善事业单位管理制度，大力加强专业技术人才和技能人才队伍建设，全面加强公务员队伍建设，深入推进工资收入分配制度改革，做好军转干部安置和解困工作，做好离退休人员待遇发放工作，确保社会稳定，促进全区经济快速健康发展。（马　原）

【事业单位人事改革】 2011 年，全区事业单位人事管理由身份管理逐步转换为岗位管理。首先，区教育和卫生两个专业技术人员比较集中的系统作为中原区事业单位科学设岗的前沿单位已基本完成设岗工作。6 月 1 日，区人力资源和社会保障局召集其他系统 139 家事业单位的主管领导和具体负责同志，在区青少年活动中心进行工作动员及业务培训，在各单位共同努力下，设岗工作基本完成。（马　原）

【人才引进】 2011 年，中原区加大人才引进的工作力度，主要涉及区教育系统、卫生系统、疾控中心、行政执法大队、城市房屋征收补偿办公室和新成立的须水、西流湖两个街道办事处。结合这些单位的缺岗情况以及工作性质，区人才引进工作除了面向社会公开招聘大中专毕业生之外，还面向区属自收自支事业人员以及大学生村官和下基层的高校毕业生进行招聘。全年完成 3 次招聘考试、2 次转编考试和 1 次临时人员招聘考试，其中，教师引进 93 名，疾控中心引进 5 名，城市房屋征收补偿办公室招聘 21 名，行政执法大队招聘 36 名，西流湖街道办事处招聘 20 名，须水街道办事处招聘 15 名；城市房屋征收补偿办公室和妇幼保健所完成了转编考试，原有工作人员通过考试转为全供编制；数字化指挥中心招聘 36 名临时聘任制工作人员。（马　原）

【职称评审】 2011 年，中原区有 153 人参加高、中级职称评审，其中高级 33 人、中级 120 人。组织经济、审计、统计、执业药师、职称外语等考试类职称报名 8 次，共有 623 名考生通过资格审查。（马　原）

【公务员管理】 2011 年，区人事管理部门对全区政府部门的 33 家公务员管理单位和 12 家参照公务员管理单位的编制状况、职数设置、职位管理情况，公务员个人信息等做了大量细致的摸排调查，澄清了全区公务员的各类底数，及时更新了公务员信息管理综合系统内容，并且重新印发《河南省公务员日常登记管理办法》，要求各单位于每月 20 日前将本单位公务员转任、调任、减少、职务变动情况及时上报，进行初审。各单位已将公务员日常登记管理工作列入工作计划。全年办理新参加工作人员转正定级手续 98 人。7 月份在全区部署开展郑州市“人民满意的公务员”和“人民满意的公务员集体”活动，并在全区公务员系统开展应知应会知识培训、业务提升培训，切实提高基本技能和专项业务水平。（马　原）

【干部离退休服务】 2011年，区人力资源和社会保障局按照市人力资源和社会保障局的安排部署，先后开展了2010年下半年机关事业单位72名退休人员增加薪级工资工作；对全区机关、事业单位工作人员亡故后享有遗属生活困难补助人员重新进行资格审查，截至年底，全区有146名继续享受生活困难补助，有8名经审查已去世或不符合领取条件被取消了资格，新增加享受遗属补助人员5人；全年办理102名区机关事业单位工作人员到龄后退休手续；认真开展医务鉴定和事业单位工伤认定工作，经市医务鉴定委员审定，3名离退休人员享受护理费待遇，4人办理因病退休(职)手续。（马　原）

【工资管理】 2011年，区人力资源和社会保障局完成工资正常晋级、晋档和增加薪级6000余人，按期完成对卫生和义务学校绩效工资的核算工作，完成2010年参加河南省郑州市工人技术等级考试合格证书的发放和工资调整工作，完成招聘人员、调动人员的工资审批工作，以及区部分在职人员的工资处理工作，组织360多名技术工人参加工人技术等级考试报名。（马　原）

依法行政

【概述】 中原区人民政府法制工作在区委、区政府的正确领导下，按照区政府依法行政工作各项要求，认真贯彻落实国务院《全面推进依法行政实施纲要》和《关于加强市县政府依法行政的决定》，采取多项措施，积极推行行政执法责任制和依法行政示范单位创建活动，为促进社会经济发展，构建和谐中原提供了良好的法制保障。（黄治中）

【推行行政执法责任制】 2011年，区政府法制办公室起草并下发了《中原区人民政府办公室关于进一步开展行政执法依据梳理工作的通知》和《中原区人民政府办公室关于进一步规范行政处罚裁量权工作的通知》，认真梳理行政执法依据，严格落实行政处罚裁量阶次制度，扎实开展文明执法、严格执法专项活动，对全区28个行政执法部门的行政执法依据进行了全面梳理与督查，坚持对12个街道办事处的依法行政工作进行指导，针对检查中发现的问题，及时向相关单位提出书面法制建议，促进依法行政水平不断提高。全年向市政府法制办备案行政执法案件14352件，其中行政许可417件、行政处罚392件、行政确认11648件、行政强制15件、行政征收15件、行政给付1865件，备案重大具体行政行为8件。积极开展文明执法教育活动，对全区537名行政执法人员进行了轮训，实现了时间、人员、内容、效果“四落实”。（黄治中）

【规范性文件审查备案】 2011年，区政府法制办公室严格落实对规范性文件和非规范性文件出台的审查把关制度，共审查以区政府及区政府办公室名义制发的规范性文件42件、非规范性文件419件，提出审查修改意见387条。同时，为确保抽象行政行为合法性，对有关征地拆迁和有关行政强制的规范性文件进行了认真清理，共审查清理区级规范性文件424件，审查政府有关部门和办事处规范性文件832件。（黄治中）

【行政复议和行政诉讼】 2011年，区政府法制办公室依法开展行政复议工作，进一步提高案件质量和办案水平。全年受理行政复议案件24件，已审结23件，行政复议案件直接纠错率17.4%，间接纠错率26.1%。切实做好区政府诉讼案件的应诉工作，全年收到诉讼应诉案件7件，其中行政案件4件、经济案件3件。（黄治中）

【服务行政决策】 2011年，区政府法制办公室积极为行政决策提供法制保障。坚持为重大行政决策服务，认真履行合法性审查职责，积极参与重大项目的引进和建设工作，对全区新签约的29个招商项目，按照区政府要求严格进行签约把关，提出修改意见和建议216条，确保各项决策和签约协议一开始就进入合法程序，防止和避免因行政决策不当引发风险。（黄治中）

行政审批服务

【概述】 2011 年，中原区行政审批服务工作深入贯彻落实科学发展观，按照“规范、高效、廉洁、为民”的服务宗旨，以落实和完善“一个窗口对外”“一条龙服务”的行政许可和审批工作机制为目标，以建设网上审批和行政效能电子监察系统为契机，强力推进“两集中、两到位”工作，完善并联审批、全程代办和绿色通道等机制，不断提升服务质量、优化内部审批流程，延伸服务领域，为全区新一轮经济跨越式发展提供了有力保障。 （黄治中）

【创新行政审批方式】 2011 年，中原区行政审批服务工作按照省、市《行政效能电子监察系统建设实施方案》要求，投入 453 万元高标准建设了网上审批和行政效能电子监察系统。网上审批和行政效能电子监察系统后期调试以及软件开发正在紧张施工中。 （黄治中）

【梳理行政许可项目】 2011 年，中原区行政审批服务工作按照市《行政效能电子监察系统建设实施方案》要求，制定下发了《关于报送行政审批事项流程梳理表的紧急通知》，对全区 28 个职能部门 127 项行政审批项目进行了梳理规范，做到所有上报的行政审批项目的名称、法律依据、申报材料、审批程序、收费各个环节清晰明了，为建设网上行政审批与行政电子监察系统夯实了基础。

（黄治中）

【行政审批服务制度改革】 2011 年，中原区行政审批服务工作大力推进“两集中、两到位”，对各部门行政审批职能整合、窗口进驻、项目入驻、人员入驻区审批服务中心工作做了进一步明确，基本实现了“一门受理，集中办理，一站式服务”。投资 24 万元高标准为审批中心配置了桌椅、档案柜等办公设施。中心办公场地由原来的一层调整为两层，办公面积扩大了一倍，并投资 8 万元对整个办公场地进行粉刷翻新，极大地方便了群众办事。构建三级便民服务网络，完善街道办事处和社区便民服务中心管理办法，规范了街道办事处和社区便民服务中心的职能和管理制度，细化了考核内容，要求按季度上报业务报表，区行政审批服务中心不定期对街道办事处和社区便民服务中心进行抽查。

（黄治中）

【服务企业】 2011 年，中原区行政审批服务工作认真落实首问负责制，实行窗口承诺服务制，大力推动并联审批，积极做好全程无偿代办工作，努力为企业和投资者提供良好的服务。继续巩固完善“首席代表”制度，督促考核首席代表按制度到岗履职，提高行政效率。 （黄治中）

【创先争优活动】 2011 年，中原区行政审批服务中心把工作重点放在倡导文明管理、优质服务、塑造良好形象上，文明创建氛围浓厚。一是设置宣传专栏，宣传刊登精神文明创建内容，每季度更新宣传内容。二是利用中心网站，收集整理创文相关知识和信息，及时进行更新，宣传创建文明城市的先进做法和经验。三是在中心设置咨询台，负责群众的咨询解答工作，同时宣传文明知识，劝阻不文明行为，维持大厅办事秩序有条不紊。四是认真开展窗口标准化建设工作。要求全体工作人员坚持统一着装、挂牌上岗、使用文明用语、实行全程微笑服务。 （黄治中）

优化经济发展环境

【概述】 2011 年，中原区优化经济发展环境工作紧紧围绕区委、区政府中心工作和跨越式发展工作任务，以打造政务优质高效软环境为重点，不断加大行政效能监察力度，提升效能，同时强化服务，营造了企业发展的良好投资环境。 （杨 檬）

【加强组织领导】 2011 年，中原区调整充实区优化经济发展环境工作领导小组，制定《中原区委、区政府年度优化经济发展环境工作意见》。区优化经济发展环境局协调督促各牵头部门认真完成优化工作任务；组织召开全区 17 个牵头部门优化经济发展环境工作会议，要求各责任单位做到年初有方案、年中有检查、年底有总结；对各牵头部门年初方案逐一把关，确保牵头部门工作开展。全年组织协调发展改革和统计局、财政局、组织部等牵头部门召开座谈会 11 次；查看有关资料，对牵头部门进行督导督查；与各室签订目标责任书，严格工作

考核,强化责任追究。（杨　檬）

【深化行政审批制度改革】　围绕行政机关行政审批、收费、处罚等施政情况,实施监控、预警纠错和绩效考评,协助纪委监察局建设行政效能电子监察系统。加强行政审批项目、行政事业性收费和经营服务性收费"三项清理"的后续监管,组织召开财政局、物价局等有关责任单位会议,进一步明确任务,落实责任,跟踪问效清理结果执行情况,确保取消、调整项目逐项落到实处,切实维护企业的合法权益。进一步加强各级服务中心建设,完善和落实服务承诺制度、首问负责制度、限期办结制度等42项内部管理制度,全力推行投资项目全程代办服务制,对在辖区投资50万元以上的企业,实行"全程无偿代理服务"。开展服务中心进基层活动,各街道全部建立了服务中心,136个村(社区)建立便民服务中心。（杨　檬）

【全面推进政务公开】　2011年,中原区把政务公开纳入年度目标,坚持最大化原则、实效原则、群众至上原则,做到经常性工作定期公开,阶段性工作逐步公开,临时性工作随时公开。对全区12个街道和46个行政村、105个社区全面实行村(居)务公开。同时,设立举报投诉热线,对各政务公开情况进行检查监督。2011年5月,区财政局、建设路街道办事处被省政府授予政务公开先进单位,区财政局还被省政府命名为政务公开示范点。（杨　檬）

【服务企业和投资者】　一是健全服务机制。对区内的中央投资项目、省市重点项目和区级重点项目进行跟踪问效,实行区、街道、村(社区)三级协调分包机制,实行"5+4"推进机制和"四比两看一落实"评比制度,确保重点项目早日开工建设,投产使用;完善健全了领导干部联系项目制度、解决问题台账制度、项目动态管理制度、督察考核制度等10项制度,确保中央投资项目早签约、签约项目早开工、开工项目早投产、投产项目早见效。区优化经济发展环境局会同区职能部门组织召开重点项目专题座谈会6次、协调会3次,及时协调解决了郑西高铁在施工中产生的与须水村民土地赔偿纠纷等问题,有效遏制了"乱作为""恶意阻工"等加重企业负担、损害软环境问题。向新增中央投资项目和重点服务企业派驻工作组,主动服务、快捷服务、优质服务、超前服务,帮助解决发展难题,努力形成零障碍、低成本、高效率的投资环境。

二是实施跟踪服务。按照街道属地管理的原则,把纳税大户、新落地大型企业、重点项目工程作为重点,年初制定全年走访企业服务计划,街道、各牵头部门每月汇报走访服务情况,全区定期进行讲评通报,实施动态管理。全年走访企业619家(次),走访辖区窗口单位192家(次),协调解决晶华城房地产项目工地强买强卖、九龙城房地产项目工地阻工扰工等问题11件。坚持每月28日参加个体劳协例会,倾听个体企业代表的发言,及时解决个体企业在经营中出现的矛盾和新情况、新问题,服务紧跟需求,为商户提供满意的优质服务。

三是整治企业周边治安环境。成立综合整治领导小组,明确近百名厂长(经理)为"企业周边治安环境"特邀监督员,征求各方意见,认真整改。全年受理各类涉企经济案件338起,逮捕71名,挽回经济损失15万元,有效地打击和遏制了企业周边的黑恶势力,达到了秩序好、企业满意的目标。（杨　檬）

【机关作风纪律监察】　按照《加强中原区机关作风建设的通知》《中原区进一步规范办公电脑管理暂行规定》以及区委、区政府、区纪委监察局有关要求,明确工作人员在工作时间禁止7种行为。区优化经济发展环境局组织对区行政审批中心以及劳动保障、婚姻登记、环卫收费、会计核算、社会保障、国税、地税等服务中心的作风纪律情况进行暗访和突击检查;联合区政府督查室、区纪委、区委组织、区信息中心,对各委局及街道办事处是否按要求将电脑主页设置为区政府网站,是否上班时间炒股、玩游戏、看电影等违纪行为进行了专项督查;组织对全区64家区直单位、12个街道和11个办事大厅(中心)的机关工作人员在岗状况、工作状况进行明察暗访,对检查中发现的3名违反工作纪律人员予以严肃处理。（杨　檬）

【重点建设工程监察】　区优化经济发展环境局及时联合区发展改革和统计局、财政局、卫生局等部门成立督查组,对2009年以来辖区15个中央投资项目、11个省级和10个市级重点建设项目,先后4次逐家进行走访,专项进行检查。联合区发展改革和统计局组织召开座谈会3次、协调会2次,解决2个问题,做到有问题及时发现、及时协调、及时解

决,对工作难点实行跟踪督促,采取有效措施将矛盾化解在萌芽状态,确保了重点项目良好的建设环境。 (杨 檬)

【案件查处】 2011年,区优化经济发展环境局通过查阅资料、走访座谈、现场查看等多种方式,对全区单位进行督查;充分发挥各级各部门举报电话、举报箱的作用,坚持24小时值班,对企业、群众的举报和投诉,做到有报必接、有接必查、有查必果。实行重大举报投诉领导包案制度、首问责任制度、限期办结制度、责任追究制度。全年通过举报受理、督查、明察暗访等方式,发现各类案件线索23起。其中立案11起,下发督办件7起,协调处理举报(投诉)6起,维护了企业合法权益,规范了政府人员言行,进一步提升了政府在人民群众心目中的形象。 (杨 檬)

【队伍建设】 一是以提高全局人员的政治理论、业务知识和综合素质为目的,扎实开展"四个一"活动,即要求全局人员每天浏览一次区政府门户网页,学习兄弟委局的经验做法,了解掌握全区工作动向;每周进行一次新闻时事播报,培养观察归纳总结能力,提高口才和演讲水平;每月读一本好书,写出心得体会文章,在全局会上进行学习交流,拓展知识面,丰富学习内涵;每月组织一次业务知识学习,定期进行业务知识测试。在方式上,轮流授课,全员点评,主要领导归纳讲评。在要求上,全员参与,无特殊情况不得请假。

二是扎实开展区纪检监察系统"队伍建设年"活动。按照《中原区纪检监察系统"队伍建设年"活动暨服务保障都市区建设工作方案》的通知要求,从2011年3月份开始,10月份结束,区优化经济发展环境局扎实开展以"爱岗位、强素质、正作风、作表率"为主题的纪检监察系统"队伍建设年"活动,较好地完成了"广泛动员、评先学先""查摆问题、分析评议""认真整改、切实提高""搞好总结、建章立制"四个阶段的活动任务。 (杨 檬)

【督导工作】 在创文工作中,区优化经济发展环境局抽出一名副局长负责"窗口单位"的督导组工作。5月至7月,坚持每周两天对林山寨、航海西路、中原西路和建设路4个街道的共123家窗口单位督导检查。7月至9月中旬,每天对4个街道至少6家窗口单位督导检查。每天的督查情况严格按照《省会窗口行业实地考察评分标准》打分,发现问题并督促整改。组织全局人员对建设路与华山路口现场维护交通秩序,直接参与分包路口的交通管理。

4月下旬,抽调一名班子成员和一名工作人员组成督导组,对辖区318幢24米以上高层建筑消防安全工作进行督导。 (杨 檬)

【宣传工作】 区优化经济发展环境局把宣传工作纳入各职能办公室责任目标,将全局的优化工作简报和在省市主要报刊刊发的新闻、区委《中原信息》、政府《工作快报》《每周中原》刊登的信息,分解到各科室,定任务、定奖惩、定期进行讲评。截至12月5日,编发优化工作简报25期,发表宣传稿件58篇。其中,省级媒体发表10篇,市级媒体发表9篇,《市政府快报》专期1篇,《中原信息》采用4篇,《政府快报》采用5篇,《每周中原》采用22篇。 (杨 檬)

【党务政务公开实施规范化管理】 一是建立公开事项登记备案制度。每月底,各单位将本月党务政务公开内容、公开范围、公开形式、公开时间、责任部门等事项录入统一的电子表格,并附以照片、视频等证明材料,于次月5日前报区党务政务公开办公室存档备案。二是建立公开情况监督检查制度。每个月对各单位党务政务公开情况暗访检查一次,每次检查均按照党务政务公开评价体系进行量化,作为各单位党风廉政建设平时检查考核成绩的基本数据之一。三是建立公开效果综合评价制度。年终在综合平时检查数据的基础上,采取随机问卷、内容测试、资料查证等方法,对党务政务公开效果做出综合评价,评价结果反馈给各责任单位及责任人,并作为评优评先、绩效考核的重要依据。

(郑 富)

【三大机制提高督查效能】 一是建立和完善"三位一体"的责任机制。建立健全党委抓总、办公部门协调、督查机构具体抓的"三位一体"责任机制。加强督促检查,及时准确地反映督查工作中发现的问题,向同级和上级反馈督查结果,形成抓落实的整体合力。二是建立健全科学规范的运行机制。结合工作实际,建立健全保证督查工作运行的各项工作机制:建立快捷迅速、急事急办、特事特办、快速反应、雷厉风行的高速督查运行机制;建立追根溯源，举一反三，放大督查成效的高效督查结果运行机制；坚持和完善发现问题，反映问题，推动问题解决的长效工作机制；建立高质量的督查工作程序机制；建立定期组织评优评差的竞争工作机制。三是建立健全督查结果反馈机制。开展督查工作查实情、求实效，把督查情况及时收集整理，进行分析，注重督查结果的反馈，保障督查结果反馈机制的正常运行。（郑　富）

信息管理

【电子政务建设】 2011年，中原区信息中心对全区电子政务内网进行了一次全面升级，将原有网络拓扑延伸至包括区教育系统在内的全区各单位各部门，并将网络核心设备进行全面更换。电子政务网络平台运行稳定、可靠，达到了预期目标，区大院机关、各街道、局委运行正常。切实加强区政务内网信息平台信息发布工作，全年发布信息2014条，其中机关信息网发布内部新闻信息748条，协同办公平台流转各类公文、简报1266份，及时向全区广大干部职工传达区委、区政府的决策部署。

（黄治中）

【政府门户网站建设】 2011年，中原区人民政府门户网站全年共对外发布信息6824条，及时向社会、公众公布区委、区政府的重大决策。区政府门户网站陆续开辟了“区长信箱”“ZYIC”“在线访谈”等互动栏目，搭建政府与网民互动交流的平台，并基本做到投诉有结果、处理有时限、建言有回音。（黄治中）

【视频会议系统管理】 2011年，中原区信息中心对区第一套视频会议系统进行了高清设备升级和改造，实现了所有视频会议室均使用高清信号进行传送，提高了视频会议质量。全年78场国家、省、市三级政务视频会议均圆满顺利召开。（黄治中）

【ZZIC工作】 2011年，中原区信息中心积极探索ZZIC（市媒体网络事项督办中心）工作管理模式，完善网络事项受理机制，建立了行之有效的网民诉求办理模式，及时将网络舆情转交相关部门办理，畅通了ZZIC办理渠道。全年受理ZZIC网络舆情告知单784件，办结753件，办结率96%。

（黄治中）

【政府信息公开】 2011年，中原区信息中心在区政府门户网站完善政府信息公开栏目设置，增加“社区管理”等栏目，扩大了政府信息公开范围。同时积极拓宽渠道，在社会公众办事较多的行政审批服务中心办事大厅、区档案馆等地方设立区政府信息查阅中心，配备电子触摸屏等设施，并积极组织政府各部门、街道办事处向市、区两级档案馆报送政府信息，进一步丰富了查阅中心信息库。主动搜集新生成信息，严格保密审查，按时公布政府工作报告、国民经济和社会发展规划、财政预算决算报告等，确保应主动公开政府信息的安全性、准确性和时效性。全年公开各类政府信息4500多条，仅通过门户网站主动公开政府信息2400多条，按要求向市政府信息查阅中心上报已公开政府信息2200多条。（黄治中）

机关事务管理

【概述】 2011年，中原区区直机关事务管理工作以“优质服务、优良作风、优美环境和做机关满意的事务管理部门”为工作目标，以管理科学化、保障法制化、服务社会化为工作标准，群策群力、开拓创新，扎实推进机关事务各项工作的顺利开展。

（张放达）

【公共机构节能减排】 2011年，中原区认真贯彻落实“十二五”公共机构节能规划相关政策，全面推进区公共机构节能工作，各项能耗与2010年同期相比，水、电、油人均指标分别下降2.8%、4.2%、3.5%。

一是强化职能作用，完善工作机制。及时调整中原区公共机构节能减排工作领导小组成员名单，与全区65个公共机构签订了《2011年公共机构节能工作目标责任书》，先后印发了《中原区2011年公共机构节能减排工作重点》《2011年中原区公共机构节能减排能源资源消耗统计实施方案的通知》等5个文件。对全区公共机构节能减排阶段性工作进行安排部署，要求各单位根据自身实际情况制定相应节能工作实施方案，明确工作职责，研究部署本单位节能工作。建立健全目标考核奖惩制度，建立节能联络员制度，使公共机构节能工作不断走向常态化、制度化。

二是强化节能意识，营造良好氛围。开展“节能我行动、低碳新生活”为主题的“节能宣传月”活动和“能源紧缺体验日”活动，增强全区广大干部职工的节能意识。活动中，在5个办公区内悬挂宣传条幅6条，制作节能展板2块，发放能源紧缺体验日公务用车封条300余份，并在机关大院主楼1～12楼电梯等候间及各办公区张贴节能宣传画40余份；刊登节能信息5篇，其中省级2篇、市级1篇、区级2篇。区公共机构节能办通过对全区节能联络员层层选拔，组织一支综合素质硬、业务知识强的代表队于4月份参加郑州市公共机构节能知识竞赛活动，并取得优秀组织奖。在能源紧缺体验日活动当天，6层以下电梯停开，关闭办公场所空调及办公照明设施，关闭夜景照明灯，对全区公共机构公务用车发放308张封条，领导带头行动，倡导绿色出行。

三是强化基础工作，加大监管力度。推广使用LED节能灯、温控感应灯；严格执行室内空调温度设置夏季不得低于26摄氏度、冬季不得高于20摄氏度、开空调不开窗的规定；白天尽量采用自然光，办公室在白天气候晴朗时做到不开灯；做到人走灯熄，公共区域的照明逐步使用延时开关和感应开关；尽量减少计算机、打印机、复印机等办公设备的待机耗电，下班前关闭饮水机、电脑和其他用电设备；通过更换新型节水设备和加强用水设备维护管理，杜绝跑、冒、漏、滴和长流水现象；加强公务用车的日常管理，各单位严格执行公务车每周停开一天制度，同时倡导干部职工尽量选择乘坐公共交通工具、骑车或步行上下班。利用网络资源，推进电子政务，充分利用公文传输系统，减少纸张浪费；提倡双面用纸，降低纸张消耗，减少重复打印、复印的次数；减少使用一次性笔，鼓励使用钢笔。

四是突出改造亮点，展示节能成果。9月初，中原区代表郑州市在全国机关事务工作协会学习贯彻“十二五”规划培训班公共机构节能现场观摩会上，以幻灯片结合讲解员详细讲解的形式，将中原区在节能工作方面的新方式方法、新技术及新理念和建筑节能新成果向与会人员展示。（张放达）

【国有资产管理】 2011年，区直机关事务管理局贯彻落实《河南省行政事业单位国有资产管理办法》，进一步完善《中原区机关单位国有资产管理制度》，做好行政事业单位资产管理信息系统台账和登记、存放及核销等工作。合理调配现有办公资源，在办公用房调查管理上重点突出“合理、优化、高效”原则。一是完善管理制度。制定《中原区区直机关通用资产管理办法》《中原区区直机关办公用房使用标准》《中原区区直办公用房修缮管理办法》及《关于进一步加强区办公用房管理的通知》等制度。二是出台调整方案。工作人员认真走访办公区，统计了51家区直单位办公用房，共计878间建筑面积约41846平方米。三是把握工作进度。确定办公用房调整方案后，工作人员联系涉及调房单位及时搬迁，农经委（2间）、科协（2间）、地方志（4间）、防化营（1间）已搬迁完毕，宣传部未搬迁，10楼办公用房整修工作正在招标过程中。

（张放达）

【公务用车专项治理】 一是高度重视、加强领导。成立由区委办公室、区政府办公室、区纪委监察局、区直机关事务管理局、区委组织部、区委宣传部、区财政局、区审计局、区发改统计局、区编办、区国资办等11个单位组成的公务用车专项治理工作领导小组，全面负责指导和协调区公务用车问题专项治理工作，研究制定相关政策规定和治理工作措施，协调解决专项治理相关问题。

二是全面开展、扎实推进。及时召开全区公车治理会议，认真传达市委、市政府相关精神，广泛动员，周密部署，前后下发7份文件，规范公车使用，同时根据文件要求对全区公务用车进行登记，统一填报《一般公务用车配备使用情况登记表》《执法执勤用车配备使用情况登记表》，经核查，全区有一般公务用车528辆、执法执勤车281辆。

三是完善制度、强化监督。在组织干部职工认真学习文件精神和有关廉洁自律要求的基础上，逐一排查在公车管理、执行公务用车规定等方面存在的问题和不足，研究制定有针对性的整改措施。要求领导干部带头执行好公务用车的有关规定，为干部职工做好榜样。同时严格执行车辆派遣、驾驶、检查等规定，坚决杜绝公车私用，参与旅游、婚丧嫁娶、接送学生和学开车等与公务无关事宜。认真落实各项安全措施，不允许酒后开车，不准违章驾驶，不带故障行车，不准以车谋私。在车辆维修方面，履行节约，采取有效措施努力降低消耗，节省车辆费用开支。

（张放达）

【设备维修维护】 用电方面:区直机关事务管理局完成伊河路、百花路、“三馆”的变压器年检,同时更换“三馆”的用电进线二道零客以及伊河路主刀开关,既确保用电安全又节约用电损耗;2011 年电工更换各种灯管 180 支、灯泡 78 个、各种插座 50 个、开关 40 个,修理热水器 30 台次,更换各种电线 350 米,在日常巡检中,加大巡检力度,对存在的隐患及时检修,避免重大事故的发生。

用水方面:2011 年夏季,区直机关事务管理局对机关大院的供暖设备进行全面维修改造,清洗中央空调风机 436 台,更换新机 74 台,更换各种闸 1523 个,同时对各个区直家属院的暖气管道进行全面保温处理;对机关大院主楼二、三、四层,南配楼一层、五层,伊河路办公区卫生间用水管道,百花路的供水电机及主下水管进行全面改造。全年更换自来水各种管道 260 余米,更换各种闸门 60 余个,修复各种水箱 53 台次,抢修暖气管道设施 27 起,同时完成 5 个家属院 345 户和机关大院、陇海路办公区、岗坡路办公区的供暖工作,以及汝河路家属院微机数据登记造册工作。截至 9 月末,家属院用水量较上年同期下降 1.9%,各办公区较上年同期下降 16%。

电梯通信方面:区直机关事务管理局积极做好各办公区电梯年检及日常维护工作,对陇海路办公区增设电梯机房降温空调,对机关大院电梯的钢丝绳进行更换,同时对电梯实行单双层分离使用,三层以下停开,不但可以节约不必要的行政支出,也极大地提高电梯使用效率。此外,还经常对各办公区电环线路、有线电视线路等进行梳理整治,以确保信号清晰及线路畅通。 (张放达)

【会务保障】 2011 年,区直机关事务管理局围绕“规范、标准、精细、温馨”目标,明确服务范围及对象,严格服务标准,形成科学规范的会务服务保障机制;突出重点,抓好会前、会中、会后三个关键环节,认真做好音响设备的检修维护工作,加大保障力度,提升服务理念,圆满完成各项会务服务保障任务。 (张放达)

【膳食服务】 一是食堂环境卫生定人、定物、定时间、定质量,分片包干,做到保持清洁;生熟用具不得混用,保持炊具、灶具清洁卫生;食堂仓库专库专用。原料分类存放,食品生熟分开保管,采取防蝇、防鼠、防潮措施,防止食品污染。食堂工作人员经常洗澡、理发、剪指甲、换洗工作服,并每年进行一次体检,持证上岗。此外,食堂工作人员经常学习卫生知识,按照设备分工和划分的卫生区域,经常打扫、洗刷,做到每日一小扫、每周一大扫。

二是严格执行《食品卫生法》《产品质量法》《餐饮业食品卫生管理办法》,确保机关干部职工就餐安全;从源头抓起,有专人负责,严把原材料进货关,原材料必须有卫生检疫证明;餐具消毒严格执行一洗、二刷、三冲、四消毒制度。

三是利用每周大扫除的时间,抽调专人负责对食堂气路、电路的周检查。在使用炉灶前,首先检查气路是否运转正常,然后点火预热,一切正常后使用;使用完毕,随即关闭各个开关,操作人员下班时对炉灶各处开关进行全面检查;在油锅加热时,工作人员不准离开工作岗位,防止意外事故发生;操作电气设备,首先检查电源是否完好,然后精力集中进行操作以保证安全。 (张放达)

【综合服务】 一是继续完善各项规章制度,组织全体人员进行公文写作和电子政务培训,熟练掌握网上文件传输及无纸化办公。二是组织机关已婚育龄妇女进行 2 次健康检查,更新计划生育台账,发放女工接管证明和男工函调,规范计划生育工作各项审批程序。三是结合机关事务工作实际,利用各种宣传媒介,大力宣传机关事务工作中涌现出的新成绩、新经验、新举措。四是保质保量地完成人事工资、财务管理、档案管理、报刊收发、信访稳定、美化绿化、工青妇老干部等基础性工作。五是进一步完善区集体户籍管理工作,制定户籍迁入规定、户籍迁出规定、户籍借用规定,切实保障区工作人员合法权益。 (张放达)

【团购房服务】 中原区机关干部团购房工作于 2011 年 7 月下旬开始,历经初选、审核、公示、交款等过程。区直机关事务管理局收集申购者各项表格、证明材料 4000 余份,并审核、整理、分类,公示 3 次,电话通知团购房者 1100 余人次,录入电子表格 800 余张,同时对弃权人员进行详细登记。为方便交款,协调相关部门,设立统一账户,开设专门的收款窗口,对每一位交款人员的缴款凭证进行复印留存并签字确认。 (张放达)

2012 中原区年鉴

ZHONG YUAN QU NIAN JIAN

人民政协

政协全会

【区政协七届五次会议】 政协郑州市中原区第七届委员会第五次会议于2011年1月12日至15日召开。

1月12日下午，区政协召开七届五次会议预备会议，审议通过了七届五次会议议程、日程，宣布了七届五次会议主席、副主席值日名单，特邀、列席人员名单，提案截止日期，工作机构负责人名单，各讨论组召集人名单及其他事宜。

1月13日上午，政协中原区第七届委员会第五次会议开幕会在中原区机关北5楼隆重举行。

区政协主席乔秀花代表政协郑州市中原区第七届委员会常务委员会向大会作工作报告。区政协副主席苏振文代表政协郑州市中原区委员会常务委员会，向大会报告区政协七届三次会议以来的提案工作。区委书记王贵欣作了重要讲话。大会宣读了《关于表彰2010年度政协优秀提案和先进承办单位的决定》《关于表彰2010年度先进政协工委、先进政协委员、政协工作优秀组织者、先进政协联络员的决定》，并现场进行了颁奖。

1月15日下午，政协中原区第七届委员会第五次会议选举会议在中原区机关北5楼举行。

大会通过了政协郑州市中原区第七届委员会第五次会议选举办法，通过了政协郑州市中原区第七届委员会第五次会议选举常务委员会委员总监票人、监票人名单，宣布了政协郑州市中原区第七届委员会第五次会议选举常务委员会委员总计票人、计票人名单，宣布了政协郑州市中原区第七届委员会第五次会议选举副主席、常务委员会委员候选人名单。经委员投票选举，大会宣布，补选姚朝社为政协郑州市中原区第七届委员会常务委员。

1月15日下午，政协郑州市中原区第七届委员会第五次会议闭幕会通过了区政协七届五次会议政治决议，关于常委会工作报告的决议，关于提案工作情况报告的决议和提案审查委员会关于提案审查情况的报告。区政协主席乔秀花在闭幕会上发表了重要讲话。（王子垚）

政协常委会议

【区政协七届二十五次常委会议】 3月25日上午，在区政协6楼会议室召开七届二十五次常委会议。区政协领导乔秀花、姚朝社、韩根有、武金明、张遂亮、韩世昉、苏振文、钟文明，秘书长王采云等37名政协常委会组成人员参加了会议。区人大常委会副主任靳爱菊、区政府副区长陈春梅应邀出席会议，各政协工委主任列席会议。会议由韩根有主持。

会议审议通过了区政协2011年工作要点，对全年工作进行了安排部署；审议通过了区政协2011年度重点提案，确定了经济发展、关注民生等十件重点提案；会议还组织学习了全国“两会”精神，提纲式地学习了国务院总理温家宝所作的《政府工作报告》，着重择其要点地学习了《全国政协常委会工作报告》。

最后，区政协主席乔秀花作了重要讲话。她指出，新的一年，区政协的总体工作要以科学发展为主题，以加快转变经济发展方式为主线，充分发挥政协优势，为全区经济社会持续健康发展献计出力：一是要围绕转变经济发展方式，深化开展好“节能、金融、法律”三项服务活动；二是要大力开展好委员之家活动，重点在深化、提升、拓展上下工夫，各政协工委要以委员之家为平台，多献务实之策、多谋为民之事、多释疑解惑促进社会和谐；三是要扎实开展调查研究，拿出有见地、有分量的调研报告；四是要抓好提案办理，推动更多提案建议落到实处；五是要加大学习宣传、对外交流力度，扩大政协社会影响。她强调，政协常委和政协工委主任要以饱满的精神状态，过硬的工作作风，发挥好表率作用，带头履行好政协职能，为政协工作再跃新台阶，为加快中原区经济社会跨越式发展再作新贡献。（王子垚）

【区政协七届二十六次常委会议】 5月5日上午，在区政协6楼会议室召开七届二十六次常委会议。区政协领导乔秀花、姚朝社、韩根有、武金明、张遂亮、韩世昉、苏振文、钟文明、黄乃林、张冠军，秘书长王采云等37名政协常委会组成人员参加了会议。区政协机关委（室）主任、各政协工委主任参加会议，会议由韩根有主持。

会上，政协常委会根据区委对有关政协工作的干部调整情况，也为了更好地推动政协工作的开展，经过审议，会议研究决定，增补牛淑君（女）、魏彦娣（女）、杨百祥、刘向峰、刘增峰、白辉、聂玉玲（女）、韩慧娟（女）、赵爽、李中全、董佳云（女）等11人为政协中原区第七届委员会委员；研究决定牛淑君任区政协港澳台侨和民族宗教委员会主任、魏彦娣任区政协委员联络委员会主任，刘向峰等9人任政协工委主任，免去了因工作和职务变化10人的委（室）主任、政协工委主任职务。

最后，区政协主席乔秀花作了重要讲话。她要求，大家要把思想统一到区委和区政协常委会的有关人事调整上来，新任职的委（室）主任和工委主任要做到：一是要热爱政协工作，思想上高度重视，加强对政协知识的学习，尽快了解政协，熟悉政协的性质、地位、作用，政协常委们要帮助新任职的工委主任尽快进入工作角色；二是要努力做好工作，认真参加政协的各种会议和活动，引导委员富有成效地开展履职活动；三是要创新政协工作，进一步提高政协工作的责任感和使命感，充分发挥主观能动性，以创新有为的精神开展政协工作。在谈到下一步政协工作时，她强调要重点抓好委员之家建设，委员之家是当前政协工作的重中之重，各工委要拉高工作坐标，在提高硬软件建设质量、制度建设、为民办实事上下真功夫，以优异的工作成绩迎接市政协5月份组织的视察活动。同时，要统筹兼顾，发扬政协好的传统和作风，认真做好政协常委学习培训、走访委员企业、调研视察等工作，创造良好的工作业绩，积极为全区经济社会跨越式发展作出贡献。（王子垚）

【区政协七届二十七次常委会议】 7月27日上午，在区政协6楼会议室召开七届二十七次常委会议。区政协领导乔秀花、姚朝社、韩根有、武金明、张遂亮、韩世昉、苏振文、钟文明、黄乃林、张冠军，秘书长王采云等35名政协常委会组成人员参加了会议。会议由韩根有主持。

区委常委、区政府常务副区长袁聚平，区人大常委会副主任靳爱菊应邀出席会议。区政府办有关负责人、区政协机关各委（室）主任、各政协工委主任列席会议。

政协常委们视察了中原万达广场、豫园综合楼、郑州一建家具建材展示大楼、西流湖生态公园、恒天重工新纺机等项目的建设和推进情况。常委会议上，袁聚平代表区政府，向区政协常委会通报了区政府上半年工作进展情况和下半年工作安排。

在认真听取政府工作通报后，政协常委们一致认为，上半年工作取得的成绩鼓舞人心，令人振奋，大家都表示十分肯定和满意。随后，常委们结合通报和会前的视察情况，围绕如何进一步做好全区工作、加快推进跨越式发展这个主题，畅所欲言、各抒己见，发表了意见和建议。

最后，区政协主席乔秀花作了重要讲话。乔秀花指出，下半年，区政协要紧紧围绕区委、区政府的中心工作，按照年初制定的工作目标，一是要进一步推进委员之家工作，以此为载体，调动方方面面履职的积极性和主动性，指导各政协工委组织委员开展视察、调研、学习、反映社情民意等经常性的活动，充分发挥委员之家的平台作用；二是要深入开展为创建全国文明城市作贡献活动，围绕市、区创建全国文明城市的工作安排，进一步动员广大委员和各界人士踊跃参与，为创建全国文明城市贡献智慧和力量；三是要统筹各项政协工作，切实抓好提案办理、培训交流、自身建设等各项工作。她要求，各位政协常委要继续发挥好表率作用，围绕中心，服务大局，特别是要心系全区发展大局，积极建言献策、贡献智慧和力量，为加快推动中原区经济社会跨越式发展作出新的贡献。（王子垚）

【区政协七届二十八次常委会议】 9月28日上午，在区政协6楼会议室召开七届二十八次常委会议。区政协领导乔秀花、韩根有、武金明、张遂亮、韩世昉、苏振文、钟文明、黄乃林，秘书长王采云等35名政协常委会组成人员参加会议。区政协机关专委会负责人、各政协工委主任列席会议，会议由韩根有主持。

区委常委、区政府常务副区长袁聚平，区政府副区长成小波，区人大常委会副主任庄华应邀出席会议。区政府办公室、区商务局、区民政局、区教体局等单位负责人参加会议。

会上，袁聚平代表区政府，向区政协常委会通报了区政府系统委员提案的办理情况。2011年区政府共收到区政协委员提案122件，截至9月份，提案已全部办理完毕，办结率100%。区商务局、区民政局、区教育体育局等单位负责人分别汇报了承办的重点提案办理情况。

区政协常委根据通报、汇报情况和平时了解到的提案情况作了发言。政协常委们充分肯定了提案办理成果，认为区政府把办理提案作为改进工作、主动接受政协民主监督的重要渠道，严格落实提案办理三级责任制、三见面制度，有效推动提案落实，促进了提案建议转化为提案成果。同时，政协常委们建议，各具体承办单位要把提案办理同本职工作更加紧密地结合起来，在提案的长期落实上下工夫，从根本上讲，就是要把提案实实在在办好，达到促进工作的目的。

最后，区政协主席乔秀花作重要讲话。她指出，2011年的提案办理工作切实得到了区委、区政府领导重视以及承办单位的认真办理、落实到位，取得的成效比较明显，达到了推进工作的目的，同时也使委员们更好地了解了中原区发展情况。乔秀花强调，下一步，区政协要以科学发展观为指导，紧紧围绕区委、区政府中心工作，认真履行政协三大职能：一是要继续做好提案办理工作，加大提案跟踪落实力度，力争每件提案得到有效落实；二是要围绕中心、服务大局，结合工作实际，开展有针对性的视察活动，推动相关工作开展；三是要按照年初制定的工作目标，倒排工作日期，查漏补缺，加快各项工作进度，抓好抓紧落实既定的各项工作；四是要进一步推进委员之家建设，各政协工委要以委员之家为平台，组织辖区政协委员开展座谈、联谊活动，交流履职体会、总结工作经验、开展述职活动等，动态掌握、科学评价委员履职情况；五是要开展走访委员活动，认真落实已经建立的塔式网络制度，对常委、委员、群众进行走访，使政协更贴近委员、委员更贴近群众，进一步增强政协组织的凝聚力和影响力；六是要树立全局观念，进一步加强政协自身建设，团结协作、务实创新，卓有成效地开展各项工作，特别是政协常委要率先垂范，增强责任意识，心往一处想、劲往一处使，确保全年各项工作任务的圆满完成。（王子垚）

【区政协七届二十九次常委会议】 1月13日上午，在区政协6楼会议室召开七届二十九次常委会议。区政协领导乔秀花、姚朝社、韩根有、武金明、张遂亮、韩世昉、钟文明、黄乃林、张冠军，秘书长王采云等37名政协常委会组成人员参加会议。区政协机关专委会负责人、各政协工委主任列席会议，会议由韩根有主持。

会上，区政协常委们听取了常委会工作报告、提案工作报告起草情况的汇报，并围绕如何科学总结五年政协工作谋划今后工作，发表了意见和建议，会议协商通过了《2011 年度政协优秀提案和先进承办单位》和《2011 年度先进政协工委、先进政协委员和政协工作优秀组织者及先进政协联络员》。最后，政协主席乔秀花作重要讲话。（王子垚）

工作及活动

【概述】 2011 年，区政协在区委的正确领导和区人大、区政府的大力支持下，以科学发展观为主题，以加快转变经济发展方式为主线，充分发挥政协优势，切实履行政治协商、民主监督、参政议政三大职能，为实施“工业立区、三产兴区、教育强区”战略作出贡献。（王子垚）

【协商议政】 2011 年，区政协坚持服务于全区经济社会发展大局，围绕跨越式发展中的重大问题，多形式、多层次地开展协商议政活动。2011 年，共召开常委会议 5 次，主席会议 15 次。

七届五次会议期间，委员们围绕政府工作报告和其他重要报告，积极进行协商讨论，重点围绕科学发展、园区建设、宜居商贸城建设、发展第三产业、招商引资、城中村改造、教育强区、关注民生等方面提出 100 多条建设性意见和建议。在 7 月份召开的七届二十七次常委会议上，区政协选取区重点项目，组织常委们视察了中原万达广场、豫园综合楼、郑州一建家具建材展示大楼、西流湖生态公园、恒天重工新纺机等项目的建设和推进情况，常委们在听取政府工作通报的基础上，积极建言献策，并得到区委、区政府的重视和采纳。（王子垚）

【调查研究】 2011 年，区政协充分发挥人才库、智囊团的优势，大力开展调查研究工作。注重选题的全局性、前瞻性和可操作性，年初围绕区委、区政府的中心工作和广大群众关注的热点、难点问题，科学选题，在充分论证的基础上，确定了加快转变经济发展方式、社区商业发展、幼儿教育等调研课题。围绕调研课题，成立课题组，由分管副主席主抓，委（室）具体负责，同时积极借助外力，吸纳有关政协委员、专家学者、相关职能部门负责人的参与和配合，深入进行调查研究。在获取和掌握第一手资料后，调研组认真起草，并反复论证、修改完善，同时结合中原区实际，提出具体的意见和建议。形成《从我区经济结构的现状谈我区转变经济发展方式的紧迫性》《关于我区民办幼儿园发展现状的调查与建议》《中原区社区商业发展调查及建议》等调研报告，提出要大力发展新型工业、提高招商引资水平、加快城区改造开发、规范和发展民办幼儿园、发展社区商业等意见和建议，为区委、区政府科学决策、民主决策发挥了重要参考作用。（王子垚）

【民主监督】 2011 年，区政协注重民主监督于经常性工作之中，以多种形式拓宽民主监督渠道。组织委员通过视察走访、委员信箱等，听民声、察民意，及时反映群众关心的热点、难点问题，共反映社情民意 30 余条，所反映问题，均得到较好解决。此外，加大对委员担任特邀监督员的管理引导，使委员们积极参与政风行风评议、民主评议基层站所、法院案件审理监督、检察开放日等活动，更有利于推进职能部门工作的开展，较好地发挥民主监督作用。（王子垚）

【提案办理】 2011 年，区政协大力推进提案工作的制度化、规范化、程序化建设，从征集、立案、交办、督办、答复、反馈、验收等方面，进一步抓好提案工作的整体性和系统性。严把提案质量关，对收到的 168 件提案，认真进行审查，立案 139 件，筛选确定 10 件重点提案。

4 月份向区委办、区政府办进行了交办，由两办向有关承办单位进行交办，将政协提案纳入区委、区政府的整体工作之中。切实推动办理工作，提案交办后，迅速组织召开提案办理人培训会，进一步提高具体办案人的工作水平。6月份，在区政协领导的带领下，区政协提案委会同区政府督查室有关人员，对区商务局、区卫生局、区城管局、区民政局、区教体局等5个单位的提案办理情况，进行了办中督查，共督办提案85件，特别是对10件重点提案认真进行督办，有力推动了提案建议的落实。11月份，在区政协领导的带领下，组织部分政协委员对社区建设工作、三类居民区整治工作等方面的提案进行了办后视察，以确保提案办理及时、落实到位。此外，委员们提出的《为全区中小学校配备校医》的提案，经过多方努力，区属的57所中小学校（幼儿园）各配备了1名校医，负责师生日常保健和卫生防疫工作，提案建议得到了较好落实。（王子垚）

【参与创文】 一是行动迅速。创文一开始，区政协下发了参与创建全国文明城市的意见，号召广大政协委员踊跃参与。二是视察推进。充分发挥监督作用，6月24日组织进行视察，视察前全面沟通，视察中深入了解实情，视察后认真提出针对性很强的意见和建议。委员们根据视察情况提出加强宣传、加大整治力度、广泛发动群众参与、建立长效机制等意见和建议，得到采纳和落实。三是全面参与。6月27日郑州市政协召开为创建全国文明城市作贡献动员大会，区政协组织全体区政协委员参加大会，金焕芝委员代表全市区级政协委员发出倡议，区政协引导各政协工委和广大政协委员，充分发挥人才荟萃、智力密集的优势，立足本职，找准结合点，积极参与创建的各项工作，为创建活动的深入开展献计出力。四是暗访助推。7月20日，为进一步全力推进创建文明城市工作，区政协成立5个暗访小组，重点对“五小”门店、文化环境、集贸市场、交通、建设工地等进行暗访，委员们严格对照创建全国文明城市的各项要求，结合暗访中存在的问题，提出并形成一份翔实的综合建议，反馈到区文明办，有关单位和部门进行了认真整改。

（王子垚）

【委员之家】 2011年，区政协在已有工作的基础上，按照深化、扩展、提高的原则，深化开展委员之家工作取得良好成效。一是进一步巩固提升硬件设施，督促和指导各政协工委，进一步加大工作力度，对墙面、展板、办公设施等进行再完善，进一步提高硬件设施水平。二是深化开展履职活动。在大力推进委员之家的工作中，区政协选准委员之家工作的切入点，围绕打造“五家”，按季度开展履职活动，做到委员之家每个季度都有活动主题、活动内容。三是市政协视察给予充分肯定。5月17日，郑州市政协带领部分市政协委员，和金水区、惠济区、新密市、巩义市政协的领导及委员之家负责人一行50余人，观摩了城开社区、豫花园小区、咱家小院的委员之家建设和工作开展情况。视察团对中原区的委员之家资源共享、发动政协委员踊跃参与等特点给予了充分肯定。四是选树典型。9月份，以市政协举办的“创建委员之家、树立委员形象”报告会为契机，中原区选树了侯宏章、焦晗韶、钟波、孙广林等委员，入选市政协组织的委员之家先进事迹报告团，侯宏章、焦晗韶在全市作巡回演讲报告。在11月份市政协举办的创树活动巡回演讲表彰会上，中原区荣获多个奖项，进一步扩大了区政协社会影响。（王子垚）

【宣传交流】 2011年，区政协坚持抓好报纸、杂志等媒体宣传政协工作，同时注重网络宣传，对政协网站进行改版升级，增加栏目、美化版面，并及时更新信息。加大对政协经常性工作，和委员履职、爱岗敬业、奉献社会的宣传力度。

积极参加高层交流。6月份组织赴广东省湛江市霞山区政协，作了题为“界别加区域履职更给力”的发言，受到了与会单位的肯定和好评；10月份赴安徽省芜湖市镜湖区政协参加会议。通过广泛交流和借鉴，开阔了视野，加深了友谊，进一步扩展了政协工作的广度和深度。（王子垚）

【“三项服务”活动】 2011年初，区政协办公室联合中原区企业家协会举办“节能降耗技术应用、融资担保、法律服务”三项服务活动。为开展好此次活动，区政协于3月11日在区机关北5楼会议室召开“三项服务”发布会，共300余人参加了发布会。

会上，5家企业分别从企业节能降耗技术运用、融资担保、法律服务的不同角度，作了精彩的服务推介。截至年底，有多家企业与推介服务的企业开展合作。（王子垚）

【赴登封学习培训】 4月19日，区政协组织各政协工委主任到登封市进行学习培训。区政协主席乔秀花，副主席钟文明、张冠军，秘书长王采云，以及机关各委（室）主任、各政协工委主任等参加学习培训。

学习培训采取实地观摩和集中授课相结合的方式进行。首先实地观摩了登封市嵩阳路街道政协委员之家的建设和运行情况，而后区政协原正县级领导程珺同志结合中原区政协工作，生动讲授了政协的性质、地位、职能等基本知识，并就如何做好提案工作、发挥委员主体作用进行了阐述。

区政协主席乔秀花就此次培训作了重要讲话。要求新任的政协工委主任要积极主动地适应和开展政协工作。（王子垚）

【督查提案办理】 6月28日，区政协主席乔秀花带领有关人员，实地视察了郑州一建家具建材展示大楼、敢福尚都小区、盛润锦绣城、风和日丽社区便利店等，而后听取了区商务局的提案办理工作汇报。区商务局2011年承办政协委员提案16件，是承办提案较多的单位。

督察组对提案办理工作的各个环节提出意见。乔秀花充分肯定区商务局的提案办理工作。她强调，政协提案是政协委员参政议政的重要形式，区商务局在办理提案过程中，能够把办理提案与本职工作紧密结合起来，认真落实提案所提建议，取得了很好效果。下一步，区商务局要充分发挥职能作用，既要招商、招大商，又要做好稳商、安商、富商的工作，既要围绕推进产业升级抓好招商引资，加快已落地项目的推进力度，又要进一步支持辖区中小企业发展，探索建立标准厂房等办法，以解决中原区中小企业发展的用地问题。（王子垚）

【走访委员企业】 5月中下旬，区政协围绕区委、区政府提出的加快转变经济发展方式开展走访委员企业活动。走访由区政协领导带队，分两组对中原区10家委员企业进行走访，详细了解企业的生产经营情况，以及企业对加快转变经济发展方式、推进科学发展的意见和建议。5月30日，区政协召开专题会议听取走访情况的汇报，并形成关于加大支持中小企业发展的具体建议报送区委、区政府。其中投资建设标准化厂房的建议，受到重视和采纳，写进了区十次党代会工作报告，所提建议得到有效落实。（王子垚）

【自身建设】 一是抓好主席班子建设。通过定期召开主席会议，强化整体观念、大局意识、服务意识；通过参与全区工作，使大家齐心协力，切实做到尽职不越位，帮忙不添乱，切实不表面。二是抓好常委会和委员队伍建设。加强对政协常委和政协委员的管理，实施常委和委员严进能出机制，七届二十六次常委会议增补11名政协委员，进一步充实委员队伍。7月份，结合中原区经济发展现状，邀请郑州市委党校教授张治学，为广大委员作了经济转型方面的专题讲座。三是抓好政协工委队伍建设。根据区委人事调整，新任命9名政协工委主任,先后组织赴登封、贵阳等地进行学习培训,使工委主任更好地开展政协工作;坚持对政协工委工作实施量化测评机制,对量化指标进行修改完善,使之更加符合基层政协工作实际。四是加强政协机关建设,切实抓好理论学习,认真学习用领导方式转变加快发展方式转变系列政论文章、省市区党代会精神,以建党90周年为契机,大力开展创先争优、“一竞双争”、读书竞赛等活动,进一步转变机关工作作风,认真做好分包村、社区工作,协助冯湾村做好违法用地违法建设整治工作。充实和交流机关干部6名,进一步增强工作活力。 (王子垚)

群众团体

工　会

【概述】 2011年,中原区工会工作在区委和市总工会的正确领导下,以党的十七大、十七届六中全会精神为指导,按照"组织起来、切实维权"的工作方针,大力加强工会组织建设,切实维护职工合法权益,广泛开展困难职工帮扶活动,为加快推进中原区经济社会跨越式发展作出了积极贡献。

（樊　静）

【基层工会】 一是继续加大工会组建力度,牢牢把握工作重点、难点,不断创新工会组建形式。通过进一步澄清企业底数,科学分配建会任务,明确目标责任、实施跟踪督查、加强考核激励等措施,提高工会组织建会率和职工入会率,做到新建企业工会应建尽建,基层工会信息应录尽录。2011年,新组建工会115家,发展会员2510人。全区建工会组织2671家,会员60656人。其中机关事业单位工会组织180家,股份制企业、有限责任公司、非公有制企业工会组织共计2491家。二是进一步推进工业园区、市场、楼宇、行业协会工会组织建设,把抓组建和抓规范结合起来,把发展会员与发挥作用结合起来,充分发挥基层工会组织服务职工、推动发展、促进和谐的作用。三是加强工会规范化建设,增强工作活力。在上年争创基础上,继续按照"六好"标准,努力推进工会整体工作水平的提高。截至年底,有10个街道工会达到"六好"标准。11月11日,全国总工会党组书记、书记处第一书记、副主席王玉普亲临桐柏路街道城开社区工会视察,并给予高度评价。（樊　静）

【维护职工合法权益】 2011年,区总工会认真贯彻中国特色社会主义工会维权观,做劳动群体的代表者,做职工利益诉求的表达者,做职工参与企业民主管理的引导者,做劳动关系矛盾的调解者,做劳动法律执行的监管者,全力做好维护职工合法权益的各项工作,以职工队伍稳定促进社会和谐稳定。

一是深入开展创建劳动关系和谐企业活动。下发专门文件,制定标准,严格实施,跟踪监查,在林山寨街道、桐柏路街道召开创建劳动关系和谐企业现场会,进一步深化、提升创建劳动关系和谐企业水平,全区90%以上的规模企业开展了创建活动,非公有制建会企业创建活动的覆盖面达80%。郑州金泰制罐有限公司被评为河南省和谐企业。

二是大力推进工资集体协商制度建设。严格按照市委办公厅、市总工会、区委办公室有关文件精神要求,在中小企业集中和行业聚集地区,继续大力推动建立区域性、行业性集体合同制度,全区签订区域性、行业性集体协商合同110份,覆盖企业1740家、职工30650人。

三是加强基层民主管理规范化建设。继续扩大厂务公开民主管理的覆盖面,重点推进非公企业厂务公开。上半年,在纺织大世界召开民主管理工作现场会,规模以上非公企业厂务公开、职代会建制率达80%。提高对街道职代会工作的认识,检查验收街道职代会开展情况,进一步巩固和完善街道职代会制度。

四是建立完善劳动关系预警制度、与企业联系沟通制度、企业单位裁员信息上报制度等,积极协助党委、政府解决劳动关系中的新矛盾、新问题。注重加强职工思想政治工作,引导职工以理性合法的方式表达诉求,维护了社会稳定。

五是加强工会(职工)法律援助和职工信访工作。按照全总《工会法律援助办法》,各街道成立工会(职工)法律援助工作站,区总工会按比例给予经费支持,为合法权益受到侵害的职工、工会工作者和工会组织提供法律服务。全年全区各级工会组织共提供各种法律服务52人(次)。

六是重视和加强工会女职工工作,深入实施了"女职工提升素质建功立业工程",大力推进女职工专项集体合同。全年签订女职工专项合同1700家,覆盖女职工20743人,维护了女职工合法权益和特殊利益。（樊　静）

【帮贫扶困工作】 一是全面实施帮扶救助工程。在进一步做好下岗失业人员就业再就业工作的同时,加大促进大学生、"4050"人员就业帮扶的工作力度。联合有关部门组织开展多种形式的技能培训、职业介绍、岗位招聘、就业援助、创业服务系列活动。2011年,各基层工会累计举办下岗职工就业再就业招聘会26场,协调用工单位180多家,提供就业岗位1286个,共帮助了1086名下岗失业人员和农民工实现了再就业。

二是进一步完善帮扶工作长效机制。全区困难职工、困难单亲女职工、困难农民工全部纳入计算机网络,不断提高服务水平。继续完善和深化党员干部结对帮扶困难职工制度,增强广大党员干部和企业家开展帮扶活动的自觉性和责任心,主动与困难职工结成对子。“双节”期间,共有1500余名党员干部参与帮扶活动,帮扶困难职工1500余人,折合金额162万元。“三八”妇女节、“六一”儿童节期间,对单亲困难女职工和正在上中小学的困难职工子女进行了慰问。继续开展“金秋爱心”助学活动,区总工会筹资4万元,资助了20名考入大中专院校的困难学生。

三是推进帮扶送温暖活动经常化、社会化。区总工会在对困难职工群体情况进行全面摸排调查、分析归类的基础上,建立完善困难职工电子档案,强化动态管理,坚持做到岗位救助、医疗救助、助学救助、日常救助、法律救助、特殊救助。区总工会临时救助困难职工家庭20户,救助资金5万元;筹措资金6万元,走访慰问困难农民工20名;协调解决10起农民工子女就学问题。（樊　静）

【提升职工队伍素质】 2011年,区总工会充分发挥工会“大学校”的作用,以实施职工素质提升工程五年规划为抓手,以社会主义核心价值为主线,以提高广大职工科学文化素质和技术技能素质为基础,不断提高广大职工的思想道德素质和科学文化素质。一是持续开展创建学习型组织、争做知识型职工活动。二是大力推进“职工书屋”建设,先后在社区、企业建立了一批符合省、市标准的“职工书屋”。三是以培育时代精神、弘扬先进文化、提升城区品位、陶冶职工情操、促进三个文明为目标,在全区单位、社区、企业开展书画、摄影、戏曲、棋牌多种文化活动。四是区总工会在特定的节假日组织大型文体活动,凝聚人心,鼓舞士气。4月27日,中原区劳动模范协会、工会主席协会成立仪式,塑造了新时期职工的崭新形象,增强了基层工会的凝聚力和向心力。五是区总工会组织全区工会干部认真学习了全国总工会《关于加强和改进新形势下工会自身建设的决定》,进一步增强了基层工会干部做好新时期工会工作的信心和能力。

（樊　静）

【建功立业活动】 2011年,区总工会围绕跨越式发展目标,广泛开展建功立业活动。

一是积极实施群众性经济技术创新工程,开展职工技术比武、岗位练兵、技改创新、发明创造等活动。各街道工会首先组织辖区5~8家单位进行预赛,经过复赛,最后有18家单位参加区总工会组织的决赛,涉及车床、电工、饮食、缝纫等10余个工种,评选出了一、二、三等奖。

二是继续组织开展“当好主力军、建功‘十二五’、和谐奔小康”主题竞赛活动。在娅丽达服饰、金泰制罐、光大印染和锦艺·国际华都、大连万达开展以“保安全、保质量、保工期、讲文明、讲协作”为主要内容的“三保两讲”建功立业竞赛,12家纺织企业、6家机械制造企业、房地产开发企业近3000名工人参加了竞赛活动,较好地促进了全区重点工程项目的又好又快建设,受到了区委、区政府的一致好评。

三是广泛组织开展节能降耗活动,继续在全区企事业单位中开展“比管理、比技术、降能耗、降排放”为主要内容的“双比双降”节能减排竞赛,以工会名义印发了节水、节电、节油宣传画册,分发到全区企事业单位,张贴在醒目场所,为实现“十一五”期间区节能减排工作作出了贡献。

四是继续推广应用“一法三卡”,扩大“安康杯”竞赛活动范围。组织各基层工会开展4次安全生产隐患排查,涉及企业80家,排查隐患50多处,已全部整改到位;举办安全生产知识培训班,培训200余人;积极参与区安全生产事故的调查,维护职工的生命安全与健康权益。

五是大力弘扬劳模精神,为中原区跨越式发展提供精神动力。做好省市“五一”劳动奖章、奖状评选推荐的同时,筹备成立了中原区劳动模范协会和工会主席协会,产生了良好的社会影响。

（樊　静）

共青团

【概述】 2011年,中原区共青团工作坚持以邓小平理论和“三个代表”重要思想为指导,深入贯彻落实科学发展观,认真学习领会党的十七届五中、六中全会和团的十六届四次全会精神,按照“服务青年、服务社会、服务大局”的总体思路，坚持以青少年思想道德教育为抓手，以团的品牌活动为特色，以组织建设为保障，以服务青年成长成才为重点，带领全区广大团员青年迎难而上、勇挑重担，团的工作多次得到有关领导和上级团组织的充分肯定与表彰。（郝　攀）

【青少年思想道德建设】 2011年，团区委结合当代青少年思想特点，根据“贴近青（少）年实际、贴近群众生活、贴近社会需要”的原则，创新工作载体，开展一系列主题鲜明的实践活动，引导广大青少年在实践中树立正确的人生观和价值观，有力地夯实了中原区青少年思想道德基础，促进了辖区青少年的健康成长。

一是以道德实践培育青少年。清明节前夕，组织辖区1000余名中小学生，在郑州市烈士陵园隆重举行了以“秉承先烈遗志，永树光辉旗帜”为主题的新团员入团宣誓仪式，积极引导和教育广大团员青年发扬共青团的光荣传统，坚定永远跟党走的政治信念。集中开展学雷锋系列活动，以学习雷锋事迹、讲雷锋故事、诵读爱国教育诗歌、参与社区义务劳动等形式，诠释雷锋精神，勉励广大青少年做一名雷锋式好少年。结合5月12日全国“防灾减灾日”，举办“灾难自救知识普及主题队日活动”，组织辖区200余名中小学生进行紧急疏散演练，并以宣读倡议书、赠送防灾减灾科普图书、参观科普知识展板等形式，对少先队员进行防灾减灾知识普及，提高广大少先队员自救互救能力。

二是以纪念活动引领青少年。“六一”节前夕，团区委、区少工委开展了“红领巾心向党”主题系列活动，举办了红色邮品展、唱诵红色经典、艺术教育成果展等纪念活动，用先进思想引领青少年健康成长。以纪念建党90周年为契机，组织辖区青少年开展“我与祖国共奋进”“红色文化长廊”宣传教育和“我的青春别样红”红歌传唱等红色文化活动，培养了青少年对祖国的朴素情感和党的理想信念。10月21日，团区委在西流湖街道刁沟村举行18岁成人仪式暨成人纪念林植树活动，近200名18岁成人青年代表参加仪式并共同植树，活动结束后，同学们在志愿者旗帜下庄严宣誓，自愿加入志愿者队伍，用自己的行动践行青春誓言，为建设美好家园增砖添瓦。（郝　攀）

【志愿者服务社会】 2011年，团区委根据区委、区政府和上级团组织工作部署，结合自身工作实际，积极开展各项志愿服务活动。

一是服务创建全国文明城市，团区委与区文明办联合举办了“文明创建，志愿先行”活动启动仪式，组织10支创文志愿服务队共1500余人，奔赴各交通路口、公交站点、车站开展志愿服务，并结合全区创文工作开展了“每周奉献两小时，文明创建我先行”活动，组织青年志愿者深入街道、社区开展文明志愿服务，形成区、街道、社区三级联动的长效志愿服务体系。参与志愿服务者达2000余人次，累计服务时间达2.4万小时，为提高市民的文明素质和城市的文明程度贡献力量。

二是服务改善民生。5月，联合河南工程学院团委开展“爱心构建，共建和谐”活动，组织大学生志愿者帮助社区行动不便、缺乏照料的老人购买粮食、蔬菜等生活用品，并为独居老人提供精神慰藉、心理抚慰和居家养老服务，受到社会各界一致好评。

三是服务弱势青少年群体。团区委开设了“心手相依，手语传情”——中原区首届手语学习班，由手语志愿者定点定期教中小学生手语，并组织他们走进和关爱聋哑朋友，为聋哑残障人士的正常交流提供帮助。

2011年，团区委共组织各类志愿服务活动120余场，参与活动志愿者达1.2万余人次，发放各类宣传品2万余份，提供志愿服务时间累计4.8万小时，服务群众3万余人，真正使志愿服务活动贴近群众，贴近生活。（郝　攀）

【助学帮困】 2011年，团区委充分发挥共青团组织优势，协调利用团内外社会资源，以关爱农民工子女为主要内容，开展了“温暖冬天爱心助学”“希望工程圆梦行动”“爱新课堂进社区”等主题鲜明的活动，满足了青少年成长成才的多样化需要，促进了青少年全面发展。

一是继续开展关爱农民工子女行动。年初，团区委联合辖区爱心企业郑州云顶服饰有限公司开展“温暖冬天爱心大动员”活动，为汝河新区小学百名农民工子女捐赠了100件价值2.6万元的崭新羽绒服，并号召全区少先队员为辖区农民工子女捐款13207.15元。“六一”节前，联合郑州大学支教志愿者为建设路第三小学30位家庭贫困的外来务工子女捐助毛巾被、凉席和蚊帐等夏季用品，使孩子们度过了一个愉快而难忘的节日。8月初，团区委通过“集善嘉年华保险项目”为30名农民工子女争取到人均保额3万元为期1年的意外身故保险。同时，还联合《郑州晚报》为辖区200名优秀农民工子女送上全年报纸征订卡和学习用品，使他们感受到团组织和社会的关爱与温暖。

二是推进希望工程捐资助学活动。2011年，团区委对辖区有影响力的企业进行了实地走访、劝募并发放了2000余份《希望工程圆梦助学倡议书》，在团组织和社会各界的努力下，共筹集助学金10.3万元，资助33名寒门学子顺利入学。

三是开展“爱心课堂进社区”活动。充分利用高校挂职团干资源优势，组织爱心支教志愿服务队为辖区贫困家庭青少年提供义务暑期辅导。活动共开设爱心辅导班18个，辅导学生600余名，提供义务辅导80余课时，受到家长和学生的极大欢迎。

（郝　攀）

【青年就业创业】　一是强化青年就业创业技能培训。举办青年就业创业大讲堂，聘请专家公益进行职业设计、阳光培训和千里马职业技术培训，培训12场次，培训青年2300多人次。二是加大青年见习基地建设力度。截至2011年底，中原区建立青年就业创业见习基地10个，筹措见习岗位134个，已进入见习岗位青年128人，实现就业83人。三是推进青年创业小额贷款。以银团联合为契机，通过农村信用社等金融机构向青年发放贷款567.2万元，扶持青年创业项目14个，激发了青年创业热情。

（郝　攀）

【暑期青少年教育活动】　2011年，中原区各暑教办结合辖区实际开展了读书活动、乒乓球比赛、卡拉OK比赛、文明交通劝导等注重实效、寓教于乐的暑期青少年教育活动，不仅丰富了辖区广大青少年的暑期生活，同时培养了青少年的综合素质和能力，使全区青少年度过了一个快乐而有意义的暑期。

区暑教办在辖区农民工子女、贫困家庭子女较多且具有相应教学场所的11个社区设立“爱心课堂”，由河南工程学院30名优秀大学生组成的爱心支教志愿服务队，为他们义务课业辅导，同时，志愿者们结合各自专业优势，根据学生需求，增设了“法制小讲堂”“艺术辅导班”“百家小讲坛”等寓教于乐、富有实效的综合素质辅导课程。活动服务辖区学生400余人次、义务辅导100多个学时，受到家长和学生的热烈欢迎。

棉纺路街道暑教办结合社区居民喜爱户外纳凉这一特点，开展了“动漫电影进社区”活动，为辖区居民播放《里约大冒险》《功夫熊猫》等健康有益的电影；绿东村暑教办举办了法制教育专题讲座，采取法律法规与生动的典型案例相结合的方法，重点向学生们讲解了道路交通安全、消防、公共场所注意事项等内容，提高他们的安全防范意识和抵御不法侵害的能力；建设路街道暑教办设立社区青少年网络教育活动室，为辖区青少年提供文明健康的上网服务，并安排中原工学院大学生志愿者和专业的计算机老师，对软件进行过滤清理，屏蔽有害信息，对未成年人上网给予指导，引导青少年拒绝网瘾、文明上网，让他们在上网学习和有益娱乐中开阔视野、提高素质、愉悦身心、文明度假。

（郝　攀）

【青少年法制教育】　2011年，团区委针对青少年“易塑性、易变性、敏感性”的特点，积极开展《未成年人保护法》和《预防未成年人违法犯罪法》专题片展播和法制知识讲座活动；联合区教育体育局在53所中小学开展交通安全宣传教育活动，广泛开展“六个一”“小手拉大手”和“致家长一封信”等系列活动，培养学生养成自觉遵守交通法规的良好习惯；聘请公安干警担任校外法制辅导员，开设法制教育课堂，为学生们讲解法律知识和避险知识，增强青少年的自我保护能力，为青少年健康成长提供有力保证。

（郝　攀）

【少先队工作】　2011年，团区委切实履行以团带队职能，以培养少年儿童对党和社会主义祖国的朴素感情和“争当四好少年”等内容为主题，不断加强和改进少先队员教育，促进少先队各项工作的开展。

积极争创郑州市星级届期制红领巾示范标兵学校，认真按照创建办法规范少先队整体建设，做到工作有标准，努力有方向。

深入贯彻第六次全国少代会会议内容和《关于进一步加强少先队辅导员队伍建设的若干意见》文件精神，认真做好少先队辅导员分级全员培训工作，举办培训72次，参与人员28322人次，培养了一批政治素质过硬、职业素质优良、能够围绕少先队组织根本任务有效开展工作的辅导员，促进辅导员队伍专业化、职业化发展。

区少工委通过中原区红领巾游戏节、红领巾献词大赛、辅导员风采大赛、少年国旗护卫队升旗仪式等各项品牌活动的开展，充分展现了中原区少先队员的良好风貌以及广大少先队工作者的风采。以建队节为契机，承办河南省"红领巾心向党"庆祝建队62周年主题队会活动和少先队辅导员聘任大会，得到了省、市、区领导的高度评价。

（郝 攀）

【团的建设】 2011年，团区委坚持党建带团建，使团的基层组织建设和基层工作取得新突破。

一是街道团的组织格局呈现新面貌。年初，按照上级团组织关于加强基层团的组织格局创新工作要求，团区委联合区委组织部下发了《关于在全区开展街道团的组织格局创新工作实施意见》和《全区街道团的组织格局创新工作实施方案》，并召开了基层团的组织格局创新工作动员部署会议，制定了详细的工作流程和推进表，采用委员人选"1+3+N"的标准，建立了联系制度和定期追踪制度，开展调研，听取各街道格局创新工作进展情况，组织人员到示范街道观摩学习，进行具体指导。截至7月底，全区12个街道全部完成选配阶段工作，新选配编制外副书记23名，团工委委员100名，有效加强了街道团的组织力量，为团的阵地补充了新鲜血液。各街道团组织活动呈现出"一团一品"、各具特色的良好局面。团中央城市部社区工作处副处长李亦阳在中原区调研团的组织格局创新工作时给予高度评价。

二是非公团建工作取得新进展。做好基层团建试点工作，提高"两新"组织中团组织覆盖率。按照党建带动、分类指导、注重服务的要求，以"先易后难、抓大带小、抓集中带分散、化繁就简、活动与建设相结合"的原则，灵活推进建团工作。全年新增非公企业团组织55家，覆盖青年8700多人，真正达到了"走进基层抓覆盖，走进青年求影响"的工作目标。

三是团干队伍整体素质得到新提升。团区委以丰富团干部知识结构、提高工作能力和综合素养为目标，举办了中原区基层团干部培训班、村级团支部书记培训班，通过名师讲课、交流研讨、外出学习参观、拓展训练等形式，不断拓宽培训渠道，提高培训质量，全面激发了团干部的积极性、主动性和创造性。不断加强团干部作风建设，优化团干部成长环境，扎实开展了"讲正气、树新风、做表率""一竞双争"、创先争优、团务知识培训等主题教育活动。全年举办团干部培训活动9期，120余名专（兼）职团干参加培训，有效提升了团干部综合素质。

（郝 攀）

【信息宣传】 2011年，团区委以宣传团的品牌工作为重点，不断提升青少年工作的影响。充分利用《中国青年报》《郑州日报》《郑州晚报》、河南共青团网站、郑州市青少年阳光网、中原网、中原区政府网等媒介，对全区共青团工作进行及时的宣传和报道，有效扩大了共青团工作的影响面。全年团区委印发团讯46期，基层上报信息68篇，被团市委采纳信息33篇，被团省委采纳19篇。中原区共青团不断受到媒体的关注和赞誉，有效放大了团的声音，提升了团组织在青年中的影响力。（郝 攀）

妇　联

【概述】 2011年，中原区妇联在市妇联的精心指导和区委、区政府的正确领导下，坚持贯彻落实科学发展观，深入开展创先争优活动，围绕中心抓重点，突出特色抓难点，面向妇女群众抓服务，主体活动不断推陈出新，团结带领全区广大妇女在推进中原区经济发展和各项社会事业进步中发挥了积极作用。先后荣获河南省妇女读书活动优秀组织奖、郑州市妇联系统目标管理优秀（先进）单位、郑州市第五届"百万妇女健身活动展示大赛"优秀组织奖、郑州市"十佳母亲"评选活动优秀组织奖、郑州市创建全国文明城市家庭美德知晓率答题活动优秀组织奖等多项荣誉。

（程 赛）

【"双学双比"活动】 2011年，区妇联先后邀请省妇干校、省中医院等单位的专家学者,对农村妇女骨干、返乡务农人员进行农作物种植、花卉养殖、电脑操作等实用技能培训,全年举办免费培训班8期,培训人员3000余名。以第七届村两委换届为契机,有针对性地对基层女干部、农村女党员、致富女能手、妇女骨干等进行培训,提高农村妇女参政议政的积极性。联合区委组织部、区民政局召开村级换届女干部工作推进会,以确保每个村委会成员中至少有一名女性。动员组织妇女积极参与到抗旱与“三夏”工作中,其中须水街道付庄被评为“河南省抗旱浇麦工作先进集体”,朱富荣被评为“河南省抗旱浇麦工作先进个人”。 (程 赛)

【“巾帼建功”活动】 2011年,区妇联充分调动各条战线妇女的主动性、积极性,促进广大妇女岗位成才,岗位建功,岗位创优。创建“巾帼文明岗”活动已推进到社区、非公有制企业。全年新创省级“巾帼文明岗”1个、市级1个、区级5个。培树河南省“巾帼建功标兵”2人、郑州市“巾帼建功示范点”1个。 (程 赛)

【妇女创业就业】 2011年,区妇联联合区人力资源和社会保障局、各街道办事处和郑州光大印染有限公司等企业,举办“春风送岗位”女性专场招聘会及培训会10余场,提供就业岗位2000余个。同时,加大妇女小额担保贷款工作力度,强化政策宣传,做好调查研究、登记推荐等工作,全年发放小额担保贷款3350万元。 (程 赛)

【家庭教育系列活动】 2011年,区妇联以加强未成年人思想道德建设为主线,以提高家长素质、促进儿童健康成长为目标,努力建立关爱儿童长效机制。广泛开展“小公民道德建设计划”和“争做合格家长、培养合格人才”家庭教育宣传实践活动,联合区直机关工委、教育体育局等单位在全区中小学生中开展“小手拉大手、同做文明人”主题教育实践活动,建立健全家教组织网络。依托伊河路小学、风和日丽社区“心系女童”家长学校教育基地,邀请家教有关专家举办青春期女童营养保健、心理健康等知识讲座,发放青春期女童家庭教育手册2万余册,全年开展家教知识讲座10余场。全年培树市级优秀家长2人、优秀家长学校1所。

【儿童工作】 2011年,中原区建立区级留守流动儿童工作组织机构,加强对“流动儿童之家”的管理、指导,举办“留守流动儿童之家”负责人专业培训2次,为全区20359名留守流动儿童建立完善成长档案,新建航西小学“留守流动儿童之家”1所。“六一”节前夕,区四大班子主要领导到汝河新区小学、航海西路小学进行走访慰问,送去了饮水机、书包、体育器材等。开展“利海春雨助学行动”和“民政福彩资助活动”,为18名女童发放帮扶资金2.6万元,并及时做好对受助女童的跟踪问效和后续管理工作。开展“小公民道德模范”评选表彰活动,共评选出优秀小公民50名。培树河南省好女儿1人,郑州市“十佳”儿童1人、优秀儿童5人,妇女儿童先进集体4个和先进个人4人。 (程 赛)

【维护妇女儿童合法权益】 2011年,区妇联强化维权职能,着力实施“妇女儿童权益维护行动”,推动“两规划”落实,维护好妇女儿童的合法权益。

一是深入开展“平安家庭”创建活动。进一步细化和量化街道、社区(村)创建“平安家庭”工作的目标任务。集中开展以“两性和谐让家庭远离暴力”为主题的“三八”妇女维权周和妇女健康义诊、“送法进社区、送法进农村”“化解社会矛盾、促进社会和谐”等各类宣传活动。开通“反家庭暴力”紧急援助热线,在社区开展“零家庭暴力”示范社区创建活动。充分发挥维权法庭职能,5名妇联干部积极履行人民陪审员职责,为妇女免费提供法律援助服务。全年接待妇女群众来信来访60起126人次,来电咨询50人次,结案率99%。

二是加大对妇女的关爱力度。区政府投入5万元对区直机关200余名科级女领导干部进行健康检查。“三八”节前夕,区妇联在区机关北5楼会议室举办了“阳光心态幸福人生”及“关爱女性关注健康”知识讲座,组织开展了女领导干部庆“三八”联谊会等活动。同时,组织泰迪健身球、健身秧歌、拔河等8支代表队,参加了郑州市第五届“百万妇女健身活动展示大赛”,区妇联获优秀组织奖。

三是认真做好“两癌”筛查工作,对5226名妇女进行了“两癌”检查,超额完成了全年目标任务。

(程 赛)

【文明家庭创建活动】 2011年，区妇联深化文明家庭创建活动，结合创建全国文明城市，充分发挥妇联联系广大妇女群众和家庭的组织优势，大力实施"家庭文明行动"。在妇女和家庭中大力推进社会公德、职业道德、家庭美德和个人品德教育，弘扬自尊、自信、自立、自强精神。依托"女性素质教育流动课堂"，广泛普及文明礼仪、法律法规、家庭教育、节能环保、卫生保健等知识。举办各类培训班100期，培训2.9万人次。母亲节走访慰问了优秀母亲、"十佳"母亲、贫困母亲。举办"尊老敬老"关爱活动20余次。

区妇联组织100名志愿者参加中原区"文明创建志愿先行"志愿服务活动。积极完成巾帼志愿者招募、登记、建档备案工作，年底全区有志愿者队伍151支，志愿者3500人。全年开展关爱空巢老人、畅通交通等志愿服务活动100余次。

与区文明办联合开展了中原区"千户特色文明家庭"评选活动，评选出学习型家庭、环保绿色家庭、低碳节能家庭、廉洁家庭等10类特色家庭1000户，并大力宣传典型。区妇联在全区创文工作周评比中荣获3次红旗单位。全年培树市级"三八"红旗集体4个，"三八"红旗手5人。

推荐电新街等3个社区、陈斌等10户文艺家庭参加郑州市第五届家庭文化艺术节，姚雪芳等11户孝老敬长模范参加"感动郑州"孝老敬长模范表彰。 （程　赛）

【组织建设】 2011年，区妇联以建设"坚强阵地"和"温暖之家"为目标，将妇女组织建设纳入党建目标考核，消除基层妇联组织建设空白点，街道、村（社区）、区直妇委会组建率100%；在"两新"组织中新建妇委会20家。加强"妇女之家"建设，截至年底，全区已挂牌建立"妇女之家"151家，实现了全区村（社区）"妇女之家"全覆盖，健全了工作网络，充分发挥"妇女之家"在教育、维权等方面服务妇女的职能。

积极开展创建"五型"机关活动，加强妇联干部"双五"能力建设，举办"爱读书、勤读书、乐读书"妇联干部岗位读书活动，组织近百名女干部、女大学生村官参加省、市妇联举办的各种培训，并到其他县（区）学习考察，汲取经验，切实提高妇联干部的综合素质。配合区委组织部做好培养选拔女干部、发展女党员工作，同时为提高下一届人大女代表、政协女委员比例打下坚实基础，确保各项参政目标完成。 （程　赛）

【调研与宣传】 区妇联多次深入基层进行调研，形成了《家庭教育的当务之急是家长教育》《理论联系实际浅析新形势下如何做好妇联工作的思考》等一批高质量、有价值的调研报告，增强了基层妇女儿童工作的针对性和指导性。

全年向市妇联上报信息60篇，在省妇联网上发表4篇，《郑州日报》上发表4篇，被区《中原信息》《政府工作快报》《每周中原》等采用信息40条，"创文"采用2篇。 （程　赛）

【"两规划"评估获好评】 2011年7月21日，秦岭路小学代表郑州市接受省妇儿工委督导组关于流动儿童的督导，通过实地查看、查阅相关资料和观看视频短片等方式，认真全面地评估了中原区实施妇女儿童发展规划情况，中原区获得好评。

8月1日，秦岭路小学又接受了全国两纲终期评估检查组的检查，获得好评。 （程　赛）

地方军事

人民武装

【概述】 2011年,中原区人民武装工作坚持以邓小平理论和“三个代表”重要思想为指导,深入贯彻落实科学发展观,认真贯彻落实两级军区《军事斗争准备五年规划》,着眼履行新时期历史使命和建设一流人民武装部的目标,着眼加快转变战斗力生成模式,以具体求深化,以细化求落实,抓班子建队伍、抓学习强素质、抓训练谋打赢、抓安全促稳定,全面建设过硬战略预备力量,确保各项工作任务圆满顺利完成。 （张 迷）

【思想政治建设】 2011年,中原区人武部按照警备区的要求和工作部署,进一步加强干部职工和全区民兵预备役人员的思想政治建设。坚持把深入学习贯彻邓小平理论和“三个代表”重要思想作为首要政治任务,重点学习胡锦涛同志关于加强国防和军队建设的一系列指示精神、军委扩大会议精神、两级军及警备区党委全会精神,普遍采取党委中心组学习、集中培训、双带联学、专题教育等形式进行学习,切实加深对邓小平理论和“三个代表”重要思想精神实质的理解,提高在建设全区民兵预备役工作中贯彻落实科学发展观的意识和能力。认真组织搞好“讲政治、顾大局、守纪律”等专题教育,强化军魂意识,扎实做好以遂行多样化任务准备为龙头的各项工作,进一步强化党员干部的政策纪律观念,着力纠正和解决存在的问题,确保上级命令指示和政策规定的有效落实,引导大家带头发扬艰苦奋斗、勤俭节约好传统,大力营造不懈奋斗、崇尚节俭的良好风气,努力推进人武部建设又好又快发展。此外,党委中心组学习制度得到进一步规范,领导干部个人自学得到落实,积极参加上级军事机关组织的团以上干部读书班,团以上干部轮训率100%。坚持督学查学考学,对干部职工理论学习情况进行检查讲评,促进理论学习的有效落实。开展网络安全及防事故教育活动,提高全体人员的网络安全意识及有效防范事故能力,促使广大民兵预备人员保持高度稳定和集中统一。 （张 迷）

【战备工作】 2011年,区人武部狠抓军事训练,努力提高遂行多样化军事任务的能力,全面提高国防后备力量建设水平和质量。一是比武练兵活动扎实有效。区人武部接到警备区的通知后,及时研究实施方案和计划,组织参加比武人员进行封闭式半脱产训练,选派了参加过警备区比武的优秀四会教练员担任指挥。在近一个月的时间里,严格要求、严格训练,特别是在理论学习方面,干部带头,率先垂范,经常白天训练完毕后,晚上还加班复习理论到深夜。功夫不负有心人,通过大家努力,最终在岗位练兵比武中取得了较好的成绩。二是高炮实弹射击任务成绩优异。9月份,以中原区民兵代表为主要成员的警备区民兵高炮连要参加省军区组织的高炮实弹射击任务。接到任务后,区人武部迅速召开了党委会,统一了思想,把实弹射击任务当成年度的一项重要工作来抓。严格挑选了60名基干民兵,采取了全封闭式军事化管理模式,聘请了高炮学院的老教授全程指导,还请来了参加过多次实弹射击的老民兵传授技巧,经过近一个月的训练,实弹射击安全圆满顺利。 （张 迷）

【从严治军】 2011年,区人武部认真贯彻从严治军方针,严格落实条令条例和各项规章制度。一是高标准落实干部24小时值班和部首长住部带班制度,全体人员一日生活制度和8小时之外管理规定。二是坚持用各种制度规范人员的一言一行,克服以往那种靠个人威信管、靠行政职务管、靠个人感情私下管的做法,使管理与被管理之间距离缩短,消除隔阂,变“组织管”为“自我管”。依据上级文件精神,制定出台《干部队伍管理意见》《职工管理规定》和《行政管理规定》,极大地促进了武装部安全管理工作。 （张 迷）

【民兵建设】 2011年,区人武部以新时期军事战略方针为统揽,坚持平时建设与战时使用相一致,自身建设与当地经济社会发展相适应,提高战斗力与发展生产力相统一,继续重点抓好民兵应急队伍建设。在上年建设的基础上,突出搞好“四个分队一个连队”(电力抢修分队、防汛分队、卫生防疫分队、水热气抢修分队、应急连)建设,从组织机构建设、政治教育、军事训练和装备器材配备四个方面着手,认真落实上级关于规范建设的各项要求,进一步完善长效机制。与电力公司、区卫生防疫中心等单位签订装备征借合同,充实装备器材,加强教育训练。2011 年民兵教练员集训，区人武部 2 名参加警备区选拔的教练员被选派代表警备区参加省军区集训比武。

2011 年初，区人武部协调区委、区政府，联合区委组织部对专职武装干部队伍、街道武装工作和应急队伍进行专项考评，深入基层掌握第一手资料，坚持干部在一线工作、领导在一线指挥、矛盾在一线发现、问题在一线解决，有力推动基层建设全面发展。根据考评结果，在配齐配好基层武装部长的基础上，大力推进各街道武装部应急排建设，督促在前两年的基础上配齐配好物资，注重在实践中锻炼队伍，并多次安排各排参与战备值班、维稳和保畅通行动。（张　迷）

【后勤综合保障】 2011 年，区人武部认真深入贯彻落实省军区后勤战备工作会议精神，进一步修订完善各类后勤保障方案，更新后勤动员潜力数据资料。加强经费物资管理，坚持党委集体理财，严格落实“联审会签”和军政主官“双签”制度，加大审计监督力度，积极配合警备区做好团职干部离任经济责任审计工作。重视营产、营具和营房管理，认真抓好车辆和油料管理，完成车辆环保检测、年度审验、号牌清理整治、军车 GPS 定位设备安装等各项工作。不断加大对职工的教育管理力度，积极搞好卫生勤务保障，使后勤正规化建设水平和综合保障效能得到明显提高。（张　迷）

【防汛工作】 2011 年，警备区赋予中原区的防汛任务主要是黄河防汛和内河防汛，中原辖区的内河主要有西流湖、常庄水库、须水河、金水河。区人武部结合所担负的防汛任务，认真修订《防汛预案》，组建一支 260 人组成的防汛应急分队，并对各单位防汛准备工作进行认真检查，落实了 6000 余人的防汛队伍，40 余辆防汛车辆，各类防汛物资万余件，防汛期间值班人员 24 小时在职在位的各项工作。（张　迷）

【形势政策教育】 2011 年，区人武部党委领导不断增强政治敏锐性和责任感，号召全体人员读报纸、听新闻，关注媒体报道，利用每天的交班会、思想交流、热点敏感问题讨论、专题形势政策报告等形式，深化经济社会改革发展的艰巨性，引导大家把思想和行动统一到党中央、中央军委的决策部署上来，以履职尽责、干好本职工作的实际行动来确保部队的高度稳定和集中统一。（张　迷）

【征兵工作】 2011 年冬季征兵与往年有较大的不同，扩大了在校大学生和应届高中毕业生的征集比例，放宽了一些征集条件，对廉洁征兵提出了更高的标准和要求。区人武部一是抓好征兵“四项工作”，于 5 月 9 日召开中原区基层武装部长会议，分解任务，布置工作；5 月 13 日、16 日依据征兵工作宣传教育提纲，分别到河南工业大学和中原工学院商务信息学院作报告，学生反响热烈，听课人数达到 420 人；将宣传教育提纲发至辖区每所学校，让院校教员针对所有应届毕业生，采取集中授课的方式进行宣讲；将郑州市 2011 年征兵“四项工作”有关政策以通告、海报形式张贴在校园醒目处，让符合条件的优秀青年随时可以了解相关信息；指派辖区所有街道办事处制作宣传板报，在部分高中、中专、职高等学校大门口进行宣传，不仅使学生了解相关内容，也促使广大家长和教师了解相关信息。二是廉洁征兵，聘请廉洁征兵监督员，全程参与征兵工作；新兵家访按照一比一走访原则，由接兵干部、人武部干部职工、基层专职武装干部联合走访，共同填写廉洁征兵监督卡，在全区群众中产生了良好的反响。区人武部圆满完成了新兵征集任务。（张　迷）

人　防

【概述】 2011 年，区人防办严格按照工程维护管理标准开展了公用早期人防工程维护工作、监督开展单位早期人防工程维护工作。紧紧围绕经济建设这个中心，进一步解放思想，更新观念，牢牢把握人防工作重点，大力提高人防工程的战备效益、社会效益、经济效益。（韩　莉）

【工程维护管理】 区人防办从 2011 年 4 月 25 日起，在全区开展“人防工程质量效益年”活动，全面加强人防工程维护管理。进一步规范早期人防工程维护标准，组织开展公用早期人防工程维护工作，监督开展单位早期人防工程维护工作，工程良好率80%以上。积极探索结建工程维护管理办法,进一步理顺结建工程维护管理体系,督促结建单位做好维护管理工作,做到结建工程无损坏。开展人防工程挂牌工作,全年分2批挂牌32处计61块,统一了人防工程标志。（韩　莉）

【早期人防工程开发利用】 2011年,区人防办按照“平战结合”的要求,积极鼓励引导有条件的单位加强对早期人防工程和结建人防工程的开发利用。早期人防工程部分用于存放水果,种植菌类、蔬菜等,结建工程用于停车、仓储、商贸等,利用率100%。全部人防工程利用率超过70%。同时,区人防办积极协调有关部门,向市人防办建议拓宽思路、合理开发利用秦岭路地下人防工程,与轨道交通等部门联合开发利用,促进人防工程战备效益、社会效益、经济效益的提高。（韩　莉）

【人防工程用于纳凉】 开放人防工程纳凉是深入贯彻落实科学发展观、发挥人防工程社会效益的一项实践活动;是深入落实省市领导解民忧、送民需、改善民生、构建和谐社会的实际措施;是拓展人防工程平战结合使用效能的一项具体工作,对于宣传人防具有重要的意义。

2011年,中原区成立人防避暑纳凉工作领导小组,人防办主要领导任组长,分管领导及各街道办事处主管领导任副组长,统一安排部署纳凉工作。一是认真勘查选点。年初与各街道办事处签订的目标责任书中明确纳凉地点,各街道办事处在纳凉工作开始前上报一处辖区纳凉点以备筛选,通过对各备选纳凉点的实地考察,筛选出鑫苑国际、大商超市、市人防建筑公司、中原商贸城、市政府家属院5处纳凉点供市民纳凉。二是配备纳凉物资。为纳凉点配备桌子60余张、椅子200张、扑克1000副、跳棋30副、象棋30副、报刊宣传书籍400份、饮水机5台和饮水纸杯、纯净水等,为市民提供一个安全整洁、娱乐休闲的避暑纳凉场所。三是加强管理。根据各纳凉点开放经营情况,区人防办积极协调经营业主,制定完善服务和管理制度,认真做好安全、消防、清洁等工作,提高管理水平。四是积极开展新纳凉点建设。新的纳凉点位于中原西路阳光花园23号楼下,面积约1500平方米,拥有10余个房间,区人防办投入资金6万元对纳凉点进行布线、防水、粉刷、地面处理、隔断等施工改造,年底工程已顺利完工。（韩　莉）

【人防防汛】 2011年,区人防办始终贯彻“安全第一、常备不懈、以防为主、全力抢险”的方针,本着防大汛、抗大洪、抢大险、救大灾的指导思想,针对辖区早期人防工程多、质量差的特点,精心准备,扎实开展工作,确保人防防汛工作落到实处。一是加强领导。成立中原区人防防汛工作领导小组,区人防办主要领导任组长,班子其他成员任副组长,各街道办事处主管领导任小组成员,统一领导中原区的人防防汛工作。二是落实责任。汛前与各街道办事处、工程单位签订《2011年中原区人防防汛工作责任书》,明确任务,落实责任。区人防办班子成员每人分包2~3个办事处,全员参与、分工合作。三是健全制度。严格落实防汛值班制度和事故报告制度,确保防汛体系运转顺畅。四是认真准备。汛前开展拉网式排查,在各街道办事处的配合下,发现隐患及时处理。建成一支30人的抢险队伍,在郑上路53号院建立器材、物料储备点,准备发电机、抽水泵等器材和工具,备齐水泥、大沙、钢筋、石子等应急抢险物料,储备抢险必备的器材和工具,并安排专人保管;同时,协调落实就近施工工地,将其人员、建筑材料、机械设备作为重大险情抢险资源,做好充分的防汛准备。五是全力抢险。道李村、前进路与中原路交叉口、须水大街、国棉一厂中街、四棉社区险情发现及时,处理到位,有力地保证了人防工程安全。（韩　莉）

【充实人防指挥通信装备】 2011年,区人防办筛选出中原西路街道绿都社区、林山寨街道百花社区、航海西路街道帝湖社区、须水街道办事处为人防警报安装点,8月30日至31日各点完成1台防空警报的安装工作,经调试后已投入使用。截至年底,中原区安装各类防空警报40台,音响覆盖率85%,防空警报音响覆盖面逐步向三环以外延伸。在防空警报维护管理工作中,区人防办严格按照《警报设施维护保养制度》《警报维护员职责》的要求,对警报管理员队伍进行培训,并加强监督检查,全面提高辖区防空警报设施维护管理水平和整体保障能力。（韩　莉）

【人防宣传教育】 2011年,中原区人防宣传教育致力于由传统的"三防教育"向"防空防灾一体化教育"的转变。一是继续在全区所有初级中学普及人防教育,教育突出防空防灾内容,增强自救能力训练。各初级中学防空防灾教育参学率和及格率均在95%以上。二是以"安全生产月"活动为契机,面向社会宣传防空防灾知识。三是坚持以人防教育"五进"标准开展工作,继续拓宽教育面。建成郑工、秦江、绿都3个示范社区,郑州新力热力有限公司1个示范企业,郑州市四十二中、六十五中2个示范学校。四是国防教育日在五一公园开展以"关注人防,关爱生命"为主题的宣传教育活动,通过展出展板,悬挂横幅,发放教育手册、印有人防标语的扑克牌、雨伞等方式,向社会广泛宣传防空防灾知识,取得了良好的效果。 (韩 莉)

【基层基础建设】 2011年,区人防办规范工程管理档案制作,实行统计信息日报制度;完善和加强安全巡查制度,消除隐患,确保安全;认真落实本级人民防空指挥部组成人员实名制;坚持依法行政、持证上岗,无行政执法不作为,无错案、无执法过错责任;抓好人防机关"准军事化"建设,提高人员素质和能力。 (韩 莉)

【人防工程重大险情处理】 1月11日中午,道李村早期土洞出现塌方,经勘查,塌方位于民房和临街道路下方,塌方处长约13米,宽约5米,深约4米,其中一处两层民房悬空约3米,另一处民房门楼悬空,道路半幅悬空。塌陷原因是早期土洞年久失修,自来水管断裂高压水冲刷所致。11日下午,市人防抢险队进驻现场,和区人防办一起会同航海西路街道办事处、道李村委会组织住户搬迁,并在塌方现场拉起警戒线。随后搭建脚手架以支撑悬空房屋、门楼,并对房屋门楼周边进行加固,避免地面建筑大面积倒塌。11日晚,地面建筑加固完毕。12日,市、区两级人防部门组织30余名工作人员和7台车辆参与抢险加固,对塌陷部位灌注混凝土8车,12日晚塌方处灌浆完毕。13日,区人防办协助航海西路街道办事处和道李村委会对塌方进一步加固及地面清理扫尾,塌方主体加固完毕。

1月17日,前进路与中原路交叉口北150米路西一小区内早期人防工程内部出现塌方,经现场勘查,是因小区污水管道破裂,污水流入管道下方早期人防工程内,造成早期人防工程塌方,塌方深度约6米,未危及地面道路、建筑安全。17日中午,市人防办主任张德印、工程处处长李巍等深入现场,提出具体要求,经市人防专家现场论证,决定对塌方处进行混凝土回填。15时,区人防办组织抢险队员30余人,2台混凝土灌浆车,开始对塌方处进行回填,共浇灌混凝土约30立方米;18时,混凝土浇灌完毕,对窨井下方进行防水处理。经过一天的观察,未出现新的险情,该险情已排除。

9月5日,棉纺路街道四棉西社区路面出现塌陷,塌陷处接近居民楼基,危及楼房和群众安全。接到险情后,区人防办主要领导和值班人员立即赶赴现场参与抢险。经勘查,路面塌陷原因为自来水管道破裂,水流长期冲刷所致,危及人防工程安全。在市、区领导现场指挥下,区人防办积极与市人防办进行对接,进一步掌握周边人防工程状况,并安排2名值班人员彻夜盯防。6日凌晨,混凝土灌注完毕,险情排除。 (韩 莉)

消 防

【概述】 2011年,中原区公安消防工作以抓好部队思想政治建设、班子建设、干部队伍建设、警营文化建设和基础设施建设为基础,强力推进打造中原消防铁军、部队精细化管理、消防宣传培训和社会火灾防控工作,圆满完成了年度工作任务,确保了"两个稳定"目标的实现。全区有消防安全重点单位490家,其中市消防支队在中原区列管的重点单位有63家,区公安消防大队列管的重点单位有134家,辖区派出所列管重点单位293家。

(杜 平)

【"六无一创"活动】 消防大队党委认真贯彻上级党委抓队伍的整体思路,坚持从严治警,严格教育、严格纪律,强化队伍管理,培养过硬作风。开展安全稳定"六无一创"(无亡人责任事故、无刑事案件、无自杀事件、无违反"五条禁令"行为、无严重违法事件、无媒体负面炒作和丑闻事件,创平安军营)活动,不断深化部队精细化管理。健全安全组织,明确责任分工,针对影响部队安全稳定的各种因素和各个环节，各中队分别设立了日常巡查安全员、执勤训练监督员、火场信息观察员、网络安全巡视员、心理健康辅导员；相继开展了作战训练、车辆管理、夏季安全防事故、网络安全、卫生防病等专项整治活动；坚持做到“每日一检查、每晚一讲评、每周一总结、每月一奖惩”；开展了以条令条例、法律法规以及安全常识、安全警示和安全操作规程等为主要内容的基础教育，并组织进行“一口清”比武竞赛活动；根据战士兵龄和岗位特点，划分学习小组，每月安排不少于4次的专业学习，每周二、周四下午为固定集中学习时间，由大队军政主管轮流为官兵授课，讲授规章制度、车辆安全、廉政建设等方面的知识；以训练间隙开展安全讨论、业余时间观看警示纪录片、节假日参观警示教育基地、每周评比“安全之星”等形式，营造时时处处想安全、抓安全、保安全的浓厚氛围；每月组织官兵开展一次自查活动、召开一次部队管理安全形势分析会，认真查找安全工作薄弱环节，着力解决突出问题。所辖中原二中队虽然营房破旧，但管理正规，被支队评为部队管理教育精细化试点中队。大队两次代表支队迎接总队“六无一创”活动开展情况检查督导，均受到一致好评。 （杜　平）

【岗位练兵】 消防大队始终把大练兵活动摆到重要位置，牢固树立灭火救援主业意识，紧紧盯住“打得赢”这个终极目标，培养过硬的战斗作风，提升部队灭火攻坚能力，实现灭火抢险救援的最大效益。中原一中队被总队定为“铁军中队”试点中队。大队统一制定大练兵活动实施方案，成立活动领导小组、训练攻关小组。每月召开一次训练形势分析会，积极采取跟进措施，保证时间、人员、项目、效果“四落实”。落实全员参训，实行士官组训，强化干部跟训，分重点、分阶段、分专业施训。严格落实日考勤、周考评、月考核的“三考”制度。大队干部分包所属中队，每周至少住队一天，每月召开训练形势分析会和考核讲评会，纠正训练偏差，强化训练效果。着眼可能发生的最大、最难灾情，从救人方式、灭火进攻路线、安全防护、紧急避险、破拆、排烟等技战术方面，逐一修订完善灭火应急救援预案，组织下辖中队认真开展25项实战操法训练，深入辖区熟悉208次，组织单位演练77次，修订预案65份。 （杜　平）

【事故处置】 2011年，消防大队接警出动641次，出动警力7602人次，救出遇险群众127人，疏散被困群众234人，保护国家和人民群众财产255.8万元，成功处置了“2·16”恒元副食品公司门面房火灾、庙王村“10·22”爆炸等10余起灾害事故。 （杜　平）

【社会化火灾防控】 消防大队认真落实上级关于社会化火灾防控的指示精神，全面落实政府消防安全责任，将消防工作纳入政府综合目标管理体系，并作为平安建设考评、领导干部政绩考核和政务督察的重要内容。区政府与各街道办事处及有关职能部门签订年度消防工作目标责任书，实行行政首长问责制，全区12个街道办事处依托安监办成立的消防工作办公室，有效开展工作，切实将网格精细化管理各项工作落到了实处。大队加强对派出所和基层部门的业务指导，充分发挥派出所执法主体的作用和基层部门防控主体的作用，采取定期联系的方法，指导街道、社区、派出所、巡防、保安开展消防工作，有效提升了基层部门开展消防工作的能力。 （杜　平）

【消防安全专项整治】 2011年，消防大队结合辖区实际，采取由政府牵头负责，相关部门联动配合，昼夜检查相结合的方式，在全区范围内开展“拉网式”“地毯式”的消防安全大检查，又相继开展“护航中原”系列行动、“九小场所”专项治理、消防产品专项治理，以及城中村、商（市）场、高层建筑、在建工地、消防控制室等一系列专项治理行动。在专项治理行动中，消防大队切实发挥政府主导作用，充分调动全社会自查互查、自纠互纠的积极性。紧盯重点场所、重点部位、重点人群，明确工作标准，量化工作任务，实行责任包干，增加检查频次，强化社会单位“四个能力”（检查和整改火灾隐患能力、扑救初期火灾能力、组织引导人员疏散逃生能力和消防安全知识宣传教育培训能力）建设。

在“清剿火患”战役行动中，消防大队科学谋划，积极部署，充分发动多方力量，积极推动街道办事处消防安全管理工作和社区试点建设。全面落实“36773”（划分三级网格、确定六大责任主体、落实七项制度、开展“七个必查”、建立三项登记台账）网格化排查工作机制，明确六大主体责任，形成了定主体、定标准、定任务的“三定”分包责任制。全区12个街道办事处全部成立消防安全办公室，142个社区（行政村）成立100个消防工作组、35个志愿消防服务队，划片包干，细分网格，重点对“九小场所”“三合一”建筑以及出租屋等边、远、散小场所进行检查，做到不留盲点和死角，构建了全社会“立体式”火灾隐患排查新模式，切实将“九个绝不允许”“九个一律”作为消防安全钢纪铁规落到实处。

2011年，消防大队检查单位13424家，排查火灾隐患18360余处，督促整改18121处，临时查封单位65家，行政处罚199家，拘留138人，有效净化了全区消防安全环境。（杜　平）

【消防宣传培训】 消防大队坚持从辖区实际出发，实施声势浩大的“两全”工程：一是开展全民消防宣传教育，二是开展全员消防层次培训。

全民消防宣传教育以6个骨干活动为支撑：一是深入推进消防宣传“五进”，二是深入开展全民疏散逃生演练，三是深化社会单位“四个能力”建设宣传，四是深化消防宣传橱窗工程建设，五是深入推进“消防安全示范街”建设，六是深入落实“家庭消防安全计划书”。

全员消防层次培训以5个骨干活动为支撑：一是强化消防控制室值班操作人员培训，二是强化社会单位消防安全教育培训，三是强化特种作业人员消防安全培训，四是全面开展农村乡镇长、村“两委”责任人消防安全培训，五是强化消防监督业务人员培训。

消防大队按照消防宣传培训的总体思路，以骨干活动为抓手，以消防宣传“五进”为宣传载体，以学校为重点，以家庭为基础，举办各种形式的系列宣传活动，把固定橱窗宣传、移动站点宣传和媒体互动宣传紧密结合起来，把集中分类培训和现场随机培训紧密结合起来，形成消防宣传培训的宏大声势。消防大队还通过宣传车、画册、展板、报纸、户外视频等媒体平台，开展集知识性、科学性、实用性、趣味性于一体的消防安全讲座，组织群众进行灭火器使用、逃生自救等实战演练。打造了豫纺宾馆、阿五美食等固定消防宣传站点和市场街、昆仑路消防宣传一条街，发挥固定宣传站点的辐射功能，点面结合、以点带面。2011年，消防大队广泛发动社会力量开展消防宣传活动400余场次，宣讲培训40期，发放宣传资料3万余份，受教育群众5万余人次，营造了良好的消防宣传氛围，有效提高社会整体防控能力。（杜　平）

【后勤保障】 消防大队紧紧抓住区政府高度重视和支持消防工作的机遇，扎实做好打基础、管长远的工作，推动消防工作和部队建设的持续发展。2011年，结合大队年度财政预算经费基数较低的现状，积极向当地党委、政府和财政部门汇报，努力取得当地财政的支持，共争取财政经费175万元，比去年增长了40%。在经费使用上，大队坚持勤俭节约，落实双主管签字，大项开支党委集体研究决定，从严控制消耗性支出，确保中心工作的顺利完成。在党务公开试点期间，消防大队投资30万元翻新营房，制作了灯箱、展板，为基层中队购置了照相机、液晶电视、取暖炉、床垫等物品，改善了营区环境和官兵生活、办公条件。（杜　平）

【警营文化】 2011年，消防大队党委牢固树立“基层至上，士兵第一”的理念，着眼新时期、新形势下部队发展的规律，把严格管理和真情关爱紧密结合起来，创造条件活跃官兵文化生活，鼓舞部队士气。在实现星级俱乐部达标建设的基础上，营区大院、楼内走廊两侧设置了不同篇章的文化长廊，与河南省图书馆签订共建协议并设立了“流动图书站”，餐厅设置液晶电视落实“三个半小时”，购置视频点歌系统，创办《红门快报》，安装电子触摸屏和电子显示屏，重大节日组织部队开展系列文体活动，警营文化活动实现多样化、经常化。（杜　平）

【队伍建设】 2011年，消防大队坚持把思想政治建设放在首位，组织官兵认真学习贯彻胡锦涛总书记“七一”讲话精神，围绕“坚定理想信念，忠诚履行职责使命”的核心内容，深入开展了学习实践“三句话”总要求主题教育、“学党史、知党恩、强党性”专题教育等系列教育活动。注重加强经常性思想工作，广泛开展谈心活动，及时化解官兵在工作、生活、训练中遇到的矛盾和问题。狠抓部队作风建设和风气建设，积极组织官兵学唱《公安消防部队组歌》，开展读书演讲和教育体会交流活动，落实党风廉政建设责任制，部队良好风气不断巩

固，广大官兵的忠诚、团结、进取、奉献、廉洁自律意识不断增强。（杜　平）

【党务公开】 2011年，消防大队作为全省消防部队党务公开试点单位，坚持从破解影响部队发展壮大的热点、冰点、难点问题入手，先后出台了《中原大队党务公开实施细则》《中原大队重大事项民主测评票决制》，购置了一套电子票决系统，以规范严谨的制度同现代技术手段紧密结合，推动试点工作深入开展。党务公开工作实施以来，基层党务工作更加规范，党组织功能明显强化，党员先锋模范作用得到了充分发挥，最大限度地调动了官兵参与的积极性，党委班子民主决策、科学决策水平明显提高。在承办全省党务公开现场会与历次迎检过程中，党组织建设得到了部局首长与总队领导的一致肯定。（杜　平）

【创先争优】 消防大队党委积极营造争先进、扛红旗、夺第一的浓厚氛围，采取多种措施鼓励官兵奋发进取、创造荣誉、珍惜荣誉。大队设置共产党员先锋车、共产党员先锋岗，定期评比，挂牌激励，官兵创先争优意识明显增强，工作积极性不断高涨。大队还在营区大院、楼梯拐角处以及走廊两侧设置了不同篇章的文化长廊，用身边先进人物的形象和格言警句教育、警示官兵，强化官兵的宗旨意识和责任意识。大队充分利用"徐军班"这一荣誉载体，强化"徐军精神"的传承与发扬。2011年，大队涌现出了以勇救落水父子的郑小明为代表的一大批优秀官兵，多名官兵立功受奖，3名战士考取军校。（杜　平）

法制建设

政　法

【概述】 2011年,中原区政法暨平安建设工作按照构建平安和谐社会的要求,以人民群众满意为根本标准,以化解社会矛盾为主线,紧密结合实际,深入推进社会矛盾化解、社会管理创新、公正廉洁执法三项重点工作,着力解决影响社会和谐稳定的源头性、根本性、基础性问题,着力推进平安中原建设,加强基层政法队伍建设,全力维护社会和谐稳定,人民群众安全感明显增强。 (王慧子)

【多举措保持社会良好秩序】 一是积极开展平安宣传。2011年,区综治委印发了带有2011年日历的平安建设宣传彩页8万份、带有"安全防范十八点"等内容的宣传卡片5万份、宣传条幅600余副;区综治办、各街道办事处在文化宫路、秦岭路等主次干道制作墙体漫画宣传长廊5000余米长,并在建设路两侧的高大建筑物上制作大幅固定宣传标语;区委、区政府为103个社区、45个村安装了148块平安建设电子显示宣传栏;组织全区综治委成员单位参加平安建设集中宣传活动,提升人民群众对平安建设的知晓率和参与意识。二是排查化解社会矛盾。综治工作中心整合各成员单位力量,运用民事调解、司法调解、行政调解的"三调"联动工作机制,形成职能部门与社会各方整体联动的大调解格局。全年排查调处矛盾纠纷1383起,调成1354起,防止民事转刑事案件5起139人。三是密织社会治安防范网络。采取车巡与步巡、着装与便装相结合的方式,开展高密度巡逻防范,震慑犯罪。最大限度地提高街面见警率,有警接警,无警巡逻、维护交通秩序,提升快速反应和动态管控水平。四是加强校园安全保卫工作。成立了由区委书记、区长任组长的校园、幼儿园安全保卫工作领导小组,实行长期分包负责学校安全的"五位一体"工作机制。统一为61所中小学校和幼儿园配备保安128名,在上、下学时段,对全区每所学校和幼儿园派出2~4名治安巡防队员,强化治安防范,加强交通疏导,全区学校、幼儿园的周边环境明显改善,师生安全防范意识明显增强。 (王慧子)

【强基层基础推社会管理】 一是强化综治中心建设。2011年,全区12个街道均建成综治工作中心,147个村(社区)建成综治工作站。建立了矛盾纠纷排查调处等10项工作台账,严格落实检查考核等7项工作制度,建立矛盾纠纷"联调"、社会治安"联防"、重点工作"联动"、突出问题"联治"、基层平安"联创"的工作机制。二是加强技防设施建设。由各级政府和社会投资共建成监控平台268个,探头7870个,构筑了"防管控一体、人防技防物防相结合"的治安防控与城市管理体系,遏制了严重影响群众安全感的多发性、侵财性案件的发生。三是加强社会组织管理服务工作。采取送检与上门年检相结合、书面通知与电话告知相结合、一般年检与重点检查相结合的方式,对全区118个社会组织逐一年检。四是加强网络虚拟社会管理。健全完善网络安全管理体制,形成网络安全管理的整体合力。加强对"网民"群体发展趋势的研究,分析辖区舆论环境,对网上关注的问题及时做出回应,及时捕捉负面新闻和敏感信息,提出舆论引导对策,加强舆情引导。 (王慧子)

【严打严防保稳定】 一是发挥群防群治优势。2011年,社区组织楼栋长、平安建设志愿者和热心社区工作的老党员、老模范、老干部,开展楼栋看护、邻里关照、义务巡逻。在厂企、学校、内部单位实行行业联防,保安在各自单位及小区、楼院之间开展不间断的治安巡逻,减少各类案(事)件的发生。二是严厉打击各类违法犯罪。公安机关立"两抢一盗"案件1930起,破687起,打掉黑恶势力犯罪团伙3个;检察院批捕"两抢一盗"案件124件160人,起诉167件242人;区法院受理"两抢一盗"案件132件180人,审结120件163人。三是提高防范实效。在巡防队中继续开展创建"零发案"社区活动,防范打击入室盗抢,盗窃自行车、电动车等专项活动,全区可防性案件明显下降,全年零发案社区48个,辖区居民群众满意率显著提高。四是流动人口及重点人员管理与服务。录入登记流动人员91256人,通过录入登记抓获网上逃犯81人,将悉数比对出受过打击处理的570人纳入高危人群管理。建立区、街道、村(社区)三级安置帮教小组157个,吸收帮教工作人员478名。全年接收刑释解教人员127名,其中刑满释放111人、解除劳教16人,安置率100%。五是加强社会治安重点地区排查整治。扎实开展社会治安重点地区和突出社会治安问题排查整治“百日会战”，组织大的集中行动10次，出动警力和社会力量31592人次，清查都市村庄307个、出租房屋16163户、“五小”场所2809个，设置卡点160个，盘查可疑人员25165人次，清查“三无”人员3738人次、社会拾荒人员及盲流等824人，登记暂住人口49961人，盘查可疑车辆1287辆，查处交通违法56人次，破刑事案件15起、治安案件16起，抓获犯罪嫌疑人44人，其中刑事拘留22人、治安拘留22人。

（王慧子）

【稳定工作有序开展】 2011年，中原区委、区政府对突发事件、群体性事件高度重视，做到领导第一时间到现场，靠前指挥，果断处置。各部门加大对不稳定因素的排查化解力度，做到了目标明确到位、解决问题到位、处置突发事件到位。

创新工作机制，强化信息建设。一是强化目标责任。将信息工作列入全年考核目标，对迟报、漏报、隐瞒不报的情况实行责任追究。二是建立奖励激励机制。为鼓励信息员和群众报告信息，规范信息报送机制，对信息员实行奖励制度，有效激发信息员的积极性、主动性。三是加强信息建设。在不断完善维稳机构网络化建设的基础上，加强纵横两条网络线的信息建设，捕捉社会面的信息，了解社区情况、民情民意；同时以信访、公安等部门为专业网络，密切注意社会深层次问题，随时掌握信息。区维稳办编发《每日维稳信息》200余篇。

完善应急机制，加强敏感时期管理。一是快速处置群体事件。在处置承建153医院综合楼施工的中国建筑第五工程局16名民工围堵市政府事件中，区领导高度重视，按照“人员带离、安抚疏导、沟通协调、案结事了”的要求，5个小时内事件处置结束，得到圆满化解。二是加强企业军转干部管理。在敏感时期，对企业军转干部不仅全面落实政策，而且给予亲情关怀，针对企业军转干部准备以唱红歌的形式参加聚会，中原区专门召开了4次会议，密切关注重点人员思想动态，确保中原区没有一名企业军转干部发生非正常聚会行为。

（王慧子）

【防范邪教工作】 一是开展经常性的反邪教宣传教育。2011年，区防邪办每月在社区组织开展1次反邪教宣传教育，全年发放宣传彩页5万余份、光盘千余张、反邪教书籍4000余本，展出宣传展板110余块，组织观看科普电影60余场，辖区居民对邪教的识别能力明显增强。开展“家庭拒绝邪教承诺卡”活动。已签署承诺卡2.95万余份，签卡率30%，参与率60%，增强了对邪教组织的抵制力。

二是强化无邪教创建成果。根据《郑州市2010—2012教育转化攻坚与巩固整体仗工作方案》的要求，2011年中原区有需要转化的“法轮功”人员2名、思想不稳定人员14人，经过将任务分解、细化，对重点痴迷人员进行一对一转化，共转化成功4人，反复率控制在8%以下。80%以上的街道和95%以上的村（社区）达到无邪教人员、无邪教活动。

三是对顽固分子和邪教组织进行严厉打击。2011年抓获“实际神”邪教组织非法活动人员7人，治安拘留1人，逮捕1人；抓获“法轮功”人员1名。查获涉及“法轮功”的人民币272张、光盘128张、书籍14本、小册子55册、宣传页和贴纸共278页，以及其他影像、图书资料等。全年实现了“三零”和“三个不发生”的工作目标。（王慧子）

【巡防作用充分发挥】 2011年，区巡防办抓队伍树形象，抓训练强素质，抓管理上水平，抓防范保平安，大力开展“平安建设年”活动。

狠抓管理创新，强化队伍正规化建设。一是常规工作与重点工作相结合，坚持每周一例会制度，全面部署社区各项工作，做到常规工作无遗漏，重点工作无放松。二是深入调研与解决实际问题相结合，制定了巡防办工作人员下现场制度，把办公室工作人员分为2人一组下基层，到各中队、社区巡防室督查人员到位情况和工作落实情况，有针对性地提出解决问题的措施，有效地解决队员中发现的实际问题。三是点与面相结合，每件关键的、牵动面广、影响面大的工作，都注意先抓点，选准突破口，取得成功经验，然后再全面推进。四是条例和落实相结合，严格按照正规化管理有关规定规范队伍秩序，抓好制度落实，使巡防队的一切行动条令化、制度化。

紧扣队员素质提升，岗位练兵狠抓落实。继续开展巡防知识和业务技能训练活动，在培训模式上，大力推广"轮训轮值、战训合一"；在培训内容上，把巡防队员应知应会以及提高群众工作能力、处置突发公共事件能力作为必训科目；在培训方式上，坚持集中培训与中队小训有机结合，提高培训效益；在培训管理和机制建设上，规范不同岗位、不同队员的训练内容、考核标准，切实增强培训的针对性和实效性。制定《中原区巡防队开展大培训大练兵活动实施方案》和《岗位练兵考核办法》，始终坚持每周半天训练，每月三天培训，每季一周集中轮训，分批进行体能训练、队列训练和擒拿格斗训练，强化培训的练兵制度。同时，对政治理论、法律法规、巡防技能、体能训练的科目分别进行细化，坚持严格训练，严格考核，通过集中训练和考核，队员擒敌拳、警棍术、奔跑速度、灵敏程度等均有很大提高。

积极探索防范模式，切实提高防范实效。一是全年召开两次经验交流会，各中队把有效的防范措施总结推广。二是采取有效的巡逻方式，即交叉巡逻法、迂回巡逻法、"三多"巡逻法（多看：巡逻时多注意周围发生的情况；多照：夜班巡逻时必备强光手电，对昏暗处、居民门窗多照，严防入室盗窃发生；多检查：巡逻时多检查车辆有无上锁、没关窗现象，电动车无上锁情况）。三是把人防、技防、物防和社会力量防范有机结合起来，实行网格化管理，做到一方有事，能随时组织起有效的防范力量，着力在夯实基础、落实防范措施上下工夫，构建社会面"打防控一体化"工作机制。全区各中队和机动队、处置队，整合防范力量，徒步巡逻和机动巡逻使院落、街道实现巡逻全覆盖。

牢记巡防为民宗旨，帮民助民奉献爱心。全年区巡防队员为群众做好事2881件，收到锦旗49面、表扬信307封；巡防队员的先进事迹被新闻媒体报道855次，其中电视台报道573次、广播电台报道16次，报刊报道282篇。（王慧子）

【政法队伍建设】 2011年，区委政法委组织开展政法系统"发扬传统、坚定信念、执法为民"主题教育实践活动，切实提升政法干警的思想认识，实现政法队伍在思想上有大的提升、精神面貌上有大的提振、工作水平上有大的提高。

一是深入开展主题教育活动。区委政法委紧密结合创先争优活动，开展"发扬传统、坚定信念、执法为民"主题教育实践活动，依照"人人参与进来、人人受到教育、人人得到提高"的要求，把学习教育、查摆评议、整改实践贯穿整个活动始终。全区政法单位相继组织开展"温誓言、唱红歌、看经典"活动，组织党员干警重温入党誓词、重看红色经典影片、重唱经典红歌、走访革命前辈、瞻仰革命旧址、开展纪念征文等活动。辖区4个派出所利用半个月的时间，集中组织开展学理论、强纪律、练作风，有效提升队伍凝聚力、执行力、战斗力。二是深入开展创建学习型政法机关、学习型政法领导班子、学习型政法队伍活动，切实提高政法部门领导班子的综合素质，通过开展大练兵、大比武、大学习、大讨论活动，查找和改进自身问题，切实提高基层政法干警把握运用法律政策能力、群众工作能力、信息化实战应用能力、突发事件处置能力、舆论引导能力。（王慧子）

【办理涉法涉诉案件】 2011年，区委政法委受理中央、省委、市委政法委交办案件71件，未到期8件，已到期并结案62件。在开展集中处理涉法上访问题工作中，做到"三个不放过"，即案件查不清不放过、措施不到位不放过、问题不解决不放过。25件涉法涉诉案件，结案25件。（王慧子）

建设路派出所

【概述】 2011年，建设路派出所把公安工作基点放在主动适应新的警务模式、有效驾驭各种突发和复杂形势上，以推进"四严一创"活动为主线，以实现"四个满意"为总体目标，以"思想纪律作风整顿"活动为载体，以规范执法为保障，以改革创新为动力，着力提升公安工作的主动性、创造性，着力提升公安队伍的凝聚力、战斗力，着力提升人民群众的安全感、满意度，将维稳工作置于更加突出的位置，为辖区经济发展创造了和谐稳定的社会治安环境。（李　倩）

【综合打击效能提升】 2011年，建设路派出所立刑事案件1971起，破获499起。采取强制措施609人（其中起诉556人），治安拘留776人，劳动教养23人，强制戒毒86人。各项打击处理数字及38

项生物信息录入和电子痕迹采集等主要工作项目均位列市区派出所序列前茅。打击小广告专项行动，治安拘留 90 人，刑事拘留 18 人，逮捕 3 人，打掉团伙 3 个，批评教育 88 人。特别是全市“四严一创”活动开始后，派出所围绕市公安局党委工作思路，深入动员，周密部署，做大支撑，营造氛围，突出重点，全员参与，始终保持了对各类犯罪活动的高压态势。

（李　倩）

【全力攻坚破命案】 2011 年，建设路派出所快速反应、多警联动，先后破获 2010 年“8·10”绑架杀人案、2010 年“11·7”故意伤害致死案、2011 年“9·16”入室抢劫强奸杀人案及 2011 年“1·13”抢劫杀人案。特别是2011 年“1·13”“1·31”两起现行命案发生后，派出所按照整体作战法要求，专案民警夜以继日、奋力攻坚、千方百计，力争尽早侦破。

（李　倩）

【打击盗抢】 2011 年，建设路派出所认真学习省公安厅、市公安局打击“两抢一盗”犯罪有关工作精神，严格按照市公安局的统一安排，充分发挥公安机关打击犯罪的主力军作用，成立组织，制定方案，始终保持对“两抢一盗”等多发性侵财犯罪的主动进攻态势。全年立“两抢一盗”案件 803 起，破获 147 起。打掉 3 人以上的“两抢一盗”团伙 23 个，抓获“两抢一盗”嫌疑人 202 人。通过信息研判，成功打掉一个 4 人持刀抢劫团伙；深入摸排、顺线追踪，打掉一个 6 人吸贩毒团伙；监控导侦、网上串并，成功侦破系列门面店被盗案，抓获盗窃和包庇的犯罪嫌疑人 2 名，侦破案件 20 余起；顺线追踪、缜密查控，打掉何×、杜××组成的持械抢劫团伙，破获了郑东新区 1 起持械抢劫案件。

（李　倩）

【打击黑恶犯罪】 2011 年，建设路派出所始终坚持“预防为主、打防结合”和“打早打小、露头就打”的原则，对辖区黑恶势力情况进行认真的分析和研究，制定出有针对性的工作措施，上下一心，全警参战，营造出打击黑恶势力的浓厚氛围，迅速掀起行动高潮，向黑恶势力发起了凌厉的攻势。截至年底，共摸排涉黑、涉恶线索各 1 条，在侦涉黑团伙 1 个，打掉 1 个黑社会性质团伙，已判决，有力地打击了黑恶势力犯罪，维护了辖区社会大局的稳定。

（李　倩）

【多措并举追逃犯】 2011 年，建设路派出所将追捕逃犯作为严打工作的一项主要内容，以“清网行动”为契机，全面加强追逃工作力度，对在逃人员尤其是命案逃犯，逐一制定追捕方案，采取定人员、定责任、定措施、定时限、定奖惩的“五定”措施，充分运用技术手段，采取秘密贴靠、架网守候、动员规劝等方法，使追逃工作稳步向前推进。截至年底，共抓捕各类逃犯 135 人，其中外省 55 人，命案逃犯 6 人，利用“清网行动”抓获本地网上逃犯 51 人，在网逃犯下降率 85%。

（李　倩）

【打击电信诈骗】 2011 年，建设路派出所针对当前突出的电信诈骗犯罪，结合《郑州市公安局关于严厉打击电信诈骗工作方案》的要求，全力打击电信诈骗犯罪。2011 年 6 月下旬，案件侦办大队经过缜密侦查，成功打掉一个盘踞在中原区的电信诈骗团伙，经讯问，犯罪嫌疑人供述 2010 年 10 月以来，通过网上拉单，利用短信群发器和 2 台电脑，向不特定多人发送诈骗短信约 50 万条，涉案金额近万元。

（李　倩）

【经侦工作】 2011 年，建设路派出所充分发挥打击经济犯罪主力军作用，加强与工商、税务、烟草、文化等行政执法部门配合力度，精心组织开展“打击信用卡诈骗”“打击商业贿赂犯罪活动”“打击非法传销”“打击侵犯知识产权”“打击制售假发票”等专项整治行动，有效地遏制了重点行业、重点地区的经济违法犯罪高发态势。

在公安部部署开展的“亮剑”行动中，对假农药、假种子、假化肥的坑农害农犯罪活动实施重拳打击。1 月 5 日，打掉制售假农药犯罪团伙 1 个，查获假农药 12 万袋，涉案金额 40 余万元，刑事拘留犯罪嫌疑人 6 人，有力地维护了农民群众的切身利益。11 月 16 日，在须水街道三十里铺端掉 11 个生产、销售假药窝点，收缴假成药 1.2 亿粒、半成品 2.7 亿粒、说明书 3000 万张、防伪标识 9000 万枚、空胶囊 1.7 亿粒、铝塑包装膜 15 万米、原粒药粉约 1 吨、生产设备机器 10 种共 11 台，涉案金额约 1 亿元。

加强对涉众和涉及民生、民权大要案件的打击力度。先后捣毁了20个生产制假窝点，抓获犯罪嫌疑人42人，查获假冒伪劣商品1400余万件，挽回经济损失180余万元；破获信用卡诈骗案件3起，抓获嫌疑人3人，移送起诉2人，保障了人民的财产安全。

全年建设路派出所受理各类经济案件220余起，立案75起，破案71起，刑事拘留61人，逮捕19人，取保候审57人，移送起诉88人，追逃17人，涉案总金额1.13万余亿元，挽回经济损失2000余万元。（李　倩）

【密织巡逻防范网】 2011年，建设路派出所每周通报辖区侵财类警情发案情况，有针对性地开展防范，使辖区发案总量得到有效控制，入室盗窃、入室抢劫和撬盗机动车等可防性案件比上年同期明显下降。加强重点区域巡查，根据各巡组巡逻区域，科学选定巡组待警点，将金融网点、重点部位、治安乱点等纳入日常待警走访范围。发放警民联系卡，坚持每天巡逻、走访，时刻掌握重点区域治安动态。在重大节日期间和案件高发时期，积极组织警力开展武装震慑巡逻，全力以赴维护社会治安，提高街面见警率，提高人民群众安全感、降低街面现行案件发案率。实现了刑事类警情、侵财类警情全年同比下降35%。（李　倩）

【治安管控能力加强】 一是加强人口管理。建设路派出所将辖区常住、暂住、人户分离、境外居留人员全部纳入管理，提高了社区民警对辖区人口的熟悉率、群众的见警率和满意率。二是加强治安管理。对辖区娱乐场所严格依法进行治安管理，加大对"黄赌毒"的打击力度，完善内保单位管理工作，加强对校园周边交通安全和治安秩序的管理。三是加强消防管理，认真履行派出所消防监督检查职责，监督检查单位2238家，办理行政处罚案件2489起，消防罚款12.32万元，消防拘留54人，有效地促进辖区消防火灾形势持续平稳，全年辖区未发生重大亡人火灾事故。（李　倩）

【综合服务能力提高】 一是快捷户籍窗口服务。建设路派出所继续保留原来6个行政派出所户籍窗口服务站，在派出所办公大楼设户口办证大厅，为群众办理户口、咨询业务提供便利。二是深耕社区警务工作。社区民警深入社区，精耕细作"责任田"，真正把社区警务室建成群众身边的派出所。在辖区34个社区（驻村）警务室配置社区（责任区）民警57人，立足管区，服务群众，化解矛盾，密切警民关系，真正实现了"一区一警"向"一区多警"的转变，呈现出伏牛北社区、一中社区、协作路社区、海森陈伍园等一批市级示范社区警务室百花竞放的良好势头。三是出台便民利民措施。为各接警点和社区警务室提供加盖派出所印章的公文等各项利民、为民服务措施，集中开展警务进社区活动，进行现场办证、法律咨询、调解纠纷，主动、真诚服务群众。同时，对群众反映强烈的问题，开展有针对性的清理清查、巡逻防范和治安整治，提高群众安全感和满意度。（李　倩）

【信访工作】 一是妥善处置赴市委、市政府信访事件。建设路派出所制定出台维护市委、市政府门前稳定的工作方案，对出现群体性事件和聚众堵门事件时，本着先机关后基层的原则，按照20人、30人、50人、100人四个层次明确警力抽调表，确保遇有突发情况及时予以处置。2011年，出动警力5500余人次，成功处置了554起群访、497起个访事件，及时搜集、整理、上报信访信息1200余条，认真组织参与"2·19"、富士康事件和小岗刘事件的处置工作，圆满完成了河南省第九次党代会、郑州市及中原区党代会和全国及省、市、区"两会"的安全保卫工作任务，受到了各级领导的肯定和好评。二是认真做好信访稳定工作。建设路派出所坚持定时集中接访、预约接访、主动下访和定期召开信访工作领导小组会议，在全所形成领导挂帅、部门协调、全警参与的公安信访工作新格局，为全国、省、市、区四级"两会"顺利召开，营造了安定和谐的社会环境。全年接待来访事项131起、群众226人次；所长接访64次，接待群众80人次；受理上级交办案件31起、32人次，办结31起，办结率100%；停访息诉28起，息诉率90.32%；受理各类群众来信61封，结案61起，办结率100%。按照省、市政法委要求，开展了自查自纠工作，对排查出的35起重点疑难案件全部办结；办结停访息诉32起，停访息诉率91.43%。（李　倩）

【110指挥室工作】 一是强化110指挥室职能作用,改被动派警为主动派警和跟踪派警,树立指挥室权威。二是加强业务培训,安排指挥室工作人员到市公安局指挥中心和先进单位观摩学习,抽调经验丰富的民警讲解授课,提升指挥人员综合指挥水平。三是注重培养各警种相互支援意识。在就近处警、分类派警的基础上,对警情多发地,打破警种、辖区和巡区界限,在指挥室的统一指挥下,就近的警力无条件进行支援,相互补台。四是完善指挥室各项功能,统计每日接警量,分析各警种接处警情况,开展警情研判,分析案件高发区域、特点,指导巡逻防控和精准打击。五是建立和完善恶劣天气处置、突发性事件处置、疏堵保通等各项工作预案,适时开展警情演练拉动,确保指挥高效有序。

（李　倩）

【多警联动处警模式】 一是合理运用巡防力量,划分6个巡区开展巡逻防范,最大限度屯警街面,有警接警,无警巡逻,维护交通秩序,提升快速反应和动态管控水平;全面强化刑侦技术力量和刑事基础建设,把各警种力量进行汇聚,形成打击违法犯罪的拳头,确保社会治安大局持续稳定。二是根据辖区面积大、居民多的特点,设置3个治安接警点和2个刑侦接警点,满足快速出警和方便群众需要。三是制定出台巡警、治安警、刑警接处警捆绑作业机制,充分发挥各警种"整体作战"优势,实现优势互补。四是加强治安警与巡警的沟通协调,增进相互理解和支持。抽调部分治安警充实到巡警中,推行岗位交流互动机制,安排部分巡警和治安警交换岗位进行体验,取长补短,加强融合,实现警力潜能的最大发挥。五是制作《一日警情出警表》,详细记录各警种的接处警情况,及时掌握派出所的发案情况。强化二次反馈制度,作为考核巡警现场处置率和抓获率的主要依据。同时,安排专人对每一起接警情况,分类别进行回访,对回访的情况不定期通报,确保群众满意。（李　倩）

【发挥巡警主力军作用】 一是建立"三快"打击"两抢"犯罪工作方法。即出警快,巡组接处警民警在5分钟内到达现场,了解案情,及时掌握现场信息;通报快,现场民警要立即将获得的案情信息向值班大队、中队领导进行汇报,以便及时传达至各巡组民警;布警快,大队带班指挥员要根据现场民警反馈的信息及时调配警力,启动预案,设卡堵截。

二是建立"五化"防控工作法。即巡逻区域网格化,巡逻力量合理化,巡逻目标精准化,巡逻方式多样化,巡逻任务具体化。同时,从思想上统一民警认识,充分发挥主观能动性,在工作中真正做到警车巡起来、警灯亮起来、民警动起来,有力提高街面见警率。

三是建立信息应用、研判指导实践机制。加强民警信息应用培训,每月定期开展警情研判,针对易发案区域、重点人员、作案方式等进行统计汇总,结合实际,制定针对性强的工作方案,有力推进社会面打击防范工作。

四是采取灵活多样的打击措施。根据不同类型盗窃案件的特点,采取便衣蹲守、视频守候、定点盘查、区域布警等方式,有针对性地开展打击工作,着力提高街面现场抓获率和打击成效。

五是不断提高巡警见警率和调处率。在现场调处中,民警总结出"一快二听三讲四调解"的处警方法,即:快速到达现场,不让当事人着急;认真听取当事的陈述,及时判断警情情况和性质,形成初步处理方法;针对警情讲解法律规定,站在公正的角度摆事实、讲道理,理顺当事人的心气;在公平、和气的氛围下,促成当事双方达成和解。全年发生警情14366起,其中刑事类612起、治安盗窃类2324起、可调解类11430起,现场处置9095起,现场调处率由起初的40%提升到79.6%。

（李　倩）

【法制教育】 一是加强民警法制培训。认真组织民警学习《刑法修正案(八)》《郑州市劳动教养所外执行人员监督管理工作规定》等法律法规及相关规范性文件,全体民警均顺利通过了公安部统一组织的基本级执法资格考试,民警法律素质显著提高。二是加强警示教育。执法执纪监督室采取以案说法等多种形式,认真讲解派出所办理典型案件中存在的执法问题,剖析原因,讲述办案技巧,指导民警规避执法风险。三是对外组织业务骨干深入社区、学校、宾馆等地开展法制宣传教育,深受广大干部群众的欢迎。（李　倩）

【强化执法监督】 执法执纪监督室一是认真履行审核职责,强化执法监督,对案件实行一案一评,详细列举每起案件存在的执法问题,并将评查的内容上网公布,纳入每名民警的执法档案。二是开展执法巡查及专项检查。对部分单位开展执法巡查,发现并纠正了一批执法问题,完善基层执法单位的执法档案和台账;对取保候审案件、行政案件裁量标准的执行情况等进行专项检查,重点解决超过取保期限未及时解除等执法问题,规范了派出所的取保候审等执法工作。 (李 倩)

【建立执法质量长效机制】 一是制定《建设路派出所办理强制隔离戒毒案件工作规范》,从适用对象、法律依据、证据标准、取证要点、程序要求以及法律文书制作方面进行全面规范,内容简洁易懂,便于操作,为基层民警学习、适用提供方便,为全所执法规范化建设整体推进、执法质量和执法水平的整体提升作出了贡献。二是出台《关于办理"沿街职业乞讨、叫客拉客"案件的法律意见》和《打击街头非法小广告法律适用问题的意见》,具有较强的现实指导意义。 (李 倩)

【队伍建设】 2011 年,建设路派出所针对警改后部分民警对新模式不适应,对单位的归属感和对职业的认同感有所降低,集体荣誉感下降,不良情绪抬头的现实情况,派出所审时度势,立足队伍这一根本,紧紧抓住"带队伍、聚警心"这一关键,将抓队伍作为改革后头等重要的大事来抓,下大力气、坚持不懈地强化队伍管理,强化队伍掌控力,千方百计凝聚警心,提升士气,增强了民警的归属感、凝聚力和集体荣誉感。一是完善学习制度,制订学习计划,加强自身业务学习,使每一名执法执纪民警成为行政、刑事、控申、纪检等多项业务的行家里手,能够适应多项工作。二是全员参与按纪律作风集中教育整顿主题活动,民警的大局意识、责任意识、团队意识进一步增强,民警的荣誉感、归属感、责任感进一步提升,并取得了队列会操、拔河比赛、合唱比赛、处突演练 4 个项目考评区第一名的优异成绩。三是对党风廉政工作常抓不懈,落实党风廉政建设责任制,层层签订责任书,对党风廉政制度落实情况进行跟踪。树立严格、公正、文明、和谐的督察理念,对社区警务、接处警、窗口单位服务、队伍建设等,开展不间断的督导检查,对发现的问题及时向被督察单位反馈,并定期汇总通报,为党委决策提供了准确依据。同时,在队伍建设中起到了有力的保障作用。四是完善兼职法制员队伍。研究制定了《建设路派出所兼职法制员工作规定》,从各执法单位的副职以上领导中选出 10 名兼职法制员,履行法制员职责,进一步完善了兼职法制员的考核、培训、交流制度。 (李 倩)

【宣传工作】 2011 年,建设路派出所紧紧围绕各项中心工作,以构筑公安宣传大格局、展现公安队伍精神风貌为出发点,采取全方位、高标准、多角度的宣传方式,不间断地组织发动各个阶段的宣传攻势,在各级新闻媒体发表新闻 197 篇(其中中央级 11 篇、省级 135 篇、市级篇 51),准确及时地报道了派出所在警务改革、队伍建设、命案攻坚、安全防范、先进典型等各项工作中取得的成果,向社会充分展示了警改后派出所民警的新精神风貌。 (李 倩)

【从优待警】 2011 年,建设路派出所积极争取资金,在春节及"七一"建党 90 周年期间,努力做好离退休老干部、公安英烈家属、因公牺牲民警家属、因公负伤民警、特困党员、特困民警、生病住院民警及家属、民警直系亲属病故等走访慰问、优抚工作。拨出专款,坚持不懈地抓好警医共建建设,在郑州市中心医院开辟民警就医绿色通道,为民警及家属创造方便、快捷的就医环境,先后为民警(职工)及家属提供就医电话咨询 107 人次,协调就医服务 547 人次,协调入院治疗 62 人次,有效解决了民警及家属就医慢、就医难、看病贵的问题。为 5 位家庭经济困难民警申领了子女助学金;为 3 名大病民警申请了政法系统特困救助金。 (李 倩)

桐柏路派出所

【概述】 2011 年,桐柏路派出所以警务改革机制创新为突破点,坚持加强"三项建设"工作首要地位不动摇,"四严一创"活动中心地位不动摇,科技信息工作支撑地位不动摇,队伍建设根本保障地位不动摇,全体民警同心同德,奋力拼搏,认真履职,

辖区刑事类警情发案大幅下降，人民群众安全感和对公安工作的满意度大幅提升。（李　飞）

【维护稳定】 2011年，桐柏路派出所始终按照强化信息预警、提高反应速度、增强处置能力的要求，不断提升处置群体性事件和突发事件的能力。一是成立30人的维稳队伍，定期开展快速反应和群体性事件预案演练；二是加强信息预警工作，向市公安局上报高校类、网络类、宗教类、邪教类、上访类国保信息1600条，其中，被市公安局采纳1500余条；三是快速行动，措施得力，先后成功处置各类突发事件和群体性事件15起，妥善化解处置了郑州铝业公司债权危机、朱屯拆迁户集体上访、现代医院医患纠纷堵路事件、盐荒风波等一系列有可能产生较大影响的群体性事件，为维护辖区政治大局稳定作出了积极贡献。（李　飞）

【打击犯罪】 2011年，桐柏路派出所坚持“打防并举，以打开路、统筹兼顾，重点突出，打主动仗”的工作思路，深入组织开展“严厉打击严密防范电信诈骗犯罪专项行动”“打击拐卖妇女儿童犯罪专项行动”“深化整治沿街职业乞讨专项行动”“打击街头非法小广告专项行动”“打四黑除四害”专项行动，坚持集中力量，重拳出击，零容忍处理的原则，有效遏制群众反映强烈的违法犯罪活动，消除社会治安丑恶现象，净化社会治安环境。全年刑事拘留418人，起诉393人，治安拘留616人，劳动教养15人，强制隔离戒毒39人；抓获各类逃犯94人，外省逃犯68人；打掉各类犯罪团伙33个，依法处理黑恶分子45人，破获各类案件89起。在“清网行动”中，抓获逃犯25人，其中命案逃犯5人。

（李　飞）

【案件侦破】 2011年，桐柏路派出所成功侦破“4·2”“12·7”现行命案。同时，侦破命案积案1起、区外命案3起。成功打掉一个在全省流窜作案的盗销汽车一条龙犯罪团伙，抓获团伙成员11人，追回被盗汽车6辆，为群众挽回经济损失40余万元。成功破获辖区重点企业宇通公司重型机械被盗案，为企业挽回经济损失30余万元。（李　飞）

【社会治安管理】 2011年，桐柏路派出所以治安管理网格化体系建设为主线，以“实有人口管理竞赛活动”为载体，强力推进治安重点地区整治工作，已整治完成治安重点地区19个。组织对辖区大中原果品批发市场、冉屯村、白庄、董砦村等治安复杂场所，开展大型集中清理清查活动32次，共清理清查“三无”人员3160人，采集38项生物信息21349人次，发现并督促整改各种治安隐患2981处，破获刑事案件216起，抓获各类违法分子319人，发生“双抢”案件12起，现场抓获10起；全年接警12553起，其中刑事类警情1075起，刑事警情发案由2010年的日均4.5起下降到日均3.1起，刑事案件零发案达到31天，保持社会治安形势处于可控状态，有效净化了辖区治安环境。

（李　飞）

【服务群众】 2011年，桐柏路派出所坚持民生警务、便民警务的理念，开展“开门评警”活动和“万警进社区”活动，走进社区，服务群众，为群众提供各类服务4569件次，取得良好成效。先后组织“110宣传日”、平安建设宣传等服务活动11次，提供法律户籍咨询服务1039人次，发放便民服务手册3600余份，并推出了送变电社区、风和日丽社区等活动典型社区。（李　飞）

【执法规范化建设】 2011年，桐柏路派出所坚持机制引领，先后制定出台了《2011年度执法质量考核评议实施方案》《执法监督委员会工作规则》《案件卷宗管理规定》《执法档案管理规定（试行）》《滚动式排查制度》《回访制度》《接首办制度》《评查制度》《通报制度》《信访评估制度》等，有效推动派出所各项执法工作规范化，有力地促进了派出所的执法公正。全年没有出现执法过错和行政诉讼案件。畅通信访通道，全年接信访案件161起，办结158起，办结率98.1%。（李　飞）

【打造高素质警队】 2011年，桐柏路派出所坚持“政治建警、从优待警、从严治警、教育立警”工作思想，努力锻造政治过硬、业务精通、团结和谐的警队。一是组织开展“坚持发扬传统、坚定信念、执法为民，树立良好警风、打造效能公安”主题教育活动和纪律作风教育整顿活动，通过理论学习、传统教育、警示教育和练队列、唱红歌、抓演练等手段,有力地促进了队伍整体素质和战斗力的提升,为各项公安工作提供了强有力的思想、组织保障。二是坚持典型引路,营造良好氛围,培养树立了带病坚持工作晕倒在工作岗位上的案件侦办大队中队长姚孝武等一批先进典型,有效激发了队伍的动力和活力,全年派出所28人次被授予荣誉称号,2个单位被授予集体荣誉称号。三是坚持人性化管理理念,落实从优待警措施,努力解决民警实际困难,落实思想政治工作"十必谈和十必访",建立健全了民警思想跟踪档案。发放民警及民警家属去世慰问金1.6万元,妇女节向全体女民警职工发放节日纪念品,儿童节组织民警子女到海洋馆游园,组织民警开展登山竞赛和郊外采摘等集体活动,民警队伍的集体向心力和职业认同感进一步提升。四是积极开展党风廉政建设活动,层层签订党风廉政建设责任书,聘请廉政监督员,定期征求意见和建议,实现队伍管理零违纪。 (李　飞)

须水派出所

【概述】 2011年,须水派出所在市局党委和区委、区政府的正确领导下,克服警务新旧机制运行并轨期和磨合期带来的种种不利因素,围绕党委、政府工作大局,克难攻坚,积极融入,以创建平安须水为目标,以"四严一创"活动为牵引,坚持"打击、防范、治理"多管齐下,突出命案必破、黑恶必除、"双抢"必打、逃犯必追、重案必防、乱点必治、隐患必消,不断加强治安防范力度,密织防范网络,精心构筑新型社会治安防控体系,打牢基层防线,为确保社会政治和治安大局的持续平稳贡献自己应有的力量。 (李太浩)

【维稳工作】 一是在治安管理服务大队内设国保中队,专职负责涉稳工作,优先配备必要设备和交通工具,配齐配强工作人员,为维稳工作开展奠定良好基础。共处理群体性事件20余起,对元通纺织城、西流湖拆迁等重点工程的推进发挥了积极作用,得到市、区领导的肯定。二是建立健全信访档案,积极提高民警政治素养,窗口民警、接处警民警和办案民警做到了接待群众热情,服务周到,避免信访案件发生。已调解各类矛盾纠纷3250余起,未出现省级以上有责投诉信访案件,市访案件办结率100%,停访息诉率90%。三是建立群体性事件处置预案,从信息反馈机制、快速反应机制、现场处置指挥、警力配合等方面进行规范,并先后组织了5次大型实战演练,进一步提升了全体民警维稳工作的意识,提高了实战处置能力。 (李太浩)

【"四严一创"专项活动】 2011年,须水派出所在市局的部署下精心组织"四严一创"专项工作,综合打击效能同比改革前大幅上升,辖区刑事类警情发案明显降低,由改革前的日均7~8起下降到年底时的日均2~3起,有效提升辖区群众的安全感。

强化命案侦破机制建设,扎实刑侦基础工作,现行命案发3起,破3起,确保了辖区的治安稳定。

在打黑除恶活动中,坚持"预防为主、打防结合"和"打早打小、露头就打"的原则,对辖区黑恶势力情况认真分析研究,制定针对性的措施,打掉涉恶团伙2个,另外摸排出涉恶线索4条,正在侦办涉恶团伙2个。

追捕逃犯疏而不漏,"清网行动"开展后,共抓获本单位上网逃犯21人,清网率达到84%以上,抓获其他各类逃犯41人,利用大情报系统追逃10人。

多策并举开展"两打一清"专项行动,始终保持对"两抢一盗"等多发性侵财犯罪的主动进攻态势,共接警8272起,共立"两抢一盗"案件418起,破获91起。打掉3人以上的"两抢一盗"团伙7个,抓获"两抢一盗"嫌疑人57人。

精心组织"打拐"工作,成立"打拐"领导小组,按照"村(街)不漏户、户不漏人"的原则,对本地失踪儿童、妇女和来历不明、疑似被拐卖来的妇女儿童登记造册,并积极收集有关情况、信息。对群众报案妇女儿童失踪的,做到了"件件有记录、件件有人管",同时将有关信息在接报后第一时间录入"全国失踪人员信息系统"和重大刑事案件系统。

(李太浩)

【社区警务】 2011年,须水派出所的社区民警由一区一警升级到一区多警,每个警务室配备2~3名民警和4名协管员。

一是把握警务工作的重心,有利于警力作用的发挥。以辖区的规模、治安状况的好差来合理地配置警力，加强对重点区域的治安管理，赢得工作的主动权。

二是密切联系群众，改善警民关系。社区民警在警务室办公，警力下沉，直接在基层为群众办事，接受群众报案求助，既方便了群众，也便于民警与群众的联系和沟通，极大地提升了群众的安全感和满意度。

三是夯实公安基础工作。社区民警依托社区建设以及市局的警用地理平台清楚地掌握辖区内的出租房屋、暂住人口、流动人口的底数和其中的重点工作对象。同时依靠群众，建立起多形式的群防群治组织，最大限度地调动起群众参与社会治安管理的积极性，大大增强了社会防控能力。

（李太浩）

【人口管理】 2011年，须水派出所大力开展实有人口信息采集大会战，有效提升实有人口管理的信息精准水平和对重点人员的动态管控能力。大会战期间，充分利用新闻媒体，开展广泛的社会宣传，取得社会各界和广大人民群众的理解与配合，形成信息采集大会战的浓厚氛围。人口信息采集共核对常住人口19459户71332人，纠正错误信息2512条。采集寄住人口信息642条。按照“人来登记、人走注销”的原则，加大对暂住人口的登记、管理力度。全年登记录入须水辖区暂住人口7721人，注销55439人。同时，通过暂住人口管理工作比对，共抓获网上逃犯6名，列管暂住人口高危人员58人。按照市局出入境管理处的工作要求，进一步规范了辖区外国人住宿登记信息采集工作，并及时摸排、收集、上报各种涉外信息。（李太浩）

【集中巡逻清查行动】 在“双节”“两会”、建党90周年、国庆期间，按照市局统一部署，结合辖区实际情况，在辖区郑上路、西四环、西三环、中原西路沿线以及柿园、宋庄、西岗等流动人口集中居住的城中村，开展了17次巡逻清查集中行动，并多次组织开展由区政法系统人员、辖区群众和协管力量组成的“万人大巡防”活动，通过民警驾车巡逻、设卡盘查、着装巡查和蹲点守候等措施，对辖区内的51家网吧、15家洗浴、71家旅馆等复杂场所进行重点清理清查，共排查流动人口1万余人，盘查机动车辆350余辆，对16家不按要求登记的旅馆给予当场处罚，盘查比对“三无”人员2030余人，为辖区群众解决实际困难95起，调处纠纷230余起，治安拘留13人，刑事拘留5人。通过巡逻清查行动，发现并消除了一批治安隐患，抓获一批违法嫌疑人员，有力震慑了违法犯罪活动，维护了辖区的治安稳定。

（李太浩）

【规范接处警工作】 做好接处警工作，是做好派出所整体工作的前提条件。须水派出所围绕构建专职化、智能化指挥室，配齐配强人员，制定指挥室管理规范，明确指挥室是接处警工作的指挥中枢，赋予最高指挥调度权。根据辖区面积大，人口居住分散，警力有限的特点，本着以快速接警、及时处置、科学合理调配警力，更好地服务群众的原则，制定了《接处警管理规范》，在指挥室的统一指挥下，实行以交管巡防大队接警为主，治安管理服务大队和案件侦办大队为辅的联勤接警模式，交巡警最大限度地屯警街面，实现24小时动态巡逻出警，有警接警，无警巡逻，街面见警率大幅度提升，密织网格，缩短了出警时间。按照公安部《治安案件现场调解规定》，制作标准的调解决定书，提高巡警现场调处能力，交巡警现场调处率达到80%以上，彻底改变了巡警、治安警、刑警重复出警的被动局面，实现了接处警工作良性循环。（李太浩）

【综合治理校园周边环境】 一是每月进校开展一次安全大检查，对学校教室、食堂和学生宿舍进行一次安全大检查，排除一切不安全因素，堵塞安全漏洞。二是全面清理校园周边场所，对校园200米以内的网吧、游戏机室、非法书摊报亭等进行整顿治理，同时加大校园周边治安巡逻力度。三是加强校园门口交通秩序管控，对校园门口进行整顿清理，全面维护在校师生的生命财产安全。四是安排精干民警担任学校法制副校长和法制辅导员，每月到学校开展一次法制宣传讲座，用身边的典型事例，教育在校师生知法、守法、用法，既拉近了民警与师生的距离，又增强了在校青少年的法律意识。

（李太浩）

【安全排查】 一是加强重要基础设施安全保卫工作。将辖区内水、电、油、气、电信、金融等关系国计民生的重要基础设施单位，全部列为防恐要害单位，按照省、市、区三级进行专项列管。同时，加强日常巡逻防范，每月定期对各单位进行监督检查。二是强化重点建设工程的安全保卫工作。辖区涉及南水北调、西流湖改造和元通纺织城建设等省部级重点建设工程，须水派出所集中开展了企业周边治安环境专项整治行动，消除各类妨碍施工不稳定因素2起，破获恶意阻工违法案件1起，打掉1个团伙，刑事拘留3人，行政拘留违法人员9人。三是开展集中整治单位财务室、保险柜治安隐患专项行动。辖区邮政储蓄、自助银行、单位财务室、运钞车等内部单位以及中小企业、事业单位的财务室、保险柜按照要求进行全面拉网式排查。（李太浩）

【消防监督检查】 2011年，须水派出所认真履行消防监督检查职责，共计监督检查单位446家，办理行政处罚案件178起，消防拘留94人，下发整改通知书377份，促进了辖区消防火灾形势持续平稳。一是严格落实消防监督消防支队、消防大队、派出所三级管理制度，建立“全警动员、消防为主、多警联动”的消防监督新格局。二是严格按照公安部《消防监督检查规定》，依据属地管理原则，对辖区市、区两级公安消防机构列管以外的单位以及居民住宅区的管理单位、居民委员会、村民委员会履行消防安全职责的情况实施消防监督检查，并进行消防宣传，严格落实消防监督检查“四项制度”。三是积极开展“平安须水”“九小场所”、节假日等消防清查整治行动。（李太浩）

【安保工作】 2011年，须水派出所先后出动警力600余人次，圆满完成了2011年省、市“两会”、元宵节焰火晚会、张学友演唱会等大型活动安保任务，以及“4·20”中央首长来郑视察警卫任务，未发生影响治安稳定的刑事、治安和火灾事件，得到了上级领导的充分肯定。（李太浩）

【执法规范化建设】 2011年，须水派出所紧紧围绕执法质量这条公安工作生命线，以执法制度建设为载体，深入推进执法规范化建设。

一是不断更新培训理念，创新民警法制培训平台，改进培训方式、加大培训力度，逐步形成了“一对一教、点对点训、岗对岗考”的培训模式，使规范执法成为民警的自觉行动，民警的执法素质和执法水平得到明显提升。

二是推行执法资格认证考试工作。对符合执法条件的同志进行了执法资格认证考试，对具备执法资格人员授予执法资格和执法资格的升级认证，确保了全体民警执法主体合格。

三是强化执法监督，杜绝执法腐败，有效解决执法问题。充分发挥执法监督委员会的职能作用，在案件的“出口”等易出现问题的执法环节上，实行法制部门统一把关、执法监督委员会集体研究决定的工作模式，并适时下发《督办通知书》。另外，对行政拘留在押人员的提讯、请假、处所医疗等环节进行了严格规范，从制度上约束执法随意性，杜绝违法违纪的现象发生。建立执法质量预警机制，成立法制帮扶队，对问题较多单位帮助查找症结，分析原因，制定整改措施，提升执法水平。继续落实重大、疑难案件法制部门提前介入制度，对案件的定性、强制措施的采用和证据的收集等侦查工作提出意见和指导。建立完善各单位和执法民警的执法档案，确保实现执法质量考评工作的真实性、客观性、公正性和权威性。（李太浩）

【队伍建设】 须水派出所围绕市局党委总体工作部署，大力加强思想政治、领导班子、业务能力、纪律作风和党的建设。一是制定警务机制，改革初期，须水派出所的工作目标是工作争一流、队伍无违纪、当好服务员、管好责任田；工作思路是在业务工作上创建“五好”（看好门、管好人、说好话、办好事、干好活）派出所，在队伍管理上要加强“六个能力”（头能想、目能察、耳能闻、口能言、手能写、身能行）建设。二是建立健全管理制度，规范民警行为，树好民警形象。三是开展“树形象、做表率”争先创优活动，通过活动开展在基层社区中选拔了一批思想好、业务精、能力强的优秀社区民警，作为先进典型在分局内推广，用优秀社区民警的实际行动激励、教育、引领全体民警，齐心协力、克难攻坚做好各项工作。四是针对警车管理、接处警工作以及日常管理中出现的问题，在全所开展纪律作风整顿活动。五是通过开展“创先争优”和“公正廉洁执法、求真务实为民”主题教育活动，集中学习理论、强化队列训练，不断提高民警思想政治素质。六是开展纪律作风整顿活动，解决队伍中存在的纪律涣散、自由主义泛滥等问题，有效杜绝违规违纪现象发生。七是定期开展民警谈心、家访、提醒诫勉等活动，了解民警的思想状态，解决民警的后顾之忧，真正做到从思想上关心关爱民警。（李太浩）

帝湖派出所

【概述】 2011 年，帝湖派出所工作紧紧围绕“四个满意”总目标，以“四严一创”活动为主线，以推进信息化建设为平台，全面加强公安机关维护社会稳定、驾驭治安局势和服务经济发展的能力，大力提升公安执法和队伍正规化建设水平，各项工作取得了明显进步，实现了年初既定的目标任务，为辖区平安建设和经济社会发展作出了重要贡献。全年帝湖派出所立刑事案件 492 起，破获 367 起，破案率 74.59%；刑事拘留 298 人，取保候审 151 人，监视居住 13 人，逮捕 110 人，移送起诉 227 人，劳教 12 人，行政拘留 397 人，强制隔离戒毒 29 人，收容教育 10 人。（王玲娟）

【信访控申】 2011 年，帝湖派出所党委始终重视信访控申工作，实行领导分包，开门接访，建立了信访控申工作的长效机制，疑难信访案件得到及时有效解决。全年帝湖派出所接待来访群众 87 起、126 人次，上级交办案件 11 起、15 人次，办结 10 起，办结率 90.9%。（王玲娟）

【打击盗抢】 2011 年，帝湖派出所认真贯彻落实市公安局党委和区委政法委有关开展打击“两抢一盗”犯罪工作的精神，对抢劫、抢夺、盗窃等犯罪活动展开攻势，全年打掉 3 人以上的“两抢一盗”团伙 17 个，抓获“两抢一盗”嫌疑人 216 人，确保了辖区的安定祥和，获得了广大群众的一致好评。（王玲娟）

【强力攻坚破命案】 2011 年，帝湖派出所辖区发生“3·4”“4·16”两起现行命案，经过全体民警的不懈奋斗，年底前侦破 1 起。同时强力开展命案积案侦破工作，成功侦破 2 起故意杀人案。（王玲娟）

【侦破涉黑涉恶案件】 2011 年，帝湖派出所始终坚持“预防为主、打防结合”和“打早打小、露头就打”的原则，对辖区黑恶势力情况进行认真摸排，并成立专业打黑队，制定《打黑除恶工作方案》，经过积极工作，成功侦破 1 个黑社会性质涉黑案件，打掉 3 个涉恶团伙，确保辖区涉黑涉恶案件侦破率 100%。（王玲娟）

【清网行动】 2011 年，帝湖派出所始终将追捕逃犯作为严打的一项主要内容，制定追捕方案，采取定人员、定责任、定措施、定时限、定奖惩的工作措施，充分运用技术手段，采取秘密贴靠、架网守候、动员规劝等方法，使追逃工作稳步向前推进。全年抓获各类网上逃犯 51 人，“清网行动”开始以来共抓获 16 人，其中 2 名重点逃犯全部落网。（王玲娟）

【“两打一清”百日行动】 2011 年 9 月 1 日至年底，帝湖派出所按照市公安局统一安排，精心组织开展“两打一清”（打击“两抢一盗”违法犯罪分子，打击吸贩毒人员，清理废品收购站点、拾荒盲流人员）行动，严厉打击犯罪，严密治安防范，全面提升公安机关社会治安的管控能力，有效确保“双节”期间辖区政治和治安大局持续稳定。“两打一清”行动期间刑事拘留 54 人，劳教 3 人，强行隔离戒毒 13 人，行政拘留 57 人。（王玲娟）

【打禁结合控涉毒】 2011 年，帝湖派出所破获涉毒刑事案件 3 起，打掉吸贩毒团伙 1 个，强制戒毒 29 人，起诉 3 人，缴获毒品 3.35 克，缴获毒资 1015 元，查处易制毒化学品 5 家。同时，在居民区、重点单位悬挂标语横幅，向群众发放禁毒宣传资料万余份，接受群众咨询上千人，使广大人民群众对《禁毒法》和新型毒品的认识进一步加深。（王玲娟）

【情报信息制导警务工作】 2011 年，帝湖派出所坚持公开和秘密，提前预警和可防性相结合的方法，使情报信息工作逐步体系化、规范化和经常化，并形成了一个由派出所、治安管理服务大队、社区和公共单位组成的情报信息收集网络体系，不断增强信息网络覆盖的广度和深度，为上级决策部署提供了坚强的信息支撑。全年发现掌握涉及工资待遇、企业改制、土地纠纷、房屋拆迁等4大方面不稳定因素29起，组织专门力量，从正常案件办理、重点部位布控、情报信息研判、敏感时期社会调查，对辖区不稳定因素进行摸排，配合有关部门全力以赴，予以妥善调处。（王玲娟）

【妥善处理突发事件】 2011年，帝湖派出所坚持“预防为主、调解为先、快速反应、控制事态”的指导思想，强化统一调度能力、单警处置能力和部门配合能力，先后出动警力800余人次，妥善处置20余起赴党政机关的非正常上访事件，预警率98%，到位率100%，受到了市、区领导的高度肯定。

（王玲娟）

【从优待警】 2011年，帝湖派出所以构建“和谐警营”为主线，以实实在在的工作措施凝聚警心、增进和谐，提升民警幸福指数。一是继续坚持“五上门制度”，为民警解决实际困难。二是关注民警身心健康，每年体检建立健全健康档案。三是开展和谐民警家庭创建。在“三八”妇女节、“六一”儿童节等节日期间，为民警家属发放慰问品等，促进民警家庭和谐。四是加强老干部工作，落实老干部两个待遇，定期组织老干部团拜会。（王玲娟）

【人口管理】 2011年，帝湖派出所核对常住人口2.82万户、9.3万余人，纠正错误信息20条，删除重复人口信息52条；采集录入流动人口信息1.8万条，注销0.5万条，采集寄住人口信息0.6万条。按照“人来登记、人走注销”的原则，加强暂住人口管理，比对抓获网上逃犯3人，列管暂住人口高危人员233人。（王玲娟）

【校园安全保卫】 2011年，帝湖派出所及时与教育、文化等部门沟通协调，推出深入开展校园安全大检查、加强矛盾纠纷排查化解、加强学校和幼儿园的巡逻防控、落实重点高危人员的管控措施、加强学校内部安保监督指导、加大涉及学校违法犯罪打击力度、加大法制宣传力度、整治学校和幼儿园的周边治安秩序、严格落实一校一警等9项安全保卫措施，力保学校周边稳定，辖区学校和幼儿园未发生影响恶劣的案件。（王玲娟）

【出租房屋信息系统建设】 2011年，帝湖派出所按照省公安厅、市公安局列管标准，列管重点人口87人，已全部录入“警务综合信息平台”；对辖区50家旅馆，全部安装旅馆业信息上传系统；把300家房屋出租户全部录入河南省流动人口治安管理综合信息系统；在辖区小旅馆、出租屋、工地、用工单位等流动人口密集地安装电话65部。

（王玲娟）

【村（社区）警务建设】 2011年，帝湖派出所按照“一区多警”的要求全部配齐配强了社区和驻村民警；强化社区和驻村民警的工作职责，辖区社区（农村）警务全部达到“四统一”“六有”的规范标准，配齐配强民警及辅助力量；从警务室名称命名、建筑标准、外观标识、公示栏等设施配置到基础台账进行统一规范。（王玲娟）

【岗位练兵】 2011年，帝湖派出所制定《大练兵教育培训经费保障实施方案》，成立领导机构，实行教育培训经费单列，全面保障各项教育培训活动的顺利进行。利用2011年4月市公安局纪律作风整顿的契机，采取集中教育、集中培训、个别指导、送教上门、专题培训、定期指导、以考促学、以会代训、岗位练兵等方式，全面提高了广大公安民警的政治素质和执法能力。（王玲娟）

【法制工作】 2011年，帝湖派出所形成“党委重视、一把手负总责、班子成员各司其职、各部门各警种齐抓共管”的法制工作格局，没有出现因执法不规范被检察机关和上级部门处理追究的现象，没有出现因执法过错造成的国家赔偿案件。

一是规范接处警工作，强化接处警各项规章制度，接处警实行首问负责制，在接处警第一时间向报警群众发放监督联系卡，把好执法工作的第一端口。二是建立重大、疑难案件法制部门提前介入制度，对案件的定性、强制措施的采用和证据的收集等侦查工作提出意见和指导。三是发挥各单位法核员的职能作用。在案件的初审阶段进行摸底把关，确保第一环节的质量过硬。建立执法质量预警机制。每月通报行政、刑事案件中发现的执法问题和相应的执法考评成绩。对问题较多单位帮助查找症结，分析原因，制定整改措施，提升执法水平。

四是定期开展执法讲评，每月对各单位的执法情况进行考核，召开执法讲评会，通报各单位执法质量考评情况，点评优秀案件、最差案件，分析研判问题。（王玲娟）

交　警

【概述】 2011 年，交警二大队以绩效考核工作为主线，在各级政府部门的大力支持下，在交巡警支队党委机关的领导和指导下，上下一心，奋力拼搏，以迎难而上的使命感，攻难点、治乱点；以求真务实的责任感，出亮点、树形象；以时不我待的紧迫感，挖潜力、上水平，努力实现交通管理工作新提升，确保辖区道路畅通有序，重大影响的特大交通事故控制在零发案，没有发生一起民警严重违法违纪的事件。（王　鑫）

【落实绩效考核】 一是量化考核内容。交警二大队结合支队开展的以严厉打击、严密防范、严格执法、严格管理、创建平安郑州为主线的“四严一创”活动，把绩效考核的 11 项内容纳入其中，以分值的形式对工作进行量化，对考核标准进行细化，并按照“管考一级、下考一级”的原则，实行大队考核中队、中队考核民警，保证了既考单位也考个人，既考业务又考其他的贯彻落实。

二是健全考核机制。交警二大队结合实际，成立了考核领导小组，制定了考核方案、标准和实施办法，确保绩效考核公平合理。对考核结果实行每月一评比、每月一公示、每月一讲评，并把绩效考核成果与评先评优挂钩、与职务晋升挂钩、与工资待遇挂钩、与工作岗位挂钩，充分调动全体民警的积极性、主动性。

三是推动考核落实。制定《交警二大队奖惩机制十条新规》，切实落实奖优罚劣。按照考核对象各序列进行综合排名，落实流动红黑旗措施，对每月考核第一名和最后一名的科室，分别发放红旗和黑旗；对每月考核第一名和最后一名的民警分别由中队定为一级和四级，对连续 3 次排名最后一名的中队领导实施岗位调整和问责机制，并结合灰尘补助费每月按照考核等级进行评定发放。经过严格落实奖惩机制，营造了“比、学、赶、帮、超”创先争优的氛围。同时，考核工作做到“三个不忘”，即在工作部署时不忘讲一讲考核工作、在日常管理时不忘提一提考核工作、在思想教育时不忘谈一谈考核工作，使考核工作内化于心，外化于行。（王　鑫）

【交通安全宣传】 交警二大队根据上级部署的各项活动及日常管理实际，积极组织，扎实开展交通安全宣传活动，扩大和提高人民群众掌握交通法规、文明出行的自觉性。

一是充分利用新闻媒体推动宣传。交警二大队通过在河南交通广播电台、省法制频道、商都网、大河网等网络媒体，定期宣传交通安全的相关内容，扩大宣传范围；通过广播、电视组织专题访谈、直播报道、曝光交通违法行为，充分增强广大市民自觉遵守交通法规的自觉性。

二是充分利用活动促进宣传。交警二大队在绿城广场、科技广场开展“畅通郑州”等广场宣传活动，制作展板，印制发放宣传卡片和彩页，扩大受教育人群。大队与区教育体育局联合，在 57 个中小学建立了一校一警管理模体，形成学校与交警部门相互协作、齐抓共管的管理体系。

三是充分利用各种时机增强宣传。针对各类交通违法行为，交警二大队利用宣传进学校、进社区、进单位、进农村、进家庭等，采取悬挂条幅、展示交通事故图片、发放宣传彩页等形式，对广大司机、市民宣传违法驾驶、违法出行的严重后果；在餐厅、酒吧等娱乐场所，广泛张贴交通宣传条幅，或用扩音设备现场宣讲，提高广大市民遵守交通法规的自觉性。全年悬挂宣传条幅 136 条，开展交通安全活动 500 余次，利用媒介宣传 419 次，发放近 2 万元的宣传物品。（王　鑫）

【道路交通安全管理】 2011 年，交警二大队以创造安全出行环境为支撑点，严格加强道路交通安全管理。

一是明确任务分工，严格勤务管理。为确保道路畅通有序，结合辖区实际，按照“警力跟着警情走”的原则，在辖区安排了 4 个一类固定岗、2 个二类固定岗、20 个巡逻组、36 个早晚高峰岗，并按照“分、疏、导、限、禁、处”的管理理念，强力推行以包简易事故处理、包交通设施完好、包道路畅通、包秩序良好，定人员、定岗位、定责任、定目标的“四包四定”管理机制，最大限度地发挥民警的管理效能，使一线执勤警力达91.5%。同时，加大对执勤民警督导检查力度，对检查情况实行周讲评、月通报，切实提高执勤民警的见警率和管事率。大队一类固定岗见警率100%。

二是强化路面管控，确保安全畅通。交警二大队先后组织开展了6次“铁拳”集中统一行动、4次“惊雷”行动、8次涉牌涉证专项治理活动和11次严重交通违法整治行动，并多次有针对性地开展了客运车辆、渣土车、水泥罐车、出租车、校车等重点车辆违法行为的专项整治行动，围绕酒后及醉酒驾驶、超员、超载、无证驾驶等严重违法行为进行专项治理。结合固定岗、机动巡组、尖刀小分队，在辖区长期严厉查处交通违法行为，围绕“提升城市形象活动”大力整治乱停乱放行为，有效地遏制了交通违法行为发生。全年纠正交通违法27.9万余起，其中现场处罚14.9万余起、违法停车7.1万余起、电子监控抓拍5.9万起，办理涉酒、涉证行政拘留50人，追究刑事责任38人，固定岗路口机动车、非机动车、行人守法率分别达100%、95%和93%。

三是狠抓源头控制，消除安全隐患。加大排查力度。通过采取见机动车、见驾驶人、见机动车所有人法人代表、见机动车所有人的“四见面”措施，对客运公司、学校等重点单位的车辆进行全面排查，并建立健全档案。加大检查力度。安排车管民警不定期、不定点到客运一、八、十九公司、主要学校实施监管，严格落实黑名单制度，确保不发生安全隐患问题。加大教育力度。围绕驾驶人员经常出现的违法问题，定期进行安全教育，提高其遵守交通法规自觉性。（王　鑫）

【事故预防与处理】　交警二大队以维护群众生命财产为突破点，主动做好事故预防与处理。

一是在事故预防上定举措。明确领导分工，两名副大队长主抓事故预防与事故逃逸工作；在日常管理中，结合辖区范围大、线路长、管理难的特点，把警力积极向接处警、事故处理、逃逸侦破上倾斜，严格加强白天严重违法行为查处力度，主动加大夜间巡逻管控力度，做到警灯常闪、路口常查、违法常纠；在设施完善上，通过与各级协调，进一步完善了道路硬件设施，使交通设施完好率达92%以上。

二是在事故快赔上求实效。2011年，大队在继续强力推行轻微事故快赔措施的基础上，积极推进交通事故快速处理工作机制。全年发生交通事故32925起，其中简易处理事故19919起，对符合快速理赔的12105起交通事故，实行快速理赔10355起，快赔率达85.5%。

三是在事故逃逸侦破上下真功。交警二大队始终把事故逃逸侦破工作放在重要位置来抓，在警力配置、经费保障方面给予大力倾斜，工作也取得了较好成效。在公安部统一组织的“清网行动”中，经过采取强有力的措施，7名网上在逃案犯全部侦破，是交巡警支队第一个100%完成任务的单位。交通肇事逃逸案件侦破率始终保持在85%以上。（王　鑫）

【建强班子】　2011年，交警二大队抓班子，带队伍，严考核，树形象，积极推动了各项工作有新提升。

一是注重加强班子建设。交警二大队按照“团结、求实、廉洁、创新”的要求，加强支部班子建设，牢固树立“保通是第一要务、安全是第一责任、形象是第一生命、团结是第一追求”的管理理念，坚持做到主要工作、重要任务、新举措、奖惩事项必须例会研究；集体活动、教育学习各级领导必须参与，充分营造合心谋事业、合力干事业的氛围和风清气正的工作环境。

二是注重发挥表率作用。交警二大队为做好保通工作，大队领导人人都安排了早晚高峰岗位，人人分包管理中队。在重要活动、主要任务落实时，要求分管领导必须做到亲自参与、亲自组织、亲自协调、亲自监督，各中队领导做到天天跟班管理、跟班执勤，强大的表率作用，影响和调动了广大民警干好本职工作的责任感和主动性，促进了各项工作顺利开展。（王　鑫）

【队伍建设】　一是围绕系列教育活动激发队伍活力。交警二大队结合上级工作部署，先后组织开展了“发扬光荣传统、坚持执法为民、树立良好警风、打造效能交巡警”活动、“窗口服务单位开展深化创先争优”活动、“纪念中国共产党成立90周年”活动、“提升城市管理水平，我怎么办”及“交警职业教育”活动，主动开展了“有素质、有思路、有技能，队伍建设无违纪、规范执法无差错、服务群众无投诉，会疏通排堵、会处理事故、会执勤执法、会服务群众”的“三有三无四会”活动，进一步强化了广大民警工作作风，提高了执法技能，增强了服务意识。

二是围绕经常性思想教育稳定队伍思想。交警二大队通过定期开展谈心交流和思想汇报，认真梳理和解决管理中存在的问题，及时了解和掌握民警现实思想动态；通过适时开展法纪教育、警示教育和召开全体民警大会，把日常发现的问题讲到、把存在的问题苗头提到、把违法的后果强调到，使全体民警始终在“十个不允许”“五条禁令”“四个严禁”上，做到自觉、自醒、自律；根据《大队民警问责制度》，对接处警、窗口服务、执勤执法实行了严格的管理，确保队伍稳定。

三是围绕丰富警营文化建设提升队伍素养。交警二大队对办公区内部墙体进行了统一设计，规划制作廉政长廊、知识长廊、和谐长廊，极大地丰富了警营文化的内涵。大队为每个中队配置2台电脑，进一步完善图书室相关设施，增加电子阅览设备，提高民警的综合素质。

四是围绕落实从优待警机制凝聚队伍合力。交警二大队在坚持落实洗衣、洗澡、洗车等福利待遇的同时，主动协调整修了食堂、改善了伙食质量、筹建了健身房，为民警营造了良好的生活环境。为解决困难民警的后顾之忧，连续4年为23名民警子女解决了入小学问题；对家庭有实际困难的民警，主动开展了“人人献出一份爱，生活变得更精彩”活动。（王　鑫）

检　察

【概述】 2011年，中原区人民检察院工作在区委和上级检察机关的领导下，在区人大及其常委会和区政府的监督支持下，认真贯彻党的十七大及十七届四中、五中全会精神，全面贯彻落实科学发展观，紧紧围绕构建社会主义和谐社会，进一步深化“三项重点工作”，坚持“强化法律监督，维护公平正义”的检察工作主题，为实现全区经济社会跨越式发展作出了积极贡献。（沙林波）

【依法打击各种犯罪】 2011年，区人民检察院受理各类提请批准逮捕案件429件599人，经审查批准逮捕330件456人，受案人数和逮捕人数同比分别下降4.62%和1.94%；受理各类移送审查起诉案件471件774人，经审查提起公诉390件628人，受案人数和起诉人数同比下降14.19%和27.48%。认真负责地对待每一起案件，严谨细致地审查、鉴别、运用证据，正确掌握批捕、起诉条件。采取案件繁简分流、轻微刑事案件快速办理、侦捕诉衔接配合等方法，提高批捕、起诉效率。全年刑事案件法定期限审结率、批捕起诉准确率均达100%。

一是继续保持对严重暴力犯罪、黑恶势力犯罪以及严重危及群众安全感犯罪的严打态势。如受理在社会上引起巨大反响的瓜农幼女被强奸案后，指派女性干警成立专案组，依法快捕快诉，既保证了审查逮捕起诉工作迅速、细致、定性准确、证据确凿，充分发挥司法公正、伸张正义，又兼顾了被害人情绪，力求不因审查起诉工作给被害人的心灵造成再次创伤。

二是深入开展各种专项斗争。成立专案小组，主动配合公安机关，积极参与“打黑除恶”、打击“两抢一盗”等专项活动，全年受理提请逮捕“两抢一盗”案件174件224人，经审查批准逮捕132件172人；审查起诉黑社会性质犯罪案件4件37人，“两抢一盗”案件258件318人。（沙林波）

【落实宽严相济刑事政策】 2011年，区人民检察院适用无逮捕必要不捕73人，占不捕数的51%；对符合条件的45名犯罪嫌疑人做出相对不起诉决定，并均按规定做了答疑说理工作。积极推行刑事和解制度，共对符合刑事和解条件的47件65人成功促成刑事和解。认真落实非羁押诉讼相关规定，全年实行非羁押诉讼291案475人，占受案人数的49.5%。截至年底，没有一起案件当事人提出异议，没有引发一起涉检上访，实现了办案法律效果与社会效果的统一。（沙林波）

【刑事诉讼监督】 2011年，区人民检察院对应立案而未立案的共监督公安机关立案5件，对不应立案而立案的监督公安机关撤案3件；对应当逮捕、起诉而公安机关未提请批准逮捕、移送审查起诉的追捕漏犯10人，追诉漏犯12人，均获徒刑以上判决；因法院量刑不当、定性错误等问题提起抗诉6件，其中改判5件，维持1件。如区人民检察院提起公诉的被告人曹某受贿案和被告人宋某受贿案，一审法院对二人均认定成立自首，分别减轻处罚，判处曹某有期徒刑六年，判处宋某有期徒刑七年。区人民检察院审查后认为，被告人曹某、宋某不具备自首构成中主动投案的要件，不能认定为自首，一审判决认定二被告人自首错误，对其减轻处罚明显失当，遂依法对两案提出抗诉。市中级人民法院审理后采纳了区人民检察院的抗诉意见，改判曹某有期徒刑十年，宋某有期徒刑十年六个月。

（沙林波）

【打击职务犯罪】 2011年，区人民检察院立案侦查国家工作人员涉嫌职务犯罪案件22件28人，其中贪污贿赂案件18件20人，渎职侵权案件4件8人（均为玩忽职守案）。在查办的18件贪污贿赂案件中，贪污、挪用公款案1件3人，受贿案12件12人，行贿案2件2人，挪用公款案1件1人，单位受贿案1件1人，介绍贿赂案1件1人。通过办案，为国家挽回经济损失1000余万元。

一是加强案件线索管理。严格落实自侦案件线索专管制度，统一管理、及时分流、跟踪催办，加快初查进度，提高办理效率，有效避免了线索积压、有案不查、案件流失等现象。

二是突出查办大案要案，改善案件结构。突出办案重点，集中查办发生在领导机关和领导干部中的职务犯罪案件，以及官商勾结、权钱交易和严重侵害群众利益的案件。立案查办的贪污贿赂案件均为大案，其中要案3人；在立案查办的4件渎职侵权案件中，特大案件1件，重大案件2件。

三是注重提高办案质量和效率。健全案件流程管理，狠抓一案一跟踪、一案一总结、一案一评析制度落实，把办案质量要求落实到线索初查、立案、侦查、采取强制措施和审查起诉、赃款赃物管理等各个环节。发挥侦捕诉技配合的整体优势，依法全面及时收集固定证据，不断提高惩治职务犯罪的准确性和及时性。全年侦查终结职务犯罪案件17件23人，收到法院有罪判决24件27人（含往年14件17人），占立案总数的64.3%。（沙林波）

【预防职务犯罪】 2011年，区人民检察院制定了《关于服务中原区跨越式发展重点工程建设的意见》，围绕服务重点工程项目建设，积极开展职务犯罪预防工作。对市政设施建设、中小学建设等市区重点工程开展专项预防6次，确保重点工程成为"阳光工程""廉洁工程"。针对中原区招投标市场的实际，提出在全区政府采购项目中推行廉洁准入、合同双签制度的预防建议，已被区政府采购监管部门采纳，并发文在全区实行，全年受理单位、个人行贿犯罪档案查询2500余次，净化了市场竞争秩序，促进了诚信体系建设。先后到郑州华润燃气集团有限公司、郑州市住房保障和房地产管理局等单位开展预防职务犯罪教育宣讲活动20次，预防咨询22次。利用警示教育基地，组织辖区机关、国有企事业单位干部职工参观，受教育人数1500余人，取得了较好效果。在国土资源、食品安全、燃气、涉农资金等民生领域开展7项预防调查工作，针对调查中发现的问题，发出检查建议，帮助建章立制，取得了较好的预防成效。全年开展个案预防17件，个案预防率100%。（沙林波）

【控告申诉】 2011年，区人民检察院围绕建党90周年和人民检察制度创立80周年等重大活动，切实增强维稳意识，做好维稳工作。坚持点名接访、预约接待和首办责任制，依法妥善处理群众合理诉求，有效化解社会矛盾；构建"大控申"格局，加强与区政法委、公安、法院沟通，定期联系反馈信息，建立信访联动机制；强化源头治理，健全动态预测机制、风险评估机制，及时化解矛盾纠纷，预防和减少涉检信访问题发生。全年接待群众来信来访192人次；初查案件10余件，初查后移送有关部门立案侦查1件；立案复查刑事申诉案5件，办理国家赔偿案件1件；排查处理涉检信访案件13件，年底已息诉10件。

认真组织开展"五进千家行"大走访活动和"举报宣传周"活动，主动听取人民群众意见和呼声，共走访企业46家、社区92个、村庄25个，召开各类座谈会80余次，发放宣传资料1.2万余份，征求意见表4000余份，收集整理群众提出的意见、建议60多条。（沙林波）

【监所检察】 2011年，区人民检察院对"两劳"场所安全检查76次，提出口头或书面检察建议26次，发现并消除事故隐患22次；对“两劳”人员进行个别帮教300余人次，法治教育37次，配合“两劳”场所开展服刑人员现身说法2次；与服刑、劳教人员谈话150人次，发现并向公安部门提供案件线索3起，使存在余、漏罪的3名服刑人员均得到了加刑处理；审查减刑、减期、假释、保外就医、所外就医人员589人；办理监管人员职务犯罪案件1件1人；初查劳教人员控告申诉案件6件6人，发纠正违法通知书4份，对其中4人的教期进行了纠正。

认真做好监外服刑罪犯的监督管理工作。对所辖的社会服刑人员情况进行2次考查，对73名矫正对象建立个人档案和管理台账，监督公安机关指定专人进行管理，减少和避免了辖区监外服刑罪犯脱管漏管现象。对监狱死亡2名罪犯事件进行深入调查、充分取证，作出正常死亡结论，并向其家属耐心释疑，没有家属提出异议。（沙林波）

【民行检察】 2011年，区人民检察院认真贯彻省人民检察院提出的“着力改善民生、依法保障民生、促进社会和谐”的总体要求，紧紧围绕“依法抗诉、积极息诉、慎重初查、创新发展”的工作思路，严格把握抗诉条件，牢固树立质量意识和证据观念，坚持“敢抗、会抗、抗准”的原则，不断加大民行检察监督力度。全年受理各类申诉案件9件，其中受理一审案件6件，立案4件，提请抗诉4件(均被市人民检察院采纳)，当事人撤诉2件，出席再审开庭4次，法院再审改判1件，调解1件，开展执行监督7件，对法院审理过程中的案件监督2件。受理二审案件5件，经审查立案4件，提请抗诉2件，不提请抗诉2件，当事人撤诉1件。（沙林波）

【调研宣传】 2011年，区人民检察院组织干警在省级以上刊物发表调研文章50篇，其中国家级44篇、省级6篇。在市级以上新闻媒体发表宣传文章235篇，其中国家级65篇、省级139篇、市级31篇。

检察长李伟杰在《检察日报》上先后发表了《读书让人有涵养更优雅明事理》《领导激励法有效提升队伍气势》等文章，从文学修养和工作气势上影响着全院干警，让干警们在忙碌的工作之余不忘提升知识涵养。

3月，副检察长蒙凡被最高人民检察院授予全国检察机关“模范检察官”荣誉称号，并应邀在最高人民检察院机关举行的理想信念教育报告会上作专题报告，受到了最高人民检察院领导的高度评价。为进一步增强人大《关于加强检察机关法律监督工作的决议》的社会影响，5月，区人民检察院与法制日报社联合举办了“强化检察机关法律监督职能·实践与探索”座谈会。法制日报社、最高人民检察院和省、市人民检察院的众多领导、专家、学者，及来自10个省、市及基层检察院的代表共60余人齐聚一堂，共同探讨当前检察机关如何贯彻落实决议精神、实现法律监督科学发展这一课题，取得了良好的效果。会议共收集到论文40余篇，其中区人民检察院干警提交18篇，整理汇编成论文集一册。（沙林波）

【司法警察工作】 2011年，区人民检察院按照省人民检察院法警工作“抓好三大主体工程、两项推动措施和一项基本要求的落实”的总体工作思路，全面提高全体司法警察政治素质，努力为各项检察工作提供有力的警务保障。全年执行传唤23人次，参与搜查3次，执行拘传、协助执行其他强制措施8次，提押看管犯罪嫌疑人、被告人和罪犯98人次，送达法律文书42次，处置突发性事件3次，出警82次，完成检察长交办的其他任务6次，在履职中未发生不安全事故。（沙林波）

【检察队伍建设】 2011年，区人民检察院继续坚持“以人为本”的管理理念，立足检察职能，以主题教育活动为契机，努力打造专业化、规范化、信息化与学习型、创新型、和谐型检察机关和检察队伍，夯实检察工作发展的基础。

一是重点加强班子建设。加强领导干部的思想、组织和作风建设，坚持党组中心组学习制度，以党的十七大精神武装头脑、指导工作，不断增强大局意识、服务意识和责任意识；坚持民主集中制原则，健全党内生活制度，完善决策程序，提高决策水平。班子整体始终保持了团结和谐、奋发向上的良好局面。

二是认真抓好专项教育活动。根据上级领导机关的统一部署，集中开展了“发扬传统、坚定信念、执法为民”和“强班子、抓队伍、树形象”主题教育活动，坚持把理论学习贯穿始终。结合实际制定方案，确保取得明显的学习效果。通过开展教育活动，全体干警的理想信念更加坚定，宗旨意识更加牢固，道德修养进一步提升。

三是大力推进队伍专业化建设。以新进人员和办案一线的检察官为重点，加强正规化分类培训，广泛开展岗位练兵和业务竞赛活动，不断提高业务技能。

四是大力开展文化育检活动。大力发展"创新"文化，激发队伍的进取心；注重发展"细节"文化，增强队伍的责任心；大力弘扬"和谐"文化，增强队伍的凝聚力；积极倡导"学习"文化，提高队伍的战斗力。

五是切实抓好廉政建设。严格落实党风廉政建设目标责任制，层层签订廉政目标责任书，建立干警电子廉政档案系统，对新提拔任命的中层干部进行任前廉政谈话，全院干警无违法违纪事件发生。（沙林波）

审　判

【概述】 2011年，区法院以维护稳定、服务发展、构建和谐为己任，把促进和谐作为衡量法院工作的重要标准，积极稳妥地开展审判执行工作，全力化解各类矛盾纠纷，努力实现社会公平正义。全年受理各类案件6859件，整体结案率96.3%，为中原区的改革、发展、稳定提供有力的司法保障。

（陈俊南）

【刑事审判】 2011年，区法院在刑事审判中，坚持"两个重视""两个并重"的工作方针，依法打击刑事犯罪，努力维护社会稳定。

一是高度重视社会的和谐稳定，坚持"打击"和"帮教"相并重。一方面，针对黑恶势力犯罪、绑架、伤害等严重暴力犯罪及抢劫、抢夺、盗窃等严重危害社会治安的多发性犯罪，依法进行重点打击，审结了李××、马××重大盗窃案，宋××等9人涉黑案件，宋××等人分别被判处十四年至二年半有期徒刑。全年办理各类刑事案件528件，结案503件，结案率95.3%。与上年同期相比，刑事案件收案数下降了29.5%，社会治安明显好转，人民群众的安全感明显增强。另一方面，对青少年犯罪案件实行宽严相济、惩教结合，少用实刑、慎用重刑原则。在少年刑事审判工作中，积极开展回访帮教工作，与社区、家庭共建青少年"成长驿站"，通过开展心理教育、体验教育、法制教育、情感教育、家庭教育，挽救失足青少年，预防和矫治未成年人违法犯罪现象。

二是高度重视案件的审判质量，坚持定性和量刑相并重。对疑难复杂案件实行专家论证制度，多次邀请刑法学界的专家学者、大学教授前来区法院，就罪与非罪、此罪与彼罪进行翔实的分析论证，从而科学、合理、慎重地进行审判，提高案件审理质量和裁判公信力。全面推行量刑规范化，把量刑释明工作贯穿到案件审理的全过程，庭审前主动征求被告人、被害人对量刑的意见，掌握当事人的心理预期；庭审中对量刑证据充分质证辩论，全面掌握与量刑有关的信息；宣判时对量刑过程进行详细说明，增强量刑公开化、透明化。量刑规范化的施行，使量刑更加公开、公正与均衡，刑事案件上诉率同比下降了21%，当庭认罪率、服判息诉率明显上升，刑事附带民事案件的调解工作大大增强，调解成功率达到了83%。（陈俊南）

【民商事审判】 2011年，区法院民商事审判以提高案件的审判质量为中心，加强指导监督，强化调解工作，有效化解纠纷，促进社会和谐。全年办理民商事案件4398件，审结4207件，结案率95.7%。

一是强化诉讼调解，力求案结事了人和。教育一线审判人员牢固树立调解是高质量、高效益审判的理念，把调解贯穿到审判工作的每一个环节，根据不同类型案件特点，建立类型化调解模式，提高调解成功率，全年调解结案3110件，调撤率达73.9%。

二是加强合议指导，提升案件质量。制订出台《强化合议制度的规定》，要求适用普通程序的案件必须充分合议，对于重大程序性问题，如鉴定、追加当事人等必须先行合议后再履行审批手续。完善审判长联席会，重大疑难案件邀请本院法学功底深厚、办案经验丰富的法官参与讨论研究，充分发挥集体智慧。对于有意见分歧或重大疑难案件，由主管院长提交审委会研究决定。

三是加强裁判文书的审核把关，民事裁判文书实行审判长审查、庭长复核、专职审委会委员复查、主管院长签发的四级审核制，对裁判文书进行层层把关，有力确保案件的审理质量。

四是根据工作需要及时调整一线民商事法官。由于民商事纠纷琐碎复杂，很容易引发涉诉信访等问题，年初经院党组决定，将信访量较大的法官及时调离民商事审判岗位，民一庭和民二庭充实了几名业务能力强、沟通能力强的青年法官，调整后有民商事办案法官19人，平均年龄35岁，人员结构得以明显改善，因民事案件引发的涉诉信访明显下降。（陈俊南）

【行政审判】 2011年，区法院在行政审判中，以疏通"官民"关系、解决"官民"矛盾为目标，不断优化行政审判司法环境，努力构建和谐社会。

一是以化解矛盾为目的，提前介入引导。在立案审查阶段与立案一庭、信访局等有关部门密切联系，针对群众反映强烈的行政争议提前介入，引导群众合理合法表达诉求，畅通行政争议处理渠道。

二是以扩大行政审判社会影响为切入点，加强法制宣传。主动走访行政机关进行普法宣讲，选派优秀法官协助培训执法人员，定期开展行政法律法规专项宣传咨询活动，送法进社区、下农村，为群众释疑解惑。

三是加强交流，协助提高行政执法水平。区法院以座谈、走访交流为手段，注重加强与行政机关的沟通联系。依据不同行政机关的不同职能制定有针对性的座谈内容，采取案例分析、自由提问等灵活多样的方式，共同探讨交流并提出司法建议，以利于行政机关提高执法水平，受到了行政机关的一致好评。全年区法院选择市物价局、市人防办、区行政执法局、中原工商分局等行政诉讼案件较多的7家行政机关进行了重点宣讲、走访，这些行政执法人员的法制意识和执法水平有了较大提高，行政诉讼的收案数有了明显下降。区法院全年接收行政案件113件，同比下降了37.9%。审结的110件中，通过协调撤诉42件，真正达到了法律效果和社会效果有机统一。（陈俊南）

【案件执行】 2011年，区法院坚持多措并举，努力化解执行难问题，使案件执行取得明显成效。全年受理执行案件2052件，执结2013件。

一是认真部署"反规避执行专项活动"，借助广播电视、报纸、杂志等媒体广泛深入地开展宣传教育，积极营造良好的执行氛围。在"执行攻坚月"中，通过执行干警的不懈努力，共执结反规避执行案件60件，典型反规避案件2件，超期未结执行案件62件，结案率100%，超额完成了省高院要求95%的结案率标准。

二是充分发挥执行联动机制的作用，积极争取地方党委领导的支持，主动与金融、工商、房管、国土、交通等职能部门以及其他社会征信部门联系，在已有配合基础上加强协作，努力实现信息对接共享，从外部环境上形成高压态势，震慑被执行人。

三是进一步规范执行行为，依法公开案件执行的相关信息，增强案件办理的透明度，赢得申请人对执行工作的认可。完善执行案件流程管理、执行风险告知、执行进度回告、案件当事人意见卡等制度，使每一环节、每一步的执行行为都有章可循、有据可依。

四是大力推进执行和解，将和谐司法理念贯彻到执行工作中，以重调解、少强制为原则，进行教育疏导，积极引导当事人自动履行，同时把案件自动履行率、和解率作为衡量执行效果的重要标准，纳入执行法官绩效档案，提高和解意识。全年有1253起案件通过执行和解结案，执行和解率62.2%。（陈俊南）

【加强案件质量评查】 一是积极转变理念，变事后监督为审判全程监督，加强对案件质量的日常监督，依托案件流程管理对案件运行的各个环节进行全程监控。二是创新案件评查方式，在评查办专职评查的基础上，在审判庭建立内部评查机制，各审判庭确立一名兼职评查员，要求每周至少评查一起案件，并在每周的全庭会议上进行讲评，对于评查中的问题，兼职评查员要及时报送评查办汇总分析。三是将发还、改判、再审案件的差错分析作为审判监督工作的重要内容，对于上诉改判、发回重审以及本院提起再审的案件，由评查办开展重点评查，并进行差错分析，认定案件处理是否存有瑕疵，是否构成错案，原承办人是否负有责任，从而按照本院的考核规定做出相应处理。四是完善案件分析机制，对评查中发现的普遍性问题及个案中存在的不足，认真进行归类、分析、总结、通报，并制定出具有可操作性规定加以规范,从而指导审判实践,避免类似的有错案件再次发生。通过加强案件质量评查,增强了法官办案的责任心,促进了案件质量的进一步提高。2011年区法院评查各类案件5733件,做出案件评查通报50期,98%以上的案件被评定为合格。 (陈俊南)

【涉诉信访工作】 2011年,区法院创新工作方法,采取多项措施推进涉诉信访工作。一是每周召开信访工作例会,对涉诉信访案件进行逐案汇报、集体研究、跟踪督促、强力推进。二是明确奖惩措施,将涉诉信访的发生、办理情况纳入部门和法官绩效考核范围,对不负责任引发信访的予以惩罚,对工作出色没有发生信访的予以奖励。三是每周统计审执人员的收案数和被信访次数,进行全院大排名,通过案件信访比和息访数两个数值,反映审执人员的信访工作成效,在周例会上进行通报与督促。四是对信访投诉量较大的干警集体补课,每天下午下班后利用两个小时的时间,由一名院领导担任主讲人,就理念转变、业务能力、工作技巧等问题进行讲解,对案件信访比较高的5名干警进行谈心、交流。集体补课为期一个月,上课的干警很受触动,进一步端正了思想,改进了工作方法,收效很大。全年区法院受理上级正式交办案件16起,与上年同期的25起相比下降了36%。 (陈俊南)

【诉前调解机制化解矛盾】 2011年,区法院为缓解案多人少、诉讼压力与日俱增的难题,以完善诉前调解机制为突破口,科学合理地配置司法资源,力求使诉前调解成为审判工作的减压阀、助推社会和谐的催化剂。

一是在立案一庭成立诉前调解室,返聘两名退休法官专门从事诉前调解工作,充分发挥他们审判经验多、社会阅历丰富、亲和力强的优势,通过耐心接待,真诚沟通,赢得当事人的信任,缓和当事人的矛盾。诉前调解的重心放在群体性纠纷、现行法律规定不明确或不宜通过诉讼解决的民商事和行政纠纷,有的放矢地展开工作,力求每掌握一条不稳定信息就要化解一个矛盾,每调解一个案件就要解决一个纠纷,避免重复劳动,浪费司法资源。如300多户职工要求某公司办理房产证纠纷,262户职工状告某改制企业,要求退还房款一案,这些群体性重大不稳定纠纷在诉前调解阶段得以成功化解。

二是积极发挥人民陪审员的作用。将区法院的63名人民陪审员按照一定比例固定在各审判庭,审判庭再根据工作需要选任3~5名人民陪审员担当专职调解员。列入诉前调解范围的案件都要交由人民陪审员先行调解,调解成功的按一定金额给予陪审员物质奖励。此举有效激发了人民陪审员的工作积极性,有的人民陪审员利用周六、周日时间做当事人的工作,民二庭的一名陪审员一个下午成功调解了11起案件。

三是积极委托社会法庭开展诉前调解工作。完善与社会法庭的对接机制,对于一些赡养、离婚、劳动争议、乡邻关系等民间纠纷,由法院制作委托函和回执,在案件正式起诉前委托辖区的14个社会法庭进行调解,调解成功的,直接由双方当事人在社会法庭达成协议结案,不再经过诉讼程序。

诉前调解机制的运行,一方面,通过先行介入矛盾纠纷,准确了解当事人的情况,避免矛盾激化;另一方面,诉前调解可以快速化解矛盾,且调解成功的案件,区法院不收取任何费用,降低当事人的诉讼成本。更为重要的是,充分发挥了"案外法官"的作用,大大节约了司法资源,有效缓解了法院的审判压力。2011年,区法院在诉前阶段累计成功处理各类纠纷1078件,使2000多名群众不经正式诉讼程序便解决了问题,化解了矛盾,有力促进了社会和谐。 (陈俊南)

【建立"法官社区一对一"机制】 干警联系基层是全省法院践行能动司法的重要举措。2011年,区法院结合区情、院情,主动延伸审判职能,建立"法官社区一对一"机制,广泛深入地了解把握社情民意,探索出一条符合中原区特色的能动司法之路。

一是制作警民联系信息牌,密切警民关系。将全院干警与辖区内151个社区、村组结成对子,每位院领导负责一个街道,每名干警固定联系一个社区(或行政村),并将法官的姓名、联系方式和监督电话制作成警民联系信息牌,悬挂在社区、村镇的显要位置。通过这张警民联系信息牌,搭建法院干警与群众之间沟通的桥梁,干警可以及时了解到民情民意,将可能发生的矛盾纠纷消化在萌芽状态。同时,群众对法官在办案过程中存在的问题,可依照信息牌上的监督举报电话，直接向纪检监察部门反映，增强了法院工作的透明度和法官的自觉性。

二是深入企业联系，主动提供服务。院领导带队先后走访了嵩岳集团、纺织产业园、几个大型国棉厂等多家企业，带去了有关企业体制改革、呆死账如何处理、劳动争议及合同纠纷等方面的法律法规，及时解决了一批难以通过诉讼解决的改制企业历史遗留问题。

三是深入社区联系，积极开展巡回审判。选取一些常见的邻里纠纷、婚姻家庭纠纷、土地合同纠纷等案件，将审判法庭搬进社区、田间地头、村委大院，公开审理案件，达到宣传法律、教育群众的目的，也消除了法院工作的神秘感，增进了群众对法院和法官的了解。8 月 10 日的《人民法院报》以“中原法院巡回审判进社区”为题做了头版报道。

（陈俊南）

【社会法庭完善升级】 社会法庭通过民间力量的整合，可以帮助法院化解一大批民间纠纷。2011 年，区法院根据现实需要，在已经成立 14 个社会法庭的基础上，进一步加强社会法庭的规范化建设。按照示范社会法庭的建设标准，对须水社会法庭、桐柏路街道社会法庭进行了改建扩充，按照特色社会法庭的建设标准打造纺织大世界社会法庭。改建后的须水社会法庭拥有办公用房 500 平方米，按照功能划分为社会法官工作室、社会法庭体验中心、社会法官培训中心暨普法大讲堂 3 个独立的区域。在制度建设上，区法院完善了社会法官值班制度、工作台账登记制度、社会法庭议事制度、卷宗保管制度、社会法庭例会制度。通过办案指导、业务培训、观摩庭审、相互交流等方式，积极指导辖区内社会法庭开展社会法官化解矛盾纠纷竞赛活动，调动了社会法官化解社会矛盾的积极性，有力推动了示范、特色社会法庭的完善升级工作。

全年 14 个社会法庭的 112 名社会法官共接待纠纷当事人 628 人，成功调处各类纠纷 246 起。其中须水社会法庭的工作成效最为明显，收案件数同比下降 7.3%，涉诉信访数同比下降 40%。

（陈俊南）

【争创省级文明单位】 2011 年，区法院围绕“争创文明法院、争当文明法官”工作主题，开展了形式多样、内容丰富的文明建设活动。积极参与“文明交通行动计划”，组织 50 多名青年法官志愿者担当文明交通劝导员，对不文明、不安全、不规范的交通行为及行为人进行制止和劝导，协助交巡警维持交通秩序。积极开展扶贫帮困活动，累计帮扶群众 37 人次，组织集体捐款 2 次，捐助善款近 4 万元。检查验收时，区法院又准备了近百万的文字材料和 500 多张图片，图文并茂地展现精神文明创建工作成果，得到验收小组的一致好评。11 月，区法院成功争创为省级文明单位，至此区法院已连续 3 届被省委、省政府命名为省级文明单位。（陈俊南）

【后勤保障】 为改善交通、通信、庭审条件，加快办案的现代化建设步伐，区法院先后购置了 4 辆桑塔纳轿车、58 台电脑、12 台打印机、18 台扫描仪分配到审判一线。不断改善现有办公环境，对部分办公室进行整修，对全院的办公、通信系统进行全面检查维修，在公共走廊铺设地毯，添置绿色植物，美化工作环境。法警大队围绕审判开展司法警务工作，全年提押、看管、值庭、协助执行出警 1200 余人次，没有出现任何纰漏。司法技术工作持续规范化发展，修订完善《司法技术工作实施办法》，完成对外委托案件 328 件，在服务审判、规范司法行为方面作出了积极贡献。（陈俊南）

【宣传工作】 2011 年区法院编发简报 114 期，被上级机关采用 83 篇，发表调研文章 140 篇、宣传稿件 1466 篇。其中国家级 90 篇，《法制日报》《人民法院报》《中国审判》等重量级媒体对区法院的亮点工作和典型案例都作了相应报道。全年有 1203 份裁判文书上网公布，158 起案件实现庭审网络直播，62 起案件邀请人民陪审团参与案件审理，邀请人大代表、政协委员、媒体记者等 272 人次旁听庭审、监督执行案件。（陈俊南）

【队伍建设】 2011 年，区法院以“发扬传统、坚定信念、执法为民”主题教育实践活动为抓手，结合“群众观点大讨论”、社会主义法治理念再学习再教育活动，加强对法官队伍的教育和管理，不断提高队伍的政治素养和业务素质。

扎实开展主题教育活动，引导干警树立正确的司法理念。一是区法院开展了“重温党史、牢记使命、献礼建党90周年”系列活动，组织干警赴湖南韶山感受红色文化、观看红色革命影片《东方红》、举办“心中的歌献给党”文艺演出。活动中，为干警颁发优秀书籍873册，征集到书画摄影作品64幅，干警撰写学习笔记430多篇、心得体会50多万字，切实从干警的思想深处解决了“为谁掌权、为谁执法、为谁服务”的问题。二是积极开展“群众观点大讨论”、社会主义法治理念再学习再教育活动，使人人参与讨论、人人受到教育、人人得到提高。3个月的时间内，区法院召开了10多场别开生面的座谈会。比如组织办案先进个人和信访落后干警召开了“从群众观念谈涉诉信访”主题座谈会，组织书记员召开了“让送达为化解矛盾服务，为消除信访隐患服务”主题座谈会，组织中层干部召开了“加强纪律观念、增进群众感情”座谈会，组织复转军人召开了“八一”座谈会，等等。通过广泛、深入的交流、座谈，全院干警进一步增强了大局观念，坚定了政治方向，提高了工作能力。

强化教育和培训，提升法官司法能力。一是注重干警的经常性教育。制定下发了《中原区法院政治理论学习制度》《关于思想宣传教育工作的若干规定》，将教育制度规范化、常态化。积极开展法官讲堂、法治论坛、法官经验交流会等活动，引导法官更新司法理念，准确理解法律精神。与浙江大学共同举办“法官综合能力提升研修班”，分两批对103名法官进行为期一周的集中封闭式培训，提升广大法官应对公共危机、化解社会矛盾的能力和水平。组织绩效考核先进个人赴成都金牛区法院学习审判管理先进经验，拓宽法官视野。组织书记员赴连云港举行素质拓展训练，增强团队凝聚力。二是高度重视青年法官的培养。2011年区法院“80后”法官有22人，这些年轻法官大都是“三门”干部，从家门到校门再到院门，普遍缺乏艰苦磨炼、缺乏社会阅历、缺乏工作技巧。针对这一现状，区法院开展老中青法官系列座谈会，利用周五下午的学习时间，让青年法官聆听老前辈的亲身经历，学习优秀法官的工作经验，不断增强其对群众感情的认同，对法官职业的认同，对法律信仰的认同，培养出一批富有生机、充满活力、敢于独挑大梁的青年法官。区法院“80后”法官任司辉一年审结了304起案件，3年累计办理800多起案件，没有出现一起涉诉信访，12月16日的《河南法制报》对他的先进事迹做了专题报道。（陈俊南）

【党风廉政建设】 2011年，区法院从加强制度建设入手，不断完善工作机制，切实把党风廉政责任制的各项规定落到实处。一是每年年初召开廉政专题会议，部署安排全年党风廉政建设工作。严格按照“一岗双责”和“谁主管、谁负责”的要求，落实领导班子和领导干部抓廉政建设的责任。二是健全廉政监督机制，实行纪检监察周例会通报制度、案件廉政监督卡制度，以制度为抓手推进反腐倡廉工作。三是加强对司法作风纪律的检查，每周最少2次监督检查本院各部门和干警的在岗情况、对待当事人的态度和司法礼仪。在重要节假日前等敏感时期，利用电教片、手机短信、宣传栏等载体，营造风清气正的廉政氛围。四是高度重视公车的管理使用，对全院车辆逐一登记造册，每逢节假日、双休日及限行日，都要封存相关车辆。五是向家属征集廉政亲情寄语，悬挂在干警办公室，以亲情的力量去感染、影响他们廉洁自律、遵纪守法。区法院在全市法院系统率先设立了“清风茶社”，通过廉政谈心、交流，及时提醒有违规违纪倾向的干警“踩刹车”。（陈俊南）

【法院文化建设】 2011年，区法院出台了《关于进一步加强法院文化建设工作的实施意见》，对全院的精神文化建设、制度文化建设、廉政文化建设、物质文化建设作出了整体部署与安排。在院党组的强力推进和大力支持下，区法院的文化建设活动开展得如火如荼。

一是加强文化阵地建设。利用立案、信访大厅的电子显示屏、触摸屏，及时显示和宣传法院文化理念和文化实践活动。在审判法庭、走廊等公用区域，悬挂法律格言警句、文化建设图片，精心打造“文化墙”。开辟出法院文化建设活动园地，公告当周文化活动安排，以照片墙的形式展现上周活动风采，营造出浓厚的文化氛围。

二是启动“浓郁书香漫中原”读书节活动，倡导每人每月至少读一本好书，写一篇读书笔记；进一步加强与高等院校的联系，建立长期的学术互动、课题合作、理论交流、要案研讨关系，竭力打造“学习型法院”，塑造“学者型法官”。

三是加强法院物质文化建设，完善文化体育活动设施。在办公条件十分有限的情况下，整修了图书室和阅览室，成立了干警文体活动室，增设了乒乓球、羽毛球、篮球等健身设施，全力打造健康法院、和谐法院。

四是积极倡导“快乐工作、健康生活”理念，开展了丰富多彩的文体活动。在“人人愿参与、周周有活动”方针的指导下，区法院先后组织了登山赏红叶、羽毛球自由挑战赛、摄影比赛、法官沙龙、冬至包饺子等形式多样的文化活动。认真落实法官带薪年休假制度，以人为本从优待警，使每一位干警都有一个健康、积极向上的思想状态，从而以轻松的心态投入到工作中。（陈俊南）

司　法

【概述】 2011 年，区司法行政工作充分发挥法律保障、法律宣传和法律服务的职能作用，积极完成司法所建设、人民调解、法律服务、安置帮教等各项工作任务，为构建平安和谐中原、促进经济社会协调发展作出了积极的贡献。（吴　瑕）

【法制宣传七项措施】 一是以全面启动“六五”普法依法治理工作为载体，先后两次召开依法治理工作领导小组工作会议和区委常务会议，研究制定了“六五”普法规划，并以区委办、区政府办名义下发至全区各单位，具有很强的可操作性和指导性。

二是以“法律六进”活动为载体，在全区司法行政系统开展“加强法制宣传教育、促进社会矛盾化解”主题宣传教育活动，扎实推进“重点工作、重点单位、重点区域、重点人群、重点问题”的法制宣传教育，开展以突出关注民生的《道路交通安全法》《治安处罚法》《信访条例》《人民调解法》《禁毒法》《社会保障法》《合同法》《民法》《婚姻法》《继承法》等为主要内容的集中宣传活动，展出各类普法展板 476 块、宣传横幅 187 条，发放各类普法资料 30 余万份，出动普法宣传车 103 台次，受教育人 12. 12 万余人。

三是以“普法讲师团”为载体，提高宣传教育渗透力。区司法局组织律师“普法讲师团”成员 24 人深入各街道、社区（村）举办法律知识讲座 124 场，每月组织律师、公证、法律服务工作者、法律援助人员，深入居住小区、公园开展“送法进基层”集中宣传活动。

四是以“12・4”全国法制宣传日为载体，紧扣“深入学习宣传宪法，大力弘扬法治精神”宣传主题，悬挂横幅 46 条，展出各种法律知识内容的展板 63 块，设立法律咨询台 17 个，接待咨询群众 700 多人，发放各种宣传资料 8. 8 万余份。

五是以法制宣传教育阵地建设为载体，全力营造法治氛围。区司法局与郑州市老科协司法专业委员会合作，在每个自然村、社区安装固定电子显示屏的宣传栏，推动了农村社区法制宣传教育上台阶、上水平。

六是以争创全国文明城市为载体，大力加强普法宣传工作。以《劳动法》《物权法》《道路交通安全法》为主要内容，印制宣传彩页 24. 5 万余份，由社区民调员、巡防队员、小区保安、暑假中小学生等人群，深入楼院将宣传资料发放到每家每户，入户率达 80% 以上。

七是以法治郑州创建活动为载体，结合村级换届选举工作，全力推进基层民主法制建设。坚持法制宣传与法治实践相结合，重点加强“法治街道办事处”“依法行政示范单位”“民主法治村”“民主法治社区”“依法治校示范学校”“诚信守法企业”等创建活动。全力推进基层民主法制建设，培养公民自觉学法、守法的行为习惯，推进机关、社会团体、企事业单位和其他组织依法行政、依法管理和公正执法。（吴　瑕）

【矛盾化解】 一是以宣传《人民调解法》为主线，提高老百姓对人民调解工作的认知度。根据《人民调解法》的要求，积极开展“健全网络、稳定队伍、增强素质、提高质量”为主题的教育活动。

二是以“三调联动”为抓手，认真做好人民调解、司法调解和行政调解的有效衔接。即在基层法庭、派出所设立人民调解室，聘请 14 人为“特派人民调解员”，协助法院、派出所做好当事人的息诉止纷工作。在区矛盾纠纷排查调解处理中心设置“三调联动”接待窗口，并安排专职调解人员值班。同时，在大厅内设置了专职律师值班办公室，以接待群众来访，方便群众进行法律咨询。2011 年，全区各级调解组织共调解各类民间纠纷 1383 件，调解成功 1356 件，调解率和调解成功率分别达

100%和98%；防止民事转刑事5起139人，防止群体性上访6起591人。

三是以提高人民调解员队伍素质为前提，加强教育培训。积极参加市司法局组织的调委会主任、专职民调员业务知识培训，并在每月25日的司法助理员例会上，以会代训的形式对司法助理员强化培训，提高工作技能。

四是以“人民调解质量年”活动为牵引，重点开展卷宗评查工作，每季度对评查出来的精品卷宗实施“以案定补”政策，每个卷宗补贴40元。截至年底，符合条件的207本卷宗补贴全部发放到位。

（吴　瑕）

【司法所规范化建设】 中原区通过司法所办公用房建设与社区办公用房建设相结合的方式，加强司法所硬件建设，区司法局对达到市级规范化的司法所进行奖励补贴，适量配备电脑、打印机等硬件。2011年，桐柏路司法所、汝河路司法所、航海西路司法所、秦岭路司法所、棉纺路司法所、西流湖司法所、三官庙司法所的软硬件建设完成，已达标市级规范化司法所；绿东村司法所被省司法厅命名为省级规范化司法所。

（吴　瑕）

【律师管理】 一是充分发挥律师和法律服务工作者的专业优势，积极参与矛盾纠纷调处和信访问题的处理。开展了“一街道一师”和“法律服务进社区”活动。二是组织律师“普法讲师团”成员24人深入街道、社区（村）举办了多场法律知识讲座，受到广大群众的好评。三是中原区律师向残疾人发放法律服务便民卡7000余份，向群众发放服务卡6000余份，更大程度地方便群众进行法律咨询。

（吴　瑕）

【公证工作】 一是深入学习并认真执行《公证员职业道德基本准则》，积极开展省级优秀公证处和优秀公证员的创建活动，进一步提高公证质量和服务水平。二是全面贯彻落实《公证法》，坚持为老、弱、残人员开设绿色通道和预约上门服务。全年办理预约服务、派公证员上门服务公证及办理符合法律援助条件公证44件，减免公证费的公证1件。全年办理各类公证业务9786件，其中，国内民事公证9460件、国内经济公证326件，圆满完成了区定的非税收入任务。

（吴　瑕）

【“两劳”工作】 一是切实加强“两劳”回归人员帮教工作。进一步健全了“两劳”回归人员三级帮教网络，大力推行安置帮教信息化管理，做到了底数清、不脱管、不漏管。2011年，全区有刑释解教人员127人，其中刑释人员111人，解教人员16人，已全部落实帮教。二是积极稳妥推进社区矫正试行工作。成立了中原区社区矫正工作领导小组和办事机构，学习借鉴兄弟县、区社区矫正工作的经验，探索社区矫正工作的新路子。全年接收社区矫正人员31人，均已登记造册，建立台账，并已与社区做好衔接工作。截至年底，31名矫正人员没有发生重新犯罪。

（吴　瑕）

【法律援助】 一是面向社会公布法律援助热线12348，安排律师轮流值班接听热线电话，并在区法院设立法律援助值班室，负责法律咨询工作。全年接听法律咨询电话551个。二是拓展法律援助领域，为社会贫困弱势群体提供法律服务。健全三级法律援助网络，在全区成立法律援助受理点11个，并在区总工会、团区委、区妇联、区残联、区城乡建设局、区人力资源和社会保障局等重点部门成立了法律援助维权站，建立5类人档案，加大了对弱势群体的法律援助力度。三是加大向社会各界宣传法律援助的力度，提高法律援助工作的知晓率、影响力。11月，法律援助中心组织律师进入河南武警支队开展法律援助宣传活动，使部队官兵了解法律援助，得到了广大官兵的好评。四是组织开展“比数量、比质量、比形象”的法律援助精品案件评比活动。区法律援助中心每季度对律师事务所和法律服务所的法律援助案件进行评查。全年对261件援助案卷进行了评查。五是建立法律援助志愿者队伍。在全区招募103名法律援助志愿者，法律援助志愿者可以接受委托办理援助案件，并享受与援助律师同等的办案补贴待遇。六是开展“法律援助进社区”活动，在100个社区和22个行政村各配备了一名律师或法律服务工作者。

2011年，区法律援助中心接待来访当事人法律咨询830余人次；办理法律援助案件265件，其中，民事法律援助案件202件，刑事法律援助案件63件。

（吴　瑕）

【队伍建设】 一是深入开展“发扬传统、坚定信念、执法为民”主题教育实践活动，切实加强司法行政队伍建设。区司法局组织机关全体人员和基层司法所长到新乡八里沟进行了为期5天的拓展训练，强化了团队协作意识。二是按照中原区“一竞双争”活动要求，组织开展了“浓郁书香漫中原”读书活动，购买了《国学》《舍得》《卡耐基经典全集》等书籍，强化读书检查，定期进行读书交流活动，提升了干部队伍的思想政治素质。三是建立领导干部基层联系点制度。要求领导班子每月深入基层进行调研，并写出调研报告在局班子会上进行交流。四是扎实开展“队伍建设年”活动，进一步加强党风廉政建设和政风行风建设，严格贯彻落实《廉政准则》，紧密结合工作实际，大力推行政务公开。每月最后一个周五下午组织全体机关干部收看《警钟长鸣》《贪之悔》等教育资料片。通过活动的开展，干部队伍的整体素质明显增强，政治思想觉悟明显提升，工作积极性明显提高。 （吴 瑕）

典型案例

【成功侦破2010年“8·10”抢劫杀人案】 2010年8月15日，孙××到原中原公安分局报案称：自2010年8月10日早7时30分许，其父亲孙××外出与生意上的朋友交谈二手汽车买卖事宜后，至今未归，手机也无法接通。接到报案后，中原分局立即按照市公安局相关规定，按照失踪人员疑似被侵害开展立案侦查。

原中原公安分局领导高度重视，迅速组织成立了2010年“8·10”专案组。经过反复分析，专案组迅速明确侦查重点和方向，围绕六个方面进行调查：一是采集失踪人员孙××家属血样，录入失踪人员管理库和疑似被侵害人员管理库；二是在省厅发布紧急协查通报，请求各地协查有无符合条件的无名尸；三是根据“三定侦查法”，对疑似被侵害人员孙××进行分析；四是对孙××的家属及朋友进行座谈访问，排查其关系人；五是对其通信工具进行摸排；六是对其亲属的银行卡进行调查。

通过对孙××家属进行反复询问，专案组得知，孙××于2010年8月9日下午18时回到家中，告诉妻子其有个平顶山的朋友要来郑州购买二手汽车，对方一共4个人，自己只认识其中一个，4人通过孙××进行联系，有意到新密购买一辆2002年的帕萨特轿车。8月10日早上，孙××外出与4人见面详谈，至当日上午9时30分左右，手机无法联系至今。孙××在外出时，身上携带约400元现金和几张银行卡及一张“安泰洗浴”储值卡，银行卡内现金共计2000元左右。

在掌握信息后，专案组立即安排对孙××所持的14张银行卡进行调查，发现自8月10日后无任何交易和查询情况。此外，专案组对孙××失踪前24小时电话活动轨迹进行调查，发现孙××于案发前后与一手机号码联系频繁，该号码自2010年3月18日在许昌市襄城县购买开通后，单机单卡进行使用，仅与孙××一人联系，案发后至今无法联系，证明机主具有较大作案嫌疑，且有着丰富的反侦查意识。专案组迅速安排民警赴许昌调查该手机号码，由于时间长久，未查到任何有价值线索，案件线索至此中断。

警务机制改革后，建设路派出所对此案的侦查工作丝毫没有松懈，为确立案件必破的决心和信心，专案组还不断以精准的推敲和科学的论断为全体参战民警鼓舞士气。根据研判，嫌疑人从外地来郑作案极有可能驾驶车辆，结合重大嫌疑手机号在8月9日的活动轨迹，专案组逐一调取了郑州市十八里河高速路口、郑州南高速路口、郑州侯寨高速路口、郑州西南高速路口自8月9日16时50分至17时50分所有出口车辆照片和4处高速路口自8月10日9时至10时进口的全部车辆照片，通过对两个阶段1386辆车进行碰撞，发现一辆车牌号为豫QH3887的黑色威志轿车有嫌疑，并进一步查实了车主党×的基本信息（男，35岁，驻马店市上蔡县崇礼乡人）。

专案组根据该手机号码的活动轨迹，对重大嫌疑手机号活动频繁的中原区郑州客运西站附近宾馆、洗浴中心更是逐一上门登记、查证，最终在郑上路与华山路交叉口西北角的“中航商务快捷酒店”内发现2名驻马店上蔡县人党×、付××开了两间房。经调取监控录像，党×正是那辆可疑车辆车主。

专案组研究认为，从时间和空间条件分析，结合重大嫌疑手机号码的活动轨迹，党×、付××等4人与孙××失踪存在密切的关系。专案组派出工作组赶赴上蔡县进行调查，通过物建专案特情，获取了付××等4名嫌疑人的手机号码，进一步查证出其中一个嫌疑人的手机号在2010年3月与孙××有过联系。专案组认定该人系主犯，并将案件的突破口锁定在该名嫌疑人身上。

经过大量细致的侦查工作，专案组最终摸清了案件主犯朱××的个人信息及居住地址，至此收网抓捕行动全面展开。由于获知朱××有可能随身携带枪支弹药，为确保万无一失，派出所长何汝伟亲自指挥，将侦查员分成4个抓捕组在朱××租房处进行守候，并于2011年1月19日中午，将朱××抓获，并在其住处缴获仿六四式手枪1只、自制转轮手枪1只及子弹3发。

朱××到案后，拒不配合。侦查员适时抛出前期侦查取得的证据，在强大的政策攻心下，朱××如实供述了伙同付××、党×、张××经过长期精心预谋，准备以向孙××购买二手车为借口，劫持孙××至上蔡县后威逼索要钱财。在强行带孙××返回上蔡途中，合伙失手将孙××殴打致死并抛尸掩埋至上蔡县崇礼乡一个机井内的犯罪事实。

目前犯罪嫌疑人朱××、付××、党×、张××及涉嫌帮助伪造、毁灭证据罪的犯罪嫌疑人朱××、张××均已被派出所抓获归案。（李　倩）

【成功侦破一起强奸幼女案】 2011年7月23日凌晨1时16分，建设路派出所指挥室接市公安局110指令：在伏牛路与伊河路交叉口一卖瓜夫妇报案，称其7岁的女儿张×走失。当日早晨6:02，派出所再次接到市公安局110下达的警情：在郑上路与西三环交叉口向南100米路东，有一个约8岁的小女孩裙子上有大量血迹，很有可能被强奸。接警后，派出所指挥室迅速指派正在查找失踪女孩的巡组和治安、刑侦力量前往现场。经落实，女孩就是凌晨1时报走失的受害女孩张×。

派出所立即启动重特大案件处置预案，派出所领导和侦技人员火速赶到现场，坐镇指挥，周密开展现场勘查和走访调查工作，并现场成立"7·23强奸幼女案"专案组，案件侦破随之全面展开。

由于案件情节十分恶劣，省委常委、郑州市委书记连维良和副市长、市公安局长黄保卫分别作出批示，要求组织强有力的专案组迅速破案，严惩犯罪分子，尽快抓捕归案。但因受害人年幼且正在医院救治，案发第一现场难以确定，给案件的侦破带来了极大困难。面对困难，专案组冷静应对，对专案组划定的可能为案发第一现场的中原区宋庄村、柿园村、石佛村、西流湖等区域进行重点排查；通过视频监控手段查找犯罪嫌疑人及其当晚所搭乘出租车的司机，了解嫌疑人的体貌特征和案件相关信息；以女孩失踪地和被发现地为中心，全力开展调查走访工作，对走访中群众反映出的重点线索、重点人员进行查证；做好证据的固定工作，并尽快将提取物证送检比对；配合医院全力对受害人进行救治，对受害人家属做好安抚工作。

经过专案组民警的不懈努力、全力攻坚，最终将犯罪嫌疑锁定在伏牛路与伊河路交叉口西北角的福祥酒店员工马×身上。案发后，各大媒体对案件情况的报道，引起了马×的警觉，并引发了其出逃。通过缜密侦查，技术导侦，专案组确定嫌疑人马×已逃往广州。民警立即出动，远赴广州对马×实施抓捕。经过多日在广东省的广州市、中山市、顺德市辗转奔波，架网守候，查找犯罪嫌疑人的踪迹，并在当地警方的密切配合下，在市公安局技侦支队的技术支持下，专案组民警于7月29日下午3时30分在中山市将犯罪嫌疑人马×抓捕归案。

（李　倩）

【成功抓获一名潜逃12年的网上逃犯】 自2011年10月31日市公安局召开决战"清网行动"誓师会以来，建设路派出所认真贯彻落实市公安局决策部署，充分发挥"一把手"核心作用，抽调精兵强将成立"决战清网"工作小组，多次召开抓捕研判会，采取超常规作战手法，在"清网行动"攻坚阶段成功抓获一名潜逃12年的网上逃犯，为派出所"清网行动"再立新功。

1999年，在郑州从事布匹生意的王××（女，1948年7月25日出生，河南郑州市中原区人）向朋友借款600万元，借款后因无力偿还逃匿，多年来音讯全无。"清网行动"进入攻坚阶段以来，经侦大队将追捕王××列为首要工作，大队长刘淑慧抽调民警脱离日常工作，专案专办。一方面，对王××家人、亲友及所有社会关系进行深入调查摸排，逐人见面，强力规劝；另一方面，调取其家人信息轨迹进行分析研判，相互交叉印证，从中发现有价值线索。

经过多方努力，民警发现重要线索：近一段时间，王××的妹妹与广州某号码频繁联系。深入调查了解，王××的妹妹在一家小超市内打工，家庭条件较差，在广州并无其他亲戚，与其频繁联系的广州号码十分可疑。本着不放过任何一丝线索的抓捕信念，经侦大队教导员立即带领民警前往广州开展调查，并在广州警方的密切配合下，将犯罪嫌疑人落脚地逐步摸排至广州市荔湾区芳村附近。由于逃犯王××外逃时间较长，不仅具有较强的反侦查经验，而且依据照片进行辨认抓捕十分困难。对此，民警立即转换调查思路，以逃犯王××很有可能继续从事与服装有关的行业入手，经过大量细致的走访调查，最终了解到近期有一家缝补铺闭门歇业，店主系一名60岁左右的河南籍女性，还有另外一名河南籍的女性在店中帮忙，两人以姐妹相称。后经周边群众辨认，在店铺中帮忙的女性就是在逃犯罪嫌疑人王××。

经对店铺多日架网守候，11月5日，民警发现回店铺取货物的缝补铺店主王×（王××的妹妹），民警立即对其开展询问，王×声称已于两日前与王××分手，目前不知道其下落。教导员郑斌亲自对王×做思想工作，逐步打消了王×的思想顾虑。逃犯王××最终于11月5日，在其妹妹王×的陪同下投案自首。经侦大队已对王××采取强制措施。（李 倩）

【成功侦破2011年“1·13”抢劫杀人案】 建设路派出所民警协同作战、克难攻坚，历经330余天艰苦卓绝的摸排侦查，成功破获2011年“1·13”抢劫杀人案，犯罪嫌疑人宋××（男，1957年6月18日出生，湖北省江陵县滩桥镇人）于12月21日被押解回郑。

2011年1月13日下午13时左右，拾荒人员尹××路过中原区南陈伍寨市政三公司搅拌站门口时，发现路南边的灌木丛内有两张纸板，随手拾起纸板后发现一名男性尸体，满脸是血躺在地上，随后报案。接到报案后，派出所110指挥室迅速启动大要案处置机制，同时指令交巡、治安、刑侦、技术4个部门警力赶往现场，并逐级进行汇报。按照“整体作战法”要求，所长何汝伟立即带领全体班子成员赶赴现场，并当即牵头成立专案组，迅速在全局抽调警力开展案件侦破。得知情况后，市公安局领导在第一时间带领市公安局刑侦、技侦、网监等相关业务支队人员赶赴现场指导案件调查。

经过仔细的现场勘验和走访调查，专案组及时落实了受害人身份（卜××，男，42岁，河南省西华县田口乡人，在中原区西岗村经营一家油店），并在现场提取到犯罪嫌疑人作案后遗留的马虎帽、血手套等物证。针对以上情况，专案组决定从案发现场摸排、受害人暂住地排查、受害人关系人查证、调取分析视频监控材料、查找物证等10个方面入手，调动全局警力，明确分工，分级负责，迅速展开全方位摸排侦查。随着工作的不断深入，一个个符合侦查范围的嫌疑人被纳入视线、一条条涉案线索涌向专案组，经过周密调查均予以排除。专案组先后摸排了符合年龄段嫌疑人2000余人，调查否定反映线索450余条，然而案件侦破却一度陷入困境。

面对不断的困难和挫折，面对命案压头的精神压力，派出所党委不断为专案组鼓气加油。功夫不负有心人，经过长期奋勇攻坚，远赴江苏无锡负责查证死者关系人的专案组民警发现一条重大线索：12月13日下午，民警在无锡查找到一名死者关系人宋××，在提取其血样带回郑州比对时，发现与案发现场遗留的马虎帽及血手套上残留DNA检验系同一人，基本确定宋××就是本案的犯罪嫌疑人。进一步调查得知，宋××（男，54岁，家住湖北省荆州市江陵县滩桥镇）系原中铁十一局郑州地铁1号线西岗标段施工队厨师，2010年6月至2011年1月在郑州施工期间经常到受害人经营的粮油店内购买物品，案发后来到无锡打工。刻不容缓，专案组民警抑制着内心的激动，立即组织对嫌疑人宋××实施抓捕，然而宋××在被公安机关采血后，认为事情已经败露，已丢掉随身携带的手机等物品，悄然从无锡畏罪潜逃，去向不明，案件至此再次出现波折。

在锁定犯罪嫌疑人后，于12月14日，何汝伟火速带领刑侦副所长李永安、刘恒及30余名侦查员，兵分四路，分别到达武汉、无锡、荆州、广州等嫌疑人可能落脚处实施抓捕。经过连续6个昼夜的强力攻坚，最终赴广州抓捕工作组在当地警方的密切配合下，成功将隐匿于某小旅社内的犯罪嫌疑人宋××抓获归案。经讯问，犯罪嫌疑人宋××对卜××曾因琐事指使他人殴打自己一事怀恨在心，经过预谋，以约卜××外出帮助拉货为由，在事先踩好的作案地点，趁卜××不备，将其残忍杀害，抢走现金1400元、手机1部的犯罪事实供认不讳。

根据犯罪嫌疑人宋××的供述，专案组民警分别在江苏无锡、湖北荆州等地，将涉嫌包庇罪的宋××妻子章××（女，53岁，湖北省江陵县人）、其兄宋××（男，59岁，湖北省荆州市人）、其外甥朱×（男，41岁，湖北省荆州市人）抓获。至此2011年“1·13”抢劫杀人案成功告破。（李　倩）

【成功抓获在逃12年的命案逃犯】　2011年3月21日，侦查员黄保华、范涛在排查“3·4”命案的工作中获取一条线索：“3·4”抢劫杀人案中心现场直线距离100米处卧龙岗村125号一男子在案发前突然离去。获此线索后，案件侦办大队长孔安立即向所长袁天增进行了汇报，袁所长指示要把此人当作“3·4”命案的嫌疑人进行侦办、查证，并及时上报结果。

根据工作安排，侦查人员立即赶赴卧龙岗村125号，对房东陈×进行询问。据陈×反映，这名突然离去男子自称杨××（男，50岁左右，周口太康人），在附近村庄打扫卫生，单身独居，喜饮酒，春节没有回家，一个月前突然搬走，去向不明。通过进一步询问陈×，陈×回忆起大约在3月14日前后两天，有一个20岁左右叫“文立”的开封人曾到这里找过杨××。

经过调查走访，“文立”暂住在闫垌村，杨××是其表叔。侦查员遂对闫垌村中符合条件的开封20岁左右叫“文立”的男性进行查找，经过艰苦细致的逐一甄别，3月23日晚21时，在闫垌村131号找到在此租房的“文立”。“文立”真实姓名叫张××（男，21岁，开封杞县人），杨××是其爷爷张××在闫垌村打扫卫生时认识的，并无亲戚关系，杨××在附近扫地，具体住址不知道。

为了尽快找到杨××，侦查员加大工作力度和走访范围，对卧龙岗周边村庄进行地毯式摸排访问。经过三天艰苦细致的排查，3月26日晚，终于在赵家门村南侧的一个废品大杂院里找到杨××。

杨××到案后，民警对杨××提供的身份信息进行查找，始终找不到其真实身份信息，杨××自称就是一个人，对其家庭成员信息拒不提供。侦查员锲而不舍，在对其住处一张纸片的一个手机号码进行名址查证时，发现手机号名址是安徽省砀山县。但对杨××询问时，侦查员提到安徽砀山时，杨××出现明显惊慌。民警遂与安徽省砀山县刑警大队联系，将手机号与杨××的体貌特征告知砀山警方。砀山警方很快反馈回来一条信息：杨××体貌特征很像一个叫李××的故意杀人逃犯。侦查人员遂将杨××照片发给砀山警方，经辨认杨××就是潜逃12年的杀人逃犯李××。

在铁的事实面前，杨××终于承认自己真名叫李××（男，63岁，商丘永城人），对1999年5月3日因琐事将李××用刀刺死的犯罪事实供认不讳。李××已被帝湖派出所暂时羁押，相关移交事宜正在办理当中。（王玲娟）

【成功打掉一恶势力犯罪团伙】　2011年1月16日21时许，家住焦作博爱的王×报案称，其女儿王××1月3日离家来郑州，至今未归。中间曾用郑州的一个固定电话给其打过一个电话，该电话经其询问为中原区后河芦村一个公用电话。

接报后，副大队长王俊伟、一中队中队长魏伟星带领侦查员对公用电话老板进行访问，电话老板反映：当时打电话时，王××神情很紧张，身旁有两名年轻男子监视。为了尽快解救被害人，经过艰苦的工作，有人反映当日监视王××的男子可能住在后河芦村卢×家。侦查人员迅速找到房东卢×，经了解，男子与7、8个人合租两间房，有男有女，多在深夜才回来，听说在某KTV上班。1月30日凌晨，副大队长王俊伟带领侦查人员在交管巡防大队的全力配合下，对该出租屋进行布控，一举将7名涉案人员全部抓获。成功解救了王××等5名被骗女孩。

经强力突审，2010年10月份以来，犯罪嫌疑人闫××（男，21岁，新乡获嘉人）、张××（男，17岁，新乡获嘉人）、秦×（男，20岁，焦作博爱人）、秦×（男，20岁，焦作博爱人），伙同闫××（女，20岁，新乡获嘉人）、郭×（女，22岁，焦作博爱人）、陈××（女，20岁，焦作博爱人）等人商议，通过网络聊天先后将王××等5人骗到郑州，采取先强奸、拍裸照，再殴打、胁迫、轮流看管等方法，迫使5名受害人到郑州市中原区丽人KTV做陪酒小姐，同伙中的女性以陪同的名义监视找来的女孩到歌厅做陪唱、陪酒小姐，3名男性以应聘的方式到丽人KTV担任楼层经理，负责看管，下班后一起再将

5人带回到租房的后河芦村，统一食宿，所得钱财交闫××保管和分配。该案已侦查终结，移送中原区人民检察院审查起诉。（王玲娟）

【成功侦破“4·2”现行命案】 2011年4月10日20时，桐伯路派出所接仓×报案称：“我丈夫黄×4月2日在西环路化工路附近被人殴打成重伤，在市中心医院重症监护室抢救多日无效，10日18时死亡。”

接到报案后，桐柏路派出所高度重视，按照命案侦破“一号班子上案制”要求，迅速成立“4·2”命案专案组，抽调骨干人员连夜组织开展侦破工作。

经专案组调查，案件情况基本查明：被害人黄×受雇于郑州市安督清债公司，4月2日晚，丁××带领黄×等安督清债公司的10余人，与以刘××为首的一伙恶势力团伙，因经济利益纠纷，相约在西环路化工路向西的一个地下涵洞内集体斗殴，黄×在群殴中被刘××团伙成员打成重伤。专案组经过分析，此案并非一起简单的集体斗殴致死案，而是黑恶势力团伙因经济利益纠葛而导致的黑恶“火拼”行为。

专案组立即调整工作思路，一方面迅速对三个团伙的人员情况进行调查摸底，一方面组织人员开展对团伙成员的全面抓捕行动。因为涉案人员众多，为确保抓捕行动成功，第一时间抓获主要团伙成员，派出所全警动员，“四队一室”全员上阵，分成10个抓捕小分队，按照分工，分赴郑州市内团伙聚集点和开封、荥阳、驻马店等地，开展抓捕工作。经过几天日夜的紧张抓捕，先后抓获团伙分子23人。

专案组又迅速成立抓捕行动组、讯问突审组、案件审核组、看管守护组、后勤保障组等5个小组，对在逃人员实施抓捕的同时，集中精力投入到紧张的突审调查工作中。经过连续多日的紧张讯问调查，3个黑恶团伙的基本情况浮出水面：以刘××为首的黑恶势力团伙，受雇于江山大厦经营蝎子养殖经营生意的公司，采取威胁、恐吓、殴打等手段，打击其他蝎子养殖公司；以谢××为首的郑州市安督清债公司，打着公司讨债的旗帜，从事“站队”“出警”等违法犯罪行为；丁××团伙因蝎子生意矛盾纠纷，雇佣谢××团伙与刘××团伙进行斗殴火拼。至此，“4·2”案件成功侦破。（李　飞）

【侦破“4·4”杀人案】 4月5日0时50分，须水派出所指挥室接到报警称：“须水镇政府附近有人被打死了。”接警后，须水派出所按照“整体作战法”和“一号班子”上案法的要求，迅速启动命案侦破快速反应机制，所长张涛、政委徐锡岭和所班子成员带领侦技人员迅速赶赴现场，成立专案组，指挥调度派出所各部门、各警种协调联动，全面投入案件侦破工作。

经现场勘查和初步调查，专案组认定此案是一起由矛盾纠纷引起的杀人案件。专案组围绕现场、关系人开展工作：一是认真现场勘查，围绕痕迹物证展开调查；二是深入调查访问，查找目击者和知情人；三是围绕关系人进行重点走访查证，从中发现有价值的线索。

经过深入调查：河南封丘籍来郑务工人员何××犯罪嫌疑较大，但何××已于案发后去向不明。综合各方面情况，专案组决定围绕以下几个方面全面开展侦破工作：一是对嫌疑人何××社会关系进行全面摸排梳理，研究分析其可能藏匿或潜逃的区域；二是派出侦查员对嫌疑人何××老家河南封丘县进行布控；三是在市局有关业务部门的大力支持下，对嫌疑人何××的生活及活动轨迹进行监控分析，发现并掌握其动向；四是根据嫌疑人何××可能的潜逃路线，组成多个追捕小组分别进行追缉；五是对嫌疑人何××进行全省监控和网上追逃。

4月6日，专案组在市局有关部门的大力协助下，初步确定嫌疑人潜逃的方向。据此信息，所长张涛立即决断嫌疑人就在荥阳与须水、沟赵交界附近区域，并迅速调集全所60名警力集结对划定区域进行围缉。接到指令后，专案组及调集的60名警力在所班子的带领下，以沟赵乡张五寨村为中心，对周围10个村开展地毯式摸排行动。经过参战民警3小时不懈奋战，4月6日17时许，专案民警在沟赵张五寨村西的一个涵洞内将藏匿的嫌疑人何××成功抓获。经突审，犯罪嫌疑人何××如实供认了犯罪事实：嫌疑人何××与受害人郑学义于两年前认识，2011年4月4日23时30分左右，受害人郑学义在同村暂住的何××家里喝酒，到0时许，两人酒后，因琐事发生争吵，郑学义走后，何××拿了一把自制尖刀到郑学义家中将其捅死，并

将郑学义的老婆和哥哥捅伤后逃跑。（李太浩）

【成功抓获“2·11”命案嫌犯】 2月11日18时37分，须水110指挥室接群众报警称，中原区须水镇大庄南二街82号家中一女子被打死。接报后，须水派出所立即启动命案快速反应机制，分局长张涛、政委徐锡岭带领其他班子成员第一时间赶赴现场开展工作，现场成立2012年“2·11”专案组，指挥调度分局各部门、各警种协调联动，迅速投入案件侦破工作：一在出入村口设卡，对过往可疑车辆、人员进行认真盘查，防止犯罪嫌疑人脱逃；二对相关物证信息进行分析摸排，固定犯罪证据；三对案发现场进行缜密、细致的勘查，不放过蛛丝马迹；四集中力量走访现场，力争发现涉案关系人和线索。随着各项工作的深入开展，最终锁定一绰号叫“大老王”的男子有重大作案嫌疑，该男子与死者平时来往较多，最近因承包粉墙工程的事曾扬言要找受害人的事，且有人看到案发前几分钟，该男子曾在现场出现。

案发后市局领导高度重视，市公安局党委副书记、常务副局长杨玉章、副局长李奎业和刑侦支队支队支队长马会强与刑侦、技侦、网监等相关业务支队人员亲自赶赴现场指导案件侦破。

特别是在对犯罪嫌疑人抓捕的重要环节，市局常务副局长杨玉章、副局长李奎业、刑侦支队长马会强通过对犯罪嫌疑人活动规律特点分析，确定该嫌疑人仍在大庄村附近活动，并立即制定抓捕计划：一在案发地附近发布悬赏通告，争取社会力量支援；二在大庄村各出入口、郑上路上街路口、郑上路荥阳设卡盘查；三以大庄村为中心，动员全体民警、乡村干部、群防群治力量开展地毯式摸排；四由市局刑侦、技侦部门提供技术支撑；五对嫌犯住处及关系人家中重点蹲守。

由于犯罪嫌疑人生存适应能力强，追捕工作异常艰难，须水派出所全警动员，全力投入到围捕的第一战场，同时市局刑侦、技侦部门提供了强有力的技术支撑，建设、桐柏、帝湖、西开等兄弟单位也抽调精干警力积极策应。在长达两天三夜的搜捕过程中，全体参战人员连续奋战，充分发扬了克难攻坚、敢打硬仗的精神，整个抓捕共出动警民1000余人次，共排查走访群众上万人次，“工棚”、无人屋及可能出没地点300余个，尽管条件艰苦，全体参战人员依然气势高昂、热情不减。经过艰苦奋战，2月14日15时，排查组民警李杰、刘继慧、于帅杰在陇海铁路线旁的一堵废墙下将饥肠辘辘、极度紧张的犯罪嫌疑人王××抓获。（李太浩）

园区建设

郑州纺织产业园

【概述】 郑州纺织服装产业园位于郑州市区西部，处于郑汴洛工业走廊的中心地带，跨中原区和高新技术开发区两个行政区域，是全国新兴纺织产业基地、河南省重点产业集群、郑州市重点产业集聚区、共青团中央青年创业就业见习基地、全国纺织服装产业十大转移热地，2006年郑州市政府决定由中原区承建。产业园总规划面积13平方公里，规划有“五区三中心”，即纺织印染生产区、服装加工区、纺织机械制造区、产品展示销售物流区、生产生活配套服务区和国家棉花质量监督检验中心、国家纺织服装产品质量监督检验中心、中国华中纺织信息中心。2011年园区已开发建设近5平方公里，累计完成投入60多亿元，入驻项目41个，投产运营项目27个，已安置就业3万人。

（麻瑞娜）

【经济工作】 按照全区跨越式发展目标要求，2011年，纺织产业园区已完成工业及基础设施投入15.7亿元，实现销售收入及交易额65.1亿元，实现工业增加值3.24亿元，完成外贸出口额850万美元，市外资金到账4亿元，合同利用外资2亿美元，实际利用外资625万美元，各项经济指标均超额完成。（麻瑞娜）

【规划工作】 纺织产业园区瞄准“全省规模最大、专业化程度最高、公共运行成本最低、软硬环境最优、行业领先的环保、科技型精品纺织产业园”的目标，组织专家评审论证，制定了产业园总体规划、控制性详细规划。并聘请北京大学为产业园做了高水平的区域环评。（麻瑞娜）

【招商宣传】 2011年，纺织产业园制作新的招商宣传折页，参加了国家、省、市组织的大型招商引资活动，接待参观考察活动40多次。通过“全国纺织产业转移工作会议”“中国（郑州）产业转移合作洽谈会”“河南－浙江投资合作项目洽谈会”等大型商务活动，加强宣传和推介。在河南电视台、郑州电视台、《河南日报》《郑州日报》《东方今报》和《红旗》《服装周刊》等媒体上宣传20多期次。锦艺国际轻纺城、恒天重工新纺机、中美合资隆威皮草制品（制鞋）项目、新丝路服饰和迪尔女裤5个项目新入驻园区，到位资金10多亿元。（麻瑞娜）

【项目建设】 园区一期形象已经初步显现。国家棉花及纺织服装产品质量监督检验中心综合楼基本完工，质检中心实验室和产业园管委会办公使用部分春节前交付使用，其土地、规划、施工、人防、消防等各项手续补办工作，正在抓紧进行。恒天重工新纺机项目正在抓紧施工，用地指标问题已解决，土地手续已上报省国土资源厅。光大印染、省一纺器土地证已全部拿到，一期均正常生产。泰阳公司新厂、老厂土地证已全部拿到，织一、纺一两个车间正在进行设备安装调试。服装加工区18家服装企业中，16家已正式投产，新丝路服饰主体已建成，迪尔服饰正在抓紧建设。锦艺国际轻纺城项目占地附属物拆迁工作正在抓紧进行。中美合资隆威皮草项目可行性研究报告和环评报告已经完成，规划设计正在抓紧进行。汪庄新村建设工作已全部完成，村民已经全部回迁到位，小区公用设施移交工作已经就绪。污水处理厂、晨博热力一期正常运营。铁魏路等12条道路建成通车。紫竹变电主体工程已完工，电力设施建设与企业建设同步，保证了入驻项目建设和生产用电需要。（麻瑞娜）

【服务企业】 纺织产业园坚持入驻项目手续全程代办制度，明确专人为入驻项目提供服务。专门成立了园区城市管理执法中队和环卫中队，对项目建设实行全程跟踪，及时协调解决建设中出现的各种矛盾和问题，加强园区建成区卫生管理，为项目建设和生产创造了良好环境。已入驻项目立项、环评、文探、物探、工商、税务等各项手续大多数得到及时办理。泰阳、光大、惠众3家企业土地证已全部拿到。恒天重工新纺机工程已完成用地报批，正在筹备二次补偿方案。服装加工区700多亩土地正在进行土地征收。污水处理厂用地预审、测量定界已经完成。销售物流区锦艺国际轻纺城和质检中心309亩土地征收工作已完成，另97亩土地征收工作正在抓紧进行。2011年园区用地计划编制和上报工作已经完成，涉及7个项目，用地计划6550亩。隆威皮草项目用地问题正在积极协调，土地占补平衡指标问题已基本落实。国际服装时尚创意园(品牌服装企业科技孵化园)占地情况正在抓紧进行摸底调查。郑州振原投资担保有限公司帮助23家企业融资6730万元。 (麻瑞娜)

【基础设施建设】 基础配套设施建设与入驻项目建设同步。泰祥热电厂直接为园区企业供电供热;污水处理厂一期正常运营,日处理1万吨;热力项目6100米管网正常运营,直接为园区企业供热;已建成道路11条,一期路网基本形成。2011年,园区新开工建设了梧桐街和紫竹变电站两个基础设施项目,梧桐街已建成通车,紫竹变土建工程已完工,设备已经订购。 (麻瑞娜)

【创建品牌园区】 2011年,园区内企业生产的梦舒雅女裤、渡森男装、娅丽达女裤被国家工商总局评为国家驰名商标,还有逸阳、戈洛瑞丝、纽伦、芙美妮等10多个河南省名牌产品和省内著名商标。质检中心综合楼入驻国家棉花纤维质量监督检验中心、国家纺织服装产品质量监督检验中心和华中信息中心3个国家级研发、信息机构。恒天重工新纺机项目企业技术研发中心为国家级研发中心。渡森、娅丽达、纽伦、泰阳4个企业建设了省级企业技术研发中心。光大、云顶、若宇、新成、领秀5个企业建设了市级企业技术研发中心。园区入驻有郑州市纺织服装创业孵化基地,研发总投入占企业销售收入的2%以上。园区内有效专利64项,居省内同行业前列,骨干产品质量处于全省同行业(国内)先进水平。 (麻瑞娜)

【6家服装企业携手参展北京服博会】 2011年3月28日至31日,第十九届中国国际服装服饰博览会在北京中国国际展览中心(新馆)举行。郑州纺织产业园的梦舒雅、娅丽达、戈洛瑞丝、逸阳、纽伦5家女裤企业和渡森男装企业等组成"郑州展团",代表郑州服装整体水平参加会展。"郑州展团"会展面积1200多平方米,从展馆设计到创意,均可与全国一线品牌相媲美。本次参展,受到各级领导的高度重视。郑州市政府出资支持企业参展,为参展企业承担了70%的展位费和35%的搭建费。

(郑　富)

【产业集聚区建设】 中原区把增强产业集聚区自主创新能力作为转变经济发展方式的中心环节,以推进技术进步作为提高集聚区自主创新能力的突破口,着力深化产学研联合。在纺织产业园成立伊始即着重引入国家级棉花及纺织服装产品质量监督检验中心和华中纺织信息服务中心,使园区具有良好的创新研发基础保障功能。同时,积极引入市纺织服装创业孵化基地,不断加强创新平台和载体建设,提高研发投入至销售收入比重的2%,引入主导产业方面的省级以上企业技术中心(研发机构)超过7家,包括国家级3家、省级4家。园区内有效专利达64项,居省内同行业前列。园区骨干产品质量处于全省同行业(国内)先进水平,拥有知名品牌40余个。 (曲　伟)

【探索投融资机制企业化运作模式】 纺织产业园区成立了郑州市纺织产业园建设开发公司,负责园区市场化开发,该公司与河南中联创房地产开发有限公司共同出资1亿元成立中原基础投资有限公司,加强园区基础设施建设与园区土地的一级开发整理,解决入驻企业贷款难问题。同时,园区积极创新思路,与中原区财政局和园区入驻企业共同出资7700万元,注册成立了郑州振原投资担保有限公司,积极开展为企业提供贷款担保业务,并想方设法为园区企业争取优惠政策及上报专项资金扶持,解决企业资金困难,支持企业做大做强。2011年,帮助23家企业完成融资6730万元。

(曲　伟)

【信息化平台建设】 纺织产业园重点发挥两个国家级中心(国家棉花及纺织服装产品质量监督检验中心、华中纺织信息中心)在质量检测、信息发布、产品研发、网上交易等方面的全国领先的服务功能,依托管委会网站、纺织信息网,积极开展公共信息服务,电子商务、企业信息化管理应用等三大服务功能,引导企业应用信息化服务平台,免费为企业建立网站,将信息技术用于研发设计、生产制造、企业管理、电子商务、物流配送等关键环节,促进了园区工业化与信息化有效融合。 (曲　伟)

【"娅丽达"荣获"中国驰名商标"品牌】 2011年7月国家工商总局商标局颁布最新认证的"中国驰名商标"品牌,"娅丽达"成为河南省服装行业第三

个获此称号的品牌。（曲　伟）

郑州机械制造(加工)产业园

【概述】 郑州机械制造(加工)产业园位于郑州市区西部,是首批市级重点特色产业园区。园区东起西四环,西至郑州西南绕城高速公路,南临郑州市二七区,北连郑州纺织产业园,总体规划面积14.7平方公里。园区以打造"规划一流、产业一流、服务一流、功能一流的新型产业园"为发展理念,以先进的机械装备制造业为主导,重点发展具有高新技术含量的机械设备制造及精加工、高科技新能源研发等支柱产业。2011年,郑州机械制造(加工)产业园完成工业增加值14.1亿元,工业销售收入70.6亿元,工业投入3.7亿元,争取上级扶持资金近1300万元。（于　凯）

【招商引资】 2011年,郑州机械制造(加工)产业园签订投资项目4个,合同投资总额达151.2亿元。分别是:

罗蒙服装生产基地项目:位于常州路与中原西路西北角,占地面积约150亩。由罗蒙集团股份有限公司投资10亿元建设,建成后年生产西服100万套、男裤300万条、衬衣200万件。该项目2011年8月5日完成环评;2011年10月列入河南省第二批重点建设项目,开始配备项目用地计划指标;11月,完成设计条件、地类分析,项目控制性详细规划获得市政府批准,土地占补平衡指标经洛阳易地补充落实到位,编入郑州市2011年度乡镇第十八批建设征收计划,并完成一次告知等工作;年底已由市国土局上报省国土资源厅待批。

中晟智慧城项目:位于中原路与西四环交叉口西北角,总占地约142亩,由郑州中晟置业有限公司投资40亿元开发建设,项目将建成集总部办公大厦、五星级酒店、会所等商业综合体。

河南河阳石化项目:位于中原西路以北、中州路以西,占地约39亩,由河南河阳石化有限公司投资1.2亿元建设,将建成集科研、办公于一体的综合办公区。

大中原国际汽车城项目:位于中原西路以北、阳春路以南、中州路以西、凌霄路以东,总体规划占9个街区,总占地面积1357.63亩,由河南天马实业发展有限公司、郑州豫能森地置业有限公司联合建设,总投资约100亿元,分两期开发,建设周期4年。建成后将形成中国中西部地区规模最大、功能最多、品牌最全、服务最优、环境最美汽车销售、会展、服务及文化中心。

通过盘活闲置资源,新引进单体投资超2000万元的郑州弓长昱祥电子产品有限公司、郑州荣信钢支撑工贸有限公司、郑州超力电机有限公司、河南固德重工有限公司4家企业。（于　凯）

【服务企业】 一是积极发现和培育园区规模企业。对新修的新田大道沿途进行了走访,摸排出大中州重工、曙光重工、华北水利设计院工程公司等11家企业基本情况。在走访了郑上路三十里铺村和白寨村的26家企业后,将河南亿和混凝土、河南世博机械重工、河南固德重工3家列为重点监测企业。

二是积极争取中小企业扶持政策。园区向符合条件的企业推荐并申报了"2011年特色产业中小企业发展项目资金""2011年度科技攻关项目""百强民营企业""百家成长型中小企业""科技民营企业""诚信民营企业""2011省工业项目结构调整项目申报"等。其中,金泰制罐、郑州水工、铁源电气分别获得2011年度郑州市工程研究中心认证;郑州三华科技获得郑州高成长型民营企业,在全市前半年工作中受到市委、市政府的表彰和奖励。

三是全方位提高服务水平:企业服务处走访多家规模工业企业,了解企业的生产经营状况、存在困难、全年工作计划及项目、科研投资情况,为企业生产经营保驾护航。为郑州水工协调办理研发中心的申报工作,为辖区企业协调解决经济纠纷11起,为企业提供政策咨询等服务60余次。园区还多次联合郑州银行、招商银行对中小企业开展融资担保业务,依照郑州市政府106号文件精神,减免贷款利息。园区借助郑州振原投资担保有限公司这个投融资平台,为园区郑州宏基制造有限公司、郑州金磊树脂有限公司、郑州博源机械有限公司等5家企业提供贷款担保,共从郑州银行贷款1900万元,解决了企业项目建设和生产资金,加快了企业发展。在园区20家企业家协会会员单位中开展

"节能降耗、融资担保、法律服务",编制企业家协会会员手册,加强企业家之间的联系与沟通。

四是做好各项信息数据的上报及核对工作。按时向市区两级工业和信息化局、发改委及业务部门报送有关经济运行数字,做好产业集聚区综合监测,核对各项指标,完成多项调研汇报工作。通过对企业经济报表进行归纳汇总,对比历史数据加强对重点企业的调研,及时掌握企业的发展动态,发现可能存在问题和难点,切实将统计数据转变为经济发展的晴雨表、报警器和红绿灯,提前做好经济预测预警,为领导决策提供可靠的资料。

(于　凯)

【道路建设与管理】 新田大道、富贵路等道路相继建成通车,初步构建以中原西路、郑上路、防汛路和西四环、杭州路、新田大道为主的"三横三纵"路网格局。

完善基础配套设施建设。道路建设时同步建设了水、气、暖、通信、给排水等配套设施。按照园区规划及实际需要,投资100余万元,在杭州路与郑西高铁桥交会处建设了一座日处理能力50吨的压缩式垃圾中转站,5月31日试车成功。为美化园区环境,改善交通状况,在扬州路、新田大道栽种了行道树,设置了人车分离警示墩,对杭州路部分受损路段进行了修补养护。投入资金10多万元,对园区排污渠出水口塌陷部分进行重新设计、加固,对排污渠进行了清淤疏通。

转移道路及市政设施养护功能。2011年5月,园区把建设完好的、总投资3756万元的杭州路、富贵路、新田大道等道路移交区交通局进行管理养护;将建成的压缩式垃圾中转站移交区城市管理局管理;道路的清扫保洁工作移交须水街道办事处管理。(于　凯)

【规划编制工作】 根据区委、区政府关于建设中原宜居商贸城的决定,2011年园区积极配合区政府对园区总体规划进行调整,调整的园区总体规划于11月5日得到郑州市政府正式批准。

1月18日,郑州国资工业园项目、中机六院项目、郑州水业总部项目、公共标准化厂房项目的控制性详细规划同时获得郑州市政府审批;11月,中国家居CBD郑州产业园项目、罗蒙西服项目控制性详细规划获得郑州市政府审批。(于　凯)

【破解项目建设瓶颈问题】 耕地占补平衡指标和用地计划指标是项目用地进入"招拍挂"程序的前置条件,制约着项目建设进度。在郑州都市区、中原经济区建设背景下,取得上述两项指标异常困难。为推进项目用地手续办理,园区主要领导亲力亲为,在区领导和国土资源局的大力支持下,积极与省市国土部门沟通,深入了解项目土地手续办理程序,想方设法,与省内各地市积极联系沟通,解决了部分耕地占补平衡指标。

努力将现有项目推荐列入省重点项目库,解决项目用地计划指标问题。2011年,为加快项目申报进度,异地协调耕地占补平衡指标996.7亩,满足了现有项目建设需要。全年中原区列入省重点项目5个,园区范围内有4个,分别是中国家居CBD项目、罗蒙西服项目、中机六院项目、国资工业园项目。4个项目土地资料均已上报省国土资源厅待批。(于　凯)

【项目建设】 郑州市水业科技发展有限公司项目:位于中原西路南、杭州路西,占地92.9亩,由郑州水业投资管理有限公司投资5亿元建设。2011年1月18日,水业总部基地项目控制性详规获得市政府批准;9月,耕地占补平衡指标落实到位,编入郑州市2011年度乡镇第六批建设征收计划;11月,由市国土资源局上报省国土资源厅待批。

郑州机械制造(加工)产业园公共标准化厂房建设项目:位于中原西路南、中州路东、杭州路西,占地49.59亩,由郑州奥胜置业有限公司投资2亿元建设。2011年1月18日,标准厂房项目控制性详规获得市政府批准;3月,标准厂房项目的设计条件成功申请;5月,市土地局工作人员现场查看项目建设用地,未发现违规建设;9月,土地占补平衡指标经焦作易地补充落实到位;10月,编入郑州市2011年度乡镇第六批建设征收计划,进行一次告知等工作;11月,项目卷宗已由市国土局上报省国土资源厅待批,年底正在进行修规编制。

郑州市国资工业园项目:位于中原西路以南、凌霄路以东区域,占地约302亩,总投资6.2亿元。2011年1月18日,国资工业园项目控制性详规获得市政府批准;4月,国资工业园项目的设计条件成功申请;5 月,市土地局现场查看项目建设用地,未发现违规建筑;9 月,土地占补平衡指标经焦作易地补充落实到位;10 月,申报省重点项目成功,开始配备项目用地计划指标;11 月,编入郑州市2011 年度乡镇第四批建设征收计划,并进行一次告知等工作,项目卷宗已由市国土局上报省国土资源厅待批。年底正在进行附属物兑付工作。

中机六院项目:位于中原西路以北、南水北调西路以西,占地约 189 亩,总投资 10 亿元。2011年 1 月 18 日,中机六院项目控制性详规获得市政府批准;4 月,项目建设用地边界得到实地测定;5月,中机六院控制性规划细化调整方案通过市规划局局长办公会审批;6 月,市土地局定界、地类分析;7 月,市规划局定界、定道路红线已完成;8 月,向市规划局用地处申请设计条件;9 月,耕地占补平衡指标经焦作易地补充落实到位;10 月,申报省重点项目成功,设计条件下达,开始配备项目用地计划指标;11 月,编入郑州市 2011 年度乡镇第 18批建设征收计划,并进行一次告知等工作,由市国土资源局上报省国土资源厅待批。

中国家居 CBD 郑州产业园项目:位于西四环线与陇海线交会处,面积约 2700 亩,总投资约 268亿元。项目拟分 3 期建设,预计 3 年完成。2011年 8 月,进行项目定界;9 月,一期 1000 亩耕地占补平衡指标经焦作易地补充落实到位;10 月,申报省重点项目成功,开始配备项目用地计划指标;11月,完成设计条件、地类分析,项目控制性详细规划获得市政府批准,编入郑州市 2011 年度乡镇第十七、十八批建设征收计划,并完成一次告知等工作;年底已由市国土局上报省国土资源厅待批。

(于　凯)

【扩大产业园规模】 一是尽快完成控制性详细规划和产业发展规划编制工作,争取建设用地指标,贮备发展用地,确保园区控制性详细规划尽快得到市政府的批准。二是市场化运作基础设施建设,改造升级园区污水管网,杭州路、苏州路、扬州路排污干管及跨南水北调运河排污泵站等尽快开建,彻底解决园区污水排放问题。三是突出抓好项目引进工作。继续采取全程代办、跟踪服务等措施,确保中机六院信息园、郑州水业总部项目、郑州国资工业园项目、郑煤集团 CL 建材项目尽早开工建设。

(郑　富)

【党建工作】 2011 年,郑州机械制造(加工)产业园以创先争优为契机,紧扣"围绕发展抓党建,抓好党建促发展"主旋律,以坚持加强党性修养为重点,不断加强党委班子成员和党员干部的思想政治教育,增强工作责任感和紧迫感,使党的执政能力建设和先进性建设不断加强。

一是以创先争优活动为契机,采取与须水街道党工委联建共享措施,非公支部党建工作取得了新进展。郑州维科重工有限公司、郑州明鑫汽车零部件有限公司分别建立党支部,河南太可思西服有限公司党总支由二七区转入中原区,区组织部门将其划入园区党委管理。在非公企业中建立"党员责任区"和"党员示范岗",引导企业党员强化责任意识,勇挑重担,充分发挥党员的模范先锋作用。

二是以党建工作不断推动干部队伍建设,充分发挥园区党员先锋模范作用,进一步落实岗位目标责任制,发扬拼搏精神,切实把每一件工作做实、做细,坚决完成区委、区政府交给的目标任务。

三是以党建活动带动园区精神文明建设。"七一"前夕,园区党委对非公企业困难党员进行了走访慰问;举办以"重温党史,激发爱党热情"革命传统报告会;组织红色之旅,缅怀革命先烈;以"纪念建党 90 周年·创先争优在身边"为主题,在园区开展一次有奖征文比赛;开展以"重温光辉历程,争做时代先锋"为主题的演讲比赛;积极开展党员志愿者服务活动;开展第二届"浓郁书香漫中原"领导干部读书节活动;组织全体党员观看《建党伟业》等革命题材影视剧;联合郑州市中医院启动了"为园区产业工人送健康"活动;围绕提升服务水平,开展学习"提高三个效率、建立七个机制、落实十个不允许"活动;围绕招商引资、项目建设、基础设施建设等重点工作,举办"比干劲、比创新、比贡献"活动,在破解资金、土地等发展瓶颈上发挥先锋模范作用。

四是加强党风廉政建设,组织学习《廉政准则》《党员领导干部个人事项报告制度》,切实增强党性修养,增强拒腐防变的能力。　(于　凯)

工 业

工业经济

【概述】 2011 年,中原区工业和信息工作牢固树立和认真落实以人为本,坚持"工业立区"战略不动摇,加快产业集聚步伐,通过技术改造和科技创新,提升工业发展的质量和效益,有效推进工业经济健康、协调、可持续发展。 (张 柯)

【工业生产稳步增长】 2011 年全区 69 家规模工业增加值完成 68.65 亿元,同比增长 17.0%。其中,重工业完成增加值 62.9 亿元,同比增长 13.0%,总量占规模工业增加值的 91.6%。轻工业完成增加值 5.8 亿元,同比增长 31.5%,总量占规模工业增加值的 8.4%。中小型企业对增加值增速的拉动作用明显大于大型企业。大型企业实现工业增加值 23.7 亿元,同比增长 3%;中型企业实现工业增加值 28.7 亿元,同比增长 8.7%;小型企业实现工业增加值 16.2 亿元,同比增长 55.5%。规模以上工业企业实现利润 135356 万元,同比增长 17%。 (张 柯)

【园区建设指挥部工作】 2011 年,中原区园区建设指挥部工作扎实推进。一是建立机制。根据工作需要,建立起责任落实、监测通报、问题处理、督导考评工作推进机制,力促中原区扶优扶强工程顺利实施。二是精心安排。针对市定的产业园区建设工程,明确相关责任领导、责任单位及主要责任人。定期督导、检查,发现问题及时处理,确保产业园区建设工程扎实推进。三是认真落实。园区建设工程指挥部成员按照分工,深入企业和项目进行调查研究,了解项目的进展情况和存在的问题,督促项目所在地主要领导积极做好协调和服务工作,为企业和项目分忧解难,受到了企业的好评。

(张 柯)

【投资超千万元项目】 2011 年,中原区投资超千万元项目有 3 家:郑州纺织机械有限公司,共投资 24032 万元;郑州泰阳纺织有限公司,共投资 3300 万元;郑州铝业股份有限公司,共投资 6200 万元。

(李 萍)

中原区申报 2011 年郑州市第一批重点工业项目

单位:万元

企业名称	项目名称	建设规模及主要内容	所属行业	开工日期	总投资	资金来源		2011 年计划投资	预计新增经济效益	
						银行贷款	自筹		销售收入	利税
恒天重工	郑纺机	503 亩,总投资 9.2 亿元,项目建成年产 2.2 万台纺织机械设备	装备制造	2010.12	92000		92000	10000	300000	30000
郑州铝业	铝加工项目	建设 3 条 1600 毫米带箔生产线,配套建设一座 10 千伏配电站、压缩空气站及循环水泵站,以及辅助工艺设备	有色		30000		30000	10000	70000	10000
泰阳纺织	纺织项目	年产各类高档棉纱 1.65 万吨,各类高档特宽装饰面料、高档色织面料 9800 万米	纺织		100000		100000	10000	184000	35000
郑州纺织机械股份有限公司	千吨级碳纤维成套设备产业化	进行千吨级碳纤维成套设备的研发攻关及产业化,购置设备	装备制造	2010.3	10343		10343	6143	40000	4000

【服务企业活动】 2011年,中原区对确定的50家重点服务企业实行动态管理,重点扶持,建立淘汰机制,年底考核。一是完善企业服务综合协调机制,对重点企业建立全程跟踪服务制度,实行"一个项目、一个领导、一套工作班子、一抓到底"的"四个一"工作机制,加强对企业的指导、督促、协调、服务。把各项任务、目标分解到有关部门,做到工作不落实有处可查,任务完不成有责可问,形成一级抓一级,层层抓落实的局面。二是建立部门联动机制,针对企业反映的困难和问题,各部门加强沟通协作,及时受理,并汇总整理上报。全年为4家企业落实市级企业技术中心奖励资金120万元,其中郑州新水工机械有限公司、郑州合声电缆有限公司、郑州金阳电气有限公司、郑州盈瑞服饰有限公司各30万元。 (张　柯)

【扶优扶强】 2011年,中原区按照"产业抓升级、产品创名牌、技术上水平"的指导思想,加大对优势产业、龙头企业和拳头产品的投入,重点培育高科技含量、高附加值、高效益型企业,增强企业的竞争力。强化新产品的开发研究,以企业为依托,大力开展企业技术中心建设,截至年底,郑煤机、恒天重工已被认定为国家级企业技术中心;宇通重工、郑州泰阳、娅丽达、开开特等14家企业被认定为省级企业技术中心;郑州水工、一纺器、领秀等13家企业被认定为市级企业技术中心。 (张　柯)

【技术创新】 2011年,中原区按照"产业抓升级、产品创名牌、技术上水平"的指导思想,努力延伸产业链条,着力提高精深加工和终端产品的比重。一是整合改造提升磨料磨具工业,调整优化磨料模具产业,以白鸽集团、太巴克腾达公司为产业龙头,带动其他企业提高精深加工。二是着力提升纺织服装产品档次,切实加快郑州三棉、豫欣、瑞龙等棉纺企业的搬迁改造进度,着力扩大服装面料、装饰面料和产业用纺织品的比重。以中原光大印染等企业为依托,积极发展印染业。三是积极引导太可思、领秀、娅丽达等骨干企业进行联合,着力提升技术研发水平和产品档次,构建新的服装产业集团,努力打造国家级和世界级名牌。四是进一步加快郑州纺织产业园建设步伐,努力形成更加完善的"纺织—印染—服装"产业链条。 (张　柯)

【节能降耗】 2011年,中原区认真贯彻落实节约能源基本国策和全市节能工作会议精神,坚持发展与节能同步、开发与节约并举的指导方针,以产业结构调整为依托,以节能新技术、新工艺的引进推广为重点,以构建节能型产业体系为目标,切实加强组织领导,严格目标责任管理,强化全民节能意识,全区节能降耗工作取得了初步成效。全年中原区规模以上工业企业综合能源消费量1439160吨标准煤,同比下降4.63个百分点;工业增加值增速17%,增加值能耗同比下降18.49个百分点。

(张　柯)

【信访稳定】 2011年,区工业和信息化局坚持实行周三领导挂牌接待日制度,设立专门的信访接待室,加强与下属企业的联系;建立信访工作例会制度,每月召开一次信访稳定工作例会;建立信息员制度,每个企业都有一名信息员负责企业的信息通报工作;建立机关人员联系企业制度,每月到企业定期排查,摸排不稳定因素,督促信访问题的解决;在稳定工作中认真落实维稳六项工作制度,信访稳定工作进一步经常化、制度化、规范化,全局上访量得到了较好的控制。全年接待上访职工560余人次,其中集体上访23批500余人次,个人访12批60余人次,按期结案率100%。矛盾主要集中在破产企业程序进程缓慢、改制企业历史问题复杂多样等方面。截至年底,改制结束的企业18家,进入企业破产程序的6家,破产终结的1家。 (张　柯)

【优化企业发展环境】 2011年,区工业和信息化局以减轻企业负担为重点,优化企业发展环境。一是开展整治和优化企业生产经营环境,协调有关部门狠抓企业周边环境整治,从严打击堵门堵路、强买强卖、强揽工作等违法犯罪活动。对新落地企业、重点工程项目实行跟踪服务。二是开展中小企业、非公有制企业和乡镇企业治乱减负专项治理。进行了行政许可收费项目的清理、企业年检和报表的清理和简化、企业经营环境专项整顿。三是从源头上预防和治理公路"三乱",通过制度建设和抽出专人对公路"三乱"情况进行监督检查预防"三乱"情况发生。四是开展治乱减负工作大检查,全区12个街道办事处、有关执法执纪部门等35个单位参加。 (张　柯)

【获财政贴息资金企业】 2011 年 7 月,中原区的郑煤机、郑州宇通重工、郑州娅丽达、郑州领袖服饰 4 家企业,获得了 289 万元省工业结构调整财政贴息资金的补助,资金已拨付到位,这对企业做大做强、快速发展增加了强劲的动力,从而更加促进了中原区工业结构调整的步伐。 (郑 富)

【"工业立区"六举措】 一是继续深入开展企业服务年活动,切实帮助企业解决生产中遇到的融资难、产品升级改造难等实际困难。最大限度地减轻外部环境变化对企业生产经营造成的影响,努力保持工业经济平稳较快发展。二是各经济责任部门深入挖掘企业生产潜力,适时采取有效措施,发挥优势,努力实现工业质量与效益双提高。三是切实加大结构调整的力度,把调整结构和控制总量、淘汰落后产能结合起来,加快企业的改造创新,支持企业不断增强科技创新能力,努力提升企业核心竞争力。四是建立机制促进结构转型。综合运用政策、投入等多元化的支持方式,力促结构调整和产业升级。五是坚持以园区建设为载体、以企业发展为主体、以项目建设为支撑,培育和支持一批具有发展前景的行业重点和龙头企业,着力打造名牌产品,增强品牌竞争能力。六是以信息带动工业化,以工业促进信息化。大力发展循环经济,实现企业产品向高附加值、高科技含量、高效益、低污染、低消耗的跨越,走出一条高速发展的新型工业化道路。 (郑 富)

【恒天重工通过国家企业技术中心评价】 2011 年 12 月,恒天重工股份有限公司顺利通过了国家发改委"国家认定企业技术中心评价"。恒天重工技术中心是全国纺织机械领域首家通过国家发改委、科技部等五部委联合认定的国家级企业技术中心。近几年来该技术中心也先后承担了国家财政部、国家发改委的创新能力建设和产业化项目,获得国家项目政策及资金支持。 (郑 富)

【深化质量兴区战略】 一是切实加强对质量工作的组织领导。把质量工作纳入政府目标绩效考核体系,严格落实质量责任制,全面提升产品质量、工程质量、服务质量,确保质量兴区目标的实现。成立专门领导小组统一部署有关重大行动,各有关部门加强配合,齐抓共管,形成推动质量兴区的合力。二是加快质量法制建设步伐。将质量法律、法规纳入到全民普法教育规划,开展全民质量法制教育,着力增强全社会的质量法制意识;加强质量执法队伍建设,改进和充实执法装备,提高执法人员的综合素质和执法水平;完善质量执法监督机制,落实行政执法责任制,严格责任追究,保证严格执法、公正执法、文明执法和廉洁执法。三是建立和完善政府质量奖励制度。设立中原区"区长质量奖",每年评选 1 次,每次不超过 2 家,每家奖励 50 万元,对在质量兴区工作中作出显著成绩的单位,给予表彰和奖励。四是加强质量人才队伍建设。坚持质量人才培养与引进并重的原则,加强质量人才梯队建设,重点培养高层次、高技能、满足不同需求的质量专业人才。加强质量领域的对外合作与人才交流,着力培养一批在质量管理、标准化领域的学科带头人和技术专家。加快推进质量及相关专业技术人员职(执)业资格制度,工业企业的关键岗位必须配备一定数量的质量工程师和具有质量职(执)业资格的技术人员,对直接从事涉及人体健康和人身财产安全的产品检验人员,实行产品质量安全检验师职业准入制度。 (郑 富)

【党建工作】 2011 年,区工业和信息化局党委继续加强基层党组织建设,为企业改革、发展、稳定保驾护航。全年发展新党员 7 名,按期转正 6 名。

在领导班子建设上,围绕"建和谐班子,带一流队伍,创最佳业绩"的指导思想,进一步加强作风建设。在理论学习中着眼于解决实际问题,把学习和为企业服务、为群众办实事办好事相结合,取得了良好的效果。7 月,班子成员带领下派联络员深入分包企业调查研究,摸排情况,指导学教工作,帮助解决实际问题,使区属企业党组织的状况有了明显的好转,基层组织的凝聚力、战斗力进一步增强,企业领导处理内部不稳定因素的主动性进一步提高,关心职工、解决热点难点问题的意识和责任心进一步增强,确保了企业改革发展和稳定大局。

在精神文明建设中,深入企业开展细致的思想政治工作,结合职工思想状况,在内容、时间、方式上灵活机动,有的放矢,突出针对性;加强企业文化建设,积极开展创建文明班组和争当文明职工活动,结合实际向职工进行爱国主义、集体主义和民主法制教育，树立爱岗敬业、钻研业务、奉献社会的良好职业道德，教育广大干部职工正确处理国家、集体和个人的利益关系。 （张 柯）

【党风廉政建设】 2011年，区工业和信息化局落实党风廉政责任制，在人民群众中树立了良好形象。一是利用电化教育手段，对全体党员干部进行党的优良传统教育，从正反两个方面的典型事例启发、引导，使发扬党的优良传统、抵制腐败现象变成每个党员的自觉行动；二是建立党风廉政建设责任制，党委与基层企业党政领导干部签订党风廉政建设责任书，明确规定各级党组织主要负责人和企业班子成员的责任；三是加强党内监督，严肃党的纪律，经常组织教育企业党员领导干部正确使用手中权力，自觉接受党组织和群众的监督。 （张 柯）

企业新贡献

【表彰决定】 2012年2月15日，区委、区政府对为2011年中原区经济发展作出突出贡献的102家企业进行表彰。受表彰企业名单：

郑州煤碳机械集团股份有限公司
河南省电力公司郑州供电公司
郑州市房屋交易和登记中心
郑州华润燃气股份有限公司
郑州宇通重工有限公司
机械工业第六设计研究院
河南省第五建筑安装工程（集团）有限公司
中讯邮电咨询设计院有限公司郑州分公司
河南丰之元汽车销售服务有限公司
河南省电力勘测设计院
煤炭工业郑州设计研究院有限公司
郑州煤电股份有限公司
河南腾龙信息工程有限公司
郑州燃气股份有限公司
郑州市规划勘测设计研究院
郑州豫欣纺织有限公司
河南送变电建设公司
郑州日报社
机械工业第六设计研究院有限公司
郑州煤电物资供销有限公司
郑州煤机综机设备有限公司
郑州磨料磨具磨削研究所
中国石化集团华北石油局
郑州四棉有限责任公司
郑州煤炭工业（集团）有限责任公司
郑州燃气工程建设有限公司
河南开开特星光锁系统有限公司
郑州市建设工程安全技术咨询中心
河南东大泰隆冶金科技有限公司
河南电力博大实业有限公司
郑州市市政工程总公司
郑州市市政工程勘测设计研究院
郑州煤机液压电控有限公司
郑州市技术市场协会
郑州市建筑设计院
河南省地矿建设工程（集团）有限公司
郑州市科技咨询服务中心
白鸽磨料磨具有限公司
郑州市嵩山饭店
郑州热电厂
郑州市房地产抵押服务中心
郑州市国土资源局
河南省水利第一工程局
中国石油化工股份有限公司华北分公司
郑州中兴工程监理有限公司
中国磨料磨具进口公司
郑州显达磨料磨具有限公司
郑州市房屋交易和登记中心
郑州人民广播电台
华夏邮电咨询监理有限公司
河南省纺织建筑设计院有限公司
河南阿青食品有限公司
河南五星电器有限公司
郑州市热力总公司
河南省地质测绘总院
郑州第二市政建设集团有限公司
郑州市郑燃燃气设计开发有限公司
郑州煤矿机械集团物资供销有限公司
郑州铝业股份有限公司
中国有色金属工业第六冶金建设有限公司
郑州三华科技实业有限公司
河南思达科技发展股份有限公司

大商集团郑州新玛特购物广场有限公司建设路店

河南第二火电建设公司

河南电力物资公司

郑州华电金源管道有限公司

郑州国际会展有限责任公司管理分公司

中原信托有限公司

河南太可思服饰有限公司

河南元通纺织城有限公司

郑州三棉有限责任公司

郑州安然测控设备有限公司

郑州丹尼斯百货有限公司中原分店

中国石化集团华北石油局井下作业公司

河南龙源大酒店

郑州市郑房测绘队

郑州金阳电气有限公司

郑州煤电宾馆有限公司

郑州祥和电力建筑安装工程有限公司

郑铁利达实业开发总公司

河南电力建设调试院

郑州燃气集团有限公司

安利(中国)日用品有限公司河南分公司中原店

河南省城市规划设计研究院有限公司郑州规划设计咨询部

郑州裕达国际贸易有限公司

郑州市娅丽达服饰有限公司

郑州安泰商品混凝土有限公司

郑州祥泰物业管理服务有限公司

河南省众慧电力工程咨询有限责任公司

郑州正信人力资源开发有限公司

郑州杜康大酒店有限责任公司

河南兴业机械设备制造有限公司

郑州电缆(集团)股份有限公司

郑州市职工技术协作办公室

河南省鑫地土地科技有限责任公司

郑州云顶服饰有限公司

河南真维斯服饰有限公司

郑州市中原商贸城有限公司

郑州四棉纺织有限公司

郑州勘察机械有限公司

郑州金源微粉材料有限公司

河南世纪联华超市有限公司汝河路店

(史　方)

【中国驰名商标】2011 年,中原区生产的服装有 3 个获全国驰名商标,分别是梦舒雅、娅丽达、渡森。

(史　方)

【全国百强服装企业】2011 年全国服装百强企业分行业排序,河南省有 12 家企业上榜,其中中原区有 5 家企业上榜,分别是:郑州领秀服饰、云顶服饰、娅丽达服饰分列女装第 20、第 39、第 40 位,太可思服饰、郑州渡森服饰分列男装第 82、第 92 位。

(史　方)

农 业

综　述

【概况】 2011年，中原区农业工作坚持“多予、少取、放活”的方针，围绕社会主义新农村建设，以提高农民收入，促进农村经济实现跨越式发展为目标，加大农业投入，加强农村基础设施建设，提高农业综合生产能力。

2011年，中原区粮食总产17372吨，其中夏粮生产面积2.6万亩，产量9100吨；秋粮生产面积2.2万亩，产量8272吨。全年肉类总产量2550吨，蛋类总产量680吨，奶类总产量6300吨。造林200亩。建成1个林业生态村（须水街道小李庄）。解决须水街道的小李庄、付庄、马庄，西流湖街道的址刘村，航海西路街道的石羊寺村，共5个行政村6000人的饮水安全问题。（赵　敏）

【落实支农惠农政策】 2011年，中原区制定良种补贴方案及农业机械购置补贴方案，使补贴资金按时发放到农户手中。发放农机具补贴66.448万元，其中中央补贴资金45万元，市级补贴资金20万元，区级补贴资金1.448万元；发放良种补贴资金443966.9元，安排小麦、玉米良种补贴44396.69亩，其中玉米19506.997亩、小麦24889.693亩。

（赵　敏）

【农业行政执法】 2011年，中原区对农资经营市场进行了全面检查，主要检查经营农作物种子、农药及有关涉农经营点，对证件不齐全、随意扩大经营范围、假冒伪劣产品进行清理整顿。执法活动中，举办培训班2期，发放宣传资料5000余份，张贴宣传横幅15条，出动执法人员150人次，检查农资经营店120家次，检查玉米种、小麦种和其他农作物种子110多个品种，检查农药品种45个，未发现销售假冒伪劣种子和高剧毒农药。（赵　敏）

【农业产业化经营】 2011年，中原区有3家农业产业化龙头企业，固定资产总额14102万元。在农业产业化经营中，注重引导龙头企业通过“公司+农户”“公司+基地+农户”等形式，与农户建立紧密的利益联结机制，通过新品种推广，提供技术服务等措施，调动农民的积极性，带动农民进行结构调整。据统计，全区农业龙头企业共带动农户4330户，有力地促进了农业产业化的发展。

大力发展休闲观光体验农业，中原区已初具规模的农业休闲观光园有“生态特味村”“四季同达生态园”和“咱家小院”。（赵　敏）

【监督和检查农民“减负”】 2011年，中原区按照省、市、区的统一安排，继续加强对减轻农民负担执行情况的检查，并认真做好粮食直补资金和对村补贴资金发放情况的监督检查工作。为避免农民负担反弹，根据上级有关文件精神，区农委多次和区有关部门组成联合调查组，采取明察暗访的形式进村入户了解农民负担情况。全年中原区没有发生违规加重农民负担的现象，未发生因农民负担引发的上访事件和恶性案件，维护了辖区农村大局的稳定。（赵　敏）

种植业

【粮食生产】 2011年，中原区粮食生产以优质专用高产开发为龙头，以品种种植结构调整为手段，大力实施种子工程，认真开展新品种试验示范，加强新品种推广应用，推广小麦、玉米新品种5个：豫麦49－198、矮抗58、郑农17、浚单20、郑单958。大力推广农作物高产高效种植模式和节本增效技术1项。及时制定《中原区2011年春季麦田管理意见》和《中原区2011年秋作物生产指导意见》等7个生产管理意见，引导农户采取切实有效的田间管理措施，先后战胜了病虫害较重等不良自然灾害的影响，再次获得好收成。2011年全区夏粮生产面积2.6万亩，产量9100吨；秋粮生产面积2.2万亩，产量8272吨；全年粮食总产17372吨。

（赵　敏）

【小麦玉米高产创建】 2011年，中原区高度重视小麦、玉米高产创建工作，为确保千亩高产示范方建设顺利实施，成立了小麦、玉米高产创建领导小组和技术指导小组，负责组织落实、协调小麦、玉米高产攻关示范创建活动中涉及的各项工作任务。小麦、玉米千亩示范方实施地点设在须水街道马庄和西流湖街道刁沟村共2000亩，分别位于富民公路东侧和防汛路北侧,两个千亩方成方连片,地势平坦,灌排条件良好。由于措施到位,中原区小麦两个千亩方较上年增产11%,玉米两个千亩方较上年增产12%。 (赵 敏)

【特种玉米试验】 2011年,中原区引进西星白糯、黑糯02号、超甜3号等特种玉米品种20个。与农户签订了试验示范协议,经过多方努力,试验示范顺利结束。据统计,特种玉米每亩收益达1600元,深受种植户的赞许。 (赵 敏)

林 业

【概述】 2011年,中原区紧紧围绕市政府下达的2011年林业生态市建设任务,以村镇绿化工程、林业生态村建设、种苗产地检疫以及林业有害生物监测和防治工作为重点,广泛动员,明确责任,强化措施,狠抓落实,经过全区上下的共同努力,取得显著成效。 (赵 敏)

【绿化造林】 2011年,中原区林业生态市造林绿化工程主要包括生态廊道绿化工程,涉及西流湖街道的铁炉村、址刘村以及须水街道的须水村、三王庄和桐树王村5个行政村,共完成造林面积200亩,栽植大叶女贞、银杏、红叶李、法桐等绿化树2.5万多株。

根据《郑州市林业生态市建设规划》,中原区完成须水街道小李庄林业生态村建设,并顺利通过市检查组的验收。建设工作中,投入建设资金25万元,建成村级小游园1个,栽植银杏、大叶女贞、法桐等树木8000多株,绿化农村庭院200多户,绿化村内道路5条。 (赵 敏)

【种苗产地检疫】 2011年4月始,中原区按照市森防站的要求,积极开展种苗产地检疫工作,制定《中原区种苗产地检疫方案》,成立种苗产地检疫工作领导小组。全区报检苗木基地4500亩,已检疫苗木基地4500亩,种苗产地检疫率100%。

(赵 敏)

【林业有害生物监测和防治】 2011年3月始,按照市森防站的要求,中原区对辖区所有的经济林、用材林、苗圃基地进行病虫害的监测和测报,并及时把监测情况向市森防站上报,对于已发现的严重病虫灾害则督促责任人、责任单位及时进行除治。

(赵 敏)

水 利

【概述】 2011年,中原区把机井升级改造作为农田水利建设重点,农村饮水安全(村村通自来水工程)作为农村供水保障工程建设重点,科学制订方案,加大投入,狠抓落实,注重质量,讲求实效,通过全区齐心协力,真抓实干,圆满完成2011年度水利建设工作各项目标任务,进一步增强和改善了中原区的农业基础条件,为中原区的经济社会发展提供了强有力的水利支撑和保障。 (赵 敏)

【抗旱工作】 2010年9月到2011年4月,中原区遭遇了1953年以来最为严重的秋冬春连旱,全区麦田出现大面积干旱,对夏粮生产带来严重影响。区委、区政府对此高度重视,多次召开专题会议研究部署应对措施,及时解决抗旱中遇到的各种问题。经过全区上下的共同努力,中原区330眼机井全部投入使用,投入抗旱劳力7200人次,投入抗旱资金200万元,全区2.5万亩麦田旱情全部解除。同时,全区群众没有因为干旱出现饮水困难的情况。 (赵 敏)

【防汛工作】 2011年,中原区委、区政府对防汛工作高度重视,及早制定防汛方案,及时召开防汛工作会议,对防汛工作进行了认真部署安排,落实防汛岗位责任制,实行防汛工作行政首长负责制,并对水库、河道等重点度汛工程进行多次全面拉网式检查,对查出的问题和险工地段,及时进行处理和解决。始终坚持"安全第一、常备不懈、以防为主、全力抢险"的方针,全区上下做到了人员、物资、车辆、值班通讯、雨情测报的落实,充分做好防大洪、抢大险的思想准备,切实做到一遇到险情拉得出、抢得上、守得住。汛期雨水较多,由于准备充分,确保了全区安全度汛。 (赵 敏)

【农村饮水安全】 按照"农村供水城市化,城乡供水一体化"的要求,2011年,中原区安排解决须水街道的小李庄、付庄、马庄,西流湖街道的坻刘村,航海西路街道的石羊寺村,共5个行政村6000人的饮水安全问题,投资460万元(其中争取郑州市财政投资304万元,区财政配套76万元,群众自筹80万元),建设水源工程7处,打300米饮水井7眼,并配套机电设备及30吨无塔供水压力罐,改造铺设饮水管网9万米。 (赵 敏)

【机井升级改造工程】 根据郑州市水务局安排,2011年,中原区机井升级改造需要完成维修、洗井30眼,配套水泵30台,护井工程100处,总投资113.2万元。按照市政府要求,所需费用全部由财政负担,市财政和区财政投资比例为7:3,区财政投资33.96万元。该项工程实施方案通过了市发改委、市水务局、市财政局、市卫生局组织的有关专家的评审。中原区按照政府采购的有关规定,委托有资质的招标代理机构,对项目施工进行公开招标。该项工程已于12月底开工建设,在2012年汛期前完工。 (赵 敏)

【水利普查】 2011年,按照国家及省、市的要求,中原区进行了第一次全国水利普查工作。全区划分50个清查分区,共有12类1337个普查对象。年底,普查对象清查工作已经结束,普查对象的静态数据调查、空间数据标绘已完成,动态数据正按要求通过台账及辅助台账的方式获取。(赵 敏)

畜牧养殖

【概述】 2011年,中原区畜牧工作围绕规模化集约式发展的方向,以畜产品质量安全生产为主线,积极引导规模饲养,努力推进畜禽实用技术的普及应用,最大限度地做好稳定生猪生产和养禽业的发展,依据区位优势巩固奶业生产,一定程度上实现了畜牧业增效及农民增收。 (赵 敏)

【畜牧生产】 2011年,由于城市近郊的实际情况以及物价水平的影响,规模养殖受到了一定的冲击,中小型养殖户影响较小。全年全区家禽存栏14万只,同比下降1%左右,主要是肉鸡存栏大量减少;生猪存栏1.8万头,同比持平;奶牛存栏2000头,同比持平。全区全年肉类总产量2550吨,蛋类总产量680吨,奶类总产量6300吨。

(赵 敏)

【生鲜乳抗生素残留专项整治】 2011年,为进一步规范奶畜养殖安全用药,保障奶业健康发展和生鲜乳质量安全,维护人民群众自身健康,根据省、市生鲜乳专项整治方案的要求,中原区积极行动,成立专项活动领导小组,制定了中原区专项整治活动方案,向社会公布了举报电话,并就活动内容、活动方案事项,对企业及奶农进行广泛宣传,对奶牛小区加强管理,建立完善7项乳品生产记录档案,并进行不少于两次"飞检",针对交接、含抗、从业人员健康、防疫用药等逐一核查,确保经营、使用等各个环节的用药安全。 (赵 敏)

【规范饲料生产经营】 根据郑州市畜牧局关于年度饲料工业生产监督检查管理工作的要求,全年进行不低于4次的质量检查。主要检查内容有:一是饲料加工企业自检体系是否正常运转,各项登记是否完善;二是蛋白饲料原料是否存在"三无"现象,包装及注册情况等;三是企业登记备案,企业标准执行情况,生产环节的管理情况;四是生产设备磁选情况是否完好,清理记录的制度化如何等;五是对饲料品质进行抽检,每个企业抽检2~3个批次产品。2011年配合省、市质监部门立案查处2个不合格产品案件,处罚金额1.3万元,有效地消除了饲料产品质量安全隐患,提高饲料安全水平。从畜禽投入品源头上进行管理,确保畜产品质量安全。 (赵 敏)

【强化"瘦肉精"检测】 2011年,中原区为保证广大消费者的食肉安全,保护人民群众的合法权益,确保不发生畜产品质量安全事故,根据全市"瘦肉精"专项整治活动要求,分别在3月份、6月份和9月份,由区政府召集各街道办事处及相关局委进行了饲养场户的抽检工作,对饲料生产企业及畜产品经营者进行拉网式排查、监测,严格监测、检疫出证管理,监管到位率100%。同时,形成"三位一体"管理机制,即由农业主管部门与监管部门签订目标责任书，强化管理职责；监管部门与饲料生产企业和养殖单位签订管理责任书，增强企业的守法意识；生产源头的企业进行质量承诺，提高全民的责任意识，共同维护畜产品安全。（赵　敏）

【鲜奶安全监测】 2011 年，中原区为全方位监管生鲜乳的质量安全，按照《生鲜乳生产收购管理办法》的要求，对奶牛养殖小区、规模场等生产源头开展质量承诺和乳品安全等 5 项声明，督促奶站健全各种消毒管理制度，要求工作人员持证上岗，对符合要求的鲜奶收购站实行《生鲜乳收购许可证》管理。根据省、市有关业务部门加强对乳品的质量管理以及“飞检”实施方案的要求，区农委采取定期和不定期的方式，对奶牛饲料原料和鲜奶进行采样监测。全年进行鲜奶采样 3 次、水样 1 次、槽料 1 次，抽取样品 12 批次，合格率达 100%。配合省市“飞检”活动监测 2 次，辖区受检企业均达标，部分整改项目已完成。（赵　敏）

【动物疫病防控】 2011 年，中原区根据人事变动情况，及时调整了以区长王东亮为指挥长、副区长王泰峰为副指挥长的防控指挥部，确保重大动物疫病防控工作的顺利开展和各项责任制的落实。区委、区政府与各街道办事处负责人签订了重大动物疫情防控工作目标责任书，要求各街道办事处与村组（社区）实行防控承包，责任到人。建立健全了“六位一体”目标责任制，有效地增强了各街道办事处抓好动物防疫工作的积极性和主动性。全年全区免疫生猪 1.8 万头、家禽 31 万只、牛 1725 头，应免疫密度达到 100%。（赵　敏）

【动物检疫监督】 2011 年，根据《河南省畜牧局关于加强动物卫生监督信息化建设的通知》要求，中原区多方筹措资金购买电子出证设备并及时培训相关人员，确保 6 月 1 日全市动物检疫电子出证工作的顺利开展。对辖区内 16 个集贸市场、56 个专卖店和连锁店等经营动物产品的单位监督检查，纠正违规违法行为，规范了肉品市场经营秩序，保障了市民的食肉安全。全年监督检疫动物产品 5750 吨，其中检疫牛、羊、禽产品 1500 吨，检疫活禽 9 万只。（赵　敏）

【畜禽改良体系建设】 2011 年，中原区制定出台畜牧产业良种补贴方案，扶持完善奶牛、生猪人工授精站点的建设，促进了畜牧良种产业化进程。组织培训辖区内人工授精人员，提高为全区群众服务的水平。全年奶牛人工授精比例达到 100%，奶牛品种改良 1550 头；生猪良种普及率达 90% 以上。（赵　敏）

农业机械

【概述】 2011 年，中原区农业机械工作以加强农业综合生产能力建设和促进粮食增产、农业增效、农民增收为目标，强化服务措施，提高服务水平，重视安全生产，深入田间地头，为广大群众排忧解难，树立了良好的行业形象。全年完成机械化收获 3.768 万亩，其中小麦机收 2.58 万亩，机收率 99% 以上，玉米机收 1.188 万亩，机收率 55%；农作物秸秆还田 4.73 万亩，其中小麦秸秆 2.58 万亩，玉米、大豆、花生秸秆 2.15 万亩，还田率 99% 以上。（赵　敏）

【农机监理和年度检审验】 2011 年，针对农业机械及驾驶员年度检审验工作，中原区制定了严格的年检审方案，要求必须先进行集中审验后再做分散审验，坚持审验时见车、见人，一车一检，严格要求缴纳交通强制险，确定拖拉机性质，按规定进行检验。全年新增拖拉机 5 台、小麦联合收割机 7 台，检审拖拉机及联合收割机共 7 台，驾驶员总持证人员 128 人，事故率控制在 1‰以下。（赵　敏）

【农机安全】 2011 年，中原区将推进“安全生产年”及严禁拖拉机驾驶员酒后驾驶、违法载人等专项整治活动与自身实际相结合，由主管领导带队，深入乡村、田间、场院等农机作业场所进行检查，及时排查事故隐患，纠正拖拉机违章行为。元旦、春节及“两会”期间共检查 4 次，排除事故隐患 8 次，纠正拖拉机违章 5 次，有效遏制了农机事故的发生，确保农机安全生产。此外，还制定农机安全生产月实施方案，积极参加中原区安全生产日活动，制作宣传展板 4 个、条幅 2 幅，发放材料 200 余份。（赵　敏）

【农机专业合作社建设】 2011 年，中原区积极引导和扶持农机专业合作社的建设，鼓励农民组建合作社，并在须水街道建立 2 个农机合作社，利用农机购置补贴的优惠政策，扶持合作社购买农业机械 7 台，扶持资金达 25.5 万元。其中一个合作社已拥有农机 6 台(套)，社员 5 名，维修门市部 1 个，办公用房 1500 平方米，仓库 1 个；另一个合作社已完成工商注册，其他设施按照市级示范合作社标准正在进行建设。（赵 敏）

【“三夏”“三秋”农机工作】 “三夏”期间，中原区共检测与维修大中拖、小拖、联合收割机、脱粒机等各类农具 856 台，培训拖拉机手 95 人、收割机手 148 人、修理工及其他操作手 85 人。出动联合收割机 70 台，其中引进外省、区(县)联合收割机 30 余台、拖拉机及其他运输机械 806 台，完成机收小麦 2.58 万亩，占播种面积的 99%。麦收期间没有发生任何机械事故，圆满完成夏收任务。区农机站为参加跨区作业的 10 台联合收割机发放了作业证，为他们办理了手机农信通，并提供了详尽的小麦跨区机手作业信息。在西四环建立“三夏”农机跨区作业服务站 1 个，工作人员 3 人，负责接待本地及外地进行跨区作业的联合收割机。

“三秋”期间，共检修大中拖 126 台、小拖 22 台、秸秆还田机 89 台、旋耕机 98 台、播种机 560 台、玉米收割机 8 台，完成玉米秸秆机械化还田 2.15 万亩，还田率 99%，用于青贮饲料 2000 亩，机耕 2.53 万亩，种植小麦 2.53 万亩，机播小麦 2.53 万亩。在须水镇马庄实施保护性耕作示范田，进行免耕播种小麦，以点带面，推动全区保护性耕作技术的推广，推广实施面积达到 1000 亩以上。同时，借助中央、郑州市农机具购置补贴政策的出台，新增翻转犁 3 台、大中型拖拉机 3 台、旋耕机 1 台、秸秆还田机 3 台、玉米联合收割机 4 台、农用挖掘机 2 台。（赵 敏）

2012 中原区年鉴

ZHONG YUAN QU NIAN JIAN

商务贸易

商　务

【概述】 2011年中原区商贸工作按照“扩内需，保增速，抓项目，求发展”工作布局，以围绕打造中原宜居商贸城区为核心，明确工作目标，突出工作重点，强化工作举措，完善工作机制，创新工作方法，使对外开放型经济工作成绩显著，招商引资和项目建设快速发展，商贸各项工作有序开展，保障了市场秩序稳定。（杨　珂）

【招商引资成效显著】 2011年，中原区不断充实并更新招商引资项目库，建立专业化的招商引资信息平台，完善招商引资有关优惠政策和奖励办法，充分调动各方面的积极性；积极参加省、市级政府组织的外出招商活动，如中博会、厦洽会、广博会、东盟合作交流会、豫韩合作交流会、走出去国际合作项目恳谈会等，组织招商小分队前往珠三角地区进行积极招商，充分采用“会前走出去、会中展形象、会后请进来”的方式，以会招商，广交朋友；联系及邀请有意向的企业、客商来我区考察，谋求合作，通过一系列有针对性的登门拜访上门招商，取得了显著成效。全年全区新签约超亿元项目46个，其中超10亿元项目16个，计划总投资980多亿元。全区实际利用外资14090万美元，同比增长35.9%；外贸出口额30748万美元，增长31.8%；国外经济合作合同额1.58亿美元，增长339.4%。中原区荣获2011年度全省对外开放工作先进单位。（杨　珂）

【项目建设】 2011年，中原区坚持以项目为抓手，持续开展项目建设“四比两看一落实”活动，严格落实“5+4”工作机制，通过项目建设擂台赛、现场观摩、先进经验推广等形式，推动重点项目建设全面提速，保障意向项目抓签约，签约项目抓开工，开工项目抓建设，建设项目抓效益。在第三季度绩效考核中，中原区招商引资项目落地情况排名市内6区第一名。截至2011年底，中原区新签约招商引资项目46个，在建项目4个，正在筹建项目42个，投资超10亿元的重大项目有16个。棉纺路纺织企业一条街老厂区改造项目已全面启动，锦艺·国际华都、方圆经纬花园、盛润锦绣城、惠众佳苑等项目已开工建设。列入区重点招商引资项目有54个，总投资额1426.6亿元，投资超10亿元的重点项目有：中国家居CBD郑州产业园、中原万达广场、锦艺·国际华都、锦艺国际轻纺城、恒天重工等40个，其中在建项目20个，投资总额466.4亿元，中原万达广场商业项目已成功实现营业。列入市跟踪招商项目的有中国家居CBD郑州产业园、中原万达广场、锦艺国际轻纺城等24个，其中在建项目8个，外资项目7个，已建成项目1个，为投资1亿元的沃尔玛超市中原万达店。列入省重点项目的有瑞驰有限公司毛皮深加工项目、罗蒙服装生产基地项目、机械工业第六设计院研发中心项目等7个，其中，锦艺国际轻纺城项目及恒天重工新纺机工程项目已动工建设。这些重大项目的引进和培育，必然给中原区的经济发展带来新鲜活力。（杨　珂）

【合理规划商业网点】 2011年，中原区围绕“四区一中心”的产业布局规划，倾力打造中原宜居商贸城区。已规划大型商业网点总计66家：区域商圈10家，10万平方米以上大型购物中心19家，五星级宾馆6家，商品交易市场5家，物流节点4家，商业街22条。大中原果品物流港正在加紧建设，项目引领三产发展的作用更加明显；10月28日中原万达广场盛大开业，以锦艺商业广场、西元国际广场等大型商业项目为支撑的商业中心和三产格局清晰呈现。（杨　珂）

【商贸工作】 2011年，中原区不断推进成品油流通秩序整治工作，重点抓好成品油市场非法加油站点的整治和打击非法经营行为，对成品油市场运行情况进行监测，坚持日报、周报、月报送制度，及时把握市场供求情况。继续完善生猪屠宰、再生资源市场管理工作，加大执法力度。重点抓好市场运行监测和分析，指导商业企业做好促销工作，确保全年报送率、及时率、准确率达到100%。不断加大对家电下乡销售网点的管理，对新增备案的销售网点将按照要求严格审核备案资格，让消费者能及时申报兑付到购买补贴，扩大农村消费。广泛宣传《酒类管理办法》，提高《酒类流通随附单》的使用率，建立正规的购销台账。（杨　珂）

【葡萄酒专项整治】 2011年4月21日至5月21日，中原区开展葡萄酒专项整治，解决无证照生产加工、销售假冒伪劣葡萄酒等问题，整治中加大监管力度，强化监管执法，做到执法必严、违法必究，坚决打击违法违规行为。 （杨 珂）

【再生资源回收利用体系建设】 2011年，中原区已按标准化、规范化的要求，建成2个分拣中心、116个再生资源回收站点，其中企业自筹自建29个、企业与街道办事处联建87个，超额完成市定目标任务。

一是加强组织领导。成立中原区再生资源回收利用体系建设领导小组，下设办公室，督促各项工作顺利完成。同时下发各类文件，并结合各街道人口分布和再生资源产量实际，把目标分解到各街道办事处。二是加强宣传引导。增强全社会再生资源回收利用和环境保护意识，引导市民积极参与再生资源交售和再生产品使用，营造规范建设再生资源回收站点的良好氛围。三是建立有效工作机制，确保回收站点建设顺利推进。制定“三个一”工作机制，即每天一上报、每周一督查、每半月一小结。要求各街道办事处每天上报选点情况及工作进度情况；每周五对各街道办事处回收站点建设情况进行督查、评比；领导小组每半月召开区直有关部门和各街道办事处等成员单位参加的协调会，总结回收站点建设过程中一些好的做法、经验以及工作中需要协调、解决的问题。四是加强沟通协调、密切配合。主动与龙头企业对接，积极与街道办事处协调，解决建设中存在的实际问题。 （杨 珂）

【蔬菜流通设施建设】 2011年，中原区建成社区“两店”111家，其中便民快餐店56家、蔬菜便利店55家。第一批6家便民快餐店和6家蔬菜便利店以及第二批5家蔬菜便利店通过郑州市蔬菜流通体系建设项目验收。农贸市场升级改造4家，蔬菜早市建成5家，早餐车布点128个，周末直销菜市场建成2个。 （杨 珂）

【生猪屠宰专项检查】 2011年一季度，区商务局组织执法人员，由相关街道办事处人员配合，对重点区域的私屠乱宰、生猪灌水不法行为进行打击，有效地制止了私宰肉，确保全区居民能够吃上放心肉。 （杨 珂）

【王选庆到中原区调研】 2011年4月20日下午，商务部服务司副司长王选庆、中国商业联合会行业部部长张丽君、省商务厅副厅长耿建国、郑州市政府副秘书长宋柏松、市商务局副局长张延廷等领导，到帝湖花园社区和中原中路标准化菜市场调研。

王选庆一行首先到帝湖花园社区，沿帝湖王府大街参观了社区商业建设情况，听取社区现有商业设施总体现状和未来发展规划。王选庆到帝湖社区联合服务中心，看到公安、商务、物业等部门集中窗口办公时，给予高度评价：这样可以最大限度服务社区居民、方便居民，相关的职能部门、物业部门就是要在社区办公，上门办公，在居民身边办公。

随后，王选庆一行又到中原中路标准化菜市场，对市场标准化升级改造和蔬菜供应、副食品价格进行详细了解，并查看市场农产品质量安全检测室和检测记录。王选庆还不时与商户、顾客亲切交谈，仔细询问大家对市场供应情况和价格是否满意。

临行时王选庆表示对中原区工作的开展情况非常满意，给予了充分肯定。 （杨 珂）

【外资项目瑞驰有限公司获批成立】 2011年4月21日，瑞驰有限公司经河南省商务厅批准在中原区成立，该项目注册资本4亿元，项目的成功报批使中原区合同利用外资新增6072万美元，同时对加快转变中原区出口产品结构步伐具有不可低估的作用。

瑞驰有限公司由美国德克斯公司投资设立，该项目由焦作隆丰皮草企业有限公司提供鞣制后的高档皮草，加工制作高档休闲羊毛皮鞋、箱包和服装，产品将通过焦作隆丰皮草企业有限公司的成熟销售平台出口到世界各地。项目计划占地756亩，建筑面积50万平方米，投资总额为12亿元，项目建成投产后，瑞驰有限公司将成为中原区外资企业中的出口龙头企业，预计出口创汇达4.5亿元。

（杨 珂）

【参加豫京津经济技术合作洽谈会】 2011年5月6日，由河南省政府主办、省商务厅等单位承办的豫京津经济技术合作洽谈会在北京举行，区长王东亮带队参加了洽谈会暨项目签约仪式。会上，王东亮区长同大商集团副总经理李华伟签订了协议书。

大商新玛特(升龙店)项目位于陇海路与桐柏路交叉口西南角，占地30亩，投资6.3亿元，项目建成后将成为郑州单体规模最大、功能最全、档次最高、品牌最全的集购物、餐饮、娱乐、休闲一体化大型一站式购物休闲广场。

活动当天，副市长薛云伟接见了中原区邀请的重要参会客商大商集团副总经理李华伟、升龙地产副总沈金长。（杨　珂）

【参加豫港澳经贸交流活动】 2011年6月7日至11日，区长王东亮率队参加2011年河南—港澳经贸交流活动，回访了在中原区有投资项目的华润集团总部、澳门宝龙集团、香港金马凯旋集团，并拜访了香港华亚文化传播有限公司、名汉唐设计公司、万嘉泉投资有限公司等企业。8日上午，在香港国际会展中心举办的中原经济区投资说明会暨合作项目签约仪式上，王东亮同万嘉泉投资有限公司总经理邹学文签订了万嘉泉生活广场项目。

万嘉泉生活广场项目位于中原西路以南、西三环以西、赵坡村以东、冯湾村以北，占地面积约600亩，投资25亿元，项目建成后将打造一个集大型购物中心、五星级酒店等多业态组合的高档城市综合体。

活动期间，市长吴天君、副市长薛云伟接见了香港金马凯旋董事长肖凯旋一行。吴市长提出：5年内要把中国家居CBD郑州产业园项目打造成郑州千亿产业；打造成郑州现代服务业重要支柱产业；打造成国际品牌家具中心、国内外品牌家具创新产品的发布、展示、交易中心，成为国际家具价格定价中心；逐渐发展成为家具发展研发中心，打造家具质量检测、评定、专利申请中心。中国家居CBD郑州产业园项目要建有家具博物馆，引导消费者用家具引领家居装修。在郑州都市区暨中原经济区的辐射作用下，引导国内外家具企业把生产基地转入中国家居CBD郑州产业园项目内。

（杨　珂）

【参加第六届中博会】 2011年9月26日至28日，第六届中国中部投资贸易博览会在太原隆重举行，区长王东亮带队参加，签约了方圆经纬花园项目、盛豪帝湖国际广场项目。

方圆经纬花园项目位于棉纺北路以南、锦嵩路以东，由郑州鸿兴置业有限公司投资40亿元开发建设，将建成集住宅、商业、公寓、办公于一体的综合性项目。盛豪帝湖国际广场项目位于桐柏路与航海路交叉口东南角，由河南盛豪投资有限公司投资30亿元开发建设，将建设成为郑州西部最大的商业综合体和购物中心。（杨　珂）

【举办区招商引资项目签约仪式】 2011年9月17日，中原区隆重举行招商引资项目集中签约仪式，新签订4个项目，预计总投资67.2亿元。

4个项目分别是：中晟智慧城项目，投资40亿元，占地约142亩，将建成集总部办公大厦、五星级酒店、会所等商业综合体；嵩基集团办公综合楼项目，投资20亿元开发建设，占地面积约300亩；轻工业学校改造项目，由河南辉弘置业有限公司投资6亿元，总占地面积50.5亩，将建成集住宅、餐饮、娱乐、休闲、购物于一体的大型购物中心；河南河阳石化有限公司郑州公司筹建项目，投资1.2亿元，占地约39亩，将建成集科研、办公为一体的综合办公区。（曲　伟）

【锦艺国际轻纺城项目隆重奠基】 2011年2月25日，总投资50亿元的锦艺国际轻纺城项目在郑州纺织服装产业园隆重奠基。该项目位于西四环郑上路、郑州市纺织服装产业园区内，是在原中国元通纺织城基础上，投资50亿元打造的集中交易市场，集纺织品批发交易、精品购物步行街、仓储物流、企业总部、星级酒店、商务会所、休闲娱乐、配套居住等业态为一体的超大型城市综合商业体，建成后将成为全国纺织品展示、交易、研发和生产中心，大物流交易平台，成为中部地区规模最大、配套最完善、品种最齐全、物流最便捷的纺织品专业市场，形成“东有浙江柯桥、南有广东中大、中有郑州锦艺国际轻纺城”的三足鼎立局面。项目一期占地406亩，总建筑面积90万平方米，2011年2月25日上午正式开工建设，建成后可容纳商户6000多个，安置就业8万人，实现年销售交易额200亿元。

（曲　伟）

【外商八年零投诉】 中原区采取有力措施规范各部门行为,实现外商企业八年零投诉。一是健全完善外企档案,对辖区89家外资企业分行业、分类别建立企业台账,做好整理归档和分类统计、保存工作。二是提供服务零距离,全年走访不间断、服务企业无条件。采取电话联系、重点走访、上门服务等方式,及时了解情况,分析生产经营中存在的问题和症结,寻求解决问题的办法和有效途径,2011年电话走访企业300余次,实地走访企业75次。三是全面做好贴心服务。结合年初制定的目标责任书,定期召开外资企业座谈会,为辖区外资企业提供一个良好的交流经验的平台,全年召开外商企业座谈会3次,收集各类工作建议17条,第一时间将落实情况反馈相关企业。 (曲 伟)

【七项措施保重大项目推进】 一是落实"5+4"项目推进机制,即"一个项目、一个领导、一套班子、一个方案、一抓到底"和"半月一例会、一季一观摩、半年一小结、年底一总评",为项目建设提供优质服务,保障意向项目抓签约、签约项目抓开工、开工项目抓投产、投产项目抓效益。二是开展项目建设"四比两看一落实"活动。"四比"即比投资、比进度、比干劲、比服务;"两看"即看作风、看实效;"一落实"即抓落实。通过完善和落实项目推进、奖惩激励、督促检查等机制和措施,引导全区各级相关部门在项目建设上切实转变工作作风,力促项目建设大提速、大落实。三是推行重点外来投资项目无偿代理制。调查统计外来投资项目行政服务需求,协调解决外来投资项目推进中各类行政许可、登记、备案等有关问题。四是推行重点招商引资项目推进半月例会制。每半月召开工作例会,研究重点招商引资项目推进工作方案,协调解决重大招商引资项目推进过程中出现的各类问题。五是推行项目联审联批制。成立重大项目联审联批办公室,对符合条件的区级重大项目审批事项,实行一站式联合审批服务,提高项目手续办理速度和服务水平。六是推行督促检查五项制度,即问题日报制度、信息周报制度、进度督查制度、十佳擂台赛制度和观摩评比制度。由区委督查室、区政府督查室等对项目建设的推进工作进行全程督查,确保项目推进顺利。七是严格责任追究。在执行公务和为客商服务中,做到文明行政、热情服务,坚决杜绝"门难进、脸难看、话难听、事难办"的现象和吃、拿、卡、要等行为的发生。 (郑 富)

粮油购销

【概述】 2011年,中原区粮食工作以贯彻执行国务院《粮食流通管理条例》为主线,以安全储粮为中心,以强化粮食市场管理为手段,以迎接建党90周年为契机,建立健全规章制度,完善监管工作机制,确保全年实现粮油销售收入800万元,轮换地方储备粮800万公斤,2900万公斤地方储备粮数量充足,质量良好。 (朱伯明)

【夏粮收购及轮库】 按照国家关于储备粮的管理规定,中原区库存的2900万公斤地方储备粮每4年要轮换一遍,即每年要销售总库存粮的四分之一,同时还要收购相应数量的新粮入库,以保证总库存规模不变。

一是宣传到位。全国、全省夏粮收购电视电话会议后,区粮食局立即启动夏粮收购工作,采取在辖区村庄悬挂宣传横幅、张贴宣传标语等措施,深入宣传党和国家保护种粮农民利益的政策,最大限度减少粮贩诱导售粮农民、压级压价现象的发生。

二是净化市场。2011年夏粮收购中,区粮食局联合区有关部门对粮食收购、流通行政执法加大检查力度,净化粮食收购流通市场,保证合法收购主体依法畅通入市,维护粮食流通秩序,加快粮食收购进度。

三是定价客观。6月,小麦陆续上市。全国大部分地区收购价格呈现高开稳走态势,新麦价格在国家托市收购价格之上。中原区地方储备粮收购价格高于托市收购价格0.08~0.1元/公斤,与2010年收购价格基本持平。

四是质量上乘。由于国家惠农政策力度逐年加大,大力整治收购市场秩序,2011年的小麦收购粮源充足。收储公司严把收购质量关,入库小麦均在一级麦以上,小麦品质好于往年。 (朱伯明)

【储备粮管理】 2011年,区粮食局针对中原区地方储备粮一部分仓库建造时间较长、标准较低、设施简陋、破损严重、存在重大储粮安全隐患的现状,加大安全储粮各项基础工作的管理，认真落实安全储粮工作责任制，把安全储粮工作作为各项工作的重中之重认真去抓，确保库存粮食的安全。

一是领导重视，责任落实。区粮食局领导班子对安全储粮工作高度重视，按照“谁主管、谁负责”的原则，层层落实安全储粮工作责任制，坚持“安全第一、预防为主、综合治理”的方针，做到警钟长鸣，常抓不懈，防患于未然。按照有粮必查、有仓必到、查必彻底的原则，全年对6个储粮点、29个仓房、2900万公斤地方储备粮综合检查12次。对查出的1处隐患，及时进行整改。全部储粮未发生任何损害、坏粮事故。

二是加强基础管理，坚持粮情检查制度。在日常管理中，保管人员坚持“一、三、七”粮情检查制度，对粮温、仓温、气温、粮食水分、虫害等情况进行全面检测，并采取同仓不同期或同期不同仓对比方法，分析检测结果，做到每周一分析、每月一例会，共同分析粮情，研究具体措施。

三是重视防汛工作，确保粮食安全度汛。区粮食局成立防汛工作领导小组，层层签订责任书，进一步明确职责，坚持“安全第一、预防为主”的方针，对防汛工作常抓不懈。在汛期到来前对分散在孙庄、须水、石佛的20个粮库逐一排查，整修了下水道，确保遇到暴雨粮库院内不积水。（朱伯明）

【维护粮食流通正常秩序】 按照《粮食流通管理条例》有关规定，区粮食局负责中原区内粮食流通的监督管理，维护粮食流通正常秩序。

一是严格执行粮食市场准入制度，办理粮食收购许可证。根据国务院《粮食流通管理条例》和《粮食收购资格审核管理暂行办法》，对国有粮食购销企业以外的3家其他经济性质的粮食收购实体办理粮食收购许可证，规范粮食收购市场，有效地维护粮食流通领域的秩序。

二是加强对非国有粮食购销企业的服务和监管，既要放开，又要监管，引导它们合法经营，为它们提供服务，维护其合法权益，做到了放而不乱。

三是整顿粮食市场秩序。对无照经营、以次充好、掺杂使假、压级压价、哄抬粮价等不法经营行为，区粮食局配合工商、技术监督等有关部门加大整顿力度，严肃查处各种违法违规活动，维护粮食市场秩序，保护消费者的合法权益。

四是建立粮食信息平台，为粮食经营者提供信息服务。督促辖区内从事粮食收购、销售、储存、加工的粮食经营者建立粮食经营台账，区粮食局按规定接收、统计、掌握辖区内粮食经营者基本数据和有关情况，密切监测市场粮价动态，随时掌握主要粮油品种各环节价格和成本费用情况，建立粮食供需和库存抽查制度，定期发布粮食市场、消费、价格等信息，为粮食经营者提供全方位服务。

（朱伯明）

【开展创先争优活动】 2011年，为庆祝建党90周年，区粮食局按照区委统一部署，深入开展了以“创建先进党组织、争做优秀共产党员”为主题的创先争优活动。

一是紧密联系实际，推动科学发展。围绕“安全储量、粮食安全”这个主题，认真查摆区地方储备粮库存在的问题，进一步统一思想，达成共识，把搞好安全储粮，确保全区粮食安全作为贯彻落实科学发展观、推动科学发展的具体实践。二是认真落实创建“五个好”先进党支部、争做“五个表率”优秀共产党员为主要内容的创先争优计划。充分发挥局党支部的战斗堡垒作用和共产党员的先锋模范作用，党员干部以先锋模范行动影响和带领局职工努力完成各项工作任务。三是深入基层服务。党员领导干部围绕夏粮收购、库存粮食安全度汛等专项工作开展全方位服务，确保最低收购价政策落到实处，确保库存粮食安全度汛。（朱伯明）

交通 邮电

道　路

【概述】 2011年，中原区交通运输工作紧紧围绕中原经济区发展建设和新型城镇化建设的发展要求，围绕大局、服务人民、改革创新，认真落实“畅通郑州”建设，推进农村公路建设，全区交通事业健康发展。（蔡梦森）

【整修富民路】 区政府2010年底在调研农村道路时，将富民路的整修作为区政府的重点督导工程，列为2011年政府“十件实事”之一。富民路修建于1997年，原路全长5.5公里，路基宽13米，路面宽10米。随着道路周边企业的增多以及道路使用频率的加大，尤其是重型车辆的频繁碾压，群众出行基本都是晴天一身土、雨天一身泥。市政府将富民路（郑上路至陇海路西延线段，全长3公里）扩宽改造工程列入郑州市常西湖综合整治工程，统一规划、统一标准、统一建设。2011年7月3日，郑州市城建中心与市有关部门对该路段的红线进行了确定，按照市政道路标准进行改建。因种种原因，该道路的改建工程迟迟未动工。区政府为彻底解决群众出行难的问题，多次召开会议研究部署富民路整修工作，决定由区政府投资对富民路分南、中、北三段分期施工，2011年对富民路（中原路—防汛路）进行整修，道路全长1.864公里，路面宽10米。区交通运输局及时组织施工，于11月23日完成招投标工作，12月8日正式开工建设。（蔡梦森）

【西绕城公路生态绿化带建设】 郑州市西绕城公路生态绿化带建设工程是市委、市政府2011年的一项重点工程，也是全市出入市口整治工作的重点，绿化带的建成将为郑州创建国家生态园林城市奠定坚实的基础。

该路中原区段全长7.6公里，北起化工路，南到二七区马寨镇。一期工程（中原西路以北地段）已完工。二期工程，中原西路以南全长3.4公里，涉及须水街道的三王庄和桐树王村、西流湖街道的刁沟村和址刘村。截至年底，完成拆迁建（构）筑物15万平方米，清运垃圾6万立方米。同时完成了二期绿化招标工作，按照市政快速通道的设计高标准、高质量进行，设计绿化带分三层由低到高种植，一层为低矮灌木，二层为大灌木和小乔木，三层为常绿乔木和大落叶乔木。绿化带建成后西绕城公路两侧将形成错落有致、层次分明的绿化长廊。（蔡梦森）

【马寨工业园加压泵站给水工程】 马寨工业园加压泵站给水工程是郑州市的重点建设工程，中原区段全长3.4公里，北起中原路，南到工业路，途经须水街道三王庄和桐树王村、西流湖街道址刘村和刁沟村。建设范围是：中原路至工业路路西，路边石向西延伸8米。工程范围内附属物和构筑物总拆迁面积29426.0401平方米，绿化带面积7313.7835平方米，涉及占地40.8亩。2011年3月2日上午，中原区召开动员大会，同日下午，开始对沿线附属物普查，3月4日进行工程普查与算账工作。截至年底，普查算账、拆迁工作已经全部完成。（蔡梦森）

【西四环下穿陇海铁路改造工程】 西四环陇海铁路下穿工程是对原西四环陇海铁路下穿隧道进行拓宽，对两侧各加宽9米，即增加两个下穿隧道，并在两侧各建8.5米辅道。西绕城公路下穿陇海铁路改造工程于2011年9月进行了红线确定，原下穿隧道42米扩宽至60.6米。工程设计、招投标已完成，根据市政府的统一安排，区工程指挥部高度重视，积极协调工程所涉及的铁炉村配合工程建设，确保施工队顺利进场施工。（蔡梦森）

【郑少高速公路与航海路连接线工程】 郑少高速公路郑州市区航海路连接线工程，起点位于南三环与航海路交叉处，终点与郑少高速公路主线顺接，全长1.8公里,建设规划红线为70米。拆迁范围涉及西流湖街道赵仙垌村、航海西路街道段庄,需拆迁企业26家、宅基地2户,搬迁坟地9处、变压器1个,占用大田地95亩,各类建筑物总拆迁面积48392.5平方米。

中原区成立郑少高速引线工程征迁协调指挥部,组成专职工作组,为项目开展提供有力支持。指挥部办公室从区交通运输局抽调6人组成督察组,重点检查各单位贯彻落实指挥部部署及工程进展情况,督促推动补偿款兑付、拆迁进度,协助排查化解矛盾纠纷及不稳定因素。截至年底,附属物补偿、工程拆迁已全部进行完毕,整体工程分为3个路基施工区,按照预定的工序开展清运垃圾、回填土方、灰土铺设、雨水管网铺设等工作,南水北调大桥、贾鲁河大桥、张新庄大桥工程进展顺利。截至年底,道路工程路基土方已完工,两侧雨水管道全部埋设完毕,准备路面基层施工。　（蔡梦森）

【骨干路网及出入市口整治提升】 郑州市“二环十五放射”骨干路网及出入市口整治提升工作是市委、市政府2011年的一项重点工作,中原区需整治7条道路(中原西路、郑上路、化工路、西四环、航海西路、西三环路、陇海路西延)。区交通运输局承担除西三环以外的6条道路,截至年底已完成前期的普查和算账工作。　（蔡梦森）

【建立西绕城公路长效机制】 西绕城公路是国家公路网的重要组成部分,包含国道310线、国道107线,全线长50.12公里,路面167万平方米。其中中原区段共7.6公里(北起化工路口,南至马寨),途经铁炉、须水、三王庄、址刘、桐树王、赵仙垌、刁沟7个行政村。2010年5月底建成通车,在完善国家干线公路网结构,提高中原区过境交通通行能力上发挥了重要作用。西绕城公路交通流量构成复杂,管理涉及方方面面,需要多方协调沟通、共同努力。为进一步完善和提高其服务功能,展示市、区发展的窗口形象,区交通运输局制定出《西绕城公路长效机制管理方案》,区政府已批准实施。　（蔡梦森）

【城市道路大修改造(复浇)】 2011年,市政工程管理部门对市区部分道路(路段)进行了大修复浇,主要工程为:

西站路道路整修工程(桐柏路至嵩山路)。该工程于2010年4月1日开工。完成沥青复浇路面21840平方米。2011年完成施工产值74.41万元,累计完成施工产值330.22万元。

中原区百花路、互助路道路改造工程。该工程于2011年4月20日开工,2011年5月25日竣工。完成道路路面破除及恢复4080平方米。完成施工产值50.22万元。

郑上路出入市口综合整治道路工程(西南绕城高速至西三环)。该工程于2011年5月15日开工,2011年9月15日竣工。完成沥青复浇路面62849平方米,铺设人行道板47321平方米,安装侧石8582米,升降窨井136座。完成施工产值1479.33万元。

文化宫路、洛河路道路整治工程。该工程于2010年11月开工,2011年1月竣工。完成沥青复浇路面2960平方米,侧石834米,铣刨、新建沥青路面1532平方米。完成施工产值80.26万元。

（郑　富）

【中原西路与西南绕城高速互通式立交项目】 2011年12月10日,中原西路与西南绕城高速互通式立交开工仪式在郑州市中原区与荥阳市交界处隆重举行。中原西路与西南绕城高速互通式立交项目是市委、市政府确定的16个新增环城高速出入口之一,采用双喇叭互通式立交方案,新建匝道3.59公里,改建西南绕城高速公路0.95公里,改建中原西路0.76公里;其中新建匝道桥2座,涵洞3道,新建三进五出匝道收费站1处;工程总占地约25.6公顷,概算总投资约1.35亿元,定额工期18个月。该项目的建成,将有效缓解城区西部主干道与绕城高速之间连接不畅的问题，大幅提高城区对外通行能力，对进一步完善郑州西部区域路网结构，改善郑州出入市口形象、实现市区主干道与环城高速的快速连接、缓解市区交通拥堵、带动中原区等周边产业聚集区的经济发展具有重要意义。（郑　富）

【治理车辆超限超载专项活动】 2011年，区交通运输局以保障道路畅通、交通安全、规范道路运输市场秩序、构建平安中原、促进中原崛起为目的，按照“依法严管、标本兼治、立足源头、长效治理”的总体要求，开展治理车辆超限超载活动。通过专项治理车辆超限超载，中原区过境道路G310、西四环以及三环外穿乡村道路中，车辆超限超载问题得到有效遏制，“大吨小标”、非法改装等问题得到集中治理，为中原区道路运输建立了健康、规范、安全、有序的环境。（蔡梦森）

【地方公路建设与管理】 由于2010年特大暴雨的冲刷，X009线马庄大坝出现了滑坡的安全隐患。区交通运输局立即向区政府申请资金，组织整修。X009线马庄大坝整修工程于2010年12月完成招投标，由于临近冬季无法施工，2011年3月11日开始动工，4月26日完工。项目完工后工程质量经验收为合格工程。

根据市委、市政府《关于在全市开展危桥排查、车辆超限超载专项治理活动的工作部署》，区交通运输局派专人对辖区内所有桥梁进行排查，并制定危桥长效监管机制，做到了每日上路巡查，发现隐患及时上报、及时处理。全区10座桥梁没有发现安全隐患。同时，制定了超载超限治理工作实施方案，进一步加大超载超限的治理力度，并向区政府申请成立专门的路政队伍，更好地完成治超工作。

区交通运输局按照路容路貌评优评差实施方案和评比标准，首先对所管辖道路进行自查，对不达标的道路立即进行整改，并积极和当地村委对接，做好农村公路路容路貌的整治工作。在全市的评比中，取得了优异的成绩。

积极开展“好路杯”竞赛、“文明示范路”“文明养护道班”的创建工作，努力打造“畅洁绿美安”的农村道路新气象。全年上路巡查110余次，劝阻违法占道245处，清理道路堆积物27处。7月，市交通运输局业务主管部门对中原区创建“好路杯”工作进行检查，给予了充分的肯定。截至年底，中原区创建“文明示范路”10公里，顺利完成创建任务。新建养护道班的图纸已经设计完毕，待西四环绿化带建设完成后，即可开始新道班的建设工作。

（蔡梦森）

【运输管理】 2011年，区交通运输局完成货运车辆营运证初审60辆，其中新增车辆20辆、过户车辆40辆。年审车辆1000余辆，并通过年审工作与运输企业及业户签订超限超载治理承诺书，确保中原区没有超限超载现象。对辖区营运车辆非法经营情况进行治理，共治理非法经营车辆1200余辆。对中原辖区内的洗车行进行排查，共出动人员130人次，特别针对洗车行车辆乱停乱放、污水横流、室内外物品随意摆放等现象，加大督查力度并下发整改通知书200余份，责令其限期整改到位。针对出入市口车辆无证经营、占道经营、乱停乱放等现象，加大治理力度，出动人员620人次，清理出入市口车辆占道经营、乱停乱放现象500余处。

（蔡梦森）

【帮扶社区】 2011年，区交通运输局帮扶社区工作组进驻西站东、西站西和西十里铺中社区，首先摸透社区情况，了解具体问题，然后逐个分析和查找原因，制定出针对性强、可行性强、操作性强的帮扶工作方案，妥善解决问题。针对西站西社区院内有多个多年未清理的化粪池，暑天臭气熏天，给群众生活造成极大不便，区交通运输局在资金紧张的情况下，积极筹措资金，立即对化粪池进行清理，解决了社区的实际困难。针对西站东社区院内自行

车棚年久失修，屋顶漏雨严重，区交通运输局联系施工队整修车棚，为社区居民提供了一个良好的停车环境和居住环境。（蔡梦淼）

【安全生产】 2011 年，区交通运输局按照有关安全生产工作的统一部署，由主要领导负总责，成立了安全生产领导小组，并制定实施方案和工作条例，确保了安全生产综合工作的正常运行。区交通运输局领导多次带队深入辖区车辆集散地，开展司乘人员安全生产宣传教育管理工作，使车辆安全工作落实到位。配合市维修处工作人员对低速汽车进行维护、检测、审验。对辖区农村道路、桥梁进行定期或不定期的拉网式排查，发现隐患及时解决，做到防患于未然。积极开展安全生产消防知识宣传教育活动，使工作人员对安全生产消防知识平时即懂，用时即会。分配专人对辖区内交通系统的消防安全进行定期或不定期检查，对查出的消防安全隐患，认真进行整改，并组建应急救援队伍，一旦发生火灾，能及时组织指挥队伍开展救援工作。（蔡梦淼）

【党风廉政建设】 2011 年，区交通运输局紧紧围绕精神文明建设这一中心，抓领导作风的转变，带机关作风的转变，促交通行风的转变。在交通行政执法人员中大力开展了“全心全意为人民服务”的宗旨教育和“依法行政、文明执法”的法制教育及“爱岗敬业、诚实守信、办事公道、服务群众、奉献社会”的职业道德教育，通过“承诺”服务和道德规范评比，逐步提高队伍的道德素质。

区交通运输局围绕中心工作抓好廉政建设。一是把党风廉政建设放在重要位置，列入重要工作日程，实行一把手负总责，制定工作方案，落实工作措施，为交通中心工作提供政治保障。二是抓好“一个重点、三个教育、四个到位”，即以交通基础设施建设中的党风廉政建设为重点，突出思想教育、道德教育、警示教育，做到制度到位、监督到位、责任到位、考核到位。三是领导带头遵守各项规章制度，管好班子，带好队伍，形成廉洁、高效的工作作风。四是抓好源头治理，搞好群众监督，抓重点部位、重点人员的廉政教育，巩固财务监督制度。五是狠抓公路“三乱”治理，做到文明执法，确保已取得的成果。六是严格责任追究，对违法乱纪行为，不但追究当事人的责任，还要追究有关领导的连带责任。通过以上措施的开展，有力地促进了反腐败工作。（蔡梦淼）

城区交通管理

【概述】 2011 年 4 月，根据市政府安排，中原区城区交通管理办公室列编组建，具体协调、指导全区交通综合整治工作。区城区交通管理办公室组建以来，全区停车场建设、出入市口整治、分包联系路口路段等各项工作均取得了初步成效，辖区道路交通基本实现了整洁、有序和通畅。（杜　丘）

【取缔路面停车】 2011 年，郑州市 12 条主干道严禁路面停车，涉及中原区辖区建设路、嵩山路和中原路 3 条道路，无取缔停车位任务；中心区内所有单向行驶路段严禁路面停车，涉及中原区工人路和文化宫路，只有工人路需取缔停车泊位 12 个，已全部取缔，同时市老干部活动中心和嵩山饭店对外开放且向社会释放停车泊位 100 个；市行政区严禁路面停车，协调市交警二大队坚持严管重罚，街道办事处密切配合，重点区域路面停车现象得到有效遏制。（杜　丘）

【停车泊位“三开放”】 2011 年，中原区需建设停车泊位 1702 个，截至年底完成 2153 个。一是辖区内市直、区直行政、事业单位 57 个，对外开放 36 个，向社会提供停车泊位 942 个，开放率 63.2%；二是辖区内有条件停车的社区 92 个，对外开放 36 个，向社会提供停车泊位 3867 个，开放率 39.1%；三是拆而未建工地和长期闲置空地开辟临时停车场4个,向社会提供停车泊位310个;四是停车场建设新选址41个,已报送市规划部门审批。其中4个立体停车库建设项目等待规划审批后立即动工,计划可向社会提供停车泊位898个。媒体反映全市存在批而未建或改变规划条件、挪用和闲置的问题停车场73个,涉及中原区2个,经过调查核实已全部排除,不属于问题停车场。（杜 丘）

【交通综合整治】 2011年打造“畅通郑州”工程,提高城市交通管理水平,既是省委、省政府对解决郑州交通问题的重要部署,又是市委、市政府深入贯彻“中部崛起战略”,强化和提升交通枢纽地位,改善民生,优化环境,实现郑州经济社会跨越式发展的重大举措。

加强领导,提高认识。中原区于10月份成立了区长王东亮任组长的区畅通郑州交通综合整治工作领导小组,实施统一领导,为全区交通综合整治工作提供了强有力的组织保障。同时,邀请区人大、区政协参与专项工作,接受监督。

精心安排,严密组织。中原区采取由区城区交通管理办公室牵头,区直相关职能部门配合,按照属地管理将整治任务分解到街道办事处具体抓落实。区领导定期召开会议,听汇报,掌握情况,分析工作中存在的问题和困难,并经常深入一线调研,研究解决实际问题,明确工作方向。

广泛宣传,营造氛围。区城区交通管理办公室发动各街道办事处采取印发宣传资料、悬挂宣传条幅、在交通路口设置咨询台、摆放宣传展板等形式,宣传相关法律法规、交通整治的措施和效果及给群众带来的便利,让文明交通进社区、进企业、进学校、进单位,转变交通观念,强化形象意识,提高市民的文明素质。协调区教育体育局组织中小学生开展“小手拉大手”“交通安全主题班会”“文明交通志愿者”活动,使学生受教育的同时,将文明交通带到千家万户,为交通秩序综合整治造势。据统计,制作宣传资料38700余份,悬挂宣传条幅197幅,制作宣传展板190块。

加强督查,注重实效。区委区政府督查室、区城区交通管理办公室建立联合督查督导、评优评差协调推进机制,根据不同情况,分别进行日督查、周检查、月考核,并将督查、检查、考核成绩纳入区年度目标考核内容。同时,通过简报形式,将督查、检查、考核情况在全区范围内进行通报,以推动各项工作顺利开展。

据统计,各街道办事处组织文明交通志愿者上街劝阻不文明交通行为21.66万余人,纠正摆放乱停乱放自行车或电动车24690余辆。交警二大队查处交通违法56519起,其中现场处罚30138起、非现场15741起、监控抓拍10640起。区行政执法局清理流动商贩占道经营4620余人次、劝阻引导农用车占道经营546台次。全区有建筑垃圾运输车辆87台,全部密闭改装,通过限线路、限时段、限高运输,沿途遗撒、噪声扰民、粉尘污染等现象得到了有效控制。协调市交警二大队、区交通局、区行政执法局、区城市管理局、须水街道办事处和西流湖街道办事处一道,通过联合执法,长效管理,清理了各类占道行为,确保了出入市口道路交通畅通。全区对178个路口路段实施了专人分包,明确任务,落实责任。分包人员通过加强交通知识宣传,劝阻不文明交通行为,引导行人文明出行、安全出行,树立了省会郑州形象。（杜 丘）

邮 政

【概述】 2011年,中原区邮政局始终以省邮政公司和市邮政局的整体工作安排为指导,按照省邮政公司新一轮大发展战略目标和指导思想,坚定发展信心。通过分析辖区内邮政经营发展的环境,充分发挥网点优势,认真团结拼搏加快发展,在全局员工中树立位次意识,从而达到中原区邮政局整体(包括各网点)各项业务的发展和管理全面提升的经营目的。（郑 富）

中共中原区委党校

区委书记赵书贤到党校调研

入党积极分子培训

常务副校长杨文毅到帮扶社区了解情况

本版照片由中共中原区委党校提供

中共中原区委政法委员会

省社会治安综合治理督导组到中原区检查社会治安综合治理工作

时任市委常委、政法委书记高建慧到中原区调研政法信访稳定工作

区领导慰问交通警察支队第二大队干警

区委政法委书记王正轩慰问老党员

召开全区平安建设工作推进会

召开整治赴京非访暨执法检查推进会

巡防办举办纪念建党90周年演讲

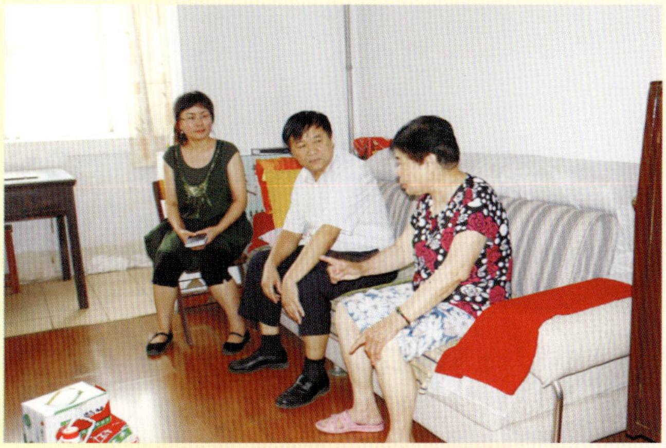

区委政法委书记王正轩慰问贫困家庭

本版照片由中共中原区委政法委员会提供

中原区人民检察院

最高检察院检察长曹建明亲切接见全国模范检察官蒙凡

区委书记赵书贤到区检察院调研

市检察院检察长杨祖伟到区检察院调研

区人大代表视察区检察院法律监督工作

检察开放日接受区政协委员视察

本版照片由中原区人民检察院提供

中原区人民法院

2011年6月13日，最高人民法院检查组在区法院立案信访大厅检查

省人民法院副院长田立文在区法院检查工作

省委政法委督查组到区法院督导社会主义法治理念情况

省人民法院司法巡查组到区法院检查指导工作

市中级法院党组成员、院长助理刘祖一到区法院，与辖区省、市人大代表、政协委员座谈并征求意见

市文明办检查组到区法院检查验收省级文明单位创建工作

出席区第十四届人民代表大会第六次会议的人大代表举手表决全票通过区法院工作报告

本版照片由中原区人民法院提供

中原区信访局

省信访局副局长周永华查看新建成的中原区矛盾纠纷排查调解处理中心

市委常委、组织部长高建慧到中原区接待上访群众

区委书记赵书贤接待上访群众

区长王东亮主持召开信访工作党政联席会

中原区矛盾纠纷排查调解处理中心揭牌庆典

本版照片由中原区信访局提供

中原区工业和信息化局

区委书记赵书贤到区工业和信息化局调研

领导班子学习

工业经济部署会议

下企业调研

党员挂牌上岗

企业职工运动会

局机关支部学习

荣获2011年度中原区综合工作银杯

检查企业安全生产

组织企业支部学习

为破产企业职工发放安置费

慰问困难职工

本版照片由中原区工业和信息化局提供

中原区科学技术局

市科技局局长苗晋琦到河南中茂养殖有限公司调研

市地震局书记高峰带队验收辖区防震减灾科普示范学校

副区长成小波视察“科技活动周”建设路活动

市轻工业学院教授崔光照为辖区企业经理作科技创新专题报告

学生在科技大篷车进校园活动中进行科普实验

科技下乡到西流湖街道办事处

宣传低碳生活常识

本版照片由中原区科学技术局提供

中原区安全生产监督管理局

时任市委常委、副市长王跃华到中原区进行国庆节前安全检查

区委书记赵书贤到区安全生产监督管理局调研

区长王东亮到须水街道存在安全隐患的企业调研

中原区全民安全教育日活动现场

组织相邻企业签订安全生产联保协议

召开中原区安全隐患大排查业务培训会

举办全区安监系统安全生产业务知识培训

安全生产文化长廊

危险化学品泄露事故应急演练

对非法储存危险化学品企业开展联合执法

本版照片由中原区安全生产监督管理局提供

中原区人口和计划生育委员会

省政协副主席、省人口计生委主任高体健，副市长刘东到中原区人口和家庭教育培训中心调研

省人口计生委宣教处处长王杰英到中原区调研人口计生工作

市人口计生委主任王清芬调研中原区人口计生工作

召开流动人口“新市民 好房东”表彰会

发放独生子女父母奖励费

开展计生关爱老人服务活动

省计生委药具站站长杨彦娣、书记张陆军到中原区调研药具工作

全省人口早期教育发展工作会议在中原区召开

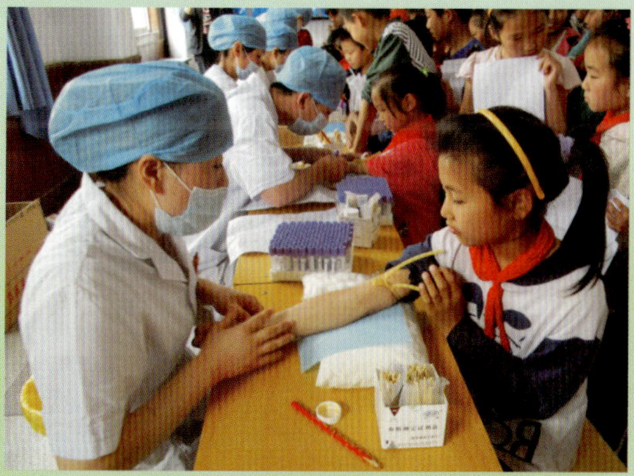

六一前夕，组织医院为流动儿童免费健康检查

家庭大学早教班进社区活动

关口前移，在民政局新婚登记现场为新婚夫妇免费发放计生大礼包

一年一度婴幼儿早期教育工作汇报暨新年联欢会

举办“关爱夕阳老人构建和谐计生”宣传活动，表彰计划生育模范

本版照片由中原区人口和计划生育委员会提供

中原区城市管理执法局

区委书记赵书贤到区城市管理执法局调研

区长王东亮到区城市管理执法局调研

中原区召开环卫工作总结表彰大会

帮扶新世纪社区

区长王东亮察看整治门户小道活动

区政协领导视察防汛工作

区城市管理执法局召开“七一”表彰大会

区城市管理执法局举办读书活动

本版照片由中原区城市管理执法局提供

中原区档案局

郑州市档案局局长徐宏杰调研须水街道办事处档案工作

郑州市档案局领导对须水街道办事处档案规范化认证

郑州市档案局局长徐宏杰到区档案局调研

平顶山市档案局人员到区档案局参观考察

召开全区档案员培训会议

区档案局工作人员业务考核

开展档案行政执法检查

召开“郑州都市区专题档案建设”暨《中原图志》文献资料征集工作会议

社区档案规范化认证

本版照片由中原区档案局提供

共青团中原区委员会

团省委副书记孙巍峰到中原区实地调研少先队工作

“文明创建·志愿先行”志愿服务活动启动仪式

团中央城市部社区工作处副处长李亦阳到中原区建设路街道和协作路社区调研城市街道团的组织格局创新工作

河南省“红领巾心向党”新老队员交流分享主题队会在中原区召开

中原区18岁成人仪式暨“成人纪念林”植树活动

“温暖冬天 爱心大动员”捐赠活动

“弘扬雷锋精神 争当四好少年”主题队日活动

“畅行中原·团青在行动”志愿服务活动

“爱心课堂进社区”暑期社会实践活动

“喜迎建队62周年”少先队辅导员聘任大会

向在风雪中执勤的交警送去保暖护具

希望工程“一诺爱心”助学卡发放仪式

本版照片由共青团中原区委员会提供

中原区妇女联合会

省妇儿工委领导到中原区督导妇女儿童发展规划工作

市、区领导亲自把特色文明家庭荣誉证书送到群众家中

开展“家庭创文明 扬美德”集中宣传活动

召开村级换届女干部工作推进会

市社科联副主席窦志力到中原区调研文明家庭创建工作

六一前夕，区领导慰问少年儿童

加强农村女干部能力建设

开展“畅行中原，志愿者在行动”服务活动

召开“千户万名”特色文明家庭暨文明市民表彰大会

举行“关爱青少年家庭上网健康小卫士”捐赠活动

本版照片由中原区妇女联合会提供

中原区科学技术协会

副市长马健到中原区调研科普工作

副市长马健观看学生们珠心算表演

市科协领导参加中原区社区科普大学示范点建设推进会

区长王东亮在“全国科普日”集中宣传活动现场

工农路社区科普美食大讲堂开课

本版照片由中原区科学技术协会提供

须水街道办事处

区长王东亮慰问家居CBD项目须水普查工作人员

市农委纪检书记张玉民到办事处检查换届选举工作

举行揭牌仪式

举行“双拥”工作座谈会

召开“七一”表彰会

召开换届选举工作动员会

举办消防讲座

组织捐款

召开集中取缔黑网吧专项治理动员会

工作人员骑自行车下村

发放残疾证

举办诗歌朗诵比赛

本版照片由须水街道办事处提供

中原西路街道办事处

省委常委、市委书记吴天君到中原西路街道调研城市建设工作

罗庄城中村改造项目安置区奠基

区委书记赵书贤到中原西路街道办事处调研

区人大常委会主任贾成义实地查看罗庄村安置区施工情况

区人大常委会主任贾成义到洛达庙村调研

区委常委、纪委书记高天翼到绿都物业调研

街道党工委书记王伟宏向市区领导汇报街道工作

中原西路街道与市建委群众工作队对接

本版照片由中原西路街道办事处提供

桐柏路街道办事处

2011年11月10日，全国总工会副主席、书记处第一书记王玉普到桐柏路街道办事处调研

时任市委常委、组织部长姚待献到桐柏路街道调研

市政协视察团到桐柏路街道城开社区视察

区长王东亮到桐柏路街道调研防汛工作

区长王东亮到桐柏路街道调研三类社区改造

召开跨越式发展动员会

党员读书活动

唱响和谐之声

本版照片由桐柏路街道办事处提供

绿东村街道办事处

区人大常委会主任贾成义到绿东村街道视察社区便利店

时任区政协主席乔秀花到绿东村街道视察社区建设

区委常委、组织部长李长义到绿东村街道检查社区建设

八一慰问

组织党员到延安学习延安精神

七一表彰

举办建党90周年红歌比赛

本版照片由绿东村街道办事处提供

棉纺路街道办事处

区长王东亮到棉纺路街道调研三类居民区改造情况

召开创建文明城市工作点评会

区委常委、宣传部长吴铁路到三棉农贸市场调研

时任街道党工委书记崔浩、办事处主任霍小庆慰问困难群众

时任街道党工委书记崔浩慰问环卫工人

棉纺路街道召开竞争上岗大会

群众广场文化活动

2012年元旦趣味运动会

2012年棉纺路街道团拜会

选民投票选举区人大代表

本版照片由棉纺路街道办事处提供

三官庙街道办事处

时任省委常委、市委书记连维良到保利百合花园工地调研

区委书记赵书贤到三官庙街道办事处调研

市安全生产监督管理局副局长徐志忠到郑煤机社区检查安全和谐型社区创建情况

区委政法委书记王正轩到郑上路社区督导检查创文工作

区委常委、组织部长李长义到三官庙街道调研

区人大常委会副主任何进平带队到三官庙街道视察创文工作

区委组织部检查组到三官庙街道检查党的基层组织建设工作

河南省体育彩票管理中心郑州西区分中心举行盛大的乔迁庆典

本版照片由三官庙街道办事处提供

秦岭路街道办事处

区委书记赵书贤到秦岭路街道办事处调研

区长王东亮到秦岭路街道调研

引进北京王府井百货大楼项目

区委常委、组织部长李长义到秦岭路街道办事处调研

举办新春联欢会

老年宣传队秋冬季节宣传

开展文明交通志愿者宣传活动

夏季红衫军打扫社区卫生

繁荣的辖区市场

组织辖区学生安全演练

开展关爱青少年健康 争做绿色小卫士活动

开展社区文化活动

本版照片由秦岭路街道办事处提供

汝河路街道办事处

市人大常委会主任白红战到汝河路街道视察“两店”建设

时任市委常委、组织部长姚待献到汝河路街道检查“五小”工作

区委书记赵书贤到汝河路街道办事处调研

区人大常委会主任贾成义到汝河路街道办事处调研

区委常委、组织部长李长义到下访工作联系点市委社区走访指导工作

欧利电子经理王宾在英国贸易投资署考察团投资贸易洽谈会上与英国皇家特许公司高级主管John lane交流洽谈

招商引资项目签约

本版照片由汝河路街道办事处提供

郑州市食品药品监督管理局中原分局

省食品药品监督管理局巡视员吴希悦到郑州一中食堂视察

省食品药品监督管理局检查组到中原区检查创建餐饮服务食品安全示范区工作

市食品药品监督管理局局长李新章到协作路社区调研网格化管理工作

执法人员在湖光苑小区一居民楼内查获无证经营疫苗窝点现场

执法人员在李岗村查获案值2000余万元的造假窝点现场

工作人员在绿城广场开展药品安全宣传

荣获郑州市2011年度食品药品监督管理工作先进集体

全体干部职工

本版照片由郑州市食品药品监督管理局中原分局提供

建设路派出所

公安部“两个专项治理”督导组到建设路派出所检查督导工作

大年初一，所长何汝伟慰问值班民警

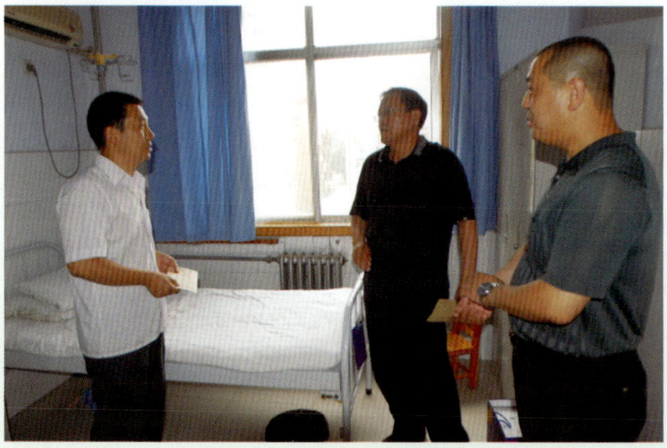

副所长付顺利看望因公负伤民警

区人大代表到建设路派出所视察

春节前夕，派出所领导慰问老干部

高考保卫

召开打击“双抢”暨“清网”行动动员大会

召开“四严一创”“两打一清”百日行动动员会

焰火晚会安全保卫

纪律作风整顿

本版照片由建设路派出所提供

郑州纺织产业园 >>

省委常委、市委书记吴天君到娅丽达服饰调研

省委常委、市委书记吴天君参观纺织服装产业园规划沙盘

省环保局副局长宋丽英在郑州纺织服装产业园参观沙盘

淇县党政考察团莅临郑州纺织服装产业园考察

无纺布基地集体签约

本版照片由郑州纺织产业园提供

【储汇业务】 2011年，区邮政局认真贯彻落实省、市局工作会议精神，以“一个中心，四项重点”为原则，通过抓培训、抓网点、抓服务、抓客户，认真开展储蓄业务竞赛活动，推动了储蓄业务稳步发展，经济效益稳步提升。全年实现储汇收入2147.17万元，收入规模位列区局第一位，完成全年计划的107%。（郑　富）

【代理保险】 2011年，区邮政局实现业务收入602万元，业务发展在市区邮政局中处于领先位次。加强区邮政局与网点专柜人员的沟通交流，及时转变经营思路，合理调整业务收入结构，加大了期交业务的营销力度，实现了代理保险专业的稳步快速发展，也为金融类板块业务的整体推进打下了基础。（郑　富）

【函件业务】 2011年，区邮政局实现函件收入316.78万元，在各项重点工作中强化正面引导，发挥宣传导向作用，及时通报全区和区局的发展情况进度，对好的做法、好的模式及时表扬和推介，营造了争先恐后的发展态势。（郑　富）

【电子商务业务】 2011年，区邮政局着力抓好储蓄短信业务。一是做好宣传，从媒体上收集文字信息，利用窗口资源优势，面对面向用户讲解短信功能和安全保护客户的真实案例，有效提高了短信的市场影响力和用户使用率。二是以政策激励员工的积极性，每月对短信的发展业绩进行公布，形成了你追我赶的发展格局。三是利用活动把短信发展推向高潮，每季度开展短信业务竞赛，各网点选拔一名优秀营业员作为储蓄短信负责人，及时通报进度，建立了旬会、月会制度，强化交流，传授发展经验，共享发展成果，同时在营业员之间开展了“短信之星”评选活动。（郑　富）

【分销物流业务】 2011年，区邮政局在思乡月营销活动中，统一思想、统一认识，精心组织、周密安排，加强组织和管理，始终树立打好“思乡月”营销战役的信心和决心。充分发挥能人效应，及时通报进度，通过个性带动整体的督促营销进度的方式，鼓励全体员工在有效的时间内抓住机遇，创造更多的价值。（郑　富）

【包裹业务】 2011年，区邮政局在校园包裹揽收活动中，及早着手与辖区院校的沟通，得到校方的大力支持，掌握学生离校的时间，加大宣传，在学生出入频繁的餐厅、宿舍等地悬挂宣传条幅，张贴通知，告知邮政服务时间。优质、高效的服务得到了院校师生的好评。（郑　富）

【经营管理】 2011年，区邮政局坚持发展与管理并重，落实各项规章制度、规范作业流程、实施量化考核、压缩成本费用，使企业发展更加科学规范。年初，结合区邮政局工作实际，制定了《中原区通讯费用管理办法》《中原区局通信质量、服务质量检查奖励处罚标准》和《一、二季度重点业务职工营销考核办法》等规章制度，抓好规章制度的落实，在企业内养成人人遵章守纪的良好习惯，职工素养明显提高。

在安全生产管理工作中，认真贯彻“预防为主、安全第一”的方针，强化“安全问题无小事”的理念，严格按照安全生产管理制度严抓落实，对安全设施勤检查，发现问题及时上报市邮政局处理，不留隐患，杜绝各类事故的发生，为企业创造了安定的发展环境。（郑　富）

通　信

【移动通信】 2011年，移动公司以“追求客户满意服务”为企业宗旨，不断完善社会服务体系，电子渠道实现了足不出户网上业务办理，自助服务尽显客户自我需求。加快家庭客户规模拓展，提升活跃家庭产品普及率。深入贯彻“客户为根，服务为本”的服务理念，强化协同管理，狠抓短板，窗口服务营销效率得到提升，营业厅排队等候超时率降至3.31%，营业厅电子渠道正常缴费比例达到99.13%。着力提升现场管理驱动能力、运营支撑能力、人员服务能力，窗口服务质量关键点的闭环管理机制更加完善，整体服务水平得到提升。以“一个降低、两个提升”为目标，优化投诉处理机制，深入推进投诉透明化管理，投诉处理能力得到增强，客户满意度提升。（郑　富）

【联通通信】 2011年，联通公司针对上网需求灵活的用户，推出了“宽带手机一号通”业务。手机号码即是宽带账号，用户可享受合账缴费，宽带按天计费，短信开通、报停宽带等优惠服务。网上营业厅实现了足不出户网上业务办理，自助服务方便快捷，体验互动式销售更新了营销方式，满足了客户需求。（郑　富）

城乡建设与管理

城乡规划

【概述】 2011年，中原区城乡规划工作以郑州都市区建设为载体，按照"提速度、破瓶颈、抓统筹、上档次"的要求，重点项目积极推进，城中村改造顺利推行，全年完成11个项目规划手续，审批总建筑面积335705.31平方米。（李广海）

【城中村改造顺利推进】 中原区纳入城中村改造共计21个村庄，2011年已完成朱屯、罗庄、周新庄、白庄等10个村的控制性详细规划工作；正在组织编制控制性详细规划的有后牛庄、牛砦、旭奋王等13个村；进行过专家评审会的有林山寨、郭庄、闫庄等11个村。完成了三官庙、罗庄、周新庄的控制性详细规划方案与修建性详细规划方案的公示。"合村并城"工作按照市局要求，已上报具有条件的桐树王和三王庄两个村作为试点。（李广海）

【重点项目推进】 2011年，中国家居CBD郑州产业园、纺织产业园、罗蒙、机械加工园、锦艺国际轻纺城等项目规划工作顺利进行，须水镇总体规划方案、中国家居CBD控制性详细规划方案、罗蒙服装控制性详细规划方案于4月25日进行公示，于5月30日通过了专家评审。规划分局为省、市重点项目落地提供服务保障工作，派出专人参加市政府成立的郑州家居CBD、罗蒙服装企业首席服务官小组。积极配合市局用地处，完成了2011—2015年郑州市保障性住房用地规划工作，为郑州市保障性住房项目落地提供规划依据。（李广海）

【日常建筑项目审批】 根据市委、市政府要求，支持帮扶破产企业化工厂补办建设工程规划许可证，已于4月13日审批完结。全年分局审批各类建筑项目总面积335705.31平方米。（李广海）

【郑州宜居商贸城选址规划专家论证会】 2011年2月22日，郑州宜居商贸城选址规划专家论证会在杜康大酒店召开。会议邀请省内5位规划、交通、市政等专业方面知名专家组成论证委员会。河南省住房建设厅副巡视员郭凤春任论证会主任委员，中原区、管城区、惠济区政府，市规划局总师办、交通处、市政处等相关单位参加。会议听取河南省城市规划设计研究院的方案汇报，与会人员发表意见和建议，专家进行认真评议，原则同意规划设计单位提出的须水宜居商贸城为优先方案，南曹、毛庄宜居商贸城为备选方案。同时提出对方案进一步修改完善的建议。（李广海）

【三官庙城中村改造控规】 2011年4月8日下午，三官庙城中村改造控制性详细规划方案专家评审会在嵩山饭店召开。会议由省内5位规划、建筑方面知名专家组成评审委员会，河南省住房和城乡建设厅村镇处调研员许述礼任主任委员，中原区政府、区城中村改造办公室、区三官庙街道办事处，市规划局各业务处室和中原区规划分局等相关单位和部门参加。会议听取了郑州市规划勘测设计研究院方案汇报，与会人员发表了意见和建议，评审委员会进行了认真评议。评审委员会原则通过该规划方案，同时提出对方案进一步修改完善的建议。郑州市人民政府于2011年8月31日对三官庙城中村改造控制性详细规划予以批复。（李广海）

【后河芦和闫垌城中村改造控规】 2011年5月5日，后河芦、闫垌村城中村改造控制性详细规划专家评审会在市城乡规划局3楼会议室召开。会议由省内5位规划、建筑方面知名专家组成评审委员会，河南省住房和城乡建设厅村镇处调研员许述礼任主任委员，中原区政府、区城中村改造办公室，市规划局各业务处室和中原区规划分局等相关单位和部门参加。会议听取了上海复旦规划建筑设计研究院的方案汇报，与会人员发表了意见和建议，评审委员会进行了认真评议。评审委员会原则通过该规划方案，同时提出对方案进一步修改完善的建议。（李广海）

【须水镇小城镇总体规划(2011—2020)】 2011年5月30日，须水镇小城镇总体规划(2011—2020)、西四环以西陇海路以北片区控制性详细规划(中国家居CBD郑州产业园)、中原西路以北常州路以西地块控制性详细规划(罗蒙服饰企业)方案评审会在嵩阳饭店12楼会议室召开。会议由省内5位规划、建筑方面知名专家组成评审委员会，河南省住房和城乡建设厅村镇处调研员许述礼任主任委员。市城乡规划局、市发改委、市国土资源局、市水利局、市环保局、市供电公司、中原区政府及区直相关单位参加。会议听取河南省城乡规划设计研究总院有限公司编制的《郑州市中原区须水镇总体规划》(2011—2020)方案汇报,与会单位和部门发表了意见和建议,评审委员会进行了认真评议,一致认为中原区须水镇总体规划及两个控制性详细规划方案资料翔实,功能布局符合实际,符合郑州市对中原区经济社会发展的战略要求。同时提出对方案进一步修改完善的建议。

郑州市人民政府于 2011 年 11 月 5 日对西四环以西陇海路以北(中国家居 CBD 郑州产业园)、中原西路以北常州路以西(罗蒙服饰企业)地块两个项目控制性详细规划予以批复。

郑州市人民政府于 2011 年 11 月 6 日对须水镇小城镇总体规划(2011—2020)方案予以批复。

(李广海)

【北陈五寨城中村改造控规】 2011 年 10 月 25 日,北陈五寨村城中村改造控制性详细规划方案评审会在杜康大酒店召开。会议由省内 5 位规划、建筑方面知名专家组成评审委员会。河南省建筑设计院总建筑师杨武任主任委员,郑州市联审联批会的相关政府单位、中原区政府、市城乡规划局有关业务处室及中原区规划分局等相关单位和部门参加。会议听取了郑州市环境艺术规划设计研究院方案汇报,与会人员发表了意见和建议,评审委员会进行了认真评议。评审委员会原则通过该规划方案,同时提出对方案进一步修改完善的建议。

(李广海)

【西流湖扩展区控规】 2011 年 9 月 16 日,西流湖扩展区控制性详细规划通过市政府联审联批会。原则通过该规划方案,同时提出对方案进一步修改完善的建议。(李广海)

城乡建设

【概述】 2011 年,中原区城乡建设工作围绕建设“中原宜居商贸城”的发展思路,认真编制城市规划设计,加强建筑工地安全生产监管,加大违法建设整治,为郑州市创建全国文明城市和城市管理提升作出了贡献。

(杜映姿)

【规划设计工作】 随着西区城市定位的变化,原《郑州市中原区须水镇总体规划》(2009—2020)需重新编制。委托河南省城乡规划设计研究总院编制的《郑州市中原区须水镇总体规划》(2011—2020)于 2011 年 5 月 30 日通过专家评审会审核,11 月 5 日郑州市政府正式批复同意。

中原区村镇体系规划根据调整后的《郑州市中原区须水镇总体规划》正在进一步完善。

中原区西四环控制性规划及西四环沿线城市设计规划,于 2010 年 12 月 23 日与中国建筑集团签订编制规划合同,2011 年 8 月方案基本完成。

次中心城市设计规划的编制。根据市委、市政府工作安排,中原区确定新行政综合服务中心,规划占地面积约 4 平方公里。截至年底,正在进行规划编制设计。

(杜映姿)

【整治违法建设】 一是把握重点,明确目标。巡查重点有三个,第一是新增违法用地违法建设行为;第二是宅基地上超盖行为(三层以上);第三是厂、院扩建、改建行为。二是畅通渠道,落实责任。坚持信息“日报告”制度,每日巡查情况及时上报区政府督查室、区违法用地违法建设联席办等部门。三是加强配合,形成合力。加强同市建委、区直各部门及镇(街道)的沟通协调。协调市建委对中原区违法用地项目施工单位的资质及施工许可证予以暂停或注销;对各镇(街道)在查处违法用地、违法建设工作中出现的问题及时督查指导,使问题得到及时、妥善的处理。

全年出动车辆 150 余台次,完成对我区 46 个行政村的违法建设的巡查、制止和处置工作。配合区违法建设整治指挥部完成督查辖区违法建设 20 余起,做到及时发现、及时制止、及时报送。

(杜映姿)

【清理拖欠工程款及民工工资】 2011 年 9 月,区政府调整了区清理拖欠工程款工作领导小组成员。全年受理区信访局交办和投诉拖欠工程款及农民工工资案件 5 起,解决拖欠工程款及农民工工资

500余万元。1月8日,河南正商铭钻工地发生农民工围堵售房部讨要工资事件,1月17日发生中原新城施工负责人带领200人讨要工资事件,均得到妥善解决。（杜映姿）

【监管建筑工地安全生产】 2011年,区城乡建设局根据季节特点,有针对性地加强本辖区建筑工地的安全生产工作。

一是及时应对辖区上半年连续出现的“1·20”“3·15”“3·27”“4·10”“4·11”等一系列安全事故。根据区委、区政府要求,相继下发《中原区城乡建设局关于在“一节两会”期间开展建筑工地环境卫生安全生产集中整治活动的通知》《中原区城乡建设局关于做好春节后建筑工地复工安全生产、消防安全及食品卫生安全工作的通知》《转发郑州市城乡建设委员会关于“3·11”广厦城市之巅工地火灾事故通报和继续深入开展建筑施工消防安全大检查的紧急通知》《中原区城乡建设局关于加强建设工程消防安全工作的紧急通知》等文件,向各相关单位部署检查方式、检查重点和检查要求,全面动员全方位的自查活动。要求各工地安装阻燃密目网等先进生产材料,规范操作,11月所有建筑工地完成安装;组织全面巡查,督促各工地应知尽知,应做必做。

二是未雨绸缪,澄清底数。建立中原区高层建筑基本信息台账,为预防高层建筑重大安全事故打下了坚实基础。坚持“预防为主、防治结合、综合治理、确保安全”的方针,开展集体土地上房屋安全隐患排查治理工作,共排查出辖区内集体土地上所有房屋以及集体土地上公共场所各类安全隐患200余处,并要求各街道办事处对存在安全隐患的房屋及时采取排险解危措施,确保不发生房屋使用安全事故,切实保障人民群众生命财产安全。

三是迅速行动,积极应对,认真做好汛期建筑工地各项安全隐患排查整治工作。

四是特事特办,迅速完成各级督办案件。建设路以北、秦岭路以西集体土地上的建筑工地安全隐患,一个月内整改到位。同市建委安监站和建设路街道人员对华亚广场存在电梯无防护等安全隐患进行了排查整治。

五是强化宣传,提高群众安全生产意识。6月12日在五一公园开展“安全生产月”全民教育日活动,制作安全生产宣传展板4块,宣传条幅2条,向市民发放各类安全生产教育材料600余份。

（杜映姿）

【汛期建筑工地安全工作】 一是针对9月份的连续降雨,出现多处基坑坍塌事故的情况,连续下发了《关于做好建筑工地防汛和地质灾害防治工作的紧急通知》《关于迅速开展在建、停建工程建筑基坑隐患排查工作的紧急通知》等文件,要求各街道办事处、两个园区等相关单位根据各自职责,按照归口管理、属地管理的原则,积极协调各建设、监理、施工单位,加强对深基坑开挖、塔吊等大型机械设备、脚手架及高大模板等重点部位和环节的监控,及时发现隐患,及时排除隐患,确保各项安全措施落到实处,防止安全事故的发生。二是对全区15处建筑工地实行领导分包制,由社区、街道办事处、副县级领导进行分包,做到层层分包、责任到人,保证建筑工地基坑隐患能够早发现、早上报、早处理。三是要求所有工作人员熟悉建筑工地防汛应急预案,做到遇有突发事件心中有数,及时妥善应对。四是严格执行24小时城市防汛值班制度,严禁空岗。雨天,科级领导要在单位待命,应急队员保持24小时通信联络畅通,确保随叫随到。五是组建防汛应急队伍,配备足够数量的雨具、铁锹、编织袋等防汛物资,指定抢险应急车辆,保证应急队伍关键时刻拉得出、冲得上,及时有效地参与抢险救灾。六是加强信息报送。雨情、险情发生后,根据上级部门和领导要求,及时进行调度,传达指令,并做好值班记录,接听和受理群众求助电话,遇有防汛紧急或重大事件,及时搞好汇报、请示,做好建筑工地信息的报告。（杜映姿）

【建筑能耗统计】 2011年,区城乡建设局完成对辖区内各类建筑能耗数据的统计、审核、录入、汇总和上报工作。其中国家机关办公建筑36栋,共27.56万平方米;大型公共建筑30栋,共53.41万平方米。（杜映姿）

【墙材革新和推广】 2011年,区城乡建设局以“禁实”为中心,扎实开展墙材革新工作,有效促进了新型墙材在中原区的快速推广。全年在22个行政村、32个自然村加强“黏土砖”的宣传、巡查和治理，使全区的“禁实”工作取得了扎实成效。

（杜映姿）

【排查停缓建工程】 2011年2月，根据市建委下发的《关于对郑州市内停缓建工程全面摸底排查工作的通知》要求，区城乡建设局组织人员深入工程现场了解工程现状，共排查出停缓建工程3项，分别是烟草专卖局科技培训楼、中原西路48号院综合楼、卧龙花园小区。截至年底，3项工程均已按照区政府“烂尾楼”专项治理工作实施方案稳步推进。其中，中原西路48号院综合楼改建的金色维也纳国际酒店项目即将完工并拟投入使用。

（杜映姿）

【建筑工地创文工作】 2011年，中原区在郑州创建全国文明城市工作中，成立由区城乡建设局牵头、25个单位组成的区建筑工地整治指挥部。通过加强领导、明确目标、责任到人、狠抓落实、强力宣传、加大督查，切实抓好创文建筑工地整治工作。

一是澄清底数，打好基础。通过认真摸排，全区有在建工地63个，按土地性质划分，其中国有土地性质的建筑工地42个、集体土地性质的建筑工地21个。

二是强化领导，强力推进。区建筑工地整治指挥部建立每日一督查、每周一评比、每半月一例会、每月一小结、创文结束后总结表彰的激励机制，针对整治工作中存在的突出问题，专题研究解决措施，强力推进建筑工地整治。截至创文结束，共召开工作例会5次、ZZIC转办件工程款计量纠纷专题协调会1次。

三是强化宣传，营造氛围。对辖区所有建筑工地创文公益广告宣传工作进行督查，对存在空白围挡、创文广告破损、宣传板档次较低等问题的建筑工地和相关街道办事处下达整改通知，并对整改情况进行跟踪督办，直至整改完毕，全区各建筑工地和相关单位共制作创文宣传标语95条，公益广告15块。指挥部成员单位积极上报信息简报49条，区建筑工地整治指挥部累计整理、编发简报30期。

四是明确标准，落实责任。区建筑工地整治指挥部按照创文要求，从文明施工和安全生产两个方面制定了详细的建筑工地整治标准和考核评分表，要求各街道办事处按照属地管理原则，根据整治标准严格督促各自辖区建筑工地进行整改，每周将经单位主要领导签字和加盖单位公章的考核评分表上报区建筑工地整治指挥部。

五是强化巡查，加强督查。区建筑工地整治指挥部成立督导组，每天到建筑工地检查、督促。发现问题要求施工单位立即整改，现场不能整改到位的，向相关街道办事处和主管部门下达督办通知，建立整治台账，倒排整治工期，进行挂牌督办，整治不到位决不罢休，整治到位再销号。累计发现存在问题200余处，下达督办通知39份。

通过集中整治，截至创文结束，辖区所有建筑工地在安全生产、文明施工、围挡设置、创文公益广告宣传、材料堆放、工人宿舍管理等方面都取得了明显成效，建筑工地安全施工、文明施工意识深入人心。

（杜映姿）

【建设工地整治提升】 加强区建设工地整治工作的长效管理，2011年9月区政府将建设工地整治指挥部明确为常设机构。相继制定下发了《关于切实做好省九次党代会期间建设领域信访稳定及安全生产隐患排查工作的通知》《关于迅速开展省九次党代会期间建设领域安全生产隐患大排查工作的紧急通知》，要求并将全局人员分成两组，重点排查建筑物基坑是否存在坍塌、沉陷等隐患；电梯、配电房是否存在浸水、漏电等隐患；大型户外广告等外观装饰物安装是否牢固，是否存在掉落的隐患；以及是否存在其他安全隐患情况。

配合市建委对阳光景院、敞福中原二期、凯田花园、聚龙花园、锦艺·国际华都、惠众嘉园等国有土地上的建筑工地，以及长城公司、海森公司等秦岭路沿线城中村改造等区管集体土地上的20余处工地进行了排查，整改安全隐患54处。

根据市政府的要求，实行区各级领导包干督办制度。区政府一把手向市委、市政府递交了深基坑安全管理承诺书；各产业园区管委会、各街道办事处主要领导向区委、区政府主要领导递交了深基坑安全管理承诺书；区副县级以上领导根据2011年分包联系点精神，向区委、区政府主要领导递交了深基坑安全管理承诺书；各建设责任主体向区副县级以上包干督办领导递交了深基坑安全管理承诺书，全区的深基坑安全管理工作真正形成分级负责、层层抓落实的局面。截至2011年11月底，辖区所有建设工地已全部根据要求采用市建委指定的阻燃密目网，路面硬化和除尘、除泥设施的配备使用率有所提高，安全和消防隐患也得到了有效整治。 （杜映姿）

【整治庸懒散现象】 2011年，区城乡建设局根据市委书记连维良的批示和《武汉不容庸懒散》的经验做法，整治队伍中的庸懒散现象。治“庸”，强化学习，着力提高工作能力，理清工作思路，完善绩效考核机制，切实解决作风飘浮。治“懒”，加大管理力度，强力整治工作不实行为，明确工作职责，严格落实首问责任制度；按时、按质完成上级部门下达的各项工作任务。治“散”，严格请销假制度、值班及出行公示制度，班子成员及各科室负责人必须保持24小时通信畅通。 （杜映姿）

房屋征收补偿

【概述】 2011年，中原区城市房屋征收与补偿工作以服务市区重点项目建设为中心，加强班子建设和队伍建设，狠抓房屋征收补偿、安全生产和信访稳定工作，为中原区建设宜居商贸城区作出了应有贡献。 （袁亚杰）

【机构改革】 为规范国有土地上房屋征收与补偿的行政行为，强化征收力量，中原区委、区政府多次召开会议对房屋征收工作进行研究，于2011年9月19日，由中原区机构编制委员会下文，将郑州市中原区人民政府城市建设拆迁办公室更名为郑州市中原区城市房屋征收与补偿办公室（简称区征收办）。

主要职责：受区政府委托，组织实施本行政区域内国有土地上房屋征收与补偿工作；负责国家房屋征收与补偿法律法规和政策贯彻执行工作，草拟并报请本区实施房屋征收与补偿的规范性文件；负责编制全区房屋征收计划，拟定补偿方案；负责房屋征收的法律、法规及政策的宣传、解释咨询工作；负责辖区具备资质的房屋征收实施单位的监督、协调工作；负责处理辖区拆迁遗留问题及涉及信访户的稳定工作；负责辖区房屋征收及委托的实施机构及其人员的监督管理工作；拟定辖区房屋征收决定公告，报区政府发布；组织辖区房屋征收调查，订立补偿协议；负责组织房屋征收区域内被征收房屋评估工作；负责全区房屋征收补偿资金的管理使用工作；受区政府委托，负责本区房屋征收行政复议和行政应诉及申请法院强制执行工作；负责辖区房屋征收与补偿数据信息统计和档案资料管理工作；承办区委、区政府交办的其他事项。

【国有土地房屋征收工作】 2011年，区征收办按照新实施的《国有土地上房屋征收与补偿条例》和征收程序，重点开展了中原文化广场建设项目。9月20日，该项目经中原区十四届人大常委会第四十次会议审核通过，列入旧城区棚户区改造年度征收计划。中原区发展和改革统计局立项批复项目名称为中原文化广场建设项目。郑州市城乡规划局、郑州市国土资源局回复同意实施该项目，并出具意见函。中原区人民政府成立中原文化广场项目协调指挥部，协调该项目房屋征收各项工作。

中原文化广场项目位于中原西路南、桐柏路西、洛河路北，总占地面积约64亩，分期实施，一期占地面积约30亩。9月27日，中原文化广场项目协调指挥部向区征收办提出申请，并提交发改、规划、国土部门出具的相关意见函。区征收办将相关资料上报市征收办，经审核，中原文化广场项目相关手续完备，符合《国有土地上房屋征收与补偿条例》的相关规定。9月底，区征收办在辖区办事处等相关部门的配合下，对规划区域内的被征收房屋进行入户摸底调查，93.4%的被征收人同意改造。区征收办制定了《郑州市中原区旧城区改建项目（中原文化广场）房屋征收补偿方案》，并对方案进行了为期30天的公示。11月9日、10日组织二砂、中原影剧院家属楼、饮食公司、市委宣传部家属楼的被征收人代表召开了4次座谈会，认真听取所反映的问题并进行详细解答。针对群众提出的问题和市征收办的指示精神，区征收办对补偿方案进行了进一步的修改和完善并及时报送市征收办。同时，在项目中按照有关规定成立了信访稳定评估领导小组，对项目进行社会稳定风险评估。并在中原区政府网发出公告，公开招标评估机构，邀请房地产评估机构报名参加征收范围内房屋的评估工作。年底该项目所需征收资金正在核算中，征收和补偿工作正在严格按照程序稳步推进。（袁亚杰）

【轨道交通1号线工程】 2011年,区征收办高度重视群众反映的有关轨道建设所引发的相关问题,明确专人,专案专办,确保轨道建设项目在稳定的前提下有序开展。截至年底轨道交通1号线工程5个出站口征地及附属物拆迁工作已基本完成。凯旋路站、秦岭路站、西三环站、碧沙岗站的拆迁工作均已完成;桐柏路站摸底普查工作已完成,征收等相关手续正在办理中;凯旋路停车场普查工作已完成,征地拆迁补偿协议已签订,相关工作正在进行中。 (袁亚杰)

【航海路西三环立交桥工程】 航海路西三环立交桥工程是郑州市重点工程项目,涉及辖区国有土地住宅36户,非住宅单位3户,拆迁面积1万余平方米。区征收办按照区政府的安排,抽调专人对工程规划红线范围内的建筑物和附属物进行全面调查摸底,为动迁工作打下了良好的基础。 (袁亚杰)

【中国家居CBD郑州产业园项目】 中国家居CBD郑州产业园是中原区近年来投资规模、影响力和带动能力最大的一个项目,已列入省、市重点项目及市"十二五"规划,对中原区宜居商贸城建设及经济发展具有里程碑式的意义。

项目位于西四环与规划中的陇海西路西延工程交会处西北角,项目区占地面积约2700亩,安置区占地面积500亩,总建筑面积约356万平方米。共涉及4个行政村、9个自然村、12个村民组。12月13日,区征收办抽调11人分10组正式开展普查工作,年底圆满完成了普查工作,受到了区领导的一致好评。 (袁亚杰)

【南水北调项目普查】 南水北调工程是国家重点工程,占地面积280余亩,涉及村民300余户,需修建桥梁8座。区征收办按照指挥部的部署,抽调人员积极参与项目的普查工作,2011年底已完成5座桥梁的建设征地普查工作。 (袁亚杰)

【建设西路精品街综合整治项目】 2011年,建设西路精品街综合整治项目主要涉及被拆迁户的回迁安置、房屋所有权证办理等问题,红河置业有限公司承建的五龙口"秦岭花园"安置小区516套房屋已于年初安置完毕,产权证等相关手续正在完善中;啟福置业股份有限公司承建的长江路"啟福中华"安置小区328套房屋主体工程、装饰装修工程、绿化工程及各种配套工程已经完成施工建设,待物价部门核定房价和质量监督部门进行验收后,就具备交房条件。 (袁亚杰)

【培训学习】 2011年,区征收办一是将每周二下午定为全体工作人员集中业务学习时间,对全体干部职工进行法律政策、业务技能和思想政治等方面的培训。二是参加省建设厅4月在登封鹿鸣山庄组织的为期两天的《国有土地上房屋征收和补偿条例》专题学习。之后,由参学的业务骨干为单位全体干部职工进行了集中讲授。三是10月联合区委党校对工作人员进行为期两天的业务知识和技能培训。通过培训和学习,提升了全体工作人员的业务素养和理论水平,融会贯通地理解了新条例的立法精神,总揽全局地把握征收工作的新特点和新方法,为征收工作的顺利开展提供了及时、有力的理论武器。 (袁亚杰)

【宣传新条例】 2011年,区征收办对1月21日施行的《国有土地上房屋征收与补偿条例》进行了广泛的宣传。在政府网站设立专栏,在单位醒目位置设立宣传栏。在中原文化广场项目地,选取人群集中的街道,通过展出宣传展板、设立咨询处等形式,用通俗易懂、群众喜闻乐见的方式宣传,增加群众对新条例的知晓率,让居民了解政策,理解政策,支持征收,为顺利进行征收工作营造良好的舆论氛围。 (袁亚杰)

【党组织建设】 2011年,区征收办通过"真抓实干、勇争一流",全面加强班子建设和队伍建设。一是坚持以创先争优活动为契机,以党风廉政建设为抓手,通过签订《党风廉政建设责任书》、修订完善考核追究、岗位责任等制度,使干部职工在思想上筑起廉政防线,从根本上保证党风廉政建设责任制的落实。二是在创先争优活动和"五好党支部"的建设中,按照组织要求认真抓好领导班子建设。召开以"坚持以人为本执政为民理念,发扬密切联系群众优良作风"为主题的民主生活会,开展批评与自我批评。三是积极组织党员到革命圣地参观学习,重温誓词,进一步转变工作作风,加强干部职工的服务意识、宗旨意识,提升队伍整体素质。

（袁亚杰）

【信访稳定工作】 一是严格落实信访稳定工作领导责任制。设立信访科,配备专职信访人员,明确目标、强化责任、落实到人。二是坚持执行信访接待日制度。领导定期亲自接待群众来访,全年接待来访群众50余人次,来访案件均已协调化解或通过法律渠道解决。三是全面建立群众和信访工作风险评估及预警机制。通过开门接访、主动约访、带案下访等举措,及时排除不稳定因素。四是规范制度,建立信访台账。制定出行政复议和行政诉讼制度,引导群众走正当的途径,依法有序地表达自己的合理诉求,维护自身的合法权益。同时建立矛盾纠纷排查台账,发现问题及时化解。五是扑下身子,踏踏实实为群众解决实际问题。对于群众信访、上访提出的问题,区征收办分门别类,能当时答复和解决的就当时答复解决,短期内能解决的就力争早日解决,一时解决不了的积极协调抓紧解决。

（袁亚杰）

【安全生产工作】 一是成立安全生产工作领导小组,主要领导作为第一责任人,统一安排部署区征收办安全生产工作,单位、科室和个人层层签订《安全生产目标责任书》,强化安全生产责任意识,避免发生安全事故。二是构建制度化、规范化的安全生产长效机制。依据《安全生产法》和《河南省安全生产条例》,结合征收工作特点,制定了《事故隐患上报制度》《隐患排查宣教制度》《拆除现场管理办法》等一批安全生产规章制度。委托有资质的企业进行房屋拆除,建立安全生产长效机制。三是积极宣传安全知识及安全法律法规。深入房屋征收施工现场对施工人员进行安全生产文明施工教育,增强施工人员安全意识,对项目单位送达《拆除施工现场安全隐患建议书》,杜绝安全事故的发生。6月12日,参加区政府在五一公园广场举行的安全生产宣传咨询日活动,展出宣传展板及条幅,组织专人向过往群众发放生产、生活安全常识宣传页,弘扬安全文化,营造平安环境。

（袁亚杰）

南水北调

【概述】 2011年,中原区南水北调工作在区委、区政府的正确领导下,深入贯彻落实科学发展观,牢固树立“权为民所用、情为民所系、利为民所谋”的执政理念,遵循和谐拆迁、妥善安置的工作原则,以保障工程建设为中心要务,紧紧围绕南水北调征迁安置工作任务,多措并举,务实重干,保质保量地完成各项工作任务,为南水北调工程又好又快建设提供坚强的保障。

（李 超）

【建设用地移交】 2011年,区南水北调中线工程建设管理局按照上级部署,完成南水北调中原区段12座公路桥、7座生产桥建设用地移交任务。完成永久用地14.25亩(郑州2段桥梁引桥)土地移交工作;完成临时用地489.54亩的土地移交工作,其中桥梁建设用地150.16亩,弃渣场用地339.38亩。截至年底,中原区共完成南水北调中线工程建设永久用地移交3642.68亩、临时用地移交2813.17亩,合计6455.85亩。

（李 超）

【专业线路和管道迁建】 2011年,区南水北调中线工程建设管理局组织、协调郑州移动公司、郑州联通公司、郑州电信公司、河南有线网络集团郑州分公司、郑州供电公司等产权单位,完成影响南水北调工程施工的电力、通信、广电专业线路115条迁建任务,确保南水北调工程顺利施工;完成南水北调中原区段粉煤灰管道、9条污水管道、自来水管道迁建协调工作,为南水北调工程施工扫清障碍。

（李 超）

【干渠影响处理】 南水北调郑州Ⅰ段工程开工后,切断了辖区南水北调干渠两侧1500亩耕地灌溉用电、企业用电及居民生活用电系统,影响了部分农村正常的生产生活用电。

2011年,区南水北调工程管理局根据《南水北调黄河南－沙河南郑州Ⅰ段征迁安置实施规划报告》及省、市有关文件精神,积极协调郑州供电公司及有关村组,组织专业施工队伍,新架、迁移影响南水北调工程施工的变压器21台,新架10千伏线路5060米、380伏线路7812米,拆除低压线路

2500米,解决4个南水北调居民安置区的正常用电,顺利完成南水北调干渠建设低压线迁建工程,确保辖区农村稳定、农业生产不受因南水北调工程施工而影响供电系统的供电,为中原区农业生产丰收、农村居民生活稳定打下了坚实的基础。

（李　超）

【安置房建设】 2011年,中原区因南水北调工程所建渠线占压需要拆迁安置居民涉及11个村,需搬迁安置居民共计437户,总人数1689人,安置用地216.69亩。其中,集中安置的有6个村,分别是闫垌、段庄、冯湾、赵坡、三王庄、付庄,共计401户、1608人,安置用地203.47亩;分散安置的有5个村,分别是郭厂、李江沟、石羊寺、大李庄、须水,共计36户、81人,安置用地13.22亩。分散安置已经由所在村、组指定了安置区域。

2011年,南水北调居民安置房闫垌村和赵坡村提前建成,居民已经搬迁入住。段庄村第七组已经开工建设39户;冯湾村主体工程已经基本结束,收尾工作正有序进行;三王庄南安置区28户已经开始建设;付庄安置区18户建设已经基本完工,其余56户正在建设,主体结构基本完工。（李　超）

【配套工程前期工作】 南水北调配套工程是从总干渠分水口到自来水厂入口的输水工程,由输水管道、提水泵等部分组成,配套工程的用地包括永久用地和临时用地。郑州境内的南水北调供水配套工程线路长度约106公里,中原区境内长约9公里。

2011年10月10日,根据郑州市南水北调办公室安排,中原区南水北调中线工程建设管理局及西流湖街道办事处配合省水利设计公司、省水利勘探公司技术人员,对23号口门至常庄水库、柿园水厂、白庙水厂输水管线、泵站地上的附属物进行初步调查,为配套工程的开工奠定良好的基础。

（李　超）

【发放后期扶持资金】 中原区大中型水库农村移民人口涉及原须水镇、原航海西路街道、原中原西路街道3个镇(街道)的39个行政村,人口4582人,大中型水库24座。2011年实际发放后扶资金移民人口4528人。

根据《国务院关于完善大中型水库移民后期扶持政策的意见》和《河南省完善大中型水库移民后期扶持政策实施方案》等文件精神,贯彻落实上级有关政策,按时发放后扶资金。

按照省、市有关精神,按季度发放大中型水库移民后期扶持直补资金,每人每年600元。每个季度,区南水北调中线工程建设管理局在接到市“大中型水库移民后期扶持资金发放文件”通知后,7个工作日内把移民底册提供给邮政部门,并把发放情况反馈给市移民办。（李　超）

【后扶人口审核】 2011年,区南水北调中线工程建设管理局根据市移民办《关于认真开展2011年度大中型水库移民后期扶持人口年度审核工作及下达核定工作任务的通知》精神,于11月开展中原区2011年度大中型水库移民后扶人口年度审核工作。

组织、协调区西流湖、航海西路、中原西路、须水等有关街道办事处,周密部署、制定方案、落实责任,对已纳入移民后期扶持范围的农村移民,逐村、逐户、逐人进行复查审核,对自然减员、农转非、院校毕业已在城市就业、部队院校毕业提干和士兵转士官、被举报查实和打假治假的非移民、其他不符合扶持条件的非移民等六个方面的人口予以核减,核实大中型水库农村移民人口,确保移民后期扶持人口年度审核任务能够按时并高质量地完成。截至12月14日,中原区2011年度共核减大中型水库移民后扶人口28人,审核工作圆满结束。

（李　超）

【资金兑付和核销】 2011年,区南水北调中线工程建设管理局按照公开、公正、民主、透明的原则,严格贯彻落实干渠征迁和移民安置政策,切实把群众最关心的热点问题落到实处。在拆迁补偿资金兑付中,坚持公示制度,做到了“三要六不”:一要坚定地落实政策,不缩水、不隐瞒;二要完全地执行兑付程序,不增加、不减少;三要把补偿资金足额兑付给拆迁户,不克扣、不挪用,确保了兑付公平。截至11月底,中原区累计收到市拨移民征迁资金66016.09万元,累计支付64519.84万元,支付率达98%。在区、镇(街道)财务人员的共同努力下,中原区拨付的移民征迁资金核销率从年初的2%

提高到了54%，累计核销35573.9万元。

（李　超）

【施工环境维护】 2011年，中原区成立南水北调工程施工环境维护领导小组，切实做好南水北调施工环境维护工作。制定中原区南水北调施工环境维护快速处置工作机制和中原区南水北调施工环境维护应急预案，妥善处理因施工噪音、粉尘、爆破、降水、出行等因素，给群众生产生活造成影响的问题，消除“工扰民、民扰工”等隐患。坚决制止影响工程施工和居民安置的行为，严厉打击恶意扰乱施工秩序、无正当理由拒不执行征迁计划、敲诈阻挠施工等影响工程建设和居民安置的违法行为，为工程建设和征迁安置创造了良好施工环境。

（李　超）

【舆论宣传】 2011年，中原区南水北调中线工程建设管理局不断开辟新的宣传渠道，占领新的宣传阵地。采取媒体、报刊、宣传手册、条幅、展板等多种形式，全方位、多角度宣传南水北调工程建设的重大意义和相关政策措施，取得了“宣传模式不断创新，宣传渠道更为拓展，宣传形式丰富多样，宣传氛围更加浓厚，宣传效果显著提高”的显著成效。全年累计印发公告200张、宣传手册1500份、宣传条幅220条、宣传展板50块，采集南水北调图片2000张，制作“和谐拆迁、妥善安置”宣传片，《每周中原》刊登20篇，在区政府网发表15篇。

2011年4月，区南水北调中线工程建设管理局荣获河南省南水北调领导小组颁发的宣传工作先进单位。（李　超）

【信访稳定】 2011年，区南水北调中线工程建设管理局信访稳定工作以化解矛盾纠纷、维护沿线社会稳定为工作理念，以理顺群众情绪、解决利益诉求为抓手，切实做好信访稳定工作。做到一个信访重点对象、一名责任领导、一套班子联动、一个方案应对，形成上下联动，左右协调，“五位一体”的信访工作格局，热情接待、耐心解答、细心办理，有效地保证了信访工作责任制的全面实施。全年累计电话咨询300余起，满意率99%，接待处理群众来访20人次，处理上级转交办信访案件2起，结案率100%。（李　超）

【鄂竟平到中原区调研】 2011年4月15日下午，在省委常委、市委书记连维良，副省长刘满仓，区委书记王贵欣，区长王东亮等相关人员的陪同下，国务院南水北调办公室主任鄂竟平对中原区南水北调总干渠郑州Ⅱ段4标工程建设和征迁安置情况进行调研。

在南水北调主干渠郑州Ⅱ段4标主干渠施工通道上，鄂竟平徒步深入施工现场进行工程质量检验。随后，他听取有关人员对征迁安置工作的汇报，在了解到安置居民人数、后靠居民点安置方案以及后靠居民点建设进展情况后，对中原区的征迁安置工作给予充分肯定。（李　超）

公共事业

【城市供水】 2011年，供水企业以“保障供水、提高水质、提升服务”为工作目标，以“十抓好、十提升、十保障”为主要措施，积极抓好生产经营、工程建设和供水服务等各项工作，管网水质合格率99.59%，管网修漏及时率100%。及时解决各类突发及疑难事件，以突发事故演练为切入点，开展应急演练月活动，完善应急预案，提升事故应对和处置能力。集中解决部分区域水压低问题，采取调整管网压力、用户回访、加快管网抢修速度、送水车送水等措施满足用户用水需求，有效缓解了因压力问题造成的供需矛盾。通过ZZIC、心通桥等客户服务系统平台，加强与用户沟通联络，解决市民群众关心的用水热点难点问题。积极开展第十八届“供水服务春暖万家”活动，派出27支应急抢修服务分队，深入用户中间，进行防寒抗冻知识的供水服务宣传和供水设施冻裂、爆管等事件的维护抢修行动，增强广大职工服务意识，提升服务水平。

（朱　林）

【城市燃气】 2011年，气源供应继续保持了安全平稳的良好局面。燃气供应企业进一步完善《服务承诺考核细则》《日常服务督查管理考核细则》和《年度优质服务责任目标考核细则》，日常服务督查形成服务督查组织与职责、服务目标与管理、服务督查管理、仪容仪表、服务环境、语言规范、行为规范、关键体验环节和内部服务及其他等9个模块的具体考核标准，为规范和指导前线部门客户服务管理工作的开展，提供了有效的工具标准。完成了呼叫中心与用户服务信息系统全面升级，增加热线座席，同时加强服务人员技能培训，培育内部讲师队伍，提高前台人员员工服务技能。创新"市民看燃气"活动，将"市民看燃气"活动与实际业务结合，变成倾听客户意见的平台，发现服务问题的平台。2011 年 6 月第一期"市民看燃气"活动，首次有针对性地邀请公司的大客户参观了公司天然气输配设施和服务窗口，并展开座谈。11 月举办的第二期"市民看燃气"活动，同时开展了牛师傅进社区服务活动。

2011 年 12 月，根据省有关文件精神，市民用燃气价格调整，民用管道天然气销售价格第一阶梯价格（每户每月 50 立方米及以下气量）为 2.25 元/立方米，第二阶梯价格（每户每月 50 立方米以上气量）为 2.93 元/立方米。从 2011 年 12 月 10 日，抄见气量以新价格执行。此次价格调整中，还建立了天然气价格联动机制，即国家调整天然气上游价格时，民用天然气终端销售价格同步、同向调整。（栗晓峰）

【集中供热】 2011 年，供热企业全力构建"大热源、大联网、大调度、大客服、大维护"的供热格局，集中供热主业实现了跨越式大发展，在新增供热面积、热网综合调度、统一抢险维护和基础设施建设等方面都取得了新突破。室温合格率 99.4%，设备完好率达 99.9%，抢修及时率 100%，服务热线回复率 100%、办结率 100%。为提升抢险手段，积极创新机制，提升抢险装备，组建专业化的管网运行维护公司，对主干热网实行统一调节、统一维护与抢修。新组建的专业化管网运行维护公司，继续扩大带压堵漏技术的应用，在不放水、不停热的状态下力争在最短时间内完成抢修，把管网故障造成的影响降到最低，显著提升了事故预警和快速反应能力。供热前，制定了统一的安全生产事故总体应急预案和重、特大供热突发事件应急预案，并进行了多次演练，技术过硬的抢险队伍能够按要求处理各级投诉、咨询电话和上级的抢险抢修指令，抢修及时率达 100%。2011—2012 采暖期供热严格执行用户室温 18℃ ±2℃摄氏度的行业标准，室温合格率 99.4%（计划目标 95% 以上），整体运行平稳。（郑　富）

【城市公交】 2011 年，公交系统方便百姓出行、服务城市发展，新购公交车，新开公交线路，优化公交线路，进一步提高公交覆盖率和准点率。52% 的公交线路延伸到了三环以外，在中心城区，主干线路公交平均发车间隔为 3～5 分钟，市内一般不超过 500 米就能坐上公交车。快速公交 BRT"一主十一支"，缓解城市交通拥堵，方便市民出行。

公交车空调车票价和四环以内票价为 1 元。在此基础上原公交 IC 卡各种折扣和 60 岁以上老年人、盲人、伤残军警免费及快速公交主支线同站台免费换乘等各种优惠政策不变。围绕创建全国文明城市活动，开展优质服务，以杜绝违章违纪、规范运营秩序为着力点，不断规范加大管理力度，开展"文明安全行车竞赛""违法行车专项整治""基层管理人员下站点现场劝阻违章行为"等一系列活动，在客流密集站点组织人员高峰时段上站点疏导乘客，维持秩序。（郑　富）

城市管理

【概述】 2011 年，中原区城市管理执法工作以精细化管理为主线，以创建国家文明城市和城市管理整治提升活动为载体，在创新工作思路上下工夫，在探索市场化运作模式上做文章，面对编制调整产生的新情况、新问题，不等不靠，一手抓工作、一手抓改革，大力加强城市建设与管理工作，确保了市政管理、区管道路养护维修等方面工作的整体水平不断提高，辖区环境更加美化、绿化、亮化。（郑　攀）

【道路养护】 2011 年，区城市管理执法局对区管 46 条道路损坏路面进行维修养护，共养护道路面积 20664 平方米，达到了区管道路病害率每万平方米低于 2 平方米。创建文明城市期间，投入资金约 60 万元，完成昆仑路、永庆路、互助路等 13 条道路的养护维修工作，养护人行道 3948 平方米、车行道 2800 平方米、侧边石 240 米。为了迎接党代会，改造周边出行环境，投入资金约 73 万元修复百花里，其中，修复人行道约 1800 平方米、车行道约 2100

平方米。城市管理整治提升活动中，投入资金约91万元，对文化宫路进行整治，整治人行道860平方米、车行道3324平方米；投入资金约4.8万元，对颍河路升级改造，改造车行道350平方米。在做好道路养护的同时，严格履行占道、破路的行政审批手续，狠抓破路恢复。在破的恢复工作中，工程完工后一周内恢复路面，并且做到“工程毕、道路净、路面平”。全年审批破路手续3起、占道手续67起，破路恢复率100%。（郑 攀）

【园林绿化】 2011年，中原区新增绿地57.1万平方米，新植乔木5.03万余株、月季39万株、灌木40.60万余株，各项园林绿化栽植数量均大幅超出市定任务指标，有效地改善了辖区的人居环境。

加强公园、游园管理，积极组织苗木，对公园、游园内植物进行补充，丰富植物品种及色彩搭配，优化游园视觉效果，提升游园观赏品位。共栽植月季1万多株，角堇、矮牵牛等时令花卉1.6万株，鸢尾、萱草、千人菊、鼠尾草等1.3万株。同时，对所有公园、游园内草坪斑秃进行了补栽整治，对草坪老化进行了更新，共栽植金叶女贞1.6万余株、小叶女贞2.1万余株、迎春300多株、素馨500余株、连翘150株、海桐球造型38个、黄杨球造型55个，补栽草坪9000平方米、麦冬2900余平方米，基本消除了绿篱缺株、断垄，解决了黄土裸露问题，实现了“三季有花，四季常绿”的绿城变花城工作要求。

加强病虫害防治和行道树管理。根据季节特点有针对性地对公园、游园的行道树进行病虫害防治，补栽修整行道树。共喷洒各种防治药物260余车次，插药签约2万个，补栽行道树363株，修整行道树6000多株，整治树穴8600个。

在“五一”“十一”期间，结合周围环境，精心组织各色鲜花70余万盆，增加墙体摆放的形式，突出立体摆放效果，烘托了节日气氛，美化城区面貌。

（郑 攀）

【公园游园建设】 2011年，中原区选定在中原西路的西流湖大桥西南角建设1座公园，面积约7.9万平方米，公园概念设计已完成。

在西四环与郑上路交叉口西北角建设1座游园，面积约5000平方米，拆迁工作已经完毕，设计已完成，正在进行地下停车场的建设。

西流湖公园、雕塑公园的拆迁工作已完成，植物园二期的拆迁普查工作正在积极地进行中。

（郑 攀）

【市政服务】 2011年，区城市管理执法局围绕创建全国文明城市和城市管理整治提升工作，深入开展郑州市示范路、厕、垃圾中转站创建活动，不断提升市政管理整体水平。

道路清扫保洁工作进一步提高。按照市政府的规定足额配备了环卫工人3549人，对辖区71条道路、441万平方米路面全部实行一日三扫，全天保洁，并严格落实了延时保洁制度。区财政购置了13台机械化清扫车和1666个果皮箱，投入所管辖的中原路、嵩山路等“七横六纵”13条主要道路近161万平方米的清扫保洁中，其中机械化清扫面积约占全区总清扫面积的40%，基本覆盖全区主、次干道及重点区域。深入开展示范路活动，实现了嵩山路、桐柏路两条示范路的“三无、三统一、两规范”。坚持清除小广告同日常的道路晨扫相结合，共清除各类非法小广告10万余条。

垃圾清运工作进一步规范。辖区生活垃圾实行统一收集与封闭式清运管理模式，确保了垃圾及时进站、及时压缩、及时运输，实现了垃圾日产日清，全年清运生活垃圾34万余吨，垃圾清运率、列管率均达100%，上门收集覆盖率达到85%，开放率达到100%。同时，争创中原西路、工人路、秦岭路3座示范中转站。新建2座压缩式垃圾中转站。

公厕管理服务工作进一步提升。建立完善公厕检查、评比、督导等制度，成立公厕管理督导组，对公厕卫生定期进行督促检查。先后组织人员对92座公厕的门窗、门帘进行更换、清洗，并配备了专门的消杀器具和消杀溶剂，保证公厕内水电畅通、设施完好、化粪池不满溢，实现公厕开放率100%，厕内设施完好率达98%以上。调查统计沿街符合公厕对外开放条件的单位，100家沿街单位的公厕对外开放，大大解决了群众如厕问题。争创5座示范公厕，公厕内增设盲道，方便了残疾人使用。新建2座公厕，大修10座公厕。（郑 攀）

【成立督查室】 2011年初，区城市管理执法局成立督查室，配备2名专职工作人员负责领导转办件、信访案件的办理，并认真办理、耐心解答网友在

ZZIC、微博、心通桥上反映的问题,对每个案件和问题都建立台账,明确责任人和整改时限,及时下发督查通知书,要求在规定时间内整改完毕,确保了每个案件都能落在实处,网友的每个问题都能得到回音。同时,积极向上级回复和向有关群众反馈整改落实情况,增强与上级部门及人民群众的沟通协调力度,得到了社会各界的理解和支持。

(郑　攀)

【防汛工作】 2011 年,区城市防汛工作坚持"安全第一、常备不懈、以防为主、全力抢险"的方针,早准备、早部署、早落实,积极行动,认真做好防汛的各项准备工作。重新修改编制下发了防汛应急预案和防汛工作安排;强化了各类预备队、抢险队、救护队、保障队的机构建设和演练;逐一对辖区各单位的防汛物资进行详细的排查,严格落实对各类防汛物资的储备;组织郑州煤矿集团有限责任公司等 25 家单位,对全区的城市防汛、河道(水库)防汛和全长 10570 米的黄河堤段进行了任务划分;扎实开展防汛期间的值班、信息通报工作,确保了城区安全度汛。

(郑　攀)

【创建全国文明城市】 2011 年 5 月,中原区成立创建全国文明城市生活环境指挥部,指挥部办公室设在区城市管理执法局,承担全区 19 项整治工作任务。制定下发《中原区生活环境综合整治工作方案》《中原区生活环境综合整治工作考核办法》,并以市政道路整治、行道树管理、强化道路清扫保洁、街巷整治 4 项内容作为生活环境整治重点,坚持重点抓、抓重点,盯着问题做工作,有效地带动了创文工作的全面开展。在创文期间,共清理小广告 6000 余处,清理橱窗广告 830 余处,规范空中线缆 120 余处,维修病害道路 140 余处 560 平方米,治理缺失、不亮霓虹灯 685 处,维修果皮箱 178 个,安装丢失窨井盖 68 个,组织各街道办事处和卫生队对全区 71 条道路的行道树进行了刷白,编发创文工作简报 32 期,下发督导通知书 541 份。

(郑　攀)

【城市管理整治提升】 2011 年,中原区通过加强领导、整合资源,打造精品、提升标准,强化督导、强力整治,稳步推进全区整治提升工作。将城市管理工作进行分工,按市政设施整治、占道经营和店外经营整治、城市环境质量整治、环境卫生整治、城市容貌整治等 22 个方面进行详细部署。建立"党委政府负责、职能部门联动、基层单位落实、社会组织协同、广大群众参与"工作机制。充分发挥社会力量、撬动社会资源参与城市建设管理。共发动辖区企事业单位出资 800 余万元参与整修;坚持抓重点、举亮点、创精品、上台阶。将建设路以南、陇海路以北、嵩山路以西、桐柏路以东作为先期重点整治区域,向全区辐射。

一是霓虹灯整治和小广告清理。采取分区域定人分包的办法,督促各街道办事处及产权单位按照标准整治霓虹灯近 200 处,整治率达 95% 以上;对街头小广告,坚持"有则必清,清则务尽"的原则,共清理小广告 4400 余处,进一步净化了辖区城市环境。

二是加强绿化美化。采取补栽和剪修等有力措施,加强行道树和游园的管理,共补栽行道树 129 株,修剪整形行道树 2300 多株,整治树穴 670 余个;在公园、游园内补栽麦冬、草坪约 1500 平方米,移栽绿篱 1800 余株、构骨 600 余株,修剪草坪 3.4 万余平方米、绿篱 5000 余平方米。

三是整治区管道路。完成汝河路、友爱路、工农路、西十里铺路等 25 条道路的修复工作,共计修复道路 112 处 20664 平方米,整治窨井 196 座。

四是整治门户小道。督促相关街道办事处完成门户小道整治 123 处,整治达标率 100%。

五是环卫基础设施建设。更新维修果皮箱、垃圾箱 80 余个,设置公厕导示牌 520 个,开放 100 家沿街单位公厕,改造示范公厕 5 座。

六是建筑垃圾运输管理。全区有的 87 台建筑垃圾运输车辆密闭改装完毕,办证率达到 100%。

七是城市养犬管理。设置 2 个固定点和 1 个流动点,全力做好犬只办证和年度审验工作,完成摸底排查和登记造册工作,并指导制作了多块宣传展板,到社区巡回展示,发放《郑州市城市养犬管理条例》6000 余份,宣传彩页 1.3 万余份,在社区和居民楼院张贴《养犬办证程序》和《郑州市文明养犬公约》宣传单各 8000 份。

八是架空线缆整治。积极配合产权单位对架空线缆进行整治,并租赁市交警八大队的 1 台高空作业车对辖区内架空线缆进行捆绑整治,完成辖区架空线缆整治工作，共整治线缆 80656 米。

九是整合停车位。发动 19 个辖区单位开放内部停车场、100 家沿街单位对外开放公厕，挖掘停车位 2300 多个。

十是城市生态水系建设。针对市里明确要求封堵的排污口，积极协调相关街道办事处和有关单位，对明管排污及私接入雨水井问题进行专项督导，已发现的排污口全部按照市要求改造、封堵。

十一是综合整治西流湖卫生。积极协助西流湖街道办事处做好西流湖的卫生综合整治，并针对积存垃圾开展有偿清运，有效改善了周边居民的生活环境，使卫生综合整治成果得到进一步巩固。

（郑　攀）

【安全生产】 一是深入开展了“安康杯”竞赛活动，将目标责任分解至作业班组。二是在“安全生产月”等活动期间，大力宣传预防事故的各种方法及紧急避险知识，组织开展安全生产讲座和消防知识培训，进行消防灭火演练。三是以开展交通治理年活动为契机，吸取违章驾驶车辆的深刻教训，完善了局办公用车管理规定，将车辆违章记录纳入年终个人考核，规范机关公务用车。四是在全局系统内开展 8 次安全生产大检查、2 次安全隐患专项整治，对中转站机械设备、垃圾运输车辆等及时维修，车辆完好率和中转站设备完好率均达 95% 以上，垃圾运输车辆全年安全行车 92.3 万公里。全年全局没有发生安全生产责任事故。（郑　攀）

【经济发展环境优化】 2011 年，区城市管理执法局以优化政务环境为重点，以“提升服务效能、争创最优环境”主题教育活动为载体，不断强化行政执行，加大效能监察，经济发展环境得到了进一步优化。

一是不断提高干部职工的业务水平。以“环卫双竞赛”为契机，进行专业技能竞赛、岗位练兵比武等活动，树立标兵、宣扬典型，以榜样的力量推动各项工作的开展，着力提高职工队伍的素质。同时，重点学习《行政处罚法》《行政诉讼法》等法律法规，对窗口服务人员进行了集中培训，增强干部职工的工作技能。

二是不断提升行政执法的透明度。在市政占道、破路的行政审批上实施阳光审批，严格审批权限，规范执法程序，强化首问责任制，全年没有发生违规违纪案件。

三是不断增强干部职工的服务意识。通过召开不同层次、不同对象的优化经济发展工作会议，利用网络、报纸等媒体向社会公布城市管理执法局的职责范围、办证程序、服务承诺和举报电话，主动接受社会各界的监督，进一步增强机关工作人员的廉洁意识、效率意识和法治意识，提高干部职工为纳税人服务、为人民群众服务、为兄弟单位服务的意识。（郑　攀）

【清除冰雪】 为应对春、冬季节可能出现的冰雪灾害，中原区制定了应急预案，明确了各街道、相关单位的工作职能和任务分工，要求出现冰雪立即启动相应的预案，方便人民群众出行。

2 月 28 日，郑州市普降中雪，路面形成一定的积雪，给群众出行带来不便，为确保市、区道路畅通，方便群众出行，中原区启动清除冰雪应急预案，成立专项指挥部，立即开展清除冰雪工作。2 月 28 日下午，组织环卫职工有重点地对辖区主、次干道的十字路口、立交桥引坡、人行过街天桥、公交车站等周边部位的冰雪进行清除；3 月 1 日早上 5 点，出动除雪车 15 台，安排 3450 名环卫工人上岗作业，进一步加大冰雪清除工作力度；安排人员、车辆到辖区宣传有关除雪规定，同时现场督查全区除雪情况。截至 3 月 1 日上午 9 点左右，辖区 16 条主、次干道，50 多条背街小巷冰雪已基本清理完毕，辖区道路畅通无阻。（郑　攀　曲　伟）

【城市建设管理】 一是不断拉大城市框架，做好西四环沿线城市设计编制工作。结合各村特色，分类指导，提出有针对性的整治、整合方案，明确发展方向。二是进一步完善道路建设，优化城市发展环境。做好南三环—长江路直通立交、西三环与航海路互通立交、陇海路高架快速路、长江路西延、雪松路、陇海路西延、福利路、惠民路及农业路西入市口景观改造建设用地协调和拆迁工作。三是始终如一，扎实做好创文工作。以“三创一做”和“四个一百”活动为抓手，以窗口单位、“五小”整治、交通秩序、市容环境、社区环境等为重点突破口，保证各项任务达到或超过预定目标。四是克难攻坚，积极稳妥推进城中村改造工作。已完成朱屯村、岗坡村土地“招拍挂”,加大小岗刘、冉屯、周新庄等已完成“招拍挂”村改造安置房建设工作监管力度,稳步推进小岗刘村村民回迁安置工作。（曲 伟）

【“三线防护”保常庄水库汛期安全】 中原区按照“安全第一、常备不懈、以防为主、全力抢险”的方针,立足于防大汛,抢大险,采取分线防护措施,全力保障常庄水库汛期安全。一线防汛抢险队伍540人,其中160人负责水库经富民路至中原路段防汛公路的抢护、排洪、除险工作,280人负责水库大坝的抢护除险工作。二线防汛抢险队伍500人,主要负责水库大坝的抢护工作。三线防汛抢险队伍为郑州防空兵学院200人,负责大坝的抢险工作。（曲 伟）

【西流湖区域环境综合治理】 一是成立了以区长为指挥长,7位副县级领导为副指挥长,环保、国土、城管执法等部门为成员的常西湖区域综合整治指挥部。二是沿西流湖区域进行拉网式排查,并根据摸排情况,分别制定积存垃圾清运、排污整治、附属物拆迁等3个工作方案。由市政部门紧盯垃圾来源,主动与源头单位加强沟通,确保生活垃圾免费就近进入垃圾中转站,建筑垃圾进入指定垃圾填埋场。沿线村组安排专人配合执法部门紧盯运输渠道,查扣非法营运垃圾车辆,对车主及相关责任人依法进行处罚,严禁建筑垃圾偷拉乱运。环保部门对西流湖区域进行严密监控,将贾鲁河沿线两侧排污企业依法关停,相关街道办事处配合对现有排污口进行封堵处理,防止出现新增污染源。三是对常庄水库、贾鲁河沿线两侧以及西流湖周边的污水排放进行重点治理,对排污企业依法依规关停;对居民生活污水开挖沉淀池,进行三级过滤沉淀,使其符合排污要求。四是由区委办、区政府办督查室及效能督查室对整治工作跟踪督查,对未能按时完成任务的,启动问责机制,严格按规定追究相关人员责任,纪委监察机关对私设垃圾填埋场和借垃圾处置谋取私利的事件介入调查,对非法利益链追根求源,对相关责任人立案调查,依照相关法律法规进行严肃处理。五是实行区直部门分包、区爱卫办、区城管执法局及区环保局牵头负责强化对整治区域内垃圾清运、污水治理等工作的督促指导,严把整治标准,确保相关问题如期得以解决。（曲 伟 郑 富）

【首座新型垃圾中转站投入使用】 2011年12月,中原区首座在大型商场内利用商场地下一层空间建设的新型垃圾中转站建成并投入使用。该中转站位于中原路与秦岭路交叉口西北角,由万达集团投资300万元,引入国内最先进的垃圾压缩处理设备,建成后交由政府市政部门进行管理和垃圾清运。（郑 富）

【落实“四防”确保安全度汛】 一是强化组织协调,做好“人防”。成立防汛工作领导小组,全面负责应急防汛指挥协调工作,明确应急抢险队伍;坚持24小时值班制度,及时掌握雨情、水情、险情,做好汛情记录,畅通汛情信息渠道,做到发生险情、及时出动。二是落实防汛物资,做好“物防”。增加沙袋、塑料布、铁锹等防汛物料储备量,保证物资随时调用,有备无患;对雨衣、雨靴、手电筒等雨具和照明设施进行检查,确保出现险情可以迅速行动,及时到位。三是加强巡查演练,做好“技防”。结合城市防汛新变化,调整完善《街道2011年防汛工作预案》,明确责任、细化要求;加强汛情监控,建立“街道—社区—楼院”三级巡查制度,全面排查辖区低洼易涝地带、危旧漏房屋墙体、居民疏散通道等并登记备案;对辖区饭店、旅馆、店铺摆放的灯箱、霓虹灯等安全用电情况进行专项检查,预防汛期用电事故发生。四是深入宣传动员,做好“心防”。召开街道、社区防汛工作会议,广泛开展防汛工作动员,提高社区居民防汛意识;深入开展防汛知识宣传,通过采取社区讲堂、黑板报、宣传栏等多种形式,提高居民应急自救能力。（郑 富）

行政综合执法

【概述】 2011年4月8日,中原区城市管理行政执法局成立,紧紧围绕“抓班子、带队伍、促工作、见成效”这一工作思路,以做好创建全国文明城市、城市管理整治提升工作为主线,以“敢抓敢管、严抓严管、善抓善管”主题教育实践活动为载体,以“高标准、细管理、精品化”为总体要求,明确任

务,细化责任,狠抓任务落实,使辖区城市品位提升、城市功能完善,城市活力增强。 (刘　帅)

【市容管理】 区城市管理行政执法局按照严管区、严控区、控制区三种区域管理标准,针对各类违章行为的不同特点和发生的不同时段,通过采取联合执法、错时执法、延时处理等多种有效措施,加大对占道经营、突出店外经营、违章广告、早(夜)市等违章行为的整治力度。

一是针对群众投诉较多的路段,如碧沙商圈、双河市场、市博物馆等地段,采取联合执法,派人盯守重点部位、乱点,做到了有效治理。

二是集中精力打好"市容环境卫生综合整治"攻坚战,全力开展"零点出击"整治行动。从4月份起,区城市管理行政执法局联合多部门组织开展5次为期一周的"市容环境卫生综合整治周"活动,特别是城市管理整治提升工作的开展,组织开展了"零点出击"集中行动,重点对占道经营、夜市摊群、清运车辆等违章行为进行整治,辖区夜间各类违章的发生率有了大幅度降低。截至年底,已清理(劝阻)各类流动摊贩2.3万余起,治理突出店外经营3000余处(次),暂扣各类经营工具(物品)7000余件,拆除LED电子灯箱1229处,收缴条幅、灯箱、广告牌3000余个,销毁燃煤大灶、烧烤炉具270余个,向沿街商户下发倡议书、一封信等宣传页3万余份。

三是积极开展建筑垃圾运输行业治理工作,不断加强工程渣土管理,规范渣土运输车辆。指导辖区施工单位和运输企业文明施工,规范运输,及时纠正、查处不规范施工和运输行为500余次,暂扣违章渣土运输车52辆。

四是加强户外广告设置管理。组织人员专门对辖区道路、楼体、楼顶的户外广告设置情况进行专项检查并登记造册。同时,根据普查结果,采取抽调执法人员、聘请专业人员、租用大型设备等措施,对34处大型户外广告强制拆除,共拆除违规户外广告1395平方米。

五是加大对各类生活、商业噪声扰民现象的查处力度。重点查处入夏后夜市排档、建筑工地夜间施工等噪声扰民行为,督促各类商场(户)规范促销行为。截至年底,共接受市民噪音投诉300余起,均在第一时间得到有效处理,噪音查处率100%。

六是积极开展违法养犬查处工作。经常组织执法人员深入辖区居民楼院、人员密集场所等处,开展规范养犬行为宣传活动,加大违规养犬行为的查处力度,督促养犬人真正做到规范养犬、文明养犬,切实保障辖区广大群众的人身健康安全。全年暂扣各类违规犬只200余只。 (刘　帅)

【查处违法建设】 区城市管理行政执法局按照市、区有关违法建设治理工作的要求和标准,明确责任主体,实行网格化管理,加强对辖区内施工工地的监管。积极与建设、规划、土地等部门沟通协调,重点监控中原西路、西四环等主要道路两侧、西流湖周边、城中村等主要区域的各类建设行为,对发现的违法建设及时进行查处,做到了早发现、早上报、早制止、早查处,并取得了明显的成效,对少数不听劝阻,继续偷干、抢干的违法建设,采取暂时扣留施工设备、责令停止施工等行政强制措施,随时制止违法建设继续施工,确保违法建设全面停工。截至年底,中原区内共排查违法建设2852起。其中,国有土地上2267起(9月14日前2045起,9月14日后222起),集体土地上585起(9月14日前456起,9月14日后129起),共计拆除违法建设165起、面积177623.42平方米。 (刘　帅)

【街景综合整治】 街景综合整治是提升城市品位、完善城市功能、增强城市活力的重要举措。区城市管理行政执法局围绕"抓进度见成效、促提高渐规范、上水平树形象"的工作思路,在精细上下工夫,在档次上做文章,以新理念、新标准、新措施推动整治工作迈上新台阶。

一是全面普查,明确重点。按照"一街一景、一路一景、各具特色、形象鲜明"的整治要求,积极组织有关街道办事处对其辖区内所涉及的整治内容开展详细普查,收集数据、建立台账,为确定整治区域、标准、内容和要求奠定了坚实基础。

二是分区整治,逐步推进。第一阶段整治桐柏路以东、嵩山路以西、建设路以南、陇海路以北区域内道路,先在文化宫路段制作样板,并明确门头匾额的标准、材质和质量。整治文化宫路与协作路,在粉刷过的围墙上,绘上《弟子规》《千字文》《三字经》《论语》等中国传统文化的经典图画和语言精髓，图文并茂，通俗易懂，充分发挥了临街建筑物立面和围墙的宣传平台作用，使一面简单的围墙经过整修和粉饰，成为一面文化墙、知识墙、文明墙。

三是广泛动员，社会参与。积极动员街道办事处和辖区单位参与整治活动，撬动社会资金，共同参与城市建设。在百花里和伊河路（嵩山路至工人路段）整治中，积极协调有关街道办事处，投入人员、资金，确保整治工作的顺利进行。在中原路与前进路交叉口处维也纳酒店楼体外立面整治工作中，提前介入，主动与投资商联系，根据精品街整治要求和施工现场实际情况，共同协商研究制定施工方案，做到既维护投资商的利益又使整治任务得到有效落实，从而全面推进整治工作的开展。截至年底，整治工作已完成更换门头店招 271 处近 3000 平方米，粉刷、更新围墙、铁艺围栏 1.48 万平方米，清洗楼面近 2000 平方米，粉刷楼体 7000 余平方米，累计撬动社会资金约 150 万元。

（刘　帅）

【城市管理数字化】　一是精心组织，多措并举，全面做好前端监控点检修工程推进工作。5 月始，区信息数字化服务中心与联通公司积极协调，签订了前端监控点设备维修合同，结合中心前端监控点实际，成立了由协调组、光纤组、电力组、调试组、终端组共 100 余人组成的前端监控点维修项目组，针对中原区辖区内已安装的前端监控点的接电、设备维修等工作进行重点整治。经过 70 多天对前端 393 个监控点的详细普查、修复，共计完成了接电点 393 个，维修更换编码器 103 个、摄像机 140 个，维修光模块 72 个，修复光纤连接器 100 对，调试正常运行前端点位 220 个，达到了中心历史最佳运行状态。同时，针对监控点周边存在大量的树枝遮挡的现象，积极与园林部门协调，对 220 棵遮挡探头视野的树木进行了修剪，力保前端监控探头的正常使用。

二是积极协调，抓好落实，认真做好前端监控设备普查登记工作。按照区长王东亮 6 月 12 日就中原区监控设施情况提出的“中心要加强对监控设施的日常监管，确保正常运转，并将存在问题及时报区政府。对在我区但不属我区管理的应加强沟通协调，确保及时修复和使用，决不能因不属我区而放松协调和使用”的指示精神，区信息数字化服务中心对辖区内属于区政府安装的监控设备全部登记造册，建立台账。对在辖区但不属于中心管理的监控设备也已按照属地管理的原则与各街道办事处积极配合，建立档案，明确其责任单位及归属窗口，加强日常沟通与协调，及时修复损坏的监控设备，为辖区居民真正打造一个安定、和谐的居住环境。

三是依托数字化管理平台优势，全面做好城市管理工作。区信息数字化服务中心围绕《中原区城市管理重点工作》，依托数字化管理平台，利用辖区内安装的前端监控点，科学实施，重点布控，对中原路、嵩山路、伏牛路、建设路等重点路段及桐柏农贸市场、岗坡市场、商业大厦周边等重点区域实行了 24 小时监控，按照园林绿化完好、保洁及时整洁、无占道经营、无乱涂乱画的整治标准，积极配合市政、执法部门及相应街道办事处开展重点整治工作。全年派遣数字化城市管理类案件 47676 件，已整改 47634 件，案件处置率 99.91%。在全市的数字化城市管理考核成绩中，中原区始终名列前茅。

（刘　帅）

【执法方式五结合】　一是与司法机关相结合，确保行政执法的公正性和严肃性。定期与辖区派出所、交警进行工作交流，取得他们对行政执法工作的理解和支持。多次集中整治工作，由于辖区派出所、交警的积极配合，没有发生一起重大群体事件，个别钉子户、暴力抗法者也依法得到应有的处理。

二是与街道办事处、社区相结合，确保行政执法的有效性和全面性。加强与街道办事处、社区的沟通联系，一方面能够及时倾听民生、了解民意，真正解决影响群众生活的热点、难点问题，赢得群众的支持和理解，达到相互信任，相互配合，相互协作的良性局面；另一方面，通过与街道办事处的通力协作，延伸城市管理的覆盖面，有效破解制约城市管理工作提升的瓶颈。做到街道办事处城管科、执法中队和社区人人有责，互相制约，互促共赢，管理机制进一步理顺，管理效果全面提升。

三是与辖区物业企业相结合，形成齐抓共管的良好局面。万达广场开业后,人流、车流快速增加,此处成为流动商贩新的聚集区,不但给城市管理工作增加了难度,也影响了企业的外部形象。通过与万达安保部门建立联管联动机制,使万达广场周边的市容环境得到了明显的改观,企业的形象得到了充分的维护。此种模式已在商业广场及其周边治理中推行。

四是与社会舆论相结合,确保文明执法与廉洁执法的有效监督。充分发挥新闻媒体的舆论导向和监督作用,广泛宣传城市管理的相关法律法规,通过媒体及时、客观、真实地报道行政执法工作开展情况,增强人民群众对执法工作的理解和对执法人员的信任,营造出良好的舆论氛围。加强与人大代表、政协委员的沟通交流,自觉接受人大代表、政协委员的监督,办理人大建议、政协提案22件,办理满意率100%。进一步加强与人民群众之间的沟通,及时处理人民群众反映的各类问题,并将处理情况在第一时间内向群众反馈。全年接受各类群众投诉、上级转办、媒体反馈等问题累计6.98万起,成功解决了各类群众反映强烈的重大问题,投诉反馈率100%,群众满意率99%。

五是与管理相对人中的弱势群体相结合,确保以人为本的管理理念有效推进。各中队通过开展弱势群体大走访活动,将管理对象中确实需要帮助的困难群众登记造册,及时建立了"困难户"档案,开展帮扶工作,不但给他们送去米、面等生活必需品,还积极为他们寻求更好的谋生渠道。此举,从过去的粗放型的执法方式转变为人性化管理方式。

(刘　帅)

【完善自由裁量阶次规定】 根据省、市2010年规范行政处罚裁量权工作监督检查实施方案要求,区城市管理行政执法局认真对自由裁量阶次规定予以梳理和完善,相继制定了《行政处罚案例指导制度》《行政处罚裁量权适用规定》和《行政处罚预先法律审核制度》,并按照上级规定,贯彻落实了在实施行政处罚时体现行政处罚裁量标准、适用规则、内部制约制度,责罚相当、同案同罚等要求。同时,从城市市容和环境卫生方面、城市养犬方面、园林绿化方面、市政工程方面、大气污染方面、环境噪声方面,进一步对自由裁量阶次规定进行梳理,共梳理了130条自由裁量。

(刘　帅)

【信访工作】 2011年,区城市管理行政执法局接上级转办交办案件12件,已办结11起,1起正在办理中,办结率91%;接待群众来信来访180起、390人次,做到件件有落实,事事有回音,办结率100%。

信访工作坚持"两日内与信访人见面"承诺制,以严谨的作风、热情的服务,切实体现执法为民。通过狠抓信访矛盾排查、信访五位一体工作法的落实,各中队信访案件的承办质量提高,全年无集体上访、无信访积案、无矛盾纠纷等事件发生。加强组织领导,进一步完善《领导下访接访制度》《信访工作领导包案制度》,领导班子成员每周一次轮流接待群众来访,对重大信访事项实行领导包案制度,亲自调处重要信访问题。从接待、登记、领导批阅、办理、督查、办结、反馈各环节严格要求,使信访工作迈入规范化、制度化轨道。具体工作中坚持做到"四个努力,四个不准",即努力强化环境信访无小事观念,努力健全环境信访工作机制,努力加强信访队伍建设,努力化解集体和越级上访;不准把矛盾上交,不准袖手旁观,不准督办不力,不准查而无果。

(刘　帅)

【宣传工作】 2011年,区城市管理行政执法局在各类新闻媒体上刊发新闻稿件信息375篇,其中,省级报纸、电视台12篇,市级报纸、电视台48篇,区级报纸、信息315篇。参加各种会议、活动拍照、录像40余次,灌制宣传磁带40余盘、光盘25盘。

(刘　帅)

【创文工作】 创文期间,区城市管理行政执法局宣教科担负着区创建国家文明城市公共场所综合整治指挥部办公室工作,负责各类创建工作的协调和信息沟通,汇总督查情况,对发现的问题及时通报给相关责任单位,使其限期整改。编发36期简报通报辖区公共场所综合整治工作开展情况以及存在的问题,并报送市指挥部、区创文办、区督导组,确保各项任务信息能够及时传达,各项整治任务得到落实。在全市各指挥部评比中，公共场所综合整治指挥部连续两个月名次位列第一。

（刘　帅）

【规范性文件管理与案件备案】 一是结合实际情况，对上级制定并下发的各种规范性文件进行登记、保存、备案；二是制定、修改和规范文件管理制度，明确要求凡是市、区下发的规范性文件必须予以存档管理；三是对派驻各执法中队所立的一般程序案卷，按照队别、时间、事项、金额、承办人等内容予以详细登记，每季度将一般程序案卷上报备案；四是对重大的行政处罚案件严格按照上级要求，召开业务会集体讨论研究，并予以上报备案。截至9月31日，区城市管理行政执法局已将2011年第三季度的一般程序案件按照要求上报到区法制局备案。

（刘　帅）

【班子建设】 2011年，新一届领导班子通过强化五种意识，不断提高驾驭工作的能力和水平。

一是强化班子责任意识，构建想干事的领导班子。通过细化分工，明确责任，树立责任是想干事的力量、是想干事的本质、是想干事的精神理念，形成人人肩上有担子、人人肩上挑担子。

二是强化班子团结意识，构建能共事的领导班子。恢复了周一例会制度和重大事项通报制度，对于重大问题由办公会统一决策，具体部署。班子成员能够摆正角色位置，从正确的权力观出发，坦诚以待，正确处理民主与集中的关系，在提交重大议题决策前能先通气、交流，进行充分酝酿和磋商，并自觉服从集体决定，使班子的整体合力大大增强。

三是强化班子大局意识，构建干成事的领导班子。班子成员由于成长经历、理论水平、社会经验、个性特点不同，在一些问题上难免会有一些差异，但都能树立集体观念和大局意识，大事讲原则，小事讲风格，能够相互尊重，相互支持，自觉维护和努力塑造领导班子的整体形象。

四是强化班子创新意识，构建能干事的领导班子。在工作上，要求班子成员要培养思想观念的超前性、考虑问题的全局性、工作方法的科学性和处置问题的合理性。通过实行班子成员每周五集中学习，每次由一名班子成员讲一堂法制或业务课的方式，不断充实自身知识结构，并立足城市管理的实际，着力解决好"堵与疏"的问题，严格执法与文明执法的关系，制度建设与人性管理的协调，等等，创造性的开展工作，提高事先谋划能力，不断提高驾驭全局能力。

五是强化班子带头意识，构建会干事的领导班子。班子成员不仅要在学习和生活上起模范带头作用，在工作上更是要身先士卒，实行了领导分包中队制度，班子成员每天在做完自己手头工作后，都要到各自的分包中队，去指导、督促中队开展工作，在每次的集中行动或迎接检查时，班子成员必须与中队一起，全程参与执法工作。同时，每天还安排2名班子成员，从早7点到晚21点，负责全辖区市容管理督查工作。实行班子成员24小时值班制度，白天要做好当日信访接待、日常公务处理、重点时段的督查等工作，晚上还要住在单位，遇到突发事件，必须在第一时间赶到现场，做好化解、处理工作。

（刘　帅）

【队伍建设】 一是加强思想教育，努力提高全体人员理论水平。围绕"敢抓敢管、严抓严管、善抓善管"主题教育活动，组织全体人员每季度读一本好书，采取以会代训、专题讲座等形式，开展法制培训、城管务实讲座、文明执法讲座等活动10余次，并结合创先争优、"一竞双争"等党建活动，进一步强化执法人员的思想认识，全体人员业务理论水平进一步提高。

二是完善监督制约机制，不断强化全体人员自我约束意识。制度的制定本着"人人都是制定者，人人都是执行者"的原则，充分调动全体执法人员的积极性和参与热情，相继完善出台了《局机动车辆和驾驶员管理规定》《执法工作"十个不允许"和"八个禁止"规定》《行政执法工作规范用语》《执法人员着装管理规定》以及《行政执法人员工作期间禁止饮酒实施细则》等一系列规章制度，并层层落实责任制，局班子成员带头签订承诺书，并将相关规定制作成台卡、名片卡，发放到每名执法队员手中，让大家时刻牢记。通过不断的完善监督制约机制，全体人员自我约束意识显著提高。

三是严格考核奖惩，形成比、学、赶、超的良好工作氛围。在全局推行“月度综合考评”工作，把各中队、科室每月的执法工作、宣传工作、学习情况、队容风纪、内务卫生等工作完成情况，纳入到局综合考评体系，并对考核内容量化、细化，每月评比、奖惩一次，对排前三名的，在经费奖励、人员评先等方面优先考虑，对排名最后的除扣除当月办公经费外，还对中层负责人进行诫勉谈话。同时，开展评选“文明执法标兵和优秀工作人员”工作，每月自下而上推荐评选出文明执法标兵和优秀工作人员各1名，除作为年终评先的优先条件，并对所在科室、中队当月考核时予以适当加分。局中层负责人量化考核细则正在制定当中。通过实行考核奖惩制度，全局良好的工作氛围正在逐渐形成。

四是引入竞争激励机制，盘活人才队伍。根据全局干部的实际情况，在科学考核、全面征求基层意见的基础上，严格按照公开、公正、透明的原则，组织副职岗位竞争上岗。通过层层审核选拔，已有10多名同志被充实到重要岗位任职。按比例对部分人员进行调整轮岗，极大地激发了广大执法队员的工作热情和工作积极性。

五是用情感和信念带动队伍奋发向上。一方面通过开展学习教育、外出观摩学习、评比表彰、队列训练等活动，进一步调整队员心态，缓解队员压力，激发队员活力，开发队员潜能，促进队员积极投身行政执法工作；另一方面通过标准化中队建设，改善工作环境，提高队伍装备，提升科技含量，营造科学化管理、人性化管理的和谐氛围。（刘　帅）

【渣土运输车辆管理】 一是召集辖区内从事工程渣土运输企业负责人，就辖区当前渣土清运管理工作进行座谈，增强其自律性；二是要求渣土运输车辆严格按照规定的时间、地点、线路运输和倾倒，实行全密闭运输，达到无垃圾外露、无遗撒、无扬尘、无高尖车；三是各渣土运输企业严格遵守相关法律法规，做到不偷倒、不乱倒；四是做好渣土运输车辆清洁工作，严禁车轮带泥上路；五是运输路线上派专人负责保洁，如有垃圾遗撒，须在早上6点前自行清扫完毕，否则将按照责任追究制对相关责任人从重处罚。（曲　伟）

【三措施落实文明执法】 一是依法行政、文明执法。中原区紧紧围绕“依法行政、文明执法”这一主题，以“敢抓敢管、严抓严管、善抓善管”主题教育实践活动为载体，努力做到“五个强化”（强化纪律观念，严格依法执法；强化民本理念，做到文明执法；强化责任意识，做到有效执法；强化创新意识，做到创新执法思路；强化求真务实，扬弃旧有执法理念），创新执法理念，改进服务方式，在构筑新载体，开辟新渠道，形成新机制上做文章，不断开创行政执法工作新局面。二是不断加强城市管理队伍建设。加强城市管理队伍建设，提高执法队伍整体素质，是保证城市管理工作得以全面贯彻执行的基础。加强思想教育，开展学习实践活动，努力提高全体人员理论水平；完善监督制约机制，不断强化全体人员自我约束意识；引入竞争激励机制，盘活人才队伍，为队伍建设注入新活力。三是通过创新执法方式、转变执法观念，不断加强执法队伍建设提高队伍整体素质，改变过去机械简单、被动执法的工作方式，营造和谐的执法氛围，树立良好的队伍形象，促进各项城市管理工作顺利完成。

（郑　富）

【四举措督导城市管理整治提升活动】 一是加强领导，成立组织。成立区城市管理整治提升工作指挥部，具体负责城市管理整治提升活动的组织协调，分解任务并下达年度实施计划，定期召开会议，检查工作进度，协调解决问题；负责对整治提升活动开展情况进行监督、督导、评比、排序和考核。二是加强协调，密切配合。要求牢固树立“全局一盘棋”的思想，各司其职、各负其责，认真落实各项工作；要求增强主动参与意识，密切配合、协同作战，加强相互间的支持、配合和协作，及时协调解决工作中遇到的矛盾和问题，确保城市管理整治提升活动顺利进行。三是建立例会制度。每半月召开一次相关会议，要求各单位汇报整治提升活动进展情况、存在问题及需要协调的问题；通报督导结果，解决存在的突出问题，对半月工作情况进行点评，部署安排下一步工作。四是严肃纪律，奖优罚劣。督导组按照整治内容，对各责任单位工作开展情况每月进行一次综合督查。城市管理整治提升活动结束后,根据综合督查结果,对进展快、效果好的单位,按照区政府规定进行奖励;对整治效果差,造成不良影响的单位,要追究主要领导的责任。

(郑　富)

【城市管理整治提升活动】　一是成立组织,落实责任。根据全市城市管理整治提升活动要求,中原区成立了由区长担任指挥长,区委、区人大、区政府、区政协四大班子分管领导任副指挥长,组织、宣传等相关单位负责人为成员的中原区城市管理整治提升工作指挥部,并下设指挥部办公室、综合督导组。二是制定方案,排查问题。结合中原区实际,按照市统一部署,将整治提升活动分成四个阶段开展:10 月 10 日至 10 月 15 日为动员部署阶段,主要工作是各相关单位按照职责,对辖区内城市管理与建设工作中存在的问题进行排查和梳理,建立台账,并拟定整改提升方案。经过问题排查,初步制定了《中原区城市管理整治提升活动实施方案》(共 16 大项、40 项具体工作)、《中原区城乡管理综合考核办法》《中原区城市管理整治提升活动督导方案》《2011 年中原区城市管理整治提升活动工作推进方案》。10 月 16 日至 12 月 25 日为整改落实阶段,针对存在的问题,逐条逐项进行限时整改。12 月 26 日至 12 月 30 日为总结提高阶段,对前一阶段整治工作完成情况进行自查自检,对遗漏问题进行查漏补缺。2012 年 1 月 1 日至 2013 年底为继续提升阶段。三是严格考核,明确奖惩。完善工作考核,制定明晰的考核细则,以整洁、有序、安全、美观为基本标准,研究制定行业的工作标准和规范,建立起涵盖职责分工、督促检查、考核评价等内容的制度体系。加大工作督查,采取定期与不定期、明查与暗查等相结合的方式,对各单位工作行督查、指导,并参考郑州市数字化指挥中心、领导批示、ZZIC 督办、媒体曝光等情况,对各单位进行评比和考核。加大资金投入,区政府将拿出不低于 1000 万元财政资金,设立城市建设应急基金和城市管理提升奖励基金,对措施得力、整治成效明显的单位进行奖补;对那些推诿扯皮、工作不力、成效不明显的,将严格予以责任追究。　(郑　富)

【综合治理户外广告】　一是完善户外广告设置规划。充分征集广大市民、广告经营企业、社会团体等户外广告设置规划的意见和建议,完善户外广告设置规划方案;规划方案包括户外广告设置详细规范,具体到点位、形式、尺寸、材质等,全面提升户外广告的设置标准。二是加强广告问题综合治理工作。由领导小组统筹协调,由各相关单位参与,对广告问题开展综合治理,内容包括治理违法设置的户外广告、治理户外广告不和谐内容、协助市有关部门治理公交站牌、候车亭、出租车停靠站等违法设置广告。三是加强户外广告设置审批和监管工作。对新设置的户外广告严格审批程序,做到审批规范化、程序化、经常化。在加强区级行政监管的基础上,发挥行业自律和社会监督作用,引导广告公司相互监督,对违法设置和不按规范设置的广告企业进行登记备案,建立诚信档案。四是加强户外广告设置市场化运作。借鉴发达地区户外广告设置管理先进经验,实行户外广告位有偿使用,推行市场化运作,公开出让户外广告位经营权,户外广告位由广告经营企业有偿使用。收入部分专项用于户外广告设置管理等工作。五是建立户外广告管理长效工作机制。区级管理部门按属地管理原则,负责区级管理道路户外广告日常管理工作和监督工作,加大违法广告查处和监管力度,杜绝私设、乱建广告的现象,保护合法经营者的权益,建立稳定有序的广告市场秩序。督促户外广告设置者加强日常维护,保持整洁,外形美观清新,与周边环境相协调,确保辖区无非法、过时过期户外广告存在,对破旧、残损、倾斜的及时维修更新,户外广告完好率达到较高水平,户外广告无安全隐患及事故发生。

(郑　富)

房地产管理

【概述】　2011 年,中原区房产管理工作积极履行房产管理、廉租住房、物业管理、住房制度改革、经济适用房管理、私房租赁管理、房地产行政执法和法制工作及城市防汛、房屋安全等行政职能,坚持抓业务提高服务水平、抓管理提升服务意识的工作

做法，围绕中心、狠抓重点、真抓实干，使住房保障和房产管理工作达到快、稳、准、实。（时红建）

【公有房屋的租金收缴】 2011 年，区房管局管理的公有房屋中，住宅房 2572 户，建筑面积 142454.8 平方米，截至年底累计收租金 2745004.50 元；非住宅房 76 户，建筑面积 8275.1 平方米，截至年底累计收租金 2476208 元。

（时红建）

【公有房屋的维修】 2011 年，区房管局完成翻建房屋 307 平方米，大修房屋 13569 平方米，修缮费用 1135095.4 元；小修工程 1205 处，修缮费用 26.8 万元；维修合格率 100%。翻建郑上路 118 号平房，完成了危房的解危工作。

在翻建及大中修工程中，区房管局按照工程招投标程序，及时绘制施工图纸，编制工程预算，签订修缮合同，严格使用合格的防水卷材及上下水管材，严把施工质量，延长了维修工程的耐久年限，使国有资产得到了增值、保值。（时红建）

【安全生产工作】 2011 年，区房管局加强安全生产管理，建立健全了各项房屋安全、消防制度，加大对安全生产的检查和督导力度。多次组织相关科室对所管理的各类房屋进行安全、消防大排查，查找安全事故隐患，建立安全档案，并督促安排相关人员进行整改，做到了“定人员、定项目、定时间”，采取一切手段把隐患消除在萌芽状态。在全国第十个安全生产月活动中，区房管局积极开展“全民安全教育日”宣传咨询活动，并对所辖公房中的餐馆、游乐厅等人员密集场所进行安全、消防排查，将隐患及时上报区消防大队并下发限期整改通知，督促按期整改到位，确保房屋及人员的安全。

（时红建）

【城市防汛】 2011 年，区房管局成立了防汛工作领导小组，召开防汛动员大会，制定防汛抢险预案，准备足够的防汛物资，成立 2 个防汛抢险队和 1 个后勤队，严格落实领导带班制、24 小时值班制度、危险房屋监护人制度和汛情上报制度等，确保房屋安全度汛。汛前对管辖的所有房屋进行拉网式大排查，对排查出的 7 处危漏房采取相应的防范措施，安排专人进行监管。

位于中原区互助路 38 号院 50～53 号、56～59 号两栋直管公房是郑州市第二批挂牌督办的十大安全隐患之一，经相关部门鉴定为 D 级危房，不适合居住。8 月 6 日，市委书记连维良亲自到现场察看，做出了立即落实群众搬出危房的指示。区房管局立即组织工作人员入户宣传动员，逐户做工作、签订协议、发放过渡费。经过认真细致的工作，8 月 15 日，97 户居民全部搬出危房，按时完成了危楼的封闭工作，确保了人民群众的生命和财产安全。（时红建）

【廉租住房审批】 2011 年，区房管局认真受理辖区低收入住房困难家庭的廉租住房保障申请、审核及年审等工作。全年受理廉租住房租赁补贴申请 1915 户，报送市房管局审批 1701 户，1679 户已取得廉租住房保障资格，纳入廉租住房保障范围；对辖区期满保障对象进行年审，有 590 户家庭因收入变化、购买房屋等原因，不再符合廉租住房保障条件，退出廉租住房保障序列。

全年中原区实际保障户 6624 户，其中发放租赁补贴 6391 户，实物配租 233 户，共发放廉租住房补贴 13864801 元。（时红建）

【物业管理】 一是物业管理纳入社区建设工作有效推进。建立区、街道、社区“三级联动”工作机制和社区居委会、业主委员会、物业服务企业“三位一体”工作平台，物业管理组织机构、街道办事处工作人员配备到位，职能及分工明确，联动机制、联席会议制度正常运行，行业监管到位，考评体系完善，为物业管理纳入社区建设工作打下坚实的基础。

二是保持良好的物业服务状况。住宅小区物业管理覆盖质量提高，覆盖率达 98% 以上。辖区改造的 50 个老旧小区已基本完工，正在积极筹备物业管理覆盖工作。

三是物业管理政策法规宣传引导有效。组织人员深入社区进行宣传，讲解物业管理的相关政策法规和常识，发放宣传资料，使广大业主对物业管理的认识和理念得到了提升，参与物业管理的意识增强。业主大会筹备成立及业主委员会换届改选、日常运行工作有序进行。

全年办理企业动态考核98家，项目考核236个，预评审验中原区物业服务企业申报省、市级示范项目(大厦)9个，办理物业项目区域划分，受理申请成立业主委员会6个，处理投诉、调解纠纷52起。区房管局在创建文明城市工作中，督导检查物业服务企业88家、物业管理小区130余个，物业管理小区创建文明城市达标率100%。(时红建)

【私房租赁】 2011年，区房管局健全完善管理规章制度，严格租赁审批程序，不断加强工作人员自身学习和业务技能培训，逐步拓宽管理渠道及管理区域。先后4次走上街头向群众宣传私房租赁管理政策，发放租赁宣传资料及图册。改进服务质量，变收费型服务为主动上门服务。为方便辖区租赁户，在郑州房产租赁信息网上发布租赁信息289条。截至年底，管理15480户，管理面积490954平方米，收缴房屋租赁手续费647668元。(时红建)

【办理房改产权证】 2011年，区房管局工作人员认真做好政策解释与咨询工作，积极为住户办理房改产权证，已完成126户直管房产和35户自管房产的办证工作。(时红建)

【经济适用房工作】 2011年，中原区房管局深入辖区宣传经济适用住房政策，发放宣传页，积极办理相关手续，使符合条件的群众更好地受益于政策，尽快解决住房困难问题。截至年底，共收申请资料5800份，审核输入4707份，其中不合格退回793份，待审核300份。

10月9日，经济适用房上市交易补差款开始办理，截至年底，受理经济适用房补差款申请442份，审核合格办理412份，不合格退回30份。

(时红建)

【党风廉政建设】 一是健全制度，加强管理。结合区房管局实际，印发党风廉政建设工作意见，制定党风廉政建设责任制岗位职责和加强廉洁自律的有关规定，明确工作目标，规范工作程序，增强责任制的可操作性和有效性。同时，把党风廉政建设责任目标分解到各基层单位，分工明确，责任到人。

二是强化学习，加强教育。结合创先争优和深化拓展领导干部"一竞双争"活动，制定详细的学习计划，每周组织收看《先锋之歌》节目，以杨善洲、李文祥等先进人物为榜样，激励广大党员干部干事创业的积极性和主动性。要求全体干部职工撰写党性分析材料，提高干部职工的思想政治素质，增强防腐拒变的能力。

三是积极推进队伍建设年活动。按照《中原区房管局"队伍建设年"活动暨服务保障现代化城区建设工作方案》要求，区房管局纪检监察人员结合自身实际，重点对照诚信缺乏症、思想浮躁症、学习淡化症、服务冷漠症、效率低下症、本领恐慌症、信念淡薄等"八病缠身"问题，认真查找不足，深挖思想根源，归纳梳理，形成了自查报告。同时，在自查的基础上找原因、提建议，汲取经验教训，自觉改进提高。

四是积极开展"党建活动月"活动。区房管局开展"党建实践活动月"征文活动和庆祝建党90周年演讲比赛，积极参加市住房保障和房地产管理局和区委、区政府组织的庆祝建党90周年文艺演出。组织党员志愿者服务队，开展"服务进社区"活动，为分包社区打扫卫生，为辖区群众提供维修服务。(时红建)

【政风行风建设】 2011年，中原区房管局成立了行风建设领导小组，认真贯彻落实工作责任制，实行一把手负总责，分管领导具体抓，一级抓一级、层层抓落实的工作局面。同时保证每月至少召开一次形势分析会，根据工作形势提出阶段性工作任务和要求，确保行风建设工作扎实有效的开展。不断强化各科室工作人员的服务意识、大局意识、责任意识、效率意识和依法行政意识。全方位、多层次地宣传行风建设工作的重要意义、工作动态和工作成效，使行风建设工作的理念深入人心。把行风建设工作逐一分解，明确任务，落实责任，严格考核。对完成工作任务、成绩优异的科室和个人，给予表彰奖励；对工作任务完成不好，造成不良影响的，实施责任追究，严肃纪律。以窗口为重点，针对办事效率、服务质量、工作程序、依法行政等情况，大力开展明察暗访活动，总结宣传先进典型，及时发现存在的问题，提出整改要求，促进作风转变。4月初至6月底，开展以“转变作风、提高效率、关注民生、服务发展”为主题的活动，进一步健全了全局的工作标准、工作规范和考核机制。通过建章立制，自觉约束和规范行为，使全局干部职工做到令行禁止，确保政令通畅，有力地推动各项工作的有序开展。（时红建）

国土资源管理

【概述】 2011年，中原区国土资源管理工作坚持以科学发展观为统领，以开展“两整治一改革”（即土地和矿业权交易市场专项整治、整纪纠风专项整治，深化国土资源管理制度改革）专项行动为契机，以深化改革、狠抓落实为着力点，紧紧围绕中原区跨越式发展中心，解放思想，真抓实干，较好完成了各项工作任务。（刘　刚）

【基本农田保护】 2011年初，中原区为全面落实最严格的耕地保护制度，严守基本农田“红线”，区政府主要领导认真履行第一责任人责任，分别与须水镇政府和航海西路街道办事处签订了基本农田保护目标责任书，进一步明确了各级的保护责任。同时，建立健全了区、乡、村、组四级保护网络，加大定期分级巡查力度，完善基本农田保护台账，并严格按照要求做好了各级2010年和“十一五”期间耕地保护目标责任检查的准备、迎检工作。2011年底全区有区级基本农田公示栏1座，乡级基本农田公示栏2座，村级公示栏10座，地块级保护牌196块。全区基本农田面积稳定在目标任务内。（刘　刚）

【卫片执法检查】 2010年第十一次国家卫星遥感监测系统在中原区拍摄到108块图斑，涉及土地面积1735.5亩，涉及宗地数77宗。其中，合法用地图斑29块，宗地数18宗，面积1198.2亩，占用耕地798.74亩；违法用地图斑35块，宗地数33宗，面积244.9亩，占用耕地面积32.6亩；实地伪变化44块，宗地数26宗，面积292.4亩。中原区违法占用耕地面积占新增建设用地占用耕地面积的3.92%。

结合卫片执法监察工作，加大日常巡查工作力度，共下乡巡回检查220余次，下达《责令停止土地违法行为通知书》及《停工通告》300余份。2011年处理各类土地违法案件65宗，其中，下达行政处罚决定的61宗，涉及土地面积448.9亩。向中原区人民法院申请强制执行案件5批次，共65宗；向郑州市财政局公物仓申请移交罚没建筑物58宗；对涉嫌国土资源犯罪案件符合移送条件的9宗进行了移送；涉嫌国土资源犯罪案件已向郑州市国土资源局申请鉴定土地破坏程度的案件1宗，也按程序分批移送公安机关。（刘　刚）

【服务重点工程（项目）】 2011年，区国土资源管理局紧紧围绕重点工程建设，充分发挥职能优势，有力地推动了重点项目建设的顺利进行。截至年底，已完成中国家居CBD郑州产业园、罗蒙服饰生产基地、郑州水业科技发展有限公司、郑州金阳电气有限公司、机械工业第六设计研究院和郑州机械制造加工园标准化厂房等项目用地报批工作，石武铁路客运专线、南水北调、郑少高速连接线、郑州轨道1号线一期工程等重点工程用地工作正在积极推进。（刘　刚）

【2010年土地利用变更调查建库】 2011年，区国土资源管理局为按时完成全区2010年度土地变更调查与遥感监测工作，准确及时客观掌握2010年全区土地利用现状和变化情况，保持全区第二次土地调查成果的现势性，依据国土资源部、省国土资源厅和市国土资源管理局文件精神，结合上级有关要求和中原区具体情况，完成了2010年土地变更调查成果建库工作并上报。同时，集中精力做好中原区2010年疑问图斑核查工作，其中“批而未用”（PJ）图斑2块、批准本年度建设（B）图斑16块、监测疑问图斑58块，确保土地变更调查成果的真实

性和准确性，为建设用地审批、农用地转用提供重要依据。（刘　刚）

【新一轮土地利用规划图准备工作】 2011年，区国土资源管理局根据全市规划修编工作安排，在规划文本及成果已被市政府批准的基础上，积极准备做好新一轮土地利用总体规划图备案的前期准备工作。（刘　刚）

【信访稳定】 2011年，区国土资源管理局受理群众来访45件。其中京转案件（含国土资源部和国家信访局交办）7件，市国土资源管理局转办6件，市、区信访部门交办8件，直接受理24件。受理的群众信访件中，来信20件、来访24件60人次，共立案19件，年底前已结案17件，另2件正在调查处理。（刘　刚）

【地质灾害防治】 2011年，区国土资源管理局根据汛期特点，结合中原区地质灾害防治工作重点，积极行动，组织专人对辖区地质灾害隐患进行详细排查，确定地质灾害隐患点。同时，制定地质灾害防治和救灾应急预案，发放防灾明白卡和防灾避险卡172份，维护和加固4处防灾警示牌，落实防灾责任制及检测责任人，并建立完善了四级救灾工作机制和网络，充分做好了各项防范工作。

（刘　刚）

【普法宣传活动】 2011年，区国土资源管理局采取张贴宣传标语、设立咨询台、流动宣传和送书下乡等形式，广泛开展国土资源普法宣传教育活动。在“6·25”全国土地日宣传活动中，先后展出宣传展板10余块，开展集中宣传3次，张贴标语横幅20余条，发放宣传资料和书籍200余份。通过开展集中宣传教育活动，进一步提高了全区广大干群对国土资源政策法规的认识，为国土资源管理工作的顺利开展营造了良好氛围。（刘　刚）

【政务公开】 2011年，区国土资源管理局积极推行“窗口办文”，制定出台农村宅基地审批流程图、办理建设用地流程图，坚持办事程序、收费标准、收费依据、办结时间“四公开”的政务公开制度，方便群众办事，接受群众监督，打造“阳光工程”。同时，完善出台了服务承诺制、首问负责制、错案追究制、限时办结制和行风评议责任追究制等规章制度。（刘　刚）

【登记发证】 2011年，区国土资源管理局继续深化土地使用制度改革，推进城镇住房登记发证工作，共发证2328户，其中新登记发证1325户，办理过户82户，办理个人补证121份，并针对老、弱、病、残人员实行送证上门5次；办理宅基地登记发证392宗，其中新登记发证182宗，变更登记发证210宗。（刘　刚）

环境保护

【概述】 中原区按照省、市政府批转的《2011年环境综合整治实施方案》，结合实际，建立健全联合协调机制，统一行动，针对饮用水源地保护区内污染问题，以及建筑垃圾、生活垃圾污染环境等群众关心的热点问题，在西流湖、常庄水库、贾鲁河、索须河周边沿线全面深入开展环境综合整治活动，大大改善了辖区水环境质量，中原区城区环境质量和农村环境功能均有显著提高，郑州市城市环境综合整治在全国城市环境整治考核中稳居全省第一。

（何明哲）

【巩固治理大气污染成果】 一是杜绝燃煤小锅炉反弹。中原区探索建立了长效管理工作机制，把燃煤小锅炉逐台责任到人，层层分包，逐级落实，做到人人肩上有担子、手中有任务，每周重点检查，每半月小检查，每月大普查，做到反复抓、经常抓，发现反弹，坚决取缔，决不手软。加大对嵩山饭店3台燃煤大锅炉拆除工作的督促协调力度，1台4蒸吨燃煤锅炉改制使用燃气蒸汽锅炉，1台6蒸吨燃煤锅炉改制使用生物质燃料锅炉，剩余1台燃煤锅炉已停止使用。

二是大力开展无燃煤区工作。2011年新建无燃煤区1.5平方公里：秦岭路以东、伊河路以南、桐柏路以西、汝河路以北。在全区范围内开展了餐饮业油烟治理示范工程,7 家饭店通过市环保局考核验收。

三是加大对建筑工地扬尘治理力度。紧密结合国家卫生城市复审工作,建立由区城乡建设局牵头、多部门参与联合执法机制,统一行动对建筑工地进行治理,基本实现了封闭施工、净车出入、密闭运输,有效遏制了建筑工地扬尘现象。

四是大发展推动环境大建设。中原区三环以内 85% 以上的居民、企业、饭店、学校使用了清洁能源(电、油、天然气、煤气),85% 以上的家庭和单位实现了集中取暖,烟尘控制区实现了城市全覆盖,达标率 100% 。95% 以上的施工单位被强令封闭作业,修建了防尘墙、防噪墙。严查焚烧生活垃圾和工业废弃物,对特殊行业固体废物特殊监管,环境治理和监督检查巩固了发展的成果,中原区的大气环境质量有了根本改善。 (何明哲)

【水污染防治】 中原区严格按照《郑州市城市集中式饮用水水源地环境保护规划》《郑州市人民政府关于强化饮用水水源地环境保护专项整治的通知》要求,对辖区内常庄水库等饮用水源地及周边地区进行严格管理。中原区一级、二级保护区内需搬迁村庄和建设项目共 89 家,其中一级保护区内需搬迁 21 家,2011 年已完成 16 家,2012 年底需完成 5 家;二级保护区需搬迁 69 家,2011 年已完成 37 家,2012 年底需完成 30 家,2013 年底需完成 1 家。加强西流湖沿岸排污口治理,累计投资 4000 余万元,铺设管道 7. 8 公里,完成工程管道铺设总量的 80% 。 (何明哲)

【生态环境保护】 开展市级生态文明村创建工作,须水街道办事处的天王寺村村容村貌焕然一新,基础设施建设完善,已完成创建工作。“三秋”“三夏”严禁焚烧秸秆,禁烧率 100% ,实现了“不着一把火、不烧一棵树、不冒一股烟”的工作目标。中原区被市政府评为秸秆禁烧先进单位。

(何明哲)

【危险废物和辐射环境管理】 2011 年,中原区对辖区内 4S 店产生的废物和转移情况、医疗单位产生的废物及转移情况进行了督查,情况良好,未发现有不依法进行处置的现象。

按照市环保局的统一部署,对辖区使用辐射装置的单位进行项目“三同时”验收,24 家单位上报验收资料。 (何明哲)

【深化工业污染防治】 一是组织多个部门对 2005 年以来综合整治中关闭或治理企业进行排查,确保整治效果。在全区范围内开展对含重金属工业企业的排查,对重点工业企业进行严格监管。

二是落实省、市重点区域、流域环境综合整治通知精神,严肃查处违法企业,切实保障人民群众的环境权益和身心健康。对西流湖、贾鲁河、常庄水库、须水河沿线的村庄、工业园区进行了拉网式的清查、排查。累计出动执法车辆 220 台次,参加排查人员 500 余人次,排查企业 218 家,立案查处违法案件 12 家。

三是坚持从严审批,从源头上控制和监管污染源。全年审批新建项目 222 家(其中登记表 94 家、报告表 128 家),年审企业 248 家,验收并下发排污申报 73 家。坚持实施每周不少于 2 次现场检查,对重点企业累计现场检查 240 余次。通过有效督导检查,辖区重点企业污染防治设施正常运行率达 95% 以上,污水处理达标率 98% 以上,有效控制并降低了水、大气污染排放量。“环评”和“三同时”执行率达 100% 。 (何明哲)

【环保法制建设】 2011 年,中原区环保执法人员在办案时把“服务—管理—执法”的指导思想贯穿到环保工作的全过程,做到立案迅速、调查及时、处理公正、结案认真、及时反馈,把矛盾化解在基层。全年办理人大议案 3 件,政协提案 3 件,已全部办结;受理市信访转办件 40 件,市“12369”转办件 16 件,均已调查处理完毕,分别向上级主管部门和投诉举报人进行了反馈,反馈率 100%,满意率 100% 。全区未发生由环境问题引起的群体性事件、集体上访、恶性缠访事件。环保监察执法保持了 20 多年没有出现行政复议、行政诉讼和败诉案件，为全区建设和谐社会和经济建设作出了贡献。

（何明哲）

【环保宣传教育】 中原区按照省市环保局的要求，组织开展了环保大接访3次，现场累计受理群众投诉6件，出动人员80余人/次，宣传板10块/次，悬挂横幅15条，发放宣传手册3000余份。组织各街道办事处开展了“6·5”世界环境日集中宣传活动，累计发放环保宣传手册2000余份，展出环保知识、创模知识展板60块，悬挂宣传横幅30条。接受群众咨询10余次。编发各类环保简报、信息20余篇。组织辖区相关企业工作人员及局各科室人员观看宣传教育片《河长》。选出环保义务监督员344名。参加郑州市组织的生态环境知识竞赛，在全市15个代表队激烈竞争中获得集体二等奖。

（何明哲）

【绿色创建】 2011年，中原区开展了创建绿色学校、绿色社区、绿色家庭工作，新创建绿色社区2家，分别是昆仑社区、五一社区。（何明哲）

【监管常西湖周边企业】 一是加大夜间对企业的巡查力度。成立暗查组，实施24小时监管，同时继续进行排查整治，进一步摸清企业底数，对没有环评手续，非法排污企业坚决予以取缔。二是明确分包责任。区环保局会同有关街道办事处，对辖区内企业进行责任分包，实行分包人和企业挂钩，责任到人，奖惩分明，实施共同监管。三是对污染排污企业组织搬迁。对已实施关闭的企业，做好思想教育和动员工作，会同村、组人员督促企业实施搬迁，从源头上根治企业非法排污。通过排查企业和对违法排污企业实施依法关停，常西湖周边环境得到明显的改善。（郑　富）

旧城(棚户区)改造

【概述】 2011年4月，成立中原区旧城(棚户区)改造工作领导小组办公室(简称旧城改造办)，具体负责全区旧城(棚户区)改造工作的实施。2011年，中原区旧城、棚户区改造累计完成拆迁面积8.62万平方米，新建建筑面积19.73万平方米，其中郑煤机家属院棚户区一期改造项目3栋住宅楼年底顺利完工，成为郑州市棚户区改造第一个交房项目。

（李　郁）

【建立制度】 2011年8月中旬，按市委工作部署的要求，建立了区委常委分包棚户区改造项目的工作机制，同时按属地管理的原则，进一步明确了项目所在街道的任务，充分发挥领导的指导协调和街道主体作用，为项目实施提供强劲助力。同时建立周报、月报制度，畅通信息渠道，密切关注项目进展情况，及时发现问题，协调相关部门尽快解决。

（李　郁）

【项目推进】 郑州第一棉纺织厂改造项目，需拆除一栋教育培训楼，因用于安置原职工医院，涉及国有资产核销、程序繁复等原因，历经两年仍无进展。旧城改造办成立后，在市、区有关领导的支持下，多次与相关多个部门沟通协调，2011年7月份将其拆除，为项目的实施打开了通道。

郑州热电厂电厂南路改造项目，在文物勘探时发现文物遗迹，需要进行考古发掘。为在完成考古发掘的同时，尽可能加快工程进度，分包领导积极协调，旧城改造办及时跟进，在相关部门的大力支持下，仅用不到一个月的时间，就完成了发掘任务，并根据企业实际困难，减免了部分费用，极大地推动了项目的顺利进行。

六厂前街改造项目，东临郑棉六厂前街，西临电厂生活区，南临五公司空调设备厂，北临棉纺西路，占地20.7亩，拆迁面积1.6万平方米。因原单位破产后无力改造，经多方协调提出“将锦艺·国际花都项目与六厂棚改项目捆绑建设保障性住房，由锦艺集团注资改造”的方案在市政府常务会议上审议，市政府已批示同意改造方案，六厂前街改造的“难题”有望得到解决。（李　郁）

【全面梳理旧城改造遗留项目】 2011年下半年，中原区为更好地推进旧城改造，按市相关文件精神，对旧城改造遗留项目进行了逐一梳理，对按时间节点完成拆迁的项目予以保留推进；对没有按时间节点完成拆迁的予以退出，待新的旧城改造管理办法出台后，视实际情况，再行申报。（李　郁）

城中村改造

【概述】 中原区城中村改造工作始于2004年，主要以中原区城中村改造指挥部名义开展工作。为快速推进中原区城中村改造工作，区委、区政府于2011年4月成立中原区城中村改造工作领导小组办公室。2011年，中原区有26个城中村，其中西三环内有18个、西三环两侧有3个、西三环外有5个，已开始进行城中村改造的有20个，已纳入郑州市城中村改造计划的村庄有17个。（惠天宇）

【城中村规划】 2011年，中原区城中村控制性详细规划已批复的村（组）有12个，分别是小岗刘村、冉屯村、周新庄、罗庄、密垌村、石羊寺第一村民组、朱屯村一期、三官庙村一期、李江沟村、闫垌村北卧龙岗、柿园村白庄、北陈五寨村；修建性详细规划已批复的村（组）有5个，分别是小岗刘村、冉屯村、柿园村白庄、南陈五寨村一期、周新庄村万达项目；正在编制修建性详细规划的村（组）有3个，分别是柿园村东陈五寨、闫垌村北卧龙岗、孙庄；修建性详细规划正在审核的村（组）有4个，分别是罗庄、石羊寺第一村民组、朱屯村、南陈五寨村二期。冉屯村调整后的控制性详细规划已公示。

（惠天宇）

【办理土地手续】 2011年，中原区城中村已完成土地招、拍、挂的村庄有5个，分别是小岗刘村、南陈五寨村、周新庄、罗庄、冉屯村；已办理国有土地证的村庄有9个，分别是小岗刘村、南陈五寨村、岗坡村、朱屯村、北陈五寨村、周新庄、罗庄、冉屯村、董砦村；土地征收报批资料已上报市国土局待批的村（组）有5个，分别是密垌村、三官庙村、柿园村白庄、石羊寺第一村民组、李江沟村；正在进行土地工作的村（组）有3个，分别是旭岙王村、闫垌村北卧龙岗、林山寨村。（惠天宇）

【试点村推进】 按照市政府要求，试点村改造围绕“政府主导、规划引领、交通先导、安置先行”的原则进行，区政府成立的中原城市开发建设投资有限公司具体运作，开发企业注资参与，改制、安置先行的模式进行改造，探索出一条路子或成功的经验，确保群众利益最大化，为今后的改造工作全面开展打下基础。

根据市政府新的城中村改造指导精神，中原区2011年确定的第一批试点村有3个，分别是孙庄、李江沟村、闫垌村北卧龙岗，其中李江沟村、闫垌村北卧龙岗控制性详细规划已经市政府批复，孙庄村控制性详细规划方案已公示，3个村庄的土地征收报批工作正在进行中。（惠天宇）

合村并城

【概述】 2011年4月，成立中原区“合村并城”新农村建设工作领导小组办公室（简称合村办）。合村并城是新型城镇化的重要组成部分，是改善农村生产生活环境，提高土地使用率，实现产城融合的重要举措。积极探索不以牺牲农业和粮食、生态和环境为代价的“三化”（即工业化、城镇化与农业现代化）协调发展的路子，是中原经济区建设的核心任务。合村并城后将解决农村村庄建设缺乏统筹考虑，村庄与工业混杂布局，流动人口较多，社会管理滞后，社会不稳定因素增加，基础设施和社会服务设施不完善，供求矛盾突出，大型基础设施和项目建设数量多，造成与中心城区空间分割，村庄建设与生态保护矛盾突出等问题。合村并城后将形成教育设施、医疗卫生设施、文化体育设施、市政设施等完善的公共服务设施，为居民提供优质、便捷的服务，纳入郑州市城市管理范畴，进行城市化管理的新型社区，节约了大量用地，实现农民就地就业安置。（周明生）

【摸底调查村庄现状并确立规划原则】 中原区合村并城工作的区域范围为中原区行政辖区内城市建成区外、城市规划区内，共涉及须水街道、西流湖街道和航海西路街道的22个行政村、85

个自然村。合村办对区域范围内的村庄现状进行了摸底调查,对各村的户数、人数、土地面积及土地使用情况等基础数据进行了分类汇总、登记造册,为合村并城工作的顺利开展建立健全了基础资料和数据。

中原区“合村并城”空间布局规划设计原则:以“三化”协调,城乡统筹示范;优化空间,生态休闲宜居;三区管制,以土地节约集约为目标,节约集约利用土地;规划协调;特色鲜明;公共参与;方便生产生活;可持续性等。以生态宜居为主要功能,以高端商务、康体休闲、商贸物流、旅游度假、衔接制造为五大配套功能,建设舒适健康的宜居新区、安全持续的生态新区、活力多元的休闲新区。 (周明生)

【赵仙垌合村并城项目】 赵仙垌村位于中原区西流湖街道西南,西四环与航海路(打通中)交会处,下辖3个村民组,农业户175户,农业人口660人,集体土地总面积868亩,其中建设用地面积450亩、村民住宅用地面积98亩、农用地面积320亩,村民住宅建筑面积9.5万平方米。赵仙垌合村并城(盛世天地城)项目于2011年5月19日举行奠基启动仪式。由河南温氏置业和台湾鸿龙集团计划投资15亿元,采取先安置、后拆迁的方式,用3年时间完成开发建设。合村并城后形成的赵仙垌社区,是一个占地面积45亩,以现代农业为基础,发展都市型休闲农业,增进市民对农业及农村的体验为目的的复合型休闲生态社区,可容纳2074人,并可节约用地79.2亩。

项目按照土地利用总体规划,以建设用地增减挂钩为平台,对村庄田、水、路、林、村民住宅进行土地综合整治,将土地整理复耕开发与土地增减挂钩合二为一,实现保护耕地,村庄改造与新型农村社区建设同步推进。项目根据城乡建设用地增减挂钩和土地综合整治政策的要求,办理土地增减挂钩及利用规划手续,已编制完成城乡建设用地增减挂钩项目实施规划,并报省国土资源厅审批。项目总规依托须水小城镇规划,控制性详细规划委托郑州市环境艺术规划设计研究院编制。项目前期,由项目开发商投入拆迁安置,通过节余安置楼出售、租赁等方式获得收益,同时,利用节余用地作为新型复合休闲农业开发,进一步获得收益和招商投资。

区委、区政府对该项目高度重视,成立了以王东亮为指挥长、工泰峰为常务副指挥长、徐卫东和张宏伟为副指挥长,各相关局委负责人为成员的项目建设指挥部。项目已列入郑州市试点项目和省重点项目工程。截至年底,安置区附属物已拆迁完毕,场地土地已平整,临时施工围墙已拉起。 (周明生)

【桐树王试点项目】 桐树王行政村隶属须水街道,位于中原路与南水北调干渠以南、西四环以西、马寨镇以北,由桐树王、大孟、小孟、燕沟、耿庄5个自然村9个村民组组成,耕地面积3270亩,村庄占地面积1050亩,人口3970人;建筑面积35万平方米,辖区大小企业45个,占地面积约300亩,建筑面积15万平方米。项目为金马凯旋家具CBD项目拆迁安置区,位于“郑州商贸宜居城”规划区,选址位于西四环以西、规划中的陇海西路以南、马寨镇以北,项目一期总投资23亿元,占地约400亩,建筑面积79.9万平方米。合村并城后形成的桐树王社区,是以家居商贸业、物流业等为产业支撑,占地面积262.5亩的复合型生态社区,可容纳11525人,合村并城后节约用地555亩。截至年底,桐树王村试点项目控制性详细规划已委托郑州市规划勘测设计研究院编制完成,修建性详细规划已委托郑州大学综合设计研究院进行设计。一期安置区建设用地已上报土地部门调整为规划建设用地,已聘请土地测绘部门进行土地边界卫星定位。项目已列入郑州市试点项目和省重点项目工程。 (周明生)

【三王庄试点项目】 三王庄行政村隶属须水街道,位于中原路两侧、西四环以西,由三里庄、庙沟、三孔庄、三王庄4个自然村5个村民组组成。三里庄人口557人,由于南水北调干渠建设,拆迁了2/3村民住宅。三孔庄与庙沟2个自然村,有2个村民组,人口830人,由于金马凯旋家居CBD项目建设,占用了两村庄所有基本农田可耕地。由于南水北调干渠建设拆迁户急需安置,金马凯旋家居CBD项目建设占用农民耕地。项目已列入郑州市试点项目和省重点项目工程。合村并城后的三王庄社区可容纳6106人,占地面积138亩,社区产业以家居商贸业、物流业、生态休闲业、景观地产业为主,合村并城后节约用地384亩。

(周明生)

2012 中原区年鉴

ZHONG YUAN QU NIAN JIAN

经济管理与监督

发展改革和统计

【概述】 2011年,中原区发展改革和统计工作认真实施区第十四届人民代表大会第六次会议批准的国民经济和社会发展“十二五”规划和年度计划,抢抓中原经济区建设带来的重大机遇,积极服务郑州都市区建设,凝神聚力,锐意进取,开拓创新,奋发有为,继续保持全区经济社会的良好发展态势。 （冯 超）

【发展改革工作】 2011年,区发展改革统计局一是协调市发改委,积极争取国债资金和省、市政策性资金,服务全区经济建设。认真做好项目审批、备案工作。二是做好项目联审联批工作。2010年5月,河南省发改委进行投资项目备案体制改革,下放备案审批权限,由区级发改部门作为备案机关受理项目备案,由市级发改部门进行复核。区发展改革和统计局严把项目质量关,搞好项目咨询服务,简化办事程序,提高办事效率,认真做好项目审批、备案工作。2011年中原区新开工项目117个,其中备案项目107个、立项10个。 （冯 超）

【全力推进重点项目建设】 2011年,中原区继续实行重点项目建设责任制,进一步强化周例会、月通报等工作制度,大力推进联审联批工作,积极与上级部门沟通协调,将锦艺国际轻纺城项目、郑州金阳电气有限公司整体搬迁改造项目、罗蒙服装生产基地项目、焦作隆丰皮草瑞驰有限公司毛皮深加工项目和机械工业第六设计院高科技信息园项目列入省重点建设项目。积极协调郑州市儿童福利院二期等项目建设过程出现的阻工行为,为项目建设营造良好环境。2011年,中原区有省、市重点项目28项,总投资额2352.55亿元,年度投资目标为406.9亿元。其中第一批省重点项目11项,总投资额2231.99亿元,年度投资目标393.85亿元;第一批市重点项目9项,总投资额34.4亿元,年度投资目标11.88亿元;第二批省重点项目5项,总投资额52亿元,年度投资目标1亿元;第二批市重点项目3项,总投资额4.56亿元,年度投资目标1亿元。列入市政府大项目办考核项目18项,总投资额为397.51亿元,年度投资目标14.95亿元。全年预计完成投资22亿元,完成年度投资目标的147.16%。郑州市档案馆新馆已具备交付条件;万达广场项目大商业已开业,住宅正在装修中,外保温正在进行;郑纺机新纺机附房一层开始浇筑混凝土,一联厂房钢结构完成70%,二联准备安装柱子,研发楼准备开工;中国家居CBD郑州产业园等项目正在积极推进中。 （冯 超）

【节约能源】 2011年,中原区高度重视节能减排工作,积极开展节能宣传月活动和节能灯推广工作。认真研究新的能源核算方法,主动到主要耗能企业进行调研,更好地掌握全区耗能情况和发展趋势。重点做好节能灯推广工作,从居民绿色照明领域推进全区节能。 （冯 超）

【统计信息化建设】 2011年,区发展改革和统计局结合“四大工程”(基本单位名录库、数据采集处理软件系统、联网直报系统、企业一套表制度)建设,构建安全与稳定运行的计算机应用平台,为统计科学发展提供有力支撑。打造全方位的系统网络运行监测和应急机制,为系统网络的稳定与安全运行奠定扎实的基础。全面开展街道办事处统计信息化建设培训工作。升级改造了网站布局,理顺区发展改革和统计局在区政府网内投放信息的渠道。 （冯 超）

【普查和调查】 2011年,区发展改革和统计局按照市人普办的要求,认真做好人口普查基础资料的整理、资料结果的评估、评先等各项后期工作。组织实施工业品价格、文化产业、劳动力等各项调查工作。切实加强对郑州机械制造(加工)产业园和郑州纺织产业园的运行监测。继续开展各街道办事处主要经济指标擂台赛,对重点耗能企业采取周督查、旬预报、月通报制度,在全区开展统计数据质量自查和抽查工作,并首次开展了全区金融生态环境调查工作。 （冯 超）

【统计服务】 2011年,区发展改革和统计局全力以赴为“两会”和党代会做好服务,为政府工作报告等及时整理提供各项国民经济发展统计资料。

落实经济形势分析制度，按月度（季度）整理撰写经济运行情况分析，分发到区委、区政府召开的经济运行分析会参会领导手中。全年区发展改革和统计局撰写分析22篇、信息130余篇，在省、市局委等相关网站、刊物刊载近百篇。（冯　超）

【队伍建设】 2011年，区发展改革和统计局以建设学习型、服务型、创新型机关为核心，继续深入开展“一竞双争”等活动，加大教育培训。弘扬“规范、创新、高效、廉洁”的部门精神，强化大局意识，充分认识发展改革和统计工作的重要性；强化参谋意识，积极为领导出谋划策；强化主动意识，在各个方面先行一步；强化创新意识，打破常规谋求新突破；强化争先意识，争创一流业绩。在活动开展中，重点围绕顾全大局、优化服务、团结协作、重点落实、开拓创新、廉洁自律、执行纪律七个方面查找问题和不足，深刻剖析原因，确定整改方向，制定工作目标，为发展改革和统计工作再上新台阶提供强有力的思想基础和作风保证。（冯　超）

工商行政管理

【概述】 2011年，中原工商行政管理工作坚持以服务科学发展为主题，以促进经济发展方式加快转变为主线，以转变工作作风、提升服务效能为抓手，寓监管于服务之中，务实创新，真抓实干，尽职尽责抓好市场监管，尽心尽力服务科学发展，使食品安全监管、政风行风建设、取缔无照经营、消费维权等多项工作取得新的成效，林山寨工商所、航海西路工商所被省工商行政管理局评为人民满意工商所。（张文义）

【队伍管理】 2011年，中原工商分局以争创人民满意工商局、满意工商所、满意工商执法人员为主要载体，以全系统基层工商所、窗口单位、执法部门为重点，继续深入扎实开展创先争优活动，队伍的履职能力明显提高，队伍作风明显转变，树立了良好的工商形象。

加强干部队伍建设。加强领导班子建设，着力提升服务发展的能力、统筹规划的能力、创新监管的能力、管理队伍的能力。加强党性修养和作风养成，努力建设学习型、活力型、创新型、和谐型、廉洁型的“五型”领导班子，切实发挥好领导班子的核心带动作用。继续大力推行干部竞争上岗和轮岗交流工作，公开、公正地推举副科级领导干部13名和选拔任用中层干部10名，做到人尽其才、才尽其用，不让埋头苦干、政绩突出的干部吃亏，努力营造了风清气正的用人环境，树立干事创业的用人导向。在此基础上进行全局范围内的工作岗位双向选择。

加强干部队伍教育培训。全年中原工商分局组织3次全员业务培训、1次科所长和业务骨干法制规范及案件评审培训，从案件办理开始进行培训，之后开展评卷，先是从重点案件讨论点评、案件评析互查等方式进行培训；接着聘请中原区人民法院行政庭庭长靳战武等法律专家，就基层工商行政管理系统在执法办案中，怎样才能促进依法行政、避免诉讼风险等内容进行授课；再是安排各办案单位案件交流研讨活动，采取的方法主要有阅卷、所长讲评、讨论、兄弟单位讲评等，切实解决执法中的疑难问题、敏感问题、焦点问题，从宏观上解决立法和制度的缺陷。培训过程中，就“五个工商”（服务工商、责任工商、现代工商、法治工商、和谐工商）的理念进行学习和贯彻。重点推介了航海西路工商所在服务与监管中新创的企业QQ群，通过这个新载体，使辖区商户和工商部门在QQ群上进行互动，在掌握监管对象基本情况的同时，还让他们学习了工商法规，避免违法行为，拉近了工商、商户之间的距离，增进了感情，更使商户感受到工商执法人员真诚为民、便民的服务理念。（张文义）

【党风廉政建设】 严格落实党风廉政建设责任制。一是完善党风廉政建设责任目标工作机制。研究制订《郑州市工商局中原分局2011年度党风廉政建设责任目标》，按照“一把手负总责，班子成员对职责范围的廉政目标负主要责任”的要求，把每项目标责任细化分解，明确每个党组成员党风廉政建设的责任和目标，认真落实“一岗双责”，在抓好业务工作的同时，切实抓好分管单位的党风廉政建设；把目标责任细化分解到每个单位，形成“领导班子为核心，领导干部为主体，人人有责任，项项有措施”的党风廉政建设工作格局。二是强化责任意识,加强督查和考核工作。坚持党风廉政建设责任制与各业务工作同部署、同落实、同检查、同考核,分局党组定期听取廉政建设工作汇报,研究解决存在问题,突出抓好“布置—监督—检查—考核”等重要环节,坚持把党风廉政建设责任制落实情况作为量化考核的一项重要指标,摆在重要位置。

加强反腐倡廉教育。一是进一步加强廉洁从政和廉洁自律教育,有针对性地开展示范教育、警示教育、岗位廉政教育。认真学习贯彻《中国共产党党员领导干部廉洁从政若干准则》,严格落实干部廉洁自律各项规定和党内监督各项制度,加大查办违纪、违法案件力度,促进党员干部廉洁从政。二是加强工商廉政文化建设。印制《郑州市工商局中原分局廉政文化手册》,倡导广大干部时时刻刻自警、自醒、廉洁自律;加强廉政文化建设,在工商所开设廉政文化专栏,廉政名言警句与图片相结合,做到图文并茂,极大地增强廉政文化的感染力和感召力。三是狠抓领导班子党风廉政建设,打造坚强有力的领导集体。围绕学习贯彻党的十七届五中全会精神和全国、全省、全市工商行政管理工作会议精神,集中安排分局党组中心组学习,增强反腐倡廉自觉性。

从源头抓起,建立党风廉政建设长效机制。一是以清理违规收费为重点,认真开展所属社团组织清理整顿工作。对所设机构、人员、收费项目、收费标准、收费依据、票据使用、经费支出等情况进行认真清查,对违规支出等问题进行彻底整改,对已入会的会员手续进行清理,凡会员要求退会的立即办理退会手续,并停止发展新的会员,停止所属社团一切收费。通过整顿,分局所属社团存在的职责不清、政事不分的问题得到有效解决,社会各界反映的搭车收费等问题取得治本的效果。二是严格财务监督管理,基础建设工程一律面向社会公开招标,积极实行办公用品政府采购和大额资金支出集体研究等项制度。三是加强领导干部廉洁自律,严格规范领导干部从政行为。认真落实党内监督制度,围绕领导干部违反规定收钱送钱、纵容配偶子女及身边工作人员谋取非法利益、借婚丧喜庆收钱敛财、参与赌博等问题开展自查自纠。认真贯彻落实《中央纪委关于严格禁止利用职务上的便利谋取不正当利益若干规定》和省委廉洁从政十二条规定,组织全局党员干部对照检查,副科级以上干部按照规定报告个人重大事项。四是进一步推进制度创新,不断完善工商所长向辖区群众述职述廉制度,重点推行廉政风险点防范管理,有效防范廉政风险和监管风险,避免流于形式。 (张文义)

【服务经济发展】 2011年,中原工商分局围绕市委、市政府和区委、区政府确定的重点项目、重点领域、重点行业,主动服务,积极服务,创新服务发展机制,提高服务发展水平。

一是大力支持“三高”优先发展战略,推进都市区高成长性产业、高成长性企业、高成长性区域发展。按照“总体要求轻、重工要求优、新兴要求多、大企力求强、分散力求聚”的产业结构调整思路,大力支持电子信息、物流商贸、文化创意、纺织服装、食品加工等产业发展,支持运用高新技术和先进适用技术改造提升汽车及装备制造、铝及铝加工、能源、耐材、建材等产业,支持培育和加快发展新能源、新材料、服务外包、生物医药、节能环保、新能源汽车等战略新兴产业;创新政策措施,支持规模企业做大做强,派出专人入驻产业集聚区,实施面对面高效服务,着力提高产业集聚区的发展层次和水平。

二是大力推进开放型经济发展,积极支持都市区承接产业转移。扎实开展“中小企业服务年”活动,建立和完善分级负责及市局、分局、工商所三级联动的跟踪服务机制。对粮食核心区、先进制造业、战略性新兴产业、交通能源、城建、现代服务业等领域重点项目,实施“点对点”跟进服务。积极参与各级政府组织的坐地招商、链条式招商、集群式招商、节会招商、园区招商。加大对食品、服装等产业转移趋向明显领域的支持力度。按照市工商行政管理局与邮政储蓄银行开展战略合作的要求,继续认真开展“百亿送贷行动”,积极扶持中小企业、商户、农户发展,着力破解融资难题。

三是大力实施商标战略,支持郑州都市区创新发展。选择了10家有潜力、有市场竞争力、有较高知名度商标的企业,进行重点帮扶,培育国际国内知名品牌。引导企业树立品牌竞争意识,提高商标注册、管理、运用和保护能力。加大对涉农商标的扶持力度，支持申请注册商标和地理标志。进一步强化驰名商标和著名商标报批工作。

四是以农民专业合作社为重点，支持郑州都市区“三化”协调发展。大力支持农业产业化龙头企业发展，培育一批涉农企业集团。探索创新农民专业合作社出资形式，准许农民以土地承包经营权出资，分局委托有条件的工商所开展农民专业合作社登记。加强农资市场监管，严厉打击假劣农资，服务粮食核心区建设。

五是积极支持“早餐店、蔬菜便利店”进社区工程。市委、市政府把“两店进社区”列为重要的民生工程，中原工商分局积极搞好服务，办照快捷，免收注册登记费。（张文义）

【食品安全整治】 2011 年，中原工商分局采取三项措施力保食品安全。一是加大流通环节食品安全监管和专项整治力度，积极维护食品市场消费安全。认真做好《食品安全法》及其实施条例的贯彻实施工作，严格落实《流通环节食品安全监督管理办法》《食品流通许可证管理办法》和流通环节食品安全监管“八项制度”，切实提高依法行政的水平和效能。二是深入开展食品安全整顿，以乳品及乳制品等与人民群众生活密切相关的食品为重点品种，以城乡接合部特别是农村地区为重点区域，以商场、超市、批发市场、集贸市场和食品经营企业为重点场所，以小食品店、小摊点等为重点对象，集中整治、持续整治，依法严厉打击销售假冒伪劣食品等违法行为。三是集中开展专项执法检查，严肃查办违法案件，建立食品安全监管长效机制，严把食品经营主体和食品质量市场准入关。（张文义）

【广告市场专项整治】 2011 年，中原工商分局严厉查处虚假违法广告，深入开展“绿色广告年”活动，落实广告监管制度，切实维护文明诚信的广告市场秩序，媒体广告违法率控制在 5% 以内。强化监管措施，进一步加强广告发布环节的监管，推动建立和落实媒体单位发布虚假违法及不良广告行为领导责任追究制。加大对违法广告业主和广告经营者、广告发布者的查处力度，坚持多举措健全联合监管的综合治理机制，密切与有关部门的协作配合，完善案件查办程序，强化部门间的工作衔接，增强联动机制的功能作用，不断增强监管合力与实效。加大对查处严重违法广告的社会公告和警示频次，引导消费者理性消费。加强行业指导，积极促进广告业健康有序发展。全年立案查处广告违法案件 6 起，罚款 5.3 万元。（张文义）

【严厉打击传销违法行为】 2011 年，中原工商分局继续保持高压态势，严厉打击传销和严格规范直销。加强对大要案件的查处，加大对传销领导者、组织者和骨干分子的打击力度，强化对诱骗大学生、农民工等参与传销的查处工作。配合有关部门严厉打击以“资本运作”等名义以及利用互联网从事的传销活动。做好宣传教育工作，营造良好的打击传销舆论氛围。进一步完善“五个一”监管模式（建立一张辖区直销市场主体分布及监管责任划分图、签订一份监管责任书、建立健全一套辖区直销市场主体的管理档案、明确一名信息系统管理员、完善一套行之有效的监管制度），加强对直销企业的监管，严肃查处直销企业的违法违规行为，维护直销市场秩序。（张文义）

【反不正当竞争】 2011 年，中原工商分局深入开展反不正当竞争执法专项行动，切实维护公平公正的竞争环境。建立高效、集中、统一的执法办案机制，依法查处公用企业和依法具有独占地位的经营者限制竞争行为，依法制止滥用行政权力限制竞争行为。继续认真开展打击“傍名牌”活动，加大商业秘密保护力度。严厉查处假冒仿冒、虚假宣传、虚假表示等严重扰乱市场秩序、损害人民群众切身利益的行为。继续推进治理商业贿赂工作，围绕重点领域和行业，大力查办商业贿赂大要案件，努力维护公平竞争的市场秩序。（张文义）

【保护商标专用权】 2011 年，中原工商分局严厉打击商标侵权行为，维护企业商标专用权的合法权益。协助辖区企业提高品牌意识，申请注册商标 12 个。进一步加大驰名商标保护力度，进一步规范商标代理行为，加强对商标代理行业的监管。开展保护商标专用权专项执法行动，先后完成打击假冒、仿冒及“傍名牌”等不正当竞争行为专项行动，如:查处"六仁"核桃专项行动、查处假冒"露露"杏仁露专项行动、查处"特供""专供"商品违法行为专项治理工作、烟草市场专项治理等。全年查处商标违法案件99起,罚款20.73万元。（张文义）

【基础建设】 2011年,中原工商分局狠抓基层基础建设。切实抓好基层工商所建设,以开展"基层规范化建设达标工商所"争创活动为抓手,认真落实河南省工商行政管理所《工作规范》《业务工作指南》《标志标识规范》,有计划、分步骤地改善基层基础设施条件,加快推进基层信息化和执法装备现代化建设,积极稳妥地配齐配强工商所领导班子,抓好基层队伍履职的标准化建设。加强信息化建设,以建设高质量的市场主体数据库为突破口,深化业务应用,建立科学合理的业务规范和统一的技术标准、技术体系,加强与政府部门间的协同协作和数据共享,打牢"数字工商"基础,加快"智能工商"建设,推进信息化工作科学化、规范化、法制化。（张文义）

【查处取缔无照经营】 2011年,中原工商分局认真贯彻《郑州市人民政府关于建立郑州市查处取缔无证无照经营工作联席会议制度的通知》,开展专项执法行动,对危害人体健康、存在重大安全隐患、威胁公共利益和公共安全、破坏环境资源的无证无照经营行为,坚决依法查处取缔;对就业再就业、残疾人、大中专毕业生、复转军人等群体,从事个体经营、无严重社会危害的无证无照经营行为,以教育为主,督促、引导其依法办理相应手续。全年排查1728家经营商户,受理办证29家、查封42家、注销34家、责令整改45家。（张文义）

【社会综合治理】 2011年,中原工商分局积极开展"扫黄打非"专项行动,以查缴政治性非法出版物、防止境外政治性非法出版物在境内传播作为重点,严厉查处制作、包装、储存、批销盗版及非法出版物的窝点。

在区政府的牵头组织下,中原工商分局与公安、文化、街道办事处等部门联合行动3次,有力地震慑了"黑网吧"的发展势头,收到了明显的社会效果。全年查处取缔"黑网吧"44家,查封扣押电脑近1000台。

【工商注册登记】 2011年,中原工商分局新登记注册公司852户、分公司83户,个体工商户5564户。截至年底登记的公司4722户,分公司412户;私营企业11户,企业法人90户,营业单位56户。（张文义）

【消费权益保障】 2011年,中原工商分局努力维护消费者合法权益,深入推进"12315"行政执法体系"四个平台"(工商部门与广大消费者和人民群众信息互动的平台、工商部门畅通民意的平台、工商部门接受社会监督和听取群众意见的平台、工商部门解决人民群众利益问题的平台)和"一会两站"(消费者协会分会,消费者投诉站和"12315"联络站)建设,加大"12315"进商场、进超市、进市场、进企业、进学校工程联络点建设力度,在扩大覆盖面、推进规范化建设和提升水平上下工夫。全年受理消费者咨询、投诉和举报610起,为消费者挽回经济损失24.34万元。（张文义）

【就业再就业工作】 2011年,中原工商分局积极落实促进就业的方针政策,为下岗失业人员、农民工、高校毕业生享受优惠政策提供服务,全年帮助7名下岗失业人员和11名大学生实现就业和再就业。新增享受再就业优惠个体户49户,享受再就业优惠个体户总数已达3082户,减免个体工商户登记费980元。（张文义）

【市场建设】 中原区原有20个市场,2011年新增3个。

朱屯农贸市场位于冉屯路,主要经营农副产品,市场内有商户46家。

大中原果品市场位于电厂南路,主要经营果品,市场内有商户600余家。

万达广场位于中原路171号万达广场(近秦岭路),主要经营餐饮、五金、服装鞋帽、冷饮、化妆品、日用百货、电子产品、电影城、工艺品、纺织品等,市场内有商户103家。（张文义）

物价管理

【概述】 2011年,中原区物价工作,紧紧围绕着力改善民生、构建和谐郑州的总目标,不断提高价格监督服务水平,维护正常市场价格秩序,稳定价格总水平和社会通胀预期,促进中原区经济社会的发展。 (李明展)

【市场价格监管】 2011年,区物价局强化日常价格监管,密切关注市场价格变动。一是关注民生商品价格,把握市场价格动态。坚持每周对辖区主要超市、农贸市场的粮、油、肉、菜、蛋等重要生活必需品价格的采集监测,并组织开展市场价格监督巡查,掌握市场价格动态第一手资料。二是坚持指导明码标价,规范市场价格行为。重点对建设路、桐柏路、棉纺路、中原路等主干道上大型超市、商店的明码标价进行规范,积极推进"百城万店无假货"活动的开展。三是开展节假日价格专项检查,保持市场价格稳定。在春节、"五一"、中秋、国庆等传统节假日期间,集中力量规范食品、交通、商业等方面的价格与收费行为,充分运用监管、劝导、提醒、告诫等方式,引导经营者加强价格自律。节假日期间畅通价格投诉热线,及时处置群众价格举报,确保节假日期间市场价格秩序稳定。 (李明展)

【价格监督检查】 一是开展涉农收费专项检查。按照市物价局文件精神,重点对惠农政策的落实、农村中小学是否有代收费等情况进行检查,切实做到真抓实干,不走过场。对农资经营单位(场所)调查摸底,全面检查农资价格,辖区内涉农收费单位能够较好地贯彻落实相关政策,保证农民减负增收落到实处。

二是开展教育收费专项检查。2011年,区物价局对辖区的46家幼儿园和80家社会力量办学情况进行年审。并对是否存在以设施升级、配备安保人员为由,收取"空调费""作业本费""门卡费"等情况进行检查。对检查中发现的违规收费问题责令违规单位立即整改,并视情节轻重给予不同金额的罚款处理,上缴区财政9万余元。对辖区15家中小学校教育收费专项检查,重点对公办学校借读费、公办高中落实择校生"三限"政策,以及学校违反自愿原则,强制收取服务性收费、代办费或从中牟利等违规行为进行检查。

三是开展医疗机构收费专项检查。根据群众举报,查处违法医疗单位8家,罚款17万元全部上缴区财政。主要存在自立收费项目、分解收费、重复收费、超标准收费等行为。根据河南省价格监督检查局的工作部署,区物价局集中业务骨干,对河南省省直第三人民医院、河南省职工医院、河南省医疗采购服务管理中心3家医疗机构,开展药品价格及医疗服务收费专项检查。检查程序规范,成绩突出,得到了省价格监督检查局领导的一致认可和好评。

四是开展房地产收费检查。对辖区内19家地产置业公司商品房明码标价进行检查,规范做好商品房销售价格明码标价和相关收费公示工作。根据群众举报,查处房地产经销商8家,罚款60万元上缴区财政,主要存在价外收费问题。

五是开展成品油价格检查。2011年下半年油价下调,为规范成品油市场价格秩序,坚决打击乱涨价行为,切实维护成品油市场供应与价格稳定,区物价局组织检查人员对辖区中石油、中石化等加油站的成品油价格及供应情况进行检查,重点检查成品油调价后价格及供应情况,严厉查处价外加价和以各种名义价外收费,以及囤积哄抬价格等价格违法行为。

六是开展公共停车场机动车存放服务收费检查。12月,根据《郑州市人民政府关于市内城区公共停车场机动车存放服务实行差别化收费的通知》精神,区物价局安排专人对辖区内的机动车停车场停车收费进行了检查,宣传新收费标准,责令不按要求收费的停车场经营者进行整改。

(李明展)

【开展食盐价格检查】 2011年3月16日至17日,由于日本地震造成核辐射的影响,群众认为多摄入含碘的食物,可以预防核辐射,造成郑州市部分地方出现食盐集中抢购、价格上涨的现象。区物价局紧急行动,积极介入,第一时间派出检查人员进驻全区各大型超市,了解食盐销售、库存、调拨和零售价格等情况;抽调检查人员,分成5个组,对城区周边、各街道的食盐零售商店开展拉网式检查；同时，开通69112358举报电话，安排专人24小时值守，接待消费者咨询、举报和投诉，即时查处。之后，辖区市场上食盐销售正常，无排队抢购现象。

（李明展）

【价格服务】 一是价格服务进社区。区物价局组织人员在中原新城王府小区80号院、湖光苑、鹏飞花园等10个小区，开展了以“创建文明促和谐，价格服务进社区”为主题的价格服务进社区宣传活动。活动现场设置咨询、投诉服务台，将最新制作的《重要商品价格及服务手册》送到了百姓家门口。现场解答群众对于物价方面的疑问，接受价格举报，发放宣传资料3000余份。二是价格服务进商场。3月14日，区物价局在棉纺路丹尼斯举行“倡导诚信经营，禁止价格欺诈，维护消费权益”为主题的宣传活动。三是分别在育才小学、工程处职工医院、植物园、航海西路街道段庄开展了价格服务“进学校”“进医院”“进景区”“进农户”活动，将价格政策送到广大群众身边。四是加强窗口单位建设，减少环节，简化手续，实行一站式服务，提高“12358”价格举报电话和行政审批大厅的办事能力和办事效率。五是加强制度建设，严格实行首问责任制、服务承诺制、限时办结制、责任追究制，确保各项惠民、利民、便民措施切实落到实处。

（李明展）

【行政(事业)性收费年审】 2011年，区物价局办理行政事业性收费许可证13个，服务经营性收费许可证95个，其中医疗60个、中小学35个；审批审验物业服务公司111家。办理执收公务证37个，变更收费许可证41个，民办教育备案67家，征收价格调节基金10万余元。（李明展）

【信访稳定】 价格举报工作是价格监督检查工作的重要组成部分，是价格工作的窗口，区物价局高度重视，以“12358”价格咨询电话平台为依托，对广大人民群众的来访、来信、来电等，实行举报与检查联动，确保人民利益落到实处。2011年，接受价格政策咨询526次，受理办结价格举报案件77起，其中“ZZIC网络舆情”15起，回复“心通桥”网络舆情5件。受理案件均按照规定限时办结，对反映问题全部进行调查核实和处理，向举报者及时回复，做到件件有落实、事事有回音。

【非机动车看管服务收费价格监管】 一是明确任务，强化工作责任。多次召开专题会议研究部署，建立长效工作机制，制定具体工作方案，明确领导分管和具体科室负责，确保了此项工作的顺利开展。二是扩大宣传，增强价格自律意识。以“价格服务月”活动为契机，深入辖区非机动停车场指导服务，宣传价格法律法规，发放价格宣传册，增强非机动车看管人的价格自律意识。三是加强监督检查，规范收费行为，成立4个检查组，对辖区各个非机动车停车场开展拉网式检查，重点检查大型商场、超市停车场收费，规范收费行为，落实收费政策，对于存在乱收费行为的依法依规给予严肃惩处，积极维护正常的价格秩序。四是落实收费公示制度。按照各个非机动车停车场收费项目，制作收费价目牌，并在各个停车场醒目位置进行悬挂，方便群众明白消费。五是畅通诉求渠道。充分发挥“69112358”价格举报电话的作用，并坚持24小时值班，认真受理群众举报，及时查处各类价格举报案件，做到件件有落实、事事有回音，以人为本，维护民生。（郑　富）

【六项措施保价格总体水平基本稳定】 一是加强市场价格预警监测。密切关注重要商品和服务价格变化，坚持每周一居民生产生活必需品价格监测分析上报制度。重点对面粉、蔬菜、肉、液化气等7大类38种商品开展日常市场价格监测分析，及时准确的了解市场供应及价格变化趋势。二是强化市场价格监管。深入开展市场巡查，举办以“加强商品价格监管、规范明码标价”为主题的市场价格秩序专项整治活动，定期对群众生活必需品价格进行检查，依法查处乱涨价、哄抬物价及价格欺诈等行为，维护消费者的利益。三是完善价格调控手段。针对市场价格形势和价格政策，建立价格信息通报预警联席会议制度，提高了应对价格异常波动的能力，积极有效地应对了春节期间粮、油、蔬菜价格波动和3月中旬食盐风波。四是加强收费管理。按照《收费许可证》管理办法规定，对核发的203

个《收费许可证》进行年度审验和换证，并按照市物价局文件的规定合理调整了辖区部分幼儿园收费标准。认真贯彻落实财政部国家发改委《关于取消31项涉企行政事业性收费的通知》，确保减负政策的落实，促进区域经济的发展。五是加强价格宣传。在开展法制宣传日、“12358”价格举报电话开通10周年等活动期间，共发放价格告诫书300余份、宣传资料3000余份，广泛宣传价格政策，提高群众维权意识。（郑　富）

【队伍建设】 一是创建学习型党组织，倡导创先争优。区物价局机关支部认真开展“创先争优”“党建活动月”“一竞双争”“学党史、报党恩、跟党走”“六比六争”等活动，每个活动都制定实施方案和相关学习保障机制，保证学习活动落到实处。一方面抓政治理论学习，添置图书，坚持集中学习与自学相结合，培养党员干部爱学、乐学、笃学精神。另一方面抓业务知识学习，重视干部职工学法用法工作，认真组织干部职工学习《价格法》《行政处罚法》《行政许可法》《保密法》等法律法规，积极参加省、市物价局组织的价格法律法规、专业技能等业务培训。

二是加强党风廉政建设，推进廉洁从政。把党风廉政建设责任制和预防腐败体系建设工作与物价业务工作紧密结合起来，一起部署、一起落实。重点抓好《廉政准则》的学习贯彻，党员干部认真学原文，以身作则，遵守《廉政准则》各项要求。2011年，全体人员未发生一起违法违纪行为。

三是完善规章制度，规范执法行为。从规范机关干部日常行为入手，实行岗位责任制，推行信访投诉办理、违价案件处理规范机制，完善《考勤管理制度》，进一步推进价格行政执法工作规范化、程序化、制度化。（李明展）

审计监督

【概述】 2011年，中原区审计工作立足审计二十字方针，牢固树立“监督体现服务，制约体现促进”的河南审计理念，以服务、促进和保障中原经济区建设为出发点和落脚点，认真履行审计监督职责，进一步强化预算执行审计、经济责任审计、政府投资审计和重点专项资金的审计，并积极推进绩效审计，全年完成各类审计项目216个，客观公正地揭露和查处经济活动中的违纪违规问题，为中原区严肃财经法纪、促进廉政建设、推动深化改革、确保经济社会安全运行等方面发挥了积极作用。

（李　喆）

【本级预算执行情况审计】 2011年3月至6月，区审计局对中原区本级财政2010年度预算执行情况和其他财政收支情况进行了审计。在开展预算执行情况审计的过程中，按照审计署提出的“积极开展效益审计，促进提高财政资金的管理水平和使用效益，是今后审计工作的重要任务之一”的要求，探索并尝试对财政资金进行绩效审计。发现存在的问题有：预算外资金存在未能更好地发挥作用；政府采购未体现真实完整需求，并且程序不规范；科技三项费未体现重点扶持原则；财政局机关专项经费安排随意性较大，存在损失浪费；等等。通过审计，对其财政预算执行的合法性、真实性、效益性进行了审计监督，客观公正地发表审计意见，提出整改措施与建议，督促被审计单位落实整改。同时及时向人大、政府提交“两个报告”，得到了区人大、区政府的充分肯定，成为人大、政府加强财政预算管理，监督预算执行的重要手段。（李　喆）

【本级预算执行情况延伸审计】 区审计局在开展本级预算执行情况审计的同时，延伸审计了区市政局系统、行政执法局、教育体育系统、卫生系统、交通系统、人事劳动和社会保障局、民政局、发展改革和统计局、机关事务管理局、国土资源局、人口计生委、检察院、法院等60个行政事业单位和互助路小学、伊河路小学、特色实验小学等13所中小学的2010年度财务收支情况。在审计过程中，着重审计了60个行政事业单位不合理开支、招待费、汽车费三项指标，为区政府和人大提供参考依据。通过审计发现存在工程建设项目未按规定招标、未纳入政府采购、业务招待费超标、挤占挪用专项资金等问题。（李　喆）

【镇(街道)财政决算审计】 2011年，区审计局对须水镇政府和航海西路、中原西路、桐柏路、秦岭路、绿东村、汝河路街道办事处的2009—2010年度财政收支及预算外资金管理使用情况进行了审计，审计总金额70305万元，查出存在工程建设项目未按规定进行招标、经济业务不真实、开支不合理、违法使用支出票据、截留应缴财政资金、挤占挪用各类专项资金、拆迁补偿资金列支不规范、未经审计列支工程款等违纪违规问题。财政决算审计在强化财政预算管理，规范部门预算，严格依法治税，促进增收节支，确保财政有效供给等方面起到了十分重要的作用。（李　喆）

【政府投资工程项目审计】 2011年，区审计局按照区委、区政府及有关规定要求，对柳莺园建设工程、汪庄安置区一标段工程、机关大楼街景整治工程、Y038线杭州路至中原路改建工程、须水卫生院门诊楼工程、须水法庭改造及办公楼外立面装修改造工程、文化宫路和洛河路整治工程等254项政府投资工程的基建预、决算进行审计。截至12月31日，已经完成173项工程审计，送审金额11204万元，审定10524万元，审减679万元，为政府节约财政资金679万元。（李　喆）

【重点领域的专项审计】 2011年，区审计局按照审计署、省审计厅、市审计局交办的专项资金及系统专项审计和专项审计调查等审计项目要求，完成地方政府性债务、土地出让收入和土地整治相关资金、耕地占用税和契税征管、抗旱应急灌溉工程资金、中小学校舍安全工程资金、基层医疗卫生机构债务清理6个专项审计项目，以及养老保险基金、乡镇生活垃圾中转站设施建设、房地产开发企业税费征管情况、工伤保险、农家书屋工程建设资金、普通高中债务6个专项审计调查项目。

按照省审计厅和市审计局安排，区审计局负责审计惠济区政府性债务情况。根据市政府和市审计局的部署，区审计局负责对惠济区2009年至2010年土地出让收入和土地整治相关资金的征收、管理和使用情况，以及贯彻执行国家土地管理制度和调控政策情况进行审计。

养老保险基金审计调查是由审计署组织，省审计厅和市审计局部署的一项工作。在中原区开展的历次养老保险审计中，这次审计调查覆盖面最广，涉及的参审单位、被审单位、调查项目及相关政策也最多。通过此次养老保险基金审计调查，摸清了中原区2010年和2011年1月至6月各类养老保险基金的收支规模和基金结余情况，各类养老保险信息系统建设情况及业务数据的质量状况；各类养老保险基金的筹集、管理和使用情况；养老保险政策的制定和执行情况。同时也发现了区养老保险基金筹集、管理、使用中存在的问题及基本养老保险政策执行中存在的问题，针对这些问题，区审计局提出了规范基金管理、促进基金安全、完善养老保险体系的建议。（李　喆）

【领导干部任期经济责任审计】 2011年10月，区审计局接受区纪委、区委组织部委托，对中原区24名副县及正科级党政领导干部任期经济责任进行了审计。审计中围绕领导干部行使经营决策权、经济管理权、经济政策执行和监督权以及个人遵守廉政规定的情况，不断深化审计内容，重点对领导干部任期内的重大建设项目、重点资金管理和使用、领导决策的经济效益、社会效益和环境效益等情况加大了审计力度，审计质量和成效明显提升。审计总金额174350万元。对每一位离任领导干部的任期经济责任作出了客观公正的评价，为区委、区政府宏观决策及干部监督管理提供了重要依据，也给接任领导一个明白的家底。（李　喆）

【区政府交办审计任务】 2011年8月，区审计局受区政府委托，对郑州纺织产业园和郑州须水机械制造（加工）产业园2011年1月至7月的财务收支情况进行了审计，审计总金额4288万元。10月，根据区政府常务会议精神，对中原区游园绿地建设指挥部、背街小巷改造指挥部等12个指挥部建账以来至2011年9月财务收支情况进行了审计，审计总金额17704万元。审计完成后，向区政府提交了审计报告，为区委、区政府提供了参考依据。（李　喆）

【积极推进绩效审计】 2011年，区审计局坚持执法与问效并重的原则，积极探索绩效审计的新路子，将绩效审计贯穿于各类常规专业审计之中，以检查“真实性、合法性”的常规审计为主要内容，评价其“投资、管理、社会、环境、机制、政策”等绩效情况，做到五个相结合。一是坚持绩效审计与本级审计相结合，重点评价财政预算资金的使用绩效、行政运行成本和行政效能。二是坚持绩效审计与财务收支审计相结合，重点评价部门预算编制、收入、支出的合法性、科学性、合理性和效益性。三是坚持绩效审计与专项审计相结合，重点关注专项资金的管理和使用是否落实国家政策、是否充分发挥资金使用效益。四是坚持绩效审计与经济责任审计相结合，重点关注领导干部履行经济责任的经济效益、社会效益和环境效益。五是坚持绩效审计与政府投资工程审计相结合，检查工程决算的真实性，查清施工单位造价过高和虚假决算等情况，评估政府投资工程的经济性和效率性，减少舞弊和失误，为政府节约财政资金，充分发挥政府投资工程的效益。（李　喆）

【五项措施加大审计整改力度】 一是将审计整改工作作为一个专题反复强调，充分引起全体审计人员对此问题的高度重视。二是将审计整改结果纳入年终业务考评范围内，作为衡量审计质量高低的重要标志，从制度上保证该项工作落到实处。三是审计结束后把所有需要整改的问题一一列表登记并分解责任到人，逐项逐条进行明确，按照规定时限由专人跟踪，督促整改落实。四是大力宣传《中原区人大常委会关于实施审计查出问题整改报告制度的决定》，使被审计单位加大对审计查出问题整改工作的重视力度。五是利用审计移交，发挥震慑作用，促进被审单位主动整改。（郑　富）

【审计队伍建设】 区审计局按照科学发展观的要求，积极推进审计工作中理论创新与实践创新相协调、管理创新与业务创新相促进、内容创新与方法创新相配套。在教育培训方面，以审计实践需要为出发点，以审计能力建设为核心，坚持全面培训和重点培训相结合，多层次、多渠道、高质量培训审计干部。平时认真执行每两周集中一次政治学习活动，全局集中时间，集中精力，集中人员，采取专家授课、现场演示等形式，进行业务培训和理论教育，通过各种方式营造审计人员创新的氛围，积极鼓励和培养审计人员勤于思考、善于研究的工作和学习作风，进一步提高了审计人员的思想、业务水平和计算机辅助审计的实际运用能力，最大限度地激发审计人员的创新热情和创新潜能。（李　喆）

【文明执法严格执法专项活动】 区审计局对开展文明执法严格执法专项活动做出安排部署，采取四方面措施，确保此项活动落到实处。一是统一思想，提高认识。各部门、各责任人按照工作方案要求，肩负起各自工作职责。二是签署承诺，做出公示。建立“五种违法执法行为”整治工作承诺制，各部门负责人签署整治工作承诺书，向领导小组做出承诺。所有人员签署文明执法严格执法承诺书，对单位做出承诺。三是自查自纠，认真整改。认真查找自身在审计执法中是否存在不作为、慢作为、乱作为、滥作为和不文明执法行为问题，是否存在服务意识不强，执法主体观念淡薄；作风不够扎实，审计执法作用发挥不够明显；质量意识不强，“八不准”纪律执行还不够全面；责任心不够强，审计执法不够严格，执法责任不够明确等问题。制定切实的整改方案，认真落实整改。四是注重结合，相互促进。把文明执法严格执法专项活动与优化经济发展环境活动结合起来，与创文工作结合起来，以文明执法严格执法促进各项工作的开展，达到相互促进、相互提高的目的。（李　喆）

【创文工作】 区审计局成立创文领导小组，细化布置，强化组织，狠抓落实，同时安排专人负责分包秦岭路金源社区、百花路和百花里路的创文工作。一是大力宣传道德行为规范、文明用语、文明礼仪等相关知识，不断提高居民思想素质，营造创文氛围；二是积极主动配合社区共同整治社区居民楼院脏乱差等现象，不断改善居民生活环境；三是不定时对分包街道进行卫生督查，对乱摆乱放、占道经营的小摊贩进行劝阻和教育，有效的净化了路容路貌，巩固和扩大了创卫成果。

区审计局内部也积极开展创文工作，营造出了浓郁的氛围。一是要求全体干部职工严格遵守市民行为规范，争做文明市民，积极参与所在社区开展的各项文明活动，并敢于劝阻不文明行为，争当文明城市的建设者和维护者；二是在日常工作中认真执行工作用语规范，对待前来配合审计工作的外单位人员要态度平和、服务周到，争当文明礼仪标兵；三是以科室为单位，开展优秀科室评比，评比的内容包括审计项目质量、业务档案整理、遵守单位制度情况及卫生整理保持情况。（李 喆）

【迎接建党90周年系列活动】 2011年，区审计局开展一系列活动庆祝建党90周年，进一步加强了党员队伍建设，全面提升了基层党建工作水平。

一是组织党员干部认真学习《中国共产党章程》及党史知识，领会党的宗旨，回顾党的历史。同时对《中国共产党章程》、党史知识进行问卷测试，巩固检验了学习成果。二是召开民主生活会，全体党员对照市委"十个不允许"的要求，进行批评与自我批评，实事求是地查找自身及他人在思想、作风、工作、生活、作用发挥等方面存在的不足，并剖析思想根源，做出整改承诺。三是组织全局党员干部开展唱红歌比赛活动，通过唱红歌激发出党员干部的爱党之情、奋斗热情，使党员干部进一步了解党史、追忆先烈、接受红色教育。四是开展以"纪念建党90周年·创先争优在身边"为主题的征文比赛，引导全体党员挖掘身边典型、学习身边典型，努力争当先进典型，唱响共产党好、社会主义好、改革开放好、伟大祖国好的时代主旋律。五是召开老干部座谈会，与老干部共同回顾党的光辉历程，畅谈区审计局各项工作情况和取得的成绩，谋划发展蓝图。六是组织观看《建党伟业》等红色电影，使广大党员再一次接受革命与传统的教育，进一步坚定理想信念。（李 喆）

质量技术监督

【概述】 2011年，中原区质量技术监督工作围绕"抓质量、保安全、促发展、强质监"的工作方针，按照"处首善之地、创首善之举、建首善之局"的要求，以提升质量水平为核心，以强化食品质量和特种设备安全监管为重点，以建设和谐质监为目标，全局上下团结一致，同心同德，开拓进取，务实创新，各项工作取得了明显成效。（郑志超）

【实施名牌战略】 2011年，郑州市质量技术监督局中原区分局（简称中原质监分局）把实施名牌战略作为促进"工业立区"工作重要抓手，提升质量水平，促进工业结构调整和企业产业升级换代，提高经济增长的质量和效益。一是年初局党组多次召开会议，对2011年"质量兴区"工作进行了研究部署，对目前中原区企业现状进行了认真的研究分析，把郑州纺织产业园区作为名牌培育重点产业，开展名牌产品示范区创建试点工作，抽调专人成立了服务园区工作站，实施无缝隙服务对接。二是邀请省质监局质量处处长李凯军、市质监局副局长韩东升等省市局领导到郑州纺织产业园调研指导名牌产品创建工作。三是出台了《名牌战略实施意见》，制定了名牌产品培育计划，选定太可思服饰、若宇服饰、云顶服饰等13家企业作为培育对象，进行重点服务指导。四是组织企业召开现场会和经验交流会，发挥娅丽达服饰、渡森服饰名牌带动效应，引导和帮助企业建立和完善标准、计量等基础工作和质量保证体系，推行先进科学的质量管理方法。五是组织企业开展质量教育培训，提高企业员工的质量意识和名牌意识，走名牌兴企、以质取胜的道路。全年培育、申报河南省名牌产品企业5家、信誉服务企业2家。郑州铝业、若宇服饰、云顶服饰、太可思服饰4家企业荣获"河南省名牌产品"称号。（郑志超）

【食品安全监管】 2011年，中原区应纳入食品市场准入制度（QS质量安全）和食品质量安全许可制度监管范围的食品生产企业39家（其中奶制品生产企业1家），全部取得食品生产许可证、签订食品质量安全承诺书、建立质量档案。其中规模以上企业2家（郑州光明山盟乳业有限公司和河南麦佳啤酒实业有限公司），全年未发生食品质量安全事故。

督促企业加强食品企业制度建设。一是从企业资质一致性、原材料采购验证、生产过程控制、产品检测、出厂销售、从业人员及不合格品控制等方面进行检查，将食品生产加工企业质量安全主体责任落实到每一个环节。通过检查督促企业建立进货查验和记录制度、食品添加剂管理使用制度、产品出厂检验和记录制度、产品标注标识制度、员工食品安全培训制度、食品安全事故应急处置制度、食品召回制度等一系列管理制度。推进企业台账的规范化，实现产品质量安全可溯源，生产过程可再现。二是要求企业建立起有形的企业食品质量安全专门档案，内容包括：采购进货查验落实情况、生产过程控制情况、食品出厂检验落实情况、不合格品管理情况、食品标识标注符合情况、食品销售台账情况、不安全食品召回记录情况、从业人员健康管理情况、收集风险监测及评估信息的记录、企业处置食品安全事故的情况、各级质监部门的检查情况等。

落实监管责任。中原质监分局一是划分监管责任区，实施食品质量安全与监管，明确监管职责，落实监管责任。二是制定了食品加工企业年度监管工作计划，将食品生产加工企业分为A、B、C三级，实行分类监管，不断提升食品质量安全监管能力和水平。三是建立了食品生产加工企业质量安全动态监管系统，将企业的质量安全制度、规章、措施，从生产许可到日常保障和监管再到发现问题的纠正和后处理等信息，均录入企业质量安全动态档案，为监管工作提供翔实、准确的参考，促进企业主体责任的落实。四是是以监督抽查、风险评估和应急机制为抓手，建立和完善食品质量安全监管预警机制。全年检查企业102家次，对在检查中发现问题的8家企业下达了责令整改通知书。（郑志超）

【食品安全专项整治活动】 2011年，中原质监分局按照省局、市局和区政府统一部署，开展了乳制品专项检查和“瘦肉精”、调味面制品、染色馒头整治、沙琪玛、塑化剂、地沟油及食品添加剂等食品安全专项整治活动，出动执法人员280余人次、执法检查车辆132台次，企业提交食品质量安全承诺书38份，及时消除了食品企业质量安全隐患。

按照上级要求，对乳品企业购入生鲜乳、原料乳粉进行了抽检，对其出厂产品每周进行抽检，全年抽检了80多个批次的样品。

“瘦肉精”事件后，中原质监分局对3家肉制品企业的原料肉和其成品进行抽样检测，共抽取样品8个，没有发现“瘦肉精”猪肉。

5月份合肥市工商局通报中原区恒大食品厂调味面制品添加剂超标一案后，中原质监分局立即启动应急预案，在第一时间对该企业进行立案调查，暂扣其生产许可证，查封原、辅料及设备，并兵分三路分赴合肥、哈尔滨和成都等地调查取证。同时对辖区炒货制品和糕点制品等产品进行风险检测，共抽取样品20余个，严防滥用食品添加剂现象。

台湾发生塑化剂事件后，中原质监分局按照上级要求，对辖区的6家食品添加剂企业、2家饮料及1家糖果制品企业连续抽取了15个样品进行紧急专项抽检。5月13日，与工商、街道办事处等部门紧密配合，一举端掉了航海西路街道段庄的滥用添加剂鸡爪加工点，连夜查封了酒沟村的3家豆腐皮和凉皮加工点，有力地震慑了滥用食品添加剂的违法行为。（郑志超）

【实施标准化战略】 2011年，中原质监分局把推进企业开展“标准化体系确认”工作作为质量兴区和标准化战略的重要内容，以经济结构调整和产业优化升级为契机，围绕郑州纺织产业园区建设，以优势龙头企业为重点，采取科学计划、宣传引导、沟通协调、探索创新等措施，全力指导、帮扶企业在标准化生产、管理和经营上上档次、上水平。选定郑州娅丽达服饰有限公司、郑州逸阳服饰有限公司、郑州梦舒雅服饰有限公司3家企业作为标准化体系确认培育目标，各项工作按照计划正在稳步推进。鼓励企业广泛采用国际标准、国外先进标准以及国家标准和行业标准，以标准化促进工农业技术进步，全面提高工农业产品的技术含量和核心竞争力。规范企业产品标准备案工作，严格执行标准备案程序，帮助企业起草标准13个，企业标准备案8个。（郑志超）

【特种设备安全监管】 一是强化区域监管，落实监管责任。中原质监分局依据中原区行政区划划分各部门监管责任区域，明确监管职责，落实监管责任。按照锅炉、压力容器、电梯、起重机械、气瓶充装等分别制定相应的巡查计划。责任单位按照巡查计划开展日常巡查工作。各部门将每月巡查情况报告给安监科，由安监科统一汇总备案，全年共巡查特种设备使用单位112家，检查设备1126台件，下达特种设备安全监察意见书102份。

二是加强与相关部门的沟通协调,建立有效联动、高效运转的协调联动机制。中原质监分局依托区、镇(街道)、社区三级安全监管网络,定期召开有安监、公安、消防、工商、工信、电力以及镇(街道)等相关部门参加的联席办公会议,分析当前安全生产形势,互通信息,开展综合整治,建立政府领导、部门参与、制度化、规范化协调联动机制。3月份,根据群众举报,中原质监分局与区安监局、须水镇政府、须水派出所等部门联合,对位于须水镇常庄村的一个储存、经营危险化学品场所联合执法,经查该场所无营业执照、无任何手续,属非法储存、经营危险化学品窝点。联合执法组对该窝点予以取缔,现场监督拆除无资料、无检验报告、无注册登记锅炉1台,并对储存的化学品进行了妥善转移。

三是突出重点巡查监管。特种设备安全监察工作的重点在使用、核心在现场。中原质监分局在坚持有效日常监管巡查基础上,着力加强对重点单位、重点设备安全监管。把工作的重心放在抓特种设备使用环节的现场安全巡查上,加大隐患排查力度,努力提高设备注册率、设备检验率、操作人员持证上岗率和重大隐患整改率,确保辖区不发生特种设备安全责任事故。加强"双节""五一""十一"等重大节日和重大活动期间特种设备安全巡查,确保节日期间特种设备安全。 (郑志超)

【特种设备事故应急演练】 2011年5月21日,中原质监分局在碧沙岗公园组织了游乐设施应急演练活动,碧沙岗、人民公园所有游乐设施操作员共计60人参与。本次演练模拟"双层豪华转马"运行途中发生供电线路故障,设备停机,多名游客被困二层,无法返回地面的突发事件。接到事故报告,演练指挥部立即启动应急救援预案,救援组、抢修组、保安组等应急小组赶到现场,按照分工实施救援,整个应急小组的工作有条不紊开展。15分钟后,应急小组成功将所有被困游客解救并安排到休息室,双层豪华转马故障排除,恢复运行。通过演练提高了中原质监分局和碧沙岗公园对游乐场所的应急处置能力,确保了突发事故时能及时有效采取应急措施和救援,保障游客安全。同时也向现场的游客普及了游乐设施乘坐知识,提高了游客的安全意识。 (郑志超)

【计量惠民】 2011年,中原质监分局继续秉承计量服务民生,让老百姓得实惠的计量工作理念,开展"关注民生、计量惠民"活动。一是开展计量进市场活动,强化商品计量监管,为广大消费者创造良好的购物环境。继续抓好与老百姓生活和与农业生产密切相关的定量包装商品的计量监管,对辖区的丹尼斯、世纪联华、大商等5个大型超市进行了定量包装商品净含量检查,共检查定量包装商品150个。二是开展规范大检查活动。医疗用计量器具数据准确与否,直接关系到人民群众的健康与安全。中原质监分局组织人员对辖区医疗领域在用计量器具和验光配镜行业进行执法检查,共检查医院8家,检查在用医疗计量器具890台(件)。三是组织参加市局开展的"5·20"国际计量宣传日活动,有效提升人民群众的计量意识。

(郑志超)

【产品质量监督风险信息管理】 2011年,中原质监分局按照《关于加强产品质量监督风险信息管理工作实施方案(试行)》的通知要求,成立了产品质量风险信息管理工作领导小组,制定了2011年产品质量风险信息管理工作计划,建立完善领导机构、风险信息收集、反馈沟通、分析研判和应对处置领域的协作配合工作机制,努力做到质量安全风险早发现、早研判、早预警、早处理。 (郑志超)

【打假治劣】 一是按照分级分类监管的要求,加强获证企业监督管理。中原质监分局认真贯彻落实《河南省工业产品生产许可证获证企业监督管理办法》,并根据中原区获证企业历年来监督管理的情况,逐一对获证企业进行了分级分类划分,确定了C类监管企业。在此基础上,按照分级监管的要求,制定出相应的巡查计划,由各科室严格按照各自监管责任区域开展巡查工作,每月将巡查情况集中汇总录入电脑,存入企业监管档案。及时督促、帮助企业对巡查中发现的问题进行整改,确保获证企业生产条件不下降,有效避免了获证企业出现严重质量问题。

二是认真组织辖区内获证企业年审,规范获证企业的生产经营行为。辖区获证企业年审123家,年审率达90%以上。

三是做好企业比对试验，不断提高企业检验能力。按照市质监局的要求，积极组织辖区 16 家企业参加复混肥料、电线电缆和水泥的比对试验，配合市局做好比对试验的样品配发、资料汇总等工作，促进了全区产品质量整体水平的提高。

四是认真组织开展“双打”行动，强化重点区域监管。按照省、市关于开展工业产品生产许可“双打”检查工作要求，中原质监分局在全区范围内开展了为期 6 个月的电线电缆专项整治工作，加大对电线电缆生产企业无证生产和生产伪劣产品的查处力度，有效提高了电线电缆产品质量，促进了电线电缆行业健康发展。

五是认真做好监督检查不合格企业后处理工作。郑州三晶游乐玩具厂充气儿童玩具在郑州市定检中被列为不合格产品，中原质监分局接到通知后派出专业技术人员进驻该厂，从原料进厂到各生产环节进行检查，重点对生产现场进行检查和帮助企业查找造成不合格产品的原因，制定有针对性的整改方案，帮助企业解决在产品质量管理中存在的问题，改进生产，并督促企业有效落实，确保产品出厂合格。（郑志超）

【队伍建设】 2011 年，中原质监分局坚持以增强全面服务意识为宗旨，以提高执法人员素质为核心，进一步加强队伍建设，高标准严要求，从严治局。

加强班子建设。年初市质监局对中原质监分局班子进行了调整，充实了力量。班子成员分工协作，工作中相互配合，相互支持，团结有力，处处事事率先垂范。先后组织了春节联欢会和象棋、跳棋、跳绳、书法比赛等活动，活跃职工文体生活，激发广大干部职工干事创业的积极性，增强了班子凝聚力、向心力和战斗力。

加强党风廉政教育。年初局党组与各部门签订了党风廉政建设责任书，每位干部职工签订了党风廉政建设承诺书，按照“谁主管、谁负责”“管行业必须管行风”的要求严格落实“一岗双责”。组织开展了机关作风纪律大整顿，把纠正不正之风放在各项工作的首位，制定和完善各项管理制度，坚决制止不作为、慢作为、乱作为和不文明执法等现象发生，坚决纠正有法不依、执法不严、执法犯法、执法扰民等损害群众利益的不正之风。通过整顿职工风貌，机关作风有了明显转变，依法行政、廉洁从政、服务意识明显提高，想事、谋事、干事、成事工作氛围日趋浓厚。（郑志超）

安全生产监督管理

【概述】 2011 年度，中原区的安全生产工作坚持“安全第一、预防为主、综合治理”的方针，深入开展“安全生产年”活动，加强“三项行动”（执法行动、治理行动、宣传教育行动）和“三项建设”（法制体制机制建设、保障能力建设、监管队伍建设），有力地推动了全区安全生产形势持续稳定好转。

（吴秀琴）

【控制生产安全事故】 2011 年，中原区发生各类安全事故 91 起，与上年同期相比事故起数下降 21.6%。其中：火灾事故 90 起；工矿商贸事故 1 起，死亡 1 人。死亡人数控制在市政府下达辖区死亡指标 1 人以内，未发生较大以上生产安全事故。

（吴秀琴）

【落实安全生产责任制】 2011 年，中原区的安全生产工作列入区委、区政府年度目标考核重要内容之一，严格落实安全生产责任制，实行安全生产“一票否决”和“一岗双责”制度。区政府分别与 12 个街道办事处和 25 个安委会目标责任单位签订了安全生产目标责任保证书。全区签订安全生产目标责任保证书 5433 份。（吴秀琴）

【安全生产基层基础工作】 2011 年，中原区 12 个街道办事处都不同程度对安监办进行了充实和调整，全区基层安全监管队伍达到 110 人；村、社区配备专（兼）职安全员 178 名；区政府设立安全生产专项基金 100 万元用于安全生产，全区投入 300 余万元用于基层安全生产基础建设。“三分六定”网格化安全生产管理模式在全区得到了大力推广，建立了街道、社区、楼院三级安全监管信息平台，数字化城市管理指挥中心高效运转，对辖区各路段及重点企业和单位实施重点监控，形成了“人防”与“技

防”相结合的网格化监管体系，同时，各街道办事处建立了“三防”（安防、消防、巡防）为一体的安全防范体系。（吴秀琴）

【烟花爆竹管理】 2011年春节期间，中原区办理《烟花爆竹经营（零售）许可证》78个，组织烟花爆竹安全管理和销售人员262人进行安全培训，并做好信息上报、打非处理、案件举报等各项工作。对烟花爆竹经营（零售）网点的管理，各街道办事处实行定人、定点、定责，一包到底，严把经营（零售）点烟花爆竹准入关。春节期间，区安监局4个执法中队在辖区内进行全天候的巡查，发现非法商户随时予以处理，共出动车辆95台次，人员101人次，处理非法经营烟花爆竹摊点23处。（吴秀琴）

【危险化学品安全管理】 2011年，中原区有10家生产危险化学品企业，其中有《安全生产许可证》的8家，有2家正在办理安全“三同时”，尚未取得《安全生产许可证》；6家有储存危险化学品经营企业；2个区级部门管理的加气站；6个加油站。截至年底全部购买安全生产责任险，《安全生产许可证》申报和发证企业日常监管率均达100%。办理和年审《危险化学品经营许可证》3家企业。办理《非药品类易制毒化学品备案证明》3家。根据上级要求对辖区内10家危险化学品生产企业和6家有储存危险化学品经营企业进行安全设施设计改造。（吴秀琴）

【深入开展“安全生产年”活动】 2011年，中原区加强安全生产事故隐患排查治理，区政府安全生产委员会下发了《关于做好安全生产事故隐患上报工作的通知》和《关于进一步加强排查对较大以上事故隐患实行挂牌督办的通知》，建立健全隐患排查治理机制。全年排查出隐患5870处，整改5808处，整改率99%；排查出重大事故隐患1起，挂牌督办1起（郑州豫欣纺织有限公司存放剧毒化学品隐患），于8月1日前整改到位；较大以上事故隐患5起，挂牌督办5起，全部于9月30日前整改到位，并按照整改措施做到“五落实”。年底，全区有5家企业构成重大危险源，其中生产1家、储存使用1家、3家属市政局发证管理的液化气站，5家企业已建立重大危险源台账，全部已做安评，已建立重大危险源登记、申报、监控制度和数据库。（吴秀琴）

【安全生产专项整治】 2011年，区安监局在敏感时期、重要阶段对重点行业、重点领域适时开展安全生产大检查、督查和专项整治等活动。积极参加区政府组织的开展联合执法行动，严厉打击违法行为，减少和消除各类安全隐患。一是开展元旦和春节、“两会”、国庆节、汛期、第四季度等6次安全生产大检查。二是深入开展危险化学品、烟花爆竹等安全专项整治。全年出动检查组13个，累计出动车辆260台次，人员800余人次，检查各类生产经营单位750家，排查出安全隐患1130处，现场整改1050处，限期整改80处，通过复查，安全隐患全部整改完毕。（吴秀琴）

【安全生产宣传】 一是制作各类宣传栏96个，图文并茂的安全生产文化长廊11个，长达880多米。二是利用新闻媒体广泛宣传安全生产法律、法规和安全生产知识。在《河南法制报》《郑州日报》《每周中原》发表文字信息、图片信息44篇，其中市级以上22篇、区级22篇。在市安监局安全生产信息刊发11篇。三是采用新闻图片和摄像资料宣传安全生产工作，提高安监队伍形象。全年外出采集各类新闻素材30余次，拍摄照片360余张。向区委、区政府有关部门，省、市、区新闻媒体提供照片和摄像资料10余次，图片300余张。四是开展了以“安全责任、重在落实”为主题的“安全生产月”活动。（吴秀琴）

【“全民安全教育日”活动】 6月12日上午，中原区安全生产监督管理局在五一公园组织开展了“全民安全教育日”活动，区长王东亮、副区长陈耀宗等领导到现场察看布展情况，并现场指导。全区12个街道办事处、34个安委会成员单位、供水公司、燃气公司、电力公司主管安全的领导、安监办全体人员、社区安全员等200余人参加活动，共设立安全生产咨询台49个，接待咨询人员360余人次；展示安全生产知识展板126块，悬挂横幅69条；发放《安全检查实用手册》6000册、《企业员工安全生产知识手册》7000册，安全生产常识宣传彩页2万张，安全宣传标语环保袋1000个；安全知识谜语有奖竞猜120条；组织锣鼓队3支60人。（吴秀琴）

【创建安全和谐型村（社区）】 2011年，中原区成立了安全和谐型村（社区）创建工作领导小组，区政府安全生产委员会印发《关于安全和谐型村（社区）创建工作方案的通知》，细化分解创建工作任务，落实工作责任。全区46个行政村、105个社区，建成示范性安全和谐社区3个，安全和谐达标社区28个、村3个，达标率23.3%。建设路街道办事处继续发挥优势，把推行“三分六定”网格化管理作为创建安全和谐型村（社区）的主要抓手，推广普及“三分六定”网格化管理模式，为全区安全创建活动奠定了坚实基础。（吴秀琴）

【安全生产教育培训】 2011年，中原区安全生产教育组织培训各类人员977人，其中执法人员28人，烟花爆竹安全员290人，企业管理人员、安全员581人，特种作业人员78人。不断提高安全生产监督管理人员的管理水平和业务素质，2次组织区安监局机关各科（室）、街道办事处、行政村、社区和区直有关局（委）安全生产监督管理人员600余人，参加为期3天的全区领导干部安全生产监管业务集中培训、安全知识讲座。（吴秀琴）

【事故报告统计和调查处理】 2011年，中原区发生“5·28”陆源物业有限公司触电事故，事故按期结案，事故责任人处理意见及各项罚款已落实。无重大以上生产安全事故发生，无瞒报、迟报、拖延不报各类生产安全事故现象。（吴秀琴）

【安全生产行政执法】 2011年，区安全生产监督管理局从“四个优化”（优化队伍基本素质、优化队伍典型宣传、优化队伍制约机制、优化队伍文化建设）入手，着力加强执法队伍建设，进一步规范执法行为，严厉查处安全生产违法案件，有效地预防了各类事故的发生。全年审核规范性文件83份，审核立案28起；审核下发行政处罚告知书28份、行政处罚决定书18份，收缴各类行政罚款103万元，案件查处率、结案率均达到100%。（吴秀琴）

【安监系统政风行风建设】 按照省、市、区关于反腐倡廉建设及行风政风建设有关要求，区安全生产监督管理局制定下发了《2011年全区安监系统党风廉政建设工作意见》等通知，在创先争优活动中开展机关党员干部作风集中建设活动月，将各项任务逐项分解、层层落实到每个领导和科室。结合《廉政准则》及“机关考勤制度”“十条禁令”“中层干部工作行为准则”和“中层干部违纪处理决定”等文件精神，实行半年检查、年终考核制度，确保安监系统党风廉政建设及行风政风建设各项责任落到实处，并将部分机关制度在各个科室（所）上墙公示，时刻警示。同时，以宣传媒体为平台，紧密结合行风政风建设各个阶段的工作重点大力宣传，有效地推动了行风政风建设工作。（吴秀琴）

【组织企业签订安全生产联保协议】 为确保西气东输管线设施长期安全运行，建立安全生产的长效机制，明确相邻企业的相关责任，依据相关法律法规，3月22日下午，区安全生产监督管理局组织召开了西气东输郑州分输压气站须水街道办事处、三十里铺村委会、河南亿和混凝土有限公司、河南汇远发展有限公司、郑州丰华钢结构有限公司等单位负责人参加的安全生产联席会，并在会议上组织签订了安全生产联保协议，使各企业由过去只注重本单位的安全生产整体提升到注重该区域安全生产环境。（吴秀琴）

【职业危害申报】 2011年，中原区申报职业危害企业19家，并建立档案，其中市管企业6家、区管企业13家。（吴秀琴）

【创建安全生产诚信企业】 2011年，中原区组织辖区14家危险化学品生产、经营企业开展安全生产诚信企业创建工作，经市安委会评审验收，郑州盛宏丰实业有限公司获得“郑州市安全生产诚信企业”称号。全区10家生产危险化学品企业中，已有2家达到安全生产标准化三级标准；有6家已经通过评审验收，正在向市局申报；有2家正在走安全“三同时”手续，进入试生产阶段，未取得《安全生产许可证》，不在此工作范围。（吴秀琴）

【安全生产监管机构标准化建设】 2011年,区安全生产监督管理局严格按照《安全河南创建纲要(2010—2020)的通知》和《郑州市人民政府关于印发安全郑州创建2011年行动计划的通知》要求,落实安全生产监管机构建设标准化和各街道办事处安全监管站所达到标准化要求。区安全生产监督管理局按照安全生产监管机构标准化标准要求已基本完成达标任务。按照10%街道办事处安全监管站所达到创建标准要求,全区12个街道办事处申报了3个,年底已有2个街道办事处的安全监管站所达到创建标准,完成达标任务。

(吴秀琴)

财税 金融

财　政

【概述】 2011年,在经济形势持续向好的前提下,中原区财税部门深入贯彻落实科学发展观,坚持把组织财政收入作为工作第一要务,继续坚持领导干部分包镇(街道)制度和财税分析会制度,继续坚持深入开展"四个集中"税收专项治理活动,开展辖区房地产项目普查,建立房地产项目备案制度,开展城镇土地使用税清查,继续调整完善财政税收擂台赛实施办法,通过采取有效措施不断提高征管水平,努力做到应收尽收,使经济发展成果反映到财政收入上来。 (吕　超)

【财政预算收入执行情况】 2011年全区财政一般预算收入完成186002万元,比上年增长22.72%。主要收入项目的完成情况是:税收收入完成179235万元,比上年增长20.9%。其中:增值税完成17532万元,营业税完成61951万元,企业所得税完成23950万元,个人所得税完成9394万元,城市维护建设税完成17795万元,房产税完成5820万元,印花税完成5423万元,城镇土地使用税完成6778万元,土地增值税完成30066万元,耕地占用税完成526万元。非税收入完成6767万元。其中:行政事业性收费完成4754万元,罚没收入完成1783万元。政府性基金预算收入完成416万元。 (吕　超)

【财政预算支出执行情况】 2011年全区财政一般预算支出完成163544万元,比上年增长35.49%。区本级财政一般预算支出完成135684万元,比上年增长42.38%。主要支出项目的完成情况是:一般公共服务支出完成18282万元,公共安全支出完成4531万元,教育支出完成30302万元,科学技术支出完成2681万元,文化体育与传媒支出完成542万元,社会保障和就业支出完成14123万元,医疗卫生支出完成7584万元,节能环保支出完成378万元,城乡社区事务支出完成18940万元,农林水事务支出完成3134万元,商业服务业等事务支出完成3304万元,国土资源气象等事务支出完成1169万元,住房保障支出完成4449万元,其他支出完成2318万元。

2011年全区财政一般预算支出的执行,实现了收支平衡、略有结余的目标。 (吕　超)

【支出保障和改善民生】 一是加大对教育经费的投入力度,支持须水中心幼儿园和区实验幼儿园开工建设,支持中原区特色实验小学、建设路一小、育才小学、西岗小学教学楼新建改建,新增优质学位585个。二是完善覆盖城乡的社会保障体系,逐步提高城乡低保人员、五保供养对象等特困人员的生活保障水平。三是加大社区卫生服务体系建设投入,保障基层医疗卫生机构正常运转。四是不断加大"三农"投入,足额发放良种补贴、农机购置补贴、家电下乡、家电以旧换新等各类补贴资金;推进便民快餐店和蔬菜便利店进社区工程;积极推进村级公益事业"一事一议"财政奖补工作,提高村级组织运转经费保障水平。 (吕　超)

【全面推进财政管理精细化】 一是细化预算编制,提高预算编制管理水平。二是强化预算执行,严格年终结余结转资金的管理,加快预算执行进度。三是深化国库集中收付制度改革,实现了会计集中核算向国库集中支付转轨。四是强化财政监督,深入推进"小金库"专项治理工作;开展会计信息质量检查,建立有效的财政监督制约机制。五是进一步完善资产处置管理办法,实现国有资产系统的动态管理。 (吕　超)

【继续落实各项惠农补贴】 2011年,财政部门认真落实补贴政策,综合补贴标准提高,补贴兑现程序更加简化,对种粮农民补贴资金416.26万元(其中粮食直补资金59.21万元,农资综合直补资金357.05万元),受益农民1.7万户,兑付率达100%。

小麦、玉米良种补贴遵循整体推进、品种择优、公开推介、农民自愿和公开公正的原则,按照核定面积,以每亩10元国家统一补贴标准,针对生产中使用小麦、玉米良种的所有农户,通过现金直接补贴形式,以"一卡通"的方式发放到农民手中。中原区共落实小麦、玉米良种补贴面积4.736万亩,实际发放资金47.36万元。

对4户农户农机购置补贴资金1.448万元。

对农民购买国家规定品牌和型号的彩电、冰

箱、手机、洗衣机、空调、电脑、热水器、微波炉、电磁炉等家电产品，按销售价格给予直接补贴。全区补贴家电下乡产品 5137 台，补贴金额 133.75 万元。

为进一步扩大消费需求，提高资源能源利用效率，减少环境污染，促进节能减排和循环经济发展，中原区承担 21 个销售网点的家电销售补贴兑付和郑州地区唯一一家拆解企业的代垫运费补贴和拆解补贴的任务，全年共兑付家电以旧换新销售补贴金额 1332 万元，落实运费、拆解补贴 1320 万元。

（吕　超）

【设立农村公路建设管理奖励基金】 为加快建立适应中原区经济社会发展需要、符合辖区农村公路实际的农村公路管理养护体制和运行机制，保障农村公路的日常养护和正常使用，实现有路必养，使农村公路管理养护正常化、规范化，从 2011 年起设立农村公路建设管理奖励基金 100 万元，用于农村公路建设和养护补助及奖励，调动农村群众参与农村公路建设的积极性，完善以地方政府为主、统筹安排、社会个人积极参与的多元化投入机制，保障农村公路建设的需要。（吕　超）

【开展村级公益事业一事一议财政奖补】 一事一议财政奖补是指村民通过规范的一事一议筹资筹劳开展村内公益事业建设项目，政府采取以奖代补、民办公助的方式，给予适当财政奖补。其目的是以农民自愿出资出劳为基础，以政府奖补资金为引导，建立多方投入、共同推进的村级公益事业建设投入新机制。2011 年全区有 28 个行政村的 28 个项目开展了村级公益事业一事一议工作，项目总投资 971.43 万元，村民实际筹资额 146.51 万元，村民实际酬劳折资额 487.72 万元，财政奖补资金共计 317.11 万元，其中区级奖补资金 31.71 万元。

（吕　超）

【加强社会保障体系建设】 一是加大投入力度，满足就业再就业工作资金需要。2011 年，财政落实就业补助资金 254 万元，享受职业培训补贴、社会保险补贴等各项政策补贴共 1936 人次。

二是加大投入力度，确保城乡低保资金足额落实到位。2011 年，财政累计为 3192 人发放城乡低保金，共落实资金 1314 万元。

三是加大投入力度，支持建立城乡医疗救助体系。城乡医疗救助是通过政府拨款和社会捐款、社会捐助等多渠道筹资建立基金，对患大病的农村五保户和贫困农民家庭、城市居民最低生活保障对象中未参加城镇职工基本医疗保险人员、已参加城镇职工基本医疗保险但个人负担仍然较重的人员，以及其他特殊困难群众给予医疗费用补助的救助制度。2011 年全区享受救助人员 165 人，落实城乡医疗救助资金 72 万元。

四是加大投入力度，支持社会化居家养老服务。社会化居家养老服务是以家庭为核心，以社区为依托，广泛动员社会力量，充分利用社区资源为 60 岁以上居住在家的孤寡老人和空巢老人提供以解决其日常生活困难为主要内容的社会化服务。2011 年开展城镇空巢、孤寡老人居家服务工作，落实补助资金 66 万元。

五是加大投入力度，保障辖区集体（破产）企业退休人员参加大病统筹医疗保险。根据《郑州市人民政府关于印发郑州市集体破产困难企业和市属原国有困难企业退休人员大病统筹医疗保险办法的通知》精神，2011 年中原区集体破产困难企业共计 90 家，参加大病统筹 3901 人，补助医疗保险资金 924 万元，保障了集体破产困难企业退休人员看病支出，解决集体破产困难企业的看病难问题。

六是加大投入力度，建立覆盖城乡的养老保险体系。城乡居民养老保险制度的建立是为保障城乡居民年老后的基本生活，统筹城乡发展，构建和谐社会而建立。凡年满 16 周岁以上、具有郑州市户籍、不符合参加机关事业单位、城镇企业职工养老保险的城乡居民，可以参加城乡居民基本养老保险。2011 年中原区城乡居民养老保险新增参保 3002 人，落实政府补贴资金 1077 万元。

七是加大投入力度，支持政府购买公益性岗位。全年投入 636 万元用于暂住人口协管员工资、"三金"，投入 1667 万元用于巡防队员工资、"三金"，投入 2457 万元用于保障环卫工人工资、购买保险等。（吕　超）

【加大医疗卫生投入】 一是不断加大基层医疗机构投入，2011 年落实基层医疗机构资金 1038 万元，其中社区卫生服务体系建设经费 470 万元，乡镇卫生院资金142万元,基层医疗卫生机构实施基本药物制度和综合改革专项资金278万元。二是不断加大公共卫生投入,全年落实公共卫生资金2128万元,其中疾病预防控制1311万元,妇幼保健208万元,"两癌"检查经费、艾滋病抗病毒治疗经费等重大公共卫生专项资金258万元。三是不断加大食品和药品监督管理投入,全年落实资金74万元,用于餐饮服务食品检验及保健食品、化妆品、药品、医疗器械的监管。（吕　超）

【实行国库集中收付制度】 2011年,为进一步深化国库集中收付制度改革,建立健全现代公共财政管理体系,推进财政科学化精细化管理,根据《财政部关于进一步加强和规范财政资金管理的通知》《河南省财政厅关于会计核算向国库集中支付转轨的实施意见》文件精神,中原区全面推行会计集中核算向国库集中支付制度转轨,取消会计集中核算,预算单位的会计核算工作由各个单位自行组织,建立了"收入在国库、支付在中心、核算在单位、管理在财政"的运作模式,把审核支付作为财政管理监督工作的重点,减少中间环节和程序,提高工作效率。

为适应财政国库管理制度改革的要求,根据财政部、省财政厅、市财政局要求,遵循"规范、统一、高效、精简"的原则,区财政局对本级开设的财政资金专户进行认真清理、整顿,将各类财政资金专户统一归口到财政局国库科管理,将未按规定程序开设的财政资金专户进行撤销,对同类专户进行归并,并以此为契机将全区各项目指挥部账户进行规范管理,将指挥部资金纳入国库集中支付管理。通过清理、整顿,规范了财政资金专户和项目指挥部资金的管理,提高了财政资金的使用效率。

按照省、市财政有关工作要求,中原区积极开展公务卡改革工作。11月,区财政按照公开、公平、公正的原则,选择和确定了5家公务卡代理银行,并与代理银行签订委托代理协议,全区各预算单位可在其中自行选择一家作为本单位公务卡结算的代理银行。区财政局作为区公务卡结算制度改革试点单位,组织干部职工办卡60余张,并进行了公务卡结算,确保公务卡结算各环节流畅,程序运行通顺,为2012年全区推行公务卡改革做好前期准备。（吕　超）

【政府采购】 按照"依法采购、规范管理、开拓创新、稳步推进"的要求,科学合理制定适合中原区的政府集中采购目录和限额标准,不断增加政府采购项目,扩大政府采购范围。2011年,中原区组织采购800多次,实际政府采购金额达到17076万元,比上年同期增长38.2%,其中工程采购金额10471万元,占总金额的61.32%;货物采购金额4894万元,占总金额的28.66%;服务采购金额1711万元,占总金额的10.02%。在本年的政府采购总额当中,公开招标采购金额14024万元,占采购总额的82.13%。全年总采购节约资金3487万元,采购节约率达到16.96%。（吕　超）

【国有资产管理】 2011年,中原区按照信息公开、规范操作、监管有力的要求,依照国有资产处置的管理办法处置资产735万元,调剂使用32个预算单位资产389.7万元,提高了现有固定资产的使用效率。（吕　超）

【财政监督】 为了加强财政资金安全,提高财政资金使用效益,确保国家政策的贯彻落实,2011年区财政局对2个办事处开展了财政收支、财务会计制度及财税管理情况检查,对5家单位开展了"小金库"专项治理督导抽查、会计信息质量检查及《会计法》执行情况的监督检查,对财政系统内部3个业务部门开展了内部监督检查,对政府6个"十件实事"及重点项目资金开展了专项检查,对2家市政部门开展了会计信息质量及城乡社区环境卫生专项经费检查,有效地规范了会计秩序,为对加强财政资金安全,提高财政资金的使用效益,确保国家政策的贯彻落实起到了促进作用。（吕　超）

【财政投资评审】 2011年区财政投资评审中心在原有工作基础上,一方面总结经验;另一方面针对新出现的问题在摸索中前进,履行职责,严格把关,努力控制工程造价,完成万达广场外部电源供配电工程、贾鲁河及西流湖地区截污工程、郑州市房管局西区办事大厅装饰工程等区级重点建设项目的预算审核工作,保证项目按时招标、顺利开工。全年组织审查各类工程项目预算38个,建设单位送审金额共计14844.31万元,审定金额共计12825.4万元,节约财政资金共计2018.91万元,审减率达

到13.6%。（吕　超）

【会计集中核算向国库集中支付转轨】　会计集中核算转轨改革,其核心内容是取消会计集中核算,预算单位的会计核算工作由各单位自行组织,建立"收入在国库、支付在中心、核算在单位、管理在财政"的运作模式,减少财政资金支付中间环节和程序,提高工作效率。

一是加强组织领导,精心安排部署。及时成立了会计转轨工作领导小组,由副区长亲自挂帅,区监察局、区政府办、区财政局等单位和部门参与,形成良好的沟通协调机制,在组织保障上做好充足准备。二是深入调研,正确引导。结合辖区各预算单位会计核算工作实际,制定出切实可行、操作性强的转轨工作实施意见,明确具体的工作步骤、工作任务和目标。及时组织召开全区会计转轨工作动员大会,引导预算单位和财务人员达成共识,共同推进会计转轨工作顺利开展。三是把握重点,密切协作。加强与纪检监察、机构编制管理等部门的沟通联系,准确把握预算单位会计岗位人员需求,在充分考虑本人意愿和预算单位工作需要的基础上,优先安置现有人员到各预算单位会计机构,确保平稳过渡,有序分流。四是提高素质,落实服务。在财务人员配置、业务培训、网络连接等方面,积极开展全方位服务,不断提高工作效能和服务水平。截至10月,区会计集中核算转轨工作已接近尾声,转轨期间财政支付业务没有出现间断,预算单位正常用款得到有效保障。各预算单位账务退回后,财务核算规范有序,预算执行平稳,较好地实现了会计转轨平稳过渡。（吕　超）

【多策并举抓收入】　一是坚定"工业立区、三产兴区、教育强区"战略部署,大力支持产业园区建设和第三产业发展,支持城中村、旧城改造,加快产业结构调整,培育财政经济的增长点,切实把经济发展的成果反映到财政收入的增收上来。二是及早着手安排,分解下达收入任务。根据宏观经济形势和税收政策的变化将年度财政收入任务分解至各街道办事处,切实做到月度有计划、季度有安排、年度有目标,防止任务悬空。三是继续坚持每月召开财税分析会,主要分析当前财政收入结构和特点,研究预测税收经济发展形势,及时提出组织收入中存在的问题并加以解决,安排布置下一步具体工作等。四是继续坚持开展"四个集中"(集中摸底调查,夯实财税基础;集中清理,规范税收秩序;集中整治,确保应收尽收;集中协调争取,挖掘潜在税源)税收专项治理活动,建立健全协税护税、财税评估、信息交换与共享、分工协作、联席会议等工作运行机制,强化税源管理,对全区万元以上纳税户进行普查,绘制万元以上税源分布图,专项开展辖区房地产项目普查,建立房地产项目备案制度,对在建项目产生税收进行跟踪预测,努力挖潜增收。五是继续坚持财政税收竞争激励机制,进一步调整完善财政税收擂台赛实施办法,奖惩并举,充分调动税务部门和各街道办事处管理税源、涵养税源、组织收入的积极性。六是加强对非税收入的征收管理,科学合理地制定执收、执罚部门的收入计划,规范收费和罚没收入管理,努力做到应收尽收。（郑　富）

国　税

【概述】　2011年,中原国家税务工作按照省、市国税工作会议和区委经济工作会议的总体部署,牢牢把握新时期税收工作宗旨和主题,以组织收入为中心,全面加强队伍建设,不断优化税收发展环境,大力推进依法治税,深化税收改革,创新纳税服务方式,提高税收征管质量和效率。（潘可达　孙　洁）

【组织税收】　2011年,区国税局入库各项税收20.13亿元,占年计划的106.62%,超计划进度6.62个百分点,超收1.25亿元。其中:增值税14.38亿元,同比增长15.93%;企业所得税5.16亿元,同比增长22.74%。个体4633万元,超计划18个百分点。地方级累计完成5.24亿元,超计划进度8.81个百分点。区级累计完成2.42亿元,完成全年计划的94.64%,慢于正常计划进度5.36个百分点,短收1373万元。

积极做好税收分析工作。年初,区国税局对各项税收收入进行梳理,对经济形势、政策影响、征管质量等方面进行宏观分析,对重点税源企业经营变动情况进行微观分析,全面系统地预测各项收入情况,科学公正地分解税收任务并及时下达至各个分局。并积极与相关职能单位沟通协调区划调整户数及税源情况,通过与街道办事处协作,确保全年区级收入任务顺利完成。

平衡入库思路进一步落实。为达到组织收入"上旬占大头、月月达进度、首季开门红、半年双过半、年终要提前"的目标,坚持依法治税,依率计征,改变原有组织收入前松后紧的做法,坚持"年初视同年底抓、月初当作月底干"的工作思路,早打算,早落实,确保收入均衡入库。

(潘可达　孙　洁)

【加快推进税收专业化改革】 2011年,区国税局被确定为税收专业化试点单位,成立项目组,细致梳理现有业务流程并进行归类,积极对业务审批权限进行探索。在"一个基础、三条主线"基础下加快推进税收专业化改革,强化税源动态化、专业化、精细化、系统化的管理,实现各项审批业务"一口进、一口出"。一是大力推进业务审批进大厅。明确审批事项的分类、资料、流程、环节、时限等内容,不定期对各项审批工作进行复核,形成规范的运行机制,提高办税效率。二是大力推进阳光办税。公开办税的程序、期限、纪律等信息,避免暗箱操作,杜绝钱权交易。三是落实大厅实体化,转变人员职能,淡化层级管理,有效减少相互推诿扯皮现象。四是明确各级管理职责,形成一体化运行机制,使各项业务工作实现无缝对接。五是在局的内网搭建业务支持平台,促进各业务科室沟通交流。六是继续做好与市局处室的工作衔接,保证纳税服务工作的连续性。 (潘可达　孙　洁)

【提升征管基础质量】 一是扎实推进社会综合治税。2011年7月,区国税局召开了社会化办税座谈会,与各街道办事处主任及委托单位负责人讨论交流了社会化办税及委托代征工作的经验和不足,各办事处及委托单位对如何做好社会化办税工作提出了很多宝贵的意见和建议,初步形成了辖区内社会力量广泛参与的综合治税格局,促进了社会化综合治税的整体推进。

二是做好增值税起征点政策调整执行前准备工作。区国税局充分借助个体劳协、委托代征单位等协税护税组织力量,重点做好集贸市场、专业街(市)等个体工商户集聚区域的宣传,妥善消减税负区间差异对政策落实的影响。在制定个体工商户定额标准时做到公平合理。同时,做好日常巡查管理工作,加大对漏征漏管户的清理工作力度,做到应收尽收。

三是做好更换发票专用章和新版发票推行工作。区国税局发放《关于更换发票专用章的通告》通知单8000份,定期检查发票专用章更换工作进度,并要求企事业单位更换发票专用章时到公安机关进行审查、备案,并将备案手续提交税务机关。同时,继续做好新版普通发票推行工作。

四是以行业预警数据为突破口,税源管理日常监督办公室发挥税源管理日常监督主线作用,负责区国税局非重点税源企业的辅导评估工作,全年下发两期疑点数据共计334户,已落实296户,补缴税额281万元,提高了企业申报数据的真实性及对税法的遵从度。 (潘可达　孙　洁)

【企业所得税汇算清缴】 区国税局应参加2010年度企业所得税汇算清缴的企业3597户,已申报3591户,申报率99.8%,已入库税款8271.8万元,同比增长(扣除河南省烟草公司郑州市公司迁移因素)31.53%,零、低申报387户,零、低申报比率10.76%。汇算期间共审批财产损失4户,金额186万元,审核税收优惠37户47项金额共计1.6亿元,税款0.4亿元。 (潘可达　孙　洁)

【落实税收优惠政策】 一是支持产业集聚区企业发展,制定工作方案,明确每个项目的负责分局,设立专人担任首席服务官,一对一负责落地企业的税收事宜,对企业做好跟踪服务。同时举办产业园区企业优惠政策培训班,确保各项税收优惠政策落实到位,使税收政策最大限度地惠及产业集聚区企业。二是加强福利企业退税管理,全年办理退税7669.71万元,其中福利企业退税594.96万元,有力支持了企业发展。同时对残疾人上岗率、残疾人员比例、企业"四残"人员安置卡等情况进行调查,规范和加强优惠政策管理。三是坚持"快退税、退好税"的原则,共为113户企业办理出口退税1.9亿元,较好地完成了出口退税的各项工作任务。四是开展增值税政策执行情况核查,主要对烟、酒、食品百货、中央空调、水泥、彩钢等用于非应税项目或部分用于非应税项目而不应抵扣进项税额进行清理，共涉及361户、2150份发票。发现了五类不应抵扣已抵扣39户，涉及123份增值税专用发票，补交入库增值税、罚款、滞纳金共28.77万元。五是开展农矿行业涉嫌虚开虚抵增值税专用发票核查行动，经过分析查找，最终确定29户企业作为核查对象，按期完成核查任务。（潘可达　孙　洁）

【创新纳税服务方式】 2011年，区国税局把纳税人的满意度作为工作追求的标准，积极创新优化纳税服务手段，征纳关系进一步和谐。

一是开展以“访企业、帮解忧、促转型、谋发展”为主题的“支持企业发展年”活动。主动上门拜访，了解企业情况，着力为企业解决运行中的难题，努力为企业营造良好的宽松发展环境，增强了企业化危为机和加快发展的能力。同时提出，对企业的困难和要求通过努力能够解决的，力求在第一时间现场解决；对需要统筹协调研究解决的，由牵头单位负责协调解决；对因政策限制和客观原因一时不能解决的问题，要及时给予企业明确的答复；对重点企业的诉求，必要时召开现场协调会予以及时解决。这些措施得到了辖区内企业的广泛好评。

二是积极推进涉税审批调查中心工作。成立审批中心，主要负责由纳税人发起的涉税审批事项，提高办税效率。自成立至年底，审批中心没有任何一项涉税审批业务超期办理，取得零过错的好成绩，赢得了纳税人的一致好评。

三是整合办税窗口，提高服务效率。将大厅前台窗口进行业务合并，为所有机器配备了防伪税控金税卡，为窗口人员重新发放CTAIS口令，签订廉政目标责任书，纳税人有关事宜实现在一个窗口办结。

四是深入开展“税收大讲堂”活动，全年筹办11期税收大讲堂，培训纳税人1600余人次。通过对纳税人的深度辅导，更好地拉近了税企之间的距离，使征纳关系更加和谐。（潘可达　孙　洁）

【信息化建设】 2011年，区国税局进行4次网络、设备、应用系统的自查工作，并通过瑞星及VRV系统对各单位计算机进行安全检查，确保计算机及网络的安全性。对各单位的错误数据严格把关，并辅助各单位进行错误原因分析，查找解决方法，及时处理错误数据，提高基础数据准确率。

（潘可达　孙　洁）

【党风廉政建设】 2011年，区国税局认真贯彻落实上级党风廉政建设工作部署，坚持标本兼治、注重预防，强化监督检查，促进干部队伍和谐稳定。

认真贯彻落实党风廉政建设责任制。召开党风廉政建设工作会议和党风廉政建设誓师动员大会，制定了全年纪检监察工作思路，安排部署全年党风廉政建设工作要点。全局层层签订目标责任书，强化责任。

强化廉政教育，增强税务干部拒腐防变能力。制定《区局2011年党风廉政教育工作实施意见》，在每月的纪检活动日安排自学，以提高全体税务干部的廉洁自律意识。开展“廉洁兴税”教育月活动，在查找不足的同时进行整改，及时发现并排除各种廉政风险。搭建网络教育平台，在“廉政之窗”栏目中适时发布新近出台的反腐倡廉制度，扩大廉政教育的覆盖面。节假日来临前，利用网络平台向全局人员发送廉政短信，使大家在潜移默化中提高廉洁自律和遵纪守法意识。

开展“七对照七提高”专题教育活动。按照省、市局的工作要求部署，区国税局于8月25日召开“七对照七提高”专题教育活动动员大会，全体人员对此次教育活动的重要性有了深刻的认识，活动分三个阶段实施，时间三个月，通过学习提高阶段的学习交流、查摆问题阶段的剖析问题、整改提高阶段的问题整改，专题教育活动工作扎实稳步推进，较好地完成了市局专题教育活动要求的各项任务，取得了预期的成果。（潘可达　孙　洁）

【文化建设】 一是认真开展“读好书评选”活动，全体税务干部积极响应，纷纷择书而读并撰写大量读书心得。通过单位推荐、网上投票和评委打分三个环节的公开、公正评选，共有64人的作品在评选活动中获奖。二是以创建能手考试为契机，加强基层骨干培训。选出业务基础扎实、综合素质较强的同志进行集中脱产、封闭培训，专门聘请税务学校优秀老师制定全程培训计划，确保培训的针对性和有效性。三是坚持文化育人、文化促管、文化凝税、文化兴局的思路，以文化协会为载体，开展税务文化活动。成立羽毛球、篮球、足球、乒乓球、健身操、瑜伽、游泳、舞蹈、大合唱、棋艺等10多个业余文体活动队。定期开展各类比赛活动,团队精神不断凝聚,队伍活力不断增强,全局上下充满团结友爱、和谐奋进的良好氛围。（潘可达　孙　洁）

【文明创建活动】　一是深入开展"省级文明单位"创建活动。2011年,区国税局的"省级文明单位"荣誉已五年届满,为确保文明创建再创佳绩,区国税局成立创建活动领导小组,制定具体的实施方案及规章制度,明确目标并量化责任,号召全体税务干部投入到创建工作中,力争创出成效,树立中原国税新形象。创建工作已顺利通过验收。

二是积极开展交通执勤及公益捐助活动,树立良好国税形象。积极参加"郑州市青年文明号交通执勤活动"及"小红帽在行动"等活动,发挥文明志愿者的示范带头作用,为省会居民出行创造一个文明、安全、畅通的交通环境。开展帮困助学活动,为辖区内两所小学捐赠图书和学习用品,将税务文化渗透到乡村、学校,促进国税文化与乡村文化的共同发展。（潘可达　孙　洁）

【队伍建设】　一是加强班子执政能力建设,促进全面协调发展。区国税局坚持落实"一岗两责",加强执政能力建设,把对上负责与对下负责结合起来,创造性地开展各项工作;坚持执行民主集中制,严格按党组议事规则办事,坚持集体领导下的分工负责制,放手而不撒手,果断而不武断;合理分工、大胆放权,让班子成员积极主动开展工作。充分发扬民主作风,凡涉及干部任免、人事变动、基建及大宗物品采购、大额经费开支等方面的问题,集体讨论研究;坚持落实民主生活会制度,先后多次召开专题民主生活会,带头开展批评与自我批评,做到思想上坦诚相见,工作中相互支持;坚持"一线工作法",注重实际,调查研究,靠前指挥,分工协作,明确责任,上挂下联;坚持中心组学习制度,做到月月有计划、有安排、有检查。

二是加强机构改革,充实干部力量。根据《党政领导干部选拔任用工作条例》《国家公务员法》和市局有关要求,并结合区国税局实际,平稳、公正、公平、公开地举行了人员竞聘和交流,进一步强化了干部队伍建设,优化人员结构,激发队伍活力和干部职工干事创业的热情,造就出一支素质优良、能打硬仗的优秀团队。分别组织完成副科级干部4人、中层干部12人的试用期转正工作和副股级职务干部13人的选拔工作以及首席纳税服务官23人、驻厂管理员2人的干部选拔工作。（潘可达　孙　洁）

【"培训年"活动】　一是协助组织所得税、增值税和金税工程等5场业务知识培训,健康知识、廉政教育等3场拓展类培训,并完成培训的考核和数据整理工作。二是以学时学分制为抓手,以网络教育为依托,在办税服务厅、企业管理、个体管理、稽查、行政管理5个岗位中组织网上学习和考试,培养人员的自学能力,提高执法水平、管理水平、岗位操作能力,同时根据岗位设置情况分单位进行在线考试和数据考核工作。三是按月组织业务基础知识培训,邀请省局培训中心的李金霞、常领琴两位老师,详细对财务会计、流转税、所得税知识等进行讲解,有近100名业务骨干和部分岗位人员参加,培训过程严格规范。四是组织各种讲座,丰富干部职工精神文化生活。邀请市中医院药剂科科长白明学举办养生保健讲座,从中医学角度初步了解到自己目前身体状况,提高了自我防病能力。五是完成培训素材整理工作,开展网上培训。通过网络、音像公司等多个渠道搜集素材,并经过拷贝、视频抓取、格式转换等素材整理,选取了几十部视频资料和文字资料,内容涉及历史、地理、心理健康、管理学等多个方面的视频,供各层次人员进行网上学习,取得较好的效果。六是合理安排注册税务师的学习培训工作,成立学习小组,互相督促,在中华会计网校购买相关课程供报考注册税务师的同志学习。（潘可达　孙　洁）

地　税

【概述】　2011年,中原区地税工作坚持以"组织收入"为中心,外促征管,内强素质,依法治税,优化服务,不仅提前两个月完成年度税收目标,还顺利完成稽查机制改革、新征管系统上线运行等重大任务。（郭　鹏）

【地税收入】　2011年,区地税局抓住辖区房地产行业利好的良好局面，加强重点税源控管，加大税源清理清查力度，不断提高税收管理水平，同时强化税收、税源，以及行业的分析监控，随时掌握税收运行情况，全年实现税收收入24.19亿元，同比增长35.39%，增收6.32亿元；其中地方级完成19.13亿元，同比增长35.9%，增收5.06亿元，相比计划任务超收3.21亿元，超进度20.2个百分点；区级收入完成11.99亿元，同比增长39.97%，增收3.42亿元，相比计划任务超收0.69亿元，超进度6.1个百分点。各级次收入实现均衡、快速增长。　（郭　鹏）

【税源管理】　2011年，区地税局依托征管信息系统，每月组织一次定税预警户、非正常户的检查，同时加大税源清查力度，相继组织了新建街道税源专项清查、写字楼专项清查、房屋出租行业清查等清查行动，并加强了分支机构、驻郑办事处等非独立核算纳税人的排查，漏征漏管户得到及时清理，800余户纳税人通过清查整顿纳入更加规范有效的管理，189户重点税源纳入重点监控。　（郭　鹏）

【规范行业管理】　2011年，区地税局组织开展房地产企业调研，深入重点项目施工地进行实地核查，为预测全年税收收入、强化行业管理提供了有力的数据保障；统一开展娱乐业、美容美发业、洗浴业的税源调查和整顿工作，全面摸清三行业的税源基础信息和管理情况，并依法调整部分纳税人税额，年增税款43万元；组织调查出租车纳税人经营收入，向18家出租车公司共发放调查表4800份，进一步完善了出租车行业管理档案；开展教育培训机构和担保公司的专题整顿，并对两个行业的纳税人进行纳税评估，评估税款10万余元。（郭　鹏）

【发票管理】　2011年，区地税局一是搞好有奖发票管理，保障对“刮奖发票”的奖金的及时兑付，全年兑奖总价值48.8万元，同时组织发票二次开奖活动，参与二次开奖的发票达到14.6万张，消费者索要发票、关注发票的意识明显增强。二是加大打击发票违章力度，按照市地税局统一部署，抽调6名税务人员组成“中原区打击发票违章行为快速行动小组”，实现对拒开发票、开具假发票行为的24小时举报受理和快速打击，共受理、查处举报案件59件，以票控税力度不断提高。　（郭　鹏）

【征管信息化建设】　2011年，区地税局新征管信息系统上线运行，工作人员加班加点开展纳税人信息的录入、系统调试等工作，并顺利打印出启用新系统后的全市首张税务登记证，新征管信息系统上线运行成功；加大财税库银横向联网的推广，同银行系统建立业务协调机制，明确专人负责指导纳税人运行和维护电子缴税系统，税款入库效率不断提高；安装使用公民身份信息查询系统，对申请税务登记、代开发票的纳税人实现现场身份验证，全年验证身份证信息1万余户，杜绝了纳税人以虚假身份信息办理涉税事项的漏洞；作为全市地税系统网络改造试点单位，成功完成新网络线路的更新工作，同时对外派单位的线路重新进行规划，在全局安装了IP电话线路，开展了信息系统、机房的防雷改造，实施全局内网、外网的物理隔离，保障新征管系统和计算机设备的安全运行。　（郭　鹏）

【部门协作加强】　强化国税、地税共管户的管理，严格执行国税、地税联合办证有关规定，2011年办理联合税务登记证2146份；做好国税代征城建税、教育费附加工作，全年开具委托代征税票2653份，代征税款42万余元；深化与房管局的协作，在新设立的两个房管局办事大厅内设立了办税服务区，对存量房的源泉控管进一步巩固。　（郭　鹏）

【落实税收减免政策】　2011年，区地税局认真开展减免税等资格的认定和备案工作，加强对申请纳税人的实地调查，严格按照规定程序开展审批，全年认定小型微利企业26户，认定道路货运业自开票纳税人8户，审批下岗再就业减免税28户，备案和审批营业税减免97户、企业所得税减免21户、财产行为税减免4户，合计减免各税3322.5万元，保障了国家税收调节职能的充分发挥。（郭　鹏）

【完善分税种管理】　2011年，区地税局认真组织企业所得税汇算，辖区内2341户企业参与汇算清缴，共缴纳企业所得税3.4亿元，通过认真落实相关政策，补缴税款2482.2万元，同比增长25.4%；加强个人所得税管理，进一步完善高收入行业和个人的“双高”档案，积极组织年收入12万元以上纳税人的申报动员工作，共有1691人自行申报，缴纳个人所得税6150万元，补缴个人所得税83万元，申报人数、缴纳税款数、补缴税款数同比增长分别达到104%、119%、822%，受到市地税局的表扬；扎实开展土地增值税清算，严格土地增值税政策的落实，全年清算土地增值税480多万元；认真开展辖区内土地等级测算工作，为上级确定土地使用税税率提供了充足的事实依据；针对11月起营业税的起征点由5000元调整到2万元的政策变化，区地税局扎实稳妥地开展营业税起征点调整事宜，保障中小纳税人依法按时享受到这一税收优惠。

（郭　鹏）

【税法宣传】 2011年，区地税局在税收宣传月、"法制宣传日""六五"普法工作中，组织税收宣传进企业、进社区，开展税法与健身同行等活动，共分发宣传资料1万份，接受咨询近1000人次，税收知识得到有效普及；加大有奖发票的执行和宣传力度，在全市发票二次开奖活动现场，通过制作宣传板、设立宣传台等形式，向群众宣传正确使用发票、新版发票的鉴别知识，以及新发票专用章更换规定，群众法制意识不断提高。（郭　鹏）

【执法考核力度扩大】 2011年，区地税局利用执法考核软件开展执法情况考核，共考核执法行为15万余条，发现错误行为120条，涉及执法人员37人次，执法行为得到规范；认真落实税务行政处罚案件预先审核制度、简易处罚案件的备案制度，全年审核税务行政处罚案件82起，退回补正25起，有效降低了执法风险。（郭　鹏）

【为纳税人服务】 一是积极提供税收业务专题培训。2011年，区地税局相继举办了科技类企业税收政策培训、企业所得税汇算清缴政策培训、新征管信息系统培训、土地增值税政策培训、房地产企业纳税人专题培训，近1000户纳税人接受了培训；同时应企业要求，深入到河南省第五建筑公司、河南省科技协会等企业组织政策上门培训，使纳税人及时掌握到了最希望、最需要了解的税收政策。区地税局还通过设立税收政策宣传QQ群，向辖区纳税人普及税收知识，开展税收交流，赢得纳税人的广泛赞誉。

二是深入开展税企座谈活动。税务干部积极深入企业开展交流沟通，把解决企业困难作为走访活动的主要内容，了解企业对地税部门的诉求，现场解决企业提出的意见和问题，尽最大可能为企业排忧解难。举办房地产企业代表座谈会，在加强沟通交流、为企业排忧解难的同时，要求企业评议地税工作，征纳关系不断密切。

三是做好日常服务。区地税局将税干接待纳税人过程中的用语、仪表、态度等行为进一步规范，对纳税人税负和收费情况进行公示，同时抓好限时服务制、延时服务制、首问负责制等一系列服务承诺制度的落实，不断提高服务水平。不断完善办税厅建设，整合办税服务窗口，设置"综合服务""发票管理"等8个窗口，并对下岗再就业等弱势群体办税开辟绿色通道；设置多点互动屏幕、多功能服务台、六面型填单台等先进的硬件设施，在4个办税厅升级了POS机，为纳税人办税带来极大的便利。全国、省、市三级人大代表及省、市各级领导在参观区地税局办税服务区后均给予高度评价，办税服务大厅被授予"省会窗口行业创建全国文明城市先进单位"，被河南省纠风领导小组评为"群众满意基层站所"。（郭　鹏）

【队伍建设】 一是扎实开展政治业务学习。2011年，区地税局认真落实政治业务学习制度，先后组织开展企业所得税政策、新征管信息系统、土地增值税汇算清缴、个人所得税政策等内容的集中业务培训，并利用信息系统开展了首次网上业务考试，干部队伍业务素质有了新的提高；积极开展中心组学习活动，通过多媒体、网络等手段，加强党风廉政及各种视频资料的学习，注重培养和提高中层干部和广大党员的政治水平、领导水平，干部队伍的综合素质得到较大的提升。

二是机关建设进一步加强。加强工作日机关大厅值班、办税大厅局长到岗值班工作，落实好内部管理和后勤管理各项工作制度，促进了机关和办税大厅的安全稳定；以迎接行风评议为契机，开展机关作风纪律整顿和自查自纠活动，对日常工作中存在的问题进行整顿，保障了机关良好的工作秩序；认真落实市地税局稽查体制改革规定，实现原稽查分局的平稳分离和过渡；建立内部网站，设置"机构概况""下载专区""应用系统链接""财税库银横向联网”等6个专栏，并实现时时维护，定期更新，促进了内部管理和税收工作的高效开展。

三是文体活动丰富多彩。区地税局相继组织春节联欢晚会、春季健身运动、庆“三八”扑克比赛、庆“八一”军转干部座谈，以及拓展训练等文体活动，丰富职工业余文化生活，在市地税局组织的乒乓球比赛中，获得了两项冠军的优异成绩；积极投身公益事业，参与了文明单位交通值勤行动，以及中原区窗口行业志愿者宣誓行动，同时大力开展扶贫帮困，向定点帮扶单位、社区贫困户捐助钱物合计7.5万元。　（郭　鹏）

【廉政建设】 2011年，区地税局加大从源头上预防和治理腐败工作的力度，通过各种制度的落实和深入的廉政警示教育，着力打造一支廉洁奉公的战斗集体。

落实廉政制度。区地税局制定《党风廉政建设责任目标制度》，与各基层单位签订《廉政目标责任书》，严格按照谁主管、谁负责的原则，将主要廉政目标细化分解，责任落实到人，坚决查处干部违纪违法案件，严肃追究疏于管理、失职渎职干部的责任，构筑严格的责任追究体系。完善政务公开制度，积极响应上级节能减排号召，严格控制能源费用支出，接受广大干部职工的监督。严格执行领导干部个人重大事项报告、述职述廉、廉政谈话等制度，促使广大党员干部廉洁从政。

加强廉政警示教育。区地税局把教育的针对性和实效性作为重点，结合创先争优活动的开展，通过挖掘身边的先进典型，宣传他们的先进事迹，发挥先进典型的引导激励作用；同时深化警示教育，利用身边和社会上的典型案例，深刻剖析违纪违法案件发生的原因，让每一位地税干部都能认识到腐败行为带来的后果，让大家经常想一想“该不该”“值不值”的问题，为大家算政治账、经济账、人身账和家庭账，举一反三地教育干部。在日常工作中，做到逢会必讲廉政，做到警钟长鸣。

健全监督机制。强化党内监督，区地税局认真落实民主集中制原则和领导干部廉洁从政的各项制度规定，在党员民主生活会上公布机关各项重大事项，切实保障党员干部的知情权、参与权和监督权；积极接受外部监督，在公布涉税投诉举报电话、畅通传统监督举报机制的同时，还聘请来自省、市、区三级人大代表、政协委员，以及纳税人代表组成的廉政监督员，定期征求意见建议，并利用办理政协、人大提案的契机，及时发现问题，改进工作。全年办理来自各界的投诉、提案12件，有力地促进了全局干部职工廉洁从政。　（郭　鹏）

金　融

【银行】 随着辖区经济的发展和居民生活水平的提高，以及城市框架的拉大，辖区内各大银行的分支机构增多。2011年，辖区内有中国银行、工商银行、交通银行、建设银行、广东发展银行、上海浦东发展银行、深圳发展银行、中信银行、光大银行、招商银行、兴业银行、河南省农村信用社、邮政储蓄银行、郑州银行等多家银行的分支机构。农业银行河南省分行营业部设在陇海路50号。各大银行都在中原路、建设路、桐柏路、工人路、淮河路、伊河路、陇海路、航海路等主要干道设立支行，储蓄网点分布辖区各条街道，在医院、大型超市、大型居民社区设立了24小时自助银行服务，方便了居民群众的生活。各家银行根据业务特色和实际情况，开设了理财产品销售、银行信用卡、电子银行等新兴业务。城区各银行网点都增设了各类自助设备，全面提升营运效率。同时，在营业厅增设排椅，配备专职大堂经理，实行叫号办理业务，改善了储蓄业务办理环境。　（史　方）

【证券】 2011年，辖区内有证券经营机构4家，分别是中原证券有限公司桐柏路证券营业部（位于桐柏路43号）、民生证券有限责任公司郑州桐柏路证券营业部（位于桐柏路186-1号）、中国建设投资证券有限责任公司伊河路营业部（位于伊河路104号）、方正证券有限责任公司工人路营业部（位于工人路20号）。　（史　方）

【保险】 2011年，辖区内有各类保险机构4家。

中华联合财产保险中原区营销部（位于华山路与汝河路交叉口西），业务范围：车辆险、团体意外险、医疗险、雇主责任险、独生子女险加财险、财产综合险、货运保险等。

中国平安财保中原区支公司，位于伏牛路114

号,主要从事企业财产损失保险等业务。

中国人寿保险中原区支公司,位于中原西路43号-16号,主要从事人寿保险、意外伤害保险、健康保险及各类人身保险咨询等业务。

中国人民保险公司中原区支公司,位于市场街81号1号楼,主要从事财产损失保险等业务。

(史　方)

科学技术

科　技

【概述】 2011年,中原区科学技术工作以夺取全国科技进步考核先进区为目标,结合"十二五"科技发展规划和相关产业发展、区域发展规划,围绕全区"两个园区"建设,深入企业调研,把握企业创新资源,大力提升企业科技创新理念,积极服务企业走科技创新之路,引导创新要素向企业集聚。同时,扎实推进自主创新工作,加强企业自主知识产权建设,推进中原区科技事业大发展。 (李英令)

【全国科技进步考核】 2011年是全国科技进步考核年。中原区科技局于4月全面启动迎接全国科技进步奖考核工作。考核项目包括经济发展、节能减排、科技投入和产出、企业发展等各项指标内容。涉及17个职能局委、12个街道办事处。通过近3个月的努力,考核资料全面完成,并通过科技部验收,中原区连续第三次获得"全国科技进步奖考核先进区"称号。区委书记王贵欣、区长王东亮、副区长成小波被授予2009—2010年度全国县市科技进步工作先进个人称号。 (李英令)

【科技活动周】 2011年5月15日,第12届科技活动周在中原区以"科普活动广场"和"科普宣传一条街"的形式拉开序幕,在全区开展以"加快郑州市都市区建设携手建设创新型中原"为主题的一系列群众性科普宣传咨询活动,全面推进科普活动进社区、进农村、进企业、进学校,强化全民的科技创新意识。

5月15日,各街道办事处采取就近组团的方式,分别在五一广场、儿童公园、棉纺路小游园集中开展科普宣传活动。利用宣传条幅、科普展板、设立咨询台、发放科普资料等形式,宣传党和国家的科技方针政策,普及低碳、环保等与群众生活密切相关的科普知识,让广大公众通过参与科技活动体验科技创新成果,理解创新、支持创新、参与创新,营造加快推动自主创新、促进科学发展的良好社会氛围,使"携手建设创新型国家"成为全民的自觉行动。5月16日,区科技局联合市科技馆在淮河路小学开展"科普大篷车进校园"活动,利用多媒体科普仪器和声、光、电、物理、数学等科普展品,使小学生体验科学探索和科学研究的魅力,培养他们的科技兴趣,增强他们的科技创新意识。同时启动科技小制作、小发明活动。

5月17日,区科技局邀请郑州市轻工业学院教授崔光照在河南长城信息有限公司会议厅为企业经理人举办"科技创新专题报告",强化企业领导层的科技创新意识、知识产权意识、科技品牌意识,增强他们开展自主创新的责任感、紧迫感、使命感,切实发挥企业在科技创新中的主体作用。

5月18日至19日,区科技局联合郑州市科研所和郑州市畜牧技术推广站组织2次科技下乡活动,根据须水街道办事处和西流湖街道办事处的实际以及农户需求,以举办培训班、发放科普资料、现场示范指导、解答技术难题等形式,开展种植业、养殖业等农业实用技术培训。

5月20日,区科技局在中原区青少年活动中心组织中小学生开展科技小制作、小发明比赛。

5月21日,区科技局组织辖区企业经理观摩郑州市三华科技有限公司、河南长城信息有限公司、郑州世博有限公司等,以现场会的形式开展技术创新交流活动,在全区启动自主创新工程。

(李英令)

【送科技下乡】 2011年,区科技局举行送科技下乡活动4次,送出科普图书4000余册、科普宣传手册1万本,有力地推动了中原区新农村建设。

(李英令)

【科技调研】 2011年11月9日上午,郑州市科技局局长苗晋琦在区长王东亮、副区长成小波等人的陪同下,到辖区郑州市神阳科技有限公司、郑州三华科技实业有限公司、河南中茂养殖有限公司和郑州市纺织产业园,实地调研中原区科技自主创新工作,并召开座谈会。在郑州市神阳科技有限公司,苗晋琦详细了解公司GPS服务系统建设项目及上市融资情况;在郑州三华科技实业有限公司技术研究中心,仔细了解了其承担的国家重大科技专项——同时注入高效智能调色系统进展情况;在调研河南中茂实业有限公司时,苗晋琦一行对农业新产品种植推广给予了高度评价。实地察看后,苗晋琦在郑州纺织产业园二楼会议室召开企业自主创新座谈会,听取企业科技创新情况介绍,了解企业在科技创新方面存在的困难和问题,并对下一步科技自主创新工作提出要求。 (李英令)

【自主创新】 2011年,中原区郑州三华科技实业有限公司的"同时注入高效智能调色系统"项目获国家创新基金140万元，同时该项目也获得市级中小企业创新基金配套资金10万元；郑州世博有色金属制品的“半导体离子植入机用TZM精密零件”获得科技部创新基金60万元，同时该项目获得市科技局匹配资金15万元；郑州森鑫科贸有限公司的“基于SIMATICT－CPUPLC控制平台的两小车交叉铺网机智能控制系统”项目、河南省蓝影数字技术有限公司的“多链路远程控制符合数据采集装置”项目、河南腾龙信息工程有限公司的“数字化变电站视频智能联动监控系统”项目和郑州盛源粉体有限公司的“环氧浇注专用填料氧化铝”4个项目均获得2011年河南省创新型中小企业创新资金10万元的支持。 （李英令）

【科技攻关】 2011年，区科技局根据科技管理基金办法以及申报科技攻关计划的要求，组织辖区相关企业及单位申报2011年科技攻关计划及中小企业创新基金申报，大力提升企业和单位的自主创新能力。全年申报省级项目7个；申报市级项目19家，其中工业项目16家、农业项目1家、社会发展项目1家、软科学项目1家，争取市级经费1345万元；申报区科技攻关计划企业共72家，其中工业项目54家、社会发展项目11家、农业项目7家。

加强人才队伍建设。4月7日至22日，区科技局配合市科技局认真做好全市产业科技人才信息调查统计工作，中原区统计企业65家，其中中高级职称人员3186人。 （李英令）

【知识产权建设】 2011年，区科技局加强知识产权建设，提升知识产权服务质量。

一是积极开展知识产权优势区域优势企业培育工作，培育郑煤机集团股份有限公司、郑州三华科技实业有限公司作为本级知识产权优势企业，郑州机械制造（加工）产业园区作为中原区知识产权优势区域。

二是对专利实行资助。发放2011年专利资助资金16135元。全年申请专利698件，其中授权量612件，较2010年增长21%；发明专利179件。全年签订技术合同90份，技术合同成交金额2.2亿元。

三是开展专利培训和宣传。4月20日，在须水元通纺织城对辖区内50家企业的150余名负责人和技术人员进行知识产权培训。同时利用“科技三下乡”“科技活动周”等活动，多次组织人员到乡镇、农村、街道、广场、小区进行知识产权宣讲和咨询，并利用休息时间组织人员到辖区企业进行知识产权的保护和申报宣传，并与企业的管理和技术人员进行交流互动，答疑解惑，指导企业实施知识产权发展战略，增强企业开展知识产权保护的意识。组织辖区内50名企业负责人参加省知识产权远程培训。

四是5月21日至22日，区科技局参加郑州市知识产权局联合郑州市工商局、郑州市公安局、河南电视台法制频道、郑州电视台等各新闻媒体开展的2011年郑州市“雷雨”“天网”知识产权执法专项行动。

五是完成郑州市技术市场网上登记额22113.45万元，共90项。区科技局首次荣获中国技术市场协会颁发的“第五届中国技术市场协会金桥奖先进集体”。 （李英令）

【防震减灾工作】 一是积极组织“5·12”首个防灾减灾日宣传教育活动。团区委、区教育体育局、区少工委在互助路小学举办“灾难自救知识普及主题队日活动”。共青团河南省委副书记孙巍峰、共青团河南省委少年部副部长李山英、郑州市科技局副局长赵学庆、共青团郑州市委副书记李磊等领导参加活动，120名大、中队辅导员亲临现场观摩学习。此次活动从5月12日至6月1日，在全区44所小学全面铺开，各校以向学生积极宣传科普知识，切实提高自救技能的活动为主题，作为送给孩子们“六一”的一份节日礼物。

二是做好“防震减灾科普示范学校”的验收工作。11月21日下午，郑州市地震局书记高峰带领人员到郑上路小学验收郑州市防震减灾科技示范校。截至年底，中原区有省级防震减灾科普示范学校1所（汝河新区小学）、市级防震减灾科普示范学校1所（郑上路小学）。

三是加强对区属地震观测点的管理，建立长效监控机制。区科技局及时与两个观测点（航海西路段庄养鸡场、须水奶牛养殖基地）联系，询问动物异常情况，并要求两个观测点如有异常及时上报。 （李英令）

【建筑安全综合普查】 根据市政府办公厅《关于开展建筑安全综合普查工作的通知》要求，中原区从4月11日起，开展为期6个月的建筑物安全综合普查，旨在全面了解辖区既有建筑物的抗震性能、建筑结构安全等情况，以便采取相应安全整改措施，消除建筑物的地震安全隐患，提高房屋抗震防灾能力。中原区成立了普查领导小组，下设办公室;同时建立了由区房管局、建设局、安监局等有关单位组成的督导组,定期到各街道办事处进行督察、整改并召开专题会议。地震、建设、规划、房管、安监等有关部门把此项工作作为民生工程、惠民工程和安全工程,扎实做好抗震性能普查鉴定工作。据统计,全区共普查房屋17739栋,城中村经过抗震设防审批的建筑12栋,未经过抗震设防审批但有抗震设计的建筑47栋,未经过抗震设防审批且无抗震设计的建筑2084栋;非城中村经过抗震设防审批的建筑1469栋,未经过抗震设防审批但有抗震设计的建筑186栋,未经过抗震设防审批且无抗震设计的建筑13941栋。（李英令）

辖区科研单位

【中讯邮电咨询设计院】 中讯邮电咨询设计院位于互助路1号,业务经营范围:国内外通信工程勘察设计和技术咨询、技术研发、网络规划、可行性研究、通信及民用建筑工程、通信防护研究、工程监理等。2011年设计院荣获"十佳工程承包企业""十佳自主技术创新企业""十佳民营勘察设计企业"称号。（李英令）

【煤炭工业部郑州设计研究院】 煤炭工业部郑州设计研究院位于中原中路210号,业务经营范围:矿区、矿井、城区规划、公共建筑、电厂、水泥厂、公路、铁路、桥梁和煤气与瓦斯利用等工程设计任务。2011年研究院荣获煤炭设计、建筑设计、工程勘察、工程监理、工程咨询、工程造价、工程部承包、项目管理8个甲级资格证书。（李英令）

【机械工业部第六设计研究院】 机械工业部第六设计研究院位于中原西路191号,业务经营范围:工业和民用建筑工程咨询,设计、监理、总承包和资产评估业务。2011年,研究院研究的大功率刚玉冶炼炉除尘获机械部科技进步二等奖,主编的《铸造防尘技术规程》获劳动部科技进步三等奖,GSD系列高真空除尘器获机械部科技进步三等奖,DJL系列高效节能除尘锻造加热炉获机械部科技进步三等奖,GSC型粉尘采样仪获机械部科技进步三等奖。（李英令）

【郑州磨料磨具磨削研究所】 郑州磨料磨具磨削研究所位于华山路121号,业务范围:全国磨料磨具、超硬材料行业技术研究、开发、信息和咨询服务。2011年研究所研究的高精度超薄超硬材料磨具成套制造技术获中国机械工业科学技术二等奖,汽车关键零件加工用高效陶瓷CBN磨具获中国机械工业科学技术三等奖。（李英令）

科学技术协会

【概述】 2011年,中原区科协工作全面贯彻实施《中华人民共和国科学普及法》和《全民科学素质行动计划纲要》,大力弘扬科学精神,传播科学思想,普及科学知识,开展了形式多样、内容丰富的科普教育活动,提升了全区人民的科学素质。

（李　峰）

【科普工作网络健全】 区委、区政府重视科协工作,把科普工作列入了全区的总体工作部署和目标考核,建立健全了科普工作网络,12个街道建有科普工作领导小组,村(社区)有科普工作小组和科普员,科普志愿者队伍不断壮大,初步形成了上有安排,下有落实,层层开展科普活动的好局面。

政府门户网上建有科协网页,设有"政策法规""科普信息""科普知识"3个栏目,做到网页月月有更新,及时发布科普活动信息,传播科普知识,促进了科协系统信息资源互通共享。（李　峰）

【全民科学素质行动】 2011年,区科协按照《中原区全民科学素质行动计划纲要(2011—2015年)实施方案》和《2011年全民科学素质工作意见》要求,把全民科学素质工作纳入区"十二五"规划,并抓好具体实施工作。指导区属各部门、各街道围绕《中原区全民科学素质行动计划纲要》广泛开展多种活动,提高全民科学素质。

一是开展领导干部和公务员科学素质行动。与组织、宣传、人事等部门配合举办了1期村组干部集中培训班、3期组工干部异地培训班,拟定了《中原区乡(科)级领导干部教育培训学分制考核管理暂行办法》,促进了全年干部教育工作的有序开展,举办了2期关爱女性知识讲座,提高了全区领导干部和公务员的科学素质。

二是开展农民科学素质行动。邀请省市著名专家学者,对农村妇女进行农作物种植、花卉养殖、电脑操作等培训，共举办培训班7期，培训人员达3000多名，有力提升了农村妇女增收致富的本领。培训农村党员干部800人次，组织专家和技术人员科技下乡11人次，发放科普资料3000余份，受到了农民欢迎。

三是开展城镇人口科学素质行动。与人事、劳动等部门配合加大对城镇人口的科普培训力度，举办多种科普培训。接受科普培训、教育的社区居民达2万余人次，从业人员9万余人次，失业人员2400人次，提高了城镇人口的科学素质。

四是开展青少年科学素质普及活动。组织50余所校（园）、4000名青少年参加第十七届科技创新大赛、DV赛、华杯赛、科技小制作等各类活动50余次。开展各类科学素质教育主题实践活动120余场次，参与活动的青少年达5万余人，提高了青少年的科学文化素质。

五是开展社区居民科学素质行动。整合社会资源，加大科普宣传，配合创文工作，加强对社区居民科学素质培训，开展卫生健康大讲堂活动185场，受益人9000余人次，参与医务人员550余人，提高了辖区居民健康意识，丰富人们的文化生活，推动疾病防控知识和卫生保健常识进社区、进农村、进机关、进学校等，得到了广大居民的一致好评。（李　峰）

【社区科普大学教学规范】 区科协以社区科普大学为载体，提高市民科学素质，服务文明城区建设。2011年开办了百花路、四棉西、工农路、火电二公司、六厂前街和淮河路6所社区科普大学分校，全区社区科普大学分校达20所，学员800余名。教学规范，年底有15所分校被评为市一类分校，居全市领先地位。

积极开展“唱红歌”、做“香包”和“科普游”等第二课堂活动。8月，召开了社区科普大学工作推进会，总结社区科普大学工作，由先进代表介绍办学经验，促进工作。9月，开展了社区科普大学校歌、校徽征集活动，学员创作校歌6首，设计校徽5个。区科协获得活动优秀组织奖，朱磊、郑丽娜分别获得校徽作品一等奖、三等奖。

打造“科普大学亮点分校”精品路线2条，承接了中科协、重庆市、呼和浩特市对社区科普工作课件录制、参观学习接待任务5次，展示了科普大学创办成果。（李　峰）

【科教进社区】 2011年，区科协以创建省级科普示范社区为载体，下发了创建科普示范社区工作通知和检查验收评估标准，采取多种形式向居民普及科学知识。三级科普网络健全，科普活动站内容丰富，科普画廊、科普橱窗内容及时更新，社区居民、科普志愿者积极参加科技周、科普日等宣传活动。结合“创文”工作新制作更新科普宣传栏30个，举办科普进社区知识讲座42场，组织科教进社区活动22次，提高了辖区居民的科学素质，科普示范社区创建工作稳步推进。中原区把科普示范社区创建工作列入目标考核，全区2011年底有省级科普示范社区8个、市级科普示范社区20个，其中2011年新创工农路、六厂前街2个省级科普示范社区，10个市级科普示范社区。（李　峰）

【青少年科普活动】 一是与区教育体育局联合举办中原区青少年科技创新大赛展评活动。参展598项青少年竞赛项目、216项辅导员科教创新项目、117项科技实践活动和632项科学科幻画及21项科学DV。参赛作品通过公开展示、专家问辩、素质测评、技能测试等活动，由大赛评委会本着公平、公正、公开的原则，现场评出各个奖项，进一步培养了学生的创新意识和实践能力。

二是组织青少年参加科技创新大赛。全区有50多所学校参加郑州市第十七届科技创新大赛、DV赛、华杯赛，共报送作品966项。上报省级35项，获奖28项；上报市级148项，获奖138项。第十七届郑州市科技创新大赛获得一等奖11名、二等奖21名、三等奖10名；第十六届“华罗庚金杯”少年数学邀请赛决赛郑州赛区获得一等奖111名、二等奖204名、三等奖291名；第26届全国青少年科技创新大赛获得一等奖1名、二等奖2名、三等奖56名；全国青少年科学DV大赛获得一等奖1名。（李　峰）

【青少年校外科教共享试点】 中原区青少年校外活动中心是全国30家“青少年学生校外活动场所教育共建共享试点单位”之一，7月29日通过中国科协科普教育共建共享试点工作组验收。10月下旬，中原区在中科协浙江嘉兴召开的“县级青少年学生校外活动场所科普教育共建共享”工作会上作了典型发言。活动中心以实施《全民科学素质行动计划纲要》为主线，构建了以中心为龙头、以学校教育为基础、以社区教育为延伸的三级科普教育网络，完成了阶段性目标任务，被命名为“郑州市科普教育基地”。桐淮小学被授予“河南省青少

年科技教育基地”和“中国国际多米诺河南培训基地”。 （李 峰）

【“全国科普日”宣传活动】 2011年9月15日至23日，区科协围绕“水情、水利、水资源”在全区开展了“全国科普日”大型系列宣传活动。

9月16日上午，在五一公园举办“中原区全国科普日系列宣传活动”启动仪式。区长王东亮等四大班子领导到现场参加启动仪式。悬挂宣传横幅120条、挂图500张，摆放展板160余块，发放科普宣传袋1万个，赠送科普图书和资料1万份；组织锣鼓队、秧歌队12支，设立咨询台12个。下午，在郑州市第八十中学举行了“如何科学教育孩子”专家讲座，引导家长树立正确的亲子观、育人观和成才观。

9月19日，组织三官庙街道工农路社区、省纺机社区、伏牛北社区居民近百人到柿园水厂开展了“珍爱生命之水”的参观体验活动，提高了居民的节水意识和保护水资源意识。

9月20日，“科普大篷车”到汝河新区小学门口进行宣传展示，500余名师生和小区200多名居民参加活动；特邀第三人民医院的医生在绿东村街道电缆二社区为居民开展“全国爱牙日”口腔健康义诊活动，增强广大居民爱牙护牙的意识；在区青少年活动中心科普剧场开展了以“珍惜生命远离火灾”为主题的消防知识讲座，须水八小、桐树王小学的师生300余人聆听了讲座；在风和日丽社区举办反邪教知识讲座，区、街道、社区反邪教协会会员、志愿者和居民代表80余人参加了反邪教知识培训；在航海西路街道办事处举办以“全民消防，生命至上”为主题的干部职工消防安全知识讲座和演练。

9月21日，在百花艺术小学举办了环保知识大型讲座，200多名师生聆听讲座，增强了学生的低碳环保生活意识；在华山路小学举办了数百名学生和教师参加的大型科普进校园活动——小学生心理健康教育讲座；邀请中国人民大学心理学系博士生导师雷雳在区未成年人心理健康辅导站为专（兼）职教师作了“青少年的心理生活与辅导”专题报告，提高了中小学教师心理健康教育水平；组织华山医院医务人员在中原西路街道绿都社区为居民开展义诊和健康咨询服务活动。

9月22日，特邀郑州市牧专邱教授在航海西路街道段庄举行了生猪养殖技术讲座，提高了50余名养殖户科学养猪能力；特邀国家级营养师刘亚丽在须水街道为机关干部上了一堂“合理膳食，吃出健康”的健康养生知识讲座。

9月16日至23日，在17所社区科普大学开展科普知识讲座20场，重点讲解了健康、饮食、节约水资源、节能、环保、安全等多方面的科普知识，不断提高居民的科学素质。

“全国科普日”系列宣传活动，普及了科学知识，传播了科学思想，倡导了科学方法，弘扬了科学精神，提高了居民的科学素质。 （李 峰）

【农村科普工作】 区科协联合区科技局等部门组织科技下乡活动，向农民普及科技知识，赠送种植蔬菜、花卉、健康知识等科普书籍1500册，发放科普资料1.5万份，提高农民科学素质。

做好“科普惠农”工作，稳固原有的“农村科普示范基地”“农村专业技术协会”，积极培育新的基地和协会，全区有6个基地和农技协会进入省级三创一带数据库。

发挥科普宣传栏作用，向农民传播科学知识。90%的行政村建有一栏一员，13个街道建有科普活动站，科普画廊、科普宣传栏、科普橱窗覆盖率达80%，内容更新及时。 （李 峰）

【反邪教工作】 2011年，中原区积极开展“无邪教示范社区”创建活动，年底伏牛北、风和日丽两个试点社区通过郑州市反邪教协会检查验收。

发挥反邪教协会的作用，充分利用科普画廊、科普宣传栏等阵地，将反邪教工作融入科普工作中。加强反邪教协会基层组织建设，向街道、社区延伸并发挥作用，吸引众多有志之士成为会员，扩大志愿者队伍，初步形成了反邪教活动在基层有人讲、有人抓、有人干的良好局面。制作“崇尚科学反对邪教”宣传袋2万个，发放到社区居民手中；开展“家庭拒绝邪教”承诺卡签订活动。（李 峰）

【老科技工作者协会】 2011年，中原区充分发挥老科技工作者协会的人才优势，团结辖区广大老科技工作者，贯彻“发挥优势、量力而为、逐步前进、务求实效”的原则，创造性地开展工作，普及科学知识，推广先进技术，开展技术咨询、技术服务。6月，组织参与市老科协庆祝建党90周年大型文艺演出活动；9月，在百花艺术小学开展“环保知识进校园”活动；9月21日，特邀知名教育专家王萍在华山路小学进行心理健康教育讲座，提高了青少年的自我心理调节能力；10月26日，组织耳、鼻、喉科专家到电缆二社区为居民义诊。 （李 峰）

2012　中原区年鉴

ZHONG YUAN QU NIAN JIAN

教育　体育

教育教学管理

【概述】 2011 年，中原区所属各级各类学校 56 所，其中高中 1 所、初中 12 所、小学 40 所、幼儿园 3 所，有教职工 3130 人，在校（园）学生（幼儿）62110 人，其中高中 1083 人、初中 10847 人、小学 48687 人、区属幼儿园 1493 人。辖区民办教育机构共有 151 所，其中学校 103 所（6 所学历学校），在校学生 29832 人，专、兼职教师 835 人；幼儿园 48 所，在园幼儿 12541 人，在园教职工 1320 人。

2011 年，中原区教育体育局教职工在区委、区政府的正确领导下，坚持以科学发展观为指导，紧紧围绕"教育强区"发展战略，认真贯彻教育规划纲要，坚持走"管理讲精细、发展谋均衡、办学创特色、环境促和谐"的发展之路，真抓实干，开拓创新，全面实施素质教育，全面提高教育质量，积极实施重点工程，积极打造特色亮点，不断促进教育工作优质、特色、和谐发展。 （宋建峰 何连伟）

【改善办学条件】 一是新建学校项目进展顺利。2011 年，中原区新建 3 所中小学、2 所幼儿园。其中锦艺小学主体已完工，工人路小学正在基础施工，两所学校计划 2012 年秋季投入使用。工人路初中综合楼已完工，体育馆正在施工，学校建成后将移交郑州外国语学校使用。中原区实验幼儿园和须水中心幼儿园于 12 月 10 日奠基开工，计划 2012 年秋季投入使用。

二是危房改造成效初显。中原区回民中学学生宿舍楼及餐厅、育才小学教学楼已建成投入使用。特色实验小学北教学楼、汝河新区小学教学楼、建设路第一小学教学楼正在施工招标，计划 2012 年秋季投入使用。

三是新建操场投入使用。郑州市第六十八中学新建 200 米跑道和 2 个篮球场、1 个足球场；郑州市第三十六中学新建 200 米跑道和 2 个篮球场、1 个羽毛球场；中原区西岗小学新建 200 米跑道和 1 个篮球场、1 个足球场；中原区桐淮小学新建 150 米跑道和 2 个篮球场。

四是做好暑期校舍维修。区教育体育局及早动手，多次深入学校实地查看，对每一栋存在安全隐患的校舍，拍照取证，筛选维修项目，协商制定维修方案，积极争取财政资金支持，投资 197.3 万元，对 21 所学校、26 个暑期维修项目进行维修，进一步改善了办学条件。

五是教育装备不断更新。全区学校共更新课桌椅近 6000 套，新建"班班通"、多媒体教学设备 44 套和计算机教室 6 个、实验室 6 个、图书阅览室 5 个，增添设备价值达 80 余万元，为全区学校教室购置安装空调 1034 台，彻底解决了学校防寒降温问题。

六是推进校舍安全工程。对中原区伏牛路小学北教学楼、中原区伏牛路第五小学教学楼进行了加固，消除了校舍安全隐患，改善了办学条件。

（宋建峰 何连伟）

【提高教育教学质量】 一是细化解读课程标准，提高课堂效率。课程标准是教材编写、教学、评估和考试命题的依据，是国家管理和评价课程的基础。中原区教育系统本学年继续开展细化解读课程标准工作，将此项工作推向深入，形成各学段、各学科具体的教学目标，保证了课堂教学效益的逐步提高。

二是加强课堂教学模式研究，课堂观察有效开展。从研究和把握教学规律入手，以课堂观察为抓手，以提高课堂实效为目标，组织教师继续深入学习实践，推动课堂教学改革不断深入。首先对教师进行课堂观察基本知识培训，明确课堂观察的首要目的是质量，教师素养的高低决定教学质量的高低。其次通过一系列课堂观察活动的开展，引导教师学会研究、学会上课、学会教学，大大改变了教师的教学行为，使教师的教学进一步指向"有效"，追求"高效"。

三是大力开展校本教研，彰显学校特色。校本教研是充实学校内涵，彰显学校特色，促进学校发展的重要途径。区教育体育局研究确定了校本教研的工作思路：以教师专业水平不断提高为中心，努力实现教师教育观念与教学行为的转变。通过开展校本教研，促进了教师之间的交流与合作，达到了经验分享、优势互补、互助协作、共同进步，为提高教学质量打下了良好的基础。

四是探索生本课堂，提高教学品质。引领实验学校和实验教师积极探索生本课堂的操作策略和实施办法。3 月，全国生本教育研讨会在嵩山饭店召开，中原区语、数、英3科各1位教师现场授课，得到了生本教育专家的好评和认可。4月，教研室率骨干教师奔赴广州和深圳，深入实验学校进行深度研修。11月30日，在全区举行“构建生本课堂，关注生命成长”教学研讨活动，展示了3节典型课例，受到市教研室专家的一致赞扬，有力地推动了全区课堂教学改革。

五是抓好教师培训，提升队伍素质。先后进行了新上岗教师岗位培训、学科教师教材教法培训、教研组长编制课程纲要和导学案培训、业务领导教学管理培训等，有力地促进了学科队伍的建设。

六是丰富教研活动，搭建交流平台。先后举行新上岗教师课堂教学汇报展示、学科教师教学技能展评、学科优质课评比、课堂教学观摩研讨、细化解读课程标准经验交流、协作组学校主题教研等，活跃教师之间、学科之间、校际之间的交流与研讨。积极承办河南省劳动与技术说课比赛、河南省科学教学观摩、郑州市数学教研员研修及教学研讨、郑州市语文优质课评比等活动，为全区教师提供学习观摩机会。提高了学校教育教学的质量，推进了学校持续、和谐发展。

七是开展达标评优，考核教学技能。上半年，小学的语文、思想品德、英语、科学、音乐、心理健康学科，中学的数学、英语、政治、物理、化学、生物学科，依次进行了区级课堂教学达标评优第二个环节——教学基本功考核。下半年，小学的数学、美术、体育、信息、综合学科，中学的语文、历史、地理、体育、美术、信息技术学科，先后进行了新一轮区级课堂教学达标评优第一个环节——笔试。课堂教学达标评优活动的开展，有效地促进了各科教师教学设计、实施、评价等能力的不断提升。通过课堂达标评优活动，参赛教师取长补短，将精华吸收到自己的教学当中，促进了教师专业成长和课堂教学改革发展。

八是关注学业检测，加强质量监控。2011年上半学期，小学教研室对语、数、英等学科的学生学业水平进行抽样测试，通过对采集样本的相关分析，及时发现和反馈教学中存在的问题，对全区教学进行有效调控。6月，郑州市教研室对中原区等5区进行学业水平抽测，三年级学生参加语文、数学抽测，四年级学生参加英语抽测，成绩统计结果显示，中原区语、数、英三科成绩均在全市位列前茅。区教研室对七、八年级进行了调研抽测，及时对成绩进行分析与反馈，准确掌握、适时调控全区教学情况，使各校更加明确当前的教学现状，更清醒地认识到存在的不足，更明确了努力的方向。

（宋建峰　何连伟）

【实施素质教育】　一是团队活动精彩纷呈。成功组织“雷锋精神永在我心”“网上祭英烈”“秉承先烈遗志，永树光辉旗帜”入团宣誓仪式、“红领巾心向党”全市统一主题队日、“纪念中国共产党成立90周年图片展”“暑期文明交通志愿者夏令营”“温暖冬天·希望工程·爱心大动员”等活动，进一步丰富中小学生的课外生活，促进学生德智体美全面发展。

二是德育工作卓有成效。区教育体育局于4月27日在郑州市第七十三中学成功承办郑州市中小学德育建设现场会，市教育局局长翟幸福、副局长田保华及市直学校、兄弟县区教育系统参会人员，参观了中原区各校德育建设有形成果展示，对中原区中小学异彩纷呈的德育特色及近年来丰硕喜人的德育建设成果给予充分肯定，并盛赞中原区“以德立校、一校一品”的德育工作特色为“值得研究的中原经验”。

三是素质教育彰显特色。11月1日，区教育体育局承办的郑州市市区小学素质教育现场观摩会在华山路小学成功举办。市区领导及市内各区教育体育局局长、副局长、校长代表等150余人参加了观摩会，中原区各小学课程建设有形成果展示得到参会领导的充分肯定。

四是体育活动蓬勃开展。2011年，区教育体育局成功举办中原区中小学生春季田径运动会。在市中小学生篮球比赛中，伏牛路小学获得女子冠军和男子亚军的优异成绩，郑州第七十三中学在市“晨光”中学生篮球比赛中喜获亚军；秦岭路小学夺得象棋团体甲组冠军、乙组亚军和丙组季军的佳绩。此外，向阳小学、帝湖小学、须水第七小学、淮河路小学、伏牛路小学北校区、伏牛路第二小学6所学校被评为郑州市“少林拳进课堂”楷模学校。

五是打造青少年校外活动中心知名品牌。中原区以科普基地建设为重点，积极开展形式多样的科普教育活动。安排全区43所学校1万余人次进行体验活动；以兴趣协会为载体，开展如“法制教育进校园,平安和谐伴成长”法制报告会、“党旗飘飘”全区中小学生书法绘画比赛等校外活动;以《青少年导报》为阵地,加大宣传力度;以创建文明城市为契机,全力推进乡村学校少年宫建设,截至年底,中原区4所乡村学校少年宫已基本如期建成。

六是未成年人心理健康得到重视。建立了未成年人心理健康辅导站,面向全区未成年人开展心理健康辅导工作,邀请心理学专家对老师进行讲解交流,开办“共同学习、共同成长”为主题的家长心理辅导讲座。（宋建峰　何连伟）

【推进教育均衡发展】 一是积极实施优质教育资源倍增工程。区教育体育局通过扩建挖潜、一校多区、强校托管、联合办学四种模式,完成互助路小学托管西岗学校、郑上路小学托管须水第六小学项目,伏牛路小学、伏牛路五小联合办学项目和互助路小学、互助路小学分校联合办学项目,特色实验小学、汝河新区小学扩建挖潜项目和锦艺小学(互助路小学西校区)、工人路小学(伊河路小学南校区)一校多区项目,新增优质小学学位585个。

二是深入推进教育协作区办学。区教育体育局采取集团式运作,进一步整合现有教育资源,开展“强校+新校”“强校+弱校”“强校+乡校”等模式探索,以及“教育联盟”“强校托管”“强校兼并”的试点运作模式,在以互助路小学、伊河路小学、伏牛路小学为试点的基础上,加大整合力度,将建设路第二小学、育红小学纳入试点学校,通过本学区优质教育资源的共享,有力推进区域教育、城乡教育的均衡发展,让辖区适龄儿童、少年都能在家门口享受高质量的教育。（宋建峰　何连伟）

【教育科研】 一是积极组织省、市级实验课题的申报工作。2011年,中原区教育系统共申报省“十二五”课题2项、市级重点11项、一般课题281项,郑州市构建道德课堂课题150项,优质教育资源倍增工程课题9项。申报课题以新课程改革和校本研究为重点,涉及教育教学中的热点难点问题,如:道德课堂的构建、义务教育阶段的均衡发展、优质教育资源倍增工程。

二是开展教学成果、教育科研成果和优秀论文评选推荐工作。区教育体育局组织和完成教学成果、教育科研成果和优秀科研论文的初评工作,推荐143篇参加市级成果的评选,推荐406篇参加市级优秀科研论文的评选,推荐25项参加市道德课堂课题阶段性成果的评选。参选成果或论文获得河南省教育科学研究优秀成果奖2项,其中二等奖1项、三等奖1项;获得郑州市教学成果奖131项,其中一等奖44项、二等奖59项、三等奖28项;获得重点课题成果奖8项,其中一等奖1项、二等奖7项;获得市级优秀教育科研论文371篇,其中一等奖98篇、二等奖187篇、三等奖86篇;获得区级优秀教育科研论文70篇,其中一等奖31篇、二等奖39篇;获得市级道德课堂阶段性成果奖9项,其中一等奖2项、二等奖5项、三等奖2项;获得区级道德课堂阶段性成果奖67项,其中一等奖23项、二等奖29项、三等奖15项。

三是扎实做好教科研理论和能力的培训工作。3月,组织全区教师参加省教科所举办的小学语文名师教学观摩活动。4月,组织教师参加小学数学名师教学观摩研讨会。10月,组织部分教师参加全国优秀班主任培训会。11月,组织教师参加小学作文观摩研讨会,组织部分教科研骨干教师到徐州参加全国“教师个人课题”交流研讨活动。通过参加培训活动,有效解答了教师课题研究过程中存在的困惑,为提升教育科研理论和科研能力打下坚实的基础。

四是推荐7所学校和张辉等10人参加郑州市教育科研先进单位和先进个人的评选,发现全区教科研工作走在前列的典型,通过以点带面的方式,充分调动广大教育工作者的积极性,使教育科研工作在促进教师人才培养、促进教育改革发展方面起到了应有的作用。（宋建峰　王耀祖）

【教研活动品质提升】 2011年,全区各校努力营造严谨、务实、民主、宽松的教研氛围,积极搭建学习启动、名师带动、科研拉动、教研促动、活动推动的校本教研平台,引领教师重点围绕生本课堂和基于标准教学评价开展行动研究。

按照郑州市教育局《关于进一步推进基础教育课程改革的意见》和《关于构建道德课堂的实践研究课题实施方案》的要求,各校依照道德课堂的内涵、特征和理念,探索实现道德课堂的有效路径和实践模式,改善教师的教学生态和学生的学习生态,形成民主、平等、合作、和谐的课堂文化。中原区践行道德课堂的教学形态是生本课堂,经过一年多的研究与实践,生本课堂教学理念受到越来越多学校和老师的认可和欢迎。全区各校立足校情、学情、师情,有针对性地开展生本课堂的研究与探索,原来单一的课堂教学开始"裂变",演绎出更加自主的教学模式。桐淮小学的活力课堂、伏牛路第二小学的快乐课堂、建设路第二小学的十爱课堂、伊河路小学的和谐课堂、育红小学和航海西路小学的情趣课堂等。中原区的课堂教学形态逐渐呈现出百花竞秀、百家争鸣的可喜局面。

各校立足课堂教学,通过同课异构、异课同构、一课多研、多课同研等教研方式,探寻构建生本课堂和实现基于标准教学评价的有效路径和策略,通过开展课堂观察、专题研讨、问题会诊、课例分析等活动,解决生本课堂实践和基于标准教学评价实施中遇到的各种问题和困惑。加强合作研究,引导教师用专业的思维、科学的方法和手段开展校本教研,在同伴互助、问题解决的过程中共同实现教师专业成长。 (宋建峰 王耀祖)

【教学管理】 2011 年,区教研室充分发挥教研工作职能,为基层提供优质服务,推动教研工作持续和谐发展。

在教学管理中,坚持教学质量监控,努力克服和摒弃过去学校教学管理中存在的指令多指导少、宏观多微观少、务虚多务实少的现象,做到严把一个关口,优化三种机制,坚持四个抓起,突出五个环节,使教学管理在走向精细化的同时追求科学化。"一个关口"即严把常规检查关;"三种机制"即进一步优化教学管理长效机制、有效运行机制和质量监控机制;"四个抓起"即坚持从新学期第一天抓起,从起始年级抓起,从最后一名学生抓起,从新上岗教师抓起;"五个环节"即具体抓实抓好集体备课、导学案编写、课堂教学、作业设计批改和单元过关五个环节。区教研室坚持抽测为主、统测为辅的原则,强化对全区中小学教学质量的监控管理。通过查看导学案和作业、推门听课、教学视导、质量抽测等措施,加大对各校教学行为和效果的监控力度。 (宋建峰 王耀祖)

【教育信息化管理】 一是强化监督管理,切实服务一线,促进"班班通"工程的推广应用。2011 年,信息中心以推进中小学现代远程教育班班通工程的应用为重点工作,落实应用监管,督促各校建立"班班通"工程管理应用机制,对设备的使用、管理应用制度的建立及落实严格把关,保证了设备使用率和良好运转;抓好一批"班班通"建设试点学校,深入总结建设的经验成果,重视先进经验的交流推广,整体推动本区中小学"班班通"工程应用管理的发展;深化教师培训、教学指导和技术服务等工作,切实指导学校"班班通"建设和应用。

二是充分发挥媒体优势,大力宣传教育成果。信息中心工作人员严格按照信息上传值班制度,认真审核、修改,全年采集校园快讯信息 3400 余条,点击量超过 30 万次。通过视频编辑宣传中原区的各项活动,录制教育视频资源、专题片 216G,记录中原区教育强区的成长历程。配合各项教学竞赛活动进行优质课的摄、录、编,承担市级名师名课的录制任务 57 节次,更新网络共享资源 856G,向郑州市教育电视台报送宣传中原区的各项活动新闻、视频专题片录像带 100 余盘。(宋建峰 王耀祖)

【教育技术应用研究成果获多个大奖】 2011 年,区教育体育局组织中小学教师参加基于电子白板技术录像课比赛,评出中小学一等奖 7 名、二等奖 16 名、三等奖 25 名。区信息技术教育中心的"'班班通,堂堂用'应用模式探究",经过区科技局专家组的严格评审、答辩,成功申报为郑州市电教馆 2012 年度课题研究重点子课题项目。在市教育局、市总工会组织开展的全市教育教学技能竞赛活动中,获特等奖 2 名、一等奖 13 名、二等奖 3 名,同时选拔出 8 件作品参加省级评比,获一等奖 5 名、二等奖 3 名,为郑州市教育系统争得了 5 枚河南省教育教学标兵奖章。在郑州市第十二届中小学电脑制作活动中,获一等奖 6 名、二等奖 10 名、三等奖 7 名。在郑州市第十五届多媒体教育软件大奖赛活动中,基础教育组课例获一等奖 3 名,基础教育组课件获一等奖 1 名、二等奖 1 名、三等奖 1 名。郑州市教育局组织的农村中小学现代远程教育教学应用优秀成果评选中获一等奖 2 名,其中一篇向省级推荐,荣获省级一等奖。在第二届中小学生网上作文比赛活动中,区教育体育局获最佳组织奖。在第四届郑州市优秀教育网站暨优秀网络管理员活动中，中原教育信息网荣膺郑州市“十佳教育网站”，3所学校荣获学校优秀教育网站，6名同志获得“郑州市百名优秀网络管理员”称号。

（宋建峰　王耀祖）

【教育教学成果获多个奖项】　一是教师优质课评比成绩显著。2011年，中原区各学科的课堂教学均在各级课堂教学评比中屡获殊荣。桐淮小学的代旭峰在全国小学数学优质课评比中荣获一等奖；育红小学的胡滢滢在全国小学科学优质课评比中荣获一等奖；互助路小学的张辉和郑上路小学的殷欣在全国综合实践优质课评比中荣获一等奖；互助路小学的时瑾在全国小学劳动技术优质课评比中荣获一等奖；在河南省教学评比中互助路小学的10位教师荣获一等奖，绿东幼儿园的5位教师荣获二等奖。全区有4位教师在河南省优质课评比中获奖，73位教师在郑州市优质课评比中获奖。

二是中小学教育质量再创佳绩。在2011年全市中招考试中，中原区总平均分、总优秀率、总良好率、总及格率均比2010年中招成绩有所提高，其中语文、历史、化学学科成绩突出，“一分三率”均高于全市平均水平。郑州市第八十中学的总分平均分高出郑州市30.37分，语文的优秀率高出郑州市15.77个百分点，充分展示了中原区语文高效课堂教学试验基地的榜样示范作用。中原区历史学科在郑州市中招质量分析会上作代表发言。

三是各学科学生竞赛成绩喜人。在第十六届全国“华罗庚金杯”少年数学邀请赛中，中原区小学组共有585人获奖，其中，119名学生获得一等奖，195名学生获得二等奖，271名学生获得三等奖，获奖人数在全市各区（县）中名列榜首。区教育体育局、区教研室和5所成绩优异的学校被评为全国“华罗庚金杯”决赛郑州赛区优秀组织奖。中原区有41名教师荣获省、市级优秀辅导教师称号。

（宋建峰　王耀祖）

教育督导

【行风评议和评选“人民满意学校”】　2011年，区教育体育局按照《郑州市教育局关于做好民主评议学校行风和人民满意学校评选工作的通知》精神，制定了《关于做好2011年创建人民满意学校和民主评议学校行风工作的通知》，扎实开展了“民主评议学校行风”和“人民满意学校”评选活动，此次评议工作分三个阶段进行。

一是宣传发动阶段。12月9日，区教育体育局在三楼会议室召开局属各学校（幼儿园）书记、校长参加的民主评议学校行风和人民满意学校评选活动动员会，各参评单位通过召开学生家长会、教职工大会、学生主题班会、发放《致学生家长的一封信》，发动学生办《手抄报》，在学校醒目位置悬挂条幅大力宣传评选的意义、方式和要求，发动全体教职工、广大学生家长和社会各界积极参与、配合评选工作。

二是组织评选阶段。按比例抽调机关干部并组成联络员，分配到每一所学校，负责分包单位的评选工作。按照区纠风办的统一部署，整个评选活动由学生家长投票。选票由学校于12月9日下午发放给学生带回家。家长填写后于12月12日由学生入校时进行投票。各学校联络员到学校对发票现场和投票现场进行监督。投票活动结束后，各学校联络员在当日上午11:00前将各学校的票箱密封后送交区教育体育局办公室，同时上报所发选票数。

三是统计总结阶段。选票由区教育体育局办公室具体负责统计，联络员对所有选票进行分类整理，按照方案上的评分标准进行统计、算分，计算出各校的最终得分。此次评议活动共发出学生家长选票1.68万张，学生家长平均满意率为91.88%，较往年有所提高。区教育体育局对所有参评单位按照综合得分从高到低进行排序，评选结果在教育体育局备案后上报区纠风办，把家长对学校工作满意的地方以及对学校的意见和建议进行综合梳理，并对各校进行意见反馈。　（钱　科　高彦伟）

【标准化学校督导评估】　2011年3月28日区教育督导室下发《关于开展2011年标准学校复评工作的通知》，修订了2007年教育督导室制定的《关于在全区中小学、幼儿园开展标准化复评、等级评估工作的实施意见》。4月18日至5月6日，中原区督导室对区属伏牛路第二小学、特色实验小学等8所小学和西岗中学进行标准化复评，顺利完成郑州市教育督导室规定的标准化学校评估目标任务。

（孙冰清　陈彦汝）

【县级政府教育督导获优秀】 2011年，在中原区人民政府教育督导评估工作中，区教育督导室和区教育体育局分工明确，逐一对汇报材料中的数据进行审阅，对发现的“三个增长”中“财政对教育拨款的增长幅度不低于财政经常收入的增长幅度”没有达到标准，经协调，追回财政对教育投入资金5142万元。5月23日至24日，中原区人民政府教育督导评估会议在杜康大酒店隆重召开，区教育督导室提供汇报材料64盒103本，中原区顺利通过2011年县级政府教育督导评估检查，并获得教育督导优秀等次。（孙冰清　陈彦汝）

【现代化学校督导评估】 2011年，为贯彻落实《国家中长期教育改革和发展规划纲要（2010—2020）》和郑州市委、市政府提出的“到2015年在全省率先基本实现教育现代化”的目标要求，区教育督导室与区教育体育局协商，提出完成10%的教育现代化学校的任务。10月17日至11月3日，区教育督导室在市督学牛爱珍的参与指导下，对华山路小学、建设路第二小学、淮河路小学、汝河新区小学、桐淮小学及郑州市第七十三中学进行了教育现代化督导评估。（孙冰清　陈彦汝）

【幼儿园上等级督导评估】 2011年4月，区教育督导室根据《郑州市人民政府关于加强学前教育发展的若干意见》精神，制定了《中原区学前教育三年行动计划（2011—2013年）》。计划指出：2011—2013年，中原区3～6岁适龄幼儿学前三年毛入园率分别达到68%、75%、80%。学前一年毛入园率分别达到72%、80%、90%。计划扶持一批幼儿园达标升级。2011—2013年，中原区计划有3所幼儿园升级为省级示范园，7所为市级示范园，11所为市一级园，4所为市二级园，8所为合格园。

6月，区教育督导室对辖区申报上等级的河南工业大学后勤集团公司幼儿教育中心、颍河路幼儿园、郑州中原国谊湖光苑金拇指幼儿园等14所幼儿园进行了初次评估，最终确定了12所幼儿园接受市教育督导室评估组的督导评估。10月，经过市教育督导室专家评估组的评估，颍河路幼儿园等6所幼儿园被评为郑州市示范园，爱朵儿幼儿园等5所幼儿园被评为郑州市一级园，帝湖王府幼儿园被评为郑州市二级园。（孙冰清　陈彦汝）

【校园实现零事故】 2011年，中原区教育系统始终坚持“安全第一、预防为主、综合治理”的原则，明确目标、落实责任、健全组织、完善制度、加强培训，实现了全区教育系统零事故发生，为教育事业的稳定和发展提供了安全保障。

认真做好校园安全防范。制定下发安全消防工作意见，层层签订消防安全目标责任书，落实各学校安全工作一把手责任制和安全工作责任追究制，并结合各校实际，落实协作机制。坚持做到安全教育制度化、经常化、系统化、成效化、档案化。修订《校园安全事故应急救援预案》等应急处置预案，在已有制度的基础上，建立完善门卫制度、安全定期检查制度、校车管理制度、教学安全制度、大型集体活动安全制度等一系列规章制度。深入开展校园周边环境安全隐患排查治理。全区56所学校（幼儿园）安装了校园监控设备，严格执行门卫询问和登记制度，非本校工作人员必须有正当理由和完备的登记手续方可进入；严格执行领导带班制度、教师值班制度和夜间巡逻制度，保证在学生上下学期间有校领导值班。

加强安全演练力度，提高自救自护能力。区属各学校在“3·29”全国中小学生安全教育日、“5·12”防震减灾日和“11·9”消防日，围绕不同主题，开展安全逃生疏散演练和火灾逃生疏散演练等活动，提高学校的防震、防火应急处置能力。

针对2010年在全国范围内连续发生的校车重特大事故，为避免此类事件的发生，区教育体育局和全区中小学（幼儿园）重新签订校车安全目标责任书，制定《校车安全管理制度》《接送学生车辆重大事故（事件）处理应急预案》等相关制度，全面开展学校校车安全隐患排查治理工作，对有校车的学校（幼儿园）进行检查，对不符合校车要求的车辆，全部下发停运通知书。

开展交通安全知识宣传，提升中小学生交通安全意识。开展以“走文明路、做文明人”为主题的创作演出，“小手拉大手”活动，广泛宣传；通过“今天我当小交警”“交警体验日”“小交警志愿者”和组建少年交警队等形式，分年级、分时间组织学生

开展"文明交通志愿者"活动。（宋建峰　王耀祖）

各类教育

【学前教育】 2011年，中原区有幼儿园150余所，在园幼儿总数2.55万余人，在职教职工2980人。全区有省级示范幼儿园5所，市级示范幼儿园9所，市一级园14所，市二级园9所。形成以区属幼儿园为骨干，多形式、多层次并存，公办与民办相结合的办园格局，实现了从增加数量到优化教育质量和提高规模效益的重大转变。

中原区的学前教育是以"一切为了孩子，落实双重任务，突出创造教育，办成儿童乐园"24字为指导思想，坚持"解放思想，实事求是，积极改革，大胆创新"的工作原则。以提高办园质量为核心，以优化园所管理为手段，以狠抓教职工队伍建设为根本，以促进幼儿发展为目标，尊重并热爱儿童，对幼儿实施全面发展教育，使其身心得到健康和谐发展。科学规范发展学前教育，通过专题讨论，制定工作方案，深入幼儿园进行关于幼小衔接工作的调研，做好幼儿园教育与小学教育的衔接工作。为扩大优质学前教育资源，满足社会多样化的需求，继续强化管理，规范办园秩序，进一步提高0~6岁幼儿教育水平。2011年，区政府投入2300万元，新建中原区实验幼儿园、须水中心幼儿园；市区财政投入388.02万元发放学前教育补贴资金。同时对民办幼儿园园长进行培训，提高民办幼儿园园长素质。（钱　科　杨　乐）

【中小学教育】 2011年，中原区有小学44所，在校学生50814人，教师2141人。其中，区属城区小学28所，在校学生42552人，教职工1887人。区属农村小学13所，在校学生6812人，教职工254人。民办小学3所，在校学生1450人。农村办学的规模逐渐扩大，条件不断改善。教师学历全部达到中师以上水平。

中原区有高中1所，20个教学班，教职工79人，在校生1140人。区属初中12所，206个教学班，在校生10997人，教职工775人。市属高中2所，市属完中2所，市属初中4所。

区教育体育局认真完成市教育局下达的义务教育目标任务，做好"普九"巩固提高工作。全区小学适龄儿童入学率100%，小学生毕业率100%，小学生辍学率为零；初中适龄少年入学率99.89%，初中学生巩固率、毕业率均达99%。采取措施控制农村初中学生辍学，初中学生辍学率控制在1.5%以下；适龄残疾儿童、少年入学率达94%。（钱　科　杨　乐）

【民办教育】 2011年，中原区下辖民办教育机构151所。其中，学校103所，在校学生29832人，专、兼职教师835人，占地面积230.7亩，建筑面积93654.9平方米，固定资产约3176.8万元；幼儿园48所，在园幼儿12541人，在园教职工1320人，占地面积160亩，建筑面积7.36万平方米，固定资产约8314.24万元。中原区民办教育管理办公室对辖区内民办学校（幼儿园）的管理，始终做到"一个落实，两个建设，三个规范，四个坚持"。"一个落实"是认真贯彻落实《中华人民共和国民办教育促进法》《中华人民共和国民办教育促进法实施条例》和《郑州市人民政府关于促进民办教育发展的意见》；"两个建设"是加强队伍建设，加强制度建设；"三个规范"是规范全区民办教育的办学（园）行为，规范全区民办学校（幼儿园）招生广告（简章）的发布行为，规范全区民办学校（幼儿园）的收费行为；"四个坚持"是坚持定期召开民办教育学校校长（园长）例会制度，坚持严格的民办教育办学（园）审批制度，坚持管理责任到人的管理制度，坚持优质服务的动态汇报制度。（钱　科　杨　乐）

【社区教育】 2011年，中原区"撤乡设街道"，原来管理的11个街道、1个镇变为现在的12个街道。中原区现有社区教育学院1所，街道办事处社区教育学校12个，近百个社区建有社区学校，形成了社区教育的区、街道、社区的"三级管理网络"。强化各社区"管理与师资两支队伍"建设，指导社区制定了切合实际的教学活动、场地、器材等管理制度。

根据国家、市、区的要求，开展对外来务工、经商人员的政策法规、文明经商、计划生育、建设文明中原等方面的教育，对稳定社会、建立学习型组织、促进中原区社区教育跨越式发展起到了极大的作用。

根据国家的就业形势和社区建设的实际需要，有计划地对下岗职工、失业人员、"4050"职工及大中专毕业生开展就业指导，进一步提高各行各业从业人员的职业适应能力，努力培养应用型、复合型、开放型人才。2010 年 6 月社区教育办公室成立以来，为社会培养输送各类人才 3 万余名，大量的毕业生及培训者在其岗位上取得了显著的成就。

【进城务工子女入学】 2011 年，区教育体育局做好进城务工子女入学工作。一是调整教育规划布局，合理配置教育资源，将农民工子女义务教育纳入教育事业发展规划。二是坚持由流入地政府负责、以公办学校为主的原则，指定接收农民工子女入学，并做好接收农民工子女的学校的管理和扶持。三是继续开展困难农民工子女的助学帮扶活动，在学习上进行帮助和辅导、在生活上关心和照顾，帮助家庭经济困难的农民工子女入学。四是将农民工子女义务教育工作列入教育督导、评估的重要内容。中原区小学现有在校生 50814 人，其中进城务工人员随住子女 19551 人，区属初中现有在校生 11350 人，进城务工人员随住子女学生 4706 人。

（钱　科　杨　乐）

【残疾儿童随班就读】 2011 年，中原区对具备在普通学校就读条件的残疾儿童，坚持做好随班就读工作，积极帮助残疾儿童解决入学问题，满足残疾儿童进入普通学校接受教育的需求。区政府投资 524 万元对育智学校进行改扩建，为残疾儿童的入学创造了良好的条件。（钱　科　杨　乐）

【共青团活动】 2011 年，区教育体育局组织团员开展丰富多彩的活动。3 月，开展以"雷锋精神永在我心"为主题的学雷锋系列活动；清明节前夕，积极组织未成年人"网上祭英烈"活动，同时，组织 1000 余名团员在郑州市烈士陵园纪念碑广场隆重举行"秉承先烈遗志，永树光辉旗帜"暨新团员入团宣誓仪式；4 月底，邀请"五老"报告团专家到 5 所中学作以"感恩教育""励志教育""心理健康教育"为主题的报告；"五四"青年节，开展树典型、表先进，参加上级团组织评先表彰活动，多名团干和团员受到表彰；8 月，在棉纺路与桐柏路交叉口、伊河路与桐柏路交叉口开展"暑期文明交通志愿者夏令营"活动；河南省第九次党代会期间，组织团员青年及志愿者代表在辖区主要路口开展"畅行中原团青在行动"志愿服务活动；10 月，在西流湖街道刁沟村举行中原区 18 岁成人仪式暨"成人纪念林"植树活动，200 名志愿者组建成为中原区首支环保志愿者服务队，随后，开展一系列护绿环保志愿服务活动。（钱　科　高彦伟）

【少年先锋队工作】 2011 年，中原区少先队工作以教育、引导少先队员争当"四好少年"为主线，以建党 90 周年为契机，全面开展"红领巾心向党"主题教育活动。通过"党的历史我知道""红色故事我来讲""我和党员交朋友""红领巾寻访行动""手拉手、齐爱党""感受幸福奉献爱""幸福和谐共成长"等活动，帮助少先队员了解党的光辉历程，培养少先队员对党和社会主义祖国的朴素感情。

在建队节当天，由团区委、区教育体育局、区少工委联合承办的河南省"红领巾心向党"新老队员交流分享主题队会在中原区青少年活动中心隆重举行。省、市、区主要领导与全区 300 余名优秀少先队员代表欢聚一堂，共同纪念第六十二个建队节。10 月 12 日，团区委、区教育体育局、区少工委在中原区青少年活动中心联合举办了"中原区喜迎建队 62 周年少先队辅导员聘任大会"，为全区 45 名少先队辅导员颁发了聘书、配发了红领巾。

在郑州市少工委号召下，中原区成立少年国旗护卫队，规范学校升旗仪式，承接郑州市首次升旗仪式。先后组织少年国旗护卫队参加升旗仪式 4 次，并建立起固定时间和重大节假日轮流在市青少年宫广场举行升旗仪式的长效机制。

在全区争创文明城市的过程中，区少工委积极组织参与近 3 年创文的档案整理上报工作，共上报各类创文档案 102 套，并通过区创文档案组验收。组织部分学校优秀大队辅导员参与整理近 3 年的文明单位创建工作档案共 11 套，并制定成书，圆满完成了创建任务。

全区少先队组织广泛开展"我的心声我来说"红领巾小建议征集活动，分别以"红领巾在寻找""红领巾在思考""红领巾在成长"为主题，引导少年儿童自觉接受理想信念教育，为城市建设、社会民生服务建言献策，让少年儿童学会用自己的眼睛去观察身边的点点滴滴,认真思考,做个有心人。

区少工委在全区小学开展“温暖冬天·希望工程爱心大动员”活动,少先队员们积极行动,踊跃捐款13207.15元,为贫困儿童温暖过冬提供了力所能及的帮助。11月24日上午,区少工委联系团市委、郑州晚报社在秦岭路小学举行了关爱农民工子女捐赠仪式,为全区200余名优秀外来务工子女免费送上《郑州晚报》征订卡和学习用品。

5月12日,区少工委在互助路小学举行了“灾难自救知识普及”主题队日活动,并向少先队员代表赠送了科普海报及书籍2万余份。

(钱　科　高彦伟)

教师管理

【师德建设】 2011年,区教育体育局继续坚持将师德建设作为提升教师的职业幸福感的重要载体,以“培育职业精神,共享育人幸福”师德主题教育活动为核心,开展“学三平精神、做三平教师”(平凡之中的伟大追求,平静之中的满腔热血,平常之中的极强烈责任感)师德宣传,组织新学期师德承诺宣誓活动、教师职业精神大讨论、道德课堂大家谈等活动,实施教师学习型团队建设,引领教师精神成长。在区教育信息网开辟师德专栏,刊登优秀师德先进事迹,刊登师德教育文摘,营造师德教育氛围。举行“我把青春献祖国”征文及演讲比赛,其中华山路小学王慧芳、郑州市第八十中学陈晓静荣获河南省征文比赛三等奖。组织全区教师参加教育部新闻办、中央教育科学研究所、《中国教育报》《中国教师报》、腾讯网开展的“学习教育规划纲要知识竞赛”活动,区教育体育局荣获优秀组织奖。开展“中小学师德师风先进校创建活动”,举行中原区“师德师风先进校创建工作经验交流会”,郑上路小学、育才小学荣获省、市级首批师德师风先进学校,5所学校荣获区师德师风先进学校。启动教师“百家讲坛”等读书报告会,96位教师提供“百家讲坛”培训资源134讲,全区各校举行100余场小专题讲座,丰富了教师的精神生活。探索实施《中原区教育体育局中小学、幼儿园教师职业道德考核办法》,首次中小学、幼儿园教师职业道德考核工作稳妥开展。开展市、区两级师德先进个人评选活动,在公开选拔推荐的基础上,中原区荣获市级师德先进个人12名、区级师德先进个人117名,并在教师节对他们进行表彰。

(孙冰清　秦　路)

【名师培养】 2011年,由区政府出台并启动“中原区人民政府中小学梯级名师培养工程”,各学校共选拔产生211名学校名师和一批教学标兵、教坛新星,形成“学校教坛新星—学校教学标兵—学校名师—中原区名师”的梯级名师群体,全区教师专业发展层级攀升机制已初步建立。

开展第七届中原区名师选拔、评选活动。全区64名教师报名参加评选,20名教师脱颖而出成为第七批中原区名师。中原区有3名教师荣获河南省第四批名师、8名教师荣获河南省骨干教师。截至年底,中原区有省级名师13名,市级名师22名,郑州市首届杰出教师2名,位居各区县首位。

启动名师工作室建设。积极选拔、推荐优秀省市级名师担任市级名师工作室主持人,整合全区优质资源,高起点投入名师工作室建设。截至年底,区教育体育局教研室阎莉幼儿教育学科、中原区互助路小学张贵民小学语文学科2个名师工作室已通过市级评估审核,命名为市级名师工作室。

(孙冰清　秦　路)

【教师培训】 2011年,区教育体育局狠抓教师培训工作。校级领导干部培训。7月,组织205名副校级以上领导干部参加为期6天的暑期培训;11月,在四川大学举办以“突显特色、追求均衡”为主题的“郑州市中原区中小学幼儿园校(园)长培训班”,72名校长、书记聆听了高校专家和优秀校长的报告,并深入2所特色迥异的中小学深度考察,撰写了20余万字的培训心得体会;12月,举办“中小学校长办学理念展示交流”活动,以“我的理念和我的学校”为主题,依据本校校情,结合培训感悟,畅谈办学理想,感悟教育真谛。

教师培训。组织185名教师参加“全国生本教育理论与实践研讨会”,19人赴广东参加“全国生本教育研习班”,36人参加了全国“师生深度互动心理工作坊”,53人参加了英特尔创新思维技能培训;暑期,组织教师全员拓展培训、新上岗教师岗前培训,159人参加“班班通”骨干教师运用技能培训，50 人参加英特尔未来教育项目培训，150 人参加计算机初、中级应用能力培训等。

农村骨干教师培训。9 名农村骨干教师参加"国培计划"脱产培训；选拔、推荐 11 人参加全省农村中小学青年教师第五届教学技能竞赛，荣获省优质课一等奖 1 人、二等奖 1 人。

（孙冰清　秦　路）

【教师招聘】 2011 年，中原区按照"公平、公正、公开"的原则，面向社会公开招聘教师。招聘教师报名资格审查工作于 7 月 30 日开始，7 月 31 日截止，累计受理报名 1435 人。经过笔试、试讲答辩、体检、政审，共招聘高校毕业生 85 人、优秀在职教师 8 人。（孙冰清　秦　路）

【继续深化创先争优活动】 2011 年，区教育体育局为确保创先争优活动持续、深入、扎实开展，按照上级部署建立领导干部联系点制度，指导创先争优活动的每个环节。同时，各基层党组织不断加大宣传力度，利用校讯通、校园网络、制作展板、编制专题活动简报、开辟网络专栏等形式，营造浓厚的活动氛围。共出专题简报 126 期，制定创先争优具体目标 76 项，党组织和党员作出承诺事项 2960 余件，已完成 2750 件。

开展"党建实践活动月"系列活动。6 月，相继开展"读党史、学党章、讲党性、遵党纪、创业绩"活动，"展业绩、颂党恩、当先锋"活动，选树表彰先进典型活动，党建薄弱领域强基提升活动，进一步夯实了广大党员干部以党建工作的"领先"保障教育发展的"率先"。

6 月 28 日，区教育体育局举行庆祝建党 90 周年"七一"表彰大会，会上对 8 个基层党组织、20 名优秀党务工作者、70 名优秀共产党员进行表彰。15 名新党员面对鲜红的党旗，举起右手庄严宣誓，光荣加入中国共产党。（钱　科　高彦伟）

【信访稳定】 2011 年，区教育体育局紧紧围绕"改革、发展、稳定、服务"的工作方针，本着"分级负责、归口管理"和"谁主管、谁负责"的原则，形成了一级抓一级、一级对一级、层层抓落实的信访工作领导责任体系。

根据区委、区政府的要求，区教育体育局组织信访工作人员做好《信访条例》宣传工作，同时，定期召开了各校校长会议，召开 14 次党委专题研究信访会议，切实解决一些有影响的信访问题。坚持领导接待群众来信来访制度，认真做好接待记录，遇到疑难问题，专门召开班子会议，进行研究做好下一步工作安排。并与各科室和学校签订了信访目标责任书，强化信访工作一把手责任制，形成"一把手亲自抓、分管领导条线抓、职能处室直接抓、相关部门配合抓"的密切协作、齐抓共管的工作机制。全年区教育体育局局长、书记亲自主持协调处理重大信访案件，接待来访群众，群众来信领导阅批率 100%，凡有实质性内容的来信及上级要结果的信件结案率 100%，反映问题得到较好的处理。（钱　科　高彦伟）

学校选介

【汝河新区第二幼儿园】 中原区汝河新区第二幼儿园位于汝河小区 75 号，建于 1985 年，是一所现代化设施齐全的河南省级示范幼儿园。幼儿园占地面积近 4000 平方米，拥有 18 个教学班，幼儿近 700 人，教职工 88 人。2011 年有省级名师、省级骨干教师、市级骨干教师、市跨世纪学科带头人、市级优秀班主任、市级师德标兵共 15 人。

幼儿园本着"向科研要质量，以特色求发展"的办园宗旨，以课题研究为抓手，先后开展了多个省、市规划课题的研究，多项课题的研究使幼儿园逐步确立了"快乐教育"的教育理念，提出了"快乐学习、快乐生活、快乐游戏"的教育策略，形成了"环境教育、主题游戏、特色体育"三大园本特色。

幼儿园多年坚实的步伐，打造出质量一流、蒸蒸日上的良好社会形象，幼儿个体发展和整体素质受到家长和社会各界的高度赞誉，办园水平得到上级部门的肯定，先后荣获河南省优秀家长学校、河南省绿色学校、郑州市幼教先进集体、郑州市教育科研先进单位、郑州市教师职业道德教育先进集体、郑州市角色游戏评比优胜单位等荣誉称号。

（孙冰清　陈彦汝）

【百花艺术小学】 中原区百花艺术小学位于百花路 35 号，是一所全日制公立艺术特色小学。学校在校学生826人,教职工66人。

学校建于1948年秋,因校址位于林山寨村,故名“林山寨小学”。1958年学校迁入胜利路中段,改名为“胜利路小学”。“文化大革命”期间胜利路改名为百花路,学校随之改名为“百花路小学”。改革开放以来,教育事业蓬勃发展,为适应时代需要,为培养更多的高素质人才,学校于1994年7月申请成立郑州市中原区百花艺术小学,中原区文教局1994年8月批准成立,学校正式更名为“郑州市中原区百花艺术小学”。学校始终坚持“让爱滋润幼苗、让美净化心灵”的办学理念,以艺术教育为突破口,全方位实施素质教育,注重学生思想品德和行为习惯的养成教育,在完成国家教委规定的教学计划的同时,突出艺术特色教育,走出了一条培养“合格+特长”学生的办学之路,努力实现“学会做人、学会求知、学会生活、学会特长”的办学目标。

在办学整体思路上注重德育教育,充分体现艺术特色,坚持小班教学特点,在上好文化课的同时,每周开设4课时艺术课,有钢琴、电子琴、手风琴、大提琴、小提琴、二胡、古筝、琵琶、阮、舞蹈、声乐、美术、书法等10余种学科供学生选学。

为丰富学校艺术教育,培养学生审美、设计、创造的兴趣,2011年下半年,经学校班子研究、论证,收集整理了大量资料,编写了“串珠”校本课程教材,“串珠艺术”正式被列入百花艺术小学新的校本课程。

2011年学校按照国家规定和上级主管部门的要求,正常开展教育教学活动,圆满完成各项工作任务并取得了良好的工作成绩。同时,学校组织学生参加了教育部、省教育厅、市教育局、区教育体育局等各级教育主管部门组织的各级各类艺术实践活动和艺术比赛活动,荣获全国啦啦操联赛郑州站小学组自由舞冠军、第十届中央电视台少儿艺术电视大赛器乐类少年组金奖、第十六届全国中小学生书画比赛优秀组织奖等优异成绩。

(孙冰清　陈彦汝)

【互助路小学】　中原区互助路小学始建于1957年,位于互助路17号。学校有55个教学班,学生4000余人,在职教师145人。

2007年,在上级领导的大力支持下,教学危楼得到了改造。学校原建筑面积8686.1平方米,新教学楼建成后总建筑面积达10674.95平方米,解决了合唱排练室、美术室、计算机教室等专用功能教室,基本达到“普九”要求。并投入近20万元购买图书、仪器,为服务教育教学提供了良好的物资基础。

学校牢固树立和全面落实科学发展观,坚持做到聚精会神抓教育,一心一意谋发展。以“打造品牌,争创一流”为目标,以深化课程改革为核心,以提高课堂教学实效为重点,以求实创新的教育科研为先导,以作风过硬的教职工队伍为保障,按照“在继承中发展,在发展中创新,在创新中提升”的思路,构建具有开放、民主、和谐、进取特征的校园文化,形成了勤奋、守纪、团结、进取的校风,严、实、活、精的教风,勤奋、善思、求真、创新的学风,诚实、勇敢、活泼、团结的队风,提高了学校各项工作的实效性和文化品位,成为体制科学、内涵丰富、师生共同可持续发展、适应新时期教育发展要求的现代化小学。

经过全体师生的共同努力,学校在各级各类比赛中均获得较高名次,先后被授予郑州市教育工作先进单位、郑州市教师职业道德建设工作先进集体、郑州市体育教育先进单位、郑州市消防安全工作先进单位、郑州市中小学卫生室建设工作先进单位、中原区教育工作先进单位、中原区师德建设年活动先进集体、中原区教育科研先进集体等荣誉称号。

(孙冰清　陈彦汝)

【淮河路小学】　中原区淮河路小学建于2005年,位于淮河西路33号,占地面积12331.4平方米,建筑面积16178.5平方米。学校有28个教学班,在校学生1202人,教职工63人,拥有省级名师1人、省级骨干教师3人、区级名师3人。学校教育教学设施齐全,图书室、实验室、心理咨询室、音乐教室、美术教室、微机室、多媒体教室等十几个功能教室全部投入使用,每间教室、办公室均与互联网相连,实现了校内网络全覆盖。

建校初期,淮河路小学与伊河路小学实行集团化办学,两校人员互派、资源共享、教学同步。学校遵循“为学生可持续发展奠基”的办学思想,贯彻“以人为本,为学生终身发展服务”的办学理念,以“让每一个学生成人、成才、成功”为目标,让每一位走进淮河路小学的学生都学会学习、学会做人、学会共处、学会生活，积极探索和开创了具有本校特色的小班化教学新模式。

2009年以来，学校在内涵发展的基础上，注重特色发展，打造淮河教育品牌。学校以课堂教学改革为突破，采用“先做后学、先学后教、少教多学、以学定教”的生本教育模式，还学生学习的主体地位，使课堂成为学生展示交流的平台，使学习成为师生共同成长的舞台，使知识成为能力培养的载体。始于2009年的淮河路小学短式网球，历经几年的发展已成为郑州市短式网球运动的新秀，在省市各种比赛中获奖近200人次。2011年，学校正在以“短式网球运动”实现学生的“健体”，以“国学教育特色”实现学生的“厚德”，以“生本教育改革”实现学生的“博学”，以“多彩社团活动”实现着学生的“笃行”。（孙冰清　陈彦汝）

【郑上路小学】　中原区郑上路小学前身为三官庙小学，始建于1920年，位于郑上路124号，占地面积19.5亩，建筑面积8854平方米。有36个教学班，学生2784人，在校教师95人，其中本科学历63人。郑上路小学各项教学设施齐全，校园电视台、红领巾广播站、科技室、心理咨询室为学生提供了健康学习、快乐成长的保障。

学校坚持以科学、和谐、内涵为发展思路，以“以人为本”为宗旨，注重学生人格培养，深入开展校园文化建设，在“让教师享受学校”“让学生享受教育”的办学过程中，形成了“崇尚科学，追求卓越”的学校精神，“放飞希望，点亮生命”的办学理念，“足下有路，求索人生”的校训，“书香濡染心灵，科技助我成长，平安打造和谐”三大亮点工程和“少年足球”的办学特色，为国家、省、市足球队输送了大批优秀人才，在全国各级比赛中屡获冠、亚军，成为河南省足球传统项目学校、河南省师德先进示范校、郑州市红领巾示范学校、郑州市文明单位、郑州市德育工作先进单位、郑州市平安创建示范单位。（孙冰清　陈彦汝）

【建设路第二小学】　中原区建设路第二小学始建于1956年，2006年与伏牛路第三小学合并后，开创中原区小学一校两地办学模式先河。学校现分东、西两个校区，东校区位于计划路10号，西校区位于伏牛路116号。学校有43个教学班，在校学生2836人，教师134名。

学校在“质量立校、科研兴校、特色扬校”总体办学目标引导下，孕育出“文明、勤奋、求实、创新”的优良校风。努力打造十爱校园、十爱教师、十爱少年，使学校成为政府放心、社会认可、家长满意、学生快乐健康成长的家园。

学校强力落实素质教育，以“爱祖国、爱家乡、爱科学、爱学习、爱创造、爱生活”等“十爱”教育为德育核心，以显著的教育成效，得到社会各界的广泛赞誉。作为省排球、航模训练基地，学校三球一模队伍常年坚持训练，屡屡获奖。特别是女子排球队，得到原中国女排国家队队员郎平等专家的指导，促进学校特色均衡发展。

为认真落实“生本课堂”理念，打造以“十爱课堂”为核心的教学模式，按照先学、展示、反馈三个阶段，各有侧重点。在先学阶段，引导学生爱学习、爱阅读；展示阶段，引导学生爱倾听、爱思考、爱质疑、爱探究、爱交流、爱合作；反馈阶段，引导学生爱实践、爱创造。学校启动了“十爱课堂”备课室，组织了各学科教学研讨、年级间交流、校级研讨课观摩等一系列卓有成效的活动，大大提高了学生的学习兴趣，增强了课堂教学效率，得到了众多教育专家和同行的关注。（孙冰清　陈彦汝）

【航海西路小学】　中原区航海西路小学位于航海西路1号，系原4057厂子弟学校，占地面积3571平方米，2000年1月，收归区政府统一管理，更名为航海西路小学。学校干净整洁，环境幽雅，有教学、办公混合楼1栋、多媒体教室1个，有教职工36人，其中国家级骨干教师和省级骨干教师各1名。有教学班12个，在校学生736人。学校先后荣获郑州市文明单位、文明学校、标准化学校、红领巾示范学校、少林拳进课堂达标学校等荣誉称号。

学校教学设施完善，教学设备齐全，设有音乐室、实验室、微机室、图书室、活动室、多媒体教室等多个功能室，为学生的学习发展提供了良好的条件。每个班设有图书角，实行学生自我管理的方式，学生随时可以借阅图书，使学生养成良好的阅读习惯。

学校不断创新德育工作，全面铺开“校园十星”评比活动，精心搭建活动平台，通过教育教学和各种实践活动引导师生敢于展示自我,勇于挑战自我,乐于体验成功,促进了师生快乐、阳光成长。

学校坚持"用兴趣开启心智,用自信奠基人生,用艺术点缀生活"的办学理念,培养同学们多方面的兴趣爱好,陶冶情操,发掘学生文艺、体育潜能;积极挖掘教师潜力,开发有美术、合唱、篮球、口风琴、英语、围棋等校本课程,学生的兴趣有了专业化的引导。学校开展的篮球特色课,从低到高,有计划地训练学生的篮球技能,每学期开展学生全员参与的投篮比赛和篮球比赛。学生们伴随着美妙的音乐,在学校自编自创的篮球操中,感受着篮球的独特魅力。（孙冰清　陈彦汝）

【闫垌小学】 中原区闫垌小学位于沁河西路,始建于1969年,校园布局合理,环境优美,教学设施齐全,是一所标准化小学。学校占地面积9020平方米,有18个教学班,在校学生1084人,教师30人。

学校秉承"让花朵幸福绽放"的办学理念,以"办内涵学校、做智慧教师、育文明学生"的办学目标为准则,在学校教育教学的各个方面,下真功夫、实功夫、苦功夫,狠抓校风校纪,上下一致,齐心协力,教育教学质量突飞猛进,学校先后获得郑州市教科研先进单位、郑州市远程教育先进单位、郑州市德育先进单位、国家养成教育实验学校等荣誉称号。为了传承和发扬中国书法艺术,激发学生对祖国灿烂文化和语言文字的热爱,进一步引起学生对书写的重视,学校于2010年3月开设了书法校本课程,成立了书法兴趣小组,并聘请知名书法家作为学校的校外辅导员。2011年4月,学校举行书法校本课程1周年庆典活动,著名书法家唐玉润先生对学校的书法作品给予了高度的评价,并亲自为学校题词:"发扬书法"。2011年5月,学校组织部分师生参加国家书画等级考试,有5位教师顺利达到五级水平,26位学生达到三级水平。

（孙冰清　陈彦汝）

【郑州市第七十中学】 郑州市第七十中学始建于1959年,是一所公办初级中学。学校前身是郑州煤矿机械集团公司子弟中学和河南省纺织机械厂子弟学校,于2000年2月移交政府管理后合并,更名为郑州市第七十中学。

学校位于华山路北段路东,占地10059.8平方米,建筑面积7000多平方米。学校是中原区重新整合教育资源,对中小学进行布局调整后,定点着力加强的一所学校。为扩大办学规模,改善办学条件,2005—2006年间一座建筑面积为4000多平方米的综合办公楼拔地而起,成为华山路上的又一亮点。

2011年,学校有教职工67人,其中中学高级教师26人,本科以上学历67人。随着新老交替,教师队伍老、中、青梯队合理,学科分布均衡,师资力量雄厚。学校有教学班18个,在校生近千人,从近几年招生情况看,学校规模呈逐年扩大的趋势。

学校认真贯彻"德育为首、育人为本"的教育理念,坚持"以人为本、以德立校、和谐发展""努力即优秀,进步即成功"的办学理念,以"创建孩子快乐成长的乐园"为办学指导思想,努力实现"为学生成长提供优质土壤,办影响学生一生的学校,打造精品化学校"的办学目标。全面推进素质教育,狠抓教育教学质量,学校的教育教学成绩有了长足的进步,近6成学科已名列中原区中学前茅,中招成绩一年一个新台阶,逐年上升。学校先后获得郑州市标准化初中、郑州市文明学校、郑州市初中教育成绩显著先进单位、郑州市体育先进单位、郑州市教科研先进单位、郑州市德育工作先进单位、郑州市师德建设先进单位等荣誉称号。

（孙冰清　陈彦汝）

【郑州市第八十中学】 郑州市第八十中学创建于2005年,位于冉屯路1号,是郑州市政府统一规划筹建的22所中小学之一。学校占地13340平方米,建筑面积10654平方米,教学设施齐全,环境优美,交通便利,配备有现代化的教学设施和业务精湛的高素质教师队伍。2011年,学校有28个教学班,学生1560人,教师101人,其中高级职称17人、中级职称29人。

学校以"让校园成为师生共同成长的学园、家园、乐园"为办学目标,坚持"教育为生命成长服务,为激扬生命服务,为人的一生发展奠基"的办学理念,全面贯彻党的教育方针,坚持素质教育和新课程改革,把落实党和国家的教育方针同学校的具体实际相结合,坚持以科研兴教为先导,以提高教师素质为保证,加强集体备课,改进课堂教学,关注学生主体参与,学校中招成绩连续多年在中原区名列前茅。2011 年中招考试,学校共有 320 多名考生,其中有 150 余人超省级示范性高中录取分数线,人均总分在区属学校中排名第一,并超过第二名 20 分。 (孙冰清 陈彦汝)

【中原区回民中学】 中原区回民中学位于西流湖街道址刘村。学校建于 1991 年,2011 年有 18 个教学班,占地面积 31450.8 平方米,建筑面积 12607 平方米。学校分为教学区、生活区、运动区,三区布局合理,三季有花,四季常青,环境清新幽雅,实为学生难得的求学之地,是中原区唯一的一所民族中学。学校的宿舍楼和餐厅已经投入使用,开始全面实施寄宿制管理。

学校以"崇德,求是,乐学,成才"为校训,以科研为先导,以课堂为主阵地,以培养学生创新意识和实践能力为核心,注重学生实践能力,创新精神的培养,把民族特色教育、劳动实践教育作为学校德育的两大特色,把体育传统项目学校和绿色学校作为学校工作的两大亮点,把引导学生知善恶、辨美丑、明事理、懂生活、会做人,作为学校德育工作的第一要务,建立健全组织机构,规范学校的运作机制,形成了"团结互敬、文明向上、严肃活泼"的校风,"自觉自励、勤奋进取、持之以恒"的学风,"乐于奉献、勇于创新、善于激励、精于育人"的教风,使全体学生在三年的学习中得到和谐、主动、全面的发展。

近年来学校先后荣获河南省五爱教育先进单位、郑州市文明学校、郑州市绿色学校、郑州市文明标兵学校、郑州市普通初中教学先进单位、郑州市民族教育先进单位、郑州市勤工俭学先进单位、郑州市民族团结进步模范单位、郑州市标准化初中、郑州市园林绿化花园式单位等荣誉称号。

(孙冰清 陈彦汝)

【中原区西岗学校】 中原区西岗学校始建于 1966 年,位于西流湖街道西岗村,占地 33 亩,是全区唯一的一所九年一贯制学校。2011 年有 18 个教学班,教职工 62 人,在校学生 1100 余人,大多为外来务工人员子女。

学校坚持"以人为本、优化环境、学业进步、培养特长、提高素质"的办学理念,重视德育工作,始终把"育人"放在首位。积极开展了以养成教育为核心的德育工作,通过组织一系列的活动,营造积极向上的氛围,促进学生健康发展。学校先后获得郑州市文明学校、郑州市标准化学校、郑州市电化教育先进单位、郑州市教育系统平安校园建设先进单位、中原区教育教学先进单位、中原区教科研先进单位、中原区先进团支部等荣誉称号。

(孙冰清 陈彦汝)

体 育

【概述】 2011 年,中原区体育工作紧紧围绕市教育局、市体育局的工作安排,积极实施"教育强区"发展战略,以发挥学校体育的基础作用为出发点,努力做好竞技体育后备人才培养工作,不断提升业余训练水平;深入开展全民健身活动,着力推进体育生活化进程;加强公共体育设施建设和管理,竞技体育取得丰硕成果,群众体育得到了广泛开展,进一步推进了中原区体育事业又好又快发展。

(王 燕)

【学校体育】 2011 年,体育特色学校和体育传统项目学校不断增加和升级,有各种训练队 100 余个,在训学生 3000 余人;各级体育传统项目学校 6 所,体育特色学校 7 个,其中省级传统项目学校 4 所,市级体育传统项目学校 6 所,新申报 1 所市级传统项目学校;建立 13 个区级业余训练点,涉及足球、篮球、排球、田径、航模、网球、轮滑、武术等八大项目,参加训练人数已逾 1000 人,为省、市各级体育传统项目学校和体育院校输送了大批后备人才,在全国、省、市、区各级各类比赛中取得了优异成绩。

加强组织领导,加大体育经费投入。区政府下发了《中原区人民政府关于进一步加强全区教育体育工作的意见》,对加强业余训练工作做了明确规定,健全了组织机构,建立了联席会议和工作督导制度。投入 453 万元为桐淮小学、郑州市第六十八中学、西岗小学新建塑胶跑道和人造草坪。

完善项目布局,探索有效发展模式。以业余训练体制创新和机制创新改革为重点,在合理规划、健全制度、加强管理、提高效益上狠下工夫,紧密围绕篮球、田径等基础项目,保持中原区优势项目,发展弱势项目,探索科学有效的学校体育竞赛模式,实现了“缺乏项目完善发展,弱势项目重点发展,强势项目跨越发展”的目标,为推动全区业余训练向高水平发展奠定了坚实的基础。

抓好队伍建设,业务训练水平不断提升。加强职业道德教育,要求教练员树立爱岗敬业、艰苦奋斗的观念,热爱体育事业。加强业务培训,建立了制度化的教练员培训体系,通过举办培训班、聘请专家授课、组织外出学习和内部交流经验等形式,切实提高业务、训练、科研水平,做到从粗放型向集约型、从经验型向科学型转化,打造了一支能够把握项目规律、具有先进训练理念的复合型训练管理团队,为提升中原区竞技体育水平提供了人才和智力支持。

通过体育特色发展,促进体育传统项目运动成绩不断提高,涌现了一大批优秀学校。建设路第二小学排球、郑上路小学足球、伏牛路小学篮球、育红小学武术、伊河路小学田径、郑州市第七十三中学篮球,在全国、省、市各级各类比赛中均取得了骄人的成绩。中原区在国际、全国比赛共获奖 56 项次,在省级各级各类比赛中共获奖 63 项次,在市级比赛中获奖 100 余项次。

做好苗子培养,输送后备体育人才。中原区以“选好苗子,着眼未来,打好基础,系统训练,积极提高”为指导方针,指导各级训练基地、体育传统项目学校、区级训练点、学校基础项目训练队,建立和完善了队员培养目标、培养计划、队员档案,形成三位一体的体育后备人才梯队,并拓宽输送渠道,争取向更高层次训练队输送优秀人才。全年向上级训练队和体育传统项目学校输送体育后备人才 19 人。

(王　燕)

【群众体育】 2011 年,中原区群众体育工作以增强人民体质为根本任务,不断加快城乡体育基础设施建设,大力引导广大人民群众进行体育健身,丰富群众节日文化生活,增强广大人民群众体育健身意识,为促进和谐中原和社会主义新农村建设起到积极的作用。

各单位积极组织广大干部职工开展丰富多彩的健身活动。中原区举办区级竞赛 3 次,区直单位、各街道、社区共举行活动 300 余项次,参加人数约 8500 人,观看群众达 2.5 万余人,活动内容丰富多彩,群众积极参与,比赛精彩热烈,效果显著。

社区健身设施配备齐全。2011 年,全区有健身器材 1633 件,更新、维修健身器材 324 件。

公共体育设施管理力度加强。各社区建立健全了《日常管理制度》,由专人每天对健身设施器材进行检查,并做好巡检记录。对损坏的器材进行及时修补,损坏严重的、有安全隐患的设立警示牌,并及时更换器材,确保器材完好率 100%。每个社区至少配备 1 名社会体育指导员,为群众提供健身指导服务,并做好有关活动情况记录。

社区体育组织建设逐步完善。先后组织成立了武术、木兰拳、空竹等单项体育协会 12 个。截至年底,中原区累计发展社会体育指导员 1219 人。

(王　燕)

文化 旅游

文　化

【概述】 2011年,中原区文化工作以不断提高文化服务水平为重点,加强基层文化设施建设,努力维护文化新闻出版秩序,广泛开展群众文化活动,丰富广大人民群众的精神生活,促进文化事业快速发展。 (王划册)

【打击文化市场违法违规行为】 2011年,区文化旅游局相继开展春节、"两会"期间"扫黄打非"集中行动、中原区文化市场知识产权保护专项执法行动、中原区2011年"两会"期间出版物市场专项整治行动、校园和幼儿园的周边文化环境专项整治等治理行动,与日常监管相结合,打击各类违法违规经营行为,共出动车辆280余台次、人员500余人次,清查无证从事出版物经营活动摊点16个,收缴暂扣非法图书1000余本、非法音像制品600余张、电子出版物300余张。 (王划册)

【群众文化活动】 2011年,区文化旅游局共组织开展群众文化活动7次:1月22日,组织11位知名书法家到须水镇须水村为村民义写春联,现场写春联300多副,受到村民们的热烈欢迎。1月29日,在郑煤集团礼堂组织举办2011年中原区迎新春文艺演出暨春节团拜会,区四大班子领导向全区干部、职工、群众致以美好祝愿。1月26日至2月16日,在五一公园开展中原区民间文艺展演系列活动;2月16日,组织民间演出团体参加郑州市舞龙大赛和曲艺大赛;2月17日,在五一公园举办中原区民间文艺会演;6月30日,在省工人文化宫中心广场举行"党的光辉照我心——中原区庆祝建党90华诞暨创建全国文明城市群众文艺会演"。9月30日,在五一公园举办中原区"庆国庆"民间文艺会演。 (王划册)

【图书馆工作】 2011年,区图书馆共接待读者8150人次,借阅书刊38109册次,同时根据读者的实际需求,调整图书馆开放时间,实行全年开放,无节假日,方便读者随时借阅归还。 (王划册)

【文化信息资源共享工程建设】 2011年,中原区完成4个街道服务点和13个社区文化活动中心的建设,实现资源共享。 (王划册)

【社区文化活动中心建设】 2011年,社区文化活动中心建设被列为市政府、区政府为民办理"十件实事"之一。市政府下达中原区文化活动中心建设项目12个,分别是:三官庙街道西环路社区和电业新村社区,桐柏路街道水晶社区和开元社区、秦岭路街道金源社区,建设路街道前进路社区、市场街社区和省五建社区,林山寨街道郑州日报社区和伊河路社区,汝河路街道华淮社区和沁河路社区,各类文化活动器材由市文化广电新闻出版局通过市政府公开招标集中采购,建设项目已按标准配备。中原区政府社区文化活动中心规划建设项目10个,分别是:三官庙街道工农路社区、绿东村街道卧龙社区、桐柏路街道电厂南路社区和火电二公司社区、汝河路街道市委社区、建设路街道学院社区、林山寨街道碧沙岗社区和林山寨社区、秦岭路街道建西社区、航海西路街道帝湖花园社区,各项建设项目已按标准配备。 (王划册)

【农村文化大院建设】 农村文化大院建设被列入市政府2011年为民办理"十件实事"之一,中原区承建农村文化大院建设项目20个。文化大院建设资金由市财政拨付,每个文化大院按4万元标准,共计80万元。各类文化活动器材由区政府通过公开招标集中采购,已全部配送到各村。 (王划册)

【农家书屋建设】 根据国家、省、市相关文件精神的要求,2011年6月至7月,区文化旅游局对33家农家书屋配送了书架、报刊架、桌椅及图书1500册、音像制品470盘、报纸期刊20多种,同时聘请图书管理专家对11个街道办事处、33个行政村的农家书屋图书管理人员进行专业知识培训。 (王划册)

【农村数字电影放映工作】 2011年,为促进中原区农村数字电影放映事业发展,丰富农民群众的精神文化生活,区文化旅游局组织放映数字电影506场,观众30余万人次,全面实现一村一月放一场电影的目标。 (王划册)

【文物保护工作】 2011 年,区文化旅游局对辖区内具有历史、艺术、科学价值的庙沟遗址、三十里铺遗址、后仓关帝庙、柳沟碑刻群、郑州纺织产业基地等近现代建筑物进行普查规划。棉纺路街道办事处、建设路街道办事处正申报参加评选第三届中国历史名街。 (王划册)

【非物质文化遗产】 2011 年 3 月,中原区的古字画揭裱与修复、泥绣球制作技艺、剪纸 3 个项目被评为市级非物质文化遗产。

在全国第六个"文化遗产日"系列活动中,区非物质文化遗产保护中心制作宣传展板,在绿城广场展出中原区非物质文化遗产保护工作新成果;并邀请市级非物质文化遗产项目传承人魏素萍现场为辖区群众表演及传授剪纸技艺。

10 月,区非物质文化遗产中心根据《中华人民共和国非物质文化遗产法》的有关规定,把区政府财政拨款的非物质文化遗产专项保护经费,发放到辖区首批 9 个非物质文化遗产代表项目的 11 个传承人手中,用于完善传承人的技艺及资助其开展授徒、传艺、交流等活动。 (王划册)

档　案

【概述】 2011 年,中原区档案工作以开展"业务提升年"活动为契机,认真贯彻执行《中华人民共和国档案法》,努力做好全区档案员业务培训工作,同时统筹安排,圆满完成档案行政执法检查、立卷归档、机关档案的规范化管理和认证、"三重"档案的登记备案、机关党建等工作,促进了档案事业稳步健康发展。 (贯　珂)

【"档案业务提升年"活动】 一是积极做好岗位大练兵。区档案局将学习内容分为政治和业务两大类,政治理论与档案业务理论知识的学习以自学为主,实际技能的操作以集中培训为主。为检测学习效果,采取理论试卷考核、实际操作考核、随机提问考核、网上考核等形式进行测试,加强日常的学习督察,保证干部职工学习的质量。通过学习,干部职工的理论素养和业务技能进一步提高,对有效解决实际工作中遇到的各类问题发挥了显著作用。

二是对全区 12 个街道办事处、57 个区直单位以及行政村、社区、企事业单位、科研单位、二级机构实行划分责任区管理,指定专门工作人员负责所分包责任区的各项档案业务。责任人要具体搞好管理责任区所有单位的立卷归档工作,熟悉业务管理责任区的基本情况,及时掌握责任区重大活动、重大节日、重点项目的信息,注意收集各门类档案资料。同时加强对馆藏档案的保管和利用,区档案馆 4 个档案库房实行专人管理,对馆藏全宗单位的档案登记造册、分清门类。强化干部职工安全保管档案的责任意识,科学有效地管理好档案。

(贯　珂)

【文档立卷归档】 文档立卷归档是机关档案管理的重要环节,2011 年 5 月至 6 月中旬,区档案局顺利完成 2010 年全区文档立卷归档工作,立卷归档各类文档 1.1 万余件,接收进馆档案 6000 余件,全部归档文件进行了数字化加工。立卷归档工作呈现三个特点:一是各单位整理档案的积极性、主动性增强。二是归档单位的纸质文件和电子文件同时归档,档案"双轨制"格局已基本形成。三是档案员整体素质和整理档案的水平逐步提高,多数单位都能按照《中原区档案资料征集工作实施办法》要求的档案资料征集范围进行各类文件资料的整理归档。 (贯　珂)

【档案的规范化管理和认证】 2011 年,区档案局积极开展社区、机关档案规范化管理认证工作,以街道办事处为单位,力争具备达到认证标准的社区全部达标。区档案局全体人员深入到社区开展档案业务管理和指导工作,为困难社区免费提供档案柜、档案盒、针线等用品,手把手进行业务指导,帮助社区解决在认证工作中遇到的各类困难,使中原区社区规范化管理认证工作顺利开展。绿东村街道陇西社区、电缆一社区、三磨社区、绿原社区、四季园社区、二砂一社区、二砂二社区,林山寨街道百花社区,桐柏路街道开元社区,建设路街道中心医院社区、五一社区,已顺利完成档案规范化管理认证工作。

绿东村街道办事处将社区档案规范化管理认证工作列入全年目标考核,与各社区签订目标责任书,办事处主要领导在人、财、物方面大力支持,明确专人负责档案管理，重新调整装修档案室，拨付经费购买各类档案用品，制作档案管理的宣传展板和宣传册，使社区规范化管理认证工作有效开展。9月2日，绿东村街道办事处以93.5分通过了机关档案工作规范化管理省一级标准认证。

区人力资源和社会保障局高度重视档案管理工作，积极为档案管理等级认证工作创造条件，建立健全档案管理体制，不断加强档案基础业务建设、档案信息化建设，做好档案的提供利用。11月29日，区社保中心综合档案室以83.5分顺利通过等级认证考核验收，达到省二级标准。（贾　珂）

【创建新农村档案示范乡村】 2011年，区档案局按照市档案局《关于开展社会主义新农村建设档案工作示范乡（镇）、村创建活动的通知》，根据中原区实际情况，确定须水街道办事处为示范办事处创建单位，西流湖街道常庄村为示范村创建单位。

须水街道办事处积极做好民主选举、村务公开、社会主义新农村建设、农业产业化、土地流转、养老保险等各个领域的档案工作，注重荣誉档案、声像档案的收集整理。档案库房现代化设施配备齐全，达到了“十防”标准要求。档案分类清楚，整理规范，为群众积极开展提供利用服务，所辖12个行政村已全部建档，发挥了档案服务社会、服务民生的重要作用。11月17日，受省档案局、省民政厅、省农业厅的委托，市档案局、市民政局、市农业局有关领导对须水街道办事处进行考评，以92.5分的高分顺利通过社会主义新农村建设档案工作示范办事处考核验收。（贾　珂）

【“三重”档案和特色档案的征集】 2011年，区档案局积极做好重大活动、重要节日、重点项目档案资料的收集整理工作。与区城中村改造指挥部密切合作，做好城中村改造过程中形成的档案的整理规范工作。同时积极开展区重点建设项目档案的管理登记工作，到有关重点建设项目指挥部开展业务指导，做好重点建设项目档案的登记备案工作，将全区重点建设项目的档案纳入到正常管理中来。全区有综合档案室的35个单位全部进行了档案管理登记工作。

积极征集、收集全区各类重要声像、影像档案资料，丰富馆藏内容。区档案局与区委办、区政府办、区委宣传部、区政府信息中心、《每周中原》编辑部、区地方志等部门加强合作，建立信息和资源共享机制。接收、复制各类声像、影像档案50余份，采集复制图片1500余张。

做好特色档案收集整理工作。自民国版《孙氏谱牒》和《孙树之家族史浅识》2010年进馆后，经过多方面的努力，再次查找到了光绪年间《孙氏族谱》4本，为更好地保护该族谱，对族谱采取了翻拍、扫描、复印等保管措施。（贾　珂）

【政府信息公开查阅中心工作】 2011年，区档案局明确专人管理，做好接收政府公开信息的登记、汇总、分类、整理、管理及提供查询工作，为群众查阅提供方便快捷的服务。全年区档案馆接收22个单位1183件公开信息。（贾　珂）

【档案馆的安全防范】 2011年，区档案局按照国家档案工作“三个体系”建设要求，积极建立覆盖人民群众的档案资源体系，建立方便人民群众的档案利用体系，建立确保档案安全保密的档案安全体系。积极向区政府申请安装监控设备，对区档案馆库房查档室、检索室、走廊等重要区域进行全天24小时监控，确保区档案馆安全工作万无一失，为做好档案馆消防安全“十防”工作再上一道有效的安全阀。

坚持每天上、下午由分管领导带队对各档案库房和科室进行巡查，做好日常的防火、防盗、防潮、防高温、防损坏及防虫鼠等防范工作，将各档案库房的温湿度控制在正常的范围内。由专人每天查看监控录像，及时发现和处理各类安全隐患。

（贾　珂）

【档案查阅】 2011年，区档案局进一步提高服务质量，继续实行免费查档。全年接待查档群众2700余人次，共查阅档案资料2800余卷（册）。农村退伍老兵查询退伍档案100余人次。（贾　珂）

【档案法制和信息宣传】 2011年4月13日至15日，区档案局在全区范围内开展“普及档案知识、共享档案资源”主题宣传活动，在各单位突出位置摆放宣传展板，宣传档案基础知识和法律法规。

认真开展对外宣传报道工作，进一步扩大档案工作的影响力。积极向《中国档案报》《郑州档案》《每周中原》、中国档案网、河南省档案信息网、郑州市档案信息网、中原区机关信息网等媒体投稿，被新闻媒体国家级采用9篇、省级10篇、市级29篇、区级30篇。同时不断丰富区档案局信息网站内容，充实开放档案目录、图片介绍和各专业栏目的内容，使之成为中原区档案工作对外宣传展示的重要舆论阵地和信息交流平台。（贾　珂）

【档案行政执法检查】 2011年11月7日至11日，区档案局组成档案执法检查组，对三官庙街道办事处、区国土资源局、区文化旅游局等单位进行档案行政执法检查。主要检查学习、宣传和贯彻执行档案法律法规情况，档案室、库房等基础设施建设情况，文件资料归档、移交情况，现行文件资料报送情况，电子文档的归档情况以及社区（村）建档情况等。

12月7日，区档案局对中原工商分局、中原国家税务局、中原地方税务局、郑州市食品药品监督管理局中原分局、郑州质量技术监督管理局中原分局、建设路派出所、帝湖派出所、须水派出所、桐柏派出所等市直机关直属部门进行档案行政执法检查。检查内容包括学习和宣传《中华人民共和国档案法》《中华人民共和国档案法实施办法》《河南省档案管理条例》《郑州市档案管理规定》等法律法规的情况，档案行政管理部门申报档案管理登记与档案备案的申报工作，档案保管"十防"制度的落实、档案保管完整、档案借阅等各项登记手续是否健全，档案的立卷归档和移交接收是否规范等。

从执法检查情况看，各单位对档案工作的重视程度明显提高，投入不断加大，档案规范化管理水平有较大提高，档案工作服务现实、服务社会的能力进一步提升。（贾　珂）

【机关党建】 一是认真开展"党建活动月"活动。区档案局采取集中学习、举办讲座、邀请老红军作报告等形式，组织党员干部重温党的历史，激发爱党热情；以党支部学习或党小组学习的方式，组织党员干部认真学习《中国共产党章程》，领会党的宗旨，提高党性觉悟；全局党员干部对照市委"十个不允许"的要求，认真查找在思想、作风、工作、生活、作用发挥等方面存在的不足，剖析思想根源，认真整改落实，增强立足本职创业绩的信心和决心。

二是认真开展"创先争优"活动。围绕让群众放心、让群众满意这一目标，区档案局党支部和党员公开进行承诺，切实抓好承诺事项的兑现。引导党支部和党员对照先进找差距、学习英模见行动、立足岗位创佳绩，不断提升人民群众对本单位的满意度，使创先争优活动成为群众满意工程。

三是开展庆祝建党90周年活动。6月24日至26日，区档案局组织全体人员赴新县革命老区进行革命传统教育。党员干部先后来到鄂豫皖苏区首府革命博物馆、红四军总部旧址、许世友将军陵园等地进行了参观，通过实地参观和聆听革命先烈的英雄事迹，树立正确的人生观、价值观，用新县精神武装自己，向新县革命先辈学习，努力使各项工作不断取得新的成绩。

四是认真学习《中国共产党党员领导干部廉洁从政若干准则》，加强自警自律意识。在学习过程中，党员干部积极查找自身对于廉洁从政和反腐倡廉工作认识上存在的问题和不足，认真总结问题存在的原因，通过会议形式畅谈可行的解决途径和方案，并明确了需要采取的整改措施。通过学习，区档案局党员干部加强了自警自律意识，确立了以《廉政准则》为准绳，廉洁从政、克己奉公、勤政为民为目标的整改方向，树立了坚定的廉洁勤政信念。（贾　珂）

【档案员业务培训】 2011年3月，区档案局对全区档案员进行业务培训，对纸质档案的收录、整理、装订进行了系统的讲解，同时请专业人员对PDE档案管理系统的操作进行培训，确保了文档"双轨制"管理模式能够顺利运行。

4月14日，区档案局业务科工作人员对林山寨街道14个社区档案员培训，采取现场讲解的方式，使各社区档案员能够在较短时间掌握文档归档知识。同时组织全区有关单位档案员和区档案局工作人员参加市档案局组织的档案从业人员岗位培训班，培训率100%。（贾　珂）

【馆藏婚姻档案实现数字化】 区档案局通过统计、报告、审批、公开招标等一系列准备工作，于6

月份开始扫描婚姻档案，已全部完成扫描工作，扫描各类婚姻档案20万页，累计数字化加工40余万页，馆藏婚姻档案全部实现数字化。（贾　珂）

【区划调整和撤销单位档案的管理】 2011年，中原区区划调整，所涉及的街道办事处，认真做好档案资料的清理、整理和交接，将应归档的文件、材料和各门类档案收集齐全，进行规范整理，编制检索工具，并予以妥善保管，确保档案在区划调整后的完整与安全。

新成立的须水街道办事处、西流湖街道办事处成立了档案工作领导小组，加强对档案工作的组织领导，建立健全档案管理各项制度，安排专（兼）职档案工作人员做好档案管理工作。同时监督和指导辖区行政村（社区）做好档案收集和管理工作，形成统一领导、分级建档、逐级负责、条块结合的档案管理机制。

切实做好原须水镇档案的移交和接收工作，保证原须水镇档案资料的齐全完整。（贾　珂）

【开展“档案与幼儿教育”课题研讨】 2011年3月21日，区档案局召开“档案与幼儿教育”课题研讨会，从幼儿和幼儿园自身两方面着手，结合档案进行幼儿教育研讨。一方面，幼儿档案可以通过文字、图画、声像等形式制成“个人成长册”，为幼儿的成长做一个全面的记录，也为幼儿人生的第一步留下快乐的见证。另一方面，建立幼儿在幼儿园学习、生活等方面的活动档案。通过档案与幼儿教育的结合，达到既有利于幼儿成长，又有利于幼儿园在自身建设、提高幼儿园的公信度等方面取得很好的社会效果。（贾　珂）

【郑州都市区专题档案建设】 2011年7月26日，中原区召开“郑州都市区专题档案建设”暨《中原图志》文献资料征集工作会议，安排部署有关工作。区档案局成立了《中原图志》文献资料征集编纂工作领导小组，积极开展《中原图志》的征集、编纂工作，全方位收集整理中原区建区以来发展变迁的各类文字、图片、声像档案资料。在中原区档案信息网建立了“郑州都市区专题档案”专栏，包括郑州都市区的形成过程以及“三重”档案，完整的记录中原区在郑州都市区建设中的发展历程。

（贾　珂）

地方志

【概述】 2011年，中原区地方史志工作以加大中原区史志工作宣传为抓手，以编纂2011年《中原区年鉴》为中心工作，各项工作全面推进。（史　方）

【年鉴编纂】 2011年，区地方史志办公室从三个方面强化年鉴编纂工作。一是高度重视，合理安排部署。2月25日，区史志办组织召开2011年《中原区年鉴》编纂工作会，全区79个承编单位负责人及撰稿人参加会议，明确了供稿要求以及各单位的工作任务和交稿时间。二是加强培训，提高业务水平。邀请省地方志办公室副主任王中华对各单位的年鉴撰稿人员进行专题培训，进一步提高撰稿人员的业务水平。三是强化意识，提高质量。注重汲取先进单位的好做法、先进经验，并对《中原区年鉴》进行全新改版，对篇目设置、条目选题、内文编辑、图片选取、文字较对，封面设计、装帧等各个环节严格把关，确保年鉴的质量和效果。2011年《中原区年鉴》全书共设31篇，篇目与篇目、章目与章目之间更加科学、合理，逻辑性更强。内文中每篇之首采用图文并茂的形式设计，增加了《中原区年鉴》的美观感和可读性。全书共计103万字，图片300余张。（史　方）

【宣传贯彻地方志法规】 2011年是《地方志工作条例》颁布实施5周年。2011年5月12日，《河南省地方志工作规定》颁布实施。区地方志办公室认真贯彻落实两个法规，并抓出成效。印制《河南省地方史志编纂委员会关于学习宣传贯彻〈河南省地方志工作规定〉的通知》《河南省史志工作“十二五”规划》《河南省地方志工作规定》《地方志工作条例》60余套，分别呈送至区四大班子领导及区地方史志编委会领导手中。通过《每周中原》加大宣传力度，营造良好的宣传环境和舆论氛围，使社会各界人士更多地了解地方志工作，支持地方志工作，参与地方志工作。（史　方）

【编纂上报稿件】 2011年，区地方史志办公室一是按时按要求完成《郑州年鉴》《河南年鉴》中原区内容的组稿工作，共收集文字资料22万余字，图片216组、3000余张，经过精心细致的筛选，上报省市年鉴工作处各类文字稿1.9万余字、图片15张，宣传和展示了中原区加快经济建设和全面建设小康社会进程中取得的新成就。二是每月不间断地收集、核实、筛选、编辑辖区大事信息，截至年底，共编写辖区大事90条，上报辖区大事65条，采用率逐年提高。三是完成了《郑州名典》资料搜集整理工作，共收集资料9万余字，编辑整理中原区名村、名胜、名寺、名馆、名镇、名产、名水等内容44条4万余字，图片100余张。为宣传中原区、了解中原区、研究中原区、建设中原区提供良好素材。四是编纂《郑州名典》中的名胜卷，其间，收集资料20万字。根据市地方志不同时间的编纂要求，三易其稿，编辑整理了10万字。 （史　方）

【编纂完成两本部门志】 2011年，区地方史志办公室协助区人民武装部开展《中原区军事志》的编纂工作，收集整理军事环境、军事组织、人民武装建设、英模人物等篇目资料60万字、图片500余幅。9月底，完成《中原区军事志》第二稿，全书共计20万字，图片45张，按时上报省军区审核。《中原区房地产志》（1995—2010）完成第二稿，共计15万字，图片40张。 （史　方）

【读志用志开辟新领域】 2011年，区地方史志办公室一是结合建党90周年，向郑州市党史文献纪实片筹备领导小组制作专题片《河南红色旅游图志》提供文字资料3万余字，图片26张。二是为区委办、区人大机关、区政府办、区文化馆、区人力资源和社会保障局等单位提供志、鉴资料20余次，共计30万余字，图片240余幅；为前来查阅资料的社会各界人士提供服务15次，查阅资料12万余字。三是协助区政协机关完成了《郑州文史资料》第32辑《郑州名镇》的供稿工作，提供历史名人、民间传说等资料10余篇1万余字。四是向中国方志馆、清华大学图书馆捐赠第一轮、第二轮《中原区志》和《中原区年鉴》（2007卷—2010卷），同时开展与省内外的志鉴成果交流活动，充分展示中原区的志鉴成果，为全区经济发展作出贡献。 （史　方）

【队伍建设】 2011年，区地方史志办公室一是加强廉政教育。召开全体会议，认真学习贯彻实施《廉政准则》，认真学习贯彻省、市、区纪委会议精神，建立完善本单位廉政建设长效机制，做到预防关口前移，防患于未然。二是加强学习培训。组织全办人员认真学习公文写作知识、全省年鉴工作会上下发的经验材料、出版社专家的讲座材料，做市地方史志业务提升试题，提高编辑人员的理论修养和业务素质。三是开展创先争优活动。根据区委的统一部署，积极响应号召，认真开展“创先进党组织，争优秀共产党员”活动，全体党员干部在组织上强化责任意识，在思想上高度重视，在行动上落实各项措施，提高工作效率，改进工作作风，增强了队伍的凝聚力和战斗力。 （史　方）

旅　游

【概述】 2011年，中原区接待游客124.3万人次，同比增长13%，旅游总收入4083万元，同比增长15.5%。郑州中原万达广场城市综合商务休闲中心项目、西流湖城市生态公园一期项目和邓记叫化鸡锦园酒店项目共计投入建设资金4500余万元，同比增长18%。全年没有发生重特大旅游安全事件，游客投诉控制在0.5‰以内，实现了“安全、秩序、质量、效益”四统一的目标。 （王划册）

【旅游宣传】 2011年，区文化旅游局多次组织辖区旅游企业参加市旅游局发起的各种旅游主题宣传活动，向市民推介中原区都市文化休闲游，带动博物馆、科技馆、公园、特色街区、特色美食、农家乐等休闲产业，并通过中原区政府网、百度网、郑州旅游咨询网以及各种报刊宣传中原区“食、住、行、游、购、娱”等涉及旅游信息，多角度展示中原区“花都市、水世界”生态休闲旅游产业，树立宜居商贸区新形象。 （王划册）

【郑州市第三届海棠文化节】 2011年4月9日至21日，由郑州市人民政府主办、郑州市园林局承办的“郑州市第三届海棠文化节”在碧沙岗公园举办。海棠花会以园内东、西环路为主景区，以南广场东西两侧平台为盆景海棠展示区。3个大门处分别设置“生机盎然”“欢庆”“满园春色”立体花坛，主景区内摆放“花语”“琴韵”“画境”等6组园林小品。以上千株贴梗海棠为主材制作的“海棠墙”和“孔雀开屏”作为造型海棠的亮点在主景区内亮相。此外，在公园3个入口位置展出以海棠诗词、往届海棠文化节花絮、郑州市“十一五”园林绿化建设主题文化长廊，同时举办“花语春韵”插花比赛、文艺演出、个人书法展、少儿百米长卷书画展等活动。

文化节期间，恰逢住房和城乡建设部中国公园协会第三届第三次理事会首次在郑州召开，来自全国200多家公园的参会代表参加了海棠文化节开幕式，中国公园协会常务副会长林芳友出席开幕式并致辞，对碧沙岗公园充分发挥海棠种植优势，通过举办海棠文化节宣传海棠文化、开展学术交流、展示园林艺术、促进和谐发展给予了高度评价。省、市多家新闻媒体对整个海棠文化节进行了跟踪报道。

（王划册）

【郑州市第十七届月季花展】 2011年4月30日至5月8日，由郑州市人民政府主办、市园林局承办的“郑州市第十七届月季花展”在月季公园举行。本届花展以“和谐、文明、发展”为主题，来自市园林局属各专业单位和社会各界园艺团体参与此次盛会。本届花展设有月季室外栽培展、精品月季展、月季插花展、月季书法及绘画展、月季文化广场、月季养护技术咨询等内容，共展出各类地栽月季30余万株、1200余个品种。全市参加评比月季精品共计200余盆。35名插花高手参加插花比赛，每人选送2件展品，展品分命题“和谐”和自命题。公园展厅举办张保才等书法绘画展。

应广大花卉爱好者需求，月季公园南广场设置月季养护技术咨询台，抽调专业技术人员现场解答市民月季养护技术咨询。

月季公园北广场以精美的图片、文字资料展示月季诗词、月季新品种介绍、月季鲜切花、病虫害防治、月季栽培等内容，供游人驻足阅览，以传播月季文化和月季知识。同时制作月季挂牌300余个，直接挂在植株上，让游客更直观明了地认识月季。

（王划册）

【郑州市第二届牡丹、芍药花展】 2011年4月16日至5月15日，由郑州市人民政府主办、市园林局承办的“郑州市第二届牡丹、芍药花展”在郑州市植物园举行。展区面积40余亩，展品包括363个牡丹品种和94个芍药品种，涵盖中原牡丹、西北牡丹、江南牡丹3个牡丹种群的牡丹品种，涵盖白、红、粉、黑、绿等不同色系。此外，本次展会还展出来自日本、美国、法国等国家的海外牡丹，近千株荷包牡丹是本次花展的一大亮点。

中国牡丹文化展也同时在盆景园开展，100块宣传展板配合技术人员的现场讲解，分别从文化、历史、性状、栽培、花期调控技术等角度对牡丹进行科普宣传。

（王划册）

【旅游行风建设】 2011年，区文化旅游局将行风建设和旅游市场秩序治理列为工作重点，制定措施，落实各项部署，加大检查力度。强化旅行社、旅游饭店管理，坚决配合市旅游局对黑车、黑社、黑导、黑店的打击，并对辖区旅行社服务网点进行备案登记。截至年底，中原区有备案旅行社10家、旅行社服务网点17家。同时与景区景点、旅行社、农家乐签订《中原区旅游企业安全责任书》，对旅游企业进行安全隐患大检查，提出限期整改意见，并督查整改到位。

（王划册）

【全力打造花乡水城】 2011年，中原区以中原西路为中轴线，集中发展“两河一湖一库休闲旅游产业集聚区”。通过举办“中原桃花节”和“中原农家美食民俗文化游”等活动，利用沟壑纵横、蜿蜒崎岖、树木茂盛等优势旅游资源，结合正在建设的南水北调大运河、西流湖生态公园、常庄水库风景区，联动郑州植物园、水岸花木城、常庄千亩桃园和众多花卉苗木基地，强化发展咱家小院、特味村生态园西苑等特色餐饮，吸引市民到中原区“赏千亩桃园桃花，游郑州植物园，逛水岸花木城，品尝特色农家饭”。

（郑　富）

医疗 卫生

医　疗

【区属医疗卫生机构】 2011年12月，区卫生局下属12家医疗卫生机构，在职职工249人，其中高级专业技术人员10人，中级专业技术人员46人，初级专业技术人员91人；本科学历59人，专科学历113人，高中以下学历27人。（王政巧　牛　悦）

中原区卫生局所辖医疗卫生机构

机构名称	床位数	离退休人员数	在职职工人数	卫生技术人员数(人)				管理人员	技术工人	编制数	
				总计	高级	中级	初级及以下			床位数	人数
区卫生监督所	—	—	32	6	—	4	2	24	2	—	30
区疾病预防控制中心	—	16	36	29	6	9	14	4	6	—	50
区新农合办公室	—	—	7	4	—	3	1	7	1	—	11
区妇幼保健所	—	7	12	9	—	4	5	2	1	—	15
区健康教育所	—	—	4	1	—	1	—	2	1	—	6
区人民医院	20	63	20	10	1	7	2	—	10	100	130
中原中医院	60	8	11	5	—	3	2	1	5	40	39
中原医院	50	22	18	12	—	1	11	1	12	80	104
须水镇卫生院	70	32	90	61	3	11	47	—	29	80	64
大岗刘乡卫生院	25	1	11	9	—	2	7	1	1	25	32
区食品安全监督管理办公室	—	—	3	—	—	—	—	3	—	—	3
区红十字会	—	—	5	—	—	1	—	4	—	—	6
合计	225	149	249	146	10	46	91	49	68	325	490

中原区医疗机构基本情况

医疗机构名称	成立时间（年）	单位性质	隶属	编制床位（张）	实际床位（张）	编制人数	在职人数
河南省地质医院	1982	政府办	省级	180	550	235	587
郑州市市直机关医院	1971	政府办	市级	36	36	61	55
郑州市中医院	1958	政府办	市级	500	500	637	681
郑州市中心医院	1954	政府办	市级	800	1662	878	1327
郑州市监狱医院	1997	政府办	市级	20	20	13	13
郑州市第二按摩医院	1986	政府办	市级	98	50	100	94
郑州仁和老年病医院	1976	民营	市级	120	120	87	87
河南协和医院	2001	民营	市级	108	108	188	186
郑州市中原区人民医院（桐柏路社区卫生服务中心）	1952	政府办	区级	100	20	22	40
郑州中原医院	1983	民营	区级	50	36	0	66
河南纺织机械厂职工医院	1988	非民营	区级	30	15	39	39

续表

医疗机构名称	成立时间（年）	单位性质	隶属	编制床位（张）	实际床位（张）	编制人数	在职人数
郑州四棉有限公司职工医院	1954	非政府办 非民营	区级	80	80	0	53
郑州广慈医院	2003	民营	区级	99	20	0	31
郑州煤矿机械厂职工医院	1985	非政府办 非民营	区级	50	20	61	61
郑州郑工机械集团有限责任公司职工医院	1981	非政府办 非民营	区级	50	50	49	60
河南省现代医学研究院医院	2008	民营	区级	60	55	126	126
郑州华山医院	2004	民营	区级	99	99	134	134
白鸽集团郑州市二砂实业有限公司医院	1977	非政府办 非民营	区级	98	98	148	148
河南省第五建筑安装工程有限公司职工医院	1993	非政府办 非民营	区级	50	50	72	72
郑州市新力电力有限公司门诊部（所）	1965	非政府办 非民营	区级	0	0	0	26
郑州阳光男科医院	2006	民营	区级	0	30	70	70
郑州同安中医骨伤科医院	2008	民营	区级	20	20	42	42
郑州市中原中医院	2008	非政府办 非民营	区级	40	40	12	54
河南省医药科学研究院附属医院	2008	民营	区级	30	33	0	92
郑州政和医院	2001	非政府办 民营	区级	30	30	46	46
郑州六棉有限公司职工医院	1981	非政府办 非民营	区级	74	48	0	56
郑州三棉有限公司职工医院	1983	非政府办 非民营	区级	60	60	70	70
郑州欧丽电子集团股份有限公司职工医院	1990	非政府办 非民营	区级	30	43	0	63
郑州豫欣有限公司职工医院	1957	非政府办 非民营	区级	70	70	65	65
郑州一棉有限公司职工医院	1984	非政府办 非民营	区级	60	40	0	38
郑州凯安医院	2011	非政府办 民营	区级	20	20	0	30
须水镇卫生院	1960	政府办	区级	80	60	64	90
岗刘乡卫生院（航海西路社区卫生服务）	1983	政府办	区级	25	14	32	11

【农村卫生服务】 2011年，中原区进一步推进区、乡、村三级农村卫生服务网络，强化卫生院（所）管理，加大设备配备，丰富服务内涵，优化诊疗环境。

实施乡村一体化管理。镇卫生院对村卫生所全面实行统一行政管理、统一业务管理、统一财务管理、统一药品管理、统一建设标准和法律责任独立、财务核算独立的“五统一、两独立”管理模式，年初与各村卫生所签订一体化管理综合目标责任书，明确工作任务，内容包括健康教育宣传、传染病防治管理、计划免疫管理、孕产妇管理、医疗安全管理、药品管理等15项，实施考核奖罚制度，健全组织，强化措施，规范管理。

建设乡镇居民健康服务管理中心。5月底，中原区农民健康服务管理中心在须水镇卫生院建设完成并投入使用，投入资金16万元，建设面积1200余平方米，管理中心本部有工作人员30名，下辖21个村卫生所55名村医，形成了以须水镇卫生院为核心、各村卫生所为网点的农村居民健康服务网络，辐射21个行政村，辐射半径为5公里，服务农民64125人。截至年底，体检20410人，建立农村居民健康档案55633人，建档率达99.34%。

启动农村片医试点工作。5月份，在须水街道全面开展农村片医试点工作。组建“农村片医”服务小组，实行“卫生院医生包村，卫生所医生包户”的方法，共同协作完成农村公共卫生服务工作。有片医39人，其中乡村医生22名、责任片医(卫生院医生)17名。片医试点工作实行“八统一”管理，即统一服装样式、统一手机彩铃、统一设备配置、统一片医标识牌、统一村所片医工作室设置、统一片医工作制度、统一例会培训、统一服务规范。在管理工作中，分别明确了片医服务小组乡镇卫生院医生职责和村医职责。实行农村片医服务承诺，重点开展建立健康档案、村级急诊急救、精神卫生指导、中医中药应用、常见病诊疗等10项内容的服务工作，不断改善农村居民健康水平。

建立农村卫生技术人员培训基地。确定须水卫生院为培训基地，制定合理的培训计划，以培养符合农村卫生要求，具有医、防、保、治一职多能的农村卫生人才为目标，组织全镇49名乡村医生进行培训。

实施中医中药进农村三年行动计划。在须水卫生院选派中医师、中药师各1名，参加郑州市中医院在中医药培训中心组织的为期2个月的培训。为须水卫生院增配智能通络治疗仪、煎药机等中医中药基本设备，加强中医科建设，优化中医药诊疗环境，开展中医医疗、预防、保健、康复、健康教育等服务，提高农村中医药服务能力。5月底，须水卫生院中医科建设工作完成，并顺利通过郑州市卫生局的验收。 (王改巧　牛　悦)

【新型农村合作医疗】 2011年，中原区按照巩固、完善、规范、提高的工作思路，规范监督管理，扩大受益覆盖面，提高补偿标准，扎实推进新农合管理工作。

一是圆满完成年度基金收缴工作。合理制定筹资方案，提高筹资标准和年度封顶线，筹资标准由每人190元提高至264元，住院补偿封顶线由6万元提高至10万元，门诊统筹和大病统筹的年度封顶线分别提高至50元和10万元，农民得到更多便利和实惠。2011年，筹资总额1824万余元，参合人数69126人，参合率99.52%，较上年提高0.06%，基本实现全覆盖。

二是认真履行职责，强化监督管理。实行定期检查和不定期抽查相结合，加强定点医疗机构服务监管，严格执行新农合转诊转院制度，杜绝乱检查、乱用药、乱收费等不规范行为。加强报销程序、审批程序的管理，做到收支分离、管用分设、封闭运行，严格新农合基金监管，保障基金安全有效使用。截至11月底，区定点医疗机构目录外药品使用率乡级低于2.09%，区级低于28.96%。全区共补偿75322人，基金支出总额为15436779元。

三是扩大新农合跨区域即时结报范围，为参合农民提供便利和实惠。从2011年7月1日起，全省实现跨区域即时结报，新农合跨区域即时结报医疗机构增至200多家，辖区9家区级医院实现直补，直补覆盖面扩大。将基层医疗机构一般诊疗费纳入新农合报销范围，统一规范收费。提高了儿童重大疾病补偿水平，儿童重大疾病补偿5人7.5万余元。

四是完成新农合经办机制改革工作，建立高效便捷的新农合运行机制。根据市委、市政府统一要求，采取公开招标遴选方式，由中国人寿保险股份有限公司郑州分公司承办区新农合补助支付业务。中原区新农合管理办公室已在规定时间内完成现有资料整理、人员及相关业务的移交工作。

(王改巧　牛　悦)

【社区卫生服务】 2011年，中原区继续加强社区卫生服务机构建设和内涵建设，开展创建示范社区卫生服务中心活动，规范管理，提高服务水平。

创新片医服务管理模式。组建片医组小组152组305人，明确功能定位，在全区12家社区卫生服务中心实施地图式定位责任服务管理，服务居民达59万人，基本实现中心城区全覆盖；片医工作由以医疗为核心的单一模式，向集预防、医疗、保健、康复、健康教育、计划生育“六位一体”的综合服务模式转变；完成郑上路岗坡社区卫生服务中心、汝河路社区卫生服务中心改造，开展创建示范社区卫生服务中心活动，建立“社区双向转诊制度”，初步形成“城区居民15分钟就医圈”。

开展“十进单位”公务员健康管理工作。对29家市直机关单位实行片医负责制医疗保健服务管理，提升社区服务参与度。截至11月底，共建立公务员健康档案1188份，体检248人，义诊24次345人，发放健康教育宣传材料1916份。

推进医疗卫生信息化建设。截至11月底，建立居民健康档案54.3万余份，规范化建档率83%；1家妇幼保健机构和4家地段医院完成信息系统推广工作，12家社区卫生服务中心及1家乡镇卫生院全部完成基层业务平台推广工作。

加强社区医务人员培训。对辖区社区卫生服务中心（站）执业人员进行公益性培训，培训450人次，内容包括脑卒中的治疗与康复，高血脂、高血糖的社区防治和高血压的药物治疗与社区管理。

（王改巧　牛　悦）

【医疗机构人员管理】　一是区卫生局联合区教育体育局开展兼职校医工作。区卫生局为辖区内57家中小学选派兼职校医，配合区教育体育局组织各学校与兼职校医派出单位签订了《中原区中小学校（幼儿园）兼职校医聘用协议》，按照《中原区中小学校（幼儿园）兼职校医管理办法》，加强对校医的业务监督与指导，考核兼职校医，并依据考核结果发放校医工资。二是在全区医疗卫生系统深入开展“三好一满意”（服务好、质量好、医德好，群众满意）”活动。以“三好一满意”活动为载体，将“医疗质量万里行”和平安医院建设等工作紧密结合，切实加强医疗卫生系统行风建设，不断提高服务水平，持续改进医疗质量，构建和谐医患关系。2011年，辖区内一级以上医院未发生赔偿5000元以上的医疗纠纷私自协商赔偿事件，无医疗责任事故。三是圆满完成执业医师和执业助理医师2009—2010年度定期考核，考核医师1920人，其中一般程序考试625人，一般程序免考259人，简易程序1036人。四是认真开展医疗机构审批审验工作。认真执行医疗机构审批制度，对新设置医疗机构的地理位置、执业科目、人员资质等严格把关，强化医疗机构的准入管理；原有机构年度审验，对每一家医疗机构的校验和变更都出具了具体的审核意见，通过年审校验规范医疗机构的依法执业行为。五是全力推进人事制度改革。区编制部门根据相关文件精神，核定须水镇卫生院事业编制64人，桐柏路社区卫生服务中心事业编制29人，航海西路社区卫生服务中心事业编制32人；确定了两个中心为全供事业编制公益性质。研究出台《中原区基层医疗卫生机构负责人公开选聘实施方案》，对院长、主任进行公开选聘，与被选聘的院长、主任签订聘用合同，并实行全员聘用制度和岗位管理制度，竞争上岗。六是严格落实绩效工资。在4家公共卫生与3家基层医疗卫生单位建立科学的绩效考核机制，合理的绩效工资水平决定机制和有效的激励约束机制，规范收入分配秩序，统筹好在职人员与离退休人员的收入分配关系，实施绩效工资。

（王改巧　牛　悦）

【创建无烟医疗卫生机构】　2011年，中原区印发《中原区创建无烟医疗卫生机构工作实施方案》，成立领导小组，保证创建工作顺利开展。截至年底，辖区28家一级医院及4个卫生行政事业单位已全面达标。　（王改巧　牛　悦）

疾病防控

【绩效考核疾病预防控制工作】　区疾控中心以《疾病预防控制工作绩效考核操作手册》（2009版）为指导，针对传染病预防控制、突发公共卫生事件处置、信息管理、健康教育与健康促进、实验室检验、技术指导与应用研究及综合保障等考核指标，制订了任务分解表。各科室相互配合、分工协作，从计划、方案、预案、表格和记录，到现场流行病学调查技术、结果反馈，以及评价、总结和报告等方面认真落实，严格考核。2011年8月，市卫生局、市疾控中心对中原区2010年疾病预防控制工作进行了绩效考核。通过绩效考核,既肯定了中原区疾病预防控制工作的良好水平,又发现了工作中的不足之处,有利于进一步提高履行基本职责的技能与工作效率,加强科学管理和规范服务,促进疾控机构全面、协调、可持续的发展。(王政巧　牛　悦)

【传染病防治】　2011 年,区疾控中心以加强传染病的防治,提高传染病暴发疫情应对处置能力作为重点,开展防控手足口病和肠道传染病等各项工作。

一是手足口病防控工作。区政府成立中原区手足口病防控工作领导小组,由分管卫生的副区长任组长,辖区各相关单位主要领导为成员,具体负责组织、指挥、协调全区手足口病的防控和应急处置工作,领导小组下设办公室,办公室设在区卫生局。区疾控中心还定期对辖区各医疗单位疾控人员进行专题培训。3 月 16 日,区卫生局与教育体育局联合对全区 57 所学校和 130 家托幼机构进行了“春季常见传染病预防知识讲座”,为 2011 年手足口病防控工作的顺利开展打下了坚实基础。同时区疾控中心分类印制了 2 万份手足口病防治宣传材料分发给群众,使群众充分了解手足口病防控知识,增强其自我保护能力。区疾控中心坚持 24 小时值班制度,加强网络疫情的监测,随时掌握疫情报告情况,及时发现聚集性疫情。对发生病例的幼儿园和家庭发放消毒剂,指导消毒。2011 年,发放万福金安消毒剂 700 余瓶(10.8 万片)。规范处置集聚性病例做到“早、快、严、实”(早期发现和报告,快速处置和结案,严格处置每一个环节,措施落到实处),加强健康教育,正确引导群众做好防控,避免恐慌,落实消毒措施,收到了良好的防控效果。截至 2011 年 12 月 31 日,中原区累计报告手足口病病例 743 例,其中散居儿童 429 例、托幼儿童 290 例、学生 21 例、工人 2 例;31 例重症 1 例死亡,与上年同期比下降了 39.5%。

二是麻疹消除监测工作。依据市卫生局《郑州市 2011 年麻疹脊髓灰质炎疫苗查漏补种工作方案》要求,在全区范围内开展 7 岁以下儿童麻疹、脊髓灰质炎疫苗查漏补种活动,在 136 所托幼机构、43 所小学排查学生 13175 人,补种麻疹疫苗 254 剂次,为全区消除麻疹打下了坚实基础。中原区还加强麻疹主动监测工作,提高各级卫生人员的报病意识。全年监测报告麻疹疑似病例 16 例,均按要求进行流调、采样,经实验室确认无麻疹病例。

三是疟疾防治工作。2011 年 3 月和 4 月,中原区全球基金疟疾项目办公室和区疾控中心分两次在嵩山饭店举办中原区乡级医务人员疟疾诊断、治疗、报告培训班和中原区疟原虫镜检技术培训班,进一步提高全区镜检人员的业务水平和实际操作技能,为全区开展消除疟疾工作打下良好的技术基础。区疾控中心根据以往发病情况、总人口数、门诊接诊量,制定各医疗单位血检任务,并对各医疗单位的血片进行复检,未发现错检、漏检现象,符合有关要求。2011 年,完成血片 4016 张,其中须水街道阳性 1 人、建设路街道阳性 2 人,共复检 420 张,复检率 11.05%。为了防治外来传染源的输入,中原区强化流动人口管理,认真贯彻执行五部委联合发布的《流动人口疟疾管理暂行办法》。每季度末对各乡镇的疟疾预防工作、血检进度、质量进行督导,实地指导各乡镇疟疾镜检工作。“4·26”全国疟疾日宣传活动,全区有 27 家医疗单位 168 人参加宣传,悬挂横幅 39 条,制作宣传展板 79 块,7 家单位使用电子屏进行宣传,发放宣传材料 2000 多份。

四是霍乱、肠道病监测。区疾控中心制定中原区 2011 年霍乱监测工作计划,5 月至 10 月对辖区内双河市场、岗刘农贸市场、桐柏路农贸市场进行外环境监测样品采样,采集食品样 100 份,均未检验出霍乱弧菌。按时按量完成样品采集和日常数据汇总及报表上报工作,为霍乱防治工作提供科学真实的数据。5 月至 10 月,未能监测和收集到腹泻病人。

五是其他传染病监测。中原区各医疗单位加强对不明原因肺炎病例的诊治和排查工作,特别是二级以上综合医院加强感染性疾病科的建设和预检分诊,确保感染性疾病科的正常运行。全年中原区未发现不明原因肺炎病例,辖区内未出现禽流感疫情。

(王政巧　牛　悦)

【处置突发公共卫生事件】 2011年，中原区围绕手足口病、甲型H1N1流感、霍乱和肠出血性大肠杆菌等重点传染病的防治工作，开展3期应急培训，培训基层防疫人员110人次，中心专业技术人员50人次，提高防疫人员流行病学调查、监测、消毒处理和实验室检测的能力。全年处理自动预警异常信息167起，均排除突发公共卫生事件。全年接到报告疑似食物中毒案例7起，均及时进行现场流行病学调查，现场排除1起（为家庭一氧化碳中毒事件）。 （王改巧 牛 悦）

【免疫规划管理】 2011年，全区新生儿乙肝疫苗全程接种9896人，接种率99.31%；卡介苗接种7513人，糖丸全程接种11218人，接种率99.22%；无细胞百白破全程接种10076人，全程接种率99.23%；百白破接种6497人，接种率99.4%；麻疹接种11073人，接种率99.59%；麻腮风接种10543人，接种率98.94%；A群流脑接种10480人，接种率99.2%；A+C流脑接种6406人，接种率98.18%；乙脑(1)接种11487人，接种率99%；乙脑(2)接种9916人，接种率98.78%；甲肝接种10205人，接种率98.73%。针对新疆地区发生的输入性脊灰野毒株病例疫情，区疾控中心按照国家及省、市有关文件要求，对2011年7月1日赴疆返回人员及赴疆采棉务工人员进行摸底排查工作。排查赴疆返回人员及赴疆采棉务工人员254人，补服糖丸132人。

免疫规划专项督导及入托入学查验接种证工作。5月份对中原区25家接种门诊开展了儿童信息管理系统、常规免疫接种率调查督导，8月至10月对全区接种门诊规范化管理进行全面检查，并对上报规范门诊、示范门诊不达标的单位提出了整改意见。8月至9月查验新入托入学儿童预防接种证，对未完成基础免疫与常规免疫的儿童进行疫苗补种。入托查验136所幼儿园，实查验4898人，补种各种疫苗1238人；入学查验43所小学，实查验8277人，补种各种疫苗2607人。

（王改巧 牛 悦）

【传染病疫情管理】 一是传染病疫情网络直报工作。辖区共有各级各类医疗机构（不含个体诊所）29家，全部实行传染病网络直报。疾控中心实行24小时疫情值班，对网报疫情进行动态监视和适时分析。按照市疾控中心要求每月按时完成全区疫情月报，定期写出疫情分析简报，并于每月10日前通过《疾病监测信息报告管理系统》按时上传和反馈。2011年，辖区法定传染病报告发病总数：传染病发病数7163例，传染病发病率为1287.87/10万，其中乙类传染病发病数3675例，发病率为660.75/10万，丙类传染病发病数3488例，发病率为627.12/10万。报告发病率与去年（1340.55/10万）相比下降3.93%。报告死亡总数：1月至12月报告传染病死亡7例，报告死亡率为1.26/10万，报告死亡率与去年（2.37/10万）相比下降46.84%。甲乙类传染病发病位次：报告发病数位于前5位的病种为乙肝（1737例）、痢疾（479例）、丙肝（473例）、梅毒（438例）、肺结核（227例），报告发病总数3354例，占乙类传染病报告发病总数的91.27%。无甲类传染病暴发。丙类传染病报告发病情况：报告发病数位于前3位的病种为其他感染性腹泻病（2492例）、手足口病（743例）、流行性腮腺炎（229例），报告发病总数2826例，占丙类传染病报告发病总数的99.31%。

二是传染病报告管理督导检查和医疗机构漏报调查。区疾控中心于4月、7月、10月和12月四季度对医疗机构进行传染病漏报调查，调查医疗卫生单位59家次，查门诊日志和出入院登记总病例数115127例；查出法定报告传染病13种计625例，报告622例，漏报3例，漏报率为0.48%。

（王改巧 牛 悦）

【艾滋病与性病防治】 一是艾滋病监测。2011年，区疾病防控中心完成HIV抗体初筛103905人，其中孕、产妇检测8411人，娱乐场所从业人员体检1418人，羁押人员检测225人。上报性病814例。新增HIV阳性病例37例，发病15例，治疗20例，死亡2例。管理存活的艾滋病感染者及艾滋病人共计94人，随访HIV阳性感染者及艾滋病病人

94 人，共计 402 人次。一年两次随访检测 HIV 单方阳性配偶 35 人，均为阴性；每月随访管理 HIV 阳性育龄妇女 20 人。

二是加强培训和督导。组织辖区地段医院召开艾滋病防治例会 6 次，开展一次“消除歧视从我做起”专题培训会，培训人员 255 人次。对辖区内 9 家医院的艾滋病筛查实验室及术前的艾滋病、性病筛查工作进行检查指导，对 5 家开展手术、但无艾滋病筛查实验室的医院进行督导，督促整改问题。

三是高危场所摸底调查及高危行为干预。对城区 9 家高危场所进行高危行为干预 1104 人次，填写调查表 400 份，发放宣传单 1292 份、安全套 15980 只，检测艾滋病抗体 447 人，均为阴性；开展吸毒人员的行为干预，完成美沙酮替代治疗 384 人，检测 HIV 抗体 675 人，检测率 76.2%，检测梅毒抗体 503 人，检测率 87.6%，检测丙肝 504 人，检测率 89%；吗啡尿检完成 2227 人次；利用性病门诊对性病就诊者 576 人进行干预，发放艾滋病、性病宣传材料 686 份、安全套 6150 只；干预外来务工人员 11875 人，发放宣传资料 11875 张；干预男男同性恋人群 183 人，发放艾滋病防治宣传资料 207 份、安全套 3670 只，并提供艾滋病防治知识咨询和心理疏导。

四是认真落实“四免一关怀”政策。联系区民政局为 47 名艾滋病人办理低保，为 20 名艾滋病人转介河南省传染病医院及须水卫生院免费进行抗病毒治疗，及时处理艾滋病人上访工作，与相关部门积极协调，解决部分艾滋病人的生活困难，鼓励病人自食其力。（王改巧　牛　悦）

【结核病防治】 2011 年，中原区结核病防控工作以提高新发涂阳肺结核发现率为重点，全面落实现代结核病控制策略，并取得显著成绩。全年发现疑似肺结核病人 521 例，转诊 521 例，及时报告率 100%，转诊到位率 99.81%，郑州市六院返回中原区各医疗单位上报需追踪的疑似病人 35 人，共追踪 35 人，追踪到位 34 人，追踪到位率 97.14%。返回需管理的项目病人 181 人，其中涂阳项目病人 78 人，均做到全程督导化疗，病人家属筛查 156 人，筛查率 100%。督导涂阴病人 103 人，强化期督导覆盖率 100%。对辖区 28 个厂矿医院、乡镇卫生院、综合性医院、社区卫生服务中心督查 10 次计 82 家次，重点检查对疑似肺结核病人的登记、报告、转诊、宣传等归口工作和病人追踪、随访、督导管理及结核防治资料填写等，对检查中发现的问题及时向单位负责人和有关人员反馈。全年处理学校肺结核疫情 4 起，对 329 名病人的密切接触者进行了筛查，未发现新病例。对 6353 名师生进行了肺结核防治知识宣传教育，有效控制了疫情的扩散传播。（王改巧　牛　悦）

【地方病防治】 碘缺乏病防治，区疾控中心一是按时完成居民户食用碘盐的监测，共采样 288 份，经检验，其中合格碘盐 286 份，不合格碘盐 2 份，碘盐覆盖率 100%，碘盐合格率 99.3%，合格碘盐食用率 99.3%；二是完成重点人群碘营养监测工作，采集孕妇尿样 1604 份，及时对 51 名尿碘含量低于 100μg/L 者进行科学补碘指导；三是哺乳期妇女及儿童碘营养监测，检测 0～2 岁儿童 30 人，哺乳期妇女 30 人；四是学校碘缺乏病病情监测采集 8～10 岁儿童尿样 60 份，碘盐采样 60 份，无甲状腺肿大儿童。

鼠疫防治，按照《中原区 2011 年鼠疫监测实施方案》，分别于 1 月、3 月、5 月、7 月、9 月开展鼠疫常规监测工作，采用笼捕法，共布放鼠笼 105 个，捕捉到活鼠 3 只。

布病防治，根据市疾控中心《郑州市 2011 年布病监测实施方案》要求，采集标本 120 份，经实验室检测阳性者 11 例，通过流行病学调查无一例有布病临床症状者。（王改巧　牛　悦）

卫生监督

【病媒生物监测】 2011 年，中原区放置蟑螂粘板 720 个，监测结果显示，蟑螂品种主要以德国小蠊和美洲大蠊为主，餐饮店及宾馆内蟑螂密度大，仅

4月、5月份出现小高峰,8月份有所增长,各餐饮单位、医院、集贸市场、宾馆等公共场所,在郑州市创建文明城市活动的推动下都积极进行了灭蟑螂工作,有效地控制了蟑螂的滋生。

(王政巧 牛 悦)

【卫生监测与检验】 2011年,中原区卫生监测总计591户次,其中餐饮业125户次,美容美发业301户次,旅栈业43户次,文化娱乐业27户次,洗浴业36户次,大型商场2户次,水质监测33户次(二次供水28户次、地下水5户次),室内游泳场所12户次,餐具消毒12户次。配合相关部门完成食品污染监测工作,按要求采集13类食品,每类食品采集5份样品,分别检测化学污染物(铅、镉、汞、铝、铜)和食品添加剂(二氧化硫、亚硝酸盐),检测结果显示,各项检测的化学指标和食品添加剂均未超标。

卫生检验完成餐具消毒监测样品88份、空气样品1567份、卫生用具样品1821份、二次供水样品67份、游泳池水样品81份、地下水样品1份、生活饮用水监测样品28份、浴池水监测样品30份。碘盐监测样品384份,尿碘监测样品1057份,布病监测样品121份。霍乱监测样品193份,致病菌筛查2份,食物中毒样品13份,检出摩根斯变形杆菌1份。

(王政巧 牛 悦)

【预防性体检】 2011年,中原区体检各类从业人员18221人,其中餐饮行业8804人,食品加工行业1023人,食品销售行业5458人,宾馆、招待所服务人员521人,美容美发行业1259人,歌舞厅从业人员192人,洗浴、按摩行业259人,家政、午托、幼托行业607人,药品销售人员52人,其他人员46人。

(王政巧 牛 悦)

【餐饮食品安全监管】 2011年5月20日划转区餐饮服务监督到区食品药品监督管理分局。划转之前,区卫生监督所开展了四项工作。

一是"五小单位"综合整治。对辖区餐饮服务单位经营人员进行《食品安全法》等法律法规及食品安全知识培训,对中小型餐饮店重点检查,建立示范街,打造中小饭店亮点店,让广大群众健康消费。

二是学校餐饮食品安全监督。开展学校及托幼机构食品安全专项检查,共出动监督员190人次、车辆38台次,检查各类学校及托幼机构食堂127家,下达监督意见书127份,限期整改到位。对于检查中发现的未取得《餐饮服务许可证》而擅自从事食品生产经营活动,并且还向幼儿供餐,存在严重食品卫生安全隐患的2家幼儿园,根据《学校食物中毒行政责任追究暂行规定》,向中原区教育体育局进行了情况通报。

三是重大活动餐饮食品安全保障及食品安全专项检查。元旦、春节期间,对辖区供应年夜饭的餐饮单位进行严格监督检查,并下达了详细的监督意见书,签订了《2011年餐饮单位食品安全承诺书》600余份,确保广大群众过上一个安定祥和的节日。"两会"、拜祖大典等重大活动期间,加大对嵩山饭店、西郊宾馆、裕达国贸酒店、中原大酒店等重要场所及有关餐饮单位的卫生检查力度,并抽调卫生监督员驻会,对每餐食品的制作严格监督把关,保证了参会来宾的饮食安全和良好舒适的生活环境。"五一"期间,出动监督员210人次、车辆78台次,检查监督餐饮服务221家,监督员下达监督意见书120余份,责令限期整改,并进行了追踪落实。"五一"期间辖区内未发生餐饮食品安全事故,无餐饮食品安全投诉举报事件。

四是餐饮服务许可工作。依据《行政许可法》等法律法规的规定和要求,严格执行卫生行政程序,无超越法定职权行政许可行为。截至5月20日,发放餐饮服务许可证171家。

(王政巧 牛 悦)

【医疗机构和公共场所量化管理】 2011年,区卫生监督站对辖区247家医疗机构进行量化管理,在全市多次检查中名列第一;对辖区内700余家公共场所单位进行重点监督检查,其中4家游泳场所水质监测结果显示的7项指标中,仅1家1项菌落总数超标不合格,监督覆盖率100%,住宿业量化分级率100%,美容美发行业量化率80%。全年新办理公共场所卫生许可证442份。

（王改巧　牛　悦）

【严厉打击非法行医】 2011年，区卫生监督所联合公安等部门集中行动10次，采取灵活机动的方式查处打击非法行医，查处86起，处罚61家，登录《郑州市无证行医处罚公示》平台23家，以涉嫌非法行医罪移交公安部门6家。（王改巧　牛　悦）

【卫生监督队伍和文化建设】 2011年，中原区卫生监督所建立区、街道、村三级卫生监督网络。针对划转后新进人员情况，制定切实可行的培训计划，组织执法人员法制培训11期，并在培训结束后进行考试，考试成绩与绩效工资挂钩，纳入监督员综合量化考评内容。作为郑州市卫生监督文化建设试点单位，区卫生监督队努力完善办公设施，对办公场所进行装修，增加投影仪等设备，在公共区域（走廊）布置文化建设园地。（王改巧　牛　悦）

妇幼保健

【儿童系统管理】 2011年，区妇幼保健所狠抓儿童健康服务。一是加强儿童生长发育的监测和疾病防治。建立儿童系统保健卡4200人，定期检查，发现疾病及时治疗，并进行营养指导。每月举办2期儿童家长课堂，使儿童家长了解更多育儿知识，同时开设的儿童家长咨询热线也深受家长欢迎。二是认真做好儿童入托体检工作，防止传染病的发生，保障儿童身体健康，全年儿童入托体检6237人。三是圆满完成“六一”体检工作。全区0～6岁儿童应检36197人，体检33870人，体检率93.57%，健康人数31142人，健康率91.95%。与往年相比，体重低下、发育迟缓、肥胖等发病率有所下降，说明母乳喂养为婴儿提供了合理、足够的营养，散居儿童在进行儿童系统管理时得到了儿保医生的膳食指导，保障了儿童全面健康发展。加强对3～6岁儿童膳食方面的管理与宣传，做到营养搭配合理，花样翻新，提高儿童体格发育。

（王改巧　牛　悦）

【孕产妇保健】 2011年，区妇幼保健所在各地段医院的妇科门诊、围产保健门诊发放孕期保健宣传资料，印发孕、产妇明白卡，使每位孕妇明白在怀孕后三个半月时到中原区妇幼保健所建立围产保健管理手册，定期参加孕检。全年建孕、产妇保健卡4215人，其中有3231人自愿检查唐氏综合征筛查及神经管畸形筛查项目。配合区疾控中心对孕妇尿碘进行监控。为孕妇进行艾滋病病毒的筛查提供血样，阻断艾滋病母婴传播途径，保障母婴安康。每月举办4期孕妇保健培训班，使准妈妈们掌握科学的保健知识，深受孕妇及家属的欢迎。为农村孕、产妇790人发放叶酸4740瓶，切实将干预措施落到实处。　（王改巧　牛　悦）

【农村妇女“两癌”筛查】 自4月26日起，中原区全面开始“两癌”筛查工作，经过乡镇卫生院和社区卫生服务中心的努力，已圆满完成市卫生局下达筛查6600人的任务。据统计，乳腺癌累计筛查6777人，1442人健康状况异常，有616人做B超，131人进行钼靶检查。宫颈癌累计筛查6777人，3604人正常，2483人有炎症，690人异常，并有516人转诊做进一步的检查。在这次筛查中及时发现了2例宫颈癌患者，患者及时做了手术，阻止病情发展，患者术后情况良好。　（王改巧　牛　悦）

【婚前保健服务】 免费婚前医学检查是母婴保健系统服务体系的起点，也是提高出生人口素质的一级预防措施。通过婚检可以尽早发现影响结婚、生育的疾病，及时得到矫治，也可以防止遗传性疾病的延续和传染性疾病的传播，保障下一代的健康。2011年，区妇幼保健所积极倡导，广泛宣传，优质服务，使公众了解和认识婚前、孕前医学检查的重要性和必要性，增强公民自我保健意识，促使群众自愿接受免费婚检。据统计，全年体检764对。

（王改巧　牛　悦）

【基层网络建设】 2011 年，中原区建立健全区、乡、村三级妇幼保健网络，每个月召开一次全区各医疗单位儿保医师、围保医师、幼儿园保健师例会，安排布置工作，收集报表，使信息得到及时反馈，并以会代训，讲解儿童保健新知识，提高医师、保健师的业务水平。各承担妇幼保健业务的医疗机构、社区卫生服务中心和乡镇卫生院，做好硬件配备、系统应用、数据录入等工作，确保郑州市妇幼保健信息系统在中原区顺利应用。 （王政巧　牛　悦）

健康教育

【“卫生大讲堂”活动】 2011 年，中原区健康教育所在完善健康教育组织网络的基础上，以深入开展“郑州卫生健康大讲堂”活动为重点，为各界人群送去有关健康生活、工作方式的知识。全年开展大讲堂活动 185 场次，受益人群 9000 余人次，参与医务人员 550 余人次，累计资金投入 3 万余元。

【举办居民健康素养知识竞赛】 11 月 15 日，由区卫生局主办的“中原区居民健康素养知识竞赛”在省直三院会议室隆重举行，须水卫生院、区人民医院、航海西路社区卫生服务中心等 13 支代表队共 38 人参加了竞赛。

【举办健康知识讲座】 3 月 4 日和 11 月 2 日健康教育所两次联合区委组织部、区妇联举办“关爱女性关注健康”知识讲座，全区 200 余名科级女干部和市政局一线环卫女工 100 余人聆听了讲座。8 月 26 日下午，在林山寨街道办事处举办“关爱女性心理健康倡导文明生活方式”的专题讲座。区健康教育所分别于 4 月 27 日和 9 月 22 日为中原区老干部开展专题讲座，并设立测量血压、血糖的义诊台，为全区离退休老干部提供保健咨询服务。

【专题宣传活动】 区健康教育所针对 3 月 3 日全国爱耳日、3 月 8 日妇女节、3 月 24 日世界防治结核病日、4 月 7 日世界卫生日、5 月 15 日全国碘缺乏病宣传日、5 月 31 日世界无烟日、6 月 1 日国际儿童节、6 月 6 日世界爱眼日等专题，积极组织辖区各部门开展专题宣传活动，努力促进群众健康生活方式的形成。 （王政巧　牛　悦）

红十字会

【基层红十字会建设】 2011 年，区红十字会建立了志愿者资料库，新发展郑州大学工学院学生志愿者 102 名；10 个街道办事处建立了基层红十字会组织，发展团体会员 10 个、会员 815 名，夯实了区红十字会的基础建设。 （王政巧　牛　悦）

【博爱宣传】 一是借助红十字博爱周及“5・12”防灾减灾日，区红十字会分别于 5 月 6 日和 5 月 12 日在棉纺路街道办事处和互助路小学举办了消防知识培训和“灾难自救知识普及主题队日活动”，通过活动的开展，有效地向广大市民宣传《红十字会法》《红十字标志使用办法》等红会精神和宗旨，做好人道法传播和红十字运动基本知识宣传工作。二是积极做好公民自愿无偿献血的宣传、组织、协调工作。三是利用周六在五一公园门前宣传造血干细胞捐献活动，并积极与捐献者进行沟通，在辖区内招募造血干细胞志愿者 151 名。四是在辖区银行、酒店等各公共场所共设置“红十字会募捐箱”5 个，在特味村酒店设立爱心餐桌 2 间。

（王政巧　牛　悦）

食品药品监督

【概述】 郑州市食品药品监督管理局中原分局于 2010 年 11 月成立，承担着辖区药品、保健食品、化妆品、餐饮食品以及医疗器械的监管职能。

2011 年，中原区食品药品监督管理工作紧紧围绕辖区 70 万人民饮食用药安全，在抓队伍建设、机关建设的同时，摸清辖区监管底数，深入开展食品药品安全专项整治，强化食品药品市场监管，彻查食品药品违法案件，严密组织培训，广泛教育宣传，着力筑牢组建基础，精心书写开局篇章。
（张　敏）

【餐饮服务许可】 2011年，食品药品监督中原分局餐饮许可事项实行“一门进、一门出”，严格按照统一受理标准、统一验收标准、统一许可编号、统一发放许可证的程序进行，共发放餐饮服务许可证510家。（张　敏）

【保障大型会议餐饮安全】 2011年，食品药品监督中原分局充分发挥餐饮安全监管职能，对辖区内3家大型会议保障单位的食品原料和餐具，通过快速检测进行筛选，完成驻会保障任务8次，保障了重大会议期间的餐饮安全。（张　敏）

【为民办的实事】 2011年，郑州市政府将继续强化食品药品安全监管列为为民办的“十大实事”中，食品药品监督中原分局落实食品留样制度，为百余所学校、托幼机构食堂配备食品留样柜196台，药品抽样合格率99%，食品抽样合格率98%。
（张　敏）

【食品安全监管】 一是加强学校（托幼机构）食堂餐饮安全监管，确保不发生集体食物中毒事件。开学前夕，对学校食堂、托幼机构食堂负责人进行培训并签订承诺书，明确了校长是学校食品安全第一责任人，设立了专（兼）职的食品安全管理员，强化责任意识。二是以创建文明城市为契机，整顿规范小餐饮店。小餐饮店数量大、基础设施差、从业人员素质低、整治难度大。利用创建工作平台，配合街道办事处和相关部门联合对小餐饮店整治，力度大，成效明显。三是餐饮安全专项整治。开展严厉打击非法使用“瘦肉精”、添加和滥用食品添加剂违法行为、“地沟油”专项整治工作、消毒餐具以及一次性筷子专项检查工作、调味面制食品专项清查行动、酒类质量安全专项检查、高考期间考点学校食堂及周边餐饮单位专项检查等十余项专项整治。四是运用快检设备，实施科学监管。设立快检室，制定快检室管理制度，明确专人负责快检设备的管理，监督人员人人参与，打破过去的凭感觉、凭嘴说的执法模式，把食品快速检测设备实实在在用到执法过程中去，用科学手段提高执法水平，全力保障辖区公众餐饮安全。（张　敏）

【规范药械市场秩序】 一是积极开展专项检查。先后开展了抗菌药物专项整治、中药材和中药饮片购销行为专项整治、含麻黄碱类复方制剂专项检查等工作。二是加强药械经营企业、医疗机构日常监督检查，扩大监管覆盖面。对发现的从不具有药品生产、经营企业购进药品，不凭处方销售处方药等违法行为进行处罚。三是根据《郑州市药品经营企业药品安全信用分类管理暂行办法》，对辖区内药品经营企业进行药品安全信用分类等级评定，完善了药品经营单位诚信档案，实行分类管理。四是推进医疗机构药房规范化建设。经过调查摸底，基本掌握辖区内药品使用单位药品管理状况，确定分步推进实现医疗机构药房规范化建设。按照先大型医疗机构，后区级以下医疗机构监管的次序，督促健全管理制度，强化管理意识。五是开展药械监管工作“回头看”活动。“回头看”企业守法情况，回头看前三季度药械监管工作，查找薄弱环节，堵塞监管漏洞，分析问题，发现企业存在的安全隐患和风险点，确定以后日常监督检查的重点，进一步规范辖区内药械市场秩序。（张　敏）

【严厉打击违法行为】 2011年，食品药品监督中原分局先后查处食品添加剂亚硝酸钠2000克（亚硝酸钠食用0.2到0.5克即使人中毒）、食用色素16瓶、松肉粉5瓶。查处违规加工河豚鱼餐饮单位2家，端掉2个制假窝点、1个药品地下批发仓库，取缔无证经营32家。立案79起，结案79起，罚没款21万元。移送公安机关案件4件，刑事拘留17人。（张　敏）

【机关文化建设】 一是建章立制、规范有序。食品药品监督中原分局根据实际，边摸索、边制定、边实践、边完善，初步建立了执法有依据、行为有规范、权力有制约、过程有监控、效能有标准、违规有追究的42项规章制度，有力地保障了分局各项工作在正常的轨道上运转。二是抓政治、学业务，创建学习型机关。组织全体人员学习党的十七届五中、六中全会精神，国务院关于支持河南省加快建设中原经济区的指导意见，开展“文明执法、严格执法”专题学习教育暨整治“五种违法执法行为”主题实践活动，使广大干部职工牢固树立科学监管理念，牢固树立大局意识、责任意识、为民意识。三是以文化为载体，树立共同愿景。在分局走廊、楼梯、办公室等醒目位置悬挂名言警句、工作准则，引导全局人员树立共同愿景。（张　敏）

【党风廉政建设】 强化廉政教育。利用每周五下午学习时间，认真学习贯彻《党章》《党内监督条例》《党内纪律处分条例》和廉洁自律、廉洁从政的各项规定；把国家食品药品监督管理局要求的“八条禁令”，政府要求的“十不允许”制成板块，悬挂在每间办公室，时时警示大家；重大节日前进行集体廉政教育，增加廉政意识。要求每个工作人员一定要做到：管住自己的脑，见钱不贪；管住自己的嘴，不该吃的不吃；管住自己的手，不该拿的决不能拿；管住自己的腿，不该去的地方不去。二是强化行政执法监督工作。印制执法人员依法行政监督卡，让执法人员监督检查时，下发监管相对人，按照现场检查记录，由纪检监察人员定期到监管相对人处收回依法行政监督卡，监督执法人员在执法过程中是否做到清正廉洁、文明、公平、公正执法。三是强化约束机制。坚持重大案件分局集体讨论制度，中小案件小组讨论制度，不允许办案人员独断专行，坚决杜绝办人情案和以权谋私的情况发生。

（张　敏）

【省局领导到中原分局调研】 2011年8月15日，省食品药品监督管理局副局长王应峰到食品药品监督中原分局进行调研，市食品药品监督管理局副局长李竖亚、闻清涛陪同调研。

王应峰一行首先实地察看了分局日常办公环境，询问了中原分局的职能到位情况、人员编制以及辖区内药品、医疗器械、餐饮单位的基本情况等；随后，认真听取了分局的工作汇报，深入了解了当前工作运行中存在的困难和问题。王应峰指出，中原分局在建局初期不等不靠，深入推进药品安全专项整治，稳步开展餐饮服务环节食品安全监管，各项工作取得了明显成效，成绩值得肯定。他同时强调，食品安全关系千家万户的身体健康和生命安全，监管责任重大，卫生监督所划转人员从思想上要有归属感、使命感、责任感，要树立光荣感、荣誉感，一定要敢于工作，勇于工作，主动工作。在进一步加大监管检查力度，严厉打击制售假劣行为的同时，要注重党风廉政建设、机关文化建设、进一步创新监管体制，树立药监队伍良好形象。（张　敏）

【省局领导调研餐饮服务食品安全】 2011年8月26日，省食品药品监督管理局副局长吴希悦、食品协调处处长马建军到中原辖区的郑州一中食堂、市疾病控制中心食堂和特味村调研餐饮服务食品安全工作，市食品药品监督管理局副局长贺一峰、食品化妆品处处长刘文琪等陪同调研。每到一处，吴希悦都要对食品安全设施设备、食品安全制度执行情况、餐具消毒保洁、食物原料的采购查验记录情况等进行详细检查，并向负责人了解相关情况，要求食品安全管理人员时刻警惕群体性食物中毒事件发生，并对中原区的餐饮服务食品安全工作给予了充分肯定。（张　敏）

【食品安全监管中存在的三大问题】 一是相关法律规定不完善。《食品安全法》立法时，对食品添加剂的相关规定存在缺陷，如标准规定的不确定等，造成有关部门在打击如三聚氰胺、瘦肉精等事件时，法律依据不充分，从而无法得到有效控制。二是执法监督体制尚不完善，职责分工不明确，分段各自执法现象严重。农业、检验检疫、工商、卫生、食品药品监管等部门都具有一定的食品监管职能，但存在“有利相争，无利推”的监管现实。同时，我国存在2套国家强制执行标准：一套是卫生部门行政执法依据，即按照《食品安全法》制定的食品卫生标准；另一套是质监部门行政执法的依据,即按照《产品质量法》制定的食品质量标准。两套标准长期并行,且互不沟通,甚至在实际中可能出现按一套标准监督检查合格的食品,按另一套标准就有可能不合格的情况。三是食品添加剂检测存在空白。卫生部公布的47种可能违法添加的非公用物质,其中25种无明确检验方法,同时,对在用的2200多种食品添加剂,有检验标准的不足总数的40%。 (曲 伟)

【食品生产环节安全监管】 一是强化管理。建立建全食品生产企业管理档案,与食品生产企业签订食品质量安全承诺书和食品生产企业质量安全责任书。二是强化责任。实行辖区监管责任制,要求相关部门定人员、定职责,包区域、包企业,责任到人。三是强化检验。实施日常监督检验和定期检验和检验后的回访,确保食品安全生产不留死角,不留空白。 (郑 富)

2012 中原区年鉴

ZHONG YUAN QU NIAN JIAN

社会生活

劳动和社会保障

【概述】 2011年,中原区劳动和社会保障工作按照“着力保障和改善民生、促进社会和谐稳定”的工作目标,紧紧围绕稳增长、调结构、惠民生、抓改革、促和谐的工作大局,坚持“民生为本、人才优先”工作主线,深入实施更加积极的就业政策,扎实推进覆盖城乡居民的社会保障体系建设,构建和谐稳定劳动关系,努力推动劳动和社会保障工作实现新发展。 (马 原)

【城镇就业和再就业】 2011年,中原区完成再就业培训4930人,SYB(创办你的企业)创业培训150人,农村劳动力转移就业前技能培训860人,在岗职工技能提升培训1580人;全年职业技能鉴定615人次,为18家企业申报创业示范店,为55名创业困难人员申请到创业补贴。全区新增城镇就业2.16万人、下岗失业人员再就业1.3万人、“4050”人员就业5285人、公益性岗位就业1191人、全区农村劳动力转移就业1029人,全面超额完成目标任务;年末城镇登记失业率3.3%,低于4%的控制目标。

一是积极贯彻《就业促进法》,实施更加积极的就业政策,加大优惠政策宣传,用足用好各项补贴,调动社会各方面力量解决就业问题。二是广开就业渠道,扩大就业。充分利用重大建设项目和辖区中小企业,引导城乡劳动者就业;挖掘公益性岗位,开发养老、医护、租赁、家政、物业等社区服务岗位,帮助就业困难对象就业;充分利用园区产业优势,发展餐饮、批发、物流等现代服务业,扩大就业规模。三是深化就业援助机制,重点做好高校毕业生、农民工和就业困难人员的就业工作。四是以创业带动就业。加大创业培训、小额担保贷款扶持力度,鼓励全民创业,大力促进就业。五是强化职业技能培训。以失业人员再就业培训、农村劳动力技能培训、劳动预备制培训和创业培训为重点,进一步扩大培训规模,提高培训的针对性、实用性和有效性。 (马 原)

【社会保险扩面征缴】 2011年,中原区建立健全区域型社会保险基金监督网络,对全区社会保险基金的收支、管理和运营情况实施监督检查,保证社保基金的安全、平稳运行。城镇企业职工基本养老保险关系实现跨省转移。从4月1日起,在中原区参加职工医疗保险的机关事业、企业单位都可以申请缴纳职工生育保险,享受到郑州市生育保险待遇。据统计,中原区企业养老保险参保2.8万人,征收企业养老保险金1.24亿元;工伤保险参保1.4万人,征收工伤保险金271万元;失业保险参保1.99万人,征收失业保险金758万元;按时为1416名企业离退休人员足额拨付养老金2334万元;机关事业养老保险参保6749人,征收养老保险金6022万元,按时为2979名机关事业离退休人员足额拨付离退休费5446万元;城乡居民养老保险累计参保2.2万人;职工医保参保2.6万人,完成医保征缴6497万元;城镇居民医疗保险参保19.8万人,各项目标任务均全面超额完成。 (马 原)

【建立工伤认定快速维权通道】 2011年,区人力资源和社会保障局学习贯彻落实新修订的《中华人民共和国工伤保险条例》有关规定,从简化案件办理程序、建立快速认定通道入手,以优先处理重案、难案为突破口,注重未参保工伤案件的认定工作,切实维护工伤职工合法权益,确保职工及时获得工伤待遇。 (马 原)

【劳动维权】 2011年,区人力资源和社会保障局督促75家企业依法与395名职工签订劳动合同,劳动用工备案单位531家,备案38972人;依法为16家企业、21人依法解除(终止)劳动合同,为劳动者争取经济补偿金3万余元。

切实推进“两网化”(网络化、网格化)管理,建立维权新机制,查处违法案件152件,先后开展8次专项执法,妥善处理17起突发事件,追发工资待遇210余万元,较好地维护了劳动者合法权益。

劳动仲裁案件审理做到“快立、快调、快审、快结”,全年受理劳动维权案件82件,其中仲裁处理42件、调解处理40件,涉及劳动者129人,为劳动者主张赔款156万余元,仲裁案件法定时效结案率95%,案件调解率48%。 (马 原)

【被征地农民的社会保障】 中原区被征地农民社会保障工作涉及部门多、涉及人员数量大且复杂。

2011年，区领导高度重视，多次召开联席会议，到农村调研了解实际情况，并经过反复讨论，对实施细则逐条修改，制定了《中原区被征地农民就业培训和社会保障工作实施细则》，截至年底，细则草案基本成熟。在区政府的统一安排下对南水北调航西段已征用土地亩数、被征地农民人数、年龄结构、就业状况进行了详细的调查，并制定了《中原区南水北调被征地农民就业培训和社会保障实施细则》。（马　原）

【办理人大建议政协提案】 2011年，区人力资源和社会保障局收到区十四届人大六次会议建议6件，均为主办件，政协提案8件，其中主办5件、七届政协第五次会议提案3件，主要涉及人才队伍建设、大学生村干部制度建设、劳动保障协管员制度建设、独生子女家庭生活养老就业、失地农民生活保障、劳动者合法权益保护、技能培训等问题。所提问题全部解决，人大建议、政协提案办理满意率100%。（马　原）

【信访稳定】 2011年，区人力资源和社会保障局受理群众来访6起（集访1起、个访5起），来信33件，所有信访件均得到妥善处理，来访登记率、来信阅批率、按期办结和群众满意率均100%。突出抓好企业军转干部解困和稳定工作，全年发放慰问金和生活困难补助共计152.65万元，并做好企业转业干部2011年健康体检和增资工作。在重要节日期间，加强不稳定因素的排查力度，实行"包掌握情况、包解决困难、包教育转化、包稳控管理、包依法处置"的工作方法，有效维护辖区政治大局稳定。（马　原）

【廉政建设】 2011年，区人力资源和社会保障局认真落实"为民、务实、清廉"的工作要求，通过加强党风廉政建设和反腐败工作，为促进人力资源和社会保障工作发展提供强有力的政治保障。一是强化责任意识，全面推进党风廉政建设责任制落实；二是加强廉政教育，促进干部廉洁自律；三是突出制度建设，加大从源头防治腐败的力度；四是以人为本，落实勤政、务实、为民的宗旨。（马　原）

人口和计划生育

【概述】 2011年，中原区人口出生率7.85‰，统计准确率95.1%，符合政策生育率99.2%，避孕措施落实率97.65%，避孕及时率85.5%，农村独生子女父母光荣证领证率23.1%，社会抚养费征收到位率85%，流动人口管理率98.6%，出生人口性别比趋于平衡，圆满完成了省、市下达的各项目标任务。竞争激励机制运行正常，为基层群众服务满意率、基本满意率达到98%。（罗　欢）

【深化人口和计划生育综合改革】 2011年，为适应人口和计划生育综合改革的发展要求，中原区人口计生委以全员人口信息系统为依托，形成了以计划生育电子技术服务、一胎生育服务证办理、生殖健康服务管理、流动人口孕检为内容的优质服务信息平台；采取远程数字化服务手段，向孕早期的夫妇和出生缺陷高危人群以"优孕通"短信的方式发送优生知识；不断加强与公安、统计等多个部门间的信息共享，为人口数量、结构、分布、就业、贫困等关系区域经济和社会发展重大问题的综合分析提供信息依据。成立人口计生领导小组，由公安、教育、卫生、统计、财政等多部门共同参与，编制"十二五"人口发展和事业发展规划。（罗　欢）

【宣传教育】 2011年，区人口计生委利用元旦、春节、"三八"妇女节、"5·29"纪念日，开展专家咨询、早教辅导、医务人员与群众面对面活动，组织秧歌队、锣鼓队、歌舞团等深入社区巡回演出，采取广播、传单、宣传展板、条幅、文艺演出、宣传车等形式进村入户宣传。全区出动文艺宣传队138支，开展三下乡36次，发放各种计划生育宣传品100余万份，咨询服务15万人次，群众应知应会率达95%以上。加强对外宣传，在各级媒体上发表各种宣传报道1721篇，其中国家级41篇、省级864篇、市级702篇，并与《每周中原》编辑室合作，开办"基本国策在中原"栏目，发表通讯432篇。（罗　欢）

【提升优质服务工作水平】 一是深化生殖健康进家庭服务活动。认真组织年度农村健康体检和健康访视，落实康检四术一体化工作机制，为全区

17108 名育龄妇女开展免费健康体检服务;与二砂医院协作,开展针对无业、农业育龄妇女的妇科疾病免费普查普治活动,全区普查 5600 余人。二是以"药具工作先进乡镇、街道"创优活动为重点,全力做好药具工作。三是做好"两残"鉴定工作,全区有 24 名患儿参加了病残儿鉴定、112 人参加成人伤残鉴定。四是进一步加强技术服务机构能力建设,继续组织开展"示范化村室"创建活动,村服务室标准化达到 100%、示范化达到 70% 以上。五是把出生缺陷干预工程列入 2011 年中原区政府为民办实事之一。广泛开展宣传倡导和健康促进培训活动,共培训新婚对象 4780 人次;计划怀孕夫妇优生科学知识知晓率达到 95%,计划怀孕夫妇接受规范的优生咨询服务率达到 86%;开展网上风险评估,4340 名待孕妇女接受了孕前风险评估,排查出高危人群 277 人,并给予了指导意见;为 2334 人进行免费优生四项筛查,未发现阳性人员;开展优生监测人数达到目标人群的 71.8%;免费发放叶酸营养素 3292 人次,免费补充叶酸预防神经管畸形的覆盖率达到 90%;针对持成人伤残二孩指标的 112 人以及病残鉴定的 24 人,育龄对象持家庭档案,到二砂医院免费参加国家项目的 19 项优生健康检查。 (罗 欢)

【落实利益导向政策】 2011 年,区人口计生委以改善民生为主,全面落实利益导向政策。一是进一步完善落实各项利益导向政策的工作程序和操作规范,建立便民、高效的"一卡通"制度,全年为 375 名奖扶人员落实奖励资金 37.5 万元;为 260 名特扶人员落实奖励资金 27.84 万元;为 46627 名独生子女父母落实独生子女费 1109.36 万元;为 1302 名落实"节育奖"人员发放奖励资金 156240 元;为 72 名农村女孩低保家庭人员落实生活补贴资金 25920 元;为 1757 名 50~59 岁农村独子和双女家庭父母落实生活补贴资金 843360 元;为 9249 名农村独生子女和双女家庭父母交纳参合费 226650 元;为 549 名参加城乡居民养老保险的计划生育家庭补贴资金 5.49 万元;为 97 位计划生育独生子女伤残、死亡家庭送去了生育关怀抚慰金 5.82 万元。二是积极开展计划生育系列保险工作,为计划生育家庭实施保障服务。全年完成四术保险 259 人;农村领证独女户养老保险补贴 588 人,投入保费 5.88 万元;独生子女美满幸福综合保险 296 人,投入保费 8880 元;计划生育干部意外保险 390 人,投入保费 3.9 万元。三是大力开展关注留守儿童和空巢家庭活动。帮扶留守儿童 37 户、空巢家庭 45 户,送慰问品价值 2.4 万余元。 (罗 欢)

【行政执法水平提高】 一是建立计划生育依法管理教育机制。对全区的计划生育执法人员进行专门培训,21 名人员获得计划生育专项执法资格证。二是建立计划生育依法管理行政执法机制,实行计划生育行政执法责任制、公示制、民主评议制和执法过错追究制。三是建立计划生育依法管理检查监督机制,定期向人大汇报计划生育行政执法工作,主动接受人大的检查、监督。同时,各级均设立了举报电话、举报箱,实行举报有奖制度。全年全区受理案件 149 起,省、市批转案件 7 起,其中 3 人以上集体访 3 起,上级批转案件时限内结案率 96%;区人口计生委受理政策外生育案件 26 起,结案率 85%。 (罗 欢)

【治理出生人口性别比】 2011 年,区人口计生委将治理出生人口性别比纳入目标责任管理,联合有关部门开展了 6 次打击非法鉴定胎儿性别、非法中止妊娠的专项行动,共清理清查出无《医疗机构执业许可证》及行医资格证的个体诊所 29 家,当场予以取缔;查处超范围内营业诊所 21 家,当场下发了整改通知书。 (罗 欢)

【均等化服务流动人口】 一是加强区域协作。中原区与 2 个省内市县、6 个外省市县新签订了《流动人口计划生育双向管理与服务协议书》,签订协议书的省内市县 43 个、省外 13 个。信息交换平台提交信息 1120 条,反馈信息 5100 条。二是做好流动人口管理服务。4 月和 7 月,分别在辖区开展流动人口生殖健康"均等化"服务月活动,10 月在全区开展了"金秋之爱在流动——贴心为新'中原人'健康服务活动",共康检已婚育龄妇女 8615 人次,查出患妇科病 451 例,并全部免费治疗,发放宣传品 8902 份、计划生育药具 6350 盒,接待并解答政策咨询 1765 例。三是对重点区域和重点人群进行集中整治。4 月在 3 个农业街道办事处开展了春季人口和计划生育集中清理清查及管理服务活动,共清查出常住人口违法生育30人,流动人口违法生育12人,出生漏报5人,新增流动人口3309人。四是投入15.3万余元,开展关爱、帮扶流动儿童活动,落实均等化服务。5月23日,在秦岭路小学开展庆“六一”关爱帮扶流动儿童活动,为200名贫困流动儿童发放书包及学习用品,为学校赠送体育运动器材20套、儿童读物2000余册。专门组织医院免费为秦岭路小学的984名流动儿童健康体检,并为每个流动儿童建立健康档案。

(罗 欢)

【坚持基层群众自治】 一是强化培训,提高工作能力。以开展百村(居)示范、千村(居)合格为抓手,继续深化区、街道、村(居)“三级联创”活动,印发活动实施方案,对村级两委班子成员、村民小组长、计生专干、计生宣管员、计生协会会长、理事重点培训。二是把村(居)民自治工作列入全年协会工作整体目标任务,出台《中原区计划生育领导小组关于深入推进人口和计划生育基层群众自治工作的意见》《中原区人口和计划生育基层群众自治修订村规民约工作规范》,并按文件要求加大指导督查力度,确保全年工作目标完成。经评估认定,90%的村达到了“合格村”标准,30%的村达到了“示范村”标准。三是规范修订村规民约内容、工作程序,推动基层群众自治工作持续有效健康开展。90%的村完成了《村规民约》的修订。

(罗 欢)

【基础工作加强】 一是做好人口和计划生育基础信息核查工作。及时做好微机信息录入、变更核查工作,提高数据库信息质量;拓展人口信息采集渠道,有效运行部门统计数据联动机制,不断提高人口计生统计数据质量,被省人口计生委推荐为人口计生阳光统计示范单位。二是加大对持二孩生育证人员的康检跟踪服务力度。固定康检日,农村由区人口计生委有关科室及技术人员在各街道办事处对持二孩生育证人员进行康检跟踪服务,城区街道办事处在区人口技术指导站对持二孩生育证人员进行康检服务,做好优生咨询指导,并有效预防了私自引、流产现象的发生,康检率达99%以上。有7对持二孩生育证夫妇退证。三是建立完善以政府主导稳定增长的投入保障机制。四是加强队伍建设,完善科学选人用人机制。做好社区计划生育管理员的选聘工作,进一步推进干部队伍职业化建设;在全区计划生育系统开展岗位大练兵活动,分期分批对计生宣管员进行培训,共举办各级各类培训10期,培训计生干部2000余人次;积极组织人员参加国家生殖健康咨询师考试。 (罗 欢)

【党风廉政建设】 区人口计生委制发了2011年度《党风廉政建设工作意见》和《党风廉政建设责任制工作目标任务》,把责任目标分解到人,规定“一把手”负总责,同时组织人员每半年对委机关及各街道办事处计生办的党风廉政建设工作情况进行一次督查,年终进行全面考核;开通了“12356阳光计生服务热线”,指定专人负责来电登记、答复反馈、电话咨询,共受理政策咨询2800余起;聘请人大代表、政协委员、育龄妇女代表担任政风行风监督员,增强监督的时效性;开展“三评”活动,群众满意率达98%以上;开展群众满意的计划生育基层服务站所创建活动,建设路街道计划生育服务中心已通过了省、市纪检部门验收。 (罗 欢)

【儿童早期教育和家庭教育】 2011年,区人口计生委在国家级早教示范基地的基础上,开设“早教”大学、特殊教育“益智园”等特色课程,为辖区计生家庭提供先进的人口“早教”知识。突出惠民政策,为辖区贫困计生家庭减免学费10余万元,组织参加各类培训近800人次。 (罗 欢)

民 政

【概述】 2011年,是“十二五”规划的起步之年,全区民政工作坚持以科学发展观为总揽,紧紧围绕区委、区政府的工作部署,认真贯彻落实全市民政工作会议精神,以改革创新为动力,以现代民政为取向,以群众满意为标准,以绩效考核为手段,努力尽为民之责、兴利民之政,各项工作在实践中完善提高,在探索中稳步推进,呈现出常规工作得到提升、重点工作不断创新、难点工作有所突破的良好态势。

(张 冉)

【城乡低保工作】 2011年,积极推进多层次、多方位的新型社会救助体系建设，着力提升对困难群体的权益保障水平。城乡低保工作坚持三个原则，即依法施保、分类施保原则，动态管理下的应保尽保原则，效能最大化原则；管理做到"四化"，即审核审批程序化、规范管理动态化、资金发放社会化、档案建立标准化；较好地发挥了社会保障的"兜底"作用，保障了城乡困难群众的基本生活，体现了党和政府对困难群体的关爱，促进了全区经济社会的协调发展，维护了社会稳定。

2011年，全区救助城乡低保对象1865户、3805人，发放最低生活保障资金973.2万元。向城乡低保对象发放生活补贴49.05万元；发放水费补贴13.91万元；发放肉食补贴14.49万元；发放暖气补贴65.72万元。对享受低保待遇的"孤老""孤儿"特殊对象，每人每月增发200元，对享受城市低保待遇的一级残疾人、在校大学生、70岁以上的老年人，每人每月增发100元。通过对重大疾病救助、资助参加新型农村合作医疗、慈善救助等途径，积极做好城乡医疗救助工作，共救助城乡低保人员182人，发放救助资金48.46万元；临时救助43人，发放救助资金4.25万元；较好地缓解了困难群众看病就医难问题。（张　冉）

【城市低收入家庭救助】 2011年，切实抓好城市低收入家庭救助工作。对符合条件的3369户低收入家庭发放《郑州市城市低收入家庭救助证》，及时为申请廉租住房的低收入家庭进行认证盖章。完成全区3664户经济适用房申报资料的收入状况审核工作。（张　冉）

【农村五保供养】 严格贯彻落实《农村五保供养工作条例》，确保各项五保供养政策落实到位。按照"高起点规划、高质量建设、高水平管理"的工作思路。以中原区敬老院、须水镇幸福院为依托，以社会非营利性老年公寓和家庭寄养为补充，采取与社会非营利性老年公寓协议入住的方式集中供养农村五保老人，即民政局、街道办事处、村委会与老年公寓签订协议，明确各自的责任和义务，做到层层有人抓、事事有人管，确保责任到位、管理到位、资金到位、供养服务内容到位。全年财政投入资金45.76万元，49名五保对象全部实现集中供养，集中供养率达100%。节日期间为老人们送去保暖内衣和棉衣、棉裤100余套。（张　冉）

【救灾救济】 2011年，充分利用电脑传输等现代化手段，及时报灾，保证大灾24小时之内上报。做好防灾减灾宣传，制定中原区救灾应急预案，指导各街道办事处完成本级灾害应急预案，组织民政救灾队伍培训60人次。在雨雪等灾害发生的第一时间组织人员深入灾区一线，认真做好查灾、核灾、报灾工作，严格遵循专款专用、公开发放的原则，及时下拨救灾款物，确保受灾群众得到妥善安置，保障转移避险的灾民生活得到保障。春荒冬令期间，共下拨救灾救济款5.9万元，发放面粉560袋，救助灾民280户。（张　冉）

【双拥工作】 2011年，全区双拥工作以"同呼吸、共命运、心连心"为总要求，紧紧围绕党和国家在新时期的中心任务，着眼大局，服务中心，与时俱进，开拓创新，并针对新时期双拥工作的新情况、新特点，积极探索双拥工作新思路，拓展双拥工作新领域，丰富双拥工作新内容，使全区双拥工作整体水平不断提高。积极开展"四个驻军"（学习驻军、宣传驻军、热爱驻军、支持驻军）活动，掀起拥军活动高潮。元旦、春节、"八一"期间，及时制定走访慰问活动方案；区委、区政府、区武装部下发了《关于在元旦春节期间开展双拥工作的通知》等文件，号召全区各单位、各部门、各行各业在节日期间掀起双拥活动高潮，营造出军爱民、民拥军、军民鱼水一家亲的浓厚氛围；在节日慰问期间，当好各级领导的联络员，走访慰问辖区内武警支队等19个驻军单位和500名重点优抚对象，为部队官兵和重点优抚对象送去35万元慰问金和200箱食用油。（张　冉）

【迎接双拥模范城创建考评】 7月，中原区代表郑州市迎接全国双拥模范城创建考评工作。严格依照考核标准完成考核资料的收集与装订；在辖区内布置大型广告宣传牌、电子屏幕、灯箱等，营造双拥宣传氛围；落实有关街道、社区、企事业单位和部队等迎检点。国家双拥工作考评组一行，通过现场查看、翻阅资料、参观双拥工作图展、召开座谈会等方式，对近年来全区双拥工作进行了实地考核。考评组对中原区双拥模范城创建工作的做法和成果给

予了充分肯定。（张　冉）

【优抚安置】 2011 年，区民政局办理残疾军人评定 40 人（其中包括参试退役人员 5 人）、残疾军人备案 18 人、调整残疾等级 3 人，补发证件 13 人，组织原参试部队退役人员参加残疾鉴定 50 人次，接待咨询政策来访 500 余人次。全年为 1117 名优抚对象按时、按标准、足额、社会化发放定期抚恤金、生活补助金 602.8 万元；审批发放现役军人死亡一次性抚恤金 9 人，共计 86.3 万元。对中原区籍现役军人荣立三等功 2 人、荣获"优秀士兵"称号的 33 人发放奖金 3700 元。对应征入伍的农村义务兵家庭进行调查摸底，核定人数，将优待资金及时纳入财政预算，通过银行转账形式直接打入其家庭账户上，发放标准为每户家庭 9637 元，全部实现社会化发放。为 81 名农村义务兵发放家庭优待金 75.7 万元。按照政策、按照程序审批 60 岁以上农村籍退役士兵享受生活补助 231 人。按照上级文件精神，与区财政、统计部门协调落实辖区 1～4 级残疾军人护理费，并及时调整、发放到位。

认真做好年度入伍新兵《优待安置证》发放工作，按照办理程序与区武装部密切配合，通力协作。发放计划内非农业入伍士兵《优待安置证》177 人、农业 27 人，省、市计划外非农业入伍士兵《优待安置证》166 人、农业 7 人，共计 377 人。接收农村退伍军人 40 人。（张　冉）

【服务军休人员】 2011 年，认真落实军休干部政治待遇，及时为军休干部订阅党报、党刊，组织学习党的方针政策；及时审批军休人员的离退休费、各种津贴补贴、取暖费和病故人员抚恤金。辖区军休人员 91 人，其中包括 1 名军队离休干部、1 名军队退休干部、86 名军队无军籍退休职工和 3 名地方代管遗属。共发放军休人员离退休费、生活补助金 221.7 万余元，病故人员抚恤金 2 人计 4.07 万元。（张　冉）

【稳定工作】 一是宣传政策，教育疏导。把国家的政策宣传到位，教育优抚对象继续发扬人民军队的优良传统，珍惜和保持自己的光荣历史和荣誉，正确处理好个人利益和国家利益的关系，体谅国家困难，正常反映困难，依靠政府和组织逐步解决。二是突出重点，落实制度。主动到优抚对象中倾听诉求，帮助其解决实际问题，积极加强与各街道办事处的衔接、沟通，对重点对象进行了及时引导，对老上访户、缠访、集体访等重点对象落实专人进行稳控，掌握其动向，确保将其稳控在当地。三是按照省、市、区工作要求，制定了切实可行的突发性事件应急处置预案，建立涉军稳控工作长效机制，完善了"责任追究制""重大事项报告制"等有关制度，坚持做到掌握动向，信息及时、准确，责任落实、工作到位，营造"通畅、有序、务实、高效"的信访稳定工作秩序。（张　冉）

【社区帮扶】 针对第一批社区帮扶工作存在的突出问题，结合第二批社区帮扶工作任务，通过落实"五抓"，认真解决群众关心的热点、难点问题。一是抓 50 个三类居民楼院的综合整治，由区财政出资，提高环卫配备率，完善路网、改造灯箱，美化社区环境，共修补破损路面 8712 平方米、清运垃圾 403 车、拆处违章建筑 39 处、购买垃圾桶、修建垃圾池 295 个。二是抓 56 个便民"两店"（早餐店、蔬菜店）的新建工作，清理整顿占道经营，方便社区居民。三是抓物业管理的全覆盖，通过机制创新、部门联动、资源整合"三个体系"建设（即构建领导体系，设立工作体系，完善业主自治体系）推进物业管理与社区管理"一体化"建设。四是自来水一户一表改造，成立专项工作指挥部，计划改造 6950 户，区级配套资金 417 万元，已按要求划拨到位，改造工作根据计划有序开展。五是抓节日慰问，春节期间，区政府投入 111.09 万元专项资金，对 3703 户低保户、困难职工、残疾人及大病致困家庭进行走访慰问。市区两级慰问金额超过 240 万元，惠及贫困家庭 6176 户、21616 人，让群众切实感受到了帮扶工作带来的温暖。第三批社区帮扶工作按照全覆盖的要求，105 个社区中 8 个由市直部门派驻工作组帮扶，12 个由市直部门联系帮扶，85 个由区直部门联系帮扶。（张　冉）

【基层政权建设】 2011 年，认真做好第七届村级组织换届选举工作。开展"三个一"活动，即开展一次调研。对村级组织换届工作进行了深入调研，全面排查换届选举过程中可能出现的一些疑难问题。制定一套方案。结合实际制定了中原区《村级党组织换届选举实施方案》《第七届村民委员会换届选举实施方案》等文件，督促、指导街道党工委制定难点村工作预案。开展一次清理。开展了换届不稳定因素排查和村级财务清理工作，要求街道采取“先易后难”的办法稳步推进村级组织换届选举工作。全区46个村已全部完成了村党组织换届工作，共有党员3298人，参选党员2802人，参选率为84.9%；已产生新一届农村党支部成员200人，其中女性33人，占16.5%；大学生村干部1名。有43个村完成村委会换届选举工作，完成率93.4%；共登记选民56607人，参选53928人，参选率为95%；已产生新一届村委会成员171人，其中女性38人，占22.2%；党员118人，占69%；“两委”交叉任职60人，占16.1%。（张　冉）

【社区建设】 2011年，社区建设工作进一步加强。一是积极开展“十星社区”创建工作。从“文明、卫生、环保、平安”等16个单项分别评定，综合达标。第一批已初步确定了6个社区创建“十星社区”。二是改进完善社区管理服务体制，推动社区“一委、一居、三站”建设，强化“一委”充分发挥党组织领导核心作用，夯实社区管理的组织基础；强化“一居”充分发挥社区居委会自治功能，提高社区综合服务水平；成立“三站”加强社区服务功能建设，实现社区服务和政府管理的有效衔接，建立党务、居务、政务、服务各司其职又相互配合的“一委、一居、三站”社区管理新结构。三是高标准建设社区服务场所，推进社区服务中心建设。全区社区综合用房1500平方米以上的3个，1000～1500平方米的9个，500～1000平方米的16个，500平方米以下的77个。按照社区综合用房最低标准500平方米、达标标准1000平方米、鼓励标准1500平方米以上（其中一类社区及精品、示范社区综合用房面积需达到1000平方米以上），对500平方米以下的社区进行集中建设。（张　冉）

【区划地名勘界】 2011年，代表郑州市迎接全省勘界工作档案检查，将勘界工作开展以来的边界线协议书、请示、批复、纪要等资料和文件进行了整理，按照勘界档案管理规定分类装订，专柜存放，勘界档案管理工作得到了省民政厅有关领导的肯定。根据省、市文件精神，制定下发了《郑州市中原区人民政府关于撤销须水镇设立须水和西流湖2个街道办事处的通知》，为2个街道及其所辖各行政村刻制了行政公章，并为其办理其他手续出具相关证明，完成了2个新设街道办事处成立前和筹备期间的准备和协调工作。（张　冉）

【婚姻登记】 2011年办理婚姻登记1.19万对，其中结婚登记8000对，离婚登记2300对，补领证件1600对，登记合格率、合法率均为100%；出具无婚姻登记记录证明2万余份；装订婚姻档案238卷；审核完成经济适用房申请资料3664户；婚检报销898对，报销婚检费用30.98万元。进一步规范婚姻登记工作，深化婚姻登记体制改革，共为4000余对新人举行了颁证仪式；认真开展创先争优活动，整合资源，加强内部管理，规范服务措施。面对各类登记、出具证明等工作量逐渐增加，特别是应对结婚登记高峰日，加大人、才、物投入力度，创新工作、贴心服务，搭彩虹门、购置遮阳伞，为每对新人服务到位，赢得辖区居民高度赞扬。（张　冉）

【民间组织管理】 2011年，全区登记新社会组织143家，其中社会团体组织8家，民办非企业单位135家。一是严格按照培育发展与监督管理并重的原则，坚持双重管理、双重监督的方针，制定《中原区民间组织规范化管理实施意见》，认真开展社会团体和民办非企业的年检、换证工作，进一步完善管理制度，整理和规范了新社会组织档案。二是切实做好新社会组织的创先争优工作。进一步完善党的建设、完善管理制度、完善档案管理、完善监管机制，社会组织的社会责任和公益意识得到强化，自律性和诚信度有所提高；增强服务社会、服务群众、改善民生和促进社会稳定方面的功能逐步完善。2011年，区民政局被省民政厅民间组织管理局评为省社会组织管理工作先进单位。（张　冉）

【殡葬改革】 以改革丧葬礼俗为切入点，坚持加强殡葬管理力度与提高殡仪服务质量并重的方针。一是加强宣传力度。在祭祀期间，利用宣传单、横幅、问卷调查等形式向群众宣传殡葬改革政策，积极引导群众树立现代文明殡葬的新观念；二是加强建设力度。出台奖补政策，积极督促、引导公益性公墓和骨灰堂建设；三是加强治理力度。采取疏堵结合的原则,积极开展封建迷信用品市场清理整顿工作,净化丧葬用品市场;四是加强检查力度。区殡改所与市殡改处联合执法,对辖区省直第三人民医院、电力医院、中医院、153 医院东、西区太平间进行遗体管理检查,杜绝偷埋乱葬现象的发生,确保火化率达 100% 。（张　冉）

【慈善事业】 2011 年,深入贯彻落实市《开展 2011 年"郑州慈善日"活动的意见》,弘扬中华民族扶贫济困、乐善好施的传统美德,根据市"慈善一日捐"活动安排,在全区社会组织中开展了"郑州慈善日"捐助活动。9 月 28 日上午,区民政局组织辖区 19 家福利企业开展献爱心、送温暖活动;10 月 10 日,在中原区委机关大院举行了中原区 2011 年领导干部慈善捐款活动,区副县级以上领导、区副科级以上干部 600 余人参加此次捐款活动。通过媒体、网络、宣传等各种途径,及时向社会公布中原区慈善协会全称、地址、银行账号,共募得善款 65.84 万元;慈善救助辖区因病致困群众 244 人,发放救助资金 40.15 万元。同时,大力推进"爱心超市"社会互助平台建设,在全区设立两个"爱心超市"试点,每月为特困家庭发放 50 元生活用品购物卡。（张　冉）

【社会福利】 一是积极落实孤儿救助政策。实施孤残儿童信息化管理,为辖区 14 名孤儿发放救助金 8.23 万元;切实做好生活困难的艾滋病患者的救助工作,认真落实艾滋病患者和艾滋病致孤儿童低保政策。二是社会弃婴和流浪乞讨人员得到妥善安置和及时救助。在接到弃婴救助电话后,第一时间赶到现场,积极协调相关部门,使弃婴得到及时救助。全年往市福利院送弃婴 15 名;本着"自愿求助无偿救助"的救助政策,及时救助流浪乞讨生活无着落人员 5 人次,劝导数十名街头乞讨人员返乡并进行妥善安置。三是耐心细致做好 20 世纪 60 年代精简退职工作。严格按照文件要求,严把审批关,同时对来访人员认真细致的做好思想解释工作,确保大局稳定。（张　冉）

【老龄工作】 2011 年,全区老龄工作开拓创新、扎实进取,取得显著成效。一是坚持宣传教育,维护老年人的合法权益。认真贯彻实施《老年人权益保护法》,将依法维护老年人的合法权益作为老龄工作的主题,大力提高全社会依法开展老龄工作、依法维护老年人合法权益的自觉性,进一步弘扬尊老、敬老的传统美德,努力营造重视老龄事业发展的良好氛围。二是坚持规范服务,提高居家养老服务质量。居家养老服务采用"以政府主导与社会力量参与相结合,由政府购买服务,委托社会专业养老机构提供上门服务"的模式。孤寡老人居家养老服务全面开展,全区有 42 名孤寡老人申请居家养老服务,服务费用全部由政府承担;空巢老人居家养老服务以绿东村街道办事处为试点开展,服务费用由区政府和个人各承担一半。三是坚持投入扶持,夯实社会化养老服务基础。辖区持有《社会福利机构设置批准证书》的养老服务机构 8 家,床位数为 1505 张,入住老人 887 人。按照《郑州市资助民办养老服务机构实施办法》要求,深入养老福利机构,认真排查统计,做好对养老机构各项建设、床位运营补贴工作,并积极组织全区养老机构参加郑州市举办的养老护理员职业技能培训。四是加强监管,切实保障养老服务业规范有序发展。建立周巡查、月双评长效机制,实行领导干部分包、中层干部定时督导制度;制作意见箱,在全区养老福利机构中开展评优评差活动;出台了《关于进一步加强社会养老服务机构发展和管理的意见》,对中原区养老服务业的发展和监管进一步明晰责任,提出明确要求;联合区消防大队进行了用火、用电等不安全因素大排查、大整治活动,各养老机构每月定期上报本月的安全情况,提高各养老机构在运营中的安全意识,有效杜绝了不安全事故的发生。五是坚持走访慰问,营造尊老敬老浓厚氛围。在春节、重阳节等节日期间,组织到敬老院和老年公寓走访慰问,发放慰问物资,组织标榜美容美发学校师生到养老院为老人们免费理发等活动。将 9 月 20 日至 10 月 20 日期间定为"敬老月"。对全区部分五保老人、百岁老人进行走访慰问,为他们带去了节日的祝福,同时在全区组织开展以"爱老助老、从我做起"主题活动。严格落实老年人优待优惠政策,13 名百岁老人敬老补贴按时足额发放到位。（张　冉）

中原区百岁老人

序号	姓名	出生年月	性别	家庭住址
1	涂张英	1907 年 1 月 18 日	女	伊河路 57 号院 1－39
2	周之运	1910 年 5 月 13 日	男	伏牛路 139 号 1－1－23
3	马青俊	1910 年 11 月 10 日	女	五厂一街 5 号楼附 5 号
4	史凤珍	1907 年 7 月 10 日	女	中原路 31 号院 1－4－5
5	高　计	1904 年 6 月 20 日	女	工人南路 338 号 1 号楼
6	叶萍娟	1911 年 6 月 25 日	女	桐柏路 191 号院 13－3－1
7	王益民	1907 年 3 月 21 日	男	洛河路 72 号院 7－2－3 号
8	王玉枝	1910 年 11 月 22 日	女	伊河路 30 号附 11 号
9	金长亭	1909 年 7 月 15 日	女	六厂前街 74 号楼附 6 号
10	李凤英	1904 年 8 月 6 日	女	三王庄村 108 号
11	赵月英	1908 年 5 月 16 日	女	须水村李家堂 14 号 1 号
12	孙桂英	1910 年	女	西岗村 96 号附 2 号
13	催泽民	1911 年 10 月 29 日	男	西十里铺南路 2 号院 3 号楼

【福利生产】 2011 年，全区有福利企业 20 家，安置“五残”职工 535 名。一是完成生产指标任务。年初，对上级下达的各项任务指标进行细化分解，落实到每个福利企业，并与企业签订了经济目标责任书和安全生产目标责任书，实施经济指标、安全生产月报制度。2011 年，年总产值 6.5 亿元，比上年同期增长 1.7 亿元；年销售总额 6.5 亿余元，比上年同期增长 1.4 亿余元；实现利润 647.89 万元，比上年同期增长 100 余万元，实现了福利企业经济效益和社会效益持续稳定增长。二是保障残疾职工合法权益。始终坚持保障残疾职工合法权益的宗旨，为残疾职工献真情、办实事，切实关爱和服务残疾职工。严格实行“先安残后审核、先征税后返还”的操作规程，在审核企业增加残疾职工用工方面严格按照政策规定：企业必须通过劳动部门与残疾职工签订 1 年以上的有效劳动合同，为残疾职工缴纳“四金”保险，每月通过金融机构支付不低于当地最低工资标准的工资等保障残疾职工合法权益的硬性标准。残疾职工社会保险投保率达 100%，位居全市县（区）前列。三是做好年检认定工作。针对辖区福利企业数量多且分散的现状，联合财政、税务等有关单位组成年检工作领导小组，深入到辖区 19 家福利企业进行年检，经认真考核各项检查指标，辖区福利企业全部达标。通过年检工作，提高了福利企业管理人员的政策意识和规范操作能力，也使广大残疾职工权益保障的政策得到更进一步的落实。（张　冉）

精神文明建设

【概述】 2011 年，中原区精神文明建设工作以创建全国文明城市为重点，狠抓未成年人思想道德建设，有效开展志愿服务、改善人居环境等群众性精神文明创建活动，取得了明显成效。（孟令峰）

【创建全国文明城市】 2011 年，中原区按照《全国文明城市测评体系》（2011 版）和《全国未成年人思想道德建设工作测评体系》（2011 版）要求，按时完成涉及全区各项指标的目标任务。工作中，坚持“硬件更硬、软件更优”的目标，把握重点、攻克难点、突出特色、打造亮点，在全区上下营造了浓厚的创建氛围，掀起了创建全国文明城市的热潮。在全市仅有的两次文明城市评比中，中原区取得了第二次评比全市第一的好成绩。在迎接中央文明办测评组工作中，中原区高度重视，精心部署，顺利通过中央文明办测评组检查验收，并得到了省会创文办的肯定。

措施得力,机制健全。一是成立了创文领导小组,下设10个创文工作指挥部、7个督导组。二是实行区四大班子领导、区直部门包街道、包社区、包路段“三包”工作负责制。三是建立协调运行机制,健全完善日督查、周例会、周通报、月点评制度,定期听取各单位汇报,督促和掌握工作进度,协调研究存在的问题。四是建立目标管理机制,把创建文明城市完成情况纳入年终目标考核。五是建立奖惩机制,制定《创建全国文明城市奖惩办法》,开展周评流动红黑旗活动。六是建立督查机制。七是建立台账机制。八是设立宣传专栏。九是设立曝光台。

特色活动,亮点纷呈。一是评选出1000户特色文明家庭、1万名文明市民,还有30家文明单位与30个社区开展结对帮扶活动。二是在全市率先开展“四项关爱”(关爱空巢老人、关爱进城务工农民工、关爱农村留守儿童和进城务工人员子女、关爱残疾人)志愿服务活动,该活动被郑州市政府网站和郑州文明网宣传报道,并作为创建亮点工作在全市进行推广。三是在全市各区中率先举行“文明中原大讲堂”讲座。四是承办“唱响和谐之声”郑州市创建全国文明城市激情广场首场文艺演出活动。五是相继成功举办中原区第三届“群众广场文化活动周”文艺演出暨“庆‘七一’唱响中原”红歌赛、创建全国文明城市“百场广场文化活动”的启动仪式、庆祝建党90华诞暨创建全国文明城市群众大型文艺会演“党的光辉照我心”。

创新载体,营造浓厚氛围。在《每周中原》、中原区政府网站和机关信息网上开辟“精神文明建设”专栏,深入报道创建全国文明城市工作动态,累计编发简报120期,26篇被省会创建全国文明城市工作简报采用刊发,2篇被中国文明网宣传报道。

加大投入,创文取得实效。投入200多万元,设置大型创文公益广告600个;社区设置精神文明建设工作宣传展板1500块、宣传长廊20个;发放创建文明城市调查问卷和宣传资料40万份;张贴创建文明城市宣传标语20万张;沿街单位200多块LED电子显示屏,滚动播出创建文明城市有关内容。投资1700余万元,对辖区8个街道的50个三类居民区升级改造,共计1221栋楼、53034户居民。

合力迎检,测评顺利圆满。中央文明办测评组于9月4日至12日对郑州市进行全国文明城市考评验收,中原区召开专题会议对迎检调度工作进行安排部署,成立了中原区创文迎检工作指挥中心,在全市率先修订完善测评应急调度预案,加大迎检期间的预警、预告制度建设。明确了入户调查引导员、配合实地考察工作的车辆和人员,组成由12台车辆和36名工作人员的迎检队伍。在为期7天的检查中,指挥中心应急调度及时、准确,四大班子领导亲临街道、社区督战、备战,多部门通力协作、联合作战,社区群众积极参与,顺利圆满完成15个实地考察点和4个社区144户入户问卷调查。

(孟令峰)

【升级改造50个三类居民楼院】 2011年,中原区将50个三类居民楼院的升级整治列入区政府为民承诺办理的“十件实事”之一,加大投入,改善三类居民区软、硬件环境,并借力社区帮扶工作,同老旧小区改造结合起来,多位一体,共同打响改善人居环境攻坚战。

领导重视,关注民生。在中原区十四届人大六次会议上,明确将三类居民区环境卫生集中整治纳入2011年为民承诺办理的“十件实事”之一。

充分论证,积极筹备。区政府先后两次召开常务会议,研究三类居民区环境整治的具体项目、内容和资金来源问题。经过反复讨论,确定投资总额1700万元,整治项目包含道路修整、院落硬化、环卫设施和人员配备、窨井盖更换、清淤以及完善物业管理等内容,并确定最终整治方案。

付诸实施,稳步推进。在整治过程中,中原区按照功能配套、设施完善、环境美化、卫生整洁、管理规范、服务到位的整治标准,对群众呼声强烈、媒体曝光率高的8个三类居民区进行了优先重点改造,对其余42个三类居民区进行达标整治。实施进展中,要求一社区(楼院)一策,成熟一个、实施一个,做到居民认可、社区肯定、施工顺利。同时,区财政、民政、房管、执法、规划等部门统筹协调,积极解决整治过程中出现的疑难问题,顺利地推进三类居民区的综合整治。7月7日,中原区三类居民区基础设施整治全面开始,10月底各项整治工作完工。共整修562个环卫设施(垃圾收集房),硬化路面50012.45平方米、修复主干道26998.3平方米。

效果明显,群众欢迎。中原区多处小区整治后面貌焕然一新,居民出行、居住环境得到明显的改善。桐柏路街道搪瓷厂家属院结束了长期无人管理的状态,整治中,除了硬化原本破损严重的路面,还开挖替换了新管道,使院内窨井淤塞严重、污水横流的问题从根本上得到解决。汝河路街道汝河小区整治后,主干道柏油马路铺设一新,中心花园黄土裸露部分铺设了广场砖。伊河路110号院、颍河南里、造纸厂家属院、华山路83号院、伏牛路102号院等楼院面貌有了明显的提升。整治工作得到辖区群众的真心拥护和支持。(孟令峰)

【未成年人思想道德建设】 乡村少年宫和未成年人心理健康辅导中心建设是推进未成年人思想道德建设工作的重要抓手,也是创建全国文明城市的重要指标。2011年,中原区依托学校现有场地、设施,配备必要的器材设备,利用现有师资队伍,在郑州市第八十中学新建区未成年人健康成长指导中心,在区回民中学、西岗中学、须水八小和闫垌小学新建乡村学校少年宫,在各中小学校和社区建立心理咨询室。乡村少年宫以"做一个有道德的人"活动为主题,牢牢抓住爱国主义教育主旋律,开展了以弘扬民族精神、培养爱国情感为主要内容的系列活动,培养了学生的情感、锻炼了学生的能力、提升了学生的素质。

积极参加全市"读中国革命历史,学'双百人物'事迹,唱爱党爱国歌曲,写道德实践体会"活动、第二届优秀童谣评选、"童心向党"歌咏活动、"共产党好"主题演讲比赛、"绿城美德少年"评选,均取得优异成绩。区教育体育局、三官庙街道办事处、桐柏路街道办事处被评为郑州市未成年人工作先进集体。(孟令峰)

【志愿服务活动】 一是开展"小红帽在行动"文明交通志愿服务活动。从6月份开始,每周一的上午7:30~8:40、下午18:30~19:30,中原区安排36个省、市级文明单位在辖区10个主要交通路口开展劝阻不文明交通行为活动;组织7个省、市级文明单位在每月1日、11日、21日,在辖区的公交站点开展"台上候车、排队上车"活动,取得了良好的社会效果。二是关心帮助生活困难群体和特殊群体,在全区开展"四项关爱"活动。三是从各级文明单位、各街道中精心挑选从事志愿服务工作的人员,组建了首批12支"网络文明传播志愿者队伍"。

(孟令峰)

【公民道德建设】 2011年,中原区积极组织辖区居民参加第三届全国道德模范和河南省道德模范投票活动,投票7万余张。在全区广泛开展"月评文明市民(我推荐、我评议身边好人)"活动,吕长凤获得中国好人榜提名,杨素琴、雷智勇、吕长凤、吴坦4人被评为郑州市文明市民,吕长凤被评为郑州市文明市民标兵。通过大力宣传先进典型的事例,在全区公民道德建设中起到了示范引领作用。

(孟令峰)

【群众性精神文明创建】 2011年,中原区认真抓好创建文明单位、文明社区等群众性精神文明创建细胞活动和文明单位与新农村结队帮扶活动。区教育体育局等14家单位接受市级文明单位验收,郑州市中原区国家税务局等11家单位通过省级文明单位验收,中原区委宣传部、区委组织部被命名为郑州市精神文明建设先进单位。在农村帮扶活动中,各文明单位共投入17018014元,开展各类培训687次。(孟令峰)

人民健康

【概述】 2011年,中原区爱国卫生运动工作围绕城乡环境卫生整洁行动、创建全国文明城市和城市管理整治提升活动,深入开展三类居民区整治和季节性病媒生物防制活动,大力开展积存垃圾专项整治,强化市容环境卫生督查,建立卫生常态管理机制等,确保辖区市容环境卫生整洁有序,国家卫生城市创建成果得到巩固和提升。(张鹏欣)

【爱国卫生月活动】 2011年4月是国家第二十三个爱国卫生月,中原区爱卫办严格按照市爱卫会的部署和要求,积极开展多种形式的爱国卫生宣传活动,在全区掀起爱国卫生运动高潮。

4月7日上午,中原区在五一公园门前开展第六十二个世界卫生日集中宣传活动。活动围绕“控制抗菌素耐药性”的主题，展出宣传展板24块，发放宣传彩页3000余份、宣传纸杯12箱，为群众提供医疗咨询500余人次。各街道办事处也组织开展了丰富多彩的宣传活动。绿东村街道办事处分别在二砂医院、伏牛南卫生服务站等12处宣传点，开展宣传咨询活动，免费为居民测量血压，发放健康科普知识手册1000余份。三官庙街道办事处在汽车西站和辖区家属院悬挂宣传横幅，组织单位和社区居民开展卫生大扫除等。

爱国卫生月期间，中原区累计制作宣传展板89块，发放宣传材料1.7万余份，发放宣传品3700件，受教育群众1万余人。另外，组织各类义务劳动30次，参加人数2000余人，打扫楼院224个，清除垃圾2454车，清除卫生死角120处，清理乱堆乱放物料500余处，清除小广告6000余处，清除蚊蝇滋生地4000余处，活动取得良好效果。（张鹏欣）

【健康教育】 中原区以创建卫生、健康社区和单位为载体，以健康教育专栏为阵地，通过开展一系列丰富多彩的健康教育集中宣传活动，不断增强辖区居民的健康意识和卫生知识。在传染病高发期，及时更新辖区健康教育专栏内容，大力宣传手足口病、流感等防治知识。4月下旬，组织各街道办事处主管领导和卫生专干参加市爱卫办在登封市举办的城区爱国卫生工作培训会，提高中原区爱国卫生一线工作人员的业务水平。5月31日是第二十四个世界无烟日，中原区在建设路（工人路至文化宫路）南侧开展集中宣传活动，展出宣传展板19块，印制发放宣传彩页1万份，为群众提供咨询1000余人次，发放“禁止吸烟”标牌500个。当天上午，各街道办事处选择一个社区，组织开展以“世界卫生组织《烟草控制框架公约》”为主题的沙龙活动；中原区爱卫办同林山寨街道联合在郑州市中医院开展禁烟沙龙活动。郑州市电视台、广播电台等新闻媒体对中原区宣传活动进行现场采访。迎接创建全国文明城市复检期间，按照创文工作要求，在公共场所、窗口单位、办公场所、会议室、“五小”门店等地方，张贴禁烟标志或吸烟有害健康标志各2万张。（张鹏欣）

【病媒生物防制】 2011年，中原区利用全区病媒生物防制网络，积极开展各种病媒生物防制活动。3月初，印发《关于开展2011年越冬蚊蝇集中防制活动的通知》，在全区开展越冬蚊蝇防制活动。6月上旬，出台《关于开展夏秋季集中防制蚊蝇活动的通知》，在全区开始集中防制蚊蝇活动。6月21日，组织各街道专职消杀人员，对蚊蝇滋生重点部位进行集中消杀；市爱卫办聘请专业消杀公司对国棉三厂家属院进行了全方位的消杀，中原区专业消杀人员从中学习现场消杀方法和配药知识，强化消杀技能。从11月上旬开始，在全区开展冬季灭鼠工作。全年累计投放灭鼠药物7000公斤，灭蚊蝇药物敌敌畏34箱、都灭10箱、灭害灵12箱、奋斗呐50公斤，购置烟雾机2台、消杀车1台、喷雾器22个、鼠夹400个、粘鼠板5箱、粘蟑胶饵5箱。通过一系列的防治和消杀，使中原区的“四害”密度控制在国家标准内。（张鹏欣）

【病媒生物防制市场化运作】 2011年7月21日，作为全市首家试点区，中原区三类居民区病媒生物防制市场化运作正式启动。经过市区两级爱卫办精心指导和培训，专业消杀公司人员按照“投放、时段、装备、效果”四统一的要求，深入社区开展除“四害”工作，解除长期困扰辖区低收入群体被“四害”侵害率较高的问题。（张鹏欣）

【创建卫生单位（村）】 2011年，中原区积极开展省、市卫生单位（村、居民小区）和无烟单位创建工作。新创省级卫生单位2个，分别是建设路街道建设路第三小学、棉纺路街道郑州市残疾人就业服务中心；新创省级卫生村1个，须水街道三十里铺村；省级卫生居民小区3个，分别是秦岭路街道金源第一城、桐柏路街道城开社区、林山寨街道邮电院社区家属院。新创市级卫生单位2个，分别是棉纺路街道三棉幼儿园、林山寨街道嵩山饭店；新创市级卫生居民小区2个，分别是林山寨街道日报社家属院、建设路街道学院社区；新创市级卫生村3个，分别是须水街道丁庄村、天王寺村，西流湖街道大李村；新创市级无烟单位2个，分别是建设路街道郑州市中心医院、中原西路街道绿都城小学。

（张鹏欣）

【农村卫生环境整治】 2011年，中原区采取多项措施致力农村卫生的改善。一是落实卫生清扫保洁制度。在环道外村庄落实清扫保洁的基础上,将未纳入清扫保洁范围的乡村道路,纳入区环卫统一管理,实现全区城乡道路清扫保洁全覆盖。二是做好垃圾收集房建设工作。在2010年集中建设垃圾收集房的基础上,继续开展农村垃圾收集房建设工作,全区累计建成垃圾收集房165座,基本实现每个村民组一个垃圾收集房的目标。三是每个村民组配备垃圾运输人员1名,负责垃圾收集和转运,经费按每人850元/月,由区、街道财政共同负担。四是积极协调已建成垃圾中转站投入使用。全区农村已建成9座垃圾中转站,正在使用5座,分别辐射周边村庄,解决大部分村庄的生活垃圾进站问题。五是出台《中原区农村环境卫生整洁行动考核细则》,加强对农村环境卫生工作的考核。截至年底,中原区基本实现“组保洁、村收集、办运输、区处理”的农村生活垃圾处理模式。 (张鹏欣)

【市容环境卫生督查考核】 2011年,中原区将市容环境卫生督查考核作为一项日常工作放以重要位置,并逐步建立完善长效管理机制。

一是坚持周末区领导带队检查市容环境卫生制度,区爱卫办根据媒体曝光、群众投诉、领导批示、日常督查等问题排出路线,现场检查,现场交办。

二是坚持周例会制度,每周召开一次市容环境卫生工作例会,各街道办事处和相关部门有关领导参加,汇报工作中存在的问题,研究解决问题的办法和措施,安排下一步工作等。区爱卫办及时将检查情况和会议内容以简报形式报送区领导和相关单位。全年编发《中原创建简报》104期。

三是加大对媒体曝光、网络投诉、领导批示、日常检查等问题的督办力度,发现问题,及时下发督办查办通知书,限期整改。10月中旬,全市启动城市管理整治提升活动,区爱卫办按照有关要求,加强对占道经营、突出门店经营、清扫保洁、垃圾积存及老旧小区和城中村卫生的督查,将问题拍照取证,通知责任单位整改,并按有关规定给予处罚。通过强化督查和处罚,全区市容环境进一步提升,占道经营、突出门店经营、垃圾积存等现象明显减少,道路清扫保洁质量有明显提高。全年发放督办查办通知书227期。

四是加强市容环境卫生日常考核。将市容环境卫生管理工作纳入区目标办日常考核范围,根据《中原区市容环境卫生日常检查评比办法》,每周排出名次,各街道和相关职能部门的前三名分别挂红旗,最后一名挂黑旗,在区政府一楼大厅公示。每月汇总后排出月成绩报市爱卫办,作为“爱国卫生杯”流动红旗评比的依据。开展城市管理整治提升活动后,按照《中原区城乡管理综合考核实施方案》,对各街道办事处实行周通报、月评比、季评比,对各牵头部门实行月评比、季评比,考核结果与奖惩挂钩。在郑州市2011年“爱国卫生杯”检查评比中,中原区荣获季度流动红旗18面。

(张鹏欣)

【常西湖区域环境综合整治】 2011年4月,中原区按照市委、市政府的要求,对常西湖区域内的积存垃圾加紧清运处理,如期将市定24处垃圾点全部清理到位,累计投入铲车58台、钩机33台,出动人员1800余人次、车辆15280余车次,清理垃圾20余万立方米。针对垃圾集中清运处理后的偷倒、乱倒反弹现象,以及常西湖区域内的垃圾出路问题,区爱卫办一是落实卫生清扫保洁制度;二是规范垃圾收集和清运,协调周边村庄垃圾就近进中转站;三是加大巡查力度,发现问题及时处理。

(张鹏欣)

【积存垃圾专项整治】 自6月20日起,中原区开展为期1个月的垃圾积存专项整治活动,由区纪委、区委组织部、区政府督查室、区城管局、区爱卫办分别抽调人员组成联合督查组,以中原路为界,南北分两组,对辖区积存垃圾开展专项督查,发现垃圾即启动有偿清运。经过整治,全区自行清理各类垃圾40余万立方米,清除大型垃圾积存点19个,一些积存多年的垃圾山在短时间内得到彻底清除。 (张鹏欣)

民族宗教

【概述】 2011年,中原区民族宗教工作以全面贯彻落实党的民族宗教政策为重点,深入开展“创建和谐寺观教堂”和“三进六争创”活动,确保了辖区民族团结、宗教和睦、社会和谐的良好局面。

（沙春红）

【政策法规培训】 按照市民委2011年工作要求，区民族宗教局组织辖区清真寺、基督教堂、佛教寺宗教场所教职人员分别参加郑州市宗教局在黄河饭店和登封少林寺举办的3期培训班，通过培训提高素质，充分发挥宗教教职人员引导各方信教群众爱国爱教、宗教和睦和维护稳定大局方面的重要作用。为提高教职人员综合素质，区民族宗教局还多次采取“以会代训”形式，加强教职人员宗教政策法规的宣传教育。10月29日，区伊斯兰教协会组织辖区清真寺阿訇到石人山培训。（沙春红）

【“创建和谐寺观教堂”活动】 2011年，按照要求中原区11个宗教活动场所要达到和谐寺观教堂标准，为做好这项工作，区民族宗教局年初多次召开会议进行再安排再部署，确保工作顺利完成。

在创建过程中，辖区各宗教活动场所开展了各项活动，促进创建工作。3月15日，李江沟基督教堂举办了“我为和谐社会作贡献”为主题的赞美诗会，周边200多信教群众参加，信教群众以歌唱祖国、唱赞美诗的形式，讴歌祖国日新月异的变化和当前幸福生活；11月18日开展了弘扬传统美德、关爱老人活动，为老人戴红花、洗脚，向老人发放礼物等，祝福天下老人健康长寿，家庭和睦，倡议每个人从自身做起，孝敬老人，关爱老人，远离冷漠，表达辖区信教群众爱国爱教为建设中原经济区作贡献的时代精神。西十里铺清真寺组织穆斯林群众成立“星期五公益团队”，关爱农民工，团队自成立以来，为西四环农民工送去生活用品和烫洗过的旧衣服3万件，为鼓励他们的善举行为，区民族宗教局为清真寺购买了1台洗衣机。通过典型引路，辖区宗教活动场所管理工作再上新台阶。（沙春红）

【“三进六争创”活动】 2011年，区民族宗教局以开展民族工作“三进六争创”活动为平台，以建设社会主义新农村、构建和谐社会为契机，大力宣传弘扬民族团结进步的良好社会风尚。印制宣传彩页《河南省民族团结进步宣传教育提纲》5000份，发放到社区（村）、企业、学校，节假日利用宣传展板、广播、文艺活动等形式广泛宣传。为巩固宣传成果，区相关部门、街道办事处还主动开展了慰问辖区少数民族贫困户活动，向这些家庭送去米、面、油等生活必需品，促进了民族团结。

通过开展“三进六争创”活动，辖区各民族之间团结协作、和睦相处，社会稳定，少数民族村与周围汉族村、社区建立起民族团结进步互助和谐的新型民族关系。（沙春红）

【帮扶少数民族聚居区】 2011年，中原区投入少数民族扶持资金10万元帮助须水、洪沟等清真寺重建、修缮。（沙春红）

【清真食品管理】 2011年，区民族宗教局加大对清真食品的管理力度，坚持每季度检查一次，将清真食品管理工作落到实处，维护少数民族权益。全年4次对辖区183家清真食品店检查，重点检查了辖区大中专院校回族食堂和夜市烧烤清真摊位管理情况，解决清真食品管理中存在的问题和漏洞，处理4起群众举报清真食品经营不规范商户，取缔1家假冒清真饭店。辖区桐柏路农贸市场、岗坡市场对市场中的牛、羊肉等清真食品单独划定区域销售，规范管理，提升了市场档次，得到省、市民委的认可和肯定。在农贸市场清真摊位中设立公示牌，由商户向群众承诺：严格按清真食品管理办法经营，公布宗教局举报电话，接受群众监督。在大型商场超市设立清真食品专柜、规范管理，提升了清真食品行业档次，真正维护少数民族群众权益。简化清真牌证办理手续，组织人员到集贸市场管理处上门集中办理23个牌证，并借此良机宣传政策，发放宣传资料，张贴监督电话，使他们接受回族群众监督。（沙春红）

【为宗教教职人员办理社保补助金】 2011年，中原区有23个宗教活动场所，宗教教职人员普遍待遇低，经济条件有限，基本是外地户口。为妥善解决宗教教职人员的社会保障问题，解除他们的后顾之忧，使他们病有所医，老有所养，能安心宣传党的宗教信仰自由政策，团结教育信教群众，维护宗教和睦，促进社会和谐，区民族宗教局向区政府申请社会保障补助，由区政府拨出专项经费对辖区宗教场所教职人员参加社会保障给予一定补助。

（沙春红）

【宗教场所安全隐患大排查】 2011年3月,区民族宗教局对全区23个宗教场所的房屋建筑安全、消防等进行了检查,确保宗教场所安全,确保信教群众人身安全。一是下发《关于在全区宗教活动场所开展安全隐患大排查的通知》,要求各宗教场所上报各自安全隐患排查情况,明确场所负责人为安全工作第一责任人。二是加大对各宗教场所的巡查力度。民族宗教局派专人到各宗教场所排查,发现隐患问题及时指导纠正。三是针对排查出的情况及时拿出处理意见,进行整改,整改到位后再恢复其宗教活动。须水清真寺房屋存在安全隐患问题,区民族宗教局督促协调解决关于清真寺原址重建事项;洪沟东清真寺地势低洼,存在下雨积水、排水不畅问题,已拆除重建。 (郑 富)

残疾人事业

【概述】 2011年,中原区残疾人事业以残疾人社会保障和服务体系建设为工作重点,不断提高为残疾人综合服务的能力和水平,扎扎实实为残疾人解难题、办实事,全面推进了残疾人康复、教育就业、扶贫助弱、社会保障、信访维权、文体宣传等各项工作,使残疾人参与社会生活能力得到了进一步提高。 (原建华)

【困难残疾人家庭无障碍设施改造】 为"100户困难残疾人家庭无障碍设施改造"是2011年中原区政府为民办实事工程项目。区残联结合实际,制定措施,强化责任,狠抓落实,经过需求登记、入户查看、资格审核、上门安装、验收等程序,为100户困难残疾人家庭进行了无障碍设施的改造,解决了残疾人日常生活障碍,提高了残疾人生活质量,为残疾人更好地参与社会生活提供了有力保证。 (原建华)

【残疾人社会保障体系和服务状况普查】 中原区认真贯彻落实《河南省人民政府关于印发在部分市、县率先推进残疾人保障体系和服务体系建设实施方案的通知》精神,制定了残疾人"两个体系"普查工作实施方案和工作计划,扎实开展了组织、宣传、入户登记、复审录入和复查纠错等工作,通过近6个月的努力,中原区的普查工作圆满结束,共普查残疾人34425人,为中原区残疾人"两个体系"建设打下了坚实的基础。

同时,将残疾人康复需求调查工作与残疾人两个体系状况普查工作紧密结合,认真组织各街道普查小组人员按照工作方案要求,展开入户调查、登记、建档工作,确保数据真实、准确。发放康复需求调查表5万张,共普查出有康复需求的各类残疾人1.26万人。 (原建华)

【残疾人康复】 2011年,区残联继续以"人人享有康复服务"为目标,结合各类残疾人的康复需求,扎实开展残疾人各项康复工作。

一是以残疾人社区康复室为平台,全面开展社区康复工作。鼓励残疾人走出家门进行康复训练,先后有3000多人次在社区康复站进行康复训练。

二是充分使用国家彩票公益金康复经费,开展"助视、助听、助行"活动。开展精神病防治康复工作,通过印发精神病防治知识宣传单、编写墙面板报、设置康复热线等形式,广泛宣传精神病防治知识,为220名精神病患者免费提供医疗救助,为4名重度患者提供住院治疗,有160名享受低保的精神病患者享受医疗救助。依托各定点医院,开展"百万贫困白内障患者复明工程"项目,完成白内障复明手术800例;开展"健康快车"郑州行活动和低视力康复工作,为低视力残疾人免费佩戴助视器,培训低视力儿童家长,对盲人进行定向行走训练,并为盲人免费发放读屏软件。开展助行活动,为肢残人安装普及型假肢,对肢残、智残、脑瘫儿童进行康复训练,对146名社区康复协调员进行业务培训,为残疾人免费配备轮椅、掖扶、助行器、盲杖等辅助器具680件;开展0~6岁贫困残疾人儿童抢救性康复项目,筛查出孤独症儿童25人,实施康复救助,为贫困聋儿和成人进行听力语言康复训练。 (原建华)

【残疾人就业】 残疾人就业是提高残疾人生活水平的重要途径。区残联以政策法规为依托,以宣传为突破,确保了残疾人就业工作顺利开展。一是大力加强《残疾人就业条例》的宣传,增进社会共识,动员全社会共同关注残疾人就业工作。二是通过与民政、劳动、科委等部门密切合作,加大对残疾人的就业培训力度，力争通过岗前培训、创业培训等形式，扩大残疾人就业门路，加快残疾人致富步伐。同时，依托社会培训机构，提高残疾人职业技能。2011 年培训残疾人 1000 多人，培训残疾人就业指导员 139 名。三是鼓励残疾人自主择业、自主创业、缓解社会就业压力，为 15 名残疾人申请办理残疾人个体经营优惠证。四是组织开展残疾人按比例就业审核暨征收残疾人就业保障金工作，征收就业保障金 121.5 万元。（原建华）

【残疾人教育】 2011 年，区残联认真配合教育部门贯彻落实《残疾人教育条例》，抓好残疾儿童少年随班就读工作，使适龄残疾儿童少年的入学率稳固提高。强化学龄前残疾儿童启蒙教育，鼓励支持家长送孩子到特教学校就读和普通学校入校随班就读。加大对残疾学生的救助力度，为特教学校和未来聋儿语训中心捐赠价值 2 万元的学生用品和康复器具，救助 50 名在校智力残疾学生，使他们更好地融入学校生活。认真做好应届高考残疾学生的统计和救助工作。（原建华）

【扶残助残】 做好残疾人扶贫与社会保障工作，扶助残疾人摆脱贫困，解决温饱，是全面建设小康社会的重要组成部分。区残联充分利用“全国助残日”“爱耳日”“残疾人文化周”、春节等节日开展扶贫助残活动。活动中走访慰问贫困残疾人 1450 户，发放慰问品（金）44.6 万元；为符合条件的 81 人发放残疾人机动轮椅车燃油补贴；实施“阳光家园”计划，为 120 名残疾人发放居家托养补助；为 19 名“三无”残疾人发放生活救助暨低保家庭精神病患者医疗救助。各项扶残助残工作的开展，提升全社会对残疾人这个特殊困难群体的关注程度，唤起社会各界对残疾人的关爱。（原建华）

【残疾人文体活动】 2011 年，区残联开展了一系列以繁荣基层残疾人文化生活，满足残疾人文化需求为目标的文体活动。一是根据残疾人“爱心书屋”建设工作的总体要求，将残疾人特殊需要的读物纳入到“爱心书屋”建设之中，将“爱心书屋”建设工作与区“农村文化大院和社区图书室”建设工作相结合，在全区建设省级“爱心书屋”示范点 2 个、市级示范点 17 个，提高为残疾人提供文化建设服务的能力，使残疾人享有便捷有效的文化服务，推动残疾人文化建设事业的发展。二是开展中原区第二届残疾人文化周系列活动，即残疾人书法、绘画、手工艺品展示和残疾人趣味运动会。通过开展活动，活跃了残疾人文化体育生活，帮助残疾人打开心扉，展望幸福生活。（原建华）

【残疾人信访维权】 2011 年，区残联认真做好基层矛盾排调、信访苗头的化解工作，做到早发现、早预防、早防范，把矛盾化解在基层。日常信访接待做到“件件有回复，事事有结果”，全年未发生集访越访现象。做好残疾人机动三轮车的调查摸底和稳控工作，维护了大局稳定。（原建华）

【核发第二代残疾人证】 2011 年，中原区做好第二代《残疾人证》的换、核发工作。一是开展办证月活动，改变“等残疾人上门、等医院鉴定”的做法，组织有关人员下街道、进社区，受理残疾人办证业务。二是对肢体重度和盲人进行上门目测鉴定，就地办理证件。全区有持证残疾人 5597 人。（原建华）

【基层残疾人组织建设】 一是继续实施“民心工程”，关注民生，为残疾人解决实际困难和一些难点热点问题。开展各类残疾人的救助活动，为贫困残疾人排忧解难，让更多的残疾人家庭受益。二是继续加强残疾人基层组织规范化建设。按照“城市抓社区，农村抓村镇”的组织建设思路，加强残疾人干部队伍素质建设，优化干部队伍结构，提高综合素质，搞好残疾人专职委员培训，提高专职委员的服务能力，进一步转变思想作风和工作作风，营造创先争优、干事创业的良好氛围，增强服务意识、发展意识和创新意识，充分发挥残疾人综合服务中心作用，完善服务功能，提升整体服务能力。三是继续推进残疾人康复工作。以残疾人“人人享有康复服务”为目标，紧紧围绕残疾人的康复需求，运用社会化的工作方法，大力开展助行、助听、助视等活动，为有康复需求的残疾人提供服务。不断完善康复服务网络，健全保障机制；全面开展残疾人社区康复服务；继续实施 0 ~6 岁贫困残疾儿童抢救性康复项目；实施重点康复工程，逐步扩大康复救助范围；继续实施关爱救助孤独症儿童工作;做好全区低保家庭中精神病患者医疗救助工作;继续做好普及型假肢装配和辅助器具供应服务工作。四是继续做好残疾人就业工作,重点做好有就业需求的残疾人职业技能培训和岗前培训,增强他们参与社会生活的能力。加大残疾人个体就业、自主创业的扶持力度。　　(原建华)

街 道

须水街道

【概况】 须水街道成立于2011年3月15日,地处郑州西大门,下辖12个行政村和1个社区,人口近10万人。东起郑州西四环,西至荥阳,南至荥阳、郑州二七区边界,北临高新技术开发区。西四环、西环城高速公路纵贯南北,陇海西路、中原西路、310国道、陇海铁路横穿东西。 (孟建民)

【街道经济】 2011年,须水街道辖区生产总值完成24.3亿元;其中第三产业增加值完成5亿元;财政税收完成5972万元;全社会固定资产投资完成22.5亿元;规模工业增加值完成13.6亿元;社会消费品零售总额完成9.5亿元;农民人均纯收入完成11850元;市外资金到账额完成6.4亿元;实际利用外资完成950万美元;外贸出口额完成2330万美元。 (孟建民)

【中原宜居商贸城建设】 2011年,须水街道辖区内一批支撑性项目有序推进。其中,投资268亿元的中国家居CBD郑州产业园项目,已完成前期普查工作,即将启动拆迁工作;投资50亿元的锦艺·国际轻纺城已拆迁完毕,正在抓紧施工;投资100亿元的大中原国际汽贸城正在办理前期手续;投资10亿元的罗蒙服装生产基地项目,控制性详细规划编制已完成;国资委工业园项目占地296亩,总投资12亿元,已确定为省重点项目;机械工业第六设计院研发中心项目占地约110亩,总投资6亿元,完成土地征收报批手续;南水北调工程正在全面施工;水业总部基地项目完成土地征收报批手续;西四环绿化带建设项目基本完成拆迁;陇海路西延工程已完成桐树王段企业拆迁和马庄段的普查。 (孟建民)

【社会事业】 2011年,须水街道积极保障和改善民生。超额完成居民养老保险、居民医疗保障、农村劳动力转移、离退休人员社会化管理等目标任务;对60岁以上老人进行了全面普查,建立了优抚对象151人的档案及台账,为78名义务兵发放家属优待金74万余元,建立13个村级(社区)康复站,深入开展扶贫解困、康复助残工作,发放最低生活保障金457人计132万元,做到应保尽保动态管理,火化率达100%。 (孟建民)

【平安建设】 信访工作。按照“谁主管、谁负责,一包到底”的原则,及时排查、调处各类矛盾;积极预防和妥善处置突发事件和群体性事件,对重点问题和重点人员建立档案动态管理;建立信访稳定工作周报制度,对不稳定问题、重大不稳定事件早发现、早防范、早解决,疏民怨、解民忧、顺民意,有效化解了各种矛盾,确保小事不出组,大事不出村,重大事情不出街道。

安全生产及消防工作。实施安全生产“三分六定”网格化管理,形成齐抓共管的安全生产责任网络;采取“一报两查三监督”方法对2000余家单位进行普查和重点排查,分类详细建立重大危险源、危化企业、生产经营单位、公共聚集场所等台账;严格落实安全生产检查制度,结合实际,开展短绒棉加工、保温材料、家具加工、危化行业、压力容器、建筑工地等安全专项检查;开展了“安全生产月”排查整改活动和“须水街道安全生产检查月擂台赛”,发现隐患4895处,整改隐患4682处,企业递交安全生产和消防工作承诺书1051份;协调区安监局和消防大队对重大事故隐患进行了联合执法,确保重大事故隐患整改率达100%;利用早、中、晚工人上下班集中的时段,在各村主要路口和企业,通过巡回展出宣传版面等方式,广泛宣传违反安全生产的严重危害;分2批对辖区单位和机关干部近500人进行安全消防知识培训。同时,严格执行规定,对检查不合格的单位,下达整改通知书,并以周报的形式直接上报区安监局等执法、技术权威部门。

综治工作。严格落实责任制,调整充实综治工作领导小组;建立突发事件处置分队,提高快速反应能力;先后组织开展学校、企业、铁路沿线周边和取缔黑网吧等专项整治活动;建立完善社会管理治安防范网格化体系,全面提升基层社会管理服务;深入开展“平安之星”创建活动,12个村(社区)达到平安创建标准,治安形势明显好转。

巡防工作。整合各方力量,充分发挥兼职巡防队员和社区民警的作用,互联互动,全力防范,形成了“处处有联防、时时保平安”的良好局面,可防性案件明显减少。

维稳工作。成立了须水街道矛盾排查调处中心，健全街道、村、组三级信息网络，完善应急机制，不断提高处置突发事件的能力，全年没有发生重大群体性案（事）件，“两会”“五一”、国庆节等重大节日和政治敏感期没有发生赴省、赴京上访及涉军案（事）件，保持社会大局的基本稳定。

反邪教工作。坚持防范、打击、监控、帮教、宣传并举的方针，以宣传帮教为重点，深入开展反邪教警示教育活动，全面清查和禁止传播各种反动宣传品，签订了防邪教承诺书，继续保持“三零”目标。

依法治区工作。积极推进“六五”普法，广泛宣传各种法律法规；典型引路、分类帮教刑释解教人员，对接收8名矫正人员登记造册，分类管理，没有发生重新犯罪现象；高度重视调解员队伍建设，打造“名牌调解员”，充分发挥人民调解在维护社会稳定中的“第一道防线”作用，共调处各类不稳定因素196起，已成功化解186起，有42起典型案例，被河南电视台《民生大参考》《讲述六十分》等品牌栏目播出，在社会上引起很大反响。

（孟建民）

【违法建设整治】 2011年，须水街道办事处积极开展违法用地、违法建设整治工作。加强预防、查处违法建设宣传力度。悬挂宣传条幅80条，书写墙体标语48条，发放宣传页6000张；建立违法用地违法建设巡查监管台账，加大违法建设巡查力度，日常巡查发现一起、拆除一起。多次组织机关干部协助配合公安、政法等部门开展集中清查整治违法建设和住宅建设活动，出动人员150余人、铲车6台、自吊车8台，对违法建设进行了集中拆除，起到了强大的震慑作用。加强村民宅基地建设巡查监管力度，建立宅基地建设管理台账，制定须水街道办事处集体土地上村民住宅建设手续办理程序。对于第十一次卫片涉及的违法用地、违法建设坚决督促整改，共计拆除10起，总占地面积60亩，全部进行了复耕。（孟建民）

【城乡环境卫生整治】 2011年，须水街道办事处深入开展爱国卫生运动，大力开展城乡环境卫生整洁行动，加大环境卫生整治力度，积极开展村容、村貌路容路貌综合整治和城市管理整治提升工作。对占道、突出门店经营已清理，关停和整改环保不达标企业单位5家，对须河沿线的排污口进行截污。完成天王寺村生态文明村的申报工作，清查出食品企业9家，没有发现“地沟油”。（孟建民）

【人口和计划生育】 2011年，须水街道不断加大人口和计划生育宣传、奖励扶助力度，组织迎“双节”、庆“三八”妇女节、纪念“5·29”、举办生殖健康知识讲座等宣传服务活动；加大投入力度，筹措资金40万元对街道办事处计生服务所和三十里铺村、马庄、白寨村的计划生育生服务室进行整体改造，达到了规范化的要求。发放奖励扶助资金441840元。进一步加强区域协作“一盘棋”和均等化服务，加大流动人口计划生育管理力度，为流动人口提供“一站式”服务，完成国家流动人口动态监测2个样本点，4个批次的调查任务。加大执法力度，公开办事程序，依法行政，接受群众监督，开展人口清理清查工作，掌握街道人口底数，综合治理出生人口性别比。（孟建民）

【换届选举】 2011年，须水街道党工委高度重视、严格程序、组织到位、措施得力，稳步有序推进各村党支部的换届选举工作。

广泛宣传、培训到位。广泛宣传此次村级党组织换届选举工作，共悬挂横幅100余条，张贴标语300余条，及时张贴公告、公示，做到了家喻户晓。并于10月21日召开了由各村“两委”成员参加的村级组织换届选举动员暨培训大会，对村级组织选举的要求和程序进行详细的讲解，充分利用每周五下午街道机关全体人员集中学习的机会，对机关人员进行严密培训，熟记换届选举工作的各方面知识和程序，保障了工作人员在村级党组织换届工作中组织、指导到位。

严格程序、指导到位。在各村党组织换届工作中严格程序，严格按照《须水街道村级党组织换届选举工作实施方案》和村级党组织换届选举流程图要求，抓好换届工作的每个环节，并指导各村按照换届选举要求做好每一步工作。同时，领导小组工作人员积极指导、配合各村换届工作，参与换届选举工作全过程，使村级党组织换届选举工作公开、公平、公正、合法、有序。

措施得力、组织到位。根据各村情况，分别采取有效的措施，并在具体的实施中严密组织，保证了各村党组织换届的高参选率、高成功率。真正实现了平稳换届、有序换届、和谐换届，选举出了有力的党支部，为今后各村工作的开展打下了良好基础。（孟建民）

【须水中心幼儿园奠基开工】 2011年，须水街道办事处不断加大教育投入力度，改善办学条件。配合区教育体育局完成了对中心学校的改制，经过工程设计、规划、招投标等相关程序，须水中心幼儿园于12月10日奠基开工。（孟建民）

【科学技术普及】 2011年，须水街道办事处发挥资源优势，开展了群众喜闻乐见的科技活动，激发和调动了居民参与科普活动的积极性。“5·12”防震减灾日宣传，辖区近万群众观看了各种有关防震减灾的实用小知识；科技周活动期间，制作条幅14条，宣传展板10块，发放宣传资料2000多份，收到了较好的效果；“9·18”全国科普日，利用展板4块、条幅5条、宣传单3000余份、锣鼓队等形式，以“保护水资源、反对邪教”为主题进行了广泛宣传。举行送科技下乡活动，邀请国家级营养师刘亚丽到街道办事处讲授了饮食与健康方面的知识。（孟建民）

【残疾人工作】 2011年，须水街道建立13个村级（社区）康复站，每个站配备6种康复器材，邀请区残联到办事处为残疾人进行现场评定，建立完善了残疾人档案；深入开展扶贫解困、康复助残工作。（孟建民）

【社区建设】 2011年，须水街道办事处以“社区建设年”活动为契机，以社区服务中心建设为动力，加强对井下基地社区的建设与管理。基本建成了具备“六室三站二栏一校一厅一场所”，集办公、养老、健身、娱乐、医疗、信息、阅读、培训等功能为一体的社区服务中心，为居民提供了便民利民服务。（孟建民）

【设立便民服务中心】 2011年3月，须水街道办事处搬入新址后，树立便民服务的意识，将工作职能基本接近的部门合并，设立了平安中心、安全中心、社保中心、计生中心、城建中心、农财中心、经济发展中心等7个中心，统一实行柜台式服务，敞开式办公，员工之间互相交流、互相监督，面对面为群众提供优质服务。（孟建民）

【《村情民意》小报】 2011年8月，须水街道办事处在辖区所有行政村实行《村情民意》小报制度，并把小报编发工作作为推行村务公开的重要举措的结果。小报内容涉及各村每项工程的实施、每笔资金的使用、监督审核等群众关心的大事。增强了村“两委”的工作透明度，保障了群众对村级事务的知情权、参与权、监督权。（孟建民）

【党风廉政建设】 一是切实加强基层党组织建设，充分发挥战斗堡垒作用。早、细、严、实、稳阳光换届，选举出了“双强”村级班子，焕发了村班子的生机和活力；建立健全规章制度，对党员干部进行规范化、制度化管理；通过“明确职责任务，科学定诺；公开集中宣诺，强化践诺；开展双述双评，民主评诺”等活动，不断深化了创先争优活动。成功举办了庆“七一”红歌大赛活动；组织观看了红色影视剧；召开了典型经验交流会，认真开展了选树典型工作；组织机关党员、村支部书记到井冈山考察学习；深入推广运行“四议两公开”工作法，妥善解决实际问题。

二是切实加强党风廉政建设。深入落实党风廉政责任制，强化勤政廉政意识，努力营造风清气正的工作环境、学习环境和发展环境。坚持预防监管查处并重，深入惩治腐败，认真贯彻落实各项制度，加强了各项监督。认真办好《村情民意》小报，设立党务、政务、村务（财务）三公开专栏，架起沟通干群的桥梁。

三是坚持集中学习制度，严格遵守党的纪律，坚持民主集中制和有关会议制度、工作规则，班子成员自觉维护集体决策和班子团结，工作中密切协作、相互支持，形成了团结进取的良好局面，街道党工委班子自身建设得到了加强。（孟建民）

【班子自身建设】 一是健全和完善党委中心组学习制度。积极参与领导干部“一竞双争”读书竞赛活动，全体班子成员结合工作抓学习，围绕工作查不足，抓住不足分析原因，制定整改措施。提高了依法行政和决策能力及处理应急事务的能力。

二是抓好党建工作责任制的落实。层层签订党建工作责任书，明确了相关领导、相关部门和各支部的党建目标任务，实行年度奖惩考核。每月召开一次专题会议，听取党建工作汇报，研究解决工作中存在的问题和不足，从而形成了党工委统一领导，有关职能部门各司其职，一级抓一级、层层抓落实的党建工作格局。

三是进一步加强各项制度的规范。建立健全党委班子的各项规章制度，严格执行民集中制，凡事都有班子研究，不搞"一言堂"，不强制拍板做决定。严格落实党委学习、生活和工作制度，解决制度本身存在刚性不够、弹性过大的问题。在班子建设中，把作风建设作为一项重要内容来抓，要求班子成员带头转变工作作风，做给同志们看，带着同志们干。在全街道干部职工中起到了很好的表率作用。 （孟建民）

西流湖街道

【概况】 西流湖街道成立于2011年3月15日，机关驻地位于中原西路217号，管辖范围东起西三环，西至西四环，南起二七区边界，北至陇海铁路线，是中原区按照城市化模式进行管理的农村街道。辖区常住人口8.2万余人，有常庄、柿园、赵坡、北陈伍寨、西岗、孙庄、铁炉、大李、赵仙垌、址刘、刁沟11个行政村，77个村民组，阳光花苑1个社区。少数民族以回族为主，主要居住在刁沟、赵仙垌及柿园海湾村民组。 （郭 冬）

【街道经济】 2011年，西流湖街道完成地区生产总值13.5亿元，第三产业增加值7.1亿元，规模工业增加值3.5亿元，固定资产投资4.5亿元。市外资金实际到账额3.3亿元，实际利用外资1600万元。农民人均纯收入11340元。财政税收收入7390万元。 （郭 冬）

【环境卫生整治】 2011年，西流湖街道通过村组参与、社会各界支持，动员社会各界力量，投入资金400余万元用于环境卫生整治行动，对存在已久的垃圾山、垃圾场进行了整改，辖区内长年积存的垃圾83万立方米已全部清除完毕，制定并下发了《环境综合整治长效管理意见》，为各村民组统一购置了垃圾清运车辆和垃圾收集桶，长效管理机制正逐步完善。 （郭 冬）

【常西湖区域综合整治】 常西湖区域综合整治涉及西流湖街道6个行政村、18个村民组，涉及企业193家，苗木户504户，占地2000余亩，需拆迁建筑26万余平方米。西流湖街道办事处重点围绕垃圾清理、排污口治理、西流湖生态公园建设三大项任务开展工作，累计投入资金100余万元，清理垃圾22万立方米，19处垃圾堆积点已整改到位；共排查企业358家，对12家违法排污企业依法关停，11处排污口全部实施截污；完成了西流湖公园拆迁范围内的193家建筑类企、副业单位拆迁补偿协议的签订，实际拆除各类建筑物近28万平方米；苗木类504户已拆迁完毕，清理面积1800余亩，完成了全部拆迁任务，且整个拆迁过程严谨高效，没有发生上访事件，受到了市、区主要领导的高度评价。 （郭 冬）

【重点工程稳步推进】 2011年，南水北调工程郑州Ⅰ段涉及西流湖街道3个行政村，占地1000余亩，永久占地、大田苗木、企事业单位、宅基拆迁工作已结束，施工营地已建成。郑州轨道交通1号线凯旋路站施工顺利，场站已拆迁完毕。西四环绿化带建设涉及西流湖街道50米范围内15家企业、14户居民门面房，已全部拆迁完毕。总投资30亿元、占地528亩、建筑面积100万平方米的啟福·尚都项目已完成全部建设任务量的75%。总投资6亿元、占地287亩的中原汽配大世界已有500余家商户入驻经营。总投资12亿元的赵仙垌村合村并城项目是中原区首个合村并城试点，于5月19日正式启动，年底土地控制性详细规划已完成。东陈伍寨、北陈伍寨、白庄的城中村改造正在稳步推进。 （郭 冬）

【信访稳定】 2011年，西流湖街道办事处加大对信访工作的领导，制定班子成员接访、下访工作机制，在政治敏感时期，每天安排1名班子成员进行接访，要求驻村人员吃住在村，确切掌握村内的热点、难点问题以及不稳定因素，对苗头性、倾向性问题能作出有效判断。包村领导和干部及时做好政策的宣传、解释工作，严防群体性事件发生。根据上级安排，街道办事处对多年来的矛盾纠纷进行了集中排查、化解，解决了一批多年来没有解决的突出问题。结合街道实际，认真开展信访大排查、大接待、大化解活动，确保社会大局的稳定。截至年底，接待群众来信来访100余人次，受理上级交办信访件18件，按期办理率100%。（郭　冬）

【换届选举】 西流湖街道村级组织换届工作于10月25日正式启动，党工委坚持“党管干部、群众公认、公平公开、先易后难、一村一策、分类指导”的原则，按照“先党支部，后村委、再监委、再村民组和联户代表”的顺序，精心组织，扎实推进。成立了换届选举工作领导小组，设立了办公室和换届工作组，制发了换届流程图和工作推进表，探索建立“一驻村、一回避、两谈话”制度，为村级组织换届选举营造风清气顺的工作程序和舆论氛围。年底街道11个村级党组织、村委换届完成。（郭　冬）

【计划生育】 2011年，西流湖街道总人口33234人，其中，已婚育龄妇女7743人，占总人口的23.3%，健康体检4756人，占已婚育龄妇女总数的61.4%。1月至10月出生322人，其中女孩165人、男孩157人，符合政策生育率98.43%，出生统计准确率100%，避孕措施落实率99.5%，独生子女领证率35.3%，均完成了上级下达的目标任务。（郭　冬）

【社会保障】 2011年，西流湖街道充分发挥管理、服务的职能作用，积极开展养老、居民医保、农村劳动力转移培训及就业、离退休人员社会化管理等各项工作。全年办理城乡居民养老保险915人，农村劳动力转移就业400人，办理城乡居民医疗保险1360人，其中大中专院校学生参保630人。组织辖区内用工单位及下岗失业人员、大中专毕业生参加市区举办的招聘会，并对“4050”就业困难人员实施就业援助，使他们能够及时享受社保补贴、小额担保贷款等优惠政策。全年办理《就业失业登记证》269本，小额担保贷款11人。（郭　冬）

【街道农业】 一是大力实施种子工程。西流湖街道办事处积极宣传良种补贴政策并落实到位，补贴玉米良种面积6700亩，补贴资金6万余元，补贴小麦良种面积7500亩，补贴资金7万余元。

二是做好春、秋两季畜禽防疫工作。西流湖街道办事处精心组织防疫人员深入村、场、户进行免疫，共免疫猪6.6万头，其中猪瘟2.2万头、猪口蹄疫2.2万头、猪蓝耳病2.2万头。工作人员3次对辖区内100余户生猪养殖户进行排查、登记、签订承诺书及责任书，抽检样本600余份，均未发现有喂养“瘦肉精”现象。大力贯彻国家制定的能繁育母猪补贴政策，辖区统计上报80户养殖户741头能繁育母猪。

三是抓好农村水利基本建设。对各村饮水及灌溉情况进行统计，确保用水安全。配合区相关部门完成全国第一次水利普查工作，主要包括对辖区内所有机井进行排查登记，并对各村组灌溉井每月取水量进行统计；对辖区内30余户不同行业、不同规模的企事业单位进行每月用水统计。汛期农业服务中心办公室人员坚持每日对河道、水库进行巡查，做好雨情测报，办公室设专人值班，及时把测报情况上报区防汛办；对辖区内危房、道路积水点及其他安全隐患进行全面排查，确保2011年安全度汛。

四是积极推广先进农业机械和操作技术，完成机播1.3万余亩，机械收获1.3万余亩。

五是做好“三夏”“三秋”禁烧工作。西流湖街道办事处每天安排人员对各村进行巡逻，出动宣传巡逻车110余车次，悬挂条幅90余条，出动人员900余人次，向群众发放《西流湖禁烧通知》，全力营造浓厚禁烧氛围，顺利完成了“三夏”“三秋”期间辖区内“不着一把火、不冒一股烟”的目标。（郭　冬）

【党建工作】 2011年，西流湖街道党工委从四个方面加强党的建设。一是加强领导班子建设，坚持中心组学习制度，坚持民主集中制原则，建设团结协作的领导班子；加强党风廉政建设，认真落实党风廉政建设责任制；加强民主制度建设，规范和细化党内民主程序。二是抓工作机制建立。年初，西流湖街道成立和调整了8个领导小组，研究制定了2011年党建工作要点。为使各项目标任务落到实处，西流湖街道采取周考核、季度检查和年终检查相结合的方法，将领导职责纳入干部考核的机制。成立西流湖街道各项工作督察组，对各项工作落实情况进行不间断的督察。三是抓后备党员发展。按照中原区委的有关要求，进一步加强党的基层组织建设，增强党员队伍活力，切实做好新形势下街道发展党员工作，夯实党的执政基础。同时要求各党支部高度重视，精心组织，加大培养力度，积极调动群众积极性，确定入党积极分子及培养对象，严格按照发展程序发展党员。四是抓党建工作宣传。建立健全信息渠道，认真开展组工信息调研和党建宣传工作业务培训，进一步明确报送信息素材的内容、格式、渠道等要求，畅通基层信息报送网络。

（郭 冬）

航海西路街道

【概况】 航海西路街道位于郑州市西南部，2011年4月，中原区行政区划调整，辖小岗刘、后河芦、闫垌、密垌、郭厂、段庄、冯湾、道李、石羊寺9个行政村，27个自然村，60个村民组，帝湖花园、启福、茜城花园3个社区，有居民30957人，流动人口66955人，居住着汉族、回族、满族、苗族、土家族、蒙古族、朝鲜族、东乡族、瑶族、彝族10个民族。

（朱建宪）

【街道经济】 2011年，航海西路街道办事处财政税收19129万元，其中国税完成1751万元，地税完成15838万元，省直税完成303万元，市直税完成783万元，市国际税（涉外税）完成454万元，社会固定资产投资28.5亿元；地区生产总值已完成22.52亿元，第三产业增加值9.81亿元，规模工业增加值15874万元，社会零售品总额146850万元，农民人均纯收入10820元。（朱建宪）

【党建工作】 2011年，航海西路街道党工委坚持以十七大精神为指导，切实增强基层党组织的凝聚力和战斗力，为促进街道的建设和发展提供坚强的组织保证。

深入开展"创先争优"活动。航海西路街道坚持把深入开展创先争优活动作为一项重大政治任务，精心安排部署，强化组织领导，推动了创先争优活动的扎实有效开展。一是加强学习，强化宗旨意识。街道党工委组织全体党员干部人手一份学习材料，认真学习市委"十个不允许"的要求；二是公开承诺，接受群众监督。通过制定岗位公开承诺牌、设立承诺公示栏等办法，将承诺具体事项、落实时限、联系电话等向服务对象公开，接受群众监督；三是规范管理，提升服务水平。把开展政策法规、业务知识和岗位技能培训纳入争创内容，不断提高党员干部特别是窗口工作人员服务群众的本领和水平，努力使群众切身感受到创先争优带来的新变化。

着力推进党建示范点建设。一是领导重视，精心部署。街道党工委高度重视示范点育推工作，专门召开班子会，对示范点建设工作进行研究部署，结合街道实际情况制定下发了《关于实施"党建示范点推进工程"的推进方案》和《党建示范点标准》，做到建有标准、创有目标。二是严格选点，落实责任。经过多次调研走访，选择了党建基础扎实、行业特点鲜明的4个党组织作为区级党建示范点，并将创建责任落实到人，确定党组织书记为第一责任人，要求各党组织提高认识落实推进方案，保证创建示范点活动顺利实施。三是分类指导，加强督导。针对不同领域和行业党建工作特点，分类指导制定创建规划，定期不定期组织人员对各党组织示范点建设进行督查，了解掌握情况，对创建中遇到的问题和困难提出合理化的建议，协助指导各党组织抓好创建工作。

加强村级党组织换届选举工作。航海西路街道村党组织换届选举工作于2011年10月底全面启动，根据《中国共产党章程》和《中国共产党基层组织选举工作暂行条例》规定，按照区委办公室《关于印发〈中原区村级党组织换届选举工作实施方案〉的通知》精神，通过"学精神、抓纪律、依法规、重指导、建机制"，顺利产生了新一届的村级党组织。辖区9个行政村有1098名组织联户代表和党员直接参与民主推荐，757名党员参加正式选举，新产生班子职数33个，其中连任25人，女干部4人，大专以上文化程度9人；年龄最大的68岁，年龄最小的29岁，平均年龄50.64岁，50岁以下（含50岁）13人。

扎实做好非公党组织组建。一是摸清底数，建立台账。针对非公企业种类多、党员流动性大等问题，制作了《航海西路街道非公企业情况表》《非公企业党员信息采集表》，按地域分片开展摸底工作，建立"两新"组织管理台账，实施动态管理，共登记企业26家，个体工商户113家。二是分类指导，强力推进。根据调查摸底情况，按照"先大后小、先易后难"的原则，对条件成熟的企业进行分类指导，强力推进组建工作，辖区符合单独组建条件的企业4家，现已成立1家。三是加强措施，确保成效。街道通过召开企业负责人联席会议、直接与企业负责人沟通，切实取得他们的支持，确保在抓好组建的同时，抓好规范化建设。（朱建宪）

【重点工程】 2011年，航海西路街道辖区内涉及国家、省、市、区级重点工程6个。南水北调郑州Ⅰ段工程在石羊寺村占用永久性征地235亩、临时性用地23亩，共涉及居民户9户、财产户17户，另有地面附属物涉及居民200余家，截至年底，兑付工作已完成、地面附属物已清理完毕，开始对涉及的房屋及附属物进行测量，郭厂东公路桥已经开挖，郭厂北公路桥、东冯湾公路桥及冯湾北生产桥的投资已经下达，拆迁工作正在协商中。

郑少高速引线配套工程的监管中心征用航海西路街道段庄村农用地47亩，涉及征地村民64户，在村民的配合下，保障重点工程的进度。

常西湖区域综合整治工程。航海西路街道先后投入资金270余万元，组织1000余人次，对常西湖区域积存的垃圾进行清运，保证常西湖区域综合整治工作的顺利开展。

金水河整治工程涉及辖区居民70余户，航海西路街道工作人员多方努力，往返奔波，取得村民的理解和支持，并对大量地面附属物进行及时清理，保证了工程的如期进行。

贾鲁河截污工程中，航海西路街道投入资金30万元，将冯湾、段庄的6处排污口的污水分别引入4个鱼塘，经沉淀过滤、氧化后再排入贾鲁河中；郑湾的排污口采用挖沉淀、氧化池蓄水，再用抽水车将污水抽走的方式，控制了7个排污口。

航海路西三环立交桥工程涉及3个村民组113户及4家大型企业，航海西路街道克服重重困难，提前完成了原计划40天完成的附属物登记工作，经过紧张的登记复核，顺利将1800万元的赔付资金兑付到群众手中，清理表面工作得以顺利进行，为工程全面开工打下良好基础。（朱建宪）

【安全生产】 2011年，航海西路街道坚持以隐患排查治理为主线贯穿全年，加强安全生产的基层基础工作，完善各项规章制度，深化专项整治和隐患整改，建立长效机制，进一步提高监管水平，遏制重大事故的发生，辖区的安全生产工作持续平稳。

春节、"两会"期间，对市场、商场、学校、幼儿园、敬老院、歌厅、饭店、洗浴、劳动密集型企业等单位进行安全检查。3月，街道与9个行政村、3个社区、4家规模企业、2家商场、3个市场以及村、社区与生产经营单位层层签订目标责任书1400余份，实现了监管率100%。开展安全生产专项治理。年内，将辖区内的300余家安全生产经营单位、1000余家沿街门店、1300余家市场商户和14家建筑施工工地纳入目标管理范围，辖区的事故发生率与往年相比有所下降。

强化安全生产宣传。在"安全生产月"活动中，航海西路街道参加了中原区在五一公园举办的宣传日活动，围绕"安全责任，重在落实"的活动主题，悬挂条幅80余条，固定展板8块，固定公益宣传画4块，发放宣传册、宣传画200多份，接受群众咨询15人次。完成生产经营单位负责人安全员培训（含复训）102人。（朱建宪）

【治理违法建设】 2011年，航海西路街道加大违法建设治理力度，建立长效整治机制，成立专项整治活动执法组，坚持不间断巡查，加强执法宣传；联合区公安、土地、建设部门对辖区违法建设行为进行集中执法，开展大规模违法建设专项治理行动，共集中执法6次，出动1500余人次，下发停工通知书50余份，收缴各类大型建筑设备30台（件），强制拆除违章建筑14栋3840余平方米，自行拆除3起1700平方米。（朱建宪）

【街道农业】 2011年，航海西路街道认真开展各类科普宣传活动，发放科普类书籍和宣传资料1000余份；为辖区的1.5万余只禽类、6667头猪、146头牛进行春季和不定期集中免疫，免疫率达100%；建立防疫档案，向养殖户发放禁用"瘦肉精"等添加剂告知书、司法解释，与养殖户签订禁用"瘦肉精"承诺书、禁用"瘦肉精"目标责任书等；

“三夏”“三秋”期间督促辖区农民抢种抢收夏粮728亩，抢种抢收秋作物774亩，发放宣传资料1000份，出动宣传车115台次，下乡290余人次，未发生一起安全事故和焚烧秸秆现象。（朱建宪）

【计划生育】 2011年，航海西路街道新出生246人，人口出生率6.2‰；政策生育率、独生子女领证率、流动人口管理率等完成情况均优于年初目标；节育措施落实率、出生统计准确率、出生统计报表符合率均达100%；落实计生利导对象2336人（户），街道本级及以上落实资金278364元；村级落实各项利导资金200余万元，落实情况100%

一是加快推行计划生育村民自治，落实计划生育“村为主”方针，创建示范化单位，推进工作重心下移。各村民委员会结合本村实际制定计划生育制约措施，实行“两委”干部包组，党员干部联系户制度，把责任落实到人。对已实行村民自治的小岗刘社区等12个村、社区，进一步抓好巩固提高，实现计划生育工作村民自我教育、自我管理、自我服务的管理体制。二是不断探索流动人口管理的新机制，推广流动人口旅栈式管理，工作互动、资源共享，提高了工作效率，管理力度进一步增大。三是狠抓技术服务水平的提高，认真实施计划生育“三大工程”，深入推行“医育结合”，开展妇科病普查诊治。联合郑州市妇幼保健院妇科专家，对全街道6873名育龄妇女免费进行“两癌”普查诊治。四是完善利益导向机制，狠抓优惠政策的落实。大力宣传关于向独生子女户落实优惠政策的各项规定；实行计划生育的家庭给予奖励、照顾和优惠。截至年底，辖区各村领取《独生子女父母光荣证》的家庭2418户，其独生子女保健费已全部落实到位。

（朱建宪）

【社会保障】 2011年，航海西路街道积极推进实施创业带动就业战略，鼓励下岗失业人员积极创业，全面做好“一年十二万就业计划”、农村劳动力转移就业和培训、下岗失业人员技能培训、职业介绍、社会保险扩面征缴、离退休社会化管理服务、城乡居民养老保险、城镇居民基本医疗保险等各项工作，推进各项工作再上新台阶。截至年底，辖区居民实现就业再就业1618人，实现农村劳动力转移就业208人；完成企业养老保险扩面征缴260人，辖区新增城乡居民养老保险502人，完成城镇居民医疗保险2020人。（朱建宪）

【人大换届】 2011年，航海西路街道人大代表的选举工作，从12月28日开始至2012年2月底结束，经过准备工作阶段、选民登记阶段、提名协商确定候选人阶段、投票选举阶段等，顺利地完成了人大换届选举工作。按照《选举法》的规定，从人口数量及地理位置出发，共划分为12个选区，选民共14869人。进入提名候选人31人，确定正式候选人30人。参加选举投票的选民13555人，参选率达91.1%。经过投票选举，产生区第十五届人大代表18名。（朱建宪）

【第七届村委会选举】 2011年10月下旬开始，截至年底，航海西路街道有9个村完成换届选举。

一是组织领导到位。航海西路街道把此次换届选举工作作为维护社会稳定、促进农村发展的基础性工作来抓，给每个村指派换届选举指导组，加强业务指导和监督服务。在正式选举日，每个投票站安排1名班子成员和若干名机关干部，协助村组做好站点选举工作，为村委会换届选举工作顺利进行提供了强有力的组织保障。

二是动态把握到位。在换届选举前期，对辖区各行政村的情况进行深入调研，专门召开情况研讨会，对重点村、难点村，特别选派经验丰富的同志担任换届选举工作指导员。同时，街道抽调机关精干力量开展“走进农家下访”活动，加强与基层党员群众的沟通交流，了解村情民意，及时化解矛盾纠纷隐患。累计走访群众3000余人次，悬挂条幅、张贴标语近100条，收集意见建议28条，化解矛盾纠纷24起。

三是程序严格到位。认真研究本次选举所推行的“两推一选”选举办法，按照要求制定《第七届村民委员会换届选举程序图》，对所有工作人员统一进行培训，严把选委会组成、选民资格认定、选民名单公示、任职资格条件、选举日确定、选民数核实、委托证发放、票箱设置、选举结果公布等9个关口，严格规范民主评议、候选人初步人选、候选人预备人选、候选人正式人选等程序中的语言；统一配发所有的选举用品，各村在选举中存在的任何异议，只能由领导小组统一向上级部门请示后方可答复;统一封存和保管选举资料;印发统一的工作证;做到每个环节都严格按法定程序操作,保障选举工作有序进行。

四是措施保障到位。严肃换届工作纪律,从选举制度、选举程序、选举纪律、后勤保障等方面强化措施的落实,严把各项措施制定关、实施关、监督关,做到人员、措施、资金等保障到位,领导小组分村轮流巡查,对选举程序进行监督,街道党工委要求各村组在换届前期及换届期间停止一切大的经济活动,保证换届选举工作不受干扰。

本次选举共产生新一届村委会成员33名,其中村主任9名,副主任3名,委员21名,有女委员9人;大专以上文化6人,高中文化27人;连任26人;党员29名,主任职务中党员有6名,副主任中有党员3名。 (朱建宪)

【招商引资】 2011年,航海西路街道以城中村改造、南水北调工程开建为契机,创新招商方式,完善招商政策,抓好招商引资项目的签约落地,让项目早启动、早投产、早见效。引进投资2200万元的汉庭快捷酒店项目、35亿元的西石羊寺城中村改造项目、拟投资30亿元的盛豪帝湖国际广场项目。汉庭快捷酒店已投入经营,西石羊寺城中村改造项目正在进行土地的"招拍挂"手续,北卧龙岗和密垌城中村改造项目的控制性详细规划已获市政府批准,东石羊寺项目正在办理土地征收报批手续;盛豪帝湖国际广场项目已签约,其他相关手续正在办理中。 (朱建宪)

【共青团工作】 2011年,街道采取"编制内与编制外相结合,专职与兼职相结合"的方式,街道团委积极部署,精心谋划,经过宣传发动、摸底调查、组织实施、构建机制四个阶段,完成街道9个行政村、3个社区的团组织格局创新工作。年内,在第七次村民委员会换届选举同时,经过格局创新,选配了一批优秀团干部充实到基层一线的换届工作中,其中本科及其以上9人,大专4人;大学生村干部3人,非团组织6人;平均年龄29岁,有效地增强了团组织的凝聚力、战斗力和影响力,街道团组织人员配备和工作内容更加符合党的青年群众工作和经济社会发展要求。 (朱建宪)

【妇女工作】 2011年,积极开展"双学双比"活动。继续深化"巾帼科技星火培训"工程,提升女性综合素质,与社保、农办、计生、工会等部门相结合,举办了以养殖、种植、家政、女性健康知识、电脑等为内容,以各村(社区)计生专干为对象的培训,其中女性健康知识就培训150人次。

深化创业就业工作。针对下岗、失业、无业女性开展"妇女创业就业服务月"活动,在"五一"节前夕,联合街道政协工委、社保以及皇府鲍鱼、金泰、永泰、立新有限公司等委员企业14家,举办了女性专场招聘会及培训会,招聘下岗失业女性40多人,扶持创业带头人10人,介绍安置就业女性。以政府推出的10万2年免息社保"创业贷款"为契机,宣传引导农村妇女、女农民工、下岗(失业、失地)妇女贷款创业,较好地激发了广大妇女投身科学发展的内动力。共扶持创业妇女4人,发放小额担保贷款40万元。

丰富妇女文化生活。"三八"节,响应区妇联号召,组织动员机关干部30人参加健身操比赛,并从中挑选优秀者12人(其中男性2人)参加了区健身操大赛,较好地展示了航西女性风采,活动深受机关女同志欢迎,不仅增进了凝聚力,同时也提高了街道妇联在机关中的威信。

为妇女群众办实事。8月21日至9月20日,免费为辖区10个行政村35~59岁的农村妇女3000人进行宫颈、乳腺"两癌"体检筛查,让广大农村妇女真切体会到了党和政府的关怀。

依法维护广大妇女儿童的合法权益。依托综治工作重心在12个行政村(社区)建立了妇女儿童维权站,集中开展了以"两性和谐让家庭远离暴力"为主题的"三八"妇女维权周暨妇女健康义诊宣传活动,同时,还开展"法律进社区、进农村"活动,有力地提高了广大妇女依法维权意识。

组织开展帮扶活动。"六一"儿童节前夕,街道出资3000元对机关、社区16周岁以下近30名贫困儿童进行了慰问,并根据年龄段的不同分别送去不同的节日礼物。 (朱建宪)

【小岗刘社区"流动儿童之家"】 2011年,社区投入资金10万元配置办公设备。为有效地推进儿童之家的建设,社区为部分孩子专门建立了成长档案、家长档案。采取"教育培训"的方式,充分发挥辖区五老人才优势，邀请了不断到全省各地从事青少年教育讲座的教育专家王有德，到小岗刘社区"阳光童乐园"为流动儿童及家长进行讲座，对青少年的成长教育发挥了应有的作用。　（朱建宪）

中原西路街道

【概况】 中原西路街道位于秦岭路以西、西环路以东、中原路以南、陇海路以北地域，2011 年 2 月 28 日全区进行区域划分后，由原来的朱屯村、冉屯村、董砦村、牛砦村、北陈五寨村、南陈五寨村、后牛庄、三官庙村、岗坡村、旭旮王村、罗庄、周新庄、洛达庙村、林山寨村 14 个行政村调整为 3 村 1 社区，分别是：罗庄、周新庄、洛达庙村和绿都社区。辖区内现有人口 2.62 万人。　（刘　运　王丽霞）

【重点项目建设】 2011 年市、区重点项目建设呈现良好发展态势。中原万达广场项目工程（市重点建设项目）进展顺利。项目总投资 50 多亿元，已于 2011 年 10 月 28 日按计划正式对外营业。项目区基础土方开挖全部完成，商业区步行街商品房二层裙房已经封顶，高压入地工程全部完成。住宅 6 栋楼已封顶，收尾工作正在紧张施工。截至 12 月中旬该项目已投入省外资金近 12 多亿元。罗庄村城中村改造项目（区重点项目）计划投资 30 亿元。12 月 10 日上午，举行了罗庄村城中村改造项目安置区开工仪式。两个项目的开工建设，成为推动街道经济快速发展的强大引擎。

（刘　运　王丽霞）

【中原万达广场项目】 郑州中原万达广场项目是大连万达集团投资兴建的，集商业、娱乐餐饮、商务办公、高档住宅等为一体的大型城市综合体，位于华山路以东、秦岭路以西、中原路以南、伊河路以北，占地 140 亩。拟投资 50 亿元，规划总建筑面积 53 万平方米，地上建筑面积 42 万平方米，商业面积 21 万平方米。住宅 6 栋楼正在紧张施工，高压入地工程全部完成。截至年底，该项目已投入省外资金近 12 多亿元。

2011 年 10 月 28 日，中原万达广场大商业项目开业，提供就业岗位近万个，实现年税收近亿元，可有效改善人居环境质量，提升城市形象品位，促进第三产业发展，极大满足周边群众的生活购物需求，为繁荣郑州西部经济产生积极而深远的影响。

（刘　运　王丽霞）

【街道经济】 2011 年，中原西路街道为实现经济社会跨越式发展，积极探索城中村改造的新路子，培育新的经济增长点。截至 10 月份，地区生产总值完成 8.3 亿元，占年计划 83.3%；固定资产投资完成 7.95 亿元，占年计划 83.6%；第三产业增加值完成 5.67 亿元，占年计划 95%；社会消费品零售总额完成 22.5 亿元，占年计划的 82.1%；招商引资市外资金完成 6.15 亿元，占年计划 100.4%；外贸出口完成额 4435 万元，占年计划的 70.19%。农民人均现金收入 1.52 万元，占年度目标任务的 111.7%；耕地占用税完成全年任务。

（刘　运　王丽霞）

【城市景观整治】 2011 年，中原西路街道办事处按照区政府的统一部署，有计划、有步骤地开展辖区城市景观整治工作。截至 12 月底，共投入资金 50 余万元，组织人力 200 多人次，出动垃圾清运车 200 台次，清除各类垃圾 5000 多立方米，清除乱贴乱画及小广告 5000 余处，清理占道经营、突出店外经营 3000 余起，制止早、夜市摊点占道 150 余家，清除乱扯乱挂、乱搭建 200 余起，清理蚊、蝇滋生地 20 余处。以市、区两级开展市容环境卫生评差、排序、评比为重点，以数字化城市管理为手段，按照"属地管理"的原则，以村、社区为单位，重点加强对辖区市容市貌、突出店外经营、集贸市场及周边区域、单位居民区和城中村卫生、铁路沿线、建筑工地、窗口单位及重点区域的日常管理力度，确保辖区时时处处整洁有序。加大对"五小"门店整治力度，防止占道经营、突出店外经营及无证经营的反弹，对不符合条件的"五小"门店坚决制止，全面提升"五小"门店的卫生管理水平。做好辖区道路门头、匾额、霓虹灯的整治。同时，依托信息数字化网络平台，健全应急处理机制，及时处理及回复市区领导批示、媒体、网络曝光、群众投诉、区监控中心交办的各类问题，有力地促进了对存在问题的整改成效。　（刘　运　王丽霞）

【城中村卫生管理】 2011年,中原西路街道办事处以开展城市管理整治提升为契机,加大对各村违法建筑、乱搭乱建的治理力度,遏制各村违章占道,突出店外经营等反弹现象。并把城乡接合部、城中村、背街小巷、农贸市场等重点、难点纳入城市管理范畴,实行全天保洁,消除村庄内外的卫生死角,保证村内卫生设施正常运转,村内垃圾做到日产日清。建立科学、合理、长效的环境卫生管理机制方案,成立长效城市卫生管理机制督查组,使村容村貌环境整洁,乱占道经营、突出店外经营等现象得以有效遏制。城中村卫生管理实行百分制考核,办事处每周一次对各村卫生情况进行督查,月评比一次,并纳入年终考核工作中,作为评先的重要依据之一。（刘 运 王丽霞）

【劳动保障】 2011年,街道办事处深入辖区摸排企业底数,了解企业参保情况。做到底数清、业务明。针对辖区企业对参加养老保险有抵触情绪这一问题,办事处主动上门为企业送政策,让企业明白这既是留住人才,凝聚人心的一项好办法,也是《劳动法》明确企业应遵守的,以取得企业的支持。积极与上级执法部门联系,对于拒不配合企业,依法执行。对已参保企业、参保人员的缴费申报工作进行有效督促。

扩大养老保险、医疗保险覆盖面。辖区新增城镇居民参保384人,城镇职工参保598人,城乡居民养老保险23人。（刘 运 王丽霞）

【计划生育工作】 2011年,街道办事处继续以控制人口增长、稳定低生育水平为中心,进一步加强基层基础工作,搞好优质服务,提高计生工作整体水平。

抓日常工作,建立长效管理机制。建立“属地管理、单位负责、居民自治、社区服务”的工作运行机制和定期督查制度,充分调动单位和社区抓好计生工作的积极性。

抓队伍管理,促进计生工作上台阶。组织计生专干积极参加业务培训,全面提高业务水平。开展辖区单位和社区、村计生队伍技能竞赛,提高计生队伍工作能力。创建工作成效检查评比机制,在实战中检验计生队伍水平,形成爱岗敬业、业务熟练、创先争优的工作局面。

抓基层宣传教育,提高辖区群众对计生工作的知晓率。协同各村、社区顺利开展“双节”宣传、“5·29”计划生育协会宣传等活动,累计悬挂宣传横幅25条,新制作宣传展板5块,发放各类宣传计划生育法律、法规、计划生育常识宣传册1000余份,

抓优质服务,提高管理对象满意度。做好康检、独生子女费发放、生殖保健、关爱育龄妇女、关爱女孩等各项工作,争取群众对计生工作的支持和理解,提高管理对象配合、接收计生管理的主动性和自觉性。截至12月中旬,流动人口育龄妇女健康体检2449人,康检率100%。

做好独生子女父母奖励费发放工作。为加强独生子女父母奖励费的管理,组织辖区计生专干认真做好户籍在本辖区领证的18岁以下的独生子女费发放对象的统计上报工作,做到不漏户、不漏人。共登记独生子女领证户601户,发放对象860人,发放独生子女父母奖励费24.3万元。加大“两非”治理力度,落实整治长效措施。完成性别比治理案例3例。严把生育证发放关。使符合政策生育率达到96%以上。全年发放一孩生育证107本、二孩生育证3本,办理《独生子女父母光荣证》200余本。（刘 运 王丽霞）

【社会救助】 2011年,街道办事处进一步完善城乡居民最低生活保障制度。严格按照“应保尽保、分类施保、动态管理”的要求,从等着群众上门办理变主动下去了解,组织工作人员到各村走访了解,摸清辖区基数,随时掌握群众的家庭生活情况,发现符合低保条件的及时办理,给群众带去政府的关怀。10月下旬,组织人员对全辖区所有低保对象进行年度审查,查漏补缺,再次梳理。辖区享受低保人数22户,全年累计发放救助金2433232元、生活补贴67218.28元;救助城乡患病困难对象2人;临时生活救助5人。

突出抓好困难群众的生活安排。做到工作到村、落实到户,不漏一人。为解决困难群众生活,春节前夕,对10户低收入家庭进行了专门慰问。在慰问救助过程中,实行专人专项管理,严格慰问救助款物使用管理纪律,保证慰问救助款物发放公开、公正和公平。重阳节积极走访慰问老年人,各村分别开展了联欢会、座谈会、过生日等多种形式

的庆祝活动，并发放慰问金，鸡蛋、蛋糕、被子等慰问品。国庆期间还对辖区特困群众进行了针对性的走访慰问。同时，街道班子成员和各村“两委”班子成员还对贫困老年人进行了重点走访慰问。围绕“送温暖、献爱心”的主题，积极开展慈善捐款，10 月份，组织开展“郑州慈善日”活动，当日捐款 5633.5 元。

组织专人不定期走访残疾人家庭，听取呼声，详细了解实情，着力解决残疾人当前困难。利用“全国助残日”“爱眼日”“国际残疾人日”等，通过条幅、板报、宣传单(画)等多种形式大力宣传残疾人事业，努力营造人人理解、尊重、关心、帮助残疾人的良好社会风尚。5 月 15 日，第二十一次法定“全国助残日”，街道办事处认真制作展板，积极参加“改善残疾人民生、保障残疾人权益”的宣传活动。认真开展残疾人社会保障和服务体系状况，在规定时间内完成残疾人社会保障体系普查 371 人、残疾人康复需求 200 人。　（刘　运　王丽霞）

【双拥工作】　2011 年，认真落实抚恤优待政策，优抚对象抚恤补助经费实行社会化发放，减少了中间环节，按要求增补优抚金，及时发放优抚经费。全年为参战参实退役士兵、残疾军人、三属老复员军人共发放生活补助金 100886 元。切实做好全国双拥“六连冠”迎检工作，在健全组织、完善制度的前提下，大力开展宣传活动，制作宣传展板 1 块、横幅 6 条，于 6 月 20 日圆满通过验收。慰问了义务兵家属、烈属、伤残军人及其他优抚对象，并送去慰问金 1.2 万元和米、面、油等慰问品。

（刘　运　王丽霞）

【村级组织换届选举】　2011 年，街道党工委、办事处高度重视村级换届选举工作，根据选举的不同阶段，对选举的程序、方法、候选人条件、计票办法、正式候选人确定办法等有关选举工作的所有操作规程和办法进行重点宣传，并严格按照上级选举办法，依法开展每一项工作，做到了情况明、工作细、措施实，确保了选举工作的依法、平稳、有序的如期完成。一批政治坚定、想干事、能干事、年富力强的优秀村干部被选进村级班子。

在第七届村委会换届选举工作中，罗庄村经过广泛征求民意，充分酝酿，采取“公推直选”法和无候选人选举方式一次性直接选举产生支部委员会和村民委员会成员 6 人，既节省了人力、物力和财力，也充分体现了民意；洛达庙、周新庄两个村全部按照等额提名，差额选举的方法开展了选举工作。不管是无记名投票、等额提名，还是差额选举，各村都严格按照要求，设立中心会场和若干投票站、秘密写票处，并由办事处换届指导组工作人员和村选委会人员共同做好服务、监督各个投票站的秩序维护工作，做到“一证一票”，顺序写票、投票，既保证了选民能够独立行使民主权利，保证选民的隐私权不受他人侵犯或干扰，又确保了群众真正选出自己满意的村干部。

换届选举工作自 10 月中旬开始，截至 12 月 5 日，洛达庙、周新庄和罗庄村 3 个村级组织换届选举工作全部结束，3 个村共登记选民 591 人，参加选举选民 567 人，参选率达 95.94%。选举产生党支部成员 7 人，其中女性 2 人；村委会成员 11 人，其中女性 3 人，“两委”交叉任职 3 人，连任 2 人，监督委员会成员 11 人。　（刘　运　王丽霞）

【关注民生】　2011 年，街道办事处结合辖区实际情况，制定了切实可行的实施方案和推进措施，设立工作台账，积极协调解决落实中遇到的具体问题，确保改善民生。一是认真做好保障性安居工程建设工作。截至 12 月中旬，共办理廉租住房家庭 2 户、经济适用房 50 户。二是进一步加大支农惠农力度。多方筹措资金，继续做好粮食直补和农资综合补贴工作，发放粮食直补和农资综合补贴 5.8 万余元，做好送家电下乡宣传工作，家电下乡收到并下发财政拨款 36 余万元。三是大力发展农村文化事业。积极筹措资金，洛达庙、周新庄和罗庄村 3 个村实现广播电视“村村通”。专门明确一名远程教育管理员负责 3 个村的远程教育，指导和协助各村做好远程教育的播放及设备使用工作，各村还定期制定播放计划，并以宣传板形式及时公告节目内容，从而方便了干部群众的收看和学习。积极推进农村电影放映工程，各村实现一月放映一场公益性电影，充分发挥农家书屋作用，开展“每季度每个村民”看一本书的活动，丰富了村民业余生活。四是进一步加大教育投入。认真做好辖区家庭经济困难学生的统计工作，由各村根据申请按照学历层次分类进行补助。五是着力改善群众医疗卫生条件。进一步抓好艾滋病救治救助工作,全面落实结核病"三免费"政策和其他各种疾病的预防工作。春节期间,街道组织走访慰问贫困残疾人家庭,发放慰问金1600元,米、面、油5箱;全年为3名一级肢体残疾人申请轮椅、2名残疾人申请燃油补贴,为辖区1名符合条件的残疾人免费安装闪光门铃。开展残疾人社会保障体系普查371人、残疾人康复需求200人。 （刘 运 王丽霞）

【安全生产】 一是将每月27日定为街道安全隐患大排查活动日,将6月份定为"安全活动月",重点搞好食品安全、建筑安全、消防安全的隐患排查,从而加强安全消防隐患排查,注重隐患整改,维护人民群众生命财产安全。二是开展安全生产大检查活动,在排查过程中,对重点部位进行彻查,不放过任何安全事故隐患,确保排查的各个环节落到实处。截至12月中旬,与沿街门店签订安全消防目标管理责任书265家;检查登记注册绿都社区高层电梯77部;组织机关、行政村、社区、企业安全消防知识培训1次;参加区组织安全消防宣传活动2次,参加区安全培训人员15人;组织辖区万达广场消防演习1次;开展特殊时期安全生产大检查7次,下发安全隐患整改通知书188份。

（刘 运 王丽霞）

【科普知识宣传】 2011年,在辖区范围内广泛开展科普知识宣传教育活动,街道洛达庙村和绿都社区根据群众的需要开展疾病预防、抗灾救灾、食品健康等各类专题讲座;科普宣传周活动推陈出新,充分利用挂图、展板、分发宣传品,组织辖区华山医院在绿都社区现场义诊、宣传咨询等多种形式,重点突出科学普及、防灾减灾、转变经济发展方式、医疗咨询保健等科普知识的宣传,受到了居民群众的欢迎。绿都社区被评为2011年度科技示范社区。

（刘 运 王丽霞）

【信访工作】 一是排查和化解不稳定因素,开展重信重访治理工作。街道办事处围绕城中村改造引发的重信重访问题,坚持做到"五包四亲自",即包掌握情况、包解决困难、包教育转化、包稳控管理、包依法处理;亲自走访当事人、亲自与上访人谈心、亲自调查研究、亲自抓督办落实。开展不稳定问题排查、集中整治和化解活动,每月两次的正常矛盾排查与重点时期或政治敏感时期的不定时排查相结合,全年排查出不稳定问题32起,上报不稳定信息22次,稳控率100%。二是开展"畅通渠道、解决问题、治理重访"集中活动,不断研究和探索解决遗留信访问题的新方法,有效地遏制信访问题向不稳定问题的转化。全年领导接访280人次,反映信访问题25起,立案22起,其中信件7件,直接协调化解和通过法律渠道解决20起,做到起起有登记和回音(正式受理和直接化解)、每案有领导批示(成立调查组)、件件有调查报告(上级交办案件形成文件上报),结案率100%。

（刘 运 王丽霞）

【"平安中原"创建活动】 2011年,街道成立了由街道党工委书记任组长的平安建设工作领导小组,强化信息监控网络、矛盾纠纷调处网络、治安网络三大网络建设,健全了融治保、调解、普法、帮教、巡逻为一体的综治网络,成功调处各类矛盾纠纷8起,未出现一起集体上访案件和民事转刑事案件。

加强法律、法规和党的政策教育培训,在各村、社区广泛开展了平安建设、综合治理、反邪教警示教育、禁毒宣传、司法民调等集中宣传服务活动,深化以平安意识、治安防范、矛盾调处、法律知识、致富技术、文明新风、安全知识进万家为内容的"平安进万家"活动,全面提高了平安建设的核心竞争力。

在辖区开展反邪教警示教育宣传活动,制作宣传展板30块,宣传条幅36条,发放反邪教宣传册6800余份,使群众进一步认清了邪教组织反人类、反社会、反科学的反动本质,提高了群众分辨是非的能力。同时,建立健全经常性的回访帮教工作机制,坚持经常性排查,确保辖区邪教分子不串联、不赴省、不进京上访,有效巩固了教育转化工作成果。实现反邪教"三零"工作目标(即零重点人员、零邪教组织,零上访)。 （刘 运 王丽霞）

【党组织建设】 2011年,街道党工委全力推进党风廉政建设。一是认真学习廉政准则。通过中心组理论学习和党员领导干部专题民主生活会,认真学习《中国共产党党员领导干部廉洁从政若干准则》,严格落实"八个禁止""五十二个不准"的要求，督促领导干部廉洁自律。二是开展反腐倡廉教育。适时组织观看防腐倡廉纪录片，举办廉政专题讲座，教育引导领导干部坚持勤俭节约，反对铺张浪费，惩治奢靡之风。三是完善各项管理制度。健全落实岗位责任制、首问负责制、限时办结制、绩效管理制、责任追究制等制度，实施“一岗双责”，加强对领导干部的监督管理，促进作风改变。

加强领导班子建设。一是坚持中心组理论学习不放松。按照区委部署，街道党工委把学习贯彻十七届五中全会精神作为首要的政治任务，集中时间原原本本地学习全会文件，认认真真撰写心得体会，班子成员通过讨论交流，积极为街道的发展出谋划策，有效地保证中心组理论学习的效果。二是举办村和社区两委干部培训班。通过对新时期党在农村的各项方针政策、土地相关法律法规、党风廉政建设等内容的系统学习，村干部政治素质、理论水平、带领群众致富的能力得到了进一步的提升。

注重党员干部队伍教育。充分发挥街道党校作用，完善学习制度，制定年度机关干部学习计划，通过集中学习、开展拓展训练等形式，认真地学习党的十七届五中全会精神、时事政治理论和各部门业务知识，锻炼了干部队伍的思想意志和团队精神，转变干部的工作作风，真正做到思想教育有制度、有计划，理论学习有时间、有内容、有效果。全年举办培训42次，培训干部2000人次。

做好党员发展管理工作。一是规范入党积极分子的日常管理。把入党积极分子登记造册，编入各党小组进行管理；对入党积极分子集中培训一次，定期进行思想汇报。二是优化党员队伍结构。针对党员队伍年龄、文化结构等方面存在的突出问题，明确重点在年轻干部、文化程度高和女性干部中发展党员，把那些有知识、有能力、业务素质好的优秀分子发展入党，使党员队伍在年龄、文化等方面结构趋向合理。三是严格党员发展程序。把发展党员质量放到首位，严把发展标准关，做到成熟一个、发展一个，防止突击发展，保证党员质量。2011年，新发展党员8名。

加强大学生村干部管理。采取“政治上关爱、工作上放手、生活上关心”的做法，保证大学生村干部下得去、稳得住、用得上，受到村“两委”和群众的好评。一是掌握思想动态。以大学生村干部管理办公室为依托，建立“村官之家”，每月至少和每个大学生村干部谈一次心，了解思想情况和工作中遇到的困难和问题，每季度选择1/3左右的村进行大学生工作情况摸底调研。二是工作上手把手地教。定期培训，每月一次经验交流或者专题讲座。三是生活上排忧解难。逐村为大学生村干部协调吃住问题，解决生活困难，为大学生村干部送温暖办实事。10月份1人考取区招考工作人员，另2人录用为公务员，为人才培养提供了成长的摇篮。（刘　运　王丽霞）

【宣传工作】 2011年，街道办事处宣传工作围绕抓基础，上台阶，突出特色，带动工作全面开展。牢牢把握正确的舆论导向，大力唱响科学发展，共建和谐的主旋律，着力增强思想理论工作的凝聚力，新闻舆论工作的引导力，群众文化工作的感染力，文化创建工作的影响力。在全辖区营造了经济发展、社会和谐稳定、人民安居乐业的良好氛围。

创文宣传，为创建文明城市保驾护航。紧紧围绕“创建全国文明城市”工作，在辖区居民中开展创建全国文明城市宣传活动。对辖区商户及“五小”门店发放创建全国文明城市倡议书1000余份，发放创建全国文明城市宣传手册和宣传单1.5万册到每一户居民家中，回收答题卡5000份，回收率100%。在河南路上打造创文知识长廊近60余米，制作大型创文宣传展板7块、条幅5条、小型展板300多块，并在各村、社区内显著位置悬挂，内容涉及文明城市创文标准、省会市民文明公约等。向居民发送调查问卷4000余份，发放倡议书4500余份。

重大节日的宣传，营造和谐氛围。利用一年一度的邻居节，开展“邻里结友”主题活动。通过活动的开展进一步促进辖区和谐的人际关系，为辖区的经济和社会发展作出积极贡献。开展庆祝中国共产党成立90周年和新中国成立62周年活动，进一步增强人民群众的爱国热情和民族自豪感，激励人民群众为推动街道经济社会又好又快发展作出积极贡献。辖区三村一社区举办多种形式文艺演出活动，以生动、直观的方式讴歌辖区的辉煌业绩；悬挂国旗60余面、宣传条幅10余条、灯笼40余个，烘托出节日的气氛。

对外宣传，起到了良好的舆论作用。全年在

《河南日报》《大河报》《郑州晚报》等区级以上媒体累计用稿13篇。充分利用区政府信息公开网上发布街道信息的作用，提供高质量的信息，加快信息的更新速度，进一步对外宣传街道各项工作，起到了良好的舆论作用。 （刘 运 王丽霞）

林山寨街道

【概况】 林山寨街道位于中原区东部，东起嵩山路，西至桐柏路，南到汝河路，北靠建设路，系郑州市委、市人大、市政府机关所在地，辖区常住人口约8万人，流动人口2万余人，总人口约10万人。下设伊河路、工人路、技师学院、郑州日报、颍河路、邮电院、碧沙岗、互助路、文化宫路、工业高专、工程学院、一中、百花、林山寨14个社区居民委员会，以及1个城中村林山寨新村。街道机关设置13个科室，办公地址在郑州市中原区文化宫路24号。

（李小丽）

【街道经济】 2011年1至11月，林山寨街道办事处完成地区生产总值528750万元，为年度目标任务的54亿元的98%；第三产业增加值45.6亿元，为年度目标任务46.5亿元的98.1%；固定资产投资7.9亿元，为年度目标任务8亿元的99%；规模工业增加值完成32535万元，为年度目标任务39480万元的82.4%；城镇居民可支配收入20680元，比上年增长10%。社会消费品零售总额371077万元，为年度目标任务378970万元的97.9%。生产总值能耗完成区下达目标。

（李小丽）

【财政税收】 2011年，林山寨街道办事处深挖辖区税源，加强对重点单位的跟踪服务，大力发展城区改造开发等有效措施，及时调整经济工作思路，做好开源节流，辖区财政收入持续增长。截至11月底，共完成财税收入21683万元，占年度目标的94.33%，超进度613万元，比同期增长10.9%。其中地税完成14865万元，占目标任务的92.7%，国税完成3246万元，占目标任务的73.89%，超任务516万元；省直属完成1472万元，占目标任务的168.42%，超进度671万元；市直属完成172万元，超进度126.36万元，超任务54万元。涉外收入1753万元，占年度目标的112.73%，超进度457万元。

（李小丽）

【招商引资】 2011年，林山寨街道办事处不断强化项目意识、服务意识和创新意识，整合招商资源，拓展招商渠道，改进招商方式，细化招商服务。

适应中原经济区的发展要求，切实加强组织领导。成立领导小组，强化措施，推动招商引资工作又好又快发展；细化目标，明确任务，下达招商引资责任目标，并纳入单位和个人年度目标考核。增强责任，做到“千斤担子万人挑、个个身上有指标”，使招商引资工作人人皆知。

按照老城区的品位提升要求，切实转变招商理念。在土地资源日益紧张、环保压力日益严峻、市场竞争日益激烈的今天，切实树立“招商选资”新理念。坚持产业配套、规模经济、技术优先和节地、降耗、环保原则。重点引进高新技术、现代装备制造项目；重点引进世界500强、国内500强等大型企业；重点引进科技含量高、投资强度大、产出效益好、能源消耗低、环境影响小的企业。

依托辖区商业区的地位优势，切实加大招商力度。与社区保持密切联系，密切与客商沟通联系，深挖自身潜能，积极跟踪反馈，积极捕捉信息抢商机，做到有信息捕捉到底，有商机抢抓不放，多角度、多层次、多渠道、加大引项引资。

强化项目跟踪服务措施，切实做好以商招商。对于在谈项目促签约，为每个在谈项目建立跟踪详细档案，加强联系，在注重与客商日常沟通联系的基础上，进一步采取上门拜访、重点对接等方式，同时做好项目跟踪服务工作，用真挚的感情、专业的服务推动项目进展。对于签约项目抓开工。按照“一个项目、一名领导、一套班子、一份责任、一个进度”的要求，与招商职能部门联手，从项目前期审批、注册立项、土地供应等方面入手，提前细化项目推进中可能遇到的困难并积极应对解决，把项目跟踪落到实处，切实确保项目实施进度。

进一步完善服务机制，切实优化投资环境。把环境建设作为招商引资生命工程来抓，认真贯彻落实区政府对外开放政策，全力加快项目落地速度。特别是对投资规模在5000万元以上的招商项目，明确项目支持服务小组配合投资方加快项目运作。

市外、境内资金到账额3.8亿元，超额完成全年目标。 （李小丽）

【市重点工程进展顺利】 2011年，林山寨街道办事处认真落实中原区“5+4”工作机制和“四比两看一落实”活动，加大推进协调力度，推动洽谈项目尽快签约、签约项目尽快落地、落地项目尽快投产。辖区内重大项目进展顺利。其中，2009年开工建设的郑州裕达国际会展中心项目，投资3.5亿，已投入使用；郑州市档案馆新馆建设项目，投资约1.2亿，总占地面积9.78亩，建筑面积23636平方米，总楼高11层53.8米，主要建设档案库房、档案业务和技术用房等，目前主体工程已完工；153医院东家属区改造项目，投资近2亿，主体工程已完工；郑州日报社旧城改造项目，由郑州日报社及河南新世家置业有限公司联合开发，建筑面积5.8万平方米，预计投资2亿元，项目已进入桩基阶段；河南省地矿局房地产开发项目，由河南省山水房地产公司投资5000万元，建筑面积约20654平方米，主体工程已完工，进行到后期管道施工阶段；位于中原路以南、桐柏路以东、文化宫路以西、洛河路以北，占地面积约94亩的中原宝龙城市广场开发项目由澳门宝龙集团投资30亿元建设，建筑面积约为40万平方米，项目于2010年4月16日在拜祖大典上签约，规划及光照分析已做完。另有，预计投资1.36亿元的郑州市老干部活动中心和总投资2亿元的郑州日报社印刷厂开发改造项目已开工建设，进入桩基阶段。郑州工业贸易学校项目、河南省轻工业学校项目、友爱路60号院改造开发项目、河南省煤田地质局旧城改造开发项目以及林山寨村（片区）改造项目正在有续推进。 （李小丽）

【签约超亿元项目】 2011年，签约3个超亿元项目。

伟业华润广场项目：由河南伟业建设投资集团有限公司投资20亿元建设，总占地面积约76亩，拟建成集大型购物中心（华润欢乐颂）、商场写字楼、住宅于一体的大型城市综合体。

河南省轻工业学校改造项目：由河南辉弘置业有限公司投资5.8亿元建设，总占地面积约55亩，拟建成集住宅、餐饮、娱乐、休闲、购物于一体的大型购物中心。

郑州市中原区友爱路60号院改造项目：由河南亿华房地产开发有限公司投资3亿元建设，总占地面积约6.4亩，拟建成商住一体的高层建筑。

（李小丽）

【安全生产】 2011年，林山寨街道办事处坚持“安全第一，预防为主，综合治理”的方针，积极探索和实施治本之策，强化安全生产管理和监督，采取强有力的措施，全面落实各项目标任务，实现安全生产形势稳定。

有的放矢、确保安全工作目标管理任务落到实处。办事处分别与辖区各单位、社区签订了2011年的安全生产责任书和消防安全责任书，同时对生产经营性单位、公共聚集场所和沿街门店，共签订1500份责任书。在目标责任书签订后，又着手起草了沿街门店安全生产承诺书、消防安全自查整改承诺书，使安全生产和消防安全工作更加细化，杜绝安全事故的发生。据统计，共有1300家辖区单位、沿街门店签订安全生产承诺书；1200多家单位签订了消防安全自查整改承诺书，签订率达100%，增强了企业法人代表（业主）、社区主任安全工作责任感，提高了防范意识。

深入扎实地开展安全生产检查工作。全面启动“隐患治理年”活动，成立安全生产隐患排查治理年活动领导小组，制定了隐患排查治理年活动实施方案，社区安监员具体负责实施辖区内的安全生产隐患治理年活动。在各专项治理活动中，共督查单位3100多家。检查中，对各企业提出存在的生产安全隐患共510条，其中要求现场整改375条，限期整改135条。

开展安全知识教育培训以及宣传工作。培训街道生产经营单位负责人及安全管理人员（含再培训）17人，培训特种作业人员（含再培训）5人，培训社区安全员15人。在“安全生产活动月”中，充分利用整个社会宣传、教育的良好氛围，要求辖区各单位张贴安全生产挂图，社区设立安全生产宣传栏，形成人人知道安全、人人关心安全生产的氛围，同时以知识性、趣味性和图文并茂的形式展现在宣传现场，很受群众的好评。本次活动中共设宣传展板6块，咨询台1个，发放宣传页2000张、安全生产知识小册子500多份。 （李小丽）

【平安建设】 2011年，林山寨街道办事处坚持以预防为主，全面推进社会治安防控体系建设和矛盾纠纷排查调处网络建设，确保了辖区的社会治安大局和谐稳定。

排查整治治安。强化调查摸排，努力在辖区治安混乱区域的情报信息收集上下工夫，动员群众积极参与社会治安治理；加强与辖区单位的沟通，形成单位内保、社区巡防、公安派出所共同防范的立体防范体系；加大巡逻力度，重点对偷盗自行车、电动车进行严厉打击，使辖区的治安环境得到了有效改善。在辖区社会治安综合治理工作中，共制作、悬挂条幅30余条，在文化宫路沿街墙面绘制2条平安建设宣传墙体固定标语。印制平安建设宣传彩页1万份，由社区人员发放到居民家中和沿街商户，共出动平安建设宣传车38台次，从实际行动上提高公众安全感知数。

信访稳定工作。在全辖区多次开展矛盾排查化解活动。利用谈心、慰问等形式随时了解和掌握有关当事人员其思想动态和活动情况，把不稳定因素化解在萌芽状态。切实做好政治敏感期间的信访稳定工作。制定信访稳定工作应急预案，成立20人应急分队，24小时随时处置各种突发事件。保证人员、车辆、通信、经费"四落实"，为稳控工作打下基础。切实做好企业军转干部解困稳定工作。严格落实"五包"责任制，包掌握情况、包解决困难、包教育转化、包稳控管理、包依法处理。每季度定期为符合条件的16名企业军转干部发放生活补助金（每人每季度5058元），对符合条件的企业军转干部发放体检卡45张。切实做好反邪教工作。为确保"法轮功"人员转化成果的巩固，实行帮教制度，把责任分解到每一个人，使帮教工作疏而不漏。同时大力实施回归社会工程，把解决思想问题与解决实际困难结合起来，主动为他们排忧解难。对需要帮扶引导的，逐人建立帮扶小组、制定巩固引导方案，确保责任明确，措施完善，有针对性地开展工作。

司法工作。开展宣传普法教育、提高法律意识。为使辖区居民学法、知法、懂法，共举行3次大型法律宣传活动，发放法制教材2000多本，法律宣传单6000余份，接受义务法律咨询60余次。积极发挥人民调解员队伍的作用。2011年，街道45名社区调解员共调处各类纠纷142起，成功调解142起，调处率100%，调解成功率100%。其中婚姻家庭纠纷39起，邻里纠纷74起，赔偿纠纷18起，房屋宅基地纠纷3起，其他纠纷8起，制作卷宗29本。开展"两劳"人员帮教活动。办事处成立领导小组，深入开展摸底排查，加强对刑释解教人员的管控，减少监管失控，对44名刑释解教人员的基本情况做到底数清，情况明。对每个回归社会的"两劳"人员及时造册登记，每人一档。

巡防工作。完善巡防办、社区巡防室硬件设施，做到规范统一，并按照巡防室"十有"标准，配备硬件设施。为社区巡防中队配备了2辆巡逻专用车，投入使用街道平安建设数字信息化监控中心，使整个辖区的治安状况尽收眼底。截至2011年11月，巡防中队共做好人好事368件，配合公安机关抓获违法犯罪嫌疑人36人，抢险救灾5起（其中在一起翻车事故中救出2人），间接挽回群众经济损失5万余元，收到群众感谢信185封，赠送锦旗7面。巡防事迹先后被省级媒体《大河报》《法制报》《河南商报》和河南电视台都市频道、民生频道报道53次，被市级媒体《郑州晚报》《郑州日报》《东方今报》、郑州电视台新闻综合频道和政法频道、郑州巡防报道84次，被区级媒体报道5次，受到辖区居民的一致好评。 （李小丽）

【劳动就业和社会保障】 2011年，林山寨街道以实现充分就业为目标，以稳定就业为重点，积极推进劳动就业和社会保障工作，截至11月底，城镇新增就业2659人，占目标任务2500人的106%，认真落实就业再就业各项扶持政策；全年发放《就业失业登记证》1470本，积极宣传小额担保贷款优惠政策，协助32名自主创业人员申请了小额贷款，贷款额度320万元；先后举办了各类招聘会8场，参加招聘的用人单位160多家，提供就业岗位4200多个，利用信息平台发布用工信息2000多条，达成就业意向390多人，向富士康集团输送员工130人。截至11月底，城镇职工养老保险参保人数新增318人，占目标任务230人的138%、失业保险参保人数新增213人，占目标任务200人的107%；城镇居民医疗保险参保人数新增7990人，占目标任务2300人的347%；城乡居民基本养老保险参保人数新增156人，占目标任务150人的100%。

（李小丽）

【城市建设与管理】 2011年，林山寨街道办事处紧紧围绕市创建文明城市相关要求，本着“以人为本、完善功能、优化环境、提升品位，硬件建设上台阶，软件管理上水平”的原则，按照全面迎检、重点整治的要求，对照国家卫生城市标准，全民动手，狠抓城市建设和管理工作，为郑州市创建全国文明城市奠定良好的环境基础。

爱国卫生工作。大力开展卫生宣传和健康教育，适时开展夏季杀灭蚊蝇宣传以及杀灭蟑螂等除害防病的宣传教育，有效地防止了各种传染病的发生，确保了人民群众的健康。同时开展了有关预防老年人常见病、关爱儿童妇女健康、手足口病、禁止吸烟等一系列健康教育宣传活动。世界无烟日期间，代表中原区在市中医院举办控烟沙龙和大型的健康教育宣传展览，通过多样化的活动形式向广大居民宣传健康教育知识，培养居民良好的卫生习惯。全年获得了区4个季度的爱国卫生流动红旗，被评为中原区2011年环卫工作先进单位。

市容卫生集中整治工作。迎接国家文明城市验收工作开展后，针对中原商贸城周边区域“脏、乱、差”现象，结合自身职责，制定出相应的整治方案，通过采取集中清理，专人盯守等有效措施，开展对商贸城周边地区的综合整治活动。对清扫保洁问题的管理。办事处在原有清扫保洁人员的基础上，向该区域又增派10名保洁人员，实行不间断清扫保洁制度，并延长保洁时间至晚上22点。同时办事处协调区城市管理局向该区域增派垃圾收集车辆，更新垃圾收容设施，加大垃圾收集频次。对占道经营问题的治理。协同区城市管理执法局在商贸城区域内加派20名执法队员驻守中原商贸城的5个进出口，又抽调人员与执法队员结合对仍在占道经营的商户进行多次集中清理行动，取得了阶段性效果。开展对辖区所有沿街门店的卷闸门上小广告集中整治，进行统一的刷漆和粉饰，亮丽辖区街景市容。办事处投资5万余元对伊河路两侧行道树进行刷白，重新规划两侧非机动车停车线，同时，还在伊河路两侧墙面做创文宣传绘画，更好地营造辖区创文氛围。（李小丽）

【城市整治提升】 2011年，街道办事处积极有效地开展城市整治提升工作，完善城市基础配套设施，提升市民生活水平。树立“一盘棋”思想，紧密合作，结合自身情况，积极发挥辖区企事业单位、窗口单位作用，对辖区内门户小道、霓虹灯、小广告、门头牌匾、社区（村）环境卫生等方面进行深层次的排查整治，对存在问题的地方及时整改。更换门头牌匾208处、修补门头502平方米、清洗门头869平方米，粉刷沿街楼体墙壁1.5万平方米，刷新沿街单位铁栅栏近3000米，修复辖区内门户小道38处，各项整治工作投入经费近150万元；霓虹灯整治方面，细化到各个社区责任人，每天巡查各自区域内霓虹灯设置情况，取缔了所有的LED灯，发现不亮或残缺霓虹灯第一时间告知责任单位，并下发限期整改通知书。与辖区执法行政中队携手合作，全力配合执法队工作，由办事处出资聘请了30名协管员配合办事处和执法中队开展辖区清理占道和突出店外经营工作，针对林山寨新村村口的突出店外经营、占道经营的情况，由村委会指派一名专职人员，在文明执法、科学执法、依法执法的前提下，严管重罚。同时开展社区家属院的临时西瓜直销设点工作，安装并投入使用瓜棚13个，确保了瓜农及时进驻售瓜。（李小丽）

【食品安全集中整治】 2011年，街道办事处高度重视食品安全工作，安排部署打击食品非法添加行为专项行动。成立了办事处食品安全委员会，落实食品安全监管职责。对所辖餐饮行业、生产企业有无非法添加食品添加剂行为及对“三无”食品的进行排查登记，排查出正在正常使用食品添加剂的门店有20个。同时向各餐饮部门发放了合法使用食品添加剂的宣传画和相关法规条例，真正做到打击食品非法添加和滥用食品添加剂行动家喻户晓，人人皆知。由餐饮部门签订《餐饮服务单位承诺书》，认真履行食品安全主体责任，严格执行食品安全法律法规标准。同时，以社区为单位，组织开展对辖区居民的宣传，不断提高人民群众食品安全意识和自我保护能力，切实维护好辖区居民的食品安全。（李小丽）

【人口和计划生育】 2011年，林山寨街道以稳定低生育水平为工作核心，履行各项惠民工作，积极普及计生教育，扎扎实实推进人口与计划生育工作。在做好全员人口信息资源库数据采集、信息录入等工作的同时，开展清查、统计工作，准确掌握全员人口个案信息；建立督查举报制度，在清查期间，成立督查组下社区进行督查，查看工作进度，解决工作困难；做好常住流动人口免费健康检查工作，全年有3898人次参加了健康检查，平均当日康检率达97%，按时参加补检后，康检率100%；设立咨询台，为育龄群众解答相关优生优育及计生政策等相关知识；免费发放避孕药具，共发放免费药具4000只；以问卷调查的形式，普及避孕节育知识及了解用药需求，其中收集调查问卷240份，发送计生政策宣传页400余份；落实“双提高”工作，为人口学校的“早教大学”做好宣传；向已核实的服务对象及其家属宣传讲解叶酸的相关知识、服用方法和注意事项，为辖区群众免费发放叶酸共计1560盒；全年为辖区符合计划生育特别扶助政策的人员、符合领取生育抚慰金条件的人员及申报独生子女费的家庭发放金额1084560元；积极开展创建无“两黑”办事处活动，在全辖区开展B超、诊所、药店排查登记工作，实行统一编号，各级医院、诊所及药店已全部张贴相关警示标识，并完善相关制度，整理资料，装订成册。（李小丽）

【社会救助】 2011年，林山寨街道积极落实最低保障政策，实行动态管理，严格按条例办事，坚持公开、公平的民主原则，做到保障对象、保障资金和保障标准三公开。全年向辖区89户低保户169人发放低保金47317元，均按时足额发放到户；积极对辖区内符合低收入标准的家庭进行审核申报工作，辖区有低收入家庭493户；优抚对象185人，发放优抚金809875元。为全面提升残疾人辅助事业，建立健全残疾人档案，对疑似残疾人建立信息平台，完善档案管理制度，残疾人全部进入微机管理，已普查登记4469户，对辖区残疾人共计45人免费体检；帮助残疾人家庭申请无障碍设施方便其日常生活及出行，累计免费发放轮椅14辆，闪光门铃13套，安装无障碍扶手，坐便器及铺设通道10户。新建工会30个，新增会员1919人，街道与293家单位签订《区域性工资集体协商协议》，与23家企业签订《企业工资集体协商协议书》，为今后处理劳资纠纷提供了基础依据。做好经济适用房、廉租房的审批工作，分6批次向上级房管部门递交初审合格户253户，新办廉租住房租金补贴转实物配租10户，新办廉租住房租金补贴125户，低收入家庭10户，扩面115户。（李小丽）

【“三强化”打造务实队伍】 一是强化培训，加强学习，提升班子队伍理论水平。开展了政府机关敬业精神培训，对《机关工作人员二十四大不敬业行为批判》《中层干部如何提高执行力》等课程进行了深入解读；特请专业培训机构以集中授课的形式，开展了仪表礼仪、会务礼仪、社交礼仪等教程；组织由市委党校专家讲授的政治理论、时事热点课程，深刻分析当代经济热点；邀请中原区法院专业人员采取理论授课的形式开展对法律法规的培训；对心理保健方面的培训，聘请心理咨询专家以小组讨论、游戏、角色扮演等形式进行，通过压力管理、情绪管理、冲突管理的学习，帮助职工了解压力和情绪，掌握系统的压力及情绪的调整方法，以积极的心态面对工作。

二是强化制度，加强监督，民主集中制原则进一步加强。完善落实党政班子联席会议事规则，在研究重大事项、部署主要工作时，实施集体决策和领导，班子成员按各自分工去指导、抓落实。班子形成了大事讲原则、小事讲风格，大事说了做、小事做了说，急事边做边说的良好风气。认真遵守党的政治纪律，充分发扬党内民主，自觉接受党内外监督，坚持和完善政务公开制度，在决策的执行中接受干部职工的监督。

强化落实，发挥表率，党风廉政建设力度进一步加大。班子成员从自身做起，带头转变作风，真抓实干。认真落实党风廉政建设责任制，完善领导干部“一岗双责”制度，使领导班子切实对党风廉政建设负起责任，管住自己，管住配偶、子女，管住分管单位和身边的工作人员，充分发挥表率作用。党工委切实做好党风廉政建设工作，班子成员严格抓好落实，切实加强自身廉政建设。（李小丽）

【党建90周年系列活动】 4月15日，街道召开动员大会，对活动进行全面安排部署。活动紧紧围绕“建党90周年，为党的生日献礼”开展。

3月份，重点围绕2010年履诺情况点评、2011年定诺、践诺及“夺旗争星”等活动展开。专门制定下发了定诺工作通知，要求各级党组织和党员丰富承诺内涵，突出重点和特点，落实要求定诺、围绕中心定诺、结合实际定诺。结合创文工作，成立了文明宣讲志愿队,通过开展使用“文明用语”,不说“服务忌语”活动,大力宣传文明市民公约;组织开展礼仪培训、使用“文明用语”竞赛,推动干部职工文明素质提升;多措并举,逐步完善城市管理体系,加大保洁、巡查力度,构建优美和谐人居环境,确保街道办事处在多次迎接上级明察暗访中未出现问题。

开展“三亮三创”“夺旗争星”及“三强三创”活动。结合各党组织实际,统一要求,个别指导。如针对社区、村,重点开展优质服务工作,以佩戴党徽上岗、公开党员身份等措施强化工作人员的责任意识和服务意识。针对金笛医院党支部、神阳科技有限公司党支部等企业、医院以及学校党组织,则重点放在树立职工主人翁意识,做到为单位发展尽心尽力。

6月上旬至7月上旬,召开“七一”表彰会,对上年度优秀党组织和党员进行表彰,表扬先进、激励后进;赴台儿庄参观学习,缅怀革命先烈、传承优良作风;“送温暖、献爱心”,对建国前老党员、离退休党员、优秀共产党员和企业离退休困难党员进行走访慰问;举办“迎‘七一’、送岗位”专场招聘会,对口解决下岗失业党员生活困难等。各党支部也结合自身实际开展了形式多样的庆祝活动,如:一中社区党支部举办专题书画展,笔墨丹青抒豪情感恩颂歌迎“七一”;神阳科技有限公司党支部利用企业内部刊物《神阳人》刊发庆祝建党90周年专刊,讴歌党的丰功伟绩,回顾党的光辉历程。

开展“一竞双争”活动,争创学习型机关。将读书竞赛覆盖面扩大到全体职工,自筹资金,购置26套、300余本书籍,召开“全民读书节”启动仪式,鼓励号召广大党员群众参与其中。

开展“一承诺两评议”活动,推进双向服务。通过健全街道联合党工委、社区党建联席会、党员活动小组活动机制,大力推进区域化党建进程,把驻区单位党组织和广大驻区党员的积极性充分调动起来;通过党组织和党员承诺践诺,充分发挥他们的长处,为辖区经济社会发展和居民幸福生活贡献力量;通过党员公开示诺、亮明身份,有效运用群众的监督力量,为活动扎实开展提供保障。

开展“学党史、报党恩、跟党走”活动,不断提高党员觉悟。通过召开主题报告会,组织党史知识竞赛等方式,使广大党员牢记党恩,坚定永远跟党走的政治信念,切实发挥党的优良传统,永葆党员先进性,推进街道各项工作再上新台阶。

【远程教育站点建设】 2011年,林山寨街道远程教育工作站点建设,按照“实际、实用、实效”的原则和“四抓两争创”的要求,不断改善硬件环境,加强站点管理人员的教育培训,积极组织党员群众观看,形成党员带头学、群众积极学的良好格局。一是强化管理,严格落实相关制度。明确由远程教育领导小组负总责,终端接收站点工作人员负责具体工作,并对设备管理运行情况及时公布。二是学用结合,大力开展业务培训。针对站点管理员流动性较大特点,采取一帮多的培训机制,把业务熟练、计算机能力较强的管理员与技能生疏、管理不善的管理员结成帮带对子,不定期召开座谈会,交流工作心得,促进教学相长。三是务求实效,精心组织收看建党90周年系列节目。“党建实践活动月”期间,各支部充分利用远程教育平台,组织党员观看建党90周年系列活动,并通过座谈会、宣传栏等形式,交流学习心得,激励广大党员积极投身和谐社会建设。 （李小丽）

【村级党组织换届】 2011年,林山寨街道涉及一个村即林山寨村。该村共有正式党员20人,村民38人。经过公开推荐初步人选、资格审查、公示、党委审定、召开选举大会的程序,共选举出支部委员5名,支委会平均年龄43岁,其中31~40岁的3名,占60%,41~50岁的1名,占20%,50岁以上1名,占20%;专科以上文化程度者5名,占100%;女性2名,占40%。此次换届选举,新一届支部委员会班子的文化程度、年龄结构等都得到了改善,增强了村级党组织领导班子活力,提高了班子的整体素质和战斗力,进一步巩固和加强了村党支部在村民自治中的核心领导地位。

在换届选举过程中,街道党工委指导林山寨村通过张贴公告、悬挂宣传动员标语、村务公开栏公开、召开动员大会等形式,把村党组织换届工作方针政策宣传到位,使换届选举工作做到家喻户晓、人人皆知,为换届选举工作创造了良好的氛围。为确保换届工作顺利稳定进行,街道根据实际情况制定了《林山寨村组织换届选举实施方案》。在具体操作上,严格把握“三关”:一是严把人选确定关;

二是严把选票填写关;三是严把唱票计票关。确保支部换届选举公正、公开、公平。选举结束后,街道党工委及时对换届选举结果进行了批复,并督促尽快完成新、老班子成员工作的交接,并下发林山寨村党组织建设目标责任书,使新一届领导班子熟悉岗位职责,尽快进入角色,确保党支部的各项工作平稳推进。 (李小丽)

【党建示范点建设】 2011 年,林山寨街道在巩固完善第一批基层党建示范点的基础上,大力实施“党建示范点育推工程”,结合非公党组织扩建工作,重点打造“两新”领域党建示范点。

建设学习型党支部,充分发挥支部的领导作用。街道成立党建示范点培育工作领导小组,明确创建工作重点,做到年初有创建措施,每季度有自查,半年有检查,年终有总结,并按时向区委组织部汇报创建工作进展情况。指导社区定期开展学习活动。除了落实正常的“三会一课”制度,要求社区班子成员带头组织学习,全年参加学习次数不少于 8 次,掌握计生、防疫、劳动保障、矛盾纠纷调解等方面知识,在班子内部形成较好的学习风气。

优化社区干部队伍,加强社区党员管理。坚持“三有培养”原则,即有计划、有目标、有措施,加大对社区干部的培养力度,加强队伍建设。探索发展党员新思路。打破过去社区党支部发展党员的局限性,从辖区个体经营者、居民群众中培养和发展党员。认真落实党员分类管理制度。通过多种载体,采用多种形式,逐步拓展和深化党员教育管理工作。规范社区志愿者队伍,社区党员公开向社区承诺服务。继续深入开展以“党章谨记在心中”为主题涵盖居民生活方方面面的六个党员先锋岗活动,使每一名党员、干部都成为联系群众、凝聚人心的旗帜。健全社区工作机制,实现共驻共建良好局面。充分发挥社区党组织的主导作用,积极组织辖区单位党组织广泛参与社会性、区域性、公益性和群众性的共驻共建活动。各项活动有详细记录,各类文件资料齐全。每半年召开一次社区党建工作联席会议,就社区单位和群众关心的社会治安、社区服务、社区文化、社区经济等方面内容互相交流沟通,以达成共识,取得支持。提高社区议事决策水平,规范居务公开民主管理工作。逐步转变社区事务管理的方式方法,主动扩大群众参与管理的范围,在社区事务决策中充分发扬民主。

创建特色鲜明,发展成效显著。充分立足社区实际,不断改善社区居民生活环境,丰富居民的精神文化生活,促进社区更加和谐发展。深入开展“平安社区”建设。由社区党员接待群众来访,及时倾听来自居民的诉求和意见,并在网格小册中做详细记录。社区党支部定期听取来自服务点党员的信息汇报,并对群众所反映的诉求给予反馈答复。建设后的温馨小屋不仅是促进邻里和谐的驿站,更是社区党支部党员联系群众的服务点。

深入联系群众,不断提高服务水平。一是积极创办社区服务网点,把辖区内的医疗卫生单位、便利商店、劳动就业服务机构、家政物业服务团体等纳入社区服务网络,形成较为完善的便民利民服务体系。二是丰富社区文化活动。发挥驻区单位、学校、银色年华文艺团体的作用,开展形式多样、健康向上的演出活动,丰富社区居民的文化生活,营造浓厚温馨的社区文化氛围。构建社区防范网络。依托社区警务室,构建起一个由党员志愿者组成的巡逻服务队伍为主体的治安防范网络,治安联防巡逻队作用得到充分发挥。三是构建劳动保障网络。摸清辖区下岗失业人员底子,积极组织劳动力培训工作。开展重点帮扶,争取信息、项目、资金等方面的扶持。四是大力推进社区卫生服务。协同卫生部门开展疾病预防宣传活动,提高居民健康意识。 (李小丽)

桐柏路街道

【概况】 桐柏路街道位于郑州市西北城乡接合部,管辖 20 个社区、3 个行政村,总人口 8.8 万人,是中原区面积最大、社区最多的街道。街道党工委下设 28 个党支部,其中机关党支部 1 个、社区党支部 20 个、村党支部 3 个、非公有制经济党支部 4 个,共有自管党员 1107 名。辖区驻有郑州宇通重工有限公司、郑州铝业有限公司、河南送变电建设公司、河南第二火电建设公司等 44 个企事业单位。经过近几年的发展,桐柏路街道旧貌换新颜,风和日丽、威尼斯水城等小区是西区的特色宜居小区,月季园、冉秋苑成为居民休闲之所,老牌的纺织大世界、新建的郑州果品物流港等汇集着八方客商,嵩山路、桐柏路、农业西路、秦岭北路等构建了四通八达的交通网，现在的农业路被商家誉为“黄金大道”，拔地而起的乐町墅城市广场将带来商业繁荣。桐柏路街道办事处驻桐柏北路煤仓街7号。

（杨现朵）

【街道经济】 2011年，桐柏路街道办事处地区生产总值完成24.31亿元，同比增长30.7%；固定资产完成12.2亿元，同比增长84.8%；社会消费品零售总额完成11亿元，同比增长193.3%；第三产业增加值完成12.55亿元，同比增长40%；规模工业增加值完成74180万元，同比增长-6%。城镇居民人均可支配收入2.11万元，同比增长13.5%。财政税收完成21767万元，同比增长61.82%，其中国税2163万元，地税10825万元，省地税直属4381万元，市地税直属4223万元，市地税国际税收175万元。

（杨现朵）

【重点工程建设】 2011年，桐柏路街道办事处按照区委、区政府“四比两看一落实”工作要求，成立各个项目指挥部，实行班子成员分包责任制，扎实推进项目建设。

城开绿城绿园项目，位于桐柏路、冉屯路、五龙口路区域，由河南省城开集团投资，浙江绿城建投公司承建，总投资3亿元，总占地面积27万平方米，绿地率30%，容积率3.45%；地上住宅可售面积23.68万平方米，容纳2372户，商铺可售面积2.58万平方米，并有幼儿园、物业、社区等配套建筑；地下建筑面积9.27万平方米，地下停车位2513个。

风和日丽家园四期项目，位于西站路与冉屯路交会处，占地7.39万平方米，总建筑面积15万平方米，总投资3.5亿元，预计建12栋高层，每栋26～28层。

正商名钻品园项目，属于水晶公司老厂区改造项目，位于冉屯路与电厂路交会处，占地面积4.93万平方米，总建筑面积25万平方米，总投资2亿元，共建9栋高层，其中5栋27层、4栋21层，设有地下停车库、幼儿园、综合大楼等设施。

乐町墅商业中心项目，位于秦岭路与冉屯北路交会处向北200米路东，由北京标准投资公司开发，占地面积1.13万平方米，总建筑面积4.17万平方米，总投资2.3亿元，建2栋商务楼（27层～28层）。

晶华城三期项目，位于冉屯路与农业路交会处，占地面积2.2万平方米，总建筑面积9万多平方米，总投资1亿多元，建4栋高层，每栋27层，建有幼儿园、地下车库、垃圾中转站等设施。

九龙城项目，属于冉屯村城中村改造项目，由河南益通置业有限公司开发，是集住宅、商业、商务、办公等业态的综合建筑项目，占地面积33.33万平方米，总建筑面积100万平方米，投资额6亿元，已建成25栋高层。龙栖尚都共15栋楼，均已开盘销售，截至年底已销售5.6万平方米。

望湖花园项目，位于西环路与黎明路交会处，由河南天赢置业有限公司开发，占地面积5.33万平方米，总建筑面积20万平方米，总投资6亿元，已做好文物勘探工作，打好地基，且手续齐全。

江源翡翠公寓项目，占地面积2667平方米，总投资2000万元，总建筑面积1.5万平方米，商业面积1024平方米，由一栋32层高层住宅及2层临街商业配套构成。

（杨现朵）

【打造和谐街道】 2011年，桐柏路街道办事处始终牢固树立“稳定是第一责任”的理念，进一步完善对突发性、群体性事件的处置预案和机制，以办实事、解难题为根本，及时妥善处理突发性事件和上级交办的信访案件，成功化解信访案件7件，化解领导包案的不稳定因素24件，结案率达到100%，真正做到排查一件、解决一件、稳定一片。加强重要时段、敏感时期的稳控工作，有效遏制了进京、到省非正常上访。妥善处置一般性群体性事件4起，没有发生影响较大的群体性事件。完善街道、社区两级“大调解”司法调解机制，20个社区、3个村建立了调解室，有民调委24个，专业调解员73名。全年受理人民调解252件，调解成功251件，成功率99.6%，确保了社会政治大局稳定。

（杨现朵）

【平安建设】 一是打造平安街道。采取点线联勤、部门联动、商企联手、人技联防的“四联”举措，共投资566.6万元，建设技防平台15个，在主要街道、家属区、校园安装视频监控摄像头591个，覆盖面积6.6平方公里；单位、商家和居民安装联网报警电话800家,构建起治安防控网。同时,各社区、村建立了警务室,组织专职治安巡逻队员129人、义务巡逻队员246人、治安志愿者187人、守楼护院队员217人、社区干部治保队伍179人、流动人口协管员46人,协助治安防范,形成了干群广泛参与的治安防范良好局面,公众安全感明显增强。

二是打造安全街道。桐柏路街道办事处每月20日定时召开社区、村和辖区单位参加的安全生产工作例会,强化"安全重于泰山"理念,紧绷安全之弦,常鸣安全之钟。加大安全隐患排查整治力度,坚持一日三查,抓大不放小,深入到各企事业单位、建筑工地、小工厂、小作坊、仓库、车棚等逐一排查,坚决做到不漏一户、不留死角。全年组织消防安全隐患大检查30余次,共出动检查人员2290人次、车辆130台次,发现隐患281处,其中立即整改198处,确保了无重大责任事故发生。 (杨现朵)

【村级换届选举】 2011年3月,经过区划调整,牛砦、董砦和冉屯3个行政村,从中原西路街道划归桐柏路街道管辖。11月,桐柏路街道办事处圆满完成了3个行政村的换届选举工作。共选举产生新一届村委会成员11名,其中村主任3名、副主任1名、委员7名,村主任中女性1名;村委会成员中有党员9名,占总数的82%,主任和副主任均是党员;村委会成员中大专以上学历的1名,高中、中专学历的7名,初中学历的3名;年龄最小的37岁,最大的61岁。

新一届村级党支部班子成员共14名,平均年龄43岁,其中,妇女干部3名,大专以上学历的6名。村级党支部书记3名,平均年龄52岁,其中,妇女干部1名,大专以上学历1名,实现了基层党组织干部队伍的年轻化、知识化。 (杨现朵)

【城市建设与管理】 2011年,桐柏路街道办事处以创文为契机,成立10个街道创文指挥部,大力开展环境整治工作。街道共投入资金20多万元,对辖区内所有自管道路进行了整治,清理乱摆乱放47处,清理市容卫生90余处,拆除违章建筑4处,清运道路垃圾85吨,辖区卫生环境得到了明显改善。制作创文墙体宣传长廊、公益广告40余块、不锈钢宣传栏40个、宣传展板近320块,制作发放环保购物袋2000个,创文志愿者小红帽、红袖章1万套,志愿者旗20面,创文彩页1.1万份,全面完成了各项创文工作任务。

6月3日,桐柏路街道在绿城广场承办了全市首场"和谐之声"群众文化演出活动,节目全部由20个社区和3个村选送,为全市创文增光添彩。

辖区内新增绿地9000多平方米,栽植乔木4500株、灌木1万多株,绿化了居民家园。

开展城市管理整治提升活动,指定3名班子成员负责此项工作,招聘17名城管城建协管员,增强了城建城管工作力量。制定了红黑旗评比办法,严格奖惩,落实责任,辖区面貌有较大改善。

(杨现朵)

【计划生育】 2011年,桐柏路街道有常住人口87980人,已婚育龄妇女17919人;流动人口7202人,其中已婚育龄妇女1645人。全年发放独生子女父母奖励费5573户计189.38万元,发放特扶费26人计2.83万元,发放城乡居民养老保险计划生育缴费补贴32人计3200元。健康体检15980人,康检率100%;流动人口免费孕检2926人次。融管理于服务,帮助流动人口就业31人、经商25人;每年与辖区单位、学校签订目标责任书,解决流动人口子女入学入托难题,使流动人口充分体现并享受到了优质服务的便民待遇。切实抓好计划生育基层、基础"双基"工作,开展计划生育技术练兵比武等活动,提高了计划生育干部队伍的综合素质和工作能力。设计并统一印制社区家庭联系卡,组织社区人员逐楼逐户逐人进行登记。 (杨现朵)

【民生工作】 2011年,桐柏路街道办事处完成就业再就业2699人,其中,下岗失业人员就业2355人,就业困难人员就业831人,公益性岗位就业145人;办理申请小额贷款110万元,富士康招工18人。城乡居民养老保险参保135人,城镇居民医疗保险参保1692人,城镇职工基本养老保险参保54人,扩大了劳动保障覆盖,发展改善了民生权益。

关心弱势群体,累计为伤残军人、参战人员、参试人员、老复员军人和三属发放优抚金236501.5元,为低保户、慈善救助人员、残疾人、特困户、低保精神病患者共263户发放救助款107.01万元。受理低保、低收入家庭廉租房申请147户,解除了群

众后顾之忧。在慈善一日捐活动中，街道号召党员干部群众献爱心，共捐款14888.8元。　（杨现朵）

【社区建设】　一是加大投入，强化社区阵地建设。投入400余万元，完成了20个社区服务中心的新建和改造，建成了一批高标准社区。桐柏路街道社区办公用房达到1000平方米以上的2个，800平方米以上的2个，600平方米以上的5个，400平方米以上的11个。重点打造城开社区，开发商城开集团为社区提供1000平方米的办公用房，街道投入72万元购买了配套设备，建成了一站式服务大厅，涵盖了计生、党建、综治、社保、工会等与百姓生活息息相关的办事窗口，实现了"一站式办公、一条龙服务、一次性办结"。同时，配齐配全社区棋牌室、宣教室、活动室、图书室等文化活动场所和便民店、蔬菜店等生活店面，方便了辖区居民。

二是制度建设，规范管理，合理使用社区阵地。一流的阵地，必须辅以一流的管理，才能发挥一流的作用。从规范内部管理使用入手，组织专门人员，出台了《社区办公室内部设置规定》《社区活动室使用规定》《社区图书室管理规定》《社区娱乐场所管理规定》等32项规章制度，把规章制度全部制作成展板，悬挂在社区活动场所，建立健全了社区党建阵地的使用管理规章制度。同时，还把活动场所管理使用规章制度的落实情况，纳入年底工作考评，促进社区活动阵地的规范化管理。

三是严格管理，提升社区干部素质。社区干部的自身素质决定了社区建设工作的好坏，为此，桐柏路街道大胆改进社区干部的选聘工作方式。首先，确定用人标准，严把入口关。经过反复论证，制定《桐柏路街道社区干部管理办法》，确定了社区干部用人标准。其次，广泛宣传发动，充分利用社区宣传栏等社区资源，把候选人基本情况向每一位居民介绍，让居民对候选人全面了解。2011年全街道社区居委会干部平均年龄下降到37.9岁，党员占68.52%，大专以上学历的占55.56%，优化了社区居委会干部年龄结构和知识文化结构。基层群众普遍反映，新当选的社区居委会成员政治素质好，开拓意识强，接受新事物快，组织能力和协调能力等均大大好于以往。社区干部当选后实行年度考核、动态管理，畅通进口与出口，形成优胜劣汰机制。　（杨现朵）

【周末蔬菜直销进社区】　2011年11月5日，桐柏路街道与毛庄绿园公司达成长期合作共识，周末直销菜市场顺利进入城开社区。一是街道为蔬菜销售公司免费提供场地及人员支持，包括现场保洁、保安等，确保现场清洁，有序。二是通过张贴通知、社区QQ群、手机短信等方式进行宣传，让更多居民能够购买到放心低价的蔬菜。三是发动居民做文明志愿者，对活动现场秩序、卫生进行监督。同时，社区志愿者自筹环保购物袋为现场买菜居民进行免费发放，提升社区文明度。四是通过社区文明志愿者宣传及悬挂条幅等方式，让周边居民了解绿园公司，扩大其知名度。此次周末蔬菜直销31个品种、近1.5吨，销售现场受到居民的一致好评。

（杨现朵）

【"一诺两评"活动拓展延伸】　为热烈庆祝建党90周年，桐柏路街道在完成市委、区委党建活动规定的同时，创新载体，开展了以科学定诺、公开亮诺、全面践诺，领导点评、群众测评，争创"红旗"服务岗位、争当"红星"服务标兵为主要内容的"一诺两评双争"活动。全街道走访辖区企业、党员群众1200多次，发放征求意见表4800多份，收集群众需求192个。街道党工委围绕民生、市政建设、计划生育优质服务公开作出9项承诺，各支部围绕服务群众、优化管理等提出承诺67项，党员根据自身能力特点，围绕参与公益活动、维护治安稳定公开承诺2257项。每周编发街道《党建工作专报》，宣传活动动态。每月对践诺情况评比，按一定比例评选出"红旗"服务岗位、"红星"服务标兵，有效提升了党员干部的整体战斗力和活力，提升了街道党建水平。风和日丽社区党支部书记邢建军踏实工作，无私奉献，先后获得省优秀党务工作者、省"三八红旗手"等多项殊荣，她的先进事迹被省诗词研究所所长王林栓写进了《与文明相约》诗歌中，真正让党员干部"学有榜样、赶有对象"。11月9日，市委组织部常务副部长张进峰到街道调研党建工作时，对"一诺两评双争"这一创新性活动给予了高度评价。12月15日，区委组织部组织各街道组织副书记、组织员到街道检查验收窗口行业党建示范点创建工作时，大家对街道开展的"一诺两评双争"活动赞不绝口。　（杨现朵）

【共驻共建亮点纷呈】 2011年，桐柏路街道联合工委充分发挥其统领全局、协调各方的组织优势，定期召开联席会议，促进政企互动、企业互助、企民共建、共谋发展。

在全市开展的结对帮扶工作中，街道积极与市、区帮扶单位对接、沟通，共投入资金35.14万元用于完善社区基础设施和改造居民生活环境。市教育局和区城市管理执法局为新世纪社区制定了“一院两室”的帮扶思路，投资11万元硬化社区1800平方米的黄土裸露地面，对居民活动室和党员活动室进行重新粉刷；美化冉屯路沿线90米墙体宣传长廊。区房管局整修了水晶社区6间破旧便民店，又投入5万余元为社区配备办公、活动设施，改善了社区工作环境。3月10日、6月28日，市委常委、组织部部长姚待献两次来到新世纪社区参加社区帮扶现场会，并到街道行政服务中心、城开社区检查指导工作，对街道社区帮扶工作和社区建设工作作出了高度评价。

注重为民办实事。送变电社区致力打造宜居社区，其群众性文化体育活动得到了前来调研的副市长刘东一行的好评；并建立了保安骑车巡逻队，为居民提供了防火、防盗等治安保障。城开社区建立了城开QQ群平台，使社区居民、小区物业和街道社区三方有了更为方便快捷的沟通方式，为居民提供及时高效的服务，为居民解决大事小情200余件。街道、社区历时半年，经过多次协调天然气公司、规划局、执法局等部门，最终于11月15日圆满解决了积压10年的嵩岳社区1200余户天然气用气问题，在日渐寒冷的时候给居民带来了温暖，改善了群众生活条件，温暖了民心、赢得了民心、凝聚了民心。

注重社会工作。7月22日水晶社区代表郑州市迎接了民政部全国双拥模范城检查工作组的调研，受到了好评，该社区荣获省双拥模范社区。11月10日，全国总工会常务副主席、党组书记王玉普到城开社区调研基层工会建设工作，对社区工会开展的工资集体协议、帮扶、志愿者服务工作给予肯定。全面普查辖区内孤寡、空巢老人等，为11名老人提供居家养老服务。高标准、高质量完成了4家蔬菜店、8家快餐店的建设，通过了市、区验收。按照上级要求，完成了企业名录库维护、第一次全国水利普查、人口1%抽样调查等工作。 （杨现朵）

【非公企业党组织建设】 2011年，桐柏路街道党工委不断将党组织活动向非公有制企业延伸，扩大了党建工作覆盖面。

开展大排查，掌握情况。各党支部在工商、税务部门的配合下，到辖区非公有制经济组织和“两新”社会组织中开展走访、调查、摸排，对他们的生产经营、从业人员、地理位置、法人代表、联系方式逐一了解，做到单位概况清；对已建立党组织的，了解支部班子情况、党组织工作及各项活动的开展情况，做到组织情况清；对从业人员进行走访，了解党员的情况，做到党员底数清。

大组建大整治，规范管理。党工委在大排查的基础上，积极开展非公有制企业党组织的组建和整治工作，形成了以党工委统一领导，非公有制企业党组织为核心，全体党员为主体，齐抓共管、层次清晰、责任到位、上下贯通的非公党建工作新格局。辖区的大中原果品物流港、谢先生又一村餐饮有限公司已具备成立党组织条件，正在积极准备中。原新蒲建设集团党支部由于党员队伍不断壮大，超过100人，为适应工作需要，拟成立新蒲建设集团党委。

分类指导，促进经营。为了使非公有制经济企业的党建工作与企业的运行机制、发展机制相融合，切实做到内容与形式，动机与效果相统一。党工委派1名专职党建指导员深入企业指导党建工作，以党建工作带动企业经济又好又快发展。新蒲建设集团党支部在广大职工中积极开展“双争双比”活动和“亮出党员身份”等活动，带领职工高效、优质地完成各项生产任务。 （杨现朵）

绿东村街道

【概况】 绿东村街道管辖范围东至桐柏路，西至华山路、颍河路、西环路，北至中原西路，南至汝河路。常住人口46623人。管辖二砂一、二砂二、电缆一、电缆二、绿原、三磨、桐柏、伏牛南、卧龙、四季园、昆仑、陇西12个社区，旭奋王行政村。辖区有主次道路12条，有厂矿企业科研单位20个，市、区单位21个，高等、中等专业院校及中、小学校9个。街道办事处机关位于颍河路53号。 （陈 奎）

【街道经济】 2011 年,绿东村街道完成地区生产总值 12.926 亿元,第三产业增加值 11.2169 亿元,全社会固定资产投资 6.2867 亿元,社会消费品零售总额 3.1565 亿元。城镇人均可支配收入达到 18311 元。税收收入完成 1.563 亿元。实际利用外资 1220 万美元,域外资金到账额 9.2074 亿元。辖区单位机械工业第六设计院是为中原区经济发展作出突出贡献的先进企事业单位。 （陈　奎）

【项目建设有序推进】 2011 年,郑州市实行政府征收后的第一个旧城改造项目"中原文化广场",占地 47.8 亩、投资 12 亿元,征收补偿方案即将出台,居民区征迁工作即将启动;投资 5 亿元的"阳光景苑"项目,主体已封顶;投资 4 亿元的君安三期项目正在进行地基施工;投资 3 亿元的省直三院病房楼项目正在进行内部装饰。 （陈　奎）

【党员队伍建设】 2011 年,绿东村街道党工委狠抓党员队伍建设,党员队伍活力进一步增强。

一方面不断提升党员干部队伍素质。建立"周末大课堂"制度,班子成员、中层干部轮流授课,激发党员的学习热情,同时采取理论学习座谈会、经验交流会、读书演讲会等形式,营造浓厚的学习氛围。不定期组织党员干部外出学习,接受新鲜知识,开阔视野。

另一方面不断加强党员干部队伍管理。建立班子成员、科室联系社区、企业工作制度,帮助社区、企业解决实际问题;继续深化一线工作法,机关工作人员每月在社区工作时间 10 天以上,进一步增强服务意识,提高服务水平;建立完善首问责任制度及限时办结制度,提高为民办事效率;每月进行一次工资绩效考核,一季度一发放,工资与每位同志的工作、考勤等情况挂钩,通过适度合理的激励奖惩机制,充分调动了党员干部的工作积极性和主动性,激发了党员干部的内在活力。

三是开展党员先锋评比活动,树立先进典型。绿东村街道党工委在辖区范围内开展了"党员先锋"评选活动,通过党员个人自荐、群众推荐、单位推荐、组织审定等环节,评选出岗位先锋、文明先锋、平安先锋、学习先锋 20 名。并将 20 名党员先锋事迹制作成展板,在各社区进行巡回宣传,进一步促进各基层党组织和广大党员创先争优意识。在创建全国文明城市工作中,树立 10 个"党员示范店"、设置 20 个"党员整治岗",通过党员示范带动,进一步推动创先争优活动深入开展。

（陈　奎）

【城市管理】 2011 年,绿东村街道六项机制提升环境整治工作。一是门前三包工作机制。招聘门前三包专职队伍,解决保洁、自行车停放、绿化修整等问题。二是联合执法管理机制。组织各职能部门联合执法,解决店外经营、占道经营、车辆乱停乱放、"五小"门店等问题,并进行监督检查。三是卫生保洁机制。做到专人清扫,解决居民楼院卫生问题。四是督导、巡查工作机制。强化督导作用,实行专人巡查,通过曝光、下督导单等方式,及时解决问题。五是群众动员工作机制。动员居民群众参与整治,提升群众知晓率和参与度。六是分片包干负责机制。街道和社区分片包干清扫整治居民楼院,确保不留死角。

全年出动 60 余次共计 1400 余人次,对辖区内 12 条道路的占道和突出店外经营户进行集中清理,取缔乱摆摊点 800 余处,收缴奔马车 20 余辆、三轮车 80 余辆、桌椅板凳 400 余个、烧烤架 30 余个。同时,在前进路（洛河路至伊河路）东侧新建堵疏结合点,方便辖区居民与商户,极大地改善了辖区市容市貌。

为进一步美化城市夜景,推进城市景观照明亮化工程,绿东村街道办事处将辖区道路两边残缺、不亮的霓虹灯全部整治,按照上级要求,对辖区内 600 多个 LED 小闪灯全部拆除,并建立健全小闪灯的管理长效机制。

清运积存垃圾工作:采取社区自查、市容检查、领导抽查等方式,杜绝发生大的垃圾积存问题。期间对电缆一、陇西等几个社区的 1200 余吨垃圾进行了清运。

精品街整治:秦岭路辖区段,墙体立面粉饰 1200 余平方米,整治门头 30 余个,清理墙体小广告 1000 余处、大型户外广告 3 处、户外灯箱 15 个。修补门户小道 49 处计 3000 多平方米,窨井 20 余处。 （陈　奎）

【三类居民区整治】 2011 年,绿东村街道办事处向公众承诺整治的三类居民区分别为二砂一、桐柏、电缆一、电缆二、三磨5个社区的7个楼院。出台的《绿东村办事处三类居民区整治考核细则》，对整治的范围、目标、步骤、时限和验收的程序、考核的标准作了详细的规定。整治中硬化道路2984.5平方米，绿化928.8平方米，墙体粉饰1945平方米，道路修补11276平方米，新购垃圾箱26个，恢复损坏路灯29盏，楼院保洁22960平方米，楼道保洁7832平方米。整治工作严格按照《细则》，紧扣方案，严格标准，扎实工作，切实办好实事。（陈　奎）

【稳定工作】 2011年，绿东村街道办事处全力做好辖区稳定工作，确保在全国"两会"及省、市党代会期间不出现来自辖区内不稳定因素的干扰。一是明确责任。实施重点问题分包责任制，班子成员对群众反映的热点问题进行调查处理并全程负责，因推诿扯皮引起上访的，将视情节轻重给予相应处分。二是排查重点。对有可能发生上访的不稳定因素进行认真排查，对信访苗头做到早知道、早介入、早解决，对部分无理上访、缠访、闹访的老户，采取有效措施，将其矛盾化解在基层。三是畅通信息。充分发挥信访员作用，及时收集相关信息。同时，加强值班工作，确保信访电话24小时畅通。

绿东村街道有企业军转干部261人，在全区排在前列，由于辖区二砂、电缆集团等企业效益不好，企业军转干部意见很大。根据市、区要求，办事处综治办建立了人员台账，完善了各种管理措施。春节前夕，街道办事处对20余人生活困难的军转干部进行了慰问。根据上级要求，街道办事处为军转干部中师团级48人、立功致残59人，其他军转干部80余人发放体检卡，进行了体检。一年中，未出现大批人员参与聚会。

在四季园社区建立了社会治安综合治理、信访稳定标准化社区综治工作站，通过协调在中机六院建立了企业综治工作站。（陈　奎）

【健全平安防控网络】 2011年，绿东村街道办事处根据实际，健全了平安防控网络。一是普法宣传网。深化推进"法律六进"活动，开展平安社区、平安学校、平安企业、平安家庭等活动，为筑建"平安绿东"营造良好法治环境。二是纠纷调处网。发挥人民调解"第一道防线"作用，大力开展矛盾纠纷及不稳定因素排查调处活动，进一步完善矛盾纠纷调处网络。三是治安巡防网。由片区警务室、治安联防队、街道巡防队、辖区单位保安共同形成巡防网络，进行24小时巡逻巡查。四是重点监控网。加强对刑释解教人员、社区重点人员的监控，确保无违法犯罪。五是信息研判网。整合资源，组成信息收集网络，随时向街道及社区综治工作站提供基层动态，街道综治工作中心及时研判各类信息，有针对性地开展维稳工作，推动平安建设。（陈　奎）

【安全生产】 2011年，绿东街道办事处高度重视安全消防工作，确保全年不发生大的安全事故。

安全生产责任制进一步落实。全年街道办事处共组织召开安全生产消防专题会议18次，对上级消防、安全生产工作会议精神做到迅速传达贯彻，认真研究部署，及时组织落实。街道办事处召开党政领导班子联席会议，明确班子成员的安全生产职责，细化街道、社区的安全生产职责，形成了主要领导亲自过问、分管领导具体负责、部门社区齐抓共管的安全监管新格局。

安全生产网格化。以街道为大网格单元，成立由街道办事处主任任组长，安监、综治、派出所、社区、辖区单位负责人为成员的"三分六定"安全工作领导小组，形成基层安全生产工作齐抓共管的格局。社区明确每个社区安监员协助开展隐患排查和安全宣传。社区工作人员、楼院长、社会单位保卫人员、巡防队员3~4人组成检查小组，加强日常检查，排查整改事故隐患，解决了基层单位失控漏管的问题。建立了每月上半月集中排查、下半月集中复验工作制度，对排查出的安全隐患和安全违法违章行为，由街道安监办负责向隐患单位下发《隐患整改通知书》，对没有按期整改到位的单位和场所，移交公安派出所处理。

安全生产大检查进一步加强。街道办事处组织开展了元旦和春节期间、全国"两会"期间、"五一"和"十一"黄金周期间、"大检查、大排查、大督查"活动等全面性的安全生产大检查活动，通过大检查发现问题，查处违章，并确保隐患整改到位。

安全生产专项治理进一步深化。根据上级统一部署和要求，街道办事处加强与公安、消防等部门的配合协调和沟通联系，组织开展了危险化学品、人员密集场所、建筑施工、"打非"工作及学校、幼儿园等方面的安全生产专项治理工作,有效消除了各类事故"顽疾",辖区重点行业、重点领域的安全状况得到明显改善,有效遏制了重特大事故的发生。

继续深入开展安全生产、创建和谐社区活动。通过召开专题会议、下发文件等对创建工作进行全面部署,突出检查各级安全生产责任制的落实、事故隐患的整改、危险源的管理和安全宣传教育的开展等,明确要求两年内百分之百达标。2011 年,卧龙社区、电缆二社区、四季园社区已申请达标。

（陈　奎）

【计划生育】 2011 年,绿东村街道办事处计划生育宣传工作始终坚持以平时宣传与集中宣传相结合的原则,重点宣传计划生育奖励扶助政策、"双提高"工程、流动人口均等化服务和优生优育优教。继续实行计划生育目标管理责任制,与辖区 31 家公共单位、12 个社区及 1 个村签订 2011 年度计划生育目标管理责任书。4 月、9 月,街道计划生育办公室对目标管理单位逐一考核。针对个别社区和单位存在漏档、漏管、漏检的问题,组织人员先后对伏牛路市场、沿街门店、居民楼院开展了拉网式大清查,对漏登、漏管的 1717 人及时纳入管理,其中常住人口 1186 人,流入人口全员信息采集 531 人,为新流入人员建档、审验《流动人口婚育证明》54 本,补检 63 人次。对照省、市"双提高"工程、流动人口"一盘棋"、流动人口均等化服务考核标准,查漏补缺,统一规范装订街道、社区各类档卡 495 本。开展为期一个月的 MIS 系统全员人口数据库基础信息质量核查工作,共核查、纠正错误信息 81476 条,全面提高了信息数据库质量。街道办事处严格生育证审批发放制度及二胎跟踪服务制度,发放一孩生育指标 468 人,其中为流入人口办理一孩生育证 6 本,审核上报换发二孩生育指标 17 人,生育证发放及初审上报合格率 100%。为流出人口出具婚育状况证明 591 份,办理《流动人口婚育证明》144 本,细致周到的服务赢得群众的认可和赞许。3 月、9 月,街道计划生育办公室在辖区范围内开展了以澄清已婚育龄妇女底数、落实避孕节育措施、优质服务进家庭及优生优育宣传进家庭为主要内容的生殖健康进家庭优质服务,为辖区无业、个体已婚育龄妇女康检 5120 人次,共查出妇科病 234 例,计划外妊娠 9 人次。在说服教育下,9 人均主动做了流产手术,街道按照规定标准为每人申请报销手术费用 80 元。审核、办理《独生子女父母光荣证》717 份,更换老年优待证 201 份。上报并发放 2011 年度独生子女父母奖励费 4417 人计 1046040 元。落实计生利导金额 77.4 万元,准确及时上报 2011 年新农保补贴对象 25 人。配合市、区计生委查处河南省直第三人民医院、康复医院进行非医学需要的胎儿性别鉴定案件 2 起,上级主管部门对康复医院及其涉及的科室和个人均进行了处理。按照市、区计生委相关文件要求,协调辖区助产机构开展产妇信息实名登记。（陈　奎）

【社会保障】 2011 年,绿东村街道办事处完成就业任务 2590 人,其中下岗失业人员 1918 人,就业困难人员 536 人,公益性岗位 128 人,富士康招工 66 人。建立健全覆盖城乡劳动者的就业登记和失业登记制度,完善就业管理和失业管理,促进充分就业。全年为 527 人办理《就业失业登记证》,为 14 名下岗失业人员办理小额贷款。

近几年办事处广泛宣传城乡居民基本养老保险优惠政策,已达到家喻户晓,基本上达到应保尽保。2011 年有 58 名居民办理了城乡居民基本养老保险。城镇职工养老保险扩面征缴 275 人,失业保险征缴 285 人。

为提高居民医保参保率,对辖区的二砂技校、电缆技校和四职专,建立三级督办机制,动员在校学生积极参加城镇居民医保,共有 242 人参保。另有 961 位居民参加医保。（陈　奎）

【司法工作】 2011 年,绿东村街道司法所坚持以人为本,认真实践依法治国的方略,开展法律宣传、人民调解、安置帮教、社区矫正等工作。

深入开展以领导干部、青少年为重点的法制宣传教育和以加强基层民主法治建设为重点的依法治理活动。全年发放宣传册 1 万册,把法律知识送到居民家门口。

人民调解工作是社会治安综合治理的第一道防线,处理不及时,容易导致矛盾激化,造成社会不安定因素。绿东村司法所坚持教育在先、控制在先、调解在先的三大理念,做到"小事不出社区、大事不出办事处”的宗旨要求。全年受理各类纠纷71起，其中邻里纠纷27起，婚姻纠纷23起，合同纠纷1起，赔偿纠纷4起，施工扰民纠纷2起，其他纠纷14起，调处率100%。

为提高对刑满释放人员的管理，司法所采取分职业、分年龄、分社区的帮教方式，确保安置帮教工作真正落到实处。2011年，司法所接到“两劳”回归人员5人，其中刑满释放人员3名，解除劳教人员2名。各社区安置帮教工作领导小组本着坚持“教育、感化、挽救”的方针，对刑释解教人员有序开展思想教育和就业安置工作，从思想上让帮教人员做到放下包袱，回归社会。

随着社会经济的发展，房屋过户问题、夫妻离婚房屋财产纠纷问题、邻居占道问题、物业管理收费问题等各种社会矛盾日渐突出，司法所对每件纠纷都做了详细的记录，并热情地引导居民向相关律师做好法律咨询和法律援助，尽量及时有效地解决问题，不使矛盾扩大化。

按照开展社区矫正工作的要求，成立以社区主任为组长的社区矫正工作领导小组，组建了一支由社区综治干部和妇女干部组成的社区矫正志愿者队伍，在司法所人员和社区组织下开展工作。建立了相关工作制度，加强对矫正对象的监督、管理，确保刑罚的有效实施。司法所对矫正对象逐一进行分析，制定矫治个案。通过定期谈话、心理咨询、社会帮教、公益劳动等形式加强教育矫正工作。建立了社区矫正对象档案，一人一档。档案内容包括判决书、矫正对象情况登记表、矫治方案、思想汇报等有关材料。 （陈　奎）

【创文工作】 2011年，绿东村街道在创建全国文明城市工作中取得较好成绩，在全区街道综合评比中荣获6面红旗。

加强领导，完善领导机构。绿东村街道成立了以党工委书记、办事处主任为组长的创建全国文明城市领导小组，负责统一指挥、部署、协调创建工作开展；按照创建职责，设定了10个专项整治指挥部；强化督查督办，合并成立了3个联合督导组，确保了创建全国文明城市的各项工作有条不紊地开展。

强化制度，落实工作责任。实行领导包科室、社区，社区人员包院落、楼栋制度。建立工作例会制度，确定每周五召开创建工作例会，通报创建进度，梳理存在的问题，安排下一步工作；创文办每月召开辖区各级文明单位会议，建立共驻共建机制，合力推进创建全国文明城市各项工作。坚持督查通报制度，对社区落实工作情况明察暗访，对存在问题的社区、指挥部通报情况，责令整改，对完成较好的社区、指挥部通报表扬。

广泛宣传，积极营造创文氛围。绿东村街道办事处携手中原区质监局向全体居民发起“做一个文明有礼的郑州人”的倡议；组织工作人员走进1600多家商业门店，将创文宣传材料发放到每一位经营者手中；围绕全区“四个一百”活动，先后举办了志愿者集中签名、纪念建党90周年红歌赛、群众文化活动周、杂技进社区等大型活动，向居民发放手提袋、文化衫、扑克牌等创文宣传品3万余份；通过专题讲座、消夏演出、公益服务等形式，将调查问卷的有关内容传递到居民当中，力争使街道的创文活动知晓率达到90%以上。

加大建设投入，确保创文实效。绿东村街道办事处投入20多万元，在主次干道、主要交通路口、社区楼院设置大型创文公益广告。认真开展市容市貌集中整治活动，拆除大型户外广告15处，规范整治LED屏幕400多处，清除小广告2400余处，清运建筑垃圾100余车，未发生被各级新闻媒体曝光事件。辖区各中小学校心理咨询室建设稳步推进。社区心理咨询室建设，采取全面准备突出重点的工作思路，充分发挥示范带动作用，率先在四季园社区、伏牛南社区建成亮点室。 （陈　奎）

【积极解决热点问题】 2011年，绿东村街道解决群众电话、网络反映热点问题做到三点。一是快。成立由街道主要领导及宣传、城管、民政、经管等科室负责人组成的群众电话、网络反映问题处置领导小组，建立问题处置队，并及时召开会议对群众反映的热点、难点问题进行研究部署。二是实。集中分管领导、科室、社区的力量解决群众电话、网络反映的问题，确保反映的问题有人管、有人问、有人抓。三是改。收到问题后，做到立即办、马上办、彻底办，确保群众反映的问题切实得到整改。同时，重点对辖区环境卫生状况进行全面排查，并逐一列出整改计划，细化责任到人，限期整改。（曲　伟）

【机关作风建设】 2011年，绿东村街道办事处从五个方面强化机关作风建设。一是科室公开计划。各科室每月底列出下月工作计划及承诺事项，经分管领导签字、街道党工委研究后予以张榜公布，接受群众监督。二是党员公开承诺。把机关党员签订的承诺书制作成台卡，接受来访群众监督。三是推行首问责任制和限时办结制。提高业务技能，提高为民服务意识及办事效率，为居民群众提供热情、快捷、准确、周到的服务。四是实行一线服务制。党员干部深入一线开展调研，为困难人群、独居人群、残疾人群提供上门服务。五是加强跟踪督办。专门成立绩效办，对工作人员在岗情况、履职情况、办事效率情况和为民服务情况进行追踪，定期张榜通报。 （曲　伟）

棉纺路街道

【概况】 棉纺路街道地处中原区城区中心偏东北，管辖范围东临嵩山路，西依桐柏路，东折建设西路、南折工人路、东折友爱路、北折百花路到建设西路，北至纱厂明沟，辖三棉东、三棉西、四棉东、四棉西、五棉南、五棉北6个社区，常住人口3.7万人。辖区有郑州三棉公司，四棉公司、豫欣公司、嵩岳集团、郑州市残疾人就业服务中心、郑州市六十五中、互助路小学分校、建三小学、三棉幼儿园、四棉幼儿园、豫欣公司幼儿园、郑州丹尼斯大卖场棉纺路店、鑫苑国际广场、万乘时代广场等14家企事业单位。街道办事处机关驻建设西路39号。

2011年2月底，棉纺路街道从中原西路街道接管位于桐柏北路以东、农业路以南、西站路以北、郑铁北干道以西的朱屯村。朱屯村占地600余亩，是典型的都市村庄。全村7个村民组，常住居民7000余人，第一至第六村民组正在进行城中村改造，第七村民组（西十里铺村）自行改造。

（刘　强）

【街道经济】 2011年，街道办事处认真落实区委、区政府“四比两看一落实”活动精神，以发展开放型经济擂台赛为契机，依托老厂区和城中村改造项目，广辟税源渠道保持了经济社会发展的良好势头。全年地区生产总值完成6.2亿元，财政收入完成6935万元，超额完成492万元；全社会固定资产投资完成12.07亿元，第三产业增加值完成5.46亿元，社会消费品零售总额完成25780万元；城镇居民人均可支配收入19937元。 （刘　强）

【招商引资】 2011年，街道办事处建立完善了招商引资责任制，加强项目跟踪服务，实现招商引资和重大项目建设的新突破。市外资金到账额完成11.88亿元，占全年目标任务的171.6%。实际利用外资完成950万美元。重大项目建设取得新进展，一是万乘时代广场项目。总投资1亿元，建筑面积3.7万平方米，已经封顶，正进行外部装修。二是方圆经纬花园项目。该项目于2011年9月份在山西太原中博会上签约，占地164亩，总投资40亿，建筑总面积80万平方米，集住宅、商业、公寓、办公于一体。截至年底拆迁已结束，各项手续已办理完毕，规划的16栋高层住宅楼已开工建设，其中3栋高层已建至地上两层。三是盛润·锦绣城项目。该项目于2011年5月份正式签约，占地205亩，总投资40亿元，建筑总面积100万平方米，其中商业17万平方米，包括五星级酒店、商场、影院等，建成后将成为西区的又一商业中心。拆迁、住宅地块手续已办理完毕，两个商业地块手续已报规划局审批，商业西广场已开工建设。 （刘　强）

【城市管理】 2011年是郑州市创建文明城市的关键之年，棉纺路街道按照全区统一安排部署，加强城市管理，克难攻坚、扎实推进，辖区环境保持了干净、整洁、有序。获得了2011年郑州市第一、二、三、四季度“爱卫杯”流动红旗、环卫工作先进单位等荣誉称号。

开展中原区三类居民区升级改造。为居民区新建了垃圾收集容器85个，对辖区破旧的道路约4961平方米进行了整修，对居民区黄土裸露地带共计1967平方米进行了硬化，为三厂中街两侧铺设行道砖2267平方米，清掏化粪池6个，更新窨井盖29个，更换破旧下水管道2.5万米，大大改善了居民区卫生和生活居住环境。

开展市容卫生集中整治。坚持早7点晚21点对沿街占道经营和流动商贩进行清理整治，共清理占道经营280余处，暂扣物品303件，组织人员清理沿街小广告643处，清理沿街道路两侧、河道和朱屯村周边垃圾605吨，督促沿街门店整治残缺霓虹灯26个，拆除小闪灯、LED灯、灯箱广告212个，使辖区的市容市貌得到进一步改善。

加大对创建文明城市活动的投入。为每个社区配备了10名清扫保洁员和保洁工具，为社区（村）发放涂料32桶，清理小广告工具120多件，为西十里铺村购置了10个新的垃圾桶，并协调了建筑垃圾临时倾倒点，通过各社区（村）的积极努力，共清理卫生死角182处，垃圾292吨，小广告1.8万余处。较好地完成了10大项、81小项的工作任务，在创文验收中没有出现任何纰漏。

（刘　强）

【城市提升整治活动】 2011年，街道办事处共动员300多人参与城市提升整治活动，整治病害窨井12处，粉饰楼体1200余平方米，清洗楼体、墙体1470余平方米，粉刷围墙1170余平方米，粉刷铁栏杆1490余平方米，整治门户小道500余平方米；对辖区沿街门头牌匾破旧、损坏以及需要清洗的门店下发了《中原区街景市容综合整治通知单》300多份；对辖区建设路宝视达眼镜、浦康好女人等共计12家门店的破旧门头牌匾进行了重新整修；订购垃圾清运车辆12台；取缔占道经营380余处，突出店外经营230余处，清除小广告480余处；划非机动车停车线90多个；拆除违章LED灯箱52处，软体条幅13处；对辖区3个不具备经营条件的废品收购站进行了取缔；张贴《养犬办证程序》《文明养犬公约》1200余份，上报信息18篇。通过城市管理提升整治，辖区街景有了较大改观。

（刘　强）

【安全生产】 2011年，街道办事处认真落实安全生产、消防责任制，明确职责，强化措施，经常组织开展安全生产、消防大宣传和大排查，对重点部位进行彻查，不放过任何安全事故隐患。定期于元旦、春节、“两会”“五一”国庆和不定期地组织开展10余次全辖区拉网式安全大检查，与1个村、6个社区以及重点单位负责人签订了安全消防责任书，明确了各单位年度安全消防目标任务。11月4日，在辖区内道路交通、建筑施工、特种设备、公众聚集场所及消防、危险化学品、烟花爆竹等重点行业（领域）深入开展为期2个月的安全生产大排查活动。深入企业、学校、宾馆、饭店、网吧、医院、幼儿园、集贸市场、超市等重点单位开展安全大检查。共查出安全隐患73处，当场责令整改或限时完或整改，整改率100%，消除了各类事故隐患。开展多种形式的宣传活动，提高居民群众的安全责任意识。6月12日，组织各社区（村）、辖区单位参加在五一公园开展以“安全责任、重在落实”为主题的安全生产月宣传咨询活动。11月中旬，组织辖区单位开展“119”消防宣传月活动，通过悬挂横幅、张贴标语、布设展板、图画、散发宣传资料、组织文艺演出等形式，向公众宣传消防法规和防火知识，营造宣传气氛。

（刘　强）

【平安棉纺建设】 2011年，街道党工委、办事处强化和落实平安建设、综治目标管理责任制。一是按照“属地管理”和“谁主管、谁负责”的原则，与社区及辖区单位签订了综治责任书，层层落实责任制，形成了一级抓一级，各职能部门齐抓共管的工作格局。二是制定了2011年“平安棉纺”工作要点、关于进一步巩固和扩大“平安棉纺”工作的实施意见、关于构建和谐的实施方案，把巩固平安创建总体目标与加快推进和谐棉纺建设有机结合，促进棉纺路街道经济工作相互协调、又好又快的发展。三是经费投入到位。在财政十分困难的情况下，积极筹措综治经费，10月份成立街道综合性应急救援队伍，保障了平安建设和综合治理工作的全面落实。四是排查和化解不稳定因素。高度重视人民内部矛盾的调处化解工作，正确认识和处理矛盾，注重从源头上预防、减少矛盾纠纷的发生。2011年初，街道及时调整充实了矛盾纠纷排查调处领导小组成员，设专职人员一人，负责排查、信访等具体工作。五是认真落实信访稳定各项工作制度，立足于解决问题，化解了一批矛盾纠纷；同时做好对重点人员的稳控工作，在敏感时期、重大节日，实行

24 小时轮流值班。全年信访立案 23 起，其中上级交办案件 20 起、自立案件 3 起；已结案 20 起，另 3 起正在调查处理中，信访案件结案率 100%，为经济社会发展创造了一个良好的环境，确保社会大局的平稳，确保了重要敏感时期不发生来自棉纺路街道各种不稳定因素的干扰。（刘　强）

【人口和计划生育】 2011 年，街道办事处针对辖区计生工作基础薄弱的实际，实施计生长效管理机制。一是积极组织计生专干参与市、区业务培训。为社区征订《黄种人》等专业杂志，使社区干部及时了解计生政策、动态，熟悉掌握计生工作方法、要点，以此增强计生宣传教育的辐射功能。二是针对工作中薄弱环节进行强化培训。每月的 25 日计生办对各社区、村的计生专干、微机员进行业务培训、业务指导，促使计生专干紧跟计划生育工作的新形势，掌握计生新政策。三是每月对各社区、村进行一次暗查、每一季度按照市计生委的检查方案进行一次社区入户抽样检查，培训实践经验，通过检查使各社区能够发现工作中存在的问题，同时学习其他社区、村好的做法和经验，以此来提高业务能力。四是区划后，积极与朱屯村对接，与区计生委沟通协调，迅速接手朱屯村的计划生育台账、MIS 数据库的管理工作。对隶属朱屯村管辖的西十里铺自然村，与村委协调成立了西十里铺村计生办，并配备了 3 名计生专干，重新建立和完善了计划生育台账和数据库，通过积极协调与管理，逐步使该村计生工作步入正轨，一举扭转了该村计生工作基本处于空白状态的被动局面。五是以“双提高”“流动人口一盘棋”和“流动人口基本公共服务均等化”等活动为契机强化计生专干服务意识和业务能力，计生专干深入辖区，分片包干、责任到人，对所分包的社区逐家逐户的入户登记，澄清常住和流动人口底数。六是切实做好 3 月、9 月常住人口和 1 月、4 月、7 月、10 月的流动人口健康检查工作，全年共为辖区已婚育龄妇女进行了健康检查，其中常住无业个体 3500 人，流动人口 1227 人，并与现代医院联系免费为查出患妇科病的 70 名育龄妇女进行复查，免费发放避孕药具 5000 余盒，发放宣传品 2000 余份。登记独生子女家庭 4712 人，发放金额共计 1117140 元。七是关爱特殊群众，落实特扶政策。2011 年，统计申报独生子女伤残、死亡特扶对象 13 人，金额 1.32 万元。为辖区 60 岁以上计划生育家庭申报养老保险计划生育补贴 42 人。

（刘　强）

【就业再就业工作】 2011 年，棉纺路街道以创业带动就业为中心，广泛拓宽就业渠道，扩大小额贷款范围，使符合条件的人员都能享受政府提供的小额贷款，通过小额贷款帮扶走上创业之路。全年办理小额贷款 18 人，贷款金额达 180 万元。帮扶秦林等 14 人创业成功。2011 年完成就业 2047 人，其中，下岗失业人员再就业 979 人，“4050”人员再就业 452 人，持证人员再就业 460 人，公益性岗位就业 121 人，再就业培训 385 人。共举办就业培训 4 场，小型招聘会 11 场，帮助 800 余人成功实现了再就业，超额完成了就业再就业任务。共办理《就业失业证登记》1005 本。辖区的再就业服务率达到了 95% 以上。此外，6 个社区均达到示范社区标准，完成养老保险扩面征缴 152 人。（刘　强）

【民政工作】 一是落实各项社会保障制度，对纳入低保、廉租房补贴的人员严格把关，定期审核、动态管理，做到应保尽保，2011 年全辖区享受低保救助的家庭共 165 户 278 人，累计发放低保金 915380 元，累计救助人次 3135 人。低收入家庭现有 1335 户，共计 3785 人。二是为军转人员发放优抚金累计 598288 元，为社区无业干部发放统筹 80203.2 元，“三金”52637.76 元，共计 132840.96 元。三是对辖区残疾人进行了彻底的清查、登记，并完成了 2866 名残疾人的社会保障和服务状况普查表、康复需求调查表两表手工填报和微机录入工作，为 5 户残疾家庭进行了无障碍设施改造，为 32 名残疾人发放了轮椅。四是符合保障住房条件的居民及时享受到住房补贴，共有 1578 户享受廉租住房实物配租和现金补贴（其中实物配租 26 户），909 户取得经济适用房资格证。五是成立了换届工作组，制定详细的换届选举方案，严格监管换届工作的每一个程序，11 月 3 日，朱屯村第七届村“两委”换届工作顺利完成。（刘　强）

【党建工作】 2011年,街道党工委始终把抓班子带队伍作为一项基础性工作,常抓不懈。进一步健全完善了各项规章制度,以制度管人。全办上下心齐气顺,团结和谐,初步形成了良好的氛围和风气。

加强领导班子建设。坚持中心组理论学习不放松。按照区委部署,街道党工委把学习贯彻党的十七届五中、六中全会精神作为当前首要的政治任务,集中时间学习全会文件,认真撰写心得体会,班子成员通过讨论交流,积极为街道的发展出谋划策,有效地保证中心组理论学习效果。

注重党员干部队伍教育。完善学习制度,制定年度机关干部学习计划,通过集中学习和拓展训练等形式,认真学习党的十七届五中、六中全会精神、适时政治理论和各部门业务知识,锻炼了干部队伍的思想意志和团队精神,转变干部的工作作风,真正做到思想教育有制度、有计划,理论学习有时间、有内容、有效果。

扎实开展创先争优活动。成立创先争优活动领导小组,制定活动方案。一是结合创先争优活动对农村党员开展承诺评议活动,在建党90周年之际,组织村党员开展革命传统教育活动,建立完善农村党员信息库。二是党建示范点不断巩固和提高。在原有三棉东、四棉西党建示范点的基础上,新建五棉南、五棉北2个党建示范点,添置更新了办公电脑。三是社区活动载体不断丰富。以纪念建党90周年开展"党建实践活动月"活动为契机,结合创先争优、夺旗争星等活动认真选树一批"优秀党员""党员创业之星"等先进典型,街道党工委和三棉东社区党总支被郑州市委评为先进基层党组织,有3个社区被评为区级先进基层党组织,2名党员被评为中原区优秀党务工作者,9名党员被评为区级优秀共产党员,20名共产党员被评为街道优秀共产党员,2名下岗失业党员被评为下岗失业党员创业之星,在市、区、街道三级表彰会上都分别受到了表彰。组织辖区党员开展看红色电影、象棋比赛、诗歌朗诵比赛、"读党史、学党章""党员奉献日"、党员座谈会、集中讲党课等活动,并以困难帮扶活动为重点,对辖区生活特别困难的老党员、老干部进行走访慰问,举办了失业党员专场招聘会,共有25家招聘单位提供就业岗位300多个。

全力推进党风廉政建设。以"优化经济发展年活动"为契机,定期召开党政班子成员会议,组织学习市、区有关改进机关作风、优化发展环境文件精神,研究部署好街道优化发展环境的活动,把整顿机关作风、优化发展环境同抓好基层党风廉政建设责任制考核工作有机结合起来,利用宣传横幅、黑板报、宣传橱窗等方式,深入开展一系列的宣传工作,深化干部群众对环境建设的重要性、必要性的认识,强化了干部群众的服务意识。以行风评议活动为载体,通过学习教育、集中整顿、完善制度等措施加大党员干部思想教育和作风整顿力度。达到了规范党员干部行为,强化服务意识,转变工作作风的目的。 (刘 强)

【鑫苑国际广场】 鑫苑国际广场是一个集餐饮、购物、娱乐、办公、商住公寓为一体的多功能综合性建筑群。项目由上海联创国际规划设计公司担任设计,其外观以双塔退层的形式展现出大气恢宏的气势,外立面设计简约高雅,突出了新古典主义的建筑风格,现已成为郑州市中原区又一地标性建筑。

鑫苑国际广场占地15亩,总建筑面积4.9万平方米,其中商业面积1万平方米,住宅面积3.6万平方米,分为东西两座塔楼,建筑楼层为地上21层,地下2层为停车场。其中1~3层为独立的店铺,截至2011年底,已有中投证券、建设银行、中国银行、工商银行、海澜之家等100余家企业入驻。

(刘 强)

【万乘时代广场】 万乘时代广场位于郑州市建设路与百花路东北隅。与鑫苑国际广场毗邻,是棉纺路街道办事处引进的商务开发项目。该项目由郑州市德丰园实业有限公司融资开发,于2010年3月开工建设,工期预计为2年,2010年底,招商售楼中心装修完毕,开始进行对外展示和预售登记。2012年正式投入使用。整个项目建成后,预计自营部分每月可实现收入170万元,年收入2000万元左右。

万乘时代广场项目占地约5000平方米,预计总投资1亿元左右,规划设计为25层高层建筑,总建筑面积37108平方米。项目1～3层为裙楼，面积4925平方米，计划1～2层用作开办商场，3层用作开办酒店；4～25层共计24787平方米，其中4～14层为德丰园自用，4楼拟设置一个大型多功能会议室，5楼以上拟开办快捷酒店。15～25层作为写字楼，主要用于商务办公。地下2层为立体停车场，面积7396平方米，设计停车位200个。

（刘　强）

【盛润·锦绣城】 盛润·锦绣城项目是由郑州四棉置业有限公司投资开发，位于棉纺西路以北、工人路两侧（棉纺西路2号）。项目总占地面积137067.35平方米，拟规划建设房屋总建筑面积约95万平方米，绿地面积约4.5万平方米，地上总建筑面积约61万平方米，其中住宅约43万平方米，商业17万平方米，物业管理等其他公共设施用房1万多平方米；地下约34万平方米。项目预计总投资38亿元，拟定建设周期为2011年6月至2015年6月，共4年。项目预期销售收入46亿元，其中利税6.9亿元。截至2011年底，项目有关手续已基本办理完毕。

该项目拟规划建设成为一个集大型购物中心、五星级影院、商务办公、休闲娱乐以及中高档住宅等众多业态组合的城市综合体。项目建成后，将成为郑州市的主力商圈，对提升郑州市西区的城市形象和品质起到中心地位的作用。（刘　强）

【方圆经纬花园】 方圆经纬花园项目位于棉纺北路南、锦嵩路东，由郑州鸿兴置业有限公司投资开发，总占地面积110000.55平方米，总投资40亿元，规划总建筑面积约50万平方米，绿化率为40.3%。地上总建筑面积38万平方米，其中住宅面积约35万平方米，商业建筑面积近3万平方米；地下总建筑面积约12万平方米，其中地下建筑面积2.3万平方米，地下车库面积9.4万平方米。截至2011年底，项目相关土地证已经过户完毕，地面基础建设已开工。（刘　强）

三官庙街道

【概况】 三官庙街道辖西流湖以东、伏牛路以西、中原路以北、陇海铁路以南，常住人口52862人。管辖河南纺机、工农路、共和新街、郑上路、西环路、湖光苑、中原中路一、中原中路二、华山路、郑煤机、伏牛北、电业新村、三官庙13个社区和三官庙1个行政村。辖有华山路、岗坡路、伏牛路、郑上路、中原路等5条道路，有郑煤机集团、郑州纺机西区、郑州柿园水厂、自来水总公司、河南物配、交运集团产业单位等26个省、市大中型企业，建有大型住宅小区湖光苑小区、豫花园生活小区、锦绣中原小区、天天馨苑小区等。（付　阳）

【街道经济】 2011年三官庙街道完成地区生产总值13.5亿元，规模以上工业增加值20090万元，第三产业增加值91500万元，固定资产投资60942万元，社会消费品零售总额69000万元。完成税收19693万元。城镇居民可支配收入完成18480元。

（付　阳）

【重点项目】 豫园综合楼项目，位于中原中路124号，交巡警二大队西隔壁，由河南万隆方正置业有限公司投资开发，项目占地37.03亩，投资2.87亿元，规划建设12.388万平方米，是集餐饮、休闲、商务办公、住宅为一体的城市综合体。2011年已开工1栋楼。

郑州一建家具建材展示大楼项目，位于中原西路与西三环交叉口西北侧，占地约45亩，建筑面积8.9万平方米，由郑州一建集团有限公司投资1.8亿元开发，建设集建材、家具展示、销售为一体的综合楼。2011年底大楼已封顶，现正在进行配套设施施工。

保利百合花园项目8月26日签约，项目位于建设西路与华山路交叉口，占地160亩，由郑州恒天兴华房地产有限公司投资开发，总投资15亿元，建筑面积45万平方米，建筑高度100米，并要求配建4万平方米廉租房。项目分两期开发，一期用地80亩，10栋高层，建筑面积23万平方米，其中商业

5000 平方米；二期用地 80 亩，11 栋高层，22 万平方米，其中商业 1 万平方米。2011 年底项目正在办理相关手续。（付　阳）

【创建平安街道】 2011 年，三官庙街道办事处坚持“打防结合、预防为主、专群结合、依靠群众”的工作方针，紧密围绕“平安街道”创建的总体目标，突出做好矛盾纠纷排查、社会稳定、安全防范和人员教育转化等工作。

一是坚持“控心胜于控人”的原则，全力做好信访维稳工作。在信访案件化解工作中，不是就稳控而稳控，而是坚持从根本上解决群众的具体问题和实际困难为宗旨，竭尽全力解决信访人所盼、所想的问题，耐心细致地宣传法律政策，苦口婆心地讲解道理，实实在在的解决生产生活中的困难。

二是坚持源头治理，消除信访隐患，在各项工作中实行工作任务与信访化解双岗责任制，一个干部既要保证工作任务完成，又要落实信访问题化解。

三是动员社会力量，形成大信访大稳定格局。在坚持党政领导接访的基础上，建立了老党员、老干部、人大代表、政协委员、社区志愿者信访接待制度，通过他们广泛了解社情民意，拓宽与群众的沟通渠道。实现多数人做少数人工作的大信访大稳定格局。1 月至 10 月，辖区发生矛盾纠纷 96 起，调处 96 起，调处成功 95 起，实现了把矛盾纠纷及时化解在萌芽状态，处理在最基层，确保了辖区的和谐稳定。

四是做好重点人群的教育帮扶工作，对艾滋病人、吸毒人员、刑满释放人员、涉法涉诉等特殊群体人员，街道建立了专门的台账，明确了帮扶责任人和联系人，要求多与他们接触，多与他们交流谈心，帮助解决实际问题。

五是严格按照“三分六定”网格化工作模式，落实安全生产责任，认真开展安全隐患排查。1 月至 10 月查出安全隐患 182 处，当即整改的 20 处，先后发出 64 份安全隐患整改通知书，隐患全部整改。2011 年初，三官庙街道 13 个社区被区政府命名为城市社区安全工作达标社区。（付　阳）

【城市管理】 2011 年，三官庙街道从软件、硬件两方面入手，以畅通、整洁、有序为目标，认真部署，分工合作，提升了城市环境和市民生活水平。

加大城管城建工作投入。三官庙街道地处老城区，辖区无主管楼院多，居民楼院硬件差，道路问题、绿化问题、物业问题等比较突出。办事处加大对此类楼院的资金投入，对百姓关心的问题逐一排查并逐一解决。2011 年投资 40 余万元，为 13 个社区无主楼院配备了密闭垃圾转运车，整治无主楼院 4000 多平方米的破损道路。

大力开展卫生宣传。适时开展除害防病宣传和有关预防老年人常见病、手足口病等健康教育宣传活动，通过举办健康教育宣传展览、有奖竞猜、控烟沙龙等形式向居民宣传健康教育知识，培养居民良好的卫生习惯。上半年共发放宣传材料 4000 余份、宣传品 620 余件，受教育群众 2820 余人次，受到居民群众的一致好评。

做好市容环境综合整治工作。街道办事处抽调精兵强将，集中开展整治工作，对辖区内居民区、背街小巷彻底清扫，清除建筑垃圾、生活垃圾 20 多吨，治理卫生死角 10 余处，清除张贴、喷绘类小广告 3000 余处，取缔占道经营摊点 180 多个，自行清运积存垃圾 51 余车，清理《积存垃圾有偿清运限期整改通知单》通知的垃圾 6 次，督促整治残缺霓虹灯 289 个，拆除辖区干道沿街门店违章 LED 灯、灯箱 378 处。（付　阳）

【创文成绩突出】 2011 年，三官庙街道按照区委统一部署，全面开展创建全国文明城区工作，狠抓创建任务和责任分解，全力以赴迎接省文明指数测评，被区委区政府评为先进街道。

完善机制、严格奖惩。制定了《三官庙街道办事处迎接省会创建全国文明城市工作考核办法》《三官庙街道 2011 年创建全国文明城市工作意见》，根据目标任务完成情况和各专项整治工作组在区专项指挥部排名情况进行奖惩。对社区的考核，每月由办事处采用明查和暗访的形式检查打分排名，前 3 名为红旗社区，凡在市区检查中受到领导批评或新闻媒体曝光的或后一名的为黑旗单位。对办事处各专项整治组的考核，依据区各专项整治指挥部检查成绩予以奖罚。考核项目在区里每月排前3名的分别奖励1000元、800元、600元，排后3名挂黑旗的分别给予500元、400元、300元的处罚。

广泛宣传、营造氛围。制作宣传栏、条幅，安装在各社区楼院的醒目位置，发放宣传彩页，发动社区志愿参加形式多样的公益活动，努力提高群众对创文工作的知晓率，并且形成人人动手、齐抓共管的良好局面。

完善创文资料。街道全体人员加班加点查漏补缺，归档资料，使各个迎检点环境、文字材料、实地考察等各项指标达到A类标准，从而保证了办事处的创文工作连续4次得到周红旗。（付　阳）

【管理三官庙村】　2011年2月，三官庙村划归三官庙街道管辖。三官庙村的矛盾错综复杂，主要有三个方面：一是村民待遇之争；二是城中村改造遗留问题；三是村民多年积淀的矛盾。针对这种情况，街道党工委、办事处采取有力措施加强对三官庙村的管理。

加强领导，由党工委委员、武装部长专职负责村庄事物，成立专门的驻村办配合支持村"两委"工作。理顺工作体制，实行业务主管和包村领导双负责任制。在村两委换届选举工作中，针对前几届村委换届选举期间，"不在册"但有宅基地使用证并在村里居住的人员，为能成为"在册"村民而争取选举权，不断上访，发生过不同情况的信访事件的情况，党工委提前部署，成立了换届领导小组，实行日汇报研究制度。要求工作人员严格工作纪律，做到工作规范、依法、合乎程序。对于群众的诉求，本着化解矛盾不上交的原则，与群众零距离沟通，耐心细致的进行说服工作，打消对抗抵触情绪，引导他们通过正确途径维护自己的合法权益，确保了"两委"换届不受外来因素干扰，取得了圆满成功。（付　阳）

【民生实事】　贴近群众、改善民生。2011年，三官庙街道有233户、484人享受低保政策，全年发放低保金5064人次计1343045.8元；审批上报经济适用房280户，审批上报廉租住房588户；为2名"三无"残疾人申请到了每月300元的生活补助，为17名无生活能力的残疾人申请到了阳光托养补助，为辖区12名困难残疾人申请到免费助行器，为10名困难残疾人申请到免费坐便椅；为9人申请到大病救助，为3人申请到慈善救助。

做好劳动保障工作。2011年三官庙街道新增就业人员2446人，为富士康招工900余人；办理养老保险88人、医疗保险946人；为35人申请小额担保贷款、一个小企业贷款100万元，共计450余万元。

做好计划生育工作，确保"关爱女孩行动"和"生育关怀行动"有效实施。2011年，三官庙街道办事处发放生育证425人；为辖区4700名育龄妇女免费康检；为400多个育龄妇女发放"一卡通"；为辖区3200户5046人审核申请了独生子女父母奖励费120多万元；为14户25人申报了特别奖励扶助。（付　阳）

【打造平安和谐社区】　2011年，三官庙街道五项措施着力打造平安和谐社区。一是多渠道宣传，营造浓厚法制舆论氛围。在居民出行和集中地张贴有关打击非法传销、打黑除恶、打击"两抢一盗"等标语，引导群众积极参与。同时，社区以黑板报、讲座等形式，组织辖区居民积极开展普法宣传和"法律进小区"等宣传活动。二是开展分包走访，收集民情民意。街道党政领导、机关干部、社区委员分别包1～2个楼栋，定期入户走访，认真听取居民对辖区社会治安状况的评价，并耐心解答问题，及时发现问题化解矛盾。三是加强社区人防、技防建设，保证居民人身财产安全。社区警务室做到24小时警员在岗值班，巡防队员保持24小时巡逻，发现可疑人员及时盘查询问，保证社区内监控设备全部正常运转，做到监控摄像全覆盖，对违法犯罪行为形成有力震慑。四是加大巡查力度，查处黑网吧和传销窝点。建立防范、控制、打击的工作机制，对黑网吧和传销窝点容易存在的重点地段，加大巡查力度，做到及时发现，及时取缔。五是号召广大居民参与社区群防群治工作。设置夜间巡逻岗、白天义务巡逻岗，社区党员设岗定责，动员广大群众共同建设安全和谐社区。（曲　伟）

【基层党建】 2011年，三官庙街道党工委从七个方面狠抓基层党组织建设。

一是抓党委班子建设，努力提高决策水平和向心力，从而在班子中营造良好的同志关系、朋友感情和团队精神。

二是抓干部队伍建设，坚持“政治上培养、工作和生活上关心、精神上尊重”的用人理念，把能力水平高、表现突出的同志放到重要岗位上去锻炼，为他们成长创造机会；组织街道和社区人员学习“人品检验十条”“五要三不四个自觉”“选用干部十看”“议新形势对领导干部的新要求”和“论用领导方式转变加快发展方式转变”等一些道德修养标准和为民服务理念，不断提高了干部队伍综合素质，提升为民服务水平。

三是抓党员队伍建设，开展“在职党员进社区”活动，变8小时“单位党员”为24小时“社区党员”，增强了党组织的凝聚力、吸引力和战斗力；注重发现、培育、宣传和推广各个层面的基层先进党员典型，发挥典型的示范带动作用。如：省纺机社区老革命老党员杨长根，华山路社区永不褪色老党员雷爱存，三官庙社区丽城花园管家婆桑德华等。

四是抓党建经费投入，把社区办公用房、党员活动阵地及配套设施建设作为社区党建工作的关键问题，不断加大投入力度，重点推进，实现了“三有一化”。

五是抓党建示范点建设，以点带面，提高基层党建工作水平。以郑煤机社区、工农路社区及河南智通汽车销售服务有限公司党支部为重点，制定了切实可行的创建方案，加大投入力度，改变面貌，确保硬件到位、软件提升。

六是深入开展“争创先进科室、争创先进社区、争当先进个人”活动，紧紧围绕“为民服务，创先争优”这一服务理念，开展“服务受理零推诿”“服务方式零距离”“服务事项零差错”“服务规范零投诉”活动，并建立责任追究机制，严肃追究发生业务差错的具体承办人责任，实行谁出问题谁负责到底，促进了各项工作的顺利进行。

七是深入开展纪念建党90周年“党建实践活动月”活动，街道举办党史知识讲座、纪念建党90周年演讲比赛，邀请辖区全国战斗英雄、全国人大代表郭天木和老干部张有福作题为“学党史、报党恩、跟党走”的报告，举办纪念建党90周年文艺会演，开展送岗位、送健康、送温暖活动，表彰一批先进基层党组织和优秀共产党员。 （付　阳）

【妇联影响力扩大】 2011年，三官庙街道办事处大力维护妇女儿童权益，在重大工作中充分发挥半边天的作用。

维护妇女儿童权益。以“三八”维权周、“五五普法”“法制宣传月”等活动为载体，广泛开展法律知识进家庭活动。通过送法进外来人口集中居住地、上街宣传、有奖问答、送法进工地等形式，开展各类普法宣传教育7期，受教育1000余人次。“六一”儿童节，三官庙街道办事处慰问辖区3户贫困独生子女户，给他们送去米面油等生活用品，让贫困家庭的人员感受到党和政府的关怀。“七一”前，街道妇联和社保所、党建等部门联合举办招聘会，针对下岗人员以及弱势群体特别是女性实现就业。全年调解家庭暴力纠纷3起。

关心妇女儿童身心健康。街道妇联会同计划生育部门为辖区4700名育龄妇女免费健康体检，与工会联合邀请郑州市中医院妇科专家为单位女职工作“两癌”排查知识健康讲座。进入冬季后，街道妇联与安全办、辖区派出所等相关部门，对辖区内中小学及幼儿园的周边环境进行整治，督查消防安全，中小学及幼儿园都能保证每天有3名以上保安及教师值班，严格进出校园的程序；并联合消防中队在省纺机幼儿园、金融学校举行了消防安全演习活动，提高了师生防火自救的意识，同时也掌握了消防器材的使用方法，保证了学生在校期间的人身安全和消防安全。

扩大妇联影响力。以家长学校为依托，推进巾帼家庭的创建。组织开展各类家庭教育新知识活动、亲子活动、法律知识讲座等活动，丰富了平安家庭创建活动的内涵，进一步在全街道弘扬家庭美德，倡导文明、健康、科学、向上的生活方式。全年评选出90户文明家庭。组建了妇女党员志愿者队伍，她们发扬不怕苦、不怕累、不怕脏的精神，积极投入到环境整治活动和畅通郑州活动中。

（付　阳）

建设路街道

【概况】 建设路街道位于建设路以南、伏牛路以东、工人路以西、中原路以北，面积 1.24 平方公里，常住人口 4.3 万人，是中原区区委、区政府所在地。辖区内有 14 条道路、87 个居民楼院。列入经常管理的公共单位 30 个，其中包括省纺织机关服务中心在内的党政机关 5 个、各类学校 8 所、医疗卫生机构 4 个、金融机构 10 家、大型企业 3 家，集贸市场 1 个，是文教、金融、商业、医疗卫生机构集中地段之一。下辖学院、协作路、市场街、省五建、计划路、前进路、五一、中心医院 8 个社区。2011 年 2 月 28 日，经区划调整，岗坡村划入建设路街道。辖区有 8 个社区党支部、1 个机关党支部、1 个村党支部、4 个非公党支部，驻区党员 1523 名，自管党员 681 名，其中在职党员 145 名，离退休党员 313 名，失业党员 194 名，非公企业党员 29 名。（张菊芳）

【街道经济】 2011 年，建设路街道完成地区生产总值 12.5 亿元，第三产业增加值 11.43 亿元，规模工业增加值 1120 万元，全社会固定资产总投资 6.88 亿元，社会消费品零售额 10335 万元。人均可支配收入完成 22746 元。税收完成 6978 万元，其中国税 625 万元，地税 5298 万元，省直属、市直属及市涉外 1055 万元。发展开放型经济取得新进展，域外资金累计到账 83700 万元，外贸出口额 965 万美元。（张菊芳）

【重点项目建设】 2011 年，建设路街道办事处引进亿元以上重点项目 4 个（在建 3 个），预计投资额 21 亿元。

郑州标准置业有限公司建设项目已完成地基建设工作；大商新玛特购物广场项目建设正在稳步推进；岗坡二期城中村改造项目共分两期进行施工建设，一期建设年底竣工，二期建设已封顶；前进路 50 号院旧城改造项目已签约，正在办理各项手续。在中原区“四比二看一落实”擂台赛活动中，郑州标准置业有限公司建设项目、大商新玛特（升龙店）购物广场项目、岗坡二期城中村改造项目均被列入擂台赛十佳项目。（张菊芳）

【稳定工作】 2011 年，建设路街道办事处坚持以稳定工作为第一责任，以创建“平安街道”为有效载体，强化社会治安综合治理工作中心建设，通过深化科技防范、矛盾排查化解、强化应急机制、坚持为民服务，完善了基层街道平安建设工作体系，实现了辖区社会治安大局稳定。

一是以创建“五无社区、单位”和“平安之星”活动为主要载体，扩大平安创建覆盖面，推进平安创建活动的延伸。建立了治安志愿者队伍，提高了群众参与平安建设的积极性、主动性，基层创建工作得到了进一步夯实。

二是街道多方筹措资金在岗坡村、背街小巷、游园、公交站点安装技防设施，辖区基本实现了技防设施全覆盖，科技防范工作进一步深化。

三是建立了“巡消一体化”“警巡一体化”治安防控应急处置机制，同时为治安巡逻车和巡消一体巡逻车配置了电台、强光手电、细水雾、便携式灭火器、手板、防毒面罩、水带等消防器材必备工具，在发生紧急事件后，指挥中心通过无线电台统一调配，机动巡防队与各社区班组巡防队和治安民警同时向出事地点进发，形成联动，可在 5 分钟之内到达辖区最远事发现场，达到了快速反应，以快制胜，治安防控体系进一步加强。全年救助困难群众 32 人次，为群众办好事 62 件，处理治安案件 6 起，扑救初期火灾 4 起。

四是组织各社区人员在辖区居民楼院、沿街门面店、重点人群、学校、企事业单位开展社会治安重点地区集中排查整治“百日会战”活动。通过在辖区设置展板、悬挂条幅等形式进行排查整治工作宣传，社会治安重点地区排查整治工作进一步增强。

五是开展治安防控网格化体系建设，街道成立社会管理治安防控网格化机构，下设 1 个支队、9 个大队和 27 个分队，定期开展集中清理清查工作。主要对辖区楼院、沿街门店、重点场所（地下室、小旅馆、小网吧、出租户）存在的社会治安、安全生产、消防、流动人口等不稳定因素进行细致的排查。

（张菊芳）

【安全生产】 2011年,建设路街道扎实开展安全生产和消防隐患排查,辖区未发生重特大生产安全事故。

一是围绕"安全发展,预防为主"的主题,在辖区广泛开展了形式多样的宣传、咨询活动。在"安全生产月""11·9消防宣传"活动中,街道在居民区通过展板、悬挂条幅、发放宣传资料、利用电子屏显等方式营造浓厚的宣传氛围。全年发放宣传资料1.8万份,组织居民看宣传视频30次,悬挂条幅30条,展出展板20块。

二是利用专项检查、季节性检查、与上级部门联合检查等多种方式,先后在春节、全国"两会"等重大节日活动期间开展22次拉网式大排查活动,发现安全隐患700处,整改650处,下达整改通知书230份,向派出所移交41家,对存在的较大隐患及时向上级执法部门上报,通过开展大检查活动,有效防范和遏制重特大事故的发生。

三是进一步完善"三分六定"网格精细化安全管理模式,建设路街道以协作路、学院社区网格精细化工作为试点,探索出"36773"(3级网络、6大责任主体、7项制度、7项必查内容、建立社区3项登记)网格化隐患排查工作模式,并逐步在各社区推进。

四是街道在原有基础上,投资3万余元,配备了台式电脑、笔记本电脑、投影仪、摄像机、照相机、便携式打印机、录音设备、个体防护装备等办公设备,以全面提升安全监管水平,强化基层安全基础设施,努力打造安全稳定、和谐发展街道。协作路社区、学院社区已通过区安监局安全和谐型社区创建考核、验收。全年街道多次迎接公安部消防局、省、市等各级领导视察参观指导安全生产、消防工作。 (张菊芳)

【城市管理】 2011年,建设路街道办事处依托"五位一体"网格化城市管理模式,狠抓长效管理措施落实,努力开创城市管理工作新局面。

一是做好爱国卫生工作,定期对社区及辖区单位进行环境卫生、病媒生物防治、健康教育专栏、建筑工地、沿街"五小"门店检查,对存在的问题及时下发整改通知书,并督促及时整改到位。全年清理居民区建筑垃圾、生活垃圾300余吨,清理居民区内、辖区道路各类小广告2万多处,联合执法清理占道经营500余起,治理突出门店经营200多家,整治"五小"门店373家,合格率达到100%;投鼠药500公斤,补垒鼠饵洞1000多个,发放粘鼠板300多个,并安排专人对辖区除"四害"工作进行自检自查,对存在问题的单位限期整改;定期更换健康教育专栏,全年制作健康教育展板390块;5月31日,办事处邀请郑州市中心医院的专家,为辖区居民讲解吸烟有害健康的有关知识,提高辖区居民群众的健康意识。

二是辖区新增绿地5000平方米,新栽香樟树、石楠、玫瑰刺、法桐等多种植物,有效美化了辖区居民的生活环境。

三是根据上级关于开展第一次全国水利普查的通知精神,办事处确定了15家工业企业调查对象,建立普查台账,被普查单位的用水量已全部登记完毕。

四是深入开展防汛隐患排查整改活动,对辖区内的早期人防工程进行排查,及时发现问题并进行整改,清挖辖区内所有下水道,确保不留水灾隐患,配备防汛物资,安排专人管理,做到有备无患。制作防汛明白卡1500份并发放到辖区居民手中,以提高辖区居民防险避灾的意识。 (张菊芳)

【扎实推进城市管理提升工作】 一是抓宣传,重氛围营造。组织召开街道办事处全体人员会议,使工作人员充分认识到城市管理提升工作的重要性和必要性;向居民和沿街商户发放《致辖区居民和经营商户的一封信》5000余份,营造了浓厚的宣传氛围;利用辖区宣传栏对整治提升工作的目标和创建标准进行宣传,提高了广大居民对城市管理提升工作的了解和认识。

二是抓机制,重载体创新。街道办事处制定了涵盖门户小道、霓虹灯、信息数字化等内容的14项整治工作方案,明确各项整治工作目标、任务和分工;推行网格化管理模式,将任务分解到人,使"人人有担子、个个有压力",共同推进整治进度;建立日巡查、周报告、月评比、季总结制度,每月对辖区单位及各社区(村)开展整治提升工作"红黑旗"考核评比排名,红旗单位给予物质奖励,黑旗单位予以处罚。

三是抓联动,重合力效应。按照"属地管理"的原则,街道城管科联合执法中队、工商、地税、药监等单位部门进行联合执法,对重点难点问题进行整治,形成整治提升活动强大合力。

四是抓整改,重整治成效。自提升活动开展至年底,街道办事处投入资金10余万元,新购置环卫车辆21辆,组织人力100多人次,清理各类垃圾100余立方米,清除道路、居民区乱贴乱画及小广告4000余处,清理乱扯乱挂300余处,整治破损残缺霓虹灯25处,整治文化宫路、市场街等多条小道损害处63处,复浇整修路面3000余平方米,对文化宫路沿街墙体重新粉刷加檐并进行墙体绘画;动员协调辖区单位中信银行等各方投资60余万元,完成楼体粉饰500余平方米。（张菊芳）

【计划生育】 2011年,建设路街道办事处以稳定低生育水平为目标,以完善目标责任制管理和规范化服务为手段,夯实计划生育工作基础,大力开展婚育新风进万家及以"提高出生人口素质,提高家庭发展能力"为内容的"双提高"活动。

强化了流动人口属地化管理、市民化服务的工作理念,指导社区(村)加强流动人口属地化管理,为辖区居民(含流动人口)提供"一站式"公共服务。

做好计划生育日常工作。年初同24个辖区单位、8个社区、岗坡村签订了目标责任书;与辖区26家医院、诊所、药店签订综合治理性别比目标责任书;全年办理一孩生育证230份,办理独生子女证230份;免费发放避孕药具12625支,口服避孕药70盒,外用避孕药46盒;接待群众来访、来电、政策、业务咨询80余人次,现场办结率达99%以上;登记独生子女2308户,发放独生子女费3396人次,共计808440元;独生子女特扶人员6户,发放独生子女特扶补助12人次,共计1.58万元;组织辖区已婚育龄妇女免费健康体检5336人次。

在计划生育工作队伍中开展比素质、比业务、比服务,争当群众满意的先进集体,争当技能标兵的"三比两争"岗位练兵活动,坚持定期组织学习和培训、开展技能竞赛,提高计划生育工作者的自身素质。（张菊芳）

【劳动保障】 一是通过创建劳动保障充分就业社区消除零就业家庭。对辖区内的失业人员、零就业家庭和"4050"人员等就业困难人员进行逐户调查核实,建立一户一档、一人一表的就业援助档案,确保不漏户、不漏人,有针对性地开展就业援助。充分发挥公共职介所功能,对失业人员实行"不挑不捡,三天上岗"的承诺。全年新增就业再就业1908人。

二是加强困难群体的救助。街道全年累计发放低保金1168660.8元,并为辖区187户403位困难群众发放肉食补贴16830元、水费补贴16156.8元;申请廉租房620户,其中享受廉租房实物配租40户,领取住房补贴580户;上报申请经济适用房用户305户;个人小额贷款22人,申报贷款金额220万元。

三是完成社会保险征缴。新增居民基本养老保险参保人数327人;城镇居民基本医疗保险参保6990人;为街道在职职工办理了意外伤害互助保险,共计191人5226元,其中续保165人,新参保26人。

建设路街道办事处先后迎接了人力资源和社会保障部、省人力资源和社会保障厅等相关部门领导的视察、指导。（张菊芳）

【文化中心工作】 2011年,建设路街道办事处强化五一公园等文化阵地建设,发展各类文体队伍30余支,文艺骨干500余人,形成了"周周有活动,月月有主题"的文化活动。

积极响应区文明办、区妇联号召,开展"千户特色文明家庭"评选活动,共评出特色文明家庭88户;动员辖区更多的女党员、女干部、女知识分子等优秀女性加入巾帼志愿者队伍,按照"志愿参加,无偿服务,志在奉献"的原则,组织巾帼志愿者参加巾帼文明交通志愿活动;组织辖区残疾人参加"残疾人文化周"活动,在各个社区开展"让我们共同关注小雨人"孤独症儿童筛查工作,发放宣传页200份,让人们从多个方面了解孤独症;组织辖区广大妇女群众和家庭成员参与和推广二十四式简化太极拳活动；组织“建办红歌志愿者合唱团”深入社区、学校、建筑工地、福利院等场所进行义务演出；组织开展了“促和谐、奔小康”全民健身活动、“邻居节”“百万妇女健身活动”等多项体育文化活动。（张菊芳）

【党的建设】 2011年，建设路街道以创先争优活动为契机，落实党建工作责任制，不断转变思想观念，完善工作思路，扎实推进“六个建设”，为街道经济和社会各项事业发展提供了坚强组织保障。

一是整合资源，形成合力。坚持党建联席会制度，充分发挥联合工委联动效应，科学整合资源，发挥工作合力，并通过党建联席会平台，深入开展了“一承诺两评议”“党旗挥舞映日红”“党徽闪光暖社区”等活动，走出了街道与驻区单位共建的新路子。

二是夯实基础，打造亮点。以社区党建示范点建设为抓手，狠抓社区党建。各社区支部党建工作均达到“六有”，建立中心医院社区、学院社区2家社区党建示范点和岗坡路新市场1家非公党支部示范点。

三是全面排查，重点组织。积极推进非公有制经济党组织建设，在辖区楼宇、小型企业、商户等非公有制经济组织中，开展了大走访、大排查活动，共走访摸排辖区非公有制经济组织403家，党员人数31人。对符合组建条件的新欧科园林绿化工程有限公司开展了组建工作。

四是彰显特色，打造活力。为纪念建党90周年，建党节前夕，街道统一组织科室、社区干部集中观看红色电影《建党伟业》，先后集中收听收看了中共中央总书记胡锦涛在庆祝中国共产党成立90周年大会上作的重要讲话、河南省委庆祝中国共产党成立90周年大会实况。6月29日上午，建设路街道在七楼会议室隆重举行纪念中国共产党成立90周年暨“七一”表彰大会，新发展党员26名，转正党员13名。对省五建社区等6个党支部、朱德保等25名优秀党员进行了表彰，分别授予先进党支部、优秀共产党员荣誉称号。建设路街道第二届读书节，开展了主题为“我的红色记忆——纪念建党90周年征文”评选活动，共收集征文40余篇。重大节日期间对老干部和困难党员进行走访慰问。

五是创新载体，丰富活动。各社区形成了支部委员会、居民委员会、居民监督委员会和社区工作站、社区社工站、社区义工站的“三委三站”建设管理新模式，各负其责，配合协调，更好地服务辖区居民。在街道机关、社区服务中心开展了“三强三促”活动；各支部掀起争创“五好”党支部、争当优秀共产党员的热潮；在各科室和市场迅速掀起了技术比武，争当技术能手、青年文明号、文明窗口的热潮，较好地实现了创发展之先，争和谐之优的目的。（张菊芳）

【党风廉政建设】 一是抓机制，加强党风廉政建设责任制。建设路街道党工委、纪工委坚持从思想上提高认识，从讲政治的高度认识党风廉政建设责任制工作的极端重要性，不断增强党风廉政建设的自觉性和紧迫性，有效建立了齐抓共管的工作机制。同时，与8个社区、1个村、街道机关支部签订了党风廉政建设责任书，营造反腐倡廉工作人人有责的良好氛围。

二是抓教育，规范干部廉洁从政行为。陆续开展的警示教育月、廉政文化进社区等教育活动，发挥纪检宣教服务和保障中心工作的作用；开展“六个一”廉洁过年系列活动（开展一次廉洁过年廉政教育活动、开展一次集体承诺、发一封廉洁过年公开信、发一条廉洁过年提醒短信、开展一次警示教育活动、出一期廉洁过年专刊），营造浓厚的廉洁过年气氛；组织学习《中国共产党党员领导干部廉洁从政若干准则》等，提高干部廉洁意识；采取宣传教育、专题讲座、廉政测试等措施，强化领导干部的自律意识，努力使领导干部廉洁自律工作在制度化、规范化、科学化管理轨道上更进一步。

三是抓制度，提高工作作风建设。建立健全各项服务制度、考勤制度等，认真做好自查和督查，不断建立健全党务公开工作的责任制度、主动公开和依法公示制度、审核制度等制度，严格对照公开内容、形式、程序、时限等认真抓好组织实施，2011年，共受理68562111热线诉求件126条次，及时查阅率100%，及时回复率100%。

四是抓监督，健全机制建设。建立了廉政举报箱、廉政监督举报电话，党政班子定期听取纪检监察工作汇报，形成党风廉政建设常抓不懈的工作机制。（张菊芳）

【创建全国文明城市工作】 2011年，建设路街道携手辖区单位和居民在创文工作中切实做到“六个加强”（加强领导、加强宣传、加强管理、加强整治、加强特色创建、加强责任），狠抓“五小”门店、窗口行业的工作难点，认真开展文明交通、文明行为等宣传，营造文明和谐气氛，全面提升辖区公共文明水平。

一是加强领导，健全组织。成立以党工委书记、办事处主任为组长的领导小组，成立街道创建全国文明城市工作窗口单位等10个专项整治指挥部，分设集贸市场、社区单位等10个专项工作组，制定切实可行的整治方案。

二是抓宣传，重氛围营造。多次组织召开街道全体人员创文工作大会，出资印制创文宣传资料向辖区居民和沿街商户发放，利用辖区内银行、小区、马路两边店铺电子显示屏滚动播出创文宣传口号，营造浓厚宣传氛围。多次召开辖区创建文明城市工作培训大会，邀请市区文明办领导为全体工作人员、辖区单位、沿街商户负责人授课，延伸宣传范围，形成“人人知创文、人人共参与”的良好氛围。

三是突出重点，强化措施。“五小”单位综合整治工作中注重载体创新、机制建设，积极开展“四查三比一评”活动，实现“五小”单位管理的制度化、规范化、法制化、日常化；规范窗口整治工作中，积极推行党员责任区和党员示范岗建设，并开展优秀党员、标兵评比活动，提高工作人员的文明素质和业务能力。街道对硬件设施好、工作积极配合、整治达标的窗口，作为文明示范窗口在辖区推广，共评出招商银行桐柏路支行等文明窗口5家。在省会创文窗口行业评优评差活动中，辖区窗口单位郑州市中心医院荣获省会窗口行业创建文明城市先进单位荣誉称号。积极开展志愿服务。组织青年党员、团员组成志愿者服务队，宣传创文知识，倡导文明就医，开展畅通工程交通执勤、劝阻不文明行为。利用节假日深入医院病区、社区开展帮扶陪护、健康义诊、关爱老人、捐款捐物等爱心活动，先后为病人捐衣800余件，为爱心病房患儿捐衣物和玩具图书2000余件。（张菊芳）

【团的组织格局创新】 为进一步健全基层共青团组织结构，吸纳更多的优秀青年进入专兼职团干部队伍，加强对辖区青年的组织覆盖和工作影响作用，在团区委的具体指导下，建设路街道从2011年6月份开始利用一个月的时间圆满完成了团组织格局创新推选工作。

一是加强组织领导。第一时间成立了街道团的组织格局创新选配工作领导小组，制定了《建设路街道团的组织格局创新工作实施方案》。二是精心组织竞选。7月26日，建设路街道召开“共青团建设路街道工作委员会委员选举大会”，差额选举出了13名团工委委员，并通过全体委员会议选举产生3名副书记。

8月29日，团中央城市部社区工作处副处长李亦阳到建设路街道调研城市街道团的组织格局创新工作，对街道团的组织格局创新工作给予了高度评价。

11月15日，建设路街道团工委作为唯一的基层团组织，代表中原区参加全省团的组织格局创新工作座谈会，并现场发言，得到团中央及省市领导的充分肯定。（张菊芳）

【“三大一促”活动】 2011年12月初至2012年1月底，建设路街道在辖区内开展“安全稳定大排查、帮贫扶困大走访、城市管理大提升，促进街区‘双节’期间和谐”的“三大一促”活动。一是全力以赴保稳定，各分包科室、社区（村）严格落实矛盾纠纷排查工作，确保“双节”期间不发生重大安全事故。二是全力以赴关民生。掌握好辖区内的老、弱、病、残等需要救助对象及困难家庭，摸清底数，通过民政帮扶等形式最大限度地给予救助，确保辖区内每个特困居民都能过上一个暖冬。三是全力以赴促提升。按照城市管理整治提升工作的要求，加大对市容的整治，加强居民区卫生的管理，提升精品街整治力度，确保辖区干净整洁有序。通过开展此次活动，掌握了辖区信访稳定、消防安全状况，及时将不稳定因素化解在社区、街道，将火灾隐患抑制在萌芽状态；建立起政府与群众沟通联系的平台，树立党员干部“一心为民解忧、一心助民解困”的良好形象，切实为居民排忧解难；真正实现辖区环境面貌干净整洁有序，切实提高居民群众的幸福感和满意度，真正实现辖区居民群众安居乐业，促进辖区和谐稳定。（张菊芳）

【创先争优活动】 2011年建设路街道党工委按照“推动科学发展，促进社会和谐，服务人民群众，加强组织建设”的总体要求，以“三树三评”（树先进典型、树技术标兵、树先锋群体，开展党员互评、群众测评、组织考评）活动为载体，精心组织，狠抓落实，确保了创先争优活动稳步推进，促进了辖区经济社会平稳较快发展。

一是抓宣传发动，重氛围营造。街道先后召开了创先争优动员会、党工委会议、中层干部会议，成立了领导小组、活动办公室，制定了切实可行的工作方案和计划，确保活动取得实效。充分利用黑板报、街道党建网、公共信息网、中国移动办公飞信群、公共邮箱等媒介，对创先争优活动的内容、意义和学习计划进行宣传，实现党员干部人人皆知、人人参与争创活动的良好效果。

二是抓学习培训，重素质提升。街道坚持集体学习、个人学习与专题辅导并重，以创建学习型机关和争当学习型干部为载体，大力开展大练兵活动；依托街道“文明论坛”、辖区高校、党校、远程教育站点等学习阵地开展教育，提升干部队伍素质；组织党员领导干部开展素质拓展培训，积极打造一个务实高效、凝聚力强、战斗力强的集体。

三是抓载体创新，重活动效果。建立完善“六个一”街道社区便民服务工作机制（公开一项服务承诺、开通一部为民热线、完善一个亲情工作日、组建一支流动式服务队伍、完善一项楼长工程、打造一项社区特色精品），街道所属党组织和广大共产党员向居民群众郑重承诺“办事不跑第三趟”“不挑不拣三天上岗”，对所属企业郑重承诺“全程免费代办”，要求所属党组织和广大党员在服务居民、服务发展中当先锋、做表率。

四是抓典型培育，重示范带动。在开展创先争优活动中树立了一批先进典型、创业之星、技能标兵、先锋模范群体，号召大家学先进、争先进、超先进。结合“比素质、比业务、比服务，争当群众满意的先进集体、争当技能标兵，促工作，促服务、促发展”为主题的“三比两争三促”活动，开展每月一星、每季度一标兵读书学习竞赛流动红旗百分考核评比活动，形成了人人争先进、个个创佳绩的良好社会氛围。（张菊芳）

秦岭路街道

【概况】 秦岭路街道管辖范围东起桐柏路，南至建设西路，西到秦岭路（含路西的“金源第一城”、郑州热电厂两单位），北到陇海铁路。管辖电新街、金源、秦江、建西、棉西、六厂前街、一棉、杜康、锦艺东9个社区，后牛庄、南陈五寨2个行政村。有居民13650户4.13多万人，其中农业人口198人，除汉族外，另有回、满、蒙古、白、苗等少数民族。（郑　伟　蔦江博）

【街道经济】 2011年，秦岭路街道完成规模以上工业增加值59284万元，固定资产投资13.65亿元，社会消费品零售总额46420万元。财政收入完成11751万元，其中：国税完成586万元，地税完成10085万元，省直属完成680万元，市直属完成351万元，市涉外完成49万元。（郑　伟　蔦江博）

【项目建设】 2011年，秦岭路街道辖区项目建设顺利。投资70亿元、占地面积560余亩的锦艺国际华都项目，是以国棉一、六厂生产区为基础，将建设成为集商住、购物、休闲、文化、娱乐为一体的地标性综合体，一期欧尚28.6万平方米已经交房，二期美域46万平方米商住项目“锦艺城”开始外墙粉刷。惠众嘉园商住项目，即省纺器老厂区改造项目，占地面积60余亩，投资5.5亿元，总建筑面积17.3万平方米，其中高层住宅15.1万平方米、商业2.2万平方米，项目已完工，销售状况良好。蓝天佳园二期项目，建设面积5万余平方米，投资2亿元，4座小高层、1座商务楼已开工建设。新力电力公司棚户区改造一期项目已接近工程尾声，正在进行内部水电及门窗安装。南陈五寨村二期项目正在做前期的控制性规划和详细性规划，已上报规划部门等待审批。　（郑　伟　葛江博）

【平安建设】　2011年，秦岭路街道把平安建设作为头等大事来抓，作为检验党工委执政能力的重要标志，把平安建设与经济工作同部署、同落实、同考核，真正做到了"思想上有位置，组织上有班子，工作上有路子，经济上有支持"。街道始终把提高群众的知晓率、参与率、满意率作为平安建设工作的出发点和着力点，将平安宣传教育经常化、制度化。街道将居民自治引入老旧小区物业管理及便民摊群管理，有效缓解了一厂中街和电新街社区812院占道经营现象。创办电新街社区网站及秦江社区微博等居民交流新平台，提高了居民自治水平。采取平安建设联席会、领导下访接访、矛盾纠纷联治等形式，开展矛盾纠纷大排查、大调处活动，摸索出了社区为主、辖区单位参与，人防技术相结合，教育引导与民事调解相结合的社会稳控新机制。全年街道没有发生集访、非访案件，群众安全感、满意度进一步提升。　（郑　伟　葛江博）

【安全生产】　2011年，秦岭路街道办事处按照"三分六定网格化管理"的原则，将安全生产工作明细化，各社区、村主任对本辖区内各企业的安全生产负责，各部门分工负责，密切配合，相互协作，将具体责任落实到每个单位和个人。办事处完善《安全生产、消防安全工作职责规定》和《周检查、月评比制度》，按照"属地管理""谁主管、谁负责"的原则，与9个社区、2个村签订了安全生产、消防工作目标管理责任书，与辖区所有经营单位、沿街门店签订了安全生产、消防安全承诺书。对辖区各类企事业单位和个体工商户等重新摸底登记，建立新的管理台账。全年秦岭路街道办事处组织检查各类生产经营单位、沿街门店620家次，查出各类安全隐患115处，当即整改的51处，限期整改64处，年底有2处在整改中，整改率达98%以上。将安全生产工作与综治工作、安全和谐社区（村）创建工作相结合，确定南陈五寨村、金源社区、电新街社区、秦江社区、一棉社区为创建安全和谐社区（村）先行单位，抓好试点，以点带面，促进创建工作有序开展。其中金源社区、电新街社区、一棉社区已通过区安监局验收。　（郑　伟　葛江博）

【民政工作】　2011年，秦岭路街道坚持公平、公开、公正原则，完善低保审核、优抚对象抚恤金发放和廉租房审核工作，确保"应保尽保"。街道列入最低生活保障家庭有124户223人，共发放保障金656308.4元；列入优抚家庭共53户53人，共发放抚恤金362327.5元，其中伤残军人32户、32人，共发放抚恤金287835元；列入廉租房家庭共有652户、1361人，共发放租赁住房补贴336万元；对14户低保困难家庭实施救助，共救助资金1.8万元；对4户因病致贫家庭（低收入家庭）实施慈善救助，共救助资金5020元；对10名低保家庭精神病患者实施医疗救助，共救助资金9600元和价值6400元的免费；大病救助15人，救助资金1.5万元；救助困难家庭23户，救助资金2.3万元；救助困难学生10名，救助资金1万元；全年走访慰问28名优抚人员送慰问金1.4万元，走访慰问5名低收入贫困家庭送慰问金900元；走访慰问31户残疾家庭送慰问金9300元；走访慰问16名残疾人送米面油价值5000余元；走访慰问129户低保家庭送慰问金和慰问品共价值6.5万余元；街道依托社区调查，对15名需要康复贫困残疾人实施轮椅救助，2名康复贫困残疾人实施盲杖救助，1名康复贫困残疾人实施双拐救助。街道对6名孤寡老人实施居家养老服务，1人80岁以上的孤寡老人，每天提供3小时的上门服务，2人70～79岁的孤寡老人，每天提供2小时的上门服务，3人60～69岁的孤寡老人，每天提供1小时的上门服务。

（郑　伟　葛江博）

【劳动保障】　2011年，秦岭路街道新增就业人员2013人，下岗失业人员实现再就业1932人，其中就业困难对象就业817人，公益型岗位就业102人。为17名从事个体经营的下岗失业职工申请办理小额担保贷款，发放贷款5笔，贷款到期9笔，还款率100%。养老保险新增参保人员189人，办理失业保险168人、医疗保险73人、居民医保681人。

秦岭路街道办事处加大职介工作力度,不断提升就业服务水平。一是创新就业服务手段、服务方式和服务内容,建立就业服务新机制。在推进帮助富士康科技集团招聘培训员工工作中,各社区根据掌握的失业人员信息资源,通过打电话及上门服务的方式通知其应聘,帮助其解决就业问题;通过在人群密集的人才市场设招聘点,集中宣传;通过到建筑工地散发宣传页,动员农民工的亲属积极应聘;通过与大中专及技工院校联系,吸纳高校毕业生应聘;通过社区工作人员积极动员亲戚朋友的子女应聘,进而形成朋友带朋友、亲戚带亲戚、一带一、一带三的良性宣传连锁链。通过一系列积极有效的措施,共有29名失业人员应聘成功,并被免费送至富士康科技集团深圳厂区培训,促进了失业人员再就业。二是争创优质服务窗口,对求职者推行免费求职登记、职业介绍、职业指导等"一站式"服务和"零距离"服务。 (郑 伟 葛江博)

【计划生育】 2011年,秦岭路街道以新型生育文化示范基地为龙头,开展有特色有影响的计划生育宣传活动。以人口学校为阵地,做80余张宣传展板、近万份宣传页,宣传人口与计划生育政策、法规,进千家万户宣传访视,提高群众的知晓率,宣传访视率达到100%。街道计生办在信息宣传报道上下工夫,保证每周向省、市、区上传一篇信息。帮助群众树立科学、文明、进步的婚育观,不断满足育龄群众在人口与计划生育方面的需求,为育龄群众提供初级生殖保健服务,提高群众对计划生育工作的满意度。与残疾育龄妇女结对,实行包户包人,使辖区无业已婚育龄妇女生殖健康普查率达100%。计划生育春秋季集中服务活动中,到各社区义务咨询5600人次,社区组织常住、流动已婚育龄妇女健康检查4070人次,免费发放避孕药具2万人次。有1家持有二胎生育证户主动退还生育证,享受独生子女父母奖励费政策,区政府对其进行了奖励。 (郑 伟 葛江博)

【社区建设】 2011年秦岭路街道在社区广泛开展"优质服务"活动,引导社区班子转变工作作风;注重发挥党员志愿者服务队作用,不断丰富服务内涵,提升服务质量,从根本上提升居民群众对社区的认可度;加大资金投入,对社区办公用房进行了重点整治,给社区配备了桌椅、电脑、投影仪等必备的办公设备,成功打造了以六厂前街社区为代表的党建示范点,提升了社区建设的质量;充分发挥街道联创联合工委的作用,积极引导辖区党组织和驻区党员参与社区建设,服务居民群众,有力地增强了社区建设的合力。 (郑 伟 葛江博)

【创建全国文明城市】 2011年,秦岭路街道动员了一切可用的人力物力资源投入到创文工作中来。街道自筹资金近40万元,用于宣传和改善薄弱社区基础设施,制作文化衫1000多件、宣传展板120块、环保手提袋1000件,同时针对一棉社区、杜康社区、建西社区和棉西社区的"六乱"情况进行了有效的整治,在全年每次检查中都得到了很高的评价。为彻底改变辖区部分地段"五小"和市容环境卫生状况,营造良好的生活环境,增强群众对环境的满意度,在辖区开展以"五小"和市容环境卫生为主要内容的专项整治行动,并形成长效机制。组建两支整治队伍,成立了以4个社区书记为主力的应急小分队,主要承担突发事件、钉子户的应急处置,并积极参与秦岭路精品街的整治,确保整治重点,打造精品街道,推进"亮点工程";对未达标且拒不整改的"五小"门店继续实行"关停并转"的措施,"五小"门店达标率100%。投入资金10万余元,为各社区新配置保洁桶70个、更换大型垃圾箱23个。建立四项长效机制,即"五小单位"整治台账销号制度、周末卫生大扫除制度、"日巡查"制度和"周讲评"制度,以确保各项整治工作的落实。严格按照全国未成年人思想道德建设测评体系,从市级文明社区着手,投入10万元资金建成了5个社区电子阅览室、8个心理咨询室,给辖区青少年创造了一个健康向上的上网环境和精神导向。全年举办文艺演出、读书节、文艺会演、游园等文化活动12场次,参与群众2300人次,产生了良好的社会效果。 (郑 伟 葛江博)

【党的建设】 2011年秦岭路街道党工委坚持“抓好党建促发展、抓好发展促党建”的总体思路，用党的建设统揽街道工作全局，突出做好创先争优活动，重点抓好基层党建示范点建设、纪念建党90周年活动、“一竞双争”和村“两委”换届选举四件大事。

街道坚持把开展创先争优活动作为转变职能、改善服务的重要抓手，引导党组织和党员在公开承诺践诺中争创“五好”先进党组织、争当“五个表率”优秀共产党员。突出抓好办事处科室窗口单位和社区办事服务大厅的创先争优工作。在开展“夺旗争星”评比竞赛活动中，涌现出邵峰政、朱红等一批起到模范带头作用的领导干部。认真做好科学定诺、公开示诺和民主评诺。年初，指导好各级党组织和广大党员立足实际进行科学定诺，建立承诺台账，通过党员大会、“一承诺两评议”公开栏、黑板报、QQ、飞信群等形式进行公布；每月底对承诺践行情况进行公示，建立践诺台账，接受群众监督；每季度组织一次“三评一公开”活动，突出做好评优评差；年底组织年度创先争优活动的考核评议。

秦岭路街道制定基层《党建示范点创建工作方案》和《党建示范点创建标准》，各责任单位结合自身实际，进一步细化了党建示范点的创建标准，做到了“五明确”，即明确创建内容、明确创建标准、明确创建措施、明确创建责任人、明确创建时限。示范点六厂前街党支部，现已配备2层办公用房，包括党建办公室、党员活动室、电教室、党员阅览室、办事大厅等共计500平方米，有电脑3台、电教设备3套、图书1300册以及各类办公器材、家具。示范点街道党工委，进一步规范整理各种软件资料，将原来的学教办、党政办、电教中心和9楼活动中心分别打造为党员教育培训中心、党员服务中心、党员志愿者服务中心、信息管理中心、党员活动中心5个功能区，并投资3万元制作宣传栏4个、宣传展板42块、横幅9条。示范点创建从基层管理体制、干部队伍、党员管理、硬件建设和基层服务等方面，对基层党建工作进行了大胆的探索实践，进一步提升了街道基层党建品牌知名度和影响力。

“七一”前后，组织街道党员开展“纪念建党90周年暨创先争优活动征文比赛”主题征文活动、“读党史、学党章、讲党性、遵党纪、创业绩”“展业绩、颂党恩、当先锋”“四大两解”、党建工作座谈会等系列红色活动，以实际行动向建党90周年献礼。

秦岭路街道持续推进“一竞双争”活动的实施。详细制定活动学习时间和学习书目，以11本书为学习内容，保证17名副科级以上干部人手一套，另外购置3套放置街道远程教育中心供党员日常借阅。组织开展“墨香盈袖开卷有益”图书借阅活动和“阅读思考分享”读书报告会，活动覆盖广泛、有影响力。通过“一竞双争”活动的开展，进一步提高了街道学习型党组织和学习型干部队伍建设水平。

在街道的指导下后牛庄、南陈五寨2个村均进行了换届。此次换届严格落实村“两委”干部交叉任职和年龄、性别等比例，着力改善村“两委”班子结构。换届中做到工作纪律严肃、换届环境风清气正，有效防止贿选，打击破坏选举行为。

（郑　伟　蔼江博）

【治安防控体系建设】 2011年，秦岭路街道从三个方面加强治安防控体系建设。一是强化警巡联防。社区片警和40多名巡防队员联合巡逻，采取日巡与夜巡结合、明防与暗防结合等方式，及时发现和破获违法犯罪案件，最大限度地挤压犯罪分子的活动空间。在上学、放学的高峰时段，向辖区每所学校派出2～4名巡防队员，加强交通疏导，切实保障师生安全。二是注重技防建设。在辖区主次干道、公共复杂场所、易发案地区、居民楼院等部位安装视频探头269个，建立监控平台15个，同时，在每个社区楼院门口安装社区民警公示牌，有效震慑犯罪分子。三是共建联防群防。积极协调辖区单位，投入资金200余万元，在单位内部楼院、新建小区安装视频监控探头，实现联防；充分发挥楼栋长、党员、积极分子等志愿者服务队的作用，时刻提醒居民注意安全；邀请专业人士针对居民日常生活中的用电、用气安全、夜间防盗等安全知识进行讲解，提高居民防范意识。（曲　伟）

【村级组织换届】 2011年，秦岭路街道的后牛庄、南陈五寨进行村级组织换届,街道办事处采取四项措施确保换届选举一次性成功。一是制定方案,明确村级组织换届选举有关事项,有力地提升方案的有效性和针对性。二是利用板报、条幅、标语、村务公开栏等平台,宣传村级组织换届选举工作的重要意义、方法步骤、相关要求及换届纪律等。三是严格落实“五个决不允许”,即决不允许公开发表同上级党组织的决定相反的言论;决不允许传播和散布不利于换届选举的意见;决不允许搞“上有政策、下有对策”,破坏换届选举政策的执行;决不允许出现矛盾不处理,重大问题不上报;决不允许拉票贿选,确保换届工作平稳顺利完成。四是建立重要问题报告、重要信息报送和情况通报等制度及台账,每日召开选情分析会、信访评估会,及时掌握各村党员群众的思想、推进进度和影响换届选举的因素等,确保村级组织换届选举工作顺利进行。

(曲　伟)

汝河路街道

【概况】 汝河路街道管辖范围东至嵩山路中心线,西至西三环,南至区界,北至汝河路中心线,常住人口约8万人。下辖市委、金苑小区、淮西、金京花苑、嵩山南、淮河路电力、郑密路、沁河路、汝河小区一、汝河小区二、桐淮、淮河路、航海西路、永威、华淮、华山西、伏牛西17个社区,李江沟1个行政村。李江沟村地处西三环以东、陇海路以南、昆仑路以西,面积约0.4平方公里,村民共360户,常住人口1200人,享受村民待遇780人,暂住人口4000人,2011年列入区城中村改造试点。辖区单位42个,其中机关企事业单位30个。(齐晓静)

【街道经济】 2011年,汝河路街道完成地区生产总值141510.2万元,第三产业增加值109850.3万元,规模以上工业增加值7870.9万元,固定资产投资70132万元,社会消费品零售总额68402万元。城镇居民人均可支配收入21532元。财政税收9770万元。引进市外境内资金到账额4.6亿元,外贸出口额53.9万美元,外经合同额1086万美元,外经营业额1320万美元,外派56人。

(齐晓静)

【多措并举增加财政收入】 受经济形势和税收政策影响,汝河路街道财政税收工作形势严峻、压力巨大,街道办事处多措并举千方百计增加财政收入。一是定期召开财税工作专题会,分解目标、明确任务、督促落实,形成征税工作良好氛围。二是清理清查税源,查漏补缺,稳定老税源,对漏登漏管户加强管理和服务,杜绝税源流失。三是实行领导分包企业、联系纳税人制度。副科级以上领导对辖区企业分包到人,经常到企业了解情况,跟踪服务,增强纳税人主动缴税的意识。四是充分发挥协税专管员作用,对重点项目实行专人专责全程跟踪服务,不断提高管理服务水平。2011年,财政税收完成9770万元,其中国税5048万元,地税3637万元,省直属119万元,市直属222万元,市涉外744万元。汝河路街道办事处获财政税收擂台赛二等奖。(齐晓静)

【党员干部队伍建设】 2011年,汝河路街道强化思想建设,不断提高党员干部队伍的素质。

注重领导干部队伍建设。一是增强领导班子理论水平。按照党工委中心组理论学习制度并结合“一竞双争”活动,每天拿出1小时进行读书学习,做好学习笔记,写好学习心得。二是加强领导干部工作落实制度。班子成员每人分包1~2个社区,每周深入社区对基层党建工作和其他工作进行督促检查,解决工作中存在的热点、难点问题。三是抓好领导干部党风廉政建设。街道党工委从制度建设着手,建立健全干部管理、机关内部事务管理、政务公开和民主生活会等各项制度,规范领导干部的行为;做到重大事项、重大决策向全体党员干部通报、向上级组织汇报;班子成员以身作则,自觉履行“廉洁奉公、勤政爱民”义务,使班子的公信力、凝聚力、感召力大大提高,深受干部群众拥护。

注重党支部书记队伍建设。2011年,街道党工委通过邀请专家、召开各社区党建经验交流、脱产培训等形式,共组织党支部书记培训5次。

注重普通党员队伍建设。一是加强在职党员

的管理。实行上班在单位、下班在社区的“双重管理”模式，建立在职党员花名册和“奉献在社区”活动档案，并通过社区（村）党员活动联络站，发挥在职党员8小时工作时间外的共建作用。二是加强流动党员和下岗失业党员的管理。依托街道司法所和劳动保障所，成立了16个流动党员服务站和困难职工党员救助中心，为他们提供全方位服务和援助。三是加强社区居民党员和离退休党员的管理。按照各自特长划分党员志愿者活动小组，参加社区日常组织活动，并设立民事调解等专职岗位，开展为民、便民、利民服务。四是不断壮大党员队伍。辖区有24人加入党组织，9名预备党员转成正式中共党员，26名入党积极分子参加了区委组织的培训班，进一步增强了党员队伍的战斗力和凝聚力。（齐晓静）

【开展“六比一争”活动】 2011年，汝河路街道不断深化创先争优活动，在认真总结工作成绩，深刻查找存在问题的基础上，在各党（总）支部广泛开展“六比一争”活动，即比学习，每周五下午全体人员进行政治学习，学理论、学政策、学业务、学技能，全面提高综合素质；比作风，要求干部职工牢记市委书记连维良提出的“十个不允许”，并制定《关于加强干部职工作风建设的若干规定》，进一步改进作风，树立街道良好形象；比实干，实行领导分包制，每周深入社区、村不少于8小时，解决社区、村实际困难，以群众满意为标准，把落脚点放到办实事、求实效上；比负责，每位干部职工制定自身岗位职责，严格履行目标责任，通过岗位考核，检验尽责成效；比守则，严格遵守各项纪律准则，每位干部职工对工作、纪律、生活等方面的各项准则要自觉遵守，严格执行，坚守自身岗位；比奉献，爱岗敬业比奉献，从自身做起，从点滴入手，从细微着眼，叫响“我在汝河、我为汝河”口号，争先进创一流。通过开展活动，使广大党员干部职工的责任感、紧迫感进一步增强，工作的积极性、主动性进一步增强，保持了积极有为、奋勇争先的精神状态，为出色完成各项工作任务奠定了基础。在创建全国文明城市“五小”门店整治工作中，评选出2家“党员示范店”门店，在辖区窗口单位和服务行业中设立“党员示范岗”。

党建示范点淮河路社区，紧紧围绕“六比一争”为主线，开展了结对帮扶一帮一、“一人一岗”党员志愿月、党员读书学习周、唱红歌扬正气、“七一”走访慰问、争当“三好优秀共产党员”为主要内容的系列活动，并以服务为主题，以民需为导向，以创新为手段，改善人居环境，创建美好家园，全力打造温馨和谐社区。（齐晓静）

【村级党组织换届】 2011年，汝河路街道李江沟村党组织换届。一是调查摸底，打好工作基础。换届选举工作开始后，街道党工委组织专门人员深入到李江沟村开展了专题调研，组织班子成员对李江沟村进行了走访了解，及时摸清村干部的思想动态和村民期望、想法和建议，以及换届中面临的有利条件和不利因素，把握工作主动权。二是建立组织，领导到位。成立了以党工委书记为组长，党工委副书记为副组长，各党工委委员为成员的换届工作领导小组，并在街道党政办设立办公室，具体负责村级党组织换届的日常工作，制定并下发了《汝河路街道村级党组织换届选举工作实施方案》，切实加强了对换届选举工作的领导，确保换届选举工作顺利有效开展。三是明确分工，职责到位。明确街道党政办公室负责在各个环节的关键时段帮助联系区委组织部、进行具体把关和指导。组成由纪工委书记为组长的督查小组，对换届选举工作中的违法违纪行为进行监督和查处。李江沟村明确由村党支部书记负责抓好换届选举的各项工作。做到各部门相互密切配合，形成了上下齐抓、合力共管的村级党组织换届选举工作氛围。四是执行政策，从严把关。严把“程序关”，按照《中国共产党章程》《基层组织选举工作暂行条例》和上级党组织的有关规定，对选举的每一个程序操作到位，做到条件不少、程序不漏、要求不减、依法选举、规范操作。严把“定事关”，在选举前的定事环节中，始终坚持量力而行、因村制宜、切实可行的原则，围绕李江沟村的热点、难点问题，涉及群众利益和急需办理的实事项目等方面，由全体联户代表和党员合理定事，并报街道党工委审核把关。严把“审查关”，对李江沟村推荐的初步人选，街道党工委进行认真审查把关,特别是对候选人和参选人员任职资格条件进行严格审查。严把"监督关",全面实行村党支部承诺责任制,并与街道党工委签订了目标责任书,确保村党支部承诺事项的落实。严把选后"思想政治关",通过上门走访慰问等形式,及时做好离任、落选人员的思想政治工作,引导他们正确对待岗位变化,克服消极情绪,顾全大局,继续发挥积极作用,支持和维护新班子开展工作。换届选举中,村党员参与率达到98%,共选出支部委员3名,其中书记主任一肩挑的1名,女干部1名;当选的3名委员的文化程度均在高中以上。换届期间,未发生党员群众上访事件,党支部班子交接顺利。

(齐晓静)

【就业再就业】 2011年,汝河路街道办事处通过向辖区干部、群众宣讲全民创业的意义,营造了全民创业的浓厚氛围。同时,进一步加大对"4050"、就业困难大学生等各类就业困难人员和残疾登记失业人员就业援助力度,帮助、促进他们稳定就业。劳保所摸清了辖区就业困难人员情况,并建立了台账,同时组织辖区17个社区开展"2011年就业援助活动"。共入户调查1.2万户,梳理确定出就业困难人员30名,确定援助对象26名,其中已援助就业人员22名。组织辖区7家用工单位参加市、区举办的"2011年就业援助活动"专场招聘会,提供就业岗位230余个。全年汝河路街道实现下岗失业人员再就业2655人,其中国企下岗失业人员1128人(含持《再就业优惠证》人员397人)。

(齐晓静)

【社会保障】 2011年,汝河路街道参加基本养老保险350人,失业保险311人,居民医保930户1287人(含学生),居民养老保险98人。接管的4935名企业退休人员全部做到社会化管理。发放最低生活保障金163户298人次计821777元,保证了应保尽保、不错保。办理低收入家庭53户,办理廉租房164户,年审廉租户167户,确保辖区内低收入家庭和低保户中无房的家庭享受政府给予的住房补贴。上报经济适用房申请材料380份。

(齐晓静)

【关爱残疾人】 2011年,汝河路街道办事处两次与郑州市中医院博爱眼科联合,在辖区内开展"为白内障患者送光明"活动,在17个社区进行白内障病的普查,共普查出481例白内障患者。积极与区残联协调,为16名精神病患者办理了每月100元的医疗补助,为残疾等级为二级以上的低保残疾人办理了居家养老补贴,为2名低保"三无"残疾人办理每月300元生活补助。街道办事处为2名肢体残疾人配备了坐便器,为26名听力残疾人发放了闪光门铃。

(齐晓静)

【信访稳定】 2011年,汝河路街道发生个人上访7起7次12人,其中京访1起1次1人,市访2起2次3人,区访4起4次8人。上访老户稳定率100%。

严格落实各项责任制,量化工作目标。街道办事处与17个社区、39个单位签订了信访工作目标责任书,同时各社区与其辖区单位、单位内部也都签订了目标责任书;明确制定信访工作措施,实行信访工作奖惩和一票否决制,对因工作不力引起的信访案件和不安定事件,追究有关责任人的责任。

加大宣传力度,积极引导群众依法表达合理诉求。上半年,街道以《信访条例》以及相关法律、法规为重点,在群众中开展经常性的依法信访宣传活动,教育和引导群众自觉、有理、有序依法信访。并在辖区每个楼院口张贴《规范信访秩序依法处置非正常上访行为》宣传单,做好非正常上访人员受警示工作。

认真落实矛盾排查、信息上报、重大节日重点排查制度。坚持每月召开一次矛盾排查例会,实行一周一排查、一周一上报。重大节日、重要活动等政治敏感时期随时排查、随时通报。

进一步畅通信访渠道,全面推行"一岗双责"。各科室、社区、单位既要做好自己的本职工作,又要认真研究、妥善处理工作中产生的问题、矛盾;既要进一步规范自身的工作行为,又要规范群众的信访行为,引导群众以理性合法的形式表达利益诉求,解决利益矛盾。对违法信访行为实行双向追究制,既要严肃追究各级各部门工作人员在信访工作中的失职、渎职、违法、违纪行为,又要严肃追究信访人在信访活动中的违法行为。

坚持党政领导定期研究信访工作制度。街道党工委将信访工作列入重要议事日程，坚持每周召开班子会，会会都讲信访工作，听取工作汇报，分析存在问题的原因，研究解决问题的措施；坚持每季度至少召开一次信访专题工作会议，定期分析信访形势，及时解决信访工作中出现的疑难问题。

坚持党政领导公开挂牌接待来访群众和下访。信访办每天保证1名副主任、1名工作人员共同接访，按照区信访局要求，下访领导每月15日都能深入社区听民意、排民怨、解民忧。

坚持领导阅批群众来信制度。按照“谁主管、谁阅批”“谁负责、谁落实”的原则，落实党政领导阅批信访案件制度。

坚持领导包案、回访和汇报制度。以控制和减少群体性突发事件和恶性个人信访事件的发生为重点，办事处领导班子成员明确分工，分别联系17个社区、37个辖区单位，积极指导各有关单位的信访工作；各单位、社区的党政领导按照职责分工，对重大不安定因素和疑难信访问题实行领导包案处理。（齐晓静）

【安全生产与消防】 2011年，汝河路街道按照“安全第一，预防为主”的方针，认真贯彻安全生产、消防责任制，积极动员辖区单位、社区和社会各界参与安全生产、消防工作。健全安全生产、消防组织网络，加大宣传，强化监管，严格执法。社区与辖区各楼院、各房屋租赁户签订安全生产、消防目标管理保证书1380份。全年排查出事故隐患174处，现场整改111处，下达整改通知书45处，上报安全隐患18处。联合消防支队举办高层建筑消防演习2次。辖区未发生大的安全事故和责任事故，较好地维护了辖区的安全稳定。（齐晓静）

【计划生育】 2011年，汝河路街道有已婚育龄妇女15588人，微机录入率99%，管理率99.3%；春秋两季健康体检，常住人口康检率100%，流动人口康检率95%；合同签订率100%，群众对计划生育工作的满意率达到98%以上。发放2011年度一孩生育证422份，2011年度二孩生育证38份。发放独生子女费3645户5347人计1272980元，无一出错。春季计划生育优质服务月，汝河路街道办事处在社区通过宣传展板、条幅、秧歌等形式开展宣传活动，并聘请郑州市七院的保健医生为辖区群众免费义诊，受到居民的一致赞赏。淮河路社区通过市计生委验收，成为汝河路街道亮点社区；辖区单位郑州市国土资源局的避孕药具免费发放工作开展得有声有色，形式灵活多样，被中原区药具站定为亮点单位。（齐晓静）

【卫生整治】 2011年，汝河路街道办事处，加大日常卫生监管和保洁力度，完善卫生基础设施，在桐淮、淮河、汝河等社区和李江沟村新设置垃圾收集容器100余个，形成了环境卫生管理长效机制。同时开展5个专项卫生整治工作。

整治社区、单位卫生。坚持“以块为主、条块结合”原则，由社区、单位、执法队伍通力合作，全力以赴解决存在的薄弱环节和突出问题。清理汝河小区早、夜市，居民楼道卫生做到日清扫，及时补种绿地缺株、死株。

整治“五小”单位卫生。街道成立了专项督导组，重点督查硬件是否达标、环境卫生、货物摆放、索证索票等情况。通过采取实时督查、量化督查、责任督查、定期通报四项措施，使整治工作收到了良好的效果。

整治街景市容和出入市口。一是整治摊点，规范辖区各类审批摊点，对超范围经营、擅自移位、占用盲道等行为严肃查处，督促摊主佩戴健康证、摊架张贴占道证，审批摊点“亮证经营”率90%以上。成功清理欧丽路马路市场，整顿汝河路一带流动摊点。二是整治户外灯箱广告，对在淮河路、汝河路等主、次干道上擅自设置灯箱广告、横幅、气拱门等宣传物品的业主，下发限期整改通知书300余份，纠正乱设灯箱广告行为120余起，清理有碍观瞻的灯箱广告、落地灯箱50个，拆除横幅100余条，确保道路两侧广告设施安全规范、店牌整齐有序。

整治建筑工地。街道办事处和建筑施工单位共同努力，加大安全生产宣传力度，通过各施工单位在明显位置悬挂横幅、张贴宣传画、组织职工观看录像、开展知识答卷和知识竞赛等活动，使安全生产工作深入人心，有力地保证了辖区施工工地未发生各类重大事故，维护了辖区的安全与稳定。

整治市场卫生。街道办事处对辖区集贸市场进行了30次拉网式督促检查和整顿，要求市场做到划行规市、隔离屠宰、地面干净、无乱堆乱放；做到清扫保洁和垃圾清运的规范化、制度化；加强食品、蔬菜等监督、检测，确保食品安全；采取有效措施，降低“四害”密度；杜绝市场门口乱堆、乱摆、乱停放现象。先后投资100多万元，更新大棚、修补路面，增加管理人员6人、保洁人员13人，对市场进行高标准改造。（齐晓静）

【防汛工作】 2011年，汝河路街道“五个到位”做好防汛工作。一是组织领导到位。成立了由街道办事处主任任总指挥，各社区（村）、机关各科室负责人为成员的防汛指挥部，负责组织协调防汛整体工作。二是责任分工到位。实行街道、社区（村）、科室领导包片责任制，明确防汛任务、重点部位、薄弱环节，确保各项防汛工作落到实处。三是队伍建设到位。充分发挥街道党员突击队和城管中队的主力作用，按照“配强、配齐、配足”的原则配备抢险人员；随时关注辖区易涝积水区域的排水管淤积情况，并将清淤任务分解到各社区（村）和科室，实行分片包干，加强对已存在的低洼区域防汛。四是抢险物资到位。按照“定地点、定品种、定数量、定联系人”的原则，由街道进行防汛物资总储备，各社区（村）分别设立储备点。已储备胶鞋70双、盆50个、编织袋200条、铁锨40把、铁丝10公斤、手电30把。五是制度落实到位。严格执行24小时领导带班和值班制度，对辖区内排水设施实行巡回检查，并做好防汛值班记录和值班交接手续，确保发现汛情及时汇报，及时处理。防汛期间，排查处理各种安全隐患30余处，保证了辖区汛期安全。

（齐晓静）

2012 中原区年鉴

ZHONG YUAN QU NIAN JIAN

荣 誉

先进人物事迹

【全国模范检察官——蒙凡】 女,1966年7月出生,蒙古族,中共党员,硕士研究生学历,现任中原区人民检察院副检察长。2011年3月17日,蒙凡被最高人民检察院授予“全国模范检察官”称号。

蒙凡1985年参加工作,历任中原区人民检察院书记员、助理检察员、检察员、检察委员会委员、反贪污贿赂局局长。从事检察工作26年来,始终牢记“立检为公、执法为民”宗旨,爱岗敬业,严格、公正、文明、廉洁执法,奋发进取,无私奉献,先后荣立个人一等功一次,获得河南省“优秀检察干警”“十佳反贪局长”“女职工标兵”“政法系统执法先进个人”,郑州市首届“十大杰出卫士”“十大杰出检察官”“五一劳动奖章”“人民满意的政法干警”等70多项荣誉。2010年8月,河南省人民检察院作出向蒙凡同志学习的决定。

蒙凡热爱检察事业,干一行、爱一行、钻一行,在每个岗位上都是兢兢业业,都是业务能手。在侦查监督科工作期间,她每年办案近百件,无一错捕或漏捕;在公诉科工作期间,她经手审查起诉的案件3000多件,法定期限内审结率和有罪判决率均达到了100%,追捕追诉漏犯40多人,避免各类冤假错案40多件60多人;在反贪污贿赂局工作期间,她既当指挥员又当战斗员,先后办理多起大案要案,带领中原区检察院反贪污贿赂局创造了连年被评为全市检察系统先进的良好业绩。蒙凡自觉恪守检察职业道德,把“人情不能违背原则,金钱不能买卖法律”作为自己的座右铭,为自己制定了说情不准、请吃不到、送礼不要的“三不”戒律,始终保持了清正廉洁、谦和平易的良好职业操守,树立了人民检察官理性、平和、文明、规范执法的良好形象。

蒙凡是检察机关认真开展“恪守检察职业道德,促进公正廉洁执法”主题实践活动和深入推进三项重点工作中涌现的先进典型,是新时期检察人员恪尽职守、秉公执法、一心为民、清正廉洁的杰出代表。为表彰先进,弘扬正气,激励广大检察人员自觉践行检察职业道德,勤勉工作,锐意创新,最高人民检察院决定,授予蒙凡“全国模范检察官”荣誉称号。

最高人民检察院号召,全国各级检察机关和全体检察人员向蒙凡同志学习。学习她忠于党、忠于国家、忠于人民、忠于宪法和法律的政治本色;学习她爱岗敬业、严格公正执法的崇高品质;学习她刻苦钻研检察业务,不断提升执法监督能力的进取精神;学习她不怕困难、迎难而上、甘于奉献的高尚情操。

（沙林波）

【省“十佳控申接待员”——段秋萍】 女,1966年9月出生,中共党员,汉族,大学文化,现任中原区人民检察院控申科科长。2011年11月,被省人民检察院评为省检察机关“十佳控申接待员”。

段秋萍2007年4月任控申科科长以来,带领全体控申干警,连续息诉赴京、赴省到市的各类涉检信访案件30余件。尤其是在2007年至2009年3年间,党的十七大、全国“两会”、北京奥运会和残奥会、改革开放30周年纪念活动等相继举行,在院领导的坚强支持下,针对涉检信访案件数量多、任务重、息诉难的问题,她带领控申科干警本着案结事了、息诉罢访、群众满意的目标,在解决实际问题上狠下工夫,结合工作实际,形成了一系列行之有效的制度。她还坚持写《接访日记》,记录下一个个紧急的、疑难的信访案件的接访过程,记录下她自己对接访方法的总结和对有关法律问题的思考。后来这本日记成了大家学习的好材料,被争相传阅。2009年,这本日记的故事还登上了《检察日报》。

段秋萍始终保持高度的政治责任感,总是冲在处理信访案件第一线,坚持重大紧急信访案件亲自办理,连续成功息诉了最高人民检察院要结果的宋××等人赴京集体上访案和省、市人民检察院督办的申××赴省上访案、市人大要结果的周××信访案等重大涉检信访案件,充分发挥了部门负责人的表率作用。

在控申举报接待的岗位上,面对拄着双拐一步一步挪进接待室的老人,她曾经眼角湿润;面对冷漠执拗的当事人,她忍着酷暑,带领干警提着礼品,登门感化;面对情绪失控,扬言要开车撞人的上访者,她临危不惧。几年的工作实践下来,她和同志们逐渐总结出了化解矛盾纠纷、妥善处理涉检信访案件的“五解法”,即疏导劝解法、牵头和解法、联手化解法、纠偏消解法和救助释解法。“五解法”

就是针对信访案件的案情不同、解决难度不同、当事人心理状况以及诉求事项不同等，采取不同的解决方法。运用“五解法”妥善处理涉检上访案件的做法得到了最高人民检察院和省、市人民检察院及上级政法委的充分肯定。2010 年 5 月份，段秋萍作为全省检察系统接访巡讲团 6 名团员之一，代表中原区人民检察院在全省进行了巡回演讲。

2007 年以来，在她的带领下，控申科被政法委系统评为 2007 年度、2008 年度郑州市平安建设工作先进基层单位；2009 年被郑州市检察院评为“郑州市检察机关优秀团队”；2008 年控申举报中心被最高人民检察院评为“国家级文明接待室”。她个人 2007 年被评为郑州市检察机关优秀共产党员；2008 年被评为郑州市平安建设先进个人；2009 年被评为郑州市集中处理涉法涉诉信访工作先进个人；2010 年被河南省检察院荣记个人二等功一次。

（沙林波）

【市“十佳检察官”——孙永洁】 女，1976 年 8 月出生，中共党员，汉族，本科学历，现任中原区人民检察院侦查监督科副科长。2011 年 12 月，被郑州市人民检察院评为郑州市“十佳检察官”。

从事检察工作 15 年来，孙永洁曾荣立个人三等功一次，多次在郑州市检察系统组织的业务竞赛及考试中取得优异的成绩，曾取得全市检察系统综合业务知识竞赛侦监文书竞赛第一名、综合成绩二等奖的好成绩。2010 年在“全市侦查监督十佳检察官”岗位练兵竞赛中，她被郑州市检察院授予“全市侦查监督十佳检察官”的称号；在“全省侦查监督十佳检察官”岗位练兵竞赛中，她以优异的成绩被河南省检察院授予“全省侦查监督优秀检察官”的称号，2011 年 2 月她被郑州市妇女联合会授予“巾帼成长奖”荣誉称号。在任团支部书记工作中，带领团员青年积极争创青年文明号、青年岗位能手，她所在的侦监科被郑州市检察院评为市级优秀团队。

孙永洁长期奋斗在打击犯罪、惩治腐败的第一线，始终坚持以事实为根据、以法律为准绳，充分发挥主观能动性，严格执法，爱岗敬业，锐意进取，清正廉洁，力求把每一个案件都办成铁案。近 3 年来办理审查逮捕案件 600 余件，办案数居全科之冠，且法定时限审结率、案件准确率均达百分之百。一方面，作为一名检察官，面对罪犯，她有着严惩罪犯、保护人民的决心，在办案中，严格把关，不枉不纵。另一方面，作为一名女检察官，她坚持宽严相济，注重对未成年犯罪嫌疑人的教育、感化，对那些初犯、偶犯、社会危害性小的未成年犯罪嫌疑人，则本着“教育、感化、挽救”的方针尽力挽救。

孙永洁以勤勉的学习态度、扎实的工作作风、正直率真的人格魅力，从一名普通检察员到一名专业技术过硬、业务能力突出的检察能手。她以实际行动引导着周围的同志，展现着青年岗位能手的崭新风貌，赢得了干部职工的一致好评，树立了新一代检察官的良好形象。

（沙林波）

【市“十佳司法所长”——王桦】 女，汉族，大专学历，1963 年 4 月生，民主党派，任中原区司法局秦岭路司法所所长。2012 年 2 月 2 日被郑州市司法局授予“郑州市十佳司法所长”称号。

王桦作为一名平凡的基层司法工作者，始终保持良好的思想品德和情操，扎根基层，服务基层，任劳任怨，兢兢业业，忘我工作，以一份真诚的爱心和责任感，树立了良好的司法工作者形象。

在王桦的指导下，秦岭路司法所建立完善了矛盾纠纷排查、预警、调解、处置四个机制，在全街道形成了上下联动、纵横联网、责任落实、运转有序的大调解格局，基层司法行政整体职能得到了充分发挥。在调解各类矛盾纠纷时，为了让调解双方当事人心平气和，共同坐下来解决问题，她摸索了四种话语表达法：对粗暴蛮横的当事人，要直言正告，使其恢复常态；对急躁不安的当事人，要耐心劝解，使其冷静下来；对忧闷痛苦的当事人，要婉言抚慰，使其得以宽心；对萌发轻生念头的当事人，要真诚开导，使其回心转意。秦岭路司法所在 2011 年调解各类矛盾纠纷 145 件，立卷 29 卷。其中重大疑难纠纷 8 件，调解率为 98.5%。她热情认真的工作态度，不仅得到了辖区居民的一致好评，还为辖区的稳定、平安、和谐作出了很大的贡献。

在刑释解教人员的管理方面王桦狠下了工夫。在帮助刑释解教人员从事个体经营、自主就业的基础上，她积极协调有关职能部门，为他们提供优惠政策，拓宽安置渠道，提高就业安置率。针对这一特殊群体，她积极联合社会各界人士、社会自愿者、先进典型人物，深入其家庭开展帮教活动。她多次找街道领导协调沟通，最后得到街道领导大力支持，将六厂前街社区办公楼的4间房子用于司法所办公。区司法局和街道办事处先后投入资金4万余元，为司法所配备了办公桌椅4套、文档柜5个、电脑3台、打印机1台、传真机1台、会议桌椅1套、沙发1套。这些设施的添置，不仅为基层司法所开展工作提供了极大的便利，也为创建市级规范化司法所打下了坚实的基础。 （吴 瑕）

【五一劳动奖章获得者——辛锋】 男，1982年12月出生，中共党员，汉族，本科学历，2011年11月任郑州市食品药品监督管理局中原分局纪检组长，2011年12月荣获郑州市总工会颁发的郑州市五一劳动奖章。

他于2006年考入郑州市食品药品监督管理局，参加工作五年来，一直在稽查部门，工作在一线，共参与办理大案要案10多起，涉案金额1000多万元，逮捕涉案犯罪人员30多名，其中王××涉嫌生产假药阿莫西林胶囊等药品案是公安部挂牌督办打击制售假劣药品大案要案的重要一环，已被中央电视台的“每周质量报道”栏目曝光。在此期间，主办一般性行政处罚案件80余起，执行罚没款共计100多万元，担负了大量的稽查核查任务，规范了市场健康运营秩序，确保了人民群众的饮食用药安全。此外，他多次参见省局、市局和市有关部门组织的竞赛活动，在历次药监系统组织的稽查比武活动中，均取得了较好的名次，在2011年市总工会举办的劳动技能大赛中获得了技术标兵的称号。

（张 敏）

先进个人

国家级先进个人

荣誉获得者	荣誉称号	颁奖单位	颁奖时间
（区检察院）蒙 凡	全国模范检察官	最高人民检察院	2011年3月
（区法院）崔 霞	全国青少年普法教育先进个人	司法部	2011年7月

省级先进个人

荣誉获得者	荣誉称号	颁奖单位	颁奖时间
（区检察院）蒙 凡	优秀共产党员	省委、省政府	2011年7月
（区发展改革和统计局）铁 璞	全国R&D资源清查先进个人	省第二次R&D资源清查领导小组办公室	2011年8月
（区发展改革和统计局）王美丽	全国R&D资源清查先进个人	省第二次R&D资源清查领导小组办公室	2011年8月
（区检察院）李梦溪	优秀风采奖	省检察院	2011年9月
（建设路街道办事处）焦 健	第六次全国人口普查先进个人	省人力资源和社会保障厅、省统计局、省第六次人口普查领导小组办公室	2011年11月
（区检察院）段秋萍	省检察机关“十佳控申接待员”	省检察院	2011年11月

续表1

荣誉获得者	荣誉称号	颁奖单位	颁奖时间
（区发展改革和统计局）铁　璞	全省服务业调查先进个人	国家统计局河南调查总队办公室	2011 年 12 月
（区发展改革和统计局）冯　超	全省服务业调查先进个人	国家统计局河南调查总队办公室	2011 年 12 月
（区发展改革和统计局）付　超	全省服务业调查先进个人	国家统计局河南调查总队办公室	2011 年 12 月
（区发展改革和统计局）王美丽	全省服务业调查先进个人	国家统计局河南调查总队办公室	2011 年 12 月
（区发展改革和统计局）王英姿	房地产价格统计调查先进个人	国家统计局河南调查总队	2011 年 12 月
（区人武部）邓江涛	优秀参谋	省军区司令部	2011 年 12 月
（区检察院）张孔星	十佳鉴定人	省检察院	2011 年 12 月
（建设路派出所）陈　默	“清网行动”个人二等功	省公安厅	2011 年 12 月
（建设路派出所）朱　伟	“清网行动”个人二等功	省公安厅	2011 年 12 月
（建设路派出所）董红喜	“清网行动”个人二等功	省公安厅	2011 年 12 月
（区房管局）张喜玲	“十一五”保障性安居工程工作先进个人	省住房和城乡建设厅、省人力资源和社会保障厅	2011 年 12 月
（帝湖派出所）张　勇	“平安杯”竞赛活动先进个人	省公安厅	2011 年 12 月
（帝湖派出所）王宏涛	二等功	省公安厅	2011 年 12 月
（中原工商分局）吴建伟	“五个工商”建设先进个人	省工商行政管理局	2012 年 1 月
（区检察院）李淑霞	检察机关纪检监察工作先进个人	省检察院	2012 年 2 月
（区安全生产监督管理局）刘志伟	2011 年度安全生产先进工作者	省政府安全生产委员会	2012 年 2 月
（区卫生监督所）张英磊	卫生监督执法案件“百案评奖”三等奖	省卫生厅	2012 年 2 月
（区卫生监督所）冯贞贞	卫生监督执法案件“百案评奖”三等奖	省卫生厅	2012 年 2 月
（区卫生监督所）王　荣	卫生监督执法案件“百案评奖”三等奖	省卫生厅	2012 年 2 月
（区卫生监督所）张琳溪	卫生监督执法案件“百案评奖”三等奖	省卫生厅	2012 年 2 月

续表2

荣誉获得者	荣誉称号	颁奖单位	颁奖时间
（区城市管理执法局）石遇良	“安康杯”先进个人	省总工会	2012年2月
（桐柏路派出所）王玉强	优秀人民警察	省公安厅	2012年3月
（桐柏路派出所）毛绍辉	清网行动先进个人	省公安厅	2012年3月
（桐柏路派出所）王风雷	中原卫士	省公安厅	2012年3月
（桐柏路派出所）臧延峰	中原卫士	省公安厅	2012年3月
（区卫生局）李　超	卫生监督执法案件“百案评奖”一等奖	省卫生厅	2012年3月
（区疾病预防控制中心）于成林	“死因监测报告管理”工作先进个人	省疾控中心	2012年3月
（建设路街道办事处）焦　健	“五一”劳动奖章	省总工会	2012年4月
（棉纺路街道办事处）陈李丹	党员干部现代远程教育优秀站点管理员	省委组织部	2012年4月
（团区委）李　嵘	优秀青年党员	团省委	2012年6月

市级先进个人

荣誉获得者	荣誉称号	颁奖单位	颁奖时间
（区文明办）周慧敏	精神文明建设先进个人	市委、市政府	2011年7月
（区文明办）杜贯宇	精神文明建设先进个人	市委、市政府	2011年8月
（区文明办）孟令峰	精神文明建设先进个人	市委、市政府	2011年9月
（区爱卫办）毛国友	精神文明建设先进个人	市委、市政府	2011年11月
（沟赵乡武装部）吴焕岭	民兵基层建设先进个人	市委、市政府	2011年12月
（区文明办）周慧敏	创建全国文明城市工作先进个人	市委、市政府	2012年1月
（区爱卫办）毛国友	创建全国文明城市个人三等功	市委、市政府	2012年2月
（区信访局）冯铁生	信访工作先进个人	市委、市政府	2012年4月

续表 1

荣誉获得者	荣誉称号	颁奖单位	颁奖时间
（桐柏路派出所） 宋二旺	优秀共产党员	市委	2011 年 8 月
（建设路街道办事处） 焦　健	优秀基层党组织书记	市委	2012 年 6 月
（棉纺路街道办事处） 李惠萍	优秀共产党员	市委	2012 年 6 月
（桐柏路派出所） 王风雷	优秀人民警察	市政府	2011 年 7 月
（桐柏路派出所） 逯高亮	优秀人民警察	市政府	2011 年 7 月
（区发展改革和统计局） 常　璐	信用体系建设工作先进个人	市政府	2011 年 9 月
（区城市管理执法局） 魏士强	优秀城市美容师	市政府	2011 年 10 月
（区城市管理执法局） 崔铁床	优秀城市美容师	市政府	2011 年 10 月
（区城市管理执法局） 杨盘山	创建国家文明城市先进个人	市政府	2012 年 2 月
（区人力资源和社会保障局） 艾　超	2011 年度被征地农民社会保障工作先进个人	市政府	2012 年 2 月
（桐柏路派出所） 郭　鑫	优秀人民警察	市政府	2012 年 3 月
（区目标办） 吴孝刚	目标管理工作先进个人	市政府	2012 年 5 月
（区目标办） 李志宏	目标管理工作先进个人	市政府	2012 年 5 月
（区粮食局） 宋鹏飞	粮食产业化发展工作先进个人	市政府	2012 年 5 月
（建设路派出所） 赵　艳	优秀共产党员	市公安局党委	2011 年 7 月
（建设路派出所） 李忠庆	优秀共产党员	市公安局党委	2011 年 7 月
（建设路派出所） 孙瑞华	优秀共产党员	市公安局党委	2011 年 7 月
（建设路派出所） 陈　为	优秀共产党员	市公安局党委	2011 年 7 月
（建设路派出所） 高东旺	庆祝建党 90 周年书法优秀奖	市公安局政治部	2011 年 7 月
（建设路派出所） 范东梅	庆祝建党 90 周年美术优秀奖	市公安局政治部	2011 年 7 月

续表2

荣誉获得者	荣誉称号	颁奖单位	颁奖时间
（桐柏路派出所） 暴　光	三等功	市公安局	2011年7月
（桐柏路派出所） 王风雷	三等功	市公安局	2011年7月
（区发展改革和统计局） 张新奇	统计“五五”普法先进个人	市统计局	2011年7月
（区发展改革和统计局） 张　博	统计“五五”普法先进个人	市统计局	2011年7月
（区检察院） 李昕艳	优秀年轻干部	市检察院	2011年7月
（桐柏路派出所） 李　彪	优秀共产党员	市公安局	2011年8月
（桐柏路派出所） 陈哲斌	优秀共产党员	市公安局	2011年8月
（桐柏路派出所） 桑现涛	政法系统优秀共产党员	市委政法委	2011年8月
（帝湖派出所） 宋金魁	政法工作先进个人	市委政法委	2011年8月
（区检察院） 卫　伟	2011年度郑州市检察机关优秀鉴定人	市检察院	2011年9月
（区检察院） 张成林	2011年度郑州市检察机关优秀鉴定人	市检察院	2011年9月
（区文化馆） 许东霞	2011年度“市第四届少儿文化艺术节”个人优秀组织奖	市文化广电新闻出版局、市教育局	2011年9月
（区发展改革和统计局） 周艳华	全国R&D资源清查先进个人	市第二次R&D资源清查领导小组办公室	2011年10月
（桐柏路街道办事处） 周晓燕	“十一五”郑州市残疾人工作先进个人	市残工委	2011年11月
（桐柏路街道办事处） 郭　庆	“十一五”郑州市扶残助残先进个人	市残工委	2011年11月
（区残疾人联合会） 刘　森	“十一五”郑州市残疾人工作先进个人	市残工委	2011年11月
（区残疾人联合会） 周　颖	“十一五”郑州市残疾人工作先进个人	市残工委	2011年11月
（区南水北调管理局） 张瑞玲	2011年度水库移民后期扶持先进个人	市南水北调征地拆迁领导小组办公室	2011年11月
（三官庙街道办事处） 王丽萍	稳定工作先进个人	市稳定工作领导小组	2011年11月
（区残疾人联合会） 任　莉	“十一五”郑州市残疾人工作先进个人	市残工委	2011年11月

续表3

荣誉获得者	荣誉称号	颁奖单位	颁奖时间
（区发展改革和统计局） 王英姿	第六次全国人口普查先进个人	市第六次全国人口普查领导小组	2011年12月
（区发展改革和统计局） 虎　明	优秀统计分析奖	市统计局	2011年12月
（区发展改革和统计局） 袁　培	优秀统计分析奖	市统计局	2011年12月
（区发展改革和统计局） 马　杰	第六次全国人口普查先进个人	市第六次全国人口普查领导小组	2011年12月
（区发展改革和统计局） 王威懿	第六次全国人口普查先进个人	市第六次全国人口普查领导小组	2011年12月
（区人力资源和社会保障局） 赵永刚	人才工作先进个人	市人才交流服务中心	2011年12月
（区检察院） 孙永洁	十佳检察官	市检察院	2011年12月
（区检察院） 孙永洁	政法系统十佳检察官	市委政法委	2011年12月
（区检察院） 李　萍	全市检察机关监所检察业务技能竞赛一等奖	市检察院	2011年12月
（区检察院） 蒙　凡	争先创优党员之星	市争先创优小组	2011年12月
（区检察院） 禹　枫	平安建设先进个人	市委政法委	2011年12月
（区残疾人联合会） 郝流云	残疾人康复工作先进个人	市残疾人联合会	2011年12月
（区物价局） 何小倩	价格信息工作先进个人	市价格协会	2011年12月
（区物价局） 李明展	价格信息工作先进个人	市价格协会	2011年12月
（帝湖派出所） 张永恒	公安机关信息化应用技能比武竞赛优秀个人四等奖	市公安局	2011年12月
（帝湖派出所） 王俊玲	公安机关信息化应用技能比武竞赛优秀个人五等奖	市公安局	2011年12月
（帝湖派出所） 孙庆林	公安机关信息化应用技能比武竞赛优秀个人五等奖	市公安局	2011年12月
（帝湖派出所） 魏伟星	三等功	市公安局	2011年12月
（区检察院） 段秋萍	技术标兵	市劳动局	2011年12月
（区检察院） 李昕艳	技术标兵	市劳动局	2011年12月

续表4

荣誉获得者	荣誉称号	颁奖单位	颁奖时间
（区商务局） 李　浩	2011年度市场运行监测及商务预报平台建设工作先进个人	市商务局	2011年12月
（区南水北调管理局） 李晓康	移民征迁会计报表先进工作者	市南水北调征地拆迁领导小组办公室	2011年12月
（须水派出所） 宋东亮	警务信息化应用能手	市公安局	2011年12月
（须水派出所） 刘增学	警务信息化应用能手	市公安局	2011年12月
（须水派出所） 张增峰	警务信息化应用能手	市公安局	2011年12月
（须水派出所） 马　军	警务信息化应用能手	市公安局	2011年12月
（须水派出所） 郎龙飞	警务信息化应用能手	市公安局	2011年12月
（区人武部） 李　俊	优秀共产党员	郑州警备区党委	2011年12月
（区人武部） 赵贵伟	三等功	郑州警备区	2011年12月
（区人武部） 苏进平	网络建设先进个人	郑州警备区政治部	2011年12月
（区人武部） 高游泳	后勤工作先进个人	郑州警备区后勤部	2011年12月
（区人力资源和社会保障局） 王　梅	2011年度机关事业单位工勤技能岗位技能竞赛先进个人	市人力资源和社会保障局	2011年12月
（区人力资源和社会保障局） 王　梅	2011年度机关事业单位工资管理工作先进个人	市人力资源和社会保障局	2011年12月
（须水派出所） 韩　冰	“四严一创”活动业务能手	市公安局	2012年1月
（须水派出所） 王树楷	“四严一创”活动先进个人	市公安局	2012年1月
（须水派出所） 张丹丹	“四严一创”活动优秀社区民警	市公安局	2012年1月
（三官庙街道办事处） 房　妍	先进志愿者	市总工会、团市委、市妇联、市科协	2012年1月
（三官庙街道办事处） 张　施	优秀青年志愿者	团市委	2012年1月
（区南水北调管理局） 王彦岭	2011年度干渠征迁先进工作者	市南水北调征地拆迁领导小组办公室	2012年1月
（区南水北调管理局） 许承萍	2011年度干渠征迁先进工作者	市南水北调征地拆迁领导小组办公室	2012年1月

续表 5

荣誉获得者	荣誉称号	颁奖单位	颁奖时间
（区检察院） 赵　璐	“百日办案竞赛”活动优秀侦查员	市检察院	2012 年 1 月
（航海西路办事处） 朱健宪	优秀青年志愿者	团市委	2012 年 1 月
（区房管局） 朱永建	创建全国文明城市先进个人	市房管局	2012 年 1 月
（区房管局） 郭　胜	2011 年度住房保障管理工作先进个人	市房管局	2012 年 1 月
（区房管局） 崔　斌	2011 年度住房保障管理工作先进个人	市房管局	2012 年 1 月
（区房管局） 王鹏飞	2011 年度住房保障管理工作先进个人	市房管局	2012 年 1 月
（区房管局） 刘　蕙	物业管理工作先进个人	市房管局	2012 年 1 月
（棉纺路街道办事处） 杨　鹏	优秀青年志愿者	团市委	2012 年 1 月
（团区委） 郝　攀	职工群众评议公交优秀志愿者	市总工会、团市委、市妇联、市科协	2012 年 1 月
（中原工商分局） 于　勇	2011 年度全市工商系统依法行政先进个人	市工商行政管理局	2012 年 1 月
（中原工商分局） 马本川	2011 年度全市工商系统政风行风建设先进个人	市工商行政管理局	2012 年 1 月
（中原工商分局） 杨顺基	2011 年度全市工商系统政风行风建设先进个人	市工商行政管理局	2012 年 1 月
（中原工商分局） 董建合	2011 年度全市工商系统精神文明建设先进个人	市工商行政管理局	2012 年 1 月
（须水镇卫生院） 王　磊	名护	市卫生局	2012 年 1 月
（中原工商分局） 王　勃	2011 年度全市工商系统打击传销先进个人	市工商行政管理局	2012 年 1 月
（中原质监分局） 潘亚明	2011 年度食品生产质量安全监管工作先进个人	市质量技术监督局	2012 年 1 月
（区卫生监督所） 赵长虹	卫生监督执法先进工作者	市卫生局	2012 年 1 月
（区卫生监督所） 李　冬	卫生监督执法工作先进个人	市卫生局	2012 年 1 月
（区环境保护局） 张丛利	污染减排和环境综合整治工作先进个人	市环境保护局	2012 年 1 月
（区环境保护局） 张书哲	环境法制工作先进个人	市环境保护局	2012 年 1 月

续表6

荣誉获得者	荣誉称号	颁奖单位	颁奖时间
（区环境保护局） 王彩龙	环境应急工作先进个人	市环境保护局	2012年1月
（区环境保护局） 王彩龙	文明执法工作先进个人	市环境保护局	2012年1月
（区环境保护局） 何明哲	环境宣教工作先进个人	市环境保护局	2012年1月
（区环境保护局） 何明哲	环境保护工作先进个人	市环境保护局	2012年1月
（区环境保护局） 宋冬冬	环境保护工作先进个人	市环境保护局	2012年1月
（区环境保护局） 范玉红	环境保护工作先进个人	市环境保护局	2012年1月
（区环境保护局） 李媛媛	辐射和固体废物管理工作先进个人	市环境保护局	2012年1月
（区卫生监督所） 梁　夏	卫生监督执法先进工作者	市卫生局	2012年2月
（区卫生监督所） 李鲁新	平安建设先进个人	市卫生局	2012年2月
（区疾病预防控制中心） 刘　艳	卫生系统法制宣传教育和依法治理工作先进个人	市卫生局	2012年2月
（区疾病预防控制中心） 周见阳	结核病防治工作先进个人	市卫生局	2012年2月
（区疾病预防控制中心） 于成林	传染病防控工作先进个人	市卫生局	2012年2月
（团区委） 李　嵘	模范团干部	市人力资源和社会保障局、团市委	2012年2月
（团区委） 周　影	青年就业创业先进个人	团市委	2012年2月
（团区委） 鹿　豫	新长征突击手	市人力资源和社会保障局、团市委	2012年2月
（区房管局） 时红建	2011年度行风建设先进个人	市房管局	2012年2月
（区司法局秦岭路司法所） 王　桦	“十佳”司法所长	市司法局	2012年2月
（区房屋征收办） 邵　卓	房屋征收与补偿工作先进个人	市城乡建设委员会	2012年2月
（区房屋征收办） 郑　剑	房屋征收与补偿工作先进个人	市城乡建设委员会	2012年2月
（区房屋征收办） 王　勇	房屋征收与补偿工作先进个人	市城乡建设委员会	2012年2月

续表 7

荣誉获得者	荣誉称号	颁奖单位	颁奖时间
（区妇联） 邓志明	第五届家庭文化艺术节参展家庭优秀作品奖	市妇联	2012 年 2 月
（区妇联） 郭海波	第五届家庭文化艺术节参展家庭优秀作品奖	市妇联	2012 年 2 月
（区妇联） 王守峰	第五届家庭文化艺术节参展家庭优秀作品奖	市妇联	2012 年 2 月
（帝湖派出所） 李　颖	公安法制工作先进个人	市公安局	2012 年 2 月
（帝湖派出所） 马宏宇	推进网格化消防管理执法先进个人	市公安局	2012 年 2 月
（帝湖派出所） 张兵子	推进网格化消防管理执法先进个人	市公安局	2012 年 2 月
（帝湖派出所） 王　琳	推进网格化消防管理执法先进个人	市公安局	2012 年 2 月
（区城市管理执法局） 石遇良	妇女工作先进个人	市总工会	2012 年 2 月
（区审计局） 刘　岚	审计系统先进个人	市审计局	2012 年 2 月
（帝湖派出所） 郭小滑	“四严一创”活动业务能手	市公安局	2012 年 2 月
（三官庙街道办事处） 鹿振立	2011 年度基层党校优秀教师	市委宣传部	2012 年 2 月
（三官庙街道办事处） 王　迪	2011 年“欢乐中原・魅力郑州”群众文化活动先进个人	市委宣传部	2012 年 2 月
（区安全生产监督管理局） 刘志伟	2011 年度安全生产工作先进个人	市安全生产监督管理局、市人力资源和社会保障局	2012 年 2 月
（区安全生产监督管理局） 王治红	2011 年度安全生产专项工作先进个人	市安全生产委员会	2012 年 2 月
（区安全生产监督管理局） 桂建伟	2011 年度安全生产专项工作先进个人	市安全生产委员会	2012 年 2 月
（帝湖派出所） 伍学中	“四严一创”活动先进个人	市公安局	2012 年 2 月
（区检察院） 徐建丽	优秀党员	市检察院	2012 年 2 月
（区检察院） 王金萍	优秀党员	市检察院	2012 年 2 月
（区文化旅游局） 白　静	2010—2011 年度文化惠民工作先进个人	市人力资源和社会保障局、市财政局、市文化广电新闻出版局	2012 年 2 月

续表8

荣誉获得者	荣誉称号	颁奖单位	颁奖时间
（区文化旅游局） 许秋云	2010—2011年度文化惠民工作先进个人	市人力资源和社会保障局、市财政局、市文化广电新闻出版局	2012年2月
（区检察院） 宋　蕾	优秀党务干部	市检察院	2012年2月
（区检察院） 宋　蕾	检察机关优秀检察干警	市检察院	2012年2月
（区卫生局） 张　伟	平安建设先进个人	市卫生局	2012年2月
（区卫生局） 蔺春燕	平安建设先进个人	市卫生局	2012年2月
（区卫生局） 蔺春燕	卫生系统法制宣传教育和依法治理工作先进个人	市卫生局	2012年2月
（区妇幼保健所） 马　凌	妇幼保健工作先进个人	市卫生局	2012年2月
（须水镇卫生院） 左　瑛	卫生系统医疗卫生体制改革工作先进	市卫生局	2012年2月
（须水镇卫生院） 方俊杰	实施国家基本药物制度工作先进	市卫生局	2012年2月
（须水镇卫生院） 连松峰	实施国家基本药物制度工作先进	市卫生局	2012年2月
（须水镇卫生院） 连松峰	名医	市卫生局	2012年2月
（须水镇卫生院） 陈海燕	实施国家基本药物制度工作先进	市卫生局	2012年2月
（须水镇卫生院） 陈海燕	卫生系统医疗卫生体制改革工作先进	市卫生局	2012年2月
（须水镇卫生院） 阎国杰	中医工作先进	市卫生局	2012年2月
（区人力资源和社会保障局） 杜书平	2011年度郑州市人力资源和社会保障工作先进个人	市人力资源和社会保障局	2012年2月
（区人力资源和社会保障局） 陈卫君	2011年度郑州市人力资源和社会保障工作先进个人	市人力资源和社会保障局	2012年2月
（须水镇卫生院） 方俊杰	鼠疫防治培训先进个人	市疾控中心	2012年3月
（区人力资源和社会保障局） 付金良	2011年度就业工作先进个人	市就业工作领导小组	2012年3月
（区人力资源和社会保障局） 付金良	2011年度小额担保贷款工作先进个人	市下岗失业人员小额担保贷款工作领导小组	2012年3月

续表 9

荣誉获得者	荣誉称号	颁奖单位	颁奖时间
(区人力资源和社会保障局)张治峰	2011 年度承接产业转移人力资源保障工作先进个人	市就业工作领导小组	2012 年 3 月
(区人力资源和社会保障局)张治峰	2011 年度小额担保贷款工作先进个人	市下岗失业人员小额担保贷款工作领导小组	2012 年 3 月
(区人力资源和社会保障局)江　静	2011 年度小额担保贷款工作先进个人	市下岗失业人员小额担保贷款工作领导小组	2012 年 3 月
(区人力资源和社会保障局)牛培文	2011 年度小额担保贷款工作先进个人	市下岗失业人员小额担保贷款工作领导小组	2012 年 3 月
(区人力资源和社会保障局)李爱华	2011 年度工伤保险工作先进个人	市社保局	2012 年 3 月
(区人力资源和社会保障局)高　兆	2011 年度养老保险工作先进个人	市社保局	2012 年 3 月
(区人力资源和社会保障局)马　琳	2011 年度城乡居保工作先进个人	市社保局	2012 年 3 月
(区人力资源和社会保障局)李昱君	2011 年度养老保险工作先进个人	市社保局	2012 年 3 月
(区人力资源和社会保障局)冯　萍	2011 年度城乡居保工作先进个人	市社保局	2012 年 3 月
(区人力资源和社会保障局)石云慧	2011 年度档案建设工作先进个人	市社保局	2012 年 3 月
(区卫生局)蔺春燕	职工文明家庭	市总工会	2012 年 3 月
(区卫生局)蔺春燕	卫生系统政风行风建设先进个人	市卫生局	2012 年 3 月
(区妇幼保健所)杨　成	卫生系统法制宣传教育和依法治理工作先进个人	市卫生局	2012 年 3 月
(区卫生局)蔺春燕	平安建设先进个人	市卫生局	2012 年 3 月
(区检察院)李梦溪	2011 年度全市检察机关优秀公诉人	市检察院	2012 年 3 月
(区检察院)李昕艳	全市案件评查工作先进个人	市委政法委	2012 年 3 月
(区检察院)聂　晶	全市案件评查工作先进个人	市委政法委	2012 年 3 月
(区妇联)田美菊	“感动郑州慈孝人物”好媳妇	市妇联	2012 年 3 月
(区妇联)黄秀珍	“感动郑州慈孝人物”好媳妇	市妇联	2012 年 3 月
(区妇联)蒋艳敏	“感动郑州慈孝人物”好媳妇	市妇联	2012 年 3 月

续表 10

荣誉获得者	荣誉称号	颁奖单位	颁奖时间
（区妇联） 焦素霞	“感动郑州慈孝人物”好媳妇	市妇联	2012 年 3 月
（区房屋征收办） 高　琳	房屋征收与补偿工作先进个人	市城乡建设委员会	2012 年 3 月
（区房屋征收办） 张宏霞	房屋征收与补偿工作先进个人	市城乡建设委员会	2012 年 3 月
（区档案局） 赵　珩	2011 年档案工作先进个人	市档案局	2012 年 3 月
（区档案局） 徐桂花	2011 年档案工作先进个人	市档案局	2012 年 3 月
（区档案局） 康海琴	2011 年档案工作先进个人	市档案局	2012 年 3 月
（区交通运输局） 郝同军	春运工作先进个人	市春运办	2012 年 3 月
（区物价局） 刘　新	价格鉴定优秀档案管理员	市价格认证中心	2012 年 3 月
（桐柏路派出所） 崔世凯	“四严一创”先进个人	市公安局	2012 年 3 月
（桐柏路派出所） 暴　光	“四严一创”业务标兵	市公安局	2012 年 3 月
（桐柏路派出所） 宋鑫民	“四严一创”业务标兵	市公安局	2012 年 3 月
（区民政局） 付钰超	2011 年度民政信息工作先进个人	市民政局	2012 年 3 月
（区人社局） 赵中喜	2011 年度全民创业工作先进个人	市就业工作领导小组	2012 年 3 月
（区人力资源和社会保障局） 马琳鹏	2011 年度全民创业工作先进个人	市就业工作领导小组	2012 年 3 月
（区文化旅游局） 刘素敏	2011 年度市发行管理业务能手	市文化广电新闻出版局	2012 年 3 月
（桐柏路派出所） 牛东旭	“四严一创”先进个人	市公安局	2012 年 3 月
（区疾病预防控制中心） 袁　媛	传染病防控工作先进个人	市卫生局	2012 年 3 月
（区疾病预防控制中心） 杨雯雯	精神卫生防治工作先进个人	市卫生局	2012 年 3 月
（桐柏路派出所） 王雪娟	2011 年度全市公安机关出入境管理工作先进个人	市公安局	2012 年 3 月
（食品药品监督中原分局） 李云龙	食品药品监管工作先进个人	市人力资源和社会保障局、市食品药品监督管理局	2012 年 3 月

续表 11

荣誉获得者	荣誉称号	颁奖单位	颁奖时间
（食品药品监督中原分局）张　敏	食品药品监管工作先进个人	市人力资源和社会保障局、市食品药品监督管理局	2012 年 3 月
（食品药品监督中原分局）张松振	优秀稽查能手	市食品药品监督管理局	2012 年 4 月
（食品药品监督中原分局）郭　立	优秀稽查能手	市食品药品监督管理局	2012 年 4 月
（区安全生产监督管理局）席建明	2012 年度《职业病防治法》知识竞赛个人一等奖	市政府安全生产委员会办公室	2012 年 4 月
（区安全生产监督管理局）刘昌文	2012 年度《职业病防治法》知识竞赛个人二等奖	市政府安全生产委员会办公室	2012 年 4 月
（区交通运输局）齐少纯	全市交通运输系统先进个人	市交通局	2012 年 4 月
（区交通运输局）王　莉	全市交通运输系统先进个人	市交通局	2012 年 4 月
（区信访局）岳枫敏	信访工作优秀个人	市委信访工作领导小组	2012 年 4 月
（区检察院）段秋萍	涉法涉诉信访工作先进个人	市委政法委	2012 年 4 月
（区人力资源和社会保障局）韩跃辉	2011 年度郑州市社会保险稽查工作先进个人	市社会保险稽查大队	2012 年 4 月
（区检察院）郝海燕	涉法涉诉信访工作先进个人	市委政法委	2012 年 4 月
（区检察院）王洪涛	2011 年信访工作先进个人	市信访局	2012 年 4 月
（区商务局）李　浩	2011 年度全市蔬菜流通体系建设先进个人	市商务局	2012 年 4 月
（区检察院）孙永洁	十佳检察官	市委政法委	2012 年 4 月
（区检察院）禹　枫	平安建设先进个人	市委政法委	2012 年 4 月
（区检察院）李昕艳	平安建设先进个人	市委政法委	2012 年 4 月
（区检察院）禹　枫	2011 年度检察理论研究优秀调研成果三等奖	市检察院	2012 年 4 月
（须水镇卫生院）李　倩	五一劳动奖章	市总工会	2012 年 4 月
（航海西路社区卫生服务中心）李伟红	“三八”红旗手	市卫生局、市妇联	2012 年 5 月
（区交通运输局）蔡梦森	交通运输系统宣传思想文化工作先进个人	市交通运输委员会	2012 年 5 月

续表 12

荣誉获得者	荣誉称号	颁奖单位	颁奖时间
(区交通运输局) 郝同军	交通战备工作先进个人	市交通局	2012 年 5 月
(区交通运输局) 李少尊	农村公路工作先进个人	市地方公路管理处	2012 年 5 月
(区妇联) 焦晗韶	十佳母亲	市妇联	2012 年 5 月
(区妇联) 闫爱香	十佳母亲	市妇联	2012 年 5 月
(区妇联) 宋爱云	十佳母亲	市妇联	2012 年 5 月
(区妇联) 林俊红	十佳母亲	市妇联	2012 年 5 月
(区妇联) 刘国秀	十佳母亲	市妇联	2012 年 5 月
(区妇联) 郝红文	十佳母亲	市妇联	2012 年 5 月
(区妇联) 段学花	十佳母亲	市妇联	2012 年 5 月
(区文化旅游局) 黄　伟	2011 年度郑州市“扫黄打非”工作先进个人	市文化广电新闻出版局	2012 年 5 月
(区妇联) 王景碧	十佳母亲	市妇联	2012 年 5 月
(区交通运输局) 何云烟	交通运输系统安全生产先进个人	市交通局	2012 年 6 月
(中原质监分局) 康海军	2011 年度优秀共产党员	市质量技术监督局党组	2012 年 6 月

区级先进个人

荣誉获得者	荣誉称号	颁奖单位	颁奖时间
(区环境保护局) 宋冬冬	依法行政工作先进个人	区委、区政府	2012 年 2 月
(区环境保护局) 张　哲	群众信访工作先进个人	区委、区政府	2012 年 2 月
(区环境保护局) 张乐乐	城乡建设和管理工作先进个人	区委、区政府	2012 年 2 月
(区环境保护局) 张军威	监察工作先进个人	区委、区政府	2012 年 2 月
(区环境保护局) 马　鹏	监察工作先进个人	区委、区政府	2012 年 2 月

续表 1

荣誉获得者	荣誉称号	颁奖单位	颁奖时间
（区环境保护局） 李海亮	城乡建设和管理工作先进个人	区委、区政府	2012 年 2 月
（区环境保护局） 牛振军	城乡建设和管理工作先进个人	区委、区政府	2012 年 2 月
（区环境保护局） 牛振军	创建全国文明城市工作先进个人	区委、区政府	2012 年 2 月
（区卫生局） 王广智	创建全国文明城市工作个人三等功	区委、区政府	2012 年 2 月
（区卫生监督所） 李　冬	创建全国文明城市工作先进个人	区委、区政府	2012 年 2 月
（区发展改革和统计局） 常　璐	创建全国文明城市工作先进个人	区委、区政府	2012 年 2 月
（区文明办） 周慧敏	创建全国文明城市工作个人三等功	区委、区政府	2012 年 2 月
（区文明办） 张晓东	创建全国文明城市工作先进个人	区委、区政府	2012 年 2 月
（区文明办） 孟令峰	创建全国文明城市工作先进个人	区委、区政府	2012 年 2 月
（区文明办） 李亚坤	创建全国文明城市工作先进个人	区委、区政府	2012 年 2 月
（区文化旅游局） 侯　涛	2011 年度依法行政工作先进个人	区委、区政府	2012 年 2 月
（区文化旅游局） 蒋惠晶	人口和计划生育工作先进个人	区委、区政府	2012 年 2 月
（区文化旅游局） 王大伟	2011 年度安全生产工作先进个人	区委、区政府	2012 年 2 月
（区文化旅游局） 柴天生	创建全国文明城市工作个人三等功	区委、区政府	2012 年 2 月
（区文化旅游局） 徐君伟	创建全国文明城市工作先进个人	区委、区政府	2012 年 2 月
（区旧城改造办） 李　郁	城乡建设和管理工作先进个人	区委、区政府	2012 年 2 月
（桐柏路街道办事处） 郭　丽	创建全国文明城市工作先进个人	区委、区政府	2012 年 2 月
（桐柏路街道办事处） 赵伟成	创建全国文明城市工作先进个人	区委、区政府	2012 年 2 月
（桐柏路街道办事处） 时双云	创建全国文明城市工作先进个人	区委、区政府	2012 年 2 月
（桐柏路街道办事处） 孙豫峰	创建全国文明城市工作先进个人	区委、区政府	2012 年 2 月

续表2

荣誉获得者	荣誉称号	颁奖单位	颁奖时间
(桐柏路街道办事处)李金霞	创建全国文明城市工作先进个人	区委、区政府	2012年2月
(桐柏路街道办事处)宋凤枝	创建全国文明城市工作先进个人	区委、区政府	2012年2月
(桐柏路街道办事处)马　芬	财政税收工作先进个人	区委、区政府	2012年2月
(桐柏路街道办事处)宋新福	重点招商引资项目“四比两看一落实”先进个人	区委、区政府	2012年2月
(桐柏路街道办事处)朱广懿	工业立区工作先进个人	区委、区政府	2012年2月
(桐柏路街道办事处)朱广懿	三产兴区先进个人	区委、区政府	2012年2月
(桐柏路街道办事处)赵伟成	三等功	区委、区政府	2012年2月
(桐柏路街道办事处)杨新锋	人口和计划生育工作先进个人	区委、区政府	2012年2月
(桐柏路街道办事处)刘红英	人口和计划生育工作先进个人	区委、区政府	2012年2月
(桐柏路街道办事处)李　璐	人口和计划生育工作先进个人	区委、区政府	2012年2月
(桐柏路街道办事处)苏　丽	人口和计划生育工作先进个人	区委、区政府	2012年2月
(桐柏路街道办事处)何素娥	人口和计划生育工作先进个人	区委、区政府	2012年2月
(桐柏路街道办事处)孙豫峰	人口和计划生育工作先进个人	区委、区政府	2012年2月
(桐柏路街道办事处)郑永斌	人口和计划生育工作先进个人	区委、区政府	2012年2月
(桐柏路街道办事处)李金霞	人口和计划生育工作先进个人	区委、区政府	2012年2月
(桐柏路街道办事处)李　娜	城乡建设工作先进个人	区委、区政府	2012年2月
(桐柏路街道办事处)时双云	城乡建设工作先进个人	区委、区政府	2012年2月
(桐柏路街道办事处)陈　磊	城乡建设工作先进个人	区委、区政府	2012年2月
(桐柏路街道办事处)刘旭阳	2011年度平安建设暨政法工作先进个人	区委、区政府	2012年2月
(桐柏路街道办事处)李晓萌	2011年度安全生产工作先进个人	区委、区政府	2012年2月

续表3

荣誉获得者	荣誉称号	颁奖单位	颁奖时间
（桐柏路街道办事处） 李卫卫	2011年度群众信访工作先进个人	区委、区政府	2012年2月
（区审计局） 何震玲	人口和计划生育工作先进个人	区委、区政府	2012年2月
（区审计局） 孔凡利	服务发展开放型经济工作先进个人	区委、区政府	2012年2月
（区审计局） 范 乐	创建全国文明城市工作先进个人	区委、区政府	2012年2月
（区审计局） 王红梅	城乡建设和管理工作先进个人	区委、区政府	2012年2月
（区民政局） 马新全	创建全国文明城市工作先进个人	区委、区政府	2012年2月
（区民政局） 陈 敏	创建全国文明城市工作先进个人	区委、区政府	2012年2月
（区民政局） 韩 飞	创建全国文明城市工作先进个人	区委、区政府	2012年2月
（三官庙街道办事处） 常建明	2011年度重点工作记三等功个人	区委、区政府	2012年2月
（三官庙街道办事处） 苏宝民	2011年度重点工作记三等功个人	区委、区政府	2012年2月
（三官庙街道办事处） 韩慧娟	三产兴区工作先进个人	区委、区政府	2012年2月
（三官庙街道办事处） 韩慧娟	2011年度政协工作优秀组织者	区委、区政府	2012年2月
（三官庙街道办事处） 乔 鹏	创建全国文明城市工作先进个人	区委、区政府	2012年2月
（三官庙街道办事处） 贾淑栋	创建全国文明城市工作先进个人	区委、区政府	2012年2月
（三官庙街道办事处） 段 磊	创建全国文明城市工作先进个人	区委、区政府	2012年2月
（三官庙街道办事处） 王应选	创建全国文明城市工作先进个人	区委、区政府	2012年2月
（三官庙街道办事处） 王丽萍	信访工作先进个人	区委、区政府	2012年2月
（三官庙街道办事处） 刘亚敏	平安建设工作先进个人	区委、区政府	2012年2月
（三官庙街道办事处） 鹿振立	创建全国文明城市工作先进个人	区委、区政府	2012年2月
（三官庙街道办事处） 郭香松	服务发展开放型经济工作先进个人	区委、区政府	2012年2月

续表4

荣誉获得者	荣誉称号	颁奖单位	颁奖时间
（三官庙街道办事处） 王丽华	“四比两看一落实”活动先进个人	区委、区政府	2012年2月
（三官庙街道办事处） 成　莹	依法行政工作先进个人	区委、区政府	2012年2月
（三官庙街道办事处） 成　莹	2011年度先进政协联络员	区委、区政府	2012年2月
（三官庙街道办事处） 卢丽华	城乡建设和管理工作先进个人	区委、区政府	2012年2月
（三官庙街道办事处） 卢丽华	创建全国文明城市工作先进个人	区委、区政府	2012年2月
（三官庙街道办事处） 李保安	城乡建设和管理工作先进个人	区委、区政府	2012年2月
（三官庙街道办事处） 陈宏道	城乡建设和管理工作先进个人	区委、区政府	2012年2月
（三官庙街道办事处） 付　琦	人口和计划生育工作先进工作者	区委、区政府	2012年2月
（三官庙街道办事处） 马　洁	人口和计划生育工作先进工作者	区委、区政府	2012年2月
（三官庙街道办事处） 张永超	办公室系统先进个人	区委、区政府	2012年2月
（区商务局） 牛淑君	服务发展开放型经济工作先进个人	区委、区政府	2012年2月
（区商务局） 张旭辉	服务发展开放型经济工作先进个人	区委、区政府	2012年2月
（区商务局） 申　彬	服务发展开放型经济工作先进个人	区委、区政府	2012年2月
（区商务局） 袁　华	服务发展开放型经济工作先进个人	区委、区政府	2012年2月
（区商务局） 闫利剑	创建全国文明城市工作先进个人	区委、区政府	2012年2月
（区商务局） 王建国	创建全国文明城市工作先进个人	区委、区政府	2012年2月
（棉纺路街道办事处） 刘金利	创建全国文明城市工作先进个人	区委、区政府	2012年2月
（棉纺路街道办事处） 杨明远	创建全国文明城市工作先进个人	区委、区政府	2012年2月
（棉纺路街道办事处） 康新省	创建全国文明城市工作先进个人	区委、区政府	2012年2月
（棉纺路街道办事处） 郭　琳	创建全国文明城市工作先进个人	区委、区政府	2012年2月

续表 5

荣誉获得者	荣誉称号	颁奖单位	颁奖时间
（棉纺路街道办事处） 王景碧	创建全国文明城市工作先进个人	区委、区政府	2012 年 2 月
（棉纺路街道办事处） 刘洪建	创建全国文明城市工作先进个人	区委、区政府	2012 年 2 月
（棉纺路街道办事处） 王建伟	创建全国文明城市工作先进个人	区委、区政府	2012 年 2 月
（棉纺路街道办事处） 霍小庆	创建全国文明城市工作先进个人	区委、区政府	2012 年 2 月
（棉纺路街道办事处） 王建伟	2011 年度财政税收工作先进个人	区委、区政府	2012 年 2 月
（棉纺路街道办事处） 杨　鹏	城乡建设和管理工作先进个人	区委、区政府	2012 年 2 月
（棉纺路街道办事处） 杨　露	城乡建设和管理工作先进个人	区委、区政府	2012 年 2 月
（棉纺路街道办事处） 张防震	城乡建设和管理工作先进个人	区委、区政府	2012 年 2 月
（区审计局） 李　喆	办公系统先进个人	区委、区政府	2012 年 3 月
（棉纺路街道办事处） 耿　丽	“五小门店”综合整治工作先进个人	区委、区政府	2012 年 3 月
（区征收办） 王　博	创建全国文明城市工作先进个人	区委、区政府	2012 年 2 月
（区总工会） 丁春伟	创建全国文明城市个人三等功	区委、区政府	2012 年 2 月
（区司法局） 张一森	创建全国文明城市工作先进个人	区委、区政府	2012 年 2 月
（区司法局林山寨司法所） 闫保东	服务发展开放型经济工作先进个人	区委、区政府	2012 年 2 月
（区司法局秦岭路司法所） 王　桦	服务发展开放型经济工作先进个人	区委、区政府	2012 年 2 月
（区司法局） 吴　瑕	依法行政工作先进个人	区委、区政府	2012 年 2 月
（区司法局） 高铭阳	人口和计划生育工作先进个人	区委、区政府	2012 年 2 月
（航海西路街道办事处） 荆秀敏	服务发展开放型经济工作先进个人	区委、区政府	2012 年 2 月
（航海西路街道办事处） 宋桂花	“四比两看一落实”活动先进个人	区委、区政府	2012 年 2 月
（航海西路街道办事处） 马艳红	工业立区先进个人	区委、区政府	2012 年 2 月

续表6

荣誉获得者	荣誉称号	颁奖单位	颁奖时间
（航海西路街道办事处）王冬青	依法行政工作先进个人	区委、区政府	2012年2月
（航海西路街道办事处）王冬青	创建全国文明城市工作先进个人	区委、区政府	2012年2月
（航海西路街道办事处）倪艳梅	创建全国文明城市工作先进个人	区委、区政府	2012年2月
（航海西路街道办事处）李东勇	创建全国文明城市工作先进个人	区委、区政府	2012年2月
（航海西路街道办事处）宋桂花	创建全国文明城市工作先进个人	区委、区政府	2012年2月
（航海西路街道办事处）周晓辉	创建全国文明城市工作先进个人	区委、区政府	2012年2月
（航海西路街道办事处）白艳军	创建全国文明城市工作先进个人	区委、区政府	2012年2月
（航海西路街道办事处）赵鹏飞	创建全国文明城市工作先进个人	区委、区政府	2012年2月
（区信访局）张淑娜	依法治区工作先进个人	区委、区政府	2012年2月
（区信访局）王俊峰	群工信访工作先进个人	区委、区政府	2012年2月
（区信访局）孟凡智	群工信访工作先进个人	区委、区政府	2012年2月
（区信访局）梁军会	群工信访工作先进个人	区委、区政府	2012年2月
（区信访局）郭金辉	群工信访工作先进个人	区委、区政府	2012年2月
（区信访局）常　江	创建全国文明城市工作先进个人	区委、区政府	2012年2月
（团区委）李　嵘	创建全国文明城市工作个人三等功	区委、区政府	2012年2月
（团区委）周　影	创建全国文明城市工作先进个人	区委、区政府	2012年2月
（团区委）郝　攀	人口和计划生育工作先进个人	区委、区政府	2012年2月
（区物价局）何小倩	创建全国文明城市工作先进个人	区委、区政府	2012年2月
（区物价局）何彦垒	依法行政工作先进个人	区委、区政府	2012年2月
（区物价局）刘宏庆	财政税收工作先进个人	区委、区政府	2012年2月

续表 7

荣誉获得者	荣誉称号	颁奖单位	颁奖时间
（区交通运输局） 丁建设	交通重点工程建设先进个人	区委、区政府	2012 年 2 月
（区交通运输局） 陈　霞	人口和计划生育工作先进个人	区委、区政府	2012 年 2 月
（区交通运输局） 丁建设	创建全国文明城市工作先进个人	区委、区政府	2012 年 2 月
（区交通运输局） 王　莉	创建全国文明城市工作先进个人	区委、区政府	2012 年 2 月
（区交通运输局） 杜虎城	城乡建设和管理工作先进个人	区委、区政府	2012 年 2 月
（区交通运输局） 齐少纯	城乡建设和管理工作先进个人	区委、区政府	2012 年 2 月
（区交通运输局） 王　莉	城乡建设和管理工作先进个人	区委、区政府	2012 年 2 月
（区交通运输局） 何云烟	城乡建设和管理工作先进个人	区委、区政府	2012 年 2 月
（区安全生产监督管理局） 席建明	2011 年度安全生产工作先进个人	区委、区政府	2012 年 2 月
（区安全生产监督管理局） 刘昌文	2011 年度安全生产工作先进个人	区委、区政府	2012 年 2 月
（区安全生产监督管理局） 耿圆圆	2011 年度安全生产工作先进个人	区委、区政府	2012 年 2 月
（区安全生产监督管理局） 吴秀琴	2011 年度群工信访工作先进个人	区委、区政府	2012 年 2 月
（区检察院） 马惠萍	三等功	区委、区政府	2012 年 2 月
（区检察院） 李宇鹏	平安建设先进个人	区委、区政府	2012 年 2 月
（区检察院） 赵敏君	平安建设先进个人	区委、区政府	2012 年 2 月
（区检察院） 段秋萍	十佳中原卫士	区委、区政府	2012 年 2 月
（建设路街道办事处） 樊虹杉	2011 年度财政税收工作先进个人	区委、区政府	2012 年 2 月
（建设路街道办事处） 乔山峰	服务发展开放型经济工作先进个人	区委、区政府	2012 年 2 月
（建设路街道办事处） 朱灏如	“四比两看一落实”活动先进个人	区委、区政府	2012 年 2 月
（建设路街道办事处） 王亚菲	2011 年度三产兴区工作先进个人	区委、区政府	2012 年 2 月

续表8

荣誉获得者	荣誉称号	颁奖单位	颁奖时间
（建设路街道办事处）闫晓阁	人口和计划生育工作先进个人	区委、区政府	2012年2月
（建设路街道办事处）张　宁	人口和计划生育工作先进个人	区委、区政府	2012年2月
（建设路街道办事处）董志强	人口和计划生育工作先进个人	区委、区政府	2012年2月
（建设路街道办事处）李振宁	城乡建设和管理工作先进个人	区委、区政府	2012年2月
（建设路街道办事处）毛全虎	城乡建设和管理工作先进个人	区委、区政府	2012年2月
（建设路街道办事处）李红梦	城乡建设和管理工作先进个人	区委、区政府	2012年2月
（建设路街道办事处）董志强	城乡建设和管理工作先进个人	区委、区政府	2012年2月
（食品药品监督中原分局）冯　超	人口和计划生育工作先进个人	区委、区政府	2012年2月
（食品药品监督中原分局）李森芳	创建全国文明城市工作先进个人	区委、区政府	2012年2月
（建设路街道办事处）李长松	创建全国文明城市工作先进个人	区委、区政府	2012年2月
（建设路街道办事处）郑晓娟	创建全国文明城市工作先进个人	区委、区政府	2012年2月
（建设路街道办事处）黄　霞	创建全国文明城市工作先进个人	区委、区政府	2012年2月
（建设路街道办事处）张　帆	创建全国文明城市工作先进个人	区委、区政府	2012年2月
（建设路街道办事处）何　冰	创建全国文明城市工作先进个人	区委、区政府	2012年2月
（建设路街道办事处）赵　静	创建全国文明城市工作先进个人	区委、区政府	2012年2月
（建设路街道办事处）蔡剑锋	创建全国文明城市工作先进个人	区委、区政府	2012年2月
（区房管局）朱永建	创建全国文明城市工作先进个人	区委、区政府	2012年2月
（区房管局）张　丽	创建全国文明城市工作个人三等功	区委、区政府	2012年2月
（区房管局）胡洪英	创建全国文明城市工作先进个人	区委、区政府	2012年2月
（区房管局）贺树建	依法行政工作先进个人	区委、区政府	2012年2月

续表 9

荣誉获得者	荣誉称号	颁奖单位	颁奖时间
（区房管局） 冯　超	人口和计划生育工作先进个人	区委、区政府	2012 年 2 月
（区房管局） 李慧芳	城乡建设和管理工作先进个人	区委、区政府	2012 年 2 月
（区房管局） 宋广瑞	城乡建设和管理工作先进个人	区委、区政府	2012 年 2 月
（区房管局） 李银峰	城乡建设和管理工作先进个人	区委、区政府	2012 年 2 月
（区房管局） 时红建	城乡建设和管理工作先进个人	区委、区政府	2012 年 2 月
（区房管局） 王鹏飞	城乡建设和管理工作先进个人	区委、区政府	2012 年 2 月
（区房管局） 李　郁	城乡建设和管理工作先进个人	区委、区政府	2012 年 2 月
（区档案局） 刘子纲	创建全国文明城市先进个人	区委、区政府	2012 年 2 月
（区档案局） 丁韵涛	创建全国文明城市个人三等功	区委、区政府	2012 年 2 月
（区档案局） 王丽娜	依法行政工作先进个人	区委、区政府	2012 年 2 月
（棉纺路街道办事处） 王洁清	人口和计划生育工作先进个人	区委、区政府	2012 年 2 月
（棉纺路街道办事处） 潘　萌	人口和计划生育工作先进个人	区委、区政府	2012 年 2 月
（区城乡建设局） 张海林	创建全国文明城市个人三等功	区委、区政府	2012 年 2 月
（区城乡建设局） 徐　青	创建全国文明城市工作先进个人	区委、区政府	2012 年 2 月
（区城乡建设局） 吴　明	依法行政工作先进个人	区委、区政府	2012 年 2 月
（区城乡建设局） 赵钢军	群工信访工作先进个人	区委、区政府	2012 年 2 月
（中原质监分局） 赵玉新	创建全国文明城市工作先进个人	区委、区政府	2012 年 2 月
（区妇幼保健所） 林　艳	人口和计划生育工作先进个人	区委、区政府	2012 年 2 月
（区城市管理执法局） 司宇阳	创建全国文明城市个人三等功	区委、区政府	2012 年 2 月
（区城市管理执法局） 郎水泉	城乡建设和管理工作先进个人	区委、区政府	2012 年 2 月

续表 10

荣誉获得者	荣誉称号	颁奖单位	颁奖时间
（区城市管理执法局）徐天成	城乡建设和管理工作先进个人	区委、区政府	2012 年 2 月
（区城市管理执法局）王东林	城乡建设和管理工作先进个人	区委、区政府	2012 年 2 月
（区城市管理执法局）王富元	城乡建设和管理工作先进个人	区委、区政府	2012 年 2 月
（区城市管理执法局）石遇良	城乡建设和管理工作先进个人	区委、区政府	2012 年 2 月
（区城市管理执法局）石遇良	创建全国文明城市工作先进个人	区委、区政府	2012 年 2 月
（区城市管理执法局）郭云明	创建全国文明城市工作先进个人	区委、区政府	2012 年 2 月
（区城市管理执法局）林　涛	城乡建设和管理工作先进个人	区委、区政府	2012 年 2 月
（区城市管理执法局）王忠杰	城乡建设和管理工作先进个人	区委、区政府	2012 年 2 月
（区城市管理执法局）杨力峰	城乡建设和管理工作先进个人	区委、区政府	2012 年 2 月
（区城市管理执法局）张春喜	城乡建设和管理工作先进个人	区委、区政府	2012 年 2 月
（区城市管理执法局）贺雪峰	群工信访工作先进个人	区委、区政府	2012 年 2 月
（区城市管理执法局）陈　琳	依法行政工作先进个人	区委、区政府	2012 年 2 月
（桐柏路派出所）李　飞	创建全国文明城市工作先进个人	区委、区政府	2012 年 2 月
（区财政局）李　娟	服务发展开放型经济工作先进个人	区委、区政府	2012 年 2 月
（区爱卫办）张鹏欣	创建全国文明城市工作先进个人	区委、区政府	2012 年 2 月
（区城乡建设局）王彦花	人口和计划生育工作先进个人	区委、区政府	2012 年 2 月
（区城乡建设局）郝　娟	城乡建设和管理工作先进个人	区委、区政府	2012 年 2 月
（区城乡建设局）夜占鹏	城乡建设和管理工作先进个人	区委、区政府	2012 年 2 月
（区城乡建设局）程　涛	城乡建设和管理工作先进个人	区委、区政府	2012 年 2 月
（区爱卫办）李　颖	城乡建设和管理工作先进个人	区委、区政府	2012 年 2 月

续表 11

荣誉获得者	荣誉称号	颁奖单位	颁奖时间
（区爱卫办） 穆迎宾	城乡建设和管理工作先进个人	区委、区政府	2012 年 2 月
（建设路街道办事处） 徐明德	2011 年度优秀专武干部	区委、区政府、区武装部	2012 年 2 月
（区交通运输局） 蔡梦淼	办公室系统先进个人	区委、区政府	2012 年 3 月
（区物价局） 李明展	办公室系统先进个人	区委、区政府	2012 年 3 月
（团区委） 丁　玲	办公室系统先进个人	区委、区政府	2012 年 3 月
（航海西路街道办事处） 王冬青	办公室系统先进个人	区委、区政府	2012 年 3 月
（区房屋征收办） 袁亚杰	办公室系统先进个人	区委、区政府	2012 年 3 月
（区环境保护局） 李媛媛	办公室系统先进个人	区委、区政府	2012 年 3 月
（区检察院） 付明月	2011 年度纪检监察工作先进个人	区委、区政府	2012 年 3 月
（区检察院） 沙林波	办公室系统先进个人	区委、区政府	2012 年 3 月
（三官庙街道办事处） 何太平	2011 年度纪检监察工作先进个人	区委、区政府	2012 年 3 月
（区审计局） 何震玲	优秀文明家庭	区委、区政府	2012 年 3 月
（郑州纺织产业园管委会） 姬静明	“五一”劳动奖章	区委、区政府	2012 年 4 月
（郑州纺织产业园管委会） 钟　玲	“五一”劳动奖章	区委、区政府	2012 年 4 月
（桐柏路街道办事处） 赵伟成	三等功	区委、区政府	2012 年 5 月
（区民政局） 付钰超	优化经济发展环境工作先进个人	区委、区政府	2012 年 6 月
（中原质监分局） 苏永庆	优化经济发展环境工作先进个人	区委、区政府	2012 年 6 月
（桐柏路派出所） 王玉强	2010 年十大中原卫士	区委	2011 年 7 月
（桐柏路派出所） 乔　鹏	2010 年平安建设先进个人	区委	2011 年 7 月
（区财政局） 杨　磊	安全生产工作先进个人	区委	2012 年 1 月

续表 12

荣誉获得者	荣誉称号	颁奖单位	颁奖时间
（区财政局） 张健生	优化经济发展环境工作先进个人	区委	2012 年 1 月
（区财政局） 吕　超	安全生产工作先进个人	区委	2012 年 2 月
（区财政局） 韩　冰	十佳中原卫士	区委	2012 年 2 月
（区财政局） 张健生	创建文明工作三等功	区委	2012 年 2 月
（区财政局） 杨　柳	依法行政工作先进个人	区委	2012 年 2 月
（区财政局） 樊红丹	精神文明工作先进个人	区委	2012 年 2 月
（区财政局） 崔　霞	精神文明工作先进个人	区委	2012 年 2 月
（区财政局） 谭瑞亚	发展第三产业先进个人	区委	2012 年 2 月
（区财政局） 陈　娟	发展第三产业先进个人	区委	2012 年 2 月
（建设路街道办事处） 阮幸利	2011 年度平安建设政法工作先进个人	区委	2012 年 2 月
（建设路街道办事处） 甘水玉	2011 年度安全生产工作先进个人	区委	2012 年 2 月
（建设路街道办事处） 赵　峰	2012 年度安全生产工作先进个人	区委	2012 年 2 月
（建设路街道办事处） 苏慧丽	2011 年度群工信访工作先进个人	区委	2012 年 2 月
（建设路街道办事处） 甘水玉	2011 年度消防工作先进个人	区委	2012 年 2 月
（建设路街道办事处） 甘水玉	2011 年度依法治区工作先进个人	区委	2012 年 2 月
（棉纺路街道办事处） 王景碧	办公室系统先进个人	区委	2012 年 3 月
（桐柏路街道办事处） 李　娜	办公室系统先进个人	区委	2012 年 3 月
（桐柏路派出所） 王国庆	平安建设先进个人	区委	2012 年 3 月
（桐柏路派出所） 逯高亮	十佳中原卫士	区委	2012 年 3 月
（建设路街道办事处） 王　斌	优秀共产党员	区委	2012 年 6 月

续表 13

荣誉获得者	荣誉称号	颁奖单位	颁奖时间
（建设路街道办事处） 阮幸利	优秀共产党员	区委	2012 年 6 月
（建设路街道办事处） 宋　岩	优秀共产党员	区委	2012 年 6 月
（建设路街道办事处） 李　磊	优秀共产党员	区委	2012 年 6 月
（建设路街道办事处） 朱灏如	优秀共产党员	区委	2012 年 6 月
（建设路街道办事处） 徐　燕	优秀共产党员	区委	2012 年 6 月
（建设路街道办事处） 李　宁	优秀共产党员	区委	2012 年 6 月
（建设路街道办事处） 李　娟	优秀共产党员	区委	2012 年 6 月
（建设路街道办事处） 王素英	优秀共产党员	区委	2012 年 6 月
（建设路街道办事处） 曾　玉	优秀党务工作者	区委	2012 年 6 月
（建设路街道办事处） 李红梦	优秀党务工作者	区委	2012 年 6 月
（建设路街道办事处） 穆建坡	优秀党务工作者	区委	2012 年 6 月
（绿东村街道办事处） 李　洁	党建工作先进个人	区委	2012 年 6 月
（棉纺路街道办事处） 孔令辉	创先争优优秀共产党员	区委	2012 年 6 月
（棉纺路街道办事处） 郭　琳	创先争优优秀共产党员	区委	2012 年 6 月
（棉纺路街道办事处） 胡爱琳	创先争优优秀党务工作者	区委	2012 年 6 月
（棉纺路街道办事处） 甘　瑞	创先争优优秀共产党员	区委	2012 年 6 月
（棉纺路街道办事处） 耿　丽	创先争优优秀共产党员	区委	2012 年 6 月
（区商务局） 闫利剑	优秀党务工作者	区委	2012 年 6 月
（区商务局） 袁　华	优秀共产党员	区委	2012 年 6 月
（区商务局） 王　瑾	优秀共产党员	区委	2012 年 6 月

续表 14

荣誉获得者	荣誉称号	颁奖单位	颁奖时间
(桐柏路街道办事处)韩中亮	优秀共产党员	区委	2012 年 6 月
(桐柏路街道办事处)乔富霖	优秀共产党员	区委	2012 年 6 月
(桐柏路街道办事处)李　娜	优秀共产党员	区委	2012 年 6 月
(桐柏路街道办事处)牛水娈	优秀共产党员	区委	2012 年 6 月
(桐柏路街道办事处)时双云	优秀共产党员	区委	2012 年 6 月
(桐柏路街道办事处)马　芬	优秀共产党员	区委	2012 年 6 月
(桐柏路街道办事处)翟朝霞	优秀共产党员	区委	2012 年 6 月
(桐柏路街道办事处)李晓景	优秀共产党员	区委	2012 年 6 月
(桐柏路街道办事处)王海滨	优秀党务工作者	区委	2012 年 6 月
(桐柏路街道办事处)刘学桢	优秀党务工作者	区委	2012 年 6 月
(桐柏路街道办事处)阎伟杰	优秀党务工作者	区委	2012 年 6 月
(桐柏路街道办事处)李金霞	优秀党务工作者	区委	2012 年 6 月
(桐柏路街道办事处)孙豫峰	优秀党务工作者	区委	2012 年 6 月
(中原质监分局)赵玉新	优秀共产党员	区委	2012 年 6 月
(区城市管理执法局)武建民	优秀城市美容师	区政府	2011 年 10 月
(区城市管理执法局)靳小霞	优秀城市美容师	区政府	2011 年 10 月
(区城市管理执法局)吕端宝	优秀城市美容师	区政府	2011 年 10 月
(区爱卫办)苏智慧	2011 年度重点工作个人三等功	区政府	2012 年 2 月
(区财政局)孟金池	2011 年度重点工作个人三等功	区政府	2012 年 2 月
(区城市管理执法局)吕端宝	安全生产工作先进个人	区政府	2012 年 2 月

续表 15

荣誉获得者	荣誉称号	颁奖单位	颁奖时间
（建设路街道办事处）焦 健	2011 年度重点工作个人三等功	区政府	2012 年 2 月
（建设路街道办事处）程 浩	2011 年度重点工作个人三等功	区政府	2012 年 2 月
（建设路街道办事处）王亚菲	2011 年度发展改革和统计工作先进个人	区政府	2012 年 4 月
（建设路街道办事处）陈玉波	2011 年度发展改革和统计工作先进个人	区政府	2012 年 4 月
（区财政局）刘 杰	2011 年度重点工作三等功	区政府	2012 年 5 月
（建设路街道办事处）宋英新	2011 年度防汛工作先进个人	区政府	2012 年 6 月
（建设路街道办事处）郭淑红	2011 年度防汛工作先进个人	区政府	2012 年 6 月

先进单位

国家级先进单位

获奖单位	荣誉称号	颁奖单位	颁奖时间
航海西路街道帝湖社区	全国社区商业示范社区	商务部办公厅	2011 年 6 月
区检察院	全国检察先进单位	检察日报社	2011 年 7 月
航海西路街道密垌村	全国妇联基层组织建设示范村(社区)	全国妇女联合会	2011 年 12 月
区法院	创新优秀网站	中国报业新闻研修组委会	2012 年 5 月

省级先进单位

获奖单位	荣誉称号	颁奖单位	颁奖时间
航海西路街道办事处	“五四”红旗团工委	团省委	2011 年 5 月
区总工会	工会财务工作先进集体	省总工会	2011 年 7 月
区残疾人联合会	“十一五”全省残疾人工作先进单位	省政府残疾人工作委员会	2011 年 8 月
区检察院	检察宣传工作先进基层检察院	省检察院	2011 年 9 月
区检察院法警大队	司法警察编队管理示范单位	省检察院	2011 年 9 月
区教体局	省第五届农村中小学青年教师技能竞赛组织优胜单位	省教育厅	2011 年 9 月

续表

获奖单位	荣誉称号	颁奖单位	颁奖时间
区总工会	全省“五五”普法工作先进单位	省总工会	2011年10月
三官庙街道社区服务中心	河南省第六次全国人口普查工作先进单位	省人力资源和社会保障厅、省统计局、省第六次人口普查领导小组办公室	2011年11月
区委群工部	重信专项治理工作成效显著单位	省委信访工作领导小组	2011年11月
团区委	乡镇、街道团组织格局创新工作先进单位	团省委	2011年11月
区科协	“全国科普日”活动先进单位	省科协	2011年12月
绿东村司法所	河南省规范化司法所	省司法厅	2011年12月
区民政局	社会组织管理服务工作先进单位	省民政厅民间组织管理局	2011年12月
三官庙街道工农路社区	科普示范社区	省科协	2011年12月
中原区	2011年度全省对外开放工作先进单位	省政府	2011年12月
区地税局	2011年度群众满意基层站所评创先进单位	省政府纠风办、省地税局	2011年12月
中原工商分局林山寨工商所	2011年度全省工商行政管理系统人民满意工商所	省工商行政管理局	2012年1月
区武装部	军事训练先进团级单位	省军区	2012年1月
中原工商分局航海西路工商所	2011年度全省工商行政管理系统人民满意工商所	省工商行政管理局	2012年1月
区史志办	修志工作先进单位	省史志办	2012年2月
区人口计生委	2010—2011年度河南省人口计生系统政风行风建设先进单位	省人口计生委	2012年2月
区卫生监督所	卫生监督工作先进单位	省卫生厅	2012年2月
区须水武装部	先进基层人民武装部	省政府、省军区	2012年2月
区劳动保障监察大队	劳动监察先进集体	省人力资源和社会保障厅	2012年3月
区社会保险事业管理中心	养老保险业务档案达标优秀等级	省社会养老保险事业管理局	2012年3月
桐柏路派出所	公安工作先进省辖市公安直属派出所	省公安厅	2012年3月
区道路运输管理所	道路运输先进单位	省交通厅	2012年3月
区法院	调查研究工作先进基层法院	省高院	2012年3月
区法院	案例工作先进基层法院	省高院	2012年3月
区法院	信息工作突出的基层法院	省高院	2012年3月
秦岭路街道办事处秦江社区团支部	五好团支部	团省委	2012年5月
区教体局	2012年河南省“五一”劳动奖状	省总工会	2012年6月

市级先进单位

获奖单位	荣誉称号	颁奖单位	颁奖时间
林山寨街道办事处	2010 年度人口和计划生育工作先进集体	市委、市政府	2011 年 7 月
绿东村街道陇西社区	市级文明社区	市委、市政府	2011 年 7 月
绿东村街道卧龙社区	市级文明社区	市委、市政府	2011 年 7 月
桐柏路街道城开社区	市级文明社区	市委、市政府	2011 年 7 月
区委宣传部	精神文明建设先进单位	市委、市政府	2011 年 8 月
区委组织部	精神文明创建活动先进单位	市委、市政府	2011 年 8 月
区武装部	预备役军官管理先进单位	市委、市政府、郑州警备区	2011 年 12 月
区文明办	创建全国文明城市工作集体三等功	市委、市政府	2012 年 1 月
建设路街道文化中心	创建全国文明城市集体三等功	市委、市政府	2012 年 1 月
区法院	政法工作先进集体	市委、市政府	2012 年 4 月
郑州纺织产业园管委会	2011 年度郑州市五快产业集聚区	市委、市政府	2012 年 4 月
区法院	政法工作先进集体	市委、市政府	2012 年 4 月
区检察院	市级文明单位	市委、市政府	2012 年 6 月
林山寨街道办事处	2011 年度人口和计划生育工作先进集体	市委、市政府	2012 年 6 月
绿东村街道办事处	2011 年度人口和计划生育工作先进集体	市委、市政府	2012 年 6 月
中原区	2011 年度招商引资工作先进单位	市委、市政府	2012 年 6 月
中原区	2011 年度对外经济技术合作工作先进单位	市委、市政府	2012 年 6 月
建设路街道综治办	2011 年度信访工作先进单位	市委	2012 年 4 月
建设路街道办事处	2011 年度平安建设先进街道	市委	2012 年 4 月
区教育体育局	市级文明单位	市委	2012 年 6 月
建设路街道城管科	2011 年度“爱国卫生杯”竞赛活动优秀单位	市政府	2012 年 2 月
林山寨街道办事处	2011 年度“爱国卫生杯”竞赛活动铜杯	市政府	2012 年 2 月
中原区	2011 年度安全生产工作先进单位	市政府	2012 年 2 月
桐柏路派出所	人民满意的“十佳政法单位”	市政府	2012 年 3 月
建设路街道劳保所	推进和谐社区建设先进单位	市政府	2012 年 4 月
区农村公路管理所	交通重点工程建设先进集体	市政府	2012 年 4 月
区粮食局	粮食产业化发展工作先进集体	市政府	2012 年 5 月
建设路街道五一社区	绿色社区	市政府	2012 年 5 月

续表1

获奖单位	荣誉称号	颁奖单位	颁奖时间
绿东村街道	2011年度人口和计划生育目标管理一类街道	市政府	2012年6月
建设路派出所案件侦办大队党支部	先进基层党支部	市公安局	2011年7月
棉纺路街道办事处	2011年第一季度“爱国卫生杯”流动红旗	市爱卫办	2011年7月
区武装部	后勤工作先进单位	郑州警备区后勤部	2011年7月
中原区	2011年度安全生产应急救援演练先进单位	市安全生产委员会	2011年7月
区发展改革和统计局	“五五”普法先进单位	市统计局	2011年7月
林山寨街道办事处	2011年第二季度“爱国卫生杯”流动红旗	市爱卫办	2011年7月
区妇联	妇女读书活动最佳组织奖	市文明办	2011年8月
建设路街道五一社区	2010年度人口和计划生育管理服务工作示范化社区	市计生委	2011年8月
建设路街道办事处	2011年“爱国卫生杯”第三季度流动红旗	市爱卫办	2011年9月
区教育体育局	第十五届全市青少年爱国主义读书教育活动优秀组织奖	市委宣传部、市文明办、市教育局	2011年9月
区教育体育局	2010年度郑州教育信息网“优秀新闻宣传单位”	市现代教育信息技术中心	2011年9月
区技术合同登记处	2009—2010年度郑州市绿城杯先进集体	市人力资源和社会保障局	2011年9月
帝湖派出所	政法、综合治理工作先进集体	市委政法委	2011年9月
建设路街道办事处	2010年度郑州市青年文明号单位	团市委	2011年10月
区妇联	创建全国文明城市家庭美德知晓率答题活动优秀组织奖	市妇联	2011年10月
区城市管理执法局	生活垃圾管理先进单位	市城市管理局	2011年10月
区检察院侦监科	2010年度郑州市青年文明号	团市委	2011年10月
区教育体育局	市第八届绿城读书节“读书伴我成长”主题征文比赛优秀组织奖	市教育局	2011年10月
林山寨街道办事处	2010年度郑州青年文明号	团市委	2011年10月
林山寨街道办事处	2011年第三季度“爱国卫生杯”流动红旗	市爱卫办	2011年11月
区教育体育局	“我把青春献给党”师德主题教育活动优秀组织奖	市教育局	2011年11月
建设路街道中心医院社区	“四有两好”离退休干部工作先进单位	市委组织部、市委老干部局	2011年11月
三官庙街道办事处	“十一五”郑州市残疾人工作先进单位	市政府残疾人工作委员会	2011年11月

续表2

获奖单位	荣誉称号	颁奖单位	颁奖时间
三官庙街道郑上路社区	“四有两好”离退休干部工作示范社区	市委组织部、市委老干部局	2011 年 11 月
三官庙街道中原中路一社区	“四有两好”离退休干部工作示范社区	市委组织部、市委老干部局	2011 年 11 月
桐柏路街道办事处	“十一五”郑州市残疾人工作先进单位	市政府残疾人工作委员会	2011 年 11 月
建设路街道五一社区	“四有两好”离退休干部工作先进单位	市委组织部、市委老干部局	2011 年 11 月
棉纺路街道办事处	2011 年第二季度“爱国卫生杯”流动红旗	市爱卫办	2011 年 11 月
区政协	2011 年度创建委员之家,树立委员形象活动巡回报告会优秀组织奖	市政协	2011 年 11 月
区武装部	“四无”达标先进单位	郑州警备区	2011 年 12 月
区武装部	新闻报道工作先进单位	郑州警备区政治部	2011 年 12 月
区发展改革和统计局	能源统计工作综合一等奖	市统计局	2011 年 12 月
区发展改革和统计局	工业统计综合考核三等奖	市统计局	2011 年 12 月
区发展改革和统计局	规模以上工业产销存统计二等奖	市统计局	2011 年 12 月
区发展改革和统计局	规模以上工业企业联网直报统计三等奖	市统计局	2011 年 12 月
区发展改革和统计局	规模以下工业统计工作二等奖	市统计局	2011 年 12 月
区发展改革和统计局	规模以上工业生产能力统计三等奖	市统计局	2011 年 12 月
区发展改革和统计局	非常规工业统计一等奖	市统计局	2011 年 12 月
区发展改革和统计局	劳动统计工作先进集体	市统计局	2011 年 12 月
区发展改革和统计局	全市劳动力调查工作先进单位	市统计局	2011 年 12 月
区发展改革和统计局	第六次全国人口普查先进集体	市统计局	2011 年 12 月
区发展改革和统计局	国民经济核算工作先进单位	市统计局	2011 年 12 月
区发展改革和统计局	GDP 核算工作先进单位	市统计局	2011 年 12 月
区发展改革和统计局	产业集聚区调查与监测工作先进单位	市统计局	2011 年 12 月
区发展改革和统计局	社会物流统计工作综合优秀奖	市统计局	2011 年 12 月
区发展改革和统计局	建设领域统计投资专业优秀奖	市统计局	2011 年 12 月
区发展改革和统计局	建设领域统计房地产专业优秀奖	市统计局	2011 年 12 月
棉纺路街道办事处	2011 年第三季度“爱国卫生杯”流动红旗	市爱卫办	2011 年 12 月
林山寨街道办事处	第六次全国人口普查先进集体	市人力资源和社会保障局、市统计局、市第六次全国人口普查领导小组办公室	2011 年 12 月
林山寨街道办事处	工人先锋号	市总工会	2011 年 12 月
林山寨街道办事处	2011 年第四季度“爱国卫生杯”流动红旗	市爱卫办	2011 年 12 月
林山寨街道办事处	送温暖活动和帮扶工作先进单位	市帮扶困难职工活动领导小组办公室	2011 年 12 月

续表3

获奖单位	荣誉称号	颁奖单位	颁奖时间
建设路街道办事处	第六次全国人口普查先进集体	市人力资源和社会保障局、市统计局、市第六次人口普查领导小组	2011年12月
建设路街道学院社区	2011年市级卫生居民小区	市爱卫办	2011年12月
区反贪局	优秀调研文章三等奖	市检察院	2011年12月
区检察院	2011年度郑州市政法工作先进单位	市委政法委	2011年12月
区残疾人联合会	“十一五”郑州市残疾人康复工作先进集体	市残疾人联合会	2011年12月
绿东村街道办事大厅	五一文明号	市总工会	2011年12月
绿东村街道电缆二社区	科普示范社区	市科协	2011年12月
航海西路街道办事处	第六次全国人口普查先进集体	市第六次全国人口普查领导小组	2011年12月
中原区	劳动竞赛工作优秀县(市)区	市劳动竞赛委员会	2011年12月
区总工会	“五一”劳动奖状	市总工会	2011年12月
区反邪教协会	反邪教工作先进集体	市反邪教协会	2011年12月
区老科协	老科协工作先进集体	市老科协	2011年12月
区民政局	2011年度全市民政财务工作先进单位	市民政局	2011年12月
区民政局	2011年度社会福利生产工作先进单位	市民政局	2011年12月
区民政局	“敬老月”活动先进单位	市老龄委	2011年12月
三官庙街道伏牛北社区	社区科普大学一类分校	市科协	2011年12月
三官庙街道工农路社区	2011年度科普示范社区	市科协	2011年12月
三官庙街道工农路社区	社区科普大学一类分校	市科协	2011年12月
三官庙街道河南纺机社区	社区科普大学一类分校	市科协	2011年12月
三官庙街道办事处	2011年度工会系统信访工作先进集体	市总工会	2011年12月
中原工商分局	2011年度全市工商系统食品安全监管优秀单位	市工商行政管理局	2011年12月
区人力资源和社会保障局	机关事业单位工资管理工作先进单位	市人力资源和社会保障局	2011年12月
区人力资源和社会保障局	职称工作先进单位	市人力资源和社会保障局	2011年12月
区发展改革和统计局	生产投资调查先进集体	国家统计局郑州调查队	2011年12月
区发展改革和统计局	规模以下工业调查先进集体	国家统计局郑州调查队	2011年12月
区人力资源和社会保障局	人才工作先进单位	市人才交流服务中心	2012年1月
中原工商分局	2011年度全市工商系统政风行风建设优秀单位	市工商行政管理局	2012年1月
中原工商分局	2011年度全市工商系统取缔无照经营先进单位	市工商行政管理局	2012年1月
中原工商分局	2011年度全市工商系统消费维权先进单位	市工商行政管理局	2012年1月

续表4

获奖单位	荣誉称号	颁奖单位	颁奖时间
中原工商分局	2011年度全市工商系统信息化管理优秀单位	市工商行政管理局	2012年1月
区民政局	2011年度救灾救济工作先进单位	市政府生产救灾办	2012年1月
区科协	“全民科学素质”先进集体	市全民素质工作领导小组	2012年1月
区总工会	全市职工群众评议公交活动优秀组织单位	市总工会、团市委、市妇联、市科协	2012年1月
区反贪局	全市检察机关反贪部门“百日办案竞赛”活动先进单位	市检察院	2012年1月
区法院	“拖欠进城务工人员工资案件集中办理”活动先进单位	市法院	2012年1月
区法院	信息工作先进集体	市法院	2012年1月
区法院	公文处理工作先进集体	市法院	2012年1月
区财政局	2011年度市财政系统先进集体	市财政局	2012年1月
区财政局	2011年度目标考核教育强区先进单位	市财政局	2012年1月
团区委	优秀青年志愿服务集体	团市委、市青年志愿者协会	2012年1月
团区委	未成年人思想道德建设先进单位	市精神文明建设指导委员会	2012年1月
区地税局	2011年度目标管理先进单位	市地税局	2012年1月
绿东村街道四季园社区	先进基层党校	市委宣传部	2012年1月
区少工委	少先队工作先进单位	市人力资源和社会保障局团市委、市教育局	2012年1月
区妇联	全市职工群众评议公交活动优秀组织奖	市妇联、市总工会、团市委、市科协	2012年1月
三官庙街道伏牛北社区	反邪教示范社区先进集体	市科协	2012年1月
三官庙街道办事处	2011年度科普工作先进集体	市科协	2012年1月
区科技局	2011年科技进步考核组织工作先进集体	市科技局	2012年1月
区环境保护局	文明执法先进单位	市环境保护局	2012年1月
区环境保护局	污染减排和环境综合整治工作先进单位	市环境保护局	2012年1月
区环境保护局	固体废物环境保护工作先进单位	市环境保护局	2012年1月
区环境保护局	环境宣教工作先进单位	市环境保护局	2012年1月
区环境保护局	重大项目联审联批工作先进集体	市环境保护局	2012年1月
区教育体育局	2011年度群众体育工作先进集体	市体育局	2012年1月
区环境保护局	支持畅通郑州交通综合整治工作先进集体	市环境保护局	2012年1月
三官庙街道办事处司法所	规范化司法所	市司法局	2012年1月
中原质监分局	2011年度质监系统目标管理优秀单位	市质量技术监督局	2012年1月

续表5

获奖单位	荣誉称号	颁奖单位	颁奖时间
中原质监分局	2011年度食品生产质量安全监管工作先进单位	市质量技术监督局	2012年1月
区发展改革和统计局	贸易外经统计工作综合评比一等奖	市统计局	2012年1月
区发展改革和统计局	国内贸易统计先进单位	市统计局	2012年1月
区发展改革和统计局	成品油统计先进单位	市统计局	2012年1月
区法院	“拖欠进城务工人员工资案件集中办理”活动先进单位	市法院	2012年1月
区法院	信息工作先进集体	市法院	2012年1月
区法院	公文处理工作先进集体	市法院	2012年1月
区法院	集体三等功	市法院	2012年2月
区法院	全市先进基层法院	市法院	2012年2月
区法院	全市法院党风廉政建设工作先进集体	市法院	2012年2月
区发展改革和统计局	服务业统计工作优秀奖	市统计局	2012年2月
区城乡建设局	2011年度郑州市村镇建设先进单位	市城乡建设委员会	2012年2月
区城乡建设局	建筑节能与墙材革新工作先进单位	市城乡建设委员会	2012年2月
区城乡建设局	法制工作先进集体	市城乡建设委员会	2012年2月
三官庙街道办事处	乡级政府统计基础建设示范单位	市统计局	2012年2月
三官庙街道办事处	2011年“欢乐中原·魅力郑州”群众文化活动先进单位	市委宣传部	2012年2月
三官庙街道工农路社区	2011年度先进基层党校	市委宣传部	2012年2月
三官庙街道办事处	示范性办事处社区学校	市教育局	2012年2月
三官庙街道办事处	2011年度乡级政府统计基础建设示范单位	市统计局	2012年2月
区科协	科协系统先进集体	市科协	2012年2月
区妇联	第五届家庭文化艺术节参展作品优秀组织奖	市妇联	2012年2月
区房管局	房屋租赁管理先进单位	市住房保障和房地产管理局	2012年2月
区房管局	“三比两降”节能减排竞赛先进单位	市总工会、市工业和信息化委员会、市环境保护局	2012年2月
区房屋征收办	房屋征收与补偿工作先进单位	市城乡建设委员会	2012年2月
团区委	创建全国文明城市工作先进集体	团市委	2012年2月
团区委	青年就业创业先进集体	团市委	2012年2月
西流湖街道团工委	先进团委	市人力资源和社会保障局、团市委	2012年2月
桐柏路街道城开社区团支部	先进团(总)支部	市人力资源和社会保障局、团市委	2012年2月

续表6

获奖单位	荣誉称号	颁奖单位	颁奖时间
汝河路街道电力社区团支部	先进团(总)支部	市人力资源和社会保障局、团市委	2012年2月
人才人力资源管理服务中心团支部	青年就业创业先进集体	团市委	2012年2月
区安全生产监督管理局	2011年度隐患排查治理先进单位	市安全生产委员会	2012年2月
区安全生产监督管理局	2011年度安全生产宣传教育培训先进单位	市安全生产委员会	2012年2月
桐柏路街道团工委	"五四"红旗团工委	市人力资源和社会保障局、团市委	2012年2月
建设路街道协作路社区	2011年度先进基层党校	市委宣传部	2012年2月
建设路街道安监办	2011年度消防工作先进集体	郑州防火安全委员会	2012年2月
建设路街道协作路社区	2012年度消防工作先进集体	郑州防火安全委员会	2012年2月
建设路街道文化中心	2011年"欢乐中原·魅力郑州"群众文化活动优秀节目	市委宣传部	2012年2月
帝湖派出所	集体三等功	市公安局	2012年2月
案件侦办大队	集体三等功	市公安局	2012年2月
区法院	集体三等功	市法院	2012年2月
区法院	全市先进基层法院	市法院	2012年2月
区法院	全市法院党风廉政建设工作先进集体	市法院	2012年2月
帝湖派出所	"四严一创"先进集体第二名	市公安局	2012年2月
区反贪局	检察机关优秀团队	市检察院	2012年2月
帝湖派出所案件侦办大队	"四严一创"案件侦办大队序列第一名	市公安局	2012年2月
区文化旅游局	2010—2011年度文化惠民工作优秀单位	市文化广电新闻出版局	2012年2月
区文化馆	市华夏优秀传统民间文化展演活动盘鼓大赛团队二等奖	市委宣传部	2012年2月
区文化馆	市华夏优秀传统民间文化展演活动盘鼓大赛团队三等奖	市委宣传部	2012年2月
区文化馆	市华夏优秀传统民间文化展演活动曲艺大赛团队金等奖	市委宣传部	2012年2月
区文化馆	市华夏优秀传统民间文化展演活动盘鼓大赛单位优秀组织奖	市委宣传部	2012年2月
区民族宗教局	全市民族工作先进单位	市民委	2012年2月
区人口计生委	妇女儿童工作先进集体	市政府妇女儿童工作委员会、市人力资源和社会保障局	2012年2月
区卫生局	全市卫生系统法制宣传教育和依法治理工作先进集体	市卫生局	2012年2月

续表7

获奖单位	荣誉称号	颁奖单位	颁奖时间
区疾病预防控制中心	结核病防治工作先进集体	市卫生局	2012年2月
区疾病预防控制中心	艾滋病防治工作先进单位	市卫生局	2012年2月
区疾病预防控制中心	死因监测报告管理工作先进单位	市疾病预防控制中心	2012年2月
区疾病预防控制中心	手足口病防控工作先进集体	市疾病预防控制中心	2012年2月
区疾病预防控制中心	传染病自动预警工作先进集体	市疾病预防控制中心	2012年2月
区疾病预防控制中心	妇幼保健工作先进集体	市卫生局	2012年2月
区卫生监督所	卫生系统法制宣传教育和依法治理工作先进集体	市卫生局	2012年2月
须水卫生院	实施国家基本药物制度工作先进单位	市卫生局	2012年2月
须水卫生院	卫生系统医疗卫生体制改革工作先进集体	市卫生局	2012年2月
区地税局	2011年度党风廉政建设责任目标管理优秀单位	市地税局	2012年3月
区卫生监督所	社区卫生工作先进集体	市卫生局	2012年3月
区民政局	2011年度社会组织管理工作先进单位	市民政局	2012年3月
区民政局	2011年度民政信息工作先进单位	市民政局	2012年3月
区民政局	2011年度救灾救济工作先进单位	市民政局	2012年3月
区民政局婚姻登记中心	“双学双比”“巾帼建功”活动先进集体	市人力资源和社会保障局	2012年3月
区疾病预防控制中心	全市卫生系统法制宣传教育和依法治理工作先进集体	市卫生局	2012年3月
航海西路街道办事处	防震减灾工作先进集体	市地震局、市人力资源和社会保障局	2012年3月
建设路街道中心医院社区	档案管理规范化社区	市档案局	2012年3月
林山寨街道办事处	2011年全市下岗失业人员小额担保贷款先进集体	市下岗失业人员小额担保贷款工作领导小组	2012年3月
建设路街道五一社区	档案管理规范化社区	市档案局	2012年3月
建设路街道劳保所	人力资源和社会保障系统2011年度优质服务窗口(基层站所)	市人力资源和社会保障局	2012年3月
区档案局	档案管理规范化认证工作先进单位	市档案局	2012年3月
中原质监分局	2011年度郑州市质监系统党风廉政建设工作优秀单位	市质量技术监督局	2012年3月
区档案局	档案宣传工作先进单位	市档案局	2012年3月
区档案局	档案法制工作先进单位	市档案局	2012年3月
中原区	维稳信息工作先进单位	市维护稳定工作领导小组	2012年3月
中原区	矛盾化解先进单位	市维护稳定工作领导小组	2012年3月
区检察院	案件评查工作先进单位	市委政法委	2012年3月
区委政法委	案件评查工作先进单位	市委政法委	2012年3月

续表 8

获奖单位	荣誉称号	颁奖单位	颁奖时间
区妇联	“感动郑州慈孝人物”评选活动优秀组织奖	市妇联	2012 年 3 月
桐柏路派出所	集体三等功	市公安局	2012 年 3 月
桐柏路派出所案件侦办大队	集体三等功	市公安局	2012 年 3 月
桐柏路派出所	全市政法综合工作先进单位	市委政法委	2012 年 3 月
团区委	非公企业团建工作优秀组织单位	团市委	2012 年 3 月
三官庙街道伏牛北社区	无邪教示范社区	市科协	2012 年 3 月
三官庙街道办事处	2011 年度全市下岗失业人员小额担保贷款先进集体	市下岗失业人员小额担保贷款工作领导小组	2012 年 3 月
三官庙街道办事处	女职工工作示范单位	市总工会	2012 年 3 月
须水镇卫生院	“五一”劳动奖状	市总工会	2012 年 3 月
区教育体育局	未成年人思想道德建设先进单位	市精神文明建设指导委员会	2012 年 3 月
区教育体育局	2011 年度郑州市教科文体系统工会先进集体	市总工会	2012 年 3 月
三官庙街道办事处综治办	先进基层单位	市维稳办	2012 年 3 月
区人力资源和社会保障局	小额担保贷款工作先进单位	市就业工作领导小组	2012 年 3 月
食品药品监督中原分局	2011 年度食品药品监督管理工作先进集体	市人力资源和社会保障局、市食品药品监督管理局	2012 年 3 月
区纪委	纪检监察工作先进单位	市纪委	2012 年 3 月
区纪委	优化经济发展环境工作先进集体	市纪委	2012 年 4 月
区民政局	社区帮扶工作先进单位	市委组织部	2012 年 4 月
区综治办	政法综治工作先进集体	市委政法委、市综治办	2012 年 4 月
区人口计生委	2011 年度党风廉政建设先进单位	市人口计生委	2012 年 4 月
区委组织部	社区帮扶工作先进单位	市委组织部	2012 年 4 月
中原区	巡防巡消工作先进县(市、区)	市委政法委、市防火安全委员会	2012 年 4 月
林山寨街道办事处	和谐社区建设先进单位	市人力资源和社会保障局、市民政局	2012 年 4 月
林山寨街道办事处	2012 年第一季度“爱国卫生杯”流动红旗	市爱卫办	2012 年 4 月
区安全生产监督管理局	2012 年度《职业病防治法》知识竞赛组织奖	市政府安全生产委员会办公室	2012 年 4 月
区信访局	信访工作优秀单位	市委信访工作领导小组	2012 年 4 月
区检察院	全市涉法涉诉信访工作先进单位	市委政法委	2012 年 4 月
区法院	全市涉法涉诉信访工作先进单位	市委政法委	2012 年 4 月
建设路街道办事处	2011 年度平安建设工作一级街道	市综治办	2012 年 4 月

续表 9

获奖单位	荣誉称号	颁奖单位	颁奖时间
桐柏路街道办事处	推进村务公开民主管理和谐社区先进单位	市民政局	2012 年 4 月
区委老干部局	郑州市社区联系帮扶工作先进单位	市委组织部、市社区联系帮扶工作领导小组	2012 年 4 月
区法院	2011 年度全市涉法涉诉信访工作先进单位	市委政法委	2012 年 4 月
区法院	市法院 2012 年文化建设年"天平杯"篮球比赛精神文明代表队	市法院	2012 年 5 月
区农村公路管理所	农村公路养护先进单位	市地方公路管理处	2012 年 5 月
区农村公路管理所须水道班	农村公路养护先进单位	市地方公路管理处	2012 年 5 月
中原区	防范和处理邪教问题工作先进县（市、区）	市防范和处理邪教问题领导小组	2012 年 5 月
区妇联	郑州市"十佳母亲"评选活动优秀组织奖	市妇联	2012 年 5 月
区教育体育局	职工迎"五一"文艺会演三等奖	市总工会	2012 年 5 月
区教育体育局	电化教育工作先进单位	市教育局	2012 年 5 月
区法院	市法院 2012 年文化建设年"天平杯"篮球比赛精神文明代表队	市中院	2012 年 5 月
区教育体育局	2011 年度"平安校园"建设先进单位	市教育局	2012 年 5 月
区教育体育局	普通中小学德育建设工作先进单位	市教育局	2012 年 5 月
区文化旅游局	2011 年度市"扫黄打非"工作先进集体	市文化广电新闻出版局	2012 年 5 月
绿东村街道伏牛南社区	2011 年度计划生育服务管理示范化社区	市计生委	2012 年 5 月
桐柏路街道党工委	创先争优先进基层组织	市委办公厅	2012 年 6 月
桐柏路街道办事处	思想道德建设先进集体	市委宣传部	2012 年 6 月
区地税局	2011 年度先进基层党组织	市地税局机关委员会	2012 年 6 月
区教育体育局	"大山杯"第二届郑州市中小学生安全知识竞赛优秀组织奖	市教育局、郑州晚报社	2012 年 6 月
区教育体育局	市少先队工作先进单位	市人力资源和社会保障局、团市委、市教育局	2012 年 6 月

区级先进单位

获奖单位	荣誉称号	颁奖单位	颁奖时间
区教育体育局	平安建设先进单位	区委、区政府	2012 年 2 月
区教育体育局	安全生产工作先进单位	区委、区政府	2012 年 2 月
区教育体育局	群工信访工作先进单位	区委、区政府	2012 年 2 月

续表 1

获奖单位	荣誉称号	颁奖单位	颁奖时间
区教育体育局	消防工作先进单位	区委、区政府	2012 年 2 月
区教育体育局	普法依法治区工作先进单位	区委、区政府	2012 年 2 月
区教育体育局	组织财政收入突出贡献单位	区委、区政府	2012 年 2 月
区教育体育局	完成非税收任务单位	区委、区政府	2012 年 2 月
区教育体育局	教育强区工作先进单位	区委、区政府	2012 年 2 月
区教育体育局	创先争优先进单位	区委、区政府	2012 年 2 月
区教育体育局	依法行政工作先进单位	区委、区政府	2012 年 2 月
团区委	2011 年度创建全国文明城市先进单位	区委、区政府	2012 年 2 月
团区委	2011 年度目标考核创先争优工作先进单位	区委、区政府	2012 年 2 月
航海西路街道办事处	完成财政税收目标任务街道	区委、区政府	2012 年 2 月
航海西路街道办事处	重点招商引资项目“四比两看一落实”三等奖	区委、区政府	2012 年 2 月
航海西路街道办事处	三产兴区工作先进单位	区委、区政府	2012 年 2 月
航海西路街道办事处	城乡建设与管理工作综合目标先进单位	区委、区政府	2012 年 2 月
航海西路街道办事处	创先争优工作先进单位二等奖	区委、区政府	2012 年 2 月
航海西路街道办事处	创建文明城市先进集体	区委、区政府	2012 年 2 月
区信访局	平安建设先进单位	区委、区政府	2012 年 2 月
区妇联	创先争优工作先进单位	区委、区政府	2012 年 2 月
区物价局	2011 年度完成非税收入任务单位	区委、区政府	2012 年 2 月
区总工会	创先争优工作先进单位	区委、区政府	2012 年 2 月
区总工会	创建全国文明城市工作先进集体	区委、区政府	2012 年 2 月
区安全生产监督管理局	2011 年度安全生产工作先进单位	区委、区政府	2012 年 2 月
区安全生产监察执法大队	2011 年度安全生产工作先进集体	区委、区政府	2012 年 2 月
区安全生产监察执法大队	2011 年度平安建设先进基层单位	区委、区政府	2012 年 2 月
区城市管理行政执法局	2011 年度组织财政收入突出贡献单位	区委、区政府	2012 年 2 月
区城市管理行政执法局	2011 年度完成非税收入任务单位	区委、区政府	2012 年 2 月
区城市管理行政执法局	2011 年度创先争优工作先进单位二等奖	区委、区政府	2012 年 2 月
区城市管理行政执法局	2011 年度依法行政工作先进单位	区委、区政府	2012 年 2 月
区城市管理行政执法局	2011 年度爱国卫生及创建工作先进单位	区委、区政府	2012 年 2 月
区城市管理行政执法局	2011 年度创建全国文明城市集体三等功	区委、区政府	2012 年 2 月

续表2

获奖单位	荣誉称号	颁奖单位	颁奖时间
区城市管理行政执法局	2011年度综合工作目标考核金奖杯单位	区委、区政府	2012年2月
郑州纺织产业园管委会	创先争优工作先进单位二等奖	区委、区政府	2012年2月
区检察院	平安建设先进单位	区委、区政府	2012年2月
区检察院	平安建设先进基层单位	区委、区政府	2012年2月
区反渎局	安全生产工作先进单位	区委、区政府	2012年2月
区检察院	普法依法治区工作先进单位	区委、区政府	2012年2月
区检察院	创先争优工作先进单位二等奖	区委、区政府	2012年2月
建设路街道办事处	2011年度财政税收擂台赛先进单位三等奖	区委、区政府	2012年2月
建设路街道办事处	2011年度完成全年财政收入目标任务街道	区委、区政府	2012年2月
建设路街道办事处	2011年度发展开放型经济工作先进单位	区委、区政府	2012年2月
建设路街道办事处	2011年度外贸工作三等奖	区委、区政府	2012年2月
建设路街道办事处	2011年度工业立区工作先进单位	区委、区政府	2012年2月
建设路街道办事处	2011年度城乡建设与管理工作综合目标管理先进单位	区委、区政府	2012年2月
建设路街道办事处	创先争优工作先进单位一等奖	区委、区政府	2012年2月
建设路街道办事处	2011年度依法行政工作先进单位	区委、区政府	2012年2月
建设路街道办事处	2011年度人口和计划生育工作红旗街道	区委、区政府	2012年2月
建设路街道办事处	2011年度人口和计划生育工作一类街道	区委、区政府	2012年2月
建设路街道办事处	2011年度人口和计划生育工作先进社区	区委、区政府	2012年2月
建设路街道办事处	2011年度城市管理工作先进单位	区委、区政府	2012年2月
建设路街道办事处	2011年度市政管理工作先进单位	区委、区政府	2012年2月
建设路街道办事处	2011年度人防工作先进单位	区委、区政府	2012年2月
建设路街道办事处	2011年度城中村改造工作先进单位	区委、区政府	2012年2月
建设路街道办事处	2011年度交通综合管理工作先进单位	区委、区政府	2012年2月
区委老干部局	创先争优工作先进单位	区委、区政府	2012年2月
林山寨街道办事处	2011年度平安建设暨政法工作先进单位	区委、区政府	2012年2月
林山寨街道办事处	2011年度群工信访工作先进单位	区委、区政府	2012年2月
林山寨街道办事处	2011年度普法依法治区工作先进单位	区委、区政府	2012年2月
林山寨街道办事处	2011年度安全生产工作先进集体	区委、区政府	2012年2月
林山寨街道办事处	2011年度三产兴区工作先进单位	区委、区政府	2012年2月
林山寨街道办事处	2011年度工业立区工作先进单位	区委、区政府	2012年2月

续表 3

获奖单位	荣誉称号	颁奖单位	颁奖时间
林山寨街道办事处	2011 年度发展开放型经济工作先进单位	区委、区政府	2012 年 2 月
林山寨街道办事处	2011 年度住房保障和房产管理工作先进单位	区委、区政府	2012 年 2 月
林山寨街道办事处	2011 年度城市管理工作先进单位	区委、区政府	2012 年 2 月
林山寨街道办事处	2011 年度市政管理工作先进单位	区委、区政府	2012 年 2 月
林山寨街道办事处	2011 年度城乡建设与管理工作综合目标管理先进单位	区委、区政府	2012 年 2 月
林山寨街道办事处	2011 年度爱国卫士及“创建”工作先进单位	区委、区政府	2012 年 2 月
林山寨街道办事处	2011 年度财政税收擂台赛先进单位三等奖	区委、区政府	2012 年 2 月
林山寨街道办事处	2011 年度外资工作二等奖	区委、区政府	2012 年 2 月
林山寨街道办事处	2011 年度外经工作一等奖	区委、区政府	2012 年 2 月
林山寨街道办事处	2011 年度争先创优一等奖	区委、区政府	2012 年 2 月
棉纺路街道办事处	2011 年度财政税收工作先进单位	区委、区政府	2012 年 2 月
棉纺路街道办事处	重点招商引资项目“四比两看一落实”活动先进单位	区委、区政府	2012 年 2 月
棉纺路街道办事处	三产兴区工作先进单位	区委、区政府	2012 年 2 月
棉纺路街道办事处	教育强区先进单位	区委、区政府	2012 年 2 月
棉纺路街道办事处	创先争优工作先进单位	区委、区政府	2012 年 2 月
棉纺路街道办事处	依法行政工作先进单位	区委、区政府	2012 年 2 月
棉纺路街道办事处	创建全国文明城市工作先进集体	区委、区政府	2012 年 2 月
棉纺路街道五棉北社区	创建全国文明城市工作先进集体	区委、区政府	2012 年 2 月
棉纺路街道五棉南社区	创建全国文明城市工作先进集体	区委、区政府	2012 年 2 月
棉纺路街道办事处	住房保障和房产管理工作先进单位	区委、区政府	2012 年 2 月
棉纺路街道办事处	人防工作先进单位	区委、区政府	2012 年 2 月
棉纺路街道办事处	城中村改造工作先进单位	区委、区政府	2012 年 2 月
三官庙街道办事处	2011 年度财政税收擂台赛先进单位	区委、区政府	2012 年 2 月
三官庙街道办事处	完成全年财政收入目标任务街道	区委、区政府	2012 年 2 月
三官庙街道办事处	发展开放型经济工作先进单位	区委、区政府	2012 年 2 月
三官庙街道办事处	外贸工作一等奖	区委、区政府	2012 年 2 月
三官庙街道办事处	外经工作三等奖	区委、区政府	2012 年 2 月
三官庙街道办事处	工业立区工作先进单位	区委、区政府	2012 年 2 月
三官庙街道办事处	创先争优工作先进单位	区委、区政府	2012 年 2 月

续表4

获奖单位	荣誉称号	颁奖单位	颁奖时间
三官庙街道办事处	综合工作目标考核金杯单位	区委、区政府	2012年2月
三官庙街道办事处	城乡建设工作先进单位	区委、区政府	2012年2月
三官庙街道办事处	住房保障和房产管理工作先进单位	区委、区政府	2012年2月
三官庙街道办事处	爱国卫生及“创建”工作先进单位	区委、区政府	2012年2月
三官庙街道办事处	旧城改造工作先进单位	区委、区政府	2012年2月
三官庙街道省纺机社区	人口和计划生育工作先进社区	区委、区政府	2012年2月
三官庙街道西环路社区	人口和计划生育工作先进社区	区委、区政府	2012年2月
三官庙街道三官庙社区	人口和计划生育工作先进社区	区委、区政府	2012年2月
三官庙街道办事处	创建全国文明城市工作先进街道	区委、区政府	2012年2月
三官庙街道中原一社区	创建全国文明城市工作先进社区	区委、区政府	2012年2月
三官庙街道中原二社区	创建全国文明城市工作先进社区	区委、区政府	2012年2月
三官庙街道郑上路社区	创建全国文明城市工作先进社区	区委、区政府	2012年2月
三官庙街道纪工委	2011年度纪检监察工作先进集体	区委、区政府	2012年2月
三官庙街道政协工委	2011年度先进政协工委	区委、区政府	2012年2月
三官庙街道办事处	平安建设先进集体	区委、区政府	2012年2月
区民政局	2011年度人口和计划生育工作先进单位	区委、区政府	2012年2月
区民政局	创建全国文明城市工作先进集体	区委、区政府	2012年2月
区民政局	2011年度财政税收等10项工作先进单位	区委、区政府	2012年2月
区商务局	2011年度重点招商引资项目“四比两看一落实”活动先进单位	区委、区政府	2012年2月
区商务局	创先争优工作先进单位一等奖	区委、区政府	2012年2月
区商务局	创建全国文明城市工作先进集体	区委、区政府	2012年2月
区审计局	创先争优工作先进单位二等奖	区委、区政府	2012年2月
区审计局	2011年度普法依法治区工作先进单位	区委、区政府	2012年2月
桐柏路街道办事处	创建全国文明城市三等功	区委、区政府	2012年2月
桐柏路街道办事处	完成全年财政收入目标任务单位	区委、区政府	2012年2月
桐柏路街道办事处	组织财政收入突出贡献单位	区委、区政府	2012年2月
桐柏路街道办事处	外贸工作二等奖	区委、区政府	2012年2月
桐柏路街道办事处	教育强区工作先进单位	区委、区政府	2012年2月
桐柏路街道办事处	创先争优工作先进单位二等奖	区委、区政府	2012年2月
桐柏路街道办事处	依法行政工作先进单位	区委、区政府	2012年2月

续表5

获奖单位	荣誉称号	颁奖单位	颁奖时间
桐柏路街道董砦村	人口和计划生育工作先进村	区委、区政府	2012 年 2 月
桐柏路街道冉屯村	人口和计划生育工作先进村	区委、区政府	2012 年 2 月
桐柏路街道风和日丽社区	人口和计划生育工作先进社区	区委、区政府	2012 年 2 月
桐柏路街道城开社区	人口和计划生育工作先进社区	区委、区政府	2012 年 2 月
桐柏路街道西站西社区	人口和计划生育工作先进社区	区委、区政府	2012 年 2 月
桐柏路街道办事处	城乡建设工作先进单位	区委、区政府	2012 年 2 月
桐柏路街道办事处	创建全国文明城市工作先进集体	区委、区政府	2012 年 2 月
桐柏路街道风和日丽社区	创建全国文明城市工作先进社区	区委、区政府	2012 年 2 月
桐柏路街道送变电社区	创建全国文明城市工作先进社区	区委、区政府	2012 年 2 月
桐柏路街道郑工社区	创建全国文明城市工作先进社区	区委、区政府	2012 年 2 月
桐柏路街道牛砦村	创建全国文明城市工作先进村	区委、区政府	2012 年 2 月
桐柏路街道办事处	平安建设暨政法工作先进单位	区委、区政府	2012 年 2 月
桐柏路街道办事处	安全生产工作先进单位	区委、区政府	2012 年 2 月
桐柏路街道办事处	群众信访工作先进单位	区委、区政府	2012 年 2 月
桐柏路街道办事处	消防工作先进单位	区委、区政府	2012 年 2 月
桐柏路街道办事处	普法依法治区工作先进单位	区委、区政府	2012 年 2 月
区文化旅游局	创建国家文明城市工作先进单位	区委、区政府	2012 年 2 月
区委组织部	创文集体三等功	区委、区政府	2012 年 2 月
区委组织部	创先争优工作先进单位二等奖	区委、区政府	2012 年 2 月
区卫生局	信息工作先进单位	区委、区政府	2012 年 2 月
区卫生局	机要保密工作先进单位	区委、区政府	2012 年 2 月
区卫生局	群工信访工作先进单位	区委、区政府	2012 年 2 月
区卫生局	创建全国文明城市工作先进集体	区委、区政府	2012 年 2 月
区卫生局	人口和计划生育工作先进单位	区委、区政府	2012 年 2 月
区直机关事务管理局	创先争优工作先进单位二等奖	区委、区政府	2012 年 2 月
区环境保护局	城乡建设与管理工作综合目标管理先进单位	区委、区政府	2012 年 2 月
区环境保护局	国土资源工作先进单位	区委、区政府	2012 年 2 月
区环境保护局	城市管理工作先进单位	区委、区政府	2012 年 2 月
区环境保护局	督查工作先进单位	区委、区政府	2012 年 3 月
区发展改革和统计局	创先争优工作先进单位一等奖	区委、区政府	2012 年 2 月
区发展改革和统计局	2011 年度教育强区工作先进单位一等奖	区委、区政府	2012 年 2 月

续表6

获奖单位	荣誉称号	颁奖单位	颁奖时间
区人力资源和社会保障局	综合工作银杯	区委、区政府	2012 年 2 月
区人力资源和社会保障局	人口和计划生育工作先进单位	区委、区政府	2012 年 2 月
区委宣传部	创先争优工作先进单位二等奖	区委、区政府	2012 年 2 月
区委宣传部	综合工作目标考核先进单位	区委、区政府	2012 年 2 月
区委宣传部	创建全国文明城市工作先进集体	区委、区政府	2012 年 2 月
区文明办	特别贡献单位	区委、区政府	2012 年 2 月
中原工商分局	2011 年度创建全国文明城市工作集体三等功	区委、区政府	2012 年 2 月
区城区交通管理办	2011 年创建全国文明城市工作先进集体	区委、区政府	2012 年 2 月
绿东村街道办事处	2011 年度人口和计划生育工作先进单位	区委、区政府	2012 年 2 月
区教育体育局	创建全国文明城市工作集体三等功	区委、区政府	2012 年 2 月
食品药品监督中原分局	创建全国文明城市工作先进集体	区委、区政府	2012 年 2 月
区教育体育局	综合工作目标考核金杯单位	区委、区政府	2012 年 2 月
区委老干部局	机要保密工作先进集体	区委、区政府	2012 年 3 月
棉纺路街道办事处	“五小”门店综合整治工作先进单位	区委、区政府	2012 年 3 月
团区委	2011 年度文电（政府信息公开）工作先进单位	区委、区政府	2012 年 3 月
区环境保护局	ZZIC 办理工作先进单位	区委、区政府	2012 年 3 月
区物价局	ZZIC 办理工作先进单位	区委、区政府	2012 年 3 月
航海西路街道办事处	督查工作先进集体	区委、区政府	2012 年 3 月
航海西路街道办事处	ZZIC 办理工作先进单位	区委、区政府	2012 年 3 月
航海西路街道办事处	机要保密工作先进单位	区委、区政府	2012 年 3 月
航海西路街道办事处	区长电话工作先进单位	区委、区政府	2012 年 3 月
区教育体育局	督查工作先进单位	区委、区政府	2012 年 3 月
区教育体育局	电子政务建设先进单位	区委、区政府	2012 年 3 月
区教育体育局	ZZIC 办理工作先进单位	区委、区政府	2012 年 3 月
区城市管理行政执法局	纪检监察工作先进集体	区委、区政府	2012 年 3 月
区城市管理行政执法局	综合值班工作先进单位	区委、区政府	2012 年 3 月
区城市管理行政执法局	督察工作先进单位	区委、区政府	2012 年 3 月
区城市管理行政执法局	ZZIC 办理工作先进单位	区委、区政府	2012 年 3 月
区城市管理行政执法局	区长电话工作先进单位	区委、区政府	2012 年 3 月

续表 7

获奖单位	荣誉称号	颁奖单位	颁奖时间
区检察院纪检组	纪检监察工作先进集体	区委、区政府	2012 年 3 月
区检察院控申科	维权示范岗	区委、区政府	2012 年 3 月
三官庙街道中原二社区	安全和谐达标社区	区委、区政府	2012 年 3 月
三官庙街道办事处	2011 年度信息工作先进单位	区委、区政府	2012 年 3 月
三官庙街道办事处	电子政务建设先进单位	区委、区政府	2012 年 3 月
三官庙街道办事处	ZZIC 办理工作先进单位	区委、区政府	2012 年 3 月
三官庙街道办事处	文电工作先进单位	区委、区政府	2012 年 3 月
三官庙街道办事处	机要保密工作先进单位	区委、区政府	2012 年 3 月
区人力资源和社会保障局	纪检监察工作先进集体	区委、区政府	2012 年 3 月
三官庙街道办事处	关心支持国防建设先进单位	区委、区政府、区武装部	2012 年 3 月
三官庙街道办事处	先进基层武装部	区委、区政府、区武装部	2012 年 3 月
林山寨街道办事处	先进基层武装部	区委、区政府、区武装部	2012 年 3 月
建设路街道办事处	关心支持国防建设先进单位	区委、区政府、区武装部	2012 年 3 月
三官庙街道办事处	公共机构节能减排工作先进单位	区委、区政府	2012 年 4 月
区检察院	公共机构节能减排工作先进单位	区委、区政府	2012 年 4 月
区教育体育局	公共机构节能减排工作先进单位	区委、区政府	2012 年 4 月
区房管局	庆祝建党 90 华诞暨创建全国文明城市群众文艺会演节目组织奖	区委	2011 年 7 月
区城乡建设局	创先争优先进单位	区委	2012 年 2 月
棉纺路街道办事处	2011 年度安全生产工作先进集体	区委	2012 年 2 月
三官庙街道办事处	创建全国文明城市先进街道	区委	2012 年 2 月
区城乡建设局	创建全国文明城市工作先进单位	区委	2012 年 2 月
区城乡建设局	合村并城工作先进单位	区委	2012 年 2 月
区违法建设整治工作指挥部	突出贡献奖	区委	2012 年 2 月
区城乡建设局清欠办	平安建设先进基层单位	区委	2012 年 2 月
区城乡建设局	城乡建设与管理工作综合目标管理先进单位	区委	2012 年 2 月
区爱卫办	城市管理工作先进单位	区委	2012 年 2 月
区爱卫办	创建全国文明城市工作先进单位	区委	2012 年 2 月
棉纺路街道三棉东社区	人口和计划生育工作先进单位	区委	2012 年 2 月

续表8

获奖单位	荣誉称号	颁奖单位	颁奖时间
区房管局	城乡建设与管理工作综合目标管理先进单位	区委	2012年2月
区房管局	创先争优工作先进单位二等奖	区委	2012年2月
建设路街道办事处	2011年度综合工作目标考核先进单位街道组金杯	区委	2012年2月
建设路街道办事处	2011年度创建全国文明城市集体三等功	区委	2012年2月
建设路街道学院社区	创建全国文明城市工作先进社区	区委	2012年2月
建设路街道协作路社区	创建全国文明城市工作先进社区	区委	2012年2月
建设路街道办事处	2011年度安全生产工作先进单位	区委	2012年2月
建设路街道办事处	2011年度普法依法治区工作先进单位	区委	2012年2月
区房管局	旧城(棚户区)改造工作先进单位	区委	2012年2月
区房管局	2011年度纪检监察工作先进集体	区委	2012年3月
棉纺路街道办事处	信息工作先进单位	区委	2012年3月
棉纺路街道办事处	电子政务建设先进单位	区委	2012年3月
桐柏路街道办事处	综合值班工作先进单位	区委	2012年3月
桐柏路街道办事处	督查工作先进单位	区委	2012年3月
桐柏路街道办事处	电子政务建设先进单位	区委	2012年3月
桐柏路街道办事处	区长电话工作先进单位	区委	2012年3月
建设路街道办事处	2011年度公共机构节能减排工作考评先进单位	区委	2012年4月
绿东村街道伏牛南社区	先进基层党组织	区委	2012年6月
林山寨街道	先进基层党组织	区委	2012年6月
区商务局党委	先进基层党组织	区委	2012年6月
区商务局机关党支部	先进基层党组织	区委	2012年6月
棉纺路街道四棉西社区	先进基层党组织	区委	2012年6月
棉纺路街道五棉北社区	先进基层党组织	区委	2012年6月
桐柏路街道城开社区党支部	先进基层党组织	区委	2012年6月
桐柏路街道牛砦村党支部	先进基层党组织	区委	2012年6月
桐柏路街道风和日丽社区党支部	先进基层党组织	区委	2012年6月
桐柏路街道西站东社区党支部	先进基层党组织	区委	2012年6月
桐柏路街道水晶社区党支部	先进基层党组织	区委	2012年6月
区房屋征收办党支部	2010—2012年创先争优先进基层党组织	区委	2012年6月

续表9

获奖单位	荣誉称号	颁奖单位	颁奖时间
建设路街道办事处	先进基层党组织	区委	2012年6月
建设路街道协作路社区	先进基层党组织	区委	2012年6月
建设路街道前进路社区	先进基层党组织	区委	2012年6月
建设路街道岗坡村党支部	先进基层党组织	区委	2012年6月
区检察院机关党委	先进基层党组织	区委	2012年6月
区教育体育局	2010年度防汛工作先进集体	区政府	2011年7月
林山寨街道办事处	2010年企业退休人员社会化管理先进集体	区政府	2011年8月
林山寨街道办事处	2010年城乡就业工作先进集体	区政府	2011年8月
林山寨街道办事处	2010年城镇居民医疗保险工作先进集体	区政府	2011年8月
三官庙街道办事处	城乡就业和社会保障工作先进单位	区政府	2011年8月
建设路街道劳保所	2010年度富士康招工工作先进集体	区政府	2011年8月
建设路街道劳保所	2010年度养老保险工作先进集体	区政府	2011年8月
建设路街道劳保所	2010年度城镇居民医疗保险工作先进集体	区政府	2011年8月
建设路街道劳保所	2010年度企业军转干部稳控工作先进集体	区政府	2011年8月
区城市管理执法局	环卫双竞赛优胜杯	区政府	2011年10月
区城市管理执法局	环卫工作先进单位	区政府	2011年10月
区城市管理执法局	环卫先进作业班组	区政府	2011年10月
棉纺路街道办事处	环卫工作先进单位	区政府	2011年10月
建设路街道办事处	环卫工作先进单位	区政府	2011年10月
区财政局	2011年度依法行政工作先进单位	区政府	2012年2月
区财政局	2011年度目标考核创先争优工作先进单位	区政府	2012年2月
区财政局	2011年度综合工作金杯单位	区政府	2012年2月
林山寨街道办事处	2011年度人口和计划生育工作先进单位	区政府	2012年2月
区城市管理执法局	城乡建设与管理工作综合目标管理先进单位	区政府	2012年2月
区城市管理执法局	安全生产工作先进单位	区政府	2012年2月
三官庙街道办事处	人力资源和社会保障工作先进集体	区政府	2012年3月
区目标办	2011年度跨越式发展目标考核综合工作先进（金杯）单位	区政府	2012年3月
区教育体育局	文电（政府信息公开）工作先进单位	区政府	2012年3月
林山寨街道办事处	2011年度人力资源和社会保障工作先进集体	区政府	2012年3月

续表10

获奖单位	荣誉称号	颁奖单位	颁奖时间
建设路街道协作路社区	2011年度安全和谐型社区创建工作达标单位	区政府	2012年3月
建设路街道中心医院社区	2011年度安全和谐型社区创建工作达标单位	区政府	2012年3月
建设路街道学院社区	2011年度安全和谐型社区创建工作达标单位	区政府	2012年3月
建设路街道劳保所	2011年度人力资源和社会保障工作先进集体	区政府	2012年3月
林山寨街道办事处	2011年度发展和统计工作先进单位	区政府	2012年4月
建设路街道办事处	2011年度发展改革和统计工作先进单位	区政府	2012年4月
建设路街道办事处	2011年度统计调查工作先进单位	区政府	2012年4月
建设路街道办事处	2011年度防汛工作先进单位	区政府	2012年6月

附 录

统计资料

2011 年综合指标

指标名称	计算单位	数量	2011 年比上年 ±%
一、人口与土地面积			
全区总户数	户	237508	
全区总人口	人	712525	–
其中:女性	人	349850	–
非农业人口	人	570020	–
城镇人口	人	634860	–
年平均人口	人	707986	–
出生人口	人	6082	–
死亡人口	人	2138	–
出生率	‰	8.59	–
死亡率	‰	3.02	–
自然增长率	‰	5.57	–
土地面积	平方公里	97.1	–
人口密度	人/平方公里	7338	–
二、国民经济核算			
地区生产总值(现价)	万元	2470942	–
地区生产总值(2010 年可比价)	万元	2543310	9.8
第一产业	万元	12192	1.6
第二产业	万元	1044525	11.6
第三产业	万元	1414225	8.3
人均生产总值	元	34901	–
(一)农业			
粮食总产量	吨	14968	–
夏粮	吨	7923	–
秋粮	吨	6973	–
(二)工业			
工业总产值	万元	3554009	12.7
工业增加值	万元	721105	16.0
规模以上工业			
增加值	万元	673105	17.0
资产	万元	3630845	–
负债	万元	2453996	–
主营业务收入	万元	3433611	–
利税总额	万元	285087	–
(三)建筑业			
建筑业总产值	万元	2065584	–

续表

指标名称	计算单位	数量	2011 年比上年 ± %
施工房屋面积	平方米	10606018	-
竣工房屋面积	平方米	3881821	-
销售房屋面积	平方米	1400375	-
（四）商业			
社会消费品零售总额	万元	1342771	17.2
限额以上批零贸易企业销售额	万元	3460205	42.8
限额以上住宿、餐饮业企业营业额	万元	74673	23.2
三、固定资产投资			
全社会固定资产投资	万元	1276945	28.3
固定资产投资	万元	1260706	28.6
全社会固定资产投资占 GDP 比例	%	51.7	-
四、财政			
地方财政一般预算收入	万元	186002	22.7
地方财政一般预算支出	万元	163544	35.5
五、外商投资合同利用外资	万美元	5926	-
实际利用外资额	万美元	14090	35.7
直接出口	万美元	30748	31.8
六、劳动工资			
单位从业人员年末人数	人	114197	0.7
国有	人	60113	-2.2
集体	人	4276	9.7
其它	人	49808	3.6
单位从业人员工资总额	千元	4487909	9.1
国有	千元	2712933	4.6
集体	千元	80481	22.4
其它	千元	1694495	16.3
七、文教			
在校学生数	人	83296	-
小学	人	50233	-
普通中学	人	12558	-
1. 初中	人	11418	-
2. 高中	人	1140	-
专任教师数	人	4429	-
八、卫生			
医疗机构数	个	273	-
卫生技术人员	人	4838	-
医疗床位数	张	4629	-
九、人民生活			
1. 农民全年总收入	元/人	15558	17.9
2. 农民人均现金收入	元/人	15480	17.8
3. 农民人均纯收入	元/人	12598	22.3
4. 城镇居民人均可支配收入	元/人	19958	14.4

农村组织和乡村建设

	单位	合计	须水街道	航海西路街道	中原西路街道
一、农村基层组织					
村民委员会数	个	35	23	9	3
二、农村社会基础设施					
自来水受益村数	个	35	23	9	3
通公路村数	个	35	23	9	3
通电话村数	个	35	23	9	3
三、农村人口、劳动力资源					
乡村户数	户	22718	17182	5231	305
乡村人口	人	78983	62586	15746	651
乡村劳动力资源数	人	38088	29488	8100	500
乡村从业人员数	人	35066	27028	7538	500
其中:男劳动力	人	19011	14899	3812	300
女劳动力	人	16055	12129	3726	200
农业从业人员	人	5911	3500	2411	0

2011年农林牧渔业总产值

单位:万元

	现行价	可比价
农林牧渔业总产值	21126	21012
一、农业	13390	12300
谷物	2940	–
薯类	10	–
油料	884	–
豆类	28	–
其它农作物	207	–
蔬菜	8943	7999
水果	378	401
二、林业	807	807
林木的培育和种植	777	777
竹木采运	30	30
三、牧业	6312	7294
牲畜饲养	2144	2621
猪饲养	2968	3572
家禽饲养	1200	1101
四、渔业	104	98
五、农林牧渔服务业	513	513

2011年全部工业总产出、总产值及增加值

项　　目	企业单位数（个）	工业总产出（万元）	工业总产值（万元）	工业总产值增长速度（%）	工业增加值（万元）	工业增加值增长速度（%）	从业人数（人）
一、全部工业总计	**1880**	**3640961**	**3554009**	**12.73**	**721105**	**16.04**	**48215**
#轻工业	682	260229	256087	27.79	69468	21.39	8587
重工业	1198	3380732	3297922	11.73	651637	12.32	39628
#国有及国有控股	32	3552702	3488343	9.70	652297	9.10	25551
#集体企业	14	8550	8437	1.06	2154	0.98	339
股份制企业	23	1547304	1517122	8.39	332735	7.99	6762
外商及港澳台投资企业	11	389518	381968	52.28	78969	70.90	5023
私营企业	183	236386	233622	24.11	51224	24.26	5248
城乡个体工业	1329	64293	64293	3.90	16608	3.90	5883
#大型企业	4	1042818	1006581	3.30	223681	3.40	11283
中型企业	17	1692081	1680857	9.60	298135	9.50	13062
小型企业	530	841769	802278	39.45	182681	38.82	17987
二、规模以上工业总计	**68**	**3434408**	**3351600**	**13.30**	**673105**	**17.00**	**33572**
#轻工业	16	201997	198808	37.00	55658	26.80	5455
重工业	52	3232411	3152791	12.10	617447	12.80	28117
#国有及国有控股	17	3550674	3486374	9.70	651850	9.10	24728
#集体企业	1	6349	6300	0.3	1668	0.30	205
股份制企业	8	1544319	1514224	8.40	332076	8.00	6363
外商及港澳台投资企业	5	386599	379134	52.80	78325	71.80	4874
私营企业	20	198789	197120	28.60	42928	29.00	3044
#大型企业	4	1042818	1006581	3.30	223681	3.40	11283
中型企业	17	1692081	1680857	9.60	298135	9.50	13062
小型企业	47	699509	664162	50.00	151289	49.10	9227
三、规模以下工业企业总计	**483**	**142260**	**138116**	**4.20**	**31392**	**4.20**	**8760**
#轻工业	101	32720	31767	3.90	7220	3.90	2015
重工业	382	109540	106349	4.30	24172	4.30	6745
#国有及国有控股	15	2028	1969	4.10	447	4.10	823
#集体企业	13	2201	2137	3.38	486	3.38	134
股份制企业	15	2985	2898	4.00	659	4.00	399
外商及港澳台投资企业	6	2919	2834	4.51	644	4.51	149
私营企业	163	37597	36502	4.40	8296	4.40	2204
四、城乡个体合作工业	**1329**	**64293**	**64293**	**3.90**	**16608**	**3.90**	**5883**
#轻工业	565	25512	25512	3.23	6590	3.23	1117
重工业	764	38781	38781	4.07	10018	4.07	4766

全部单位 GDP 及规模以上工业增加值能耗

指标名称	计算单位	2011 年
GDP(2010 年)可比价	万元	2543310
规模以上工业增加值(2010 年可比价)	万元	686515
单位 GDP 能耗(当量值 2010 年可比价)	吨标准煤/万元	0.826
规模以上工业增加值能耗(2010 年可比价)	吨标准煤/万元	1.702

2011 年中原区建筑业房屋建筑完成情况

指标名称	单位	总计
房屋建筑竣工面积		
1. 厂房、仓库	平方米	679392
2. 住宅	平方米	1949468
3. 办公用房	平方米	301720
4. 商业及服务用房	平方米	165696
5. 教育用房	平方米	171506
6. 文化、体育和娱乐用房	平方米	35243
7. 卫生医疗用房	平方米	79273
8. 科研用房	平方米	27017
9. 其他用房	平方米	100022
合计	平方米	3881821
竣工房屋价值		
1. 厂房、仓库	千元	623283
2. 住宅	千元	212068
3. 办公用房	千元	408307
4. 商业及服务用房	千元	214768
5. 教育用房	千元	188852
6. 文化、体育和娱乐用房	千元	56285
7. 卫生医疗用房	千元	93329
8. 科研用房	千元	48106
9. 其他用房	千元	104782

商务工作完成情况

指标	计算单位	2011 年
一、外资工作		
新设立外商投资企业	家	3
合同利用外资	万美元	5926
实际利用外资	万美元	14090
二、外贸出口工作		
全年完成出口创汇	万美元	30748

2011 年财政决算收入

单位:万元

科目名称	年初预算数	调整预算数	决算数
一、税收收入	159493	159493	179235
增值税	19309	19309	17532
营业税	58831	58831	61951
企业所得税	21159	21159	23950
企业所得税退税	0	0	0
个人所得税	7701	7701	9394
资源税	0	0	0
固定资产投资方向调节税	0	0	0
城市维护建设税	14903	14903	17795
房产税	4991	4991	5820
印花税	4816	4816	5423
城镇土地使用税	5106	5106	6778
土地增值税	19677	19677	30066
车船税	0	0	0
耕地占用税	3000	3000	526
契税	0	0	0
烟叶税	0	0	0
其他税收收入	0	0	0
二、非税收入	**8732**	**8732**	**6767**
专项收入	0	0	0
行政事业性收费收入	6732	6732	4754
罚没收入	2000	2000	1783
国有资本经营收入	0	0	14
国有资源(资产)有偿使用收入	0	0	215
其他收入	0	0	1
一般预算收入	**168225**	**168225**	**186002**
基金收入合计	**230**	**230**	**416**
本年收入合计	**168455**	**168455**	**186418**

2011 年财政决算支出

单位:万元

科目名称	年初预算数	调整预算数	决算数
一、一般公共服务	37377	35207	35207
二、外交	0	0	0
三、国防	276	370	370
四、公共安全	4449	4531	4531
五、教育	23220	31513	30311
六、科学技术	1738	3126	2701
七、文化体育与传媒	376	576	576
八、社会保障和就业	12928	16204	16204
九、医疗卫生	5352	8075	8075
十、节能环保	185	390	378
十一、城乡社区事务	25732	22241	22241
十二、农林水事务	2994	4817	4480
十三、交通运输	314	432	432
十四、资源勘探电力信息等事务	995	25419	25419
十五、商业服务业等事务	7	4684	3403
十六、金融监管等事务支出	0	0	0
十七、地震灾后恢复重建支出	0	0	0
十八、国土资源气象等事务	427	1169	1169
十九、住房保障支出	4360	4938	4938
二十、粮油物资管理事务	100	98	98
二十一、储备事务支出	532	693	693
二十二、预备费	3209	0	0
二十三、国债还本付息支出	0	0	0
二十四、其他支出	12744	2318	2318
一般预算支出	**137315**	**166801**	**163544**
基金支出合计	**230**	**5706**	**4304**
本年支出合计	**137545**	**172507**	**167848**

2011 年社会消费品零售总额

单位:万元

指标名称	合计	贸易住宿餐饮企业	贸易住宿餐饮个体
社会消费品零售总额	**1342771**	**745025**	**597746**
按销售单位所在地分			
1. 城镇	1342771	745025	597746
其中:城区	1342771	745025	597746
2. 乡村	–	–	–
按行业分			
1. 批发业	43221	1666	41555
2. 零售业	1068619	690052	378567
3. 住宿业	26650	22605	4045
4. 餐饮业	204281	30702	173579

注:在地原则,出自月报平台。

固定资产投资完成情况

单位:万元

	2011 年完成投资	2010 年完成投资	同比 ±%
全社会固定资产投资	1276945	995280	28.3
一、农户投资	16239	14888	9.1
二、固定资产投资	1260706	980331	28.6
其中:城镇项目投资	245964	90633	171.3
房地产开发投资	1014742	889698	14.1
全社会投资中:民间投资	945378	809398	16.8
外商投资	1743	26766	-93.5

注:以上数据按在地原则统计。

科技重点工作基本情况

指　标	计算单位	2011 年
1、民营科技企业	家	25
技术合同登记	项	90
实现技术合同成交额	万元	22000
2、专利申请量	项	698
专利资助项数	项	698
专利资助金额	元	235500

卫生事业基本情况

指标名称	计算单位	2011 年
卫生机构数	个	273
医院、卫生院	个	37
妇幼保健院(所、站)	个	1
专科疾病防治院(所、站)	个	3
医院、卫生院床位数	张	4629
卫生技术人员	人	4838
执业医师和执业助理医师	人	1963
注册护士	人	2201
全区疾病防治控制中心(防疫站)	个	1
全区疾病防治控制中心(防疫站)卫生技术人员	人	23
卫生监督检查机构	个	1
卫生监督检查机构卫生技术人员	人	6
乡镇卫生院	个	1
乡镇卫生院床位数	张	60
乡镇卫生院卫生技术人员	人	62
覆盖农村人口数	人	69459
实际参加农村合作医疗农民	人	69126

就业再就业及社会保险工作基本情况

指　　标	计算单位	2011 年
一、就业再就业工作		
1. 新增城镇就业	人	21468
其中:下岗失业人员	人	13349
“4050”	人	3636
持有《再就业优惠证》	人	3968
公益性岗位就业	人	1182
2. 登记城镇失业人员	人	5851
城镇登记失业率控制范围	%	3.30
3. 农村劳动力转移就业	人	1069
转移就业前培训	人	860
二、社会保险工作		
1. 完成企业养老保险费征缴	万元	12044
发放养老金	万元	2334
完成企业失业保险费征缴	万元	1078
发放失业保险金	万元	43
2. 全区医疗保险参保单位	家	—
参保人数	人	26279
其中:在职人员	人	19039
退休人员	人	7237

各类中初等教育基本情况

	学校数（个）	班　数（个）	学生数（人）				教职工数（人）	
			毕业生数	招生数	在　校学生数	毕业班学生数	合计	其　中：专任教师
总　　计	**134**	**1741**	**18165**	**19855**	**83296**	**19138**	**5510**	**4429**
1. 普通中学	14	237	3654	4494	12558	3956	940	915
高中	1	20	344	436	1140	391	81	76
初中	13	217	3310	4058	11418	3565	859	839
2. 小学	42	819	8072	8643	50233	8654	2109	2059
3. 特殊教育	1	4	3	5	50	3	11	10
弱智儿童辅读学校	1	4	3	5	50	3	11	10
4. 幼儿教育	77	681	6436	6713	20455	6525	2450	1445
幼儿园	77	681	6436	6713	20455	6525	2450	1445

体委机关业务活动

指　　标	计算单位	2011 年
一、职工总数	人	6
管理人员	人	3
二、各级体育事业经费决算总数	万元	2
体育竞赛经费	万元	0
其他体育事业经费	—	
三、举办运动会或比赛情况	次	36
综合运动会	次	1
单项比赛	次	10
四、举办全民健身活动情况	次	30
其中：千人以上的活动	次	6
参加活动人数	人	15000
五、举办培训班次数	次	2
六、《国家体育锻炼标准》施行情况		
学校总数	个	57
其中：小学	个	38
应参加达标活动的学生数	人	53670
其中：小学	人	45109
实际达标人数	人	51677
其中：小学	人	43917

2011 年中原区城镇居民家庭每人全年现金收支情况

单位:元

项　　目	全　　区
一、期初手存现金	431.62
二、家庭总收入	21427.62
#可支配收入	19958.31
㈠工资性收入	11682.96
㈡经营性收入	2323.12
㈢财产性收入	734.45
㈣转移性收入	6687.1
三、出售财物收入	2.07
四、借贷收入	1436.47
五、家庭总支出	14628.27
㈠消费支出	12334.41
#服务性消费支出	2462.4
㈡财产性支出	3.43
㈢转移性支出	956.22
㈣社会保障支出	1334.21
六、借贷支出	7040.44
七、期末手存现金	1794.65

2011 年中原区农村居民人均总收入与总支出

单位:元

指 标 名 称	总计
一.总收入	15557.98
(一)工资性收入	4264.99
1.在非企业组织中劳动得到收入	26.75
2.在本乡地域内劳动得到收入	4238.24
3.外出从业得到收入	-
(二)家庭经营收入	6327.43
1.第一产业收入	248.43
2.第二产业收入	3960.95
3.第三产业收入	2118.05
(三)财产性收入	4270.63
(四)转移性收入	694.92
二.总支出	12906.91
(一)家庭经营费用支出	2182.92
1.第一产业生产费用支出	86.31
2.第二产业生产费用支出	1481.36
3.第三产业生产费用支出	615.25
(二)购置生产性固定资产支出	-
(三)建造生产性固定资产雇工支出	-
(四)税费支出	18.16
(五)生活消费支出	10429.78
其中:服务性支出	3436.90
(六)财产性支出	-
(七)转移性支出	276.04

2011 年中原区城镇居民家庭人均消费性支出

项　　目	计算单位	全区
消费支出	元	12334.41
#服务性消费支出	元	2462.4
一、食品	元	5261.56
(一)粮油类	元	930.26
(二)肉禽蛋水产品类	元	1455.23
(三)蔬菜类	元	652.4
(四)调味品	元	77.19
(五)糖烟酒饮料类	元	527.47
(六)干鲜瓜果类	元	520.42
(七)糕点、奶及奶制品	元	322.95
1.糕点. 数量	千克	5.28
. 金额	元	94.04
2.奶及奶制品	元	228.91
(八)其他食品	元	47.73
(九)饮食服务	元	727.9
二、衣着	元	1774.91
(一)服装. 数量	件	7.66
. 金额	元	1260.98
(二)衣着材料	元	7.61
(三)鞋类. 数量	双	2.97
. 金额	元	443.28
(四)其他衣着用品	元	59.62
(五)衣着加工服务费	元	3.4
三、居住	元	889.59
(一)住房	元	74.51
(二)水电燃料及其他	元	755.97
(三)居住服务费	元	59.11
四、家庭设备用品及服务	元	1138.53
(一)耐用消费品	元	480.24
(二)室内装饰品	元	29.52
(三)床上用品	元	159.58
(四)家庭日用杂品	元	429.01
(五)家具材料	元	0
(六)家庭服务	元	40.17
五、医疗保健	元	981.59

续表

项目	计算单位	全区
(一)医疗器具	元	6.8
(二)保健器具	元	9
(三)药品费	元	363.37
(四)滋补保健品	元	124.76
(五)医疗费	元	461.59
(六)其他医疗保健支出	元	16.07
六、交通和通讯	元	944.57
(一)交通	元	286.89
(二)通信	元	657.67
七、教育文化娱乐服务	元	1000.37
(一)文化娱乐用品	元	273.28
(二)文化娱乐服务	元	363.11
(三)教育	元	363.98
八、其它商品和服务	元	343.31
(一)其它商品	元	232.2
(二)服务	元	111.11

重要文件目录

中共中原区委文件

关于进一步加强安全生产工作的实施意见

中原发〔2011〕1号
2011年3月29日

关于中原区2011年农业农村工作的意见

中原发〔2011〕2号
2011年4月11日

关于违法建设及集体土地上村民住宅建设治理工作的实施意见

中原发〔2011〕3号
2011年4月18日

关于印发《中原区2011年目标考核办法》的通知

中原发〔2011〕4号
2011年4月27日

关于进一步加强招商引资工作的意见

中原发〔2011〕5号
2011年5月6日

关于印发《中原区2011年发展开放型经济工作考核办法》的通知

中原发〔2011〕6号
2011年5月6日

中原发〔2011〕7号关于印发《中原区2011年重点招商项目建设“四比两看一落实”活动考核办法》的通知

中原发〔2011〕7号
2011年5月6日

郑州市中原区“十二五”人才发展规划纲要

中原发〔2011〕8号
2011年5月8日

关于2011年优化经济发展环境工作意见

中原发〔2011〕9号
2011年5月26日

关于认真学习贯彻省九次党代会精神的通知
中原发〔2011〕10号
2011年11月24日

转发《中原区人大常委会党组关于区人民代表大会换届选举工作安排的意见》的通知
中原发〔2011〕11号
2011年12月26日

关于进一步强化全区各级领导干部信访稳定工作责任的意见
中原发〔2011〕12号
2011年12月30日

关于加强和创新社会管理全面推进社会建设实施意见
中原发〔2011〕13号
2011年12月30日

关于印发《平安中原建设纲要(2011—2015年)》的通知
中原发〔2011〕14号
2011年12月30日

关于批转《中共郑州市中原区人大常委会党组关于召开郑州市中原区第十四届人民代表大会第六次会议的请示》的通知
中原文〔2011〕1号
2011年1月4日

关于批转《中共政协中原区委员会党组关于召开政协郑州市中原区第七届委员会第五次会议的请示》的通知
中原文〔2011〕2号
2011年1月4日

关于印发《中原区"三三差额权重制"选拔任用党政领导干部暂行办法》的通知
中原文〔2011〕15号
2011年3月9日

关于表彰中原区2010年度纪检监察工作先进集体和先进个人的决定
中原文〔2011〕16号
2011年3月15日

关于表彰2010年度跨越式发展工作目标考核先进单位和先进个人的决定
中原文〔2011〕18号
2011年3月25日

关于表彰2010年度为中原区经济发展作出突出贡献的企事业单位的决定
中原文〔2011〕19号
2011年3月25日

关于省委第二巡视组反馈意见整改方案的报告
中原文〔2011〕20号
2011年3月25日

关于表彰中原区2010年度关心支持国防建设工作先进单位和先进个人的决定
中原文〔2011〕22号
2011年3月30日

关于表彰中原区2010年度人口和计划生育工作先进单位和先进个人的决定
中原文〔2011〕27号
2011年4月11日

关于表彰农村村容村貌路容路貌专项综合整治先进整治村和先进驻村工作队的决定
中原文〔2011〕28号
2011年4月11日

关于转发《郑州市机关事业单位进人履行编制审核程序的规定》的通知
中原文〔2011〕29号
2011年4月15日

关于表彰2010年度城乡建设和管理工作先进单位和先进个人的决定
中原文〔2011〕36号
2011年4月18日

关于对中原区城乡建设和管理工程指挥部等4个单位予以重点表彰的决定
中原文〔2011〕37号
2011年4月18日

关于推荐全省、全市先进基层党组织、优秀共产党员和优秀党务工作者的情况报告
中原文〔2011〕41号
2011年5月17日

关于召开中国共产党郑州市中原区第十次代表大会的请示
中原文〔2011〕42号
2011年5月17日

关于成立区中原宜居商贸城建设工作领导小组的通知
中原文〔2011〕44号
2011年5月21日

关于中国共产党郑州市中原区第十次代表大会代表选举工作的通知
中原文〔2011〕45号
2011年5月21日

关于调整中原区双拥领导小组成员的通知
中原文〔2011〕46号

2011年5月24日

关于同意中共须水街道工作委员会 须水街道办事处举行揭牌仪式的批复

中原文〔2011〕49号
2011年5月26日

关于表彰2010年度优化经济发展环境工作先进集体和先进个人的决定

中原文〔2011〕50号
2011年5月26日

关于表彰2010年度平安建设政法信访依法治区工作先进集体先进基层单位先进个人十佳中原卫士及十佳人民调解员的决定

中原文〔2011〕51号
2011年5月31日

关于推选出席中国共产党郑州市第十次代表大会代表工作的通知

中原文〔2011〕54号
2011年6月8日

关于中国共产党郑州市中原区第十次代表大会和中原区第十届委员会、纪律检查委员会第一次全体会议选举结果的报告

中原文〔2011〕61号
2011年6月15日

关于选举产生出席第市十次党代会代表的情况报告

中原文〔2011〕62号
2011年6月20日

关于换届工作情况的报告

中原文〔2011〕63号
2011年6月20日

关于表彰先进党组织优秀共产党员优秀党务工作者的决定

中原文〔2011〕65号
2011年6月27日

关于中原区小岗刘村不稳定问题的紧急报告

中原文〔2011〕66号
2011年6月28日

关于贾鲁河区域排污口有关问题的请示

中原文〔2011〕75号
2011年7月30日

关于须河区域排污口有关问题的请示

中原文〔2011〕76号
2011年7月30日

关于做好中共河南省第九次代表大会候选人初步人选推荐工作的通知

中原文〔2011〕78号
2011年8月3日

关于中原区出席中共河南省第九次代表大会代表候选人初步人选推荐情况的报告

中原文〔2011〕81号
2011年8月4日

关于印发《中原区重点招商引资项目年度目标责任一览表(第一批)》的通知

中原文〔2011〕82号
2011年8月5日

关于诚挚邀请国家信访局接访司领导到我区现场接待小岗刘村民的请示

中原文〔2011〕83号
2011年8月16日

关于对为中原区教育事业作出特别贡献者进行表彰奖励的决定

中原文〔2011〕86号
2011年9月5日

关于对中原区获得河南省第四批中小学幼儿园名师进行表彰奖励的决定

中原文〔2011〕87号
2011年9月5日

关于对中原区获得全国及河南省优质课教师进行表彰奖励的决定

中原文〔2011〕88号
2011年9月5日

关于对中原区2010—2011学年教育工作先进单位优秀校长和先进工作者进行表彰奖励的决定

中原文〔2011〕89号
2011年9月5日

关于对中原区名师进行表彰奖励的决定

中原文〔2011〕90号
2011年9月5日

关于对中原区2011年“十佳优秀青年教师”进行表彰奖励的决定

中原文〔2011〕91号
2011年9月5日

关于对中原区辖区市属中学幼儿园2010—2011学年教育工作先进工作者进行表彰奖励的决定

中原文〔2011〕92号
2011年9月5日

关于对省委第二巡视组反馈问题的整改意见的报告

中原文〔2011〕94号
2011年10月10日

关于召开2011年度区委常委民主生活会准备情况的报告
中原文〔2011〕95号
2011年10月12日

关于尽快批复朱屯村城中村改造项目朱屯东路以东地块控制性详细规划的请示
中原文〔2011〕96号
2011年10月13日

关于成立中原区村级组织换届选举工作领导小组的通知
中原文〔2011〕97号
2011年10月18日

关于成立中原区村级组织换届选举工作督导组的通知
中原文〔2011〕98号
2011年10月18日

关于2011年度区委常委民主生活会的情况报告
中原文〔2011〕99号
2011年10月28日

关于印发《中原区重点招商引资项目年度目标责任一览表(第二批)》的通知
中原文〔2011〕100号
2011年11月30日

关于将郑州图书城就近搬迁的请示
中原文〔2011〕101号
2011年12月8日

关于中原区航海西路街道小岗刘村部分群众反映换届选举有关问题答复会情况的报告
中原文〔2011〕102号
2011年12月8日

关于在全区深入开展“大学习、大排查、大讨论”活动的通知
中原文〔2011〕104号
2011年12月15日

关于成立常西湖新区及组建管理委员会的请示
中原文〔2011〕105号
2011年12月21日

中原区人大常委会文件

郑州市中原区人民代表大会常务委员会关于召开郑州市中原区第十四届人民代表大会第六次会议的决定
中原常字〔2011〕1号
2011年1月6日

中原区第十四届人大常委会第三十四次会议关于对中原区环保局工作情况的评议意见
中原常字〔2011〕4号
2011年3月16日

中原区第十四届人大常委会第三十四次会议关于对中原区房管工作情况的评议意见
中原常字〔2011〕5号
2011年3月16日

中原区第十四届人大常委会第三十四次会议关于对中原区人口计生委工作情况的评议意见
中原常字〔2011〕6号
2011年3月16日

中原区第十四届人大常委会第三十四次会议关于对中原区国税局工作情况的评议意见
中原常字〔2011〕7号
2011年3月16日

中原区第十四届人大常委会第三十四次会议关于对中原区地税局工作情况的评议意见
中原常字〔2011〕8号
2011年3月16日

中原区第十四届人大常委会第三十四次会议关于对中原区教体局工作情况的评议意见
中原常字〔2011〕9号
2011年3月16日

中原区人民代表大会常务委员会关于加强跟踪监督提高监督实效的暂行办法
中原常字〔2011〕13号
2011年5月31日

中原区人民代表大会常务委员会预算审查监督暂行办法
中原常字〔2011〕14号
2011年5月31日

中原区人大常委会关于对中原区南水北调征迁和居民安置工作情况汇报的审议意见
中原常字〔2011〕15号
2011年5月31日

中原区人大常委会关于对中原区2011年政府投资项目情况报告的审议意见
中原常字〔2011〕16号
2011年5月31日

中原区第十四届人大常委会第三十六次会议关于对中原区财政局工作情况的评议意见
中原常字〔2011〕17号
2011年5月31日

中原区第十四届人大常委会第三十六次会议关于

对中原区审计局工作情况的评议意见

中原常字〔2011〕18号
2011年5月31日

中原区第十四届人大常委会第三十六次会议关于对中原区文化旅游局工作情况的评议意见

中原常字〔2011〕19号
2011年5月31日

中原区人大常委会关于区人大常委会执法检查组对郑州市公安局交巡警支队二大队贯彻执行《河南省道路交通安全条例》情况的执法检查报告的审议意见

中原常字〔2011〕20号
2011年5月31日

关于印发《关于对中原区人大常委会会议有关事项进行规范的意见》的通知

中原常字〔2011〕22号
2011年7月5日

中原区人大常委会关于对中原区2010年度本级财政预算执行情况和其它财政收支情况审计工作报告的审议意见

中原常字〔2011〕24号
2011年7月20日

中原区人大常委会关于对区政府2010年财政决算和2011年上半年财政预算执行情况报告的审议意见

中原常字〔2011〕25号
2011年7月20日

中原区人大常委会关于对中原区2011年上半年国民经济和社会发展计划执行情况报告的审议意见

中原常字〔2011〕26号
2011年7月20日

中原区人大常委会关于对中原区科技创新工作情况报告的审议意见

中原常字〔2011〕27号
2011年7月20日

中原区人大常委会关于对中原区检察院法律监督工作情况报告的审议意见

中原常字〔2011〕28号
2011年7月20日

中原区人大常委会关于区人民政府对区人大常委会作出决议决定及审议意见整改落实情况报告的审议意见

中原常字〔2011〕29号
2011年9月28日

中原区人大常委会关于批准《中原区人民政府关于提请批准还旧借新偿还2011年到期借款用于常西湖城市生态公园建设项目的报告》的决定

中原常字〔2011〕30号
2011年9月28日

中原区人大常委会关于对区十四届人大六次会议代表建议办理情况报告的审议意见

中原常字〔2011〕31号
2011年9月28日

中原区人大常委会关于对区政府贯彻执行《中华人民共和国农业法》情况报告的审议意见

中原常字〔2011〕32号
2011年9月28日

中原区人大常委会关于对区政府贯彻执行《郑州市城市养犬管理条例》报告的审议意见

中原常字〔2011〕33号
2011年9月28日

中原区人大常委会关于批准《中原区人民政府关于提请批准旧城区棚户区改造征收计划的报告》的决定

中原常字〔2011〕34号
2011年9月28日

中原区人大常委会关于对中原区法院行政审判工作情况报告的审议意见

中原常字〔2011〕35号
2011年9月28日

中原区人大常委会关于对区政府2011年十件实事进展情况报告的审议意见

中原常字〔2011〕38号
2011年11月24日

中原区人大常委会关于批准调整中原区2011年财政支出预算报告的决议

中原常字〔2011〕39号
2011年11月24日

中原区人大常委会关于对中原区学前教育工作情况报告的审议意见

中原常字〔2011〕40号
2011年11月24日

中原区人大常委会关于对中原区民政局工作情况的评议意见

中原常字〔2011〕44号
2011年11月24日

中原区人民代表大会常务委员会关于成立区选举委员会的决定

中原常字〔2011〕45号

2011 年 12 月 26 日

中原区人民代表大会常务委员会关于街道、区直机关人大换届选举工作指导组成员的任命通知

中原常字〔2011〕46 号

2011 年 12 月 30 日

中原区人民政府文件

关于深化质量兴区战略工作的意见

中原政〔2011〕1 号

2011 年 2 月 23 日

关于印发 2011 年中原区环境综合整治实施方案的通知

中原政〔2011〕2 号

2011 年 3 月 4 日

关于进一步加强教育体育工作的意见

中原政〔2011〕3 号

2011 年 4 月 11 日

关于实施优质教育资源倍增工程的意见

中原政〔2011〕4 号

2011 年 4 月 11 日

关于加强学前教育发展的意见

中原政〔2011〕5 号

2011 年 4 月 11 日

关于印发中原区学前教育三年行动计划的通知

中原政〔2011〕6 号

2011 年 4 月 11 日

关于实施中小学梯级名师培养工程的意见

中原政〔2011〕7 号

2011 年 4 月 11 日

关于印发中原区 2011 年人口和计划生育工作目标责任制管理考核办法的通知

中原政〔2011〕8 号

2011 年 4 月 11 日

关于印发中原区集体土地上村民住宅建设规划管理及施工单位管理暂行办法的通知

中原政〔2011〕9 号

2011 年 4 月 11 日

关于物业管理纳入社区建设工作的实施意见

中原政〔2011〕10 号

2011 年 4 月 19 日

关于进一步加快再生资源回收利用体系建设的实施意见

中原政〔2011〕11 号

2011 年 5 月 25 日

关于进一步加强应急管理工作的意见

中原政〔2011〕12 号

2011 年 7 月 21 日

关于建立耕地保护共同责任机制的实施意见

中原政〔2011〕13 号

2011 年 8 月 19 日

关于印发中原区耕地和基本农田保护工作领导干部离任审计制度的通知

中原政〔2011〕14 号

2011 年 8 月 19 日

关于开展依法行政教育活动的意见

中原政〔2011〕15 号

2011 年 9 月 15 日

关于进一步加强社会养老服务机构发展和管理的意见

中原政〔2011〕16 号

2011 年 10 月 17 日

关于印发《中原区安全生产行政效能监察办法》的通知

中原政〔2011〕17 号

2011 年 11 月 11 日

关于印发中原区国民经济和社会发展第十二个五年规划纲要的通知

中原政〔2011〕18 号

2011 年 11 月 22 日

关于加快推进全区集体土地确权登记发证工作的通知

中原政〔2011〕19 号

2011 年 12 月 27 日

关于成立中原区常西湖区域综合整治指挥部的通知

中原政文〔2011〕9 号

2011 年 2 月 17 日

关于印发中原区区长质量奖评选实施细则的通知

中原政文〔2011〕11 号

2011 年 2 月 23 日

关于对常建明等 15 名同志记三等功的决定

中原政文〔2011〕16 号

2011 年 3 月 8 日

关于印发安全中原创建 2011 年行动计划的通知

中原政文〔2011〕17 号

2011 年 3 月 21 日

关于撤销须水镇设立须水和西流湖 2 个街道办事处的通知

中原政文〔2011〕18 号

2011年3月21日

关于成立中原区幼儿园建设工程指挥部的通知
中原政文〔2011〕19号
2011年3月24日

关于为在2010年度跨越式发展工作中作出突出贡献的个人记功的决定
中原政文〔2011〕20号
2011年3月25日

关于印发中原区便民快餐店和蔬菜便利店建设工作方案的通知
中原政文〔2011〕21号
2011年3月31日

关于对2010年度平安建设和信访工作表现突出的个人记功的通报
中原政文〔2011〕22号
2011年3月31日

关于印发2011年度消防工作目标责任考核办法的通知
中原政文〔2011〕23号
2011年3月31日

关于命名2010年度城市社区和农村安全工作达标单位的通报
中原政文〔2011〕24号
2011年3月31日

关于表彰2010年安全生产工作先进单位先进集体和先进个人的通报
中原政文〔2011〕25号
2011年3月31日

关于表彰2010年消防工作先进集体先进个人的通报
中原政文〔2011〕26号
2011年3月31日

关于印发中原区2011年度安全生产目标考核办法的通知
中原政文〔2011〕27号
2011年3月31日

关于印发中原区2011年财政税收工作奖励意见和中原区2011年财政税收工作擂台赛实施办法的通知
中原政文〔2011〕28号
2011年4月2日

关于调整区对街道办事处财政管理体制的意见
中原政文〔2011〕31号
2011年4月8日

关于印发2011年依法行政工作要点的通知
中原政文〔2011〕32号
2011年4月11日

关于中原区2010年度人口和计划生育工作目标管理考核结果的通报
中原政文〔2011〕33号
2011年4月11日

关于2011年度消防工作的实施意见
中原政文〔2011〕38号
2011年4月26日

关于认真做好2010年度土地卫片执法检查工作的通知
中原政文〔2011〕41号
2011年5月4日

关于成立中原区常西湖区域截污工程指挥部的通知
中原政文〔2011〕47号
2011年5月19日

关于成立中原区西绕城公路生态绿化带建设指挥部的通知
中原政文〔2011〕48号
2011年5月4日

关于成立中原区食品安全委员会的通知
中原政文〔2011〕50号
2011年5月20日

关于印发中原区2011年农作物秸秆禁烧和综合利用考核办法的通知
中原政文〔2011〕53号
2011年5月31日

关于印发中原区人民政府安全生产委员会成员单位安全生产工作职责的通知
中原政文〔2011〕55号
2011年6月2日

关于成立茜城花园等5个社区和对部分社区进行更名及调整管辖范围的通知
中原政文〔2011〕59号
2011年6月15日

关于印发中原区2011年纠风工作要点的通知
中原政文〔2011〕66号
2011年6月24日

关于表彰中原区2010年度防汛工作先进集体和先进个人的通报
中原政文〔2011〕70号
2011年6月24日

关于表彰中原区2010年度发展改革和统计工作先进单位及先进个人的决定

中原政文〔2011〕71 号
2011 年 6 月 26 日

关于印发安全中原 2011 年创建工作实施方案的通知
中原政文〔2011〕76 号
2011 年 7 月 15 日

关于成立中原区突发事件应急委员会的通知
中原政文〔2011〕82 号
2011 年 7 月 25 日

关于表彰 2010 年度城乡就业和社会保障工作先进单位及先进个人的通报
中原政文〔2011〕84 号
2011 年 8 月 2 日

关于印发中原区村民一事一议筹资筹劳工作实施方案的通知
中原政文〔2011〕98 号
2011 年 8 月 11 日

中原区人民政府关于成立中原区三环快速化航海路西三环立交建设拆迁工作指挥部的通知
中原政文〔2011〕106 号
2011 年 8 月 19 日

中原区人民政府关于印发中原区 2011 年城乡建设和管理工作道路征地拆迁投资计划的通知
中原政文〔2011〕107 号
2011 年 8 月 19 日

中原区人民政府关于公布中原区市级文物保护单位保护范围和建设控制地带的通知
中原政文〔2011〕119 号
2011 年 9 月 7 日

中原区人民政府关于印发中原区项目建设指挥部财务管理办法的通知
中原政文〔2011〕121 号
2011 年 9 月 16 日

中原区人民政府关于印发中原区重点建设项目管理办法的通知
中原政文〔2011〕127 号
2011 年 10 月 7 日

中原区人民政府关于表彰 2011 年度环卫工作先进单位先进作业班组先进工作者和优秀城市美容师的通报
中原政文〔2011〕133 号
2011 年 10 月 20 日

中原区人民政府关于成立中原区城乡居民社会养老保险工作领导小组的通知
中原政文〔2011〕138 号
2011 年 10 月 31 日

中原区人民政府关于印发全区消防安全清剿火患战役行动网格化排查工作方案的通知
中原政文〔2011〕141 号
2011 年 11 月 9 日

中原区人民政府关于成立中原区合村并城试点赵仙垌项目建设指挥部的通知
中原政文〔2011〕144 号
2011 年 11 月 15 日

中原区人民政府关于进一步做好企业工资集体协商工作的通知
中原政文〔2011〕145 号
2011 年 11 月 23 日

中原区人民政府关于成立中原区创建劳动关系和谐企业活动领导小组的通知
中原政文〔2011〕146 号
2011 年 11 月 23 日

关于进一步做好城乡居民社会养老保险工作的实施意见
中原政文〔2011〕149 号
2011 年 11 月 22 日

中原区人民政府关于成立中原区陇海路西延西四环至荥阳界建设拆迁指挥部的通知
中原政文〔2011〕150 号
2011 年 11 月 23 日

中原区人民政府关于成立中原区骨干路网及出入市口整治提升拆迁建设工作指挥部的通知
中原政文〔2011〕155 号
2011 年 12 月 9 日

中原区人民政府关于成立中原区孙庄村城中村改造指挥部的通知
中原政文〔2011〕156 号
2011 年 12 月 13 日

中原区人民政府关于成立中原区常西湖区域综合整治拆迁安置指挥部的通知
中原政文〔2011〕157 号
2011 年 12 月 13 日

中原区人民政府关于印发中原区建设行政效能电子监察系统推进行政审批项目进驻区行政审批服务中心工作实施方案的通知
中原政文〔2011〕159 号
2011 年 12 月 16 日

中原区人民政府关于印发中原区两集中两到位工作实施方案的通知
中原政文〔2011〕160 号

2011年12月16日

中原区人民政府关于中原区二环十五放射快速路网及市域快速通道整治提升工程百日会战的实施意见

中原政文〔2011〕162号

2011年12月25日

中原区人民政府关于印发中原区公共租赁住房管理和租房租赁资格认定及轮候暂行办法的通知

中原政文〔2011〕163号

2011年12月27日

中原区人民政府关于中原大酒店移交区直机关事务管理局管理的通知

中原政文〔2011〕167号

2011年12月31日

中原区人民政府关于对中原大酒店资产负债及损益情况进行审计的通知

中原政文〔2011〕168号

2011年12月31日

中原区人民政府关于为河南省地方税务局直属税务分局记功的决定

中原政文〔2011〕169号

2011年12月30日

中原区人民政府关于成立中原区城乡管理综合考评委员会的通知

中原政文〔2011〕171号

2011年12月31日

中原区人民政府关于印发中原区城乡管理综合考评实施方案的通知

中原政文〔2011〕172号

2011年12月31日

索　引

说明：

一、本索引采取主题分析的方法，把年鉴所刊登的条目、表格，按汉语拼音字母顺序排列。

二、表格名称后注有“表”字样。

三、索引词条后的阿拉伯数字表示内容所在的页码，数字后的拉丁字母（a、b）表示栏别（从左至右分为1、2栏）。

A

B

C

D

E

H

J

K

L

M

N

P

Q

R

S

T

W

X

Y

Z